wandlung 92, 22
Blei-Methode 287
e 291

In dieser Form gekennzeichnete Texte enthalten **Beispiele**.

In der Reihe „Basiswissen Schule“ sind erschienen:

5. bis 10. Klasse	7. Klasse bis Abitur	11. Klasse bis Abitur
Biologie ISBN 3-411-71482-4	**Astronomie** ISBN 3-411-71491-3	**Biologie Abitur** ISBN 3-411-04550-7
Chemie ISBN 3-411-71472-7	**Geographie** ISBN 3-411-71611-8	**Chemie Abitur** ISBN 3-411-04570-1
Computer ISBN 3-411-71512-X	**Geschichte** ISBN 3-411-71581-2	**Englisch Abitur** ISBN 3-411-71951-6
Deutsch ISBN 3-411-71591-X	**Literatur** ISBN 3-411-71601-0	**Informatik Abitur** ISBN 3-411-71621-5
Mathematik ISBN 3-411-71501-4	**Politik** (464 Seiten) ISBN-3-411-04590-6	**Mathematik Abitur** ISBN 3-411-71741-6
Physik ISBN 3-411-71462-X	**Technik** ISBN 3-411-71522-7	**Physik Abitur** ISBN 3-411-71751-3
	Wirtschaft ISBN 3-411-71532-4	

Die GPI e.V. hat die Reihe „Basiswissen Schule“ 2002, 2003 und 2004 mit der Comenius Medaille für exemplarische Bildungsmedien ausgezeichnet.

Der Software-Preis GIGA-MAUS der Zeitschrift „Eltern for family“ wird verliehen für empfehlenswerte Familiensoftware und Onlineangebote.

Der deutsche Bildungssoftware-Preis „digita“ wird verliehen für E-Learning-Produkte, die didaktisch und technisch herausragend sind.

Das Internetportal von „Basiswissen Schule“ www.schuelerlexikon.de erhielt 2004 das Pädi-Gütesiegel als empfehlenswertes Internet-Angebot für Jugendliche.

Detaillierte Informationen zu den einzelnen Bänden unter **www.schuelerlexikon.de**

Duden
Basiswissen Schule

Biologie

Dudenverlag Mannheim · Leipzig · Wien · Zürich
DUDEN PAETEC Schulbuchverlag Berlin · Frankfurt a. M.

Herausgeber
Doz. Dr. habil. Christa Pews-Hocke
Dr. Edeltraud Kemnitz

Autoren
Prof. Dr. Annelore Bilsing
Dr. Susanne Brezmann
Dr. Karl-Heinz Firtzlaff
Prof. Dr. Karl-Heinz Gehlhaar
Dr. Edeltraud Kemnitz
Prof. Dr. sc. Manfred Kurze
Leonore Naunapper
Doz. Dr. habil. Christa Pews-Hocke
Helga Simon
Prof. Dr. habil. Erwin Zabel

Die Autoren der Inhalte der beigefügten CD-ROM sind im elektronischen Impressum auf der CD-ROM aufgeführt.

Bibliografische Information der Deutschen Bibliothek
Die Deutsche Bibliothek verzeichnet diese Publikation in der Deutschen Nationalbibliografie; detaillierte bibliografische Daten sind im Internet über http://dnb.ddb.de abrufbar.

Redaktion Dr. Edeltraud Kemnitz

Gestaltungskonzept Britta Scharffenberg
Umschlaggestaltung Hans Helfersdorfer
Layout Andreas Biedermann, Johanna Dörsing, Marion Schneider
Grafik Renate Diener, Reinhild Gluszak, Wolfgang Gluszak, Christiane Gottschlich, Martha-Luise Gubig, Karin Mall, Christiane Mitzkus, Walther-Maria Scheid, Sybille Storch

Druck und Bindung Appl, Wemding

F E D C B

ISBN 3-89818-021-2 (DUDEN PAETEC Schulbuchverlag)
ISBN 3-411-71482-4 (Dudenverlag)

Inhaltsverzeichnis

1 DIE BIOLOGIE – EINE NATURWISSENSCHAFT

1.1 Gegenstand und Teilgebiete der Biologie

1.1.1 Biologie als Naturwissenschaft

Höhlenzeichen belegen, dass der Mensch, solange er existiert, auf Pflanzen und Tiere angewiesen ist. Für die Forscher sind diese Malereien deshalb wichtig, weil sie auch Auskunft über die Verbreitung bestimmter Arten damals auf der Erde geben.

Solange Menschen existieren, beschäftigen sie sich mit anderen Lebewesen. Pflanzen und Tiere beispielsweise sichern ihren Lebensunterhalt, sie liefern Nahrung, Kleidung und Werkzeuge. Felle oder auch Blätter bieten aber auch Schutz vor Umwelteinflüssen wie Hitze und Kälte, Regen und Schnee.

Als die Menschen begannen über sich und ihre Umwelt nachzudenken, wurden sie von der Faszination erfasst, die vom Lebendigen ausgeht. Faszination ist auch heute für viele ein Anlass, sich mit den vier großen Bereichen des Lebens, mit Pflanzen, Tieren, Pilzen, Bakterien, und den Beziehungen zwischen den Lebewesen zu beschäftigen.
Menschen halten Tiere, sie züchten und pflegen Pflanzen, setzen sich für die Erhaltung von Tier- und Pflanzenarten ein, legen Parkanlagen und Teiche an, bestaunen die Schönheiten, die die lebende Natur hervorbringt, und vieles andere mehr.

Je intensiver sich der Mensch mit seiner natürlichen Umwelt auseinandersetzte, desto neugieriger wurde er auf sie und desto mehr Fragen taten sich ihm auf.
Die interessanteste ist wohl: *Wie ist die Erde eigentlich entstanden?*
Dazu gibt es unterschiedliche Theorien. Die verbreitetste geht davon aus, dass das Universum aus einem so genannten *Urknall* hervorgegangen ist, in dessen Folge unvorstellbare große Energiemengen frei wurden. Das Weltall begann sich auszudehnen und abzukühlen, wobei Materie an verschiedensten Teilen des Universums kondensierte. So entstand auch unser Sonnensystem mit der Erde.

Aus einem sog. **Urknall** (engl. big bang) soll unser Universum hervorgegangen sein.

An die oben genannte Frage schließt sofort die folgende an:
Wie sind die ersten Lebewesen entstanden? Sind sie aus „unbelebter" Materie hervorgegangen?
Auch hier gibt es unterschiedliche Theorien. ALEXANDER IWANOWITSCH OPARIN (1894–1980), ein russischer Biochemiker, begründete 1922 die moderne Vorstellung über die Entwicklung des Lebens auf der Erde. OPARIN führte auch Modellexperimente durch, um seine Hypothese zu beweisen. Er konnte z.B. zeigen, dass sich in bestimmten Lösungen Tröpfchen von Makromolekülen bilden, die man *Koazervate* nannte. Sie wiesen einige Anzeichen von Leben auf, z.B. Aufnahme und Ausscheidung von Stoffen.
Doch das entscheidende Experiment gelang einem jungen amerikanischen Wissenschaftler. STANLEY L. MILLER konnte 1952 in einem berühmten Experiment nachweisen, dass es möglich ist, aus einem Gemisch anorganischer Stoffe komplexe organische Stoffe herzustellen.
So könnten also vor etwa 4 Milliarden Jahren die ersten organischen Makromoleküle entstanden sein, aus denen sich dann alles Leben entwickelte.

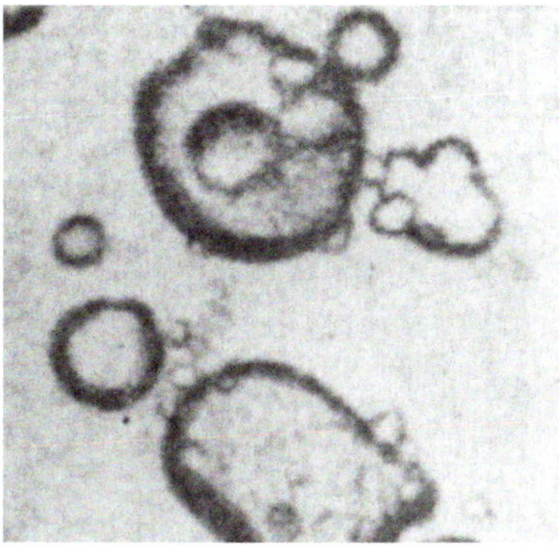

OPARINS These besagte u.a., dass die spezifischen Bedingungen auf der primitiven Erde bestimmte chemische Reaktionen begünstigt hätten.

STANLEY L. MILLER testete gemeinsam mit H. UREY die Hypothese von OPARIN erfolgreich.

Carl von Linné (1707–1778) glaubte zunächst an die Konstanz der Arten. Später änderte er seine Meinung (↗ S. 285).

ERNST HAECKEL (1834–1919) gilt als Verfechter der Abstammungslehre (↗ S. 286).

Spannend ist es natürlich auch zu erforschen, wie sich Lebewesen dann weiterentwickelt haben. Es sind heute ungefähr 1,5 Millionen Arten entdeckt und beschrieben worden, darunter über 260000 Pflanzenarten, 50000 Wirbeltierarten und mehr als 750000 Insektenarten.

Wie hat sich eine so riesige Vielfalt von Lebewesen herausbilden können?

Früher glaubte man an die Erschaffung der Arten durch Gott. Dann fand man Überreste von Lebewesen (*Fossilien, ↗ S. 287*), die zeigten, dass früher auf der Erde andere Lebewesen vorkamen als heute. Durch die Arbeiten von CARL VON LINNÈ, JEAN BABTISTE DE LAMARCK, CHARLES DARWIN und ERNST HAECKEL wurde nachgewiesen, dass sich Arten verändern.

Es dauerte dann aber noch sehr lange, ehe sich der *Entwicklungsgedanke* durchsetzte.

Vielfalt ist ein Kennzeichen des Lebens. Der Adler segelt durch die Lüfte, der Baum steht z.B. fest verwurzelt im Boden, die Amöbe verändert ihre Form, um sich fortzubewegen. In Körpergestalt, Größe, Fortbewegung, Fortpflanzung und in vielen anderen Merkmalen unterscheiden sich Lebewesen.

Gibt es aber trotz dieser Unterschiede Gemeinsamkeiten, z.B. zwischen einem Adler, einem Baum und einer Amöbe?

Um diese Frage beantworten zu können, muss sich der Biologe in das Innere der Lebewesen vorwagen. Er muss den Aufbau der Organismen, der Organsysteme, Organe und zuletzt die kleinsten Einheiten, die Zellen (↗ S. 189), miteinander vergleichen. Erstaunliches stellt er dabei fest: Die Zellstrukturen dieser Lebewesen ähneln sich. Der Vielfalt der Lebewesen liegt also eine gewisse Einheitlichkeit zugrunde.

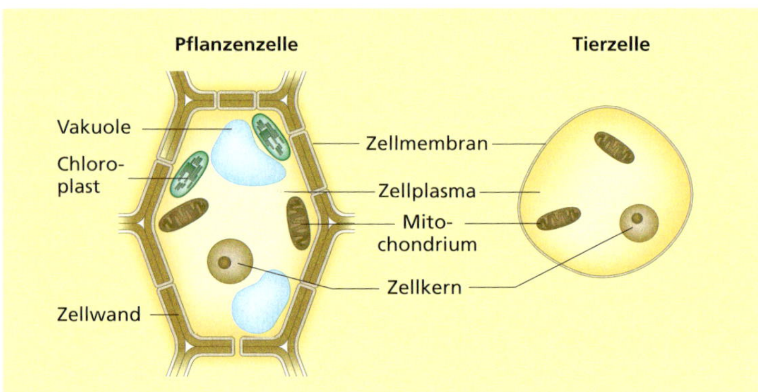

Die hohe Anzahl von Lebewesen bringt es mit sich, dass viele Arten auf engem Lebensraum zusammenleben.
Wie ist dabei das Zusammenleben von Organismen innerhalb einer Art organisiert, und wie leben Lebewesen verschiedener Arten zusammen?
An einer **Hecke** im Park kann man das Zusammenleben von Lebewesen verschiedener Arten sehr gut beobachten. Pflanzen und Tiere stehen dort in vielfältigen Beziehungen zueinander. Für die Tiere bietet die Hecke z.B. Schutz, Nahrung, Wohnraum.

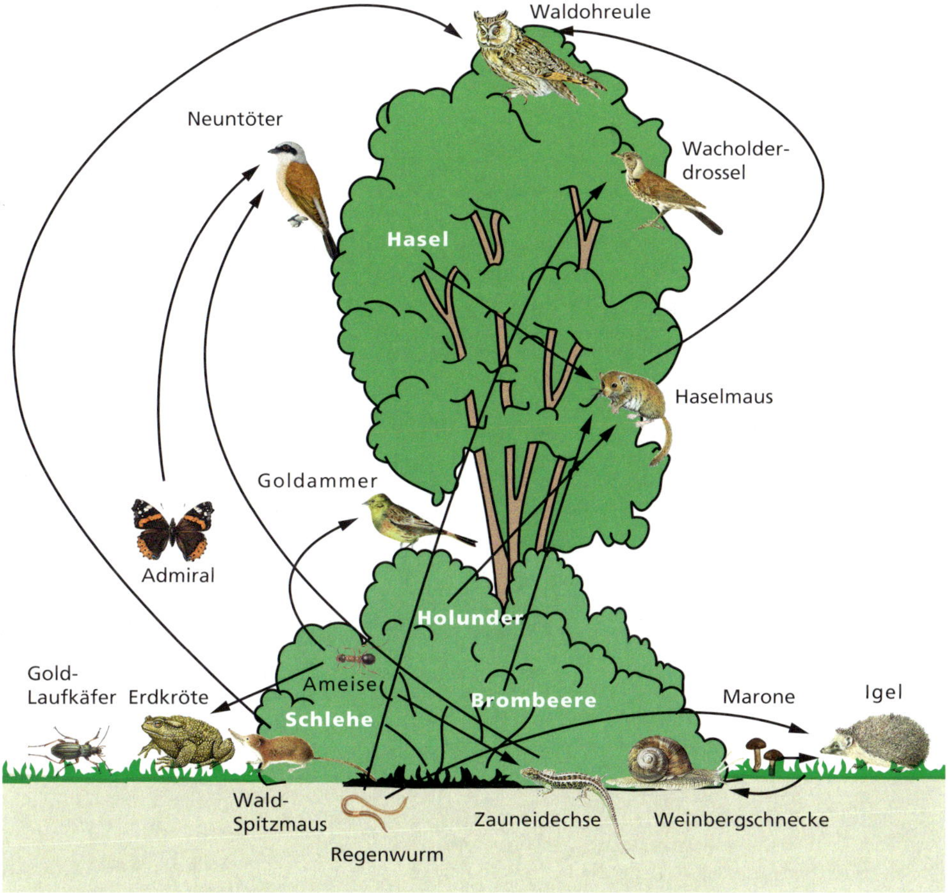

Die **Biologie** ist die Wissenschaft vom Leben. Sie erforscht die Entstehung des Lebens, seine Gesetzmäßigkeiten und Erscheinungsformen. Sie versucht einzudringen in das Wesen und die Entwicklung von Lebenserscheinungen, in deren Komplexität und Vielfalt. Sie untersucht die Lebensprozesse der Organismen und den Einfluss des Menschen auf deren Ablauf.

1.1.2 Teilgebiete der Biologie

Die Biologie ist die Wissenschaft vom Leben. Lebende Systeme sind aber komplex und vielfältig, sodass verschiedene biologische Disziplinen an der Erforschung beteiligt sind. Jede Biowissenschaft verfolgt dabei andere Ziele und wendet eigene Methoden an. Durch das Zusammenfügen der Erkenntnisse aus den unterschiedlichen Wissenschaftsdisziplinen gelingt es, immer tiefer in das Wesen und die Erscheinungen von Lebewesen einzudringen.

Teilgebiet	Untersuchungsgegenstand	Beispiel
Anthropologie (Menschenkunde)	Bau und Funktion von Organsystemen, Organen, Stammes- und Individualentwicklung des Menschen (↗ S. 125)	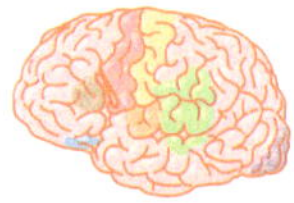
Botanik (Pflanzenkunde)	Bau und Funktion von Organen, Lebensweise, Verbreitung, Geschichte der Pflanzen	
Mykologie (Pilzkunde)	Bau, Lebensweise, Verbreitung und Geschichte der Pilze	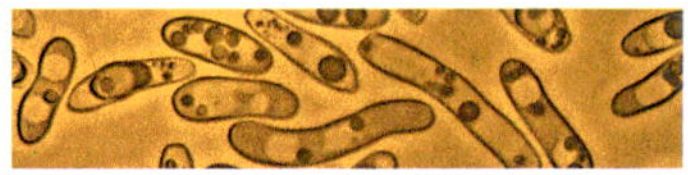
Zoologie (Tierkunde)	Bau, Lebensweise, Verbreitung und Geschichte der Tiere	
Mikrobiologie	Bau, Lebensweise, Verbreitung und Bedeutung von Mikroorganismen (z. B. Bakterien, Einzeller)	
Zytologie (Zellenlehre)	Bestandteile und Funktion der Zelle, Zelle als Baustein aller Lebewesen	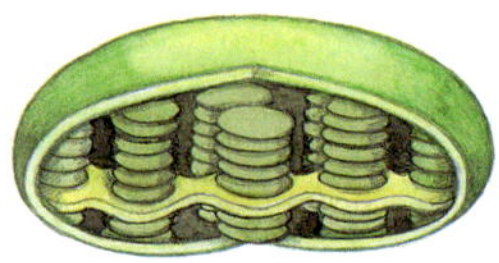
Anatomie	Innerer Bau von Lebewesen (Organsysteme, Organe) zur Erkennung der Funktion des gesamten Organismus oder einzelner Teile	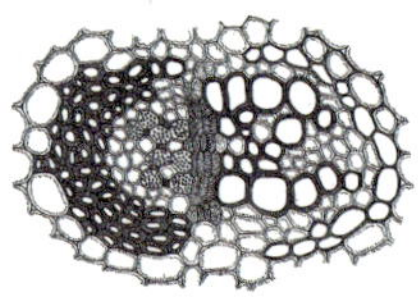
Morphologie	Körpergestalt, Aufbau des Organismus, Lage und Lagebeziehungen seiner Organe	

Teilgebiet	Untersuchungsgegenstand	Beispiel
Physiologie	Funktionen und Leistungen des gesamten Organismus und seiner einzelnen Teile; Zusammenhänge zwischen Lebensprozessen untereinander und mit der Umwelt	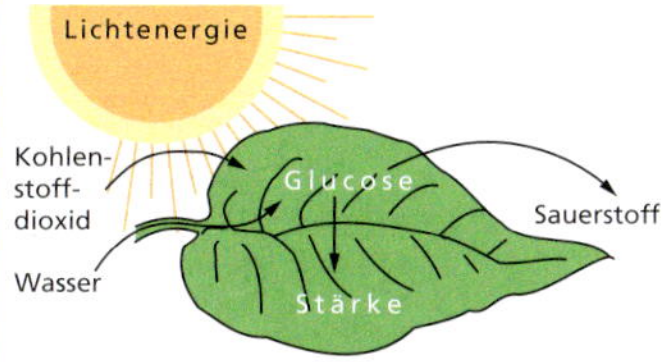
Genetik (Vererbungslehre)	Gesetzmäßigkeiten der Vererbung von Generation zu Generation, molekulare Grundlagen und materielle Strukturen (↗ S. 251)	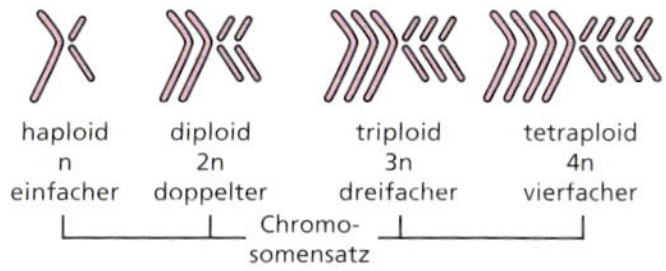
Taxonomie (Systematik)	Beschreiben, Vergleichen und Benennen der Gesamtheit der lebenden und ausgestorbenen Organismen, Ordnen in ein System abgestufter Gruppen, das ihre natürliche Verwandtschaft widerspiegelt	Samenpflanzen Kräuter – Holzgewächse Holzgewächse: Bäume – Sträucher
Ethologie (Verhaltensbiologie)	Verhalten von Mensch und Tier und deren physiologische Grundlagen (↗ S. 311)	
Ökologie	Wechselbeziehungen der Organismen untereinander und mit ihrer Umwelt; Umwelt als Gesamtheit aller biotischer und abiotischer Faktoren	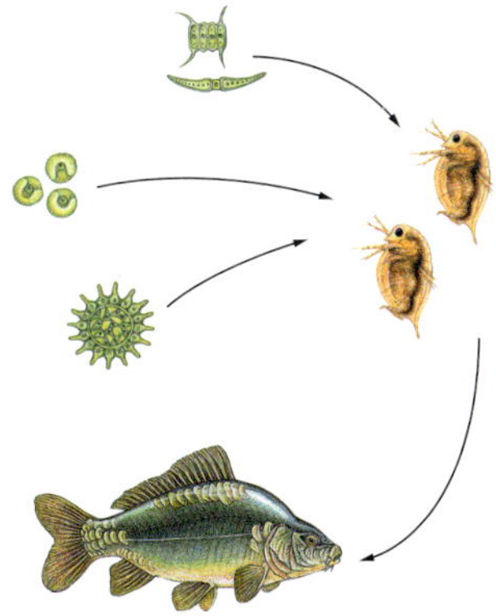
Autökologie	Wechselbeziehungen von *Einzelorganismen* und Umwelt	
Populationsökologie	Wechselbeziehungen innerhalb einer *Population*	
Synökologie	Wechselbeziehungen der Organismen mit den Lebensbedingungen in einem Lebensraum und untereinander.	
Evolution	Entstehung des Lebens; Ursachen und Verlauf der Stammesentwicklung der Organismen (↗ S. 283)	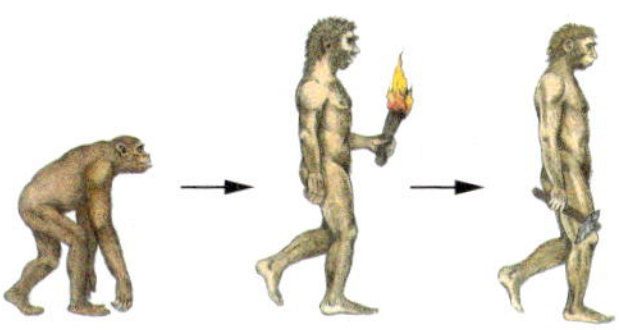

1.1.3 Verflechtung der Biologie mit anderen Wissenschaften

Lebewesen sind so kompliziert, dass zu ihrer Erforschung nicht nur fundierte Kenntnisse aus der Biologie und ihren Teilgebieten, sondern auch aus anderen **Naturwissenschaften**, z.B. aus der Chemie, der Physik, der Mathematik und auch der Geographie, notwendig sind. Das führte zu einer engen Verflechtung der Wissenschaft Biologie mit anderen Wissenschaften und auch zur Entwicklung von neuen Wissenschaftsdisziplinen.

Die **Biochemie** versucht eine Erklärung des Lebens auf molekularbiologischer Ebene zu geben. Sie betrachtet die chemische Zusammensetzung der Lebewesen und die Regulation der Lebensprozesse. Dabei nutzt sie chemische Methoden.

Bei der **Verdauung** (↗ S. 135; 184) werden die Grundnährstoffe Kohlenhydrate, Fette und Eiweiße auf chemischem Wege in kleine und wasserlösliche Bestandteile zerlegt. Dabei spielen auch **Enzyme** eine wichtige Rolle.

Kohlenhydratverdauung

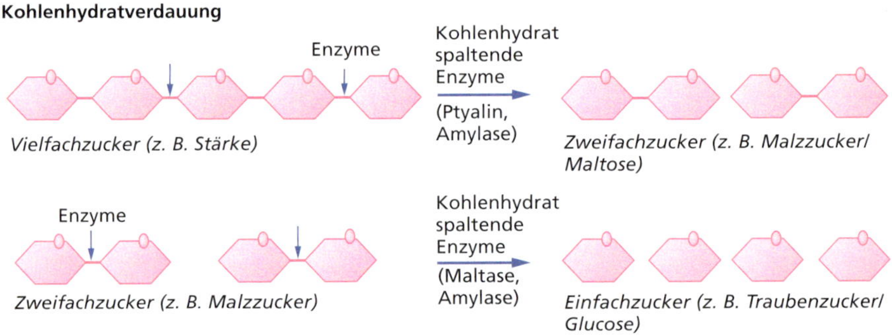

Eiweißverdauung

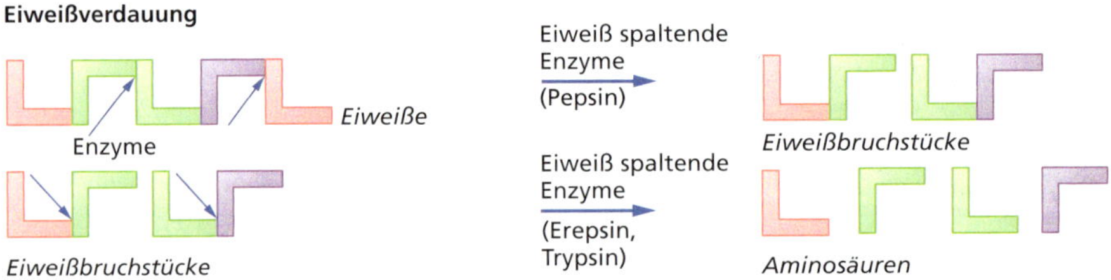

Fettverdauung

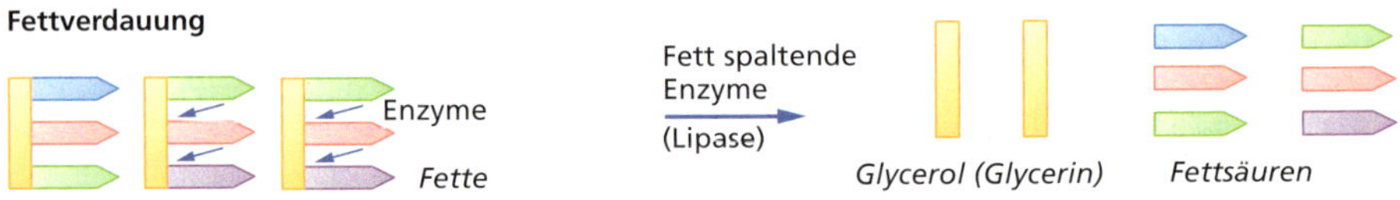

Die **Biophysik** betrachtet die physikalischen Vorgänge bei den Lebensprozessen und Lebenserscheinungen. Sie untersucht mithilfe physikalischer Methoden.

Fledermäuse können sich sehr gut im Dunkeln orientieren. Sie stoßen Töne im Ultraschallbereich aus und empfangen die reflektierten Wellen (**Echo**) auch wieder.

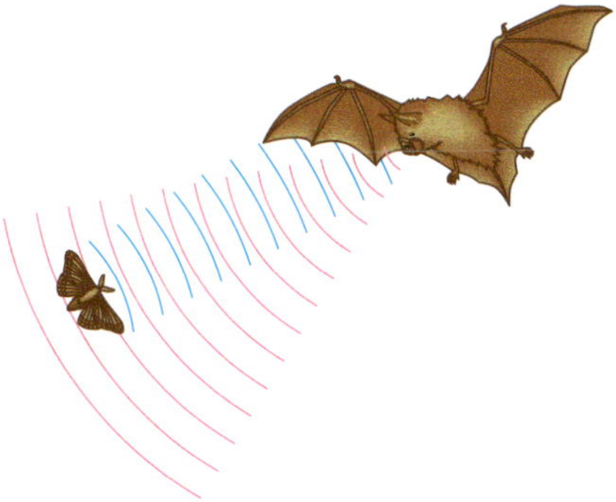

Auch Wale und **Delfine** orientieren sich mithilfe des **Ultraschalls**.

Neben der **Biotechnologie** spielt die **Bionik** zunehmend eine große Rolle. Der Begriff „Bionik" wurde 1960 von dem amerikanischen Luftwaffenmajor J. E. STEELE geprägt.

In der **Biotechnologie** werden Organismen, Zellen oder Zellbestandteile in technischen Verfahren mit dem Ziel eingesetzt, Stoffe auf-, um- oder abzubauen (z. B. Pharmaindustrie, Umweltbiotechnologie).

Bakterien gehören im Stoffkreislauf der Natur zu den **Destruenten** (↗ S. 341). Sie bauen organische Stoffe zu anorganischen Stoffe ab. Deshalb werden sie in **Kläranlagen** gezielt eingesetzt, um die organischen Stoffe der Abwässer abzubauen.

Destruenten zerlegen organische Stoffe (z. B. Kohlenhydrate) in anorganische Stoffe (z. B. Kohlenstoffdioxid und Wasser). Sie werden auch *Zersetzer* genannt.

Das Edelweiß kommt normalerweise in Regionen über 1500–3400 m vor. Es wird dort ca. 5–15 cm hoch. Man findet es aber auch in anderen Regionen. Dort wird es aber weitaus größer als im Gebirge.

Die **Biogeographie** untersucht die Verbreitung von Lebewesen auf der Erde. Dazu müssen die Biogeographen z. B. den Bestand an Tieren und Pflanzen in einem Land aufnehmen und deren Anpassung an den Lebensraum feststellen. Biogeographen arbeiten weltweit zusammen.

Pinguine sind auf der Erde weit verbreitet. Von den ca. 17 Arten leben einige auf Neuseeland, andere auf den Galapagosinseln, wiederum andere auf der Antarktis. An ihre Umweltbedingungen haben sie sich u. a. durch ihre Körpergröße angepasst. Der *Kaiserpinguin*, die größte Art innerhalb der Pinguinfamilie, lebt auf dem Packeis der antarktischen Meere. Er wird bis zu 1,20 m groß. Der *Galapagospinguin*, er kommt als einzige Art in der Nähe des Äquators vor, wird nur bis zu 51 cm groß.

Die **Psychologie** ist eine Wissenschaft, die mithilfe von Experimenten und systematischen Beobachtungen die Gesetzmäßigkeiten erforscht, von denen das Verhalten der Menschen bestimmt wird. Sie erforscht weiterhin die psychischen Erscheinungen und Prozesse (z. B. Wahrnehmen, Denken) und die psychischen Eigenschaften der Menschen (z. B. Temperament, Charakter) in Wechselbeziehung zu ihrer Umwelt.

Freude

Ärger

Überraschung

Traurigkeit

Wissenschaftler haben die **Gesichtsausdrücke (Mimik)** von Menschen in verschiedenen Ländern und Regionen der Welt untersucht. Dabei haben sie verschiedene Methoden angewendet, u. a. die Menschen beim Betrachten von Bildern beobachtet und die Gesichtsanatomie studiert. Ihre Untersuchungen haben gezeigt, dass der mimische Ausdruck von Emotionen auf der ganzen Welt gleich ist. Es gibt wenigstens sechs Emotionen, die sich hinter den Gesichtsausdrücken aller Menschen verbergen. Das sind Freude, Traurigkeit, Ärger, Furcht, Überraschung und Ekel. Frauen reagieren im Allgemeinen ausdrucksvoller als Männer.

1.2 Erkenntnisgewinnung in der Biologie

Das Ziel der Biologie besteht darin, tiefer in Strukturen und Prozesse des Lebens eindringen zu können. Dazu nutzen die Biologen Hilfsmittel (z.B. Mikroskop, Computer, Chemikalien) und Methoden (z.B. Nachweismethoden). Außerdem helfen bestimmte Tätigkeiten Erkenntnisse über Vorgänge, Zusammenhänge und Gesetzmäßigkeiten in der Natur zu gewinnen, zu verstehen und auch zu veranschaulichen.

1.2.1 Tätigkeiten im Biologieunterricht

Im Zusammenhang mit dem Erkennen bestimmter biologischer Zusammenhänge und Gesetzmäßigkeiten gibt es eine Reihe von Tätigkeiten, die immer wieder durchgeführt werden. Dazu gehören u.a. das Beobachten, Untersuchen und Experimentieren. Typische Tätigkeiten *praktischer Art* sind im Biologieunterricht das Sammeln bzw. Fangen von Organismen, Bestimmen von Organismen, Betrachten oder Mikroskopieren von Objekten. Das Beschreiben, Vergleichen, Erläutern, Begründen, Erklären, Definieren, Klassifizieren sind Tätigkeiten *geistiger Art*.

Beobachten

Beim **Beobachten** werden mithilfe der Sinnesorgane oder anderer Hilfsmittel (Mikroskop oder Lupe) Eigenschaften und Merkmale, räumliche Beziehungen oder zeitliche Abfolgen von biologischen Erscheinungen ermittelt. Dabei werden die Objekte oder Prozesse nicht grundlegend verändert.

Das Beobachten ist in der Regel mit dem Beschreiben des Beobachteten verbunden!

Beim Beobachten geht man systematisch vor. Ausgehend von der Fragestellung wird genau überlegt, welche Bedingungen verändert werden müssen, um ein aussagekräftiges Ergebnis zu erhalten.

Beobachte die Pupille bei unterschiedlichem Lichteinfall!
In einem hell erleuchteten Raum vor einen Spiegel stellen und die Pupillen beobachten.
Ein Auge für kurze Zeit mit einer Hand verschließen, die Hand fortnehmen und wieder in den Spiegel schauen.
Die Pupille des vorher abgedeckten Auges betrachten und sie mit der Pupille des anderen Auges vergleichen.

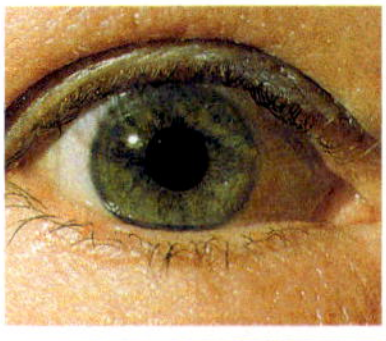

Auswertung
Die Bilder zeigen die Veränderung der Pupille. Die Beobachtung kann man mit Worten beschreiben, z.B. so: Die Pupille ist zunächst extrem geweitet. Dann verengt sie sich. Je mehr Licht einfällt, desto mehr verengt sich die Pupille.
Diese Anpassung der Pupille an die Menge des einfallenden Lichtes, an die unterschiedliche Beleuchtungsstärke, nennt man **Pupillenadaptation** (↗ S. 209).

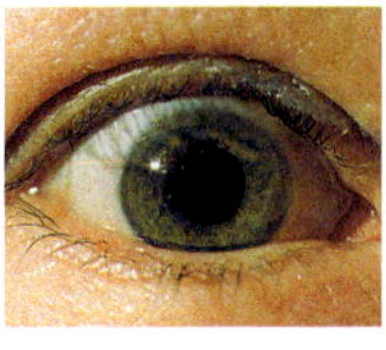

Beim Beobachten kann man zwischen **unmittelbaren** und **mittelbaren Beobachtungen** sowie **Kurzzeit-** und **Langzeitbeobachtungen** unterscheiden.

Lege bei Langzeitbeobachtungen ein Protokoll an, in dem du die wesentlichsten Punkte deiner Beobachtungen notierst!

Unmittelbare Beobachtung (direkte Beobachtung)	Mittelbare Beobachtung (indirekte Beobachtung)
Beobachtung nur mithilfe der Sinnesorgane des Menschen (Betrachten der Erscheinungen und Objekte ohne Hilfsmittel)	Beobachtung mit Hilfsmitteln wie Lupe, Mikroskop, Messgeräten oder speziellen Verfahren, z. B. Nachweisreaktionen (Untersuchungen)

Kurzzeitbeobachtung	Langzeitbeobachtung
Beobachtung von Objekten und Erscheinungen über einen kurzen Zeitraum, z. B. Körperhaltung einer Katze beim Springen, Reaktion vom Regenwurm auf unterschiedliche Reize (↗ S. 207)	Beobachten von Objekten und Erscheinungen über einen längeren Zeitraum, z. B. die Veränderung eines Laubbaumes während eines Jahres (Laubentfaltung, Blühen), Eintreffen von Vögeln (Vogelzug)

Untersuchen (Beobachten mit Hilfsmitteln)

Beim Untersuchen mit Hilfsmitteln sind unbedingt die **Sicherheitsbestimmungen für den naturwissenschaftlichen Unterricht** einzuhalten!

Beim **Untersuchen** erforscht man zielgerichtet Bau und Funktionen von Lebewesen. Dabei nutzt man Hilfsmittel (z. B. Chemikalien), ohne aber wesentliche Bedingungen zu verändern. Untersuchen kann man also auch als Beobachten mit Hilfsmitteln bezeichnen.

Man unterscheidet je nach Struktur der zu untersuchenden Objekte und Erscheinungen verschiedene Arten von Untersuchungen. Beim **Sezieren** und **Präparieren** werden biologische Objekte sachgerecht auseinander genommen, um den anatomischen Bau erkennen zu können. Hilfsmittel sind dabei u. a. Pinzette, Messer, Schere, Präpariernadel und Lupe.

Sektion eines Fisches

1. Fisch entlang der Mittellinie des Bauches, vom After bis Kiemenstrahlen, aufschneiden
2. Schnitt hinter dem Kiemendeckel bis zur Seitenlinie
3. Schnitt vom After bis zur Seitenlinie
4. Schnitt entlang der Seitenlinie
5. Entfernen des Kiemendeckels

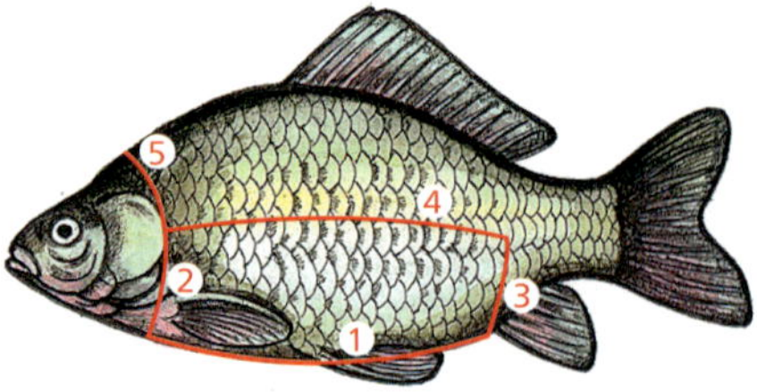

Präparation einer Rosenblüte

Dazu wird die Blüte vorsichtig mit einer Pinzette zerlegt. Die Blütenblätter werden entsprechend ihrer Anordnung in der Blüte auf eine Unterlage gelegt. Man erhält so ein *Legebild*.
Aus dem Legebild kann man eine vereinfachte Zeichnung, ein Blütendiagramm, entwickeln.

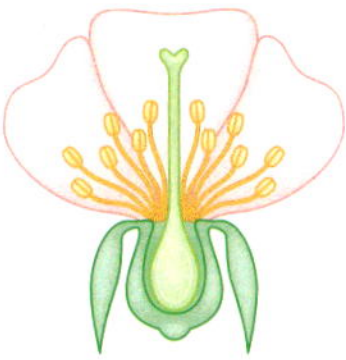
Blüte (schematisch)

Legebild

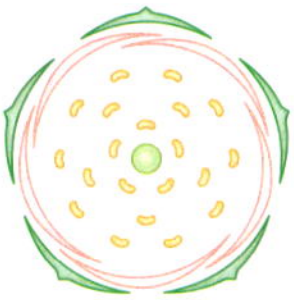
Blütendiagramm

Zu den Untersuchungen gehören auch **Reagenzglasuntersuchungen.** Sie werden durchgeführt, um den chemischen Aufbau, die Struktur von Objekten (z.B. Organismen, Nahrungsmitteln) herauszufinden.

Welche Nahrungsmittel enthalten Traubenzucker?

Materialien:
Reagenzgläser, Bunsenbrenner, Reagenzglasständer, Reagenzglashalter, Wasser, fehlingsche Lösung als Nachweismittel; Weintrauben, reife Birnen, Honig, gekochtes Ei, Kartoffeln, Milch

Durchführung:
1. Fehlingsche Lösung aus Fehling I und II herstellen!

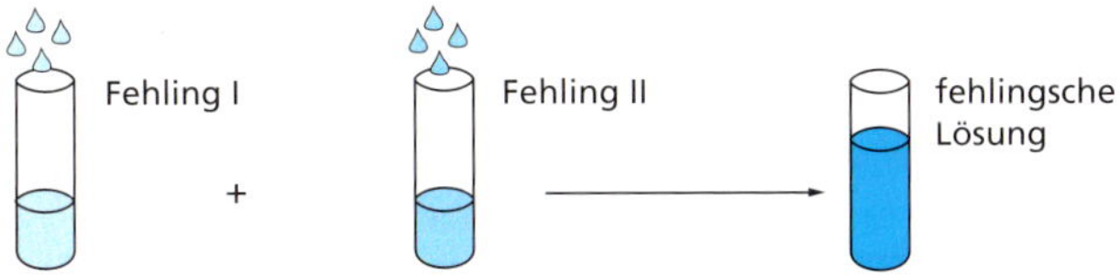

2. Nahrungsmittel in je ein Reagenzglas geben!
3. Einige Tropfen fehlingsche Lösung dazugeben, vorsichtig erhitzen (Siedeverzug beachten) und beobachten!

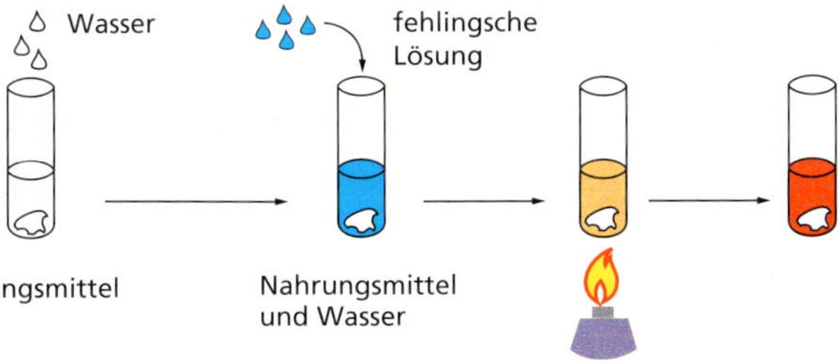

Beobachtung:
Bei welchen Nahrungsmitteln tritt eine Verfärbung ein?

Bei Reagenzglasuntersuchungen arbeitet man mit geringen Mengen. Hierbei sind wiederum die Sicherheitsbestimmungen für den naturwissenschaftlichen Unterricht einzuhalten.

Experimentieren

Das Experimentieren ist eine sehr komplexe Tätigkeit, die in verschiedenen Etappen beim Erkennen und Anwenden von Naturgesetzen auftritt. Das Ziel eines Experiments besteht darin, eine Frage an die Natur zu beantworten. Dazu wird eine Erscheinung der Natur unter *ausgewählten, konkreten, kontrollierten* und *veränderbaren Bedingungen* beobachtet, die Ergebnisse werden registriert und bewertet. Die Bedingungen und damit das gesamte Experiment müssen wiederholbar sein. Beim Experimentieren geht man in der Regel in bestimmten Etappen vor (Vorbereiten, Durchführen und Auswerten des Experiments).

Beim **Experimentieren** wird eine Erscheinung der Natur unter ausgewählten, kontrollierten, wiederholbaren und veränderbaren Bedingungen beobachtet, die Ergebnisse werden registriert und bewertet.

Schrittfolge beim Experimentieren	Beispiel: Nachweis von Keimbedingungen
1. Vorbereiten des Experiments Zunächst ist zu überlegen, – welche Frage mithilfe des Experiments beantwortet werden soll;	*Unter welchen Bedingungen keimen Samen?*
– welche Gesetze angewendet werden können; – welche bisherigen Kenntnisse zum Formulieren einer Vermutung herangezogen werden können.	Pflanzen benötigen zum Wachstum außer Licht auch Wasser, eine bestimmte Temperatur und Nährstoffe. Vielleicht benötigen Samen zum Keimen ähnliche Voraussetzungen.
Dann wird eine *experimentell prüfbare Folgerung* abgeleitet.	Wenn Samen zum Keimen Wasser und eine bestimmte Temperatur benötigen, dann müssten sie beim Fehlen dieser Bedingungen nicht keimen.
Danach ist ein *Experimentierplan* zu entwickeln. Dabei ist genau zu überlegen, welche – Bedingungen variiert werden müssen; – Veränderungen zu erwarten sind (Größe, Form); – Objekte, Geräte oder Chemikalien eingesetzt werden; – Arbeitsschritte zur Durchführung des Planes notwendig sind.	*Bedingungen,* die variiert werden: Temperatur, Feuchtigkeit *Geräte, Objekte,* die benötigt werden: Kressesamen, Filterpapier (oder Erde), 4 Petrischalen, Wasser *Experimentierplan:* In vier Petrischalen werden Kressesamen auf Erde oder Filterpapier ausgesät und unter unterschiedlichen Bedingungen gehalten. 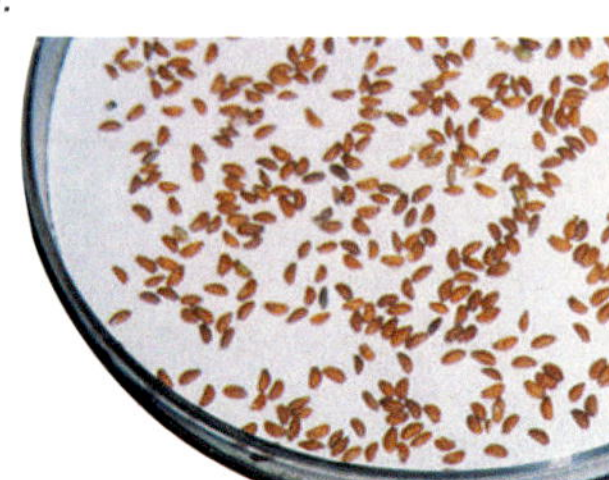

2. Durchführen des Experiments und Protokollieren der Beobachtungen – Das Experiment wird genau nach den geplanten Vorgaben durchgeführt. (Je besser vorüberlegt und geplant wurde, desto genauer sind die zu erwartenden Effekte.) – Alle Erscheinungen genau aufschreiben!	*1. und 2. Petrischale:* Filterpapier wird feucht gehalten, eine Schale wird an einen *warmen*, die andere an einen *kalten* Ort gestellt. *3. und 4. Petrischale:* Beide Petrischalen an einen warmen Ort stellen. In einer Petrischale wird das Filterpapier mit Wasser *angefeucht*et, in der anderen bleibt es *trocken*. *Beobachtung:* Nach einigen Tagen beginnen die Samen in zwei Petrischalen zu keimen.
3. Auswerten des Experiments/Beantworten der Fragestellungen Die protokollierten Messwerte und Beobachtungen werden ausgewertet. Dazu können Diagramme angefertigt, Berechnungen durchgeführt oder Aufnahmen gemacht werden. Ist eine vermutete Lösung aufgestellt worden, wird diese mit dem festgestellten Ergebnis verglichen. Erklärung der festgestellten Ergebnisse.	*1. und 2. Petrischale:* Die Samen an dem warmen Ort keimen schneller als die am kalten Ort. *3. und 4. Petrischale:* Die Samen auf feuchtem Filterpapier keimen, die auf trockenem Filterpapier nicht. Samen brauchen zum Keimen Feuchtigkeit und eine bestimmte Temperatur. 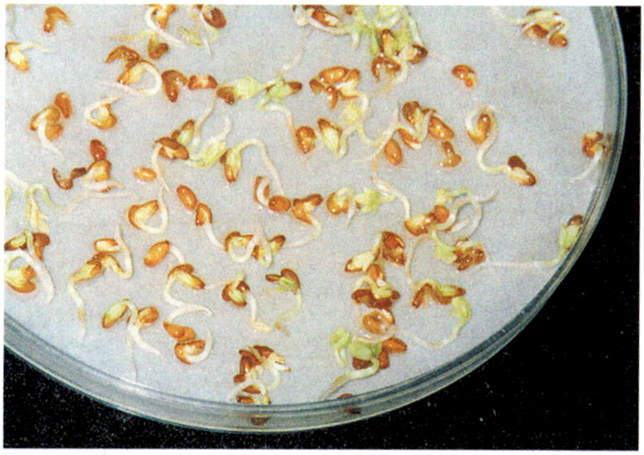

Anfertigung eines Protokolls

Beobachtungen, Untersuchungen und Experimente erfordern die Anfertigung eines genauen **Protokolls.**
Im Protokoll werden sowohl die Probleme bzw. Fragen, die Geräte und Materialien als auch die Beobachtungs- bzw. die Messergebnisse, falls erforderlich auch die Untersuchungs- bzw. die Experimentieranordnungen, die Bedingungen und Auswertungsergebnisse festgehalten.

Protokoll eines Experiments

Nachweis der Temperaturempfindlichkeit unserer Haut

Name: *Julia Zauberhaft* **Klasse:** *8a* **Datum:** 1.7.2001

Frage/Aufgabe:

Wie reagiert die Haut auf unterschiedliche Wassertemperaturen? Erkläre!

Vorbereitung:

Geräte und Materialien: 3 Schüsseln mit Wasser unterschiedlicher Temperatur (15 °C, 35 °C und 25 °C)

Experimentierplan: Drei Schüsseln mit Wasser unterschiedlicher Temperatur nebeneinander stellen.

Gleichzeitig für ca. 2 Minuten die eine Hand in die Schale mit 15 °C warmem Wasser und die andere in die mit 35 °C warmem Wasser tauchen.

Nach 2 Minuten beide Hände in die Schüssel mit 25 °C warmem Wasser tauchen.

Beide Hände noch einige Minuten in der Schale mit 25 °C warmem Wasser lassen.

Durchführung und Beobachtung:

Die Hand, die im 15 °C warmen Wasser eintaucht, empfindet das Wasser als kühl, die Hand im 35 °C warmen Wasser, empfindet das Wasser als heiß.

Beim anschließenden Eintauchen beider Hände in 25 °C warmes Wasser empfindet die Hand, die vorher im 15 °C warmen Wasser war, die Temperatur des Wassers als warm, die andere Hand empfindet das Wasser als kalt. Nach einigen Minuten empfinden beide Hände das Wasser gleich warm.

Erklärung:

In unserer Haut befinden sich Temperatursinneszellen, die auf Kälte oder Wärme reagieren. Sie übermitteln uns keine absoluten Temperaturwerte wie ein Thermometer, sondern nur Temperaturunterschiede bzw. Temperaturveränderungen. Das hat zur Folge, dass man Wasser derselben Temperatur sowohl als warm als auch als kalt empfinden kann. Das hängt davon ab, ob die in das Wasser eingetauchte Hand vor dem Eintauchen eine höhere oder niedrigere Temperatur als das Wasser hatte.

Sammeln und Fangen von Organismen

Pflanzen und Tiere sowie Pilze oder Teile von ihnen werden im Biologieunterricht zu unterschiedlichen Zwecken gesammelt: z.B. zur Anlage eines *Herbariums*, *Terrariums* oder *Aquariums*, zum Beobachten und Kennenlernen von Verhaltensweisen von Tieren, zum Bestimmen von Organismen oder zum Gestalten von Ausstellungen.

Beim Sammeln und Fangen müssen die Gesetze des Natur- und Umweltschutzes **(Bundesnaturschutzgesetz)** beachtet werden!

Bevor man Pflanzen, Tiere und Pilze oder Teile von ihnen sammelt oder fängt, muss man prüfen, ob ein Foto, eine Zeichnung oder ein Film nicht das gleiche Ergebnis bringen.

Lege ein Herbarium an!

Pflanzen enthalten sehr viel Wasser. Will man Gestalt und Farbe der Pflanzen erhalten, muss man sie nach dem Sammeln sofort trocknen und pressen, d.h. herbarisieren.
Ein **Herbarium** kann nach unterschiedlichen Gesichtspunkten angelegt werden: z.B. nach *systematischen* (Pflanzenfamilien) oder nach *ökologischen* (Wiesenpflanzen) Gesichtspunkten.
Beim Herbarisieren geht man folgendermaßen vor:

Eine **Pflanzenpresse** kann man sich mit einfachen Mitteln relativ leicht herstellen.

- Auswahl einer vollständigen Pflanze und Bestimmen derselben.
- Pflanze zwischen saugfähiges Papier (Zeitung) legen, Teile so anordnen, dass sie nicht geknickt werden oder übereinander liegen.
- Pressen und Trocknen der Pflanze (Pflanzenpresse).
- Getrocknete Pflanze vorsichtig auf den Herbarbogen legen, mit kleinen Klebestreifen befestigen.
- Beschriften des Herbarbogens (siehe Muster).

Bestimmen von Organismen

Bestimmen ist das Feststellen der Namen von unbekannten Organismen (Pflanzen, Tieren oder Pilzen) aufgrund charakteristischer Merkmale mithilfe von Tabellen, Abbildungen oder Bestimmungsschlüsseln.

Die Bestimmung erfolgt im Allgemeinen nach **dichotomen Bestimmungsschlüsseln.** Das bedeutet, dass zwei unterschiedliche Merkmale gegenübergestellt und verglichen werden. Im Ergebnis wird jeweils das zutreffende Merkmal gewählt.

Bestimme den Namen der Muschel (Beispiel Miesmuschel)!

Zum Bestimmen sollten die Objekte möglichst frisch und unbeschädigt sein!

Bestimmungsübung Muscheln (Beispiel Miesmuschel)

1 – Schalen länglich dreieckig
– Tier fest sitzend 2

1* – Schalen nicht dreieckig
– Tier nicht fest sitzend 3

2

2 – Schalen blauschwarz oder braun, ohne Zickzacklinie
– Länge 6–8 cm
Miesmuschel

2*

2* – Schalen gelbgrau mit dunkelbraunen Zickzacklinien
– Länge 3–4 cm
Dreikantmuschel oder *Wandermuschel*

3
Große Herzmuschel

3 – Schalen außen gerippt, rundlich herzförmig
Herzmuschel
Schale weiß oder gelblich

3
Essbare Herzmuschel

3* – Schalen außen glatt, nicht herzförmig 4

4 – Schalen klein, rundlich dreieckig
– Schalen weiß, gelblich oder rosa
– Länge bis 2 cm
Plattmuschel

4

4* – Schalen nicht dreieckig, anders geformt 5

5

5 – Schalen groß, spitz, eiförmig
– Schalen weiß
– Länge über 4 cm
Sand-Klaffmuschel

Betrachten mit der Lupe

Mithilfe einer Lupe kann man Pflanzen und Tiere bzw. deren Teile wesentlich größer sehen als mit bloßem Auge. Gebräuchlich sind Lupen, die ein 5- bis 15fach vergrößertes Bild des untersuchten Objektes zeigen.

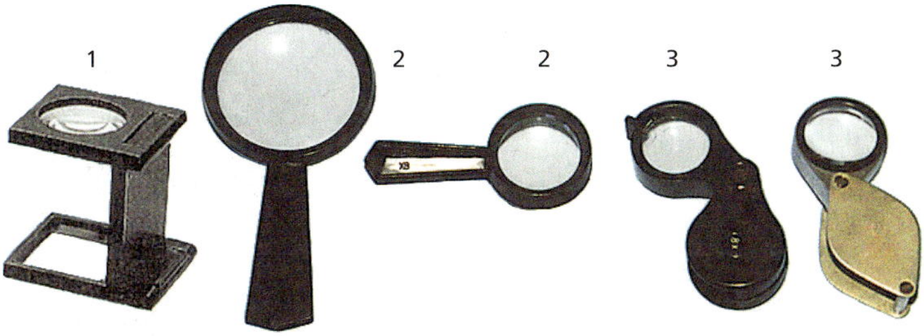

Man unterscheidet Standlupe (1), Stiellupe (2) und Einschlaglupe (3).

Um die kleinen Objekte vergrößert sehen zu können, muss man die Lupe richtig handhaben:
- Lupe zwischen Auge und Objekt halten,
- Abstand zwischen Auge und Objekt verändern, um das Objekt deutlich vergrößert sehen zu können,
- dazu Lupe oder Objekt bewegen.

Mikroskopieren von Objekten

Beim **Mikroskopieren** werden sehr kleine Objekte und deren Lebensvorgänge (z. B. Fortbewegung) mithilfe eines Mikroskops betrachtet.

Beim Mikroskopieren immer beide Augen geöffnet lassen. Brillenträger mikroskopieren ohne Brille.

Durch das **Lichtmikroskop** erfolgt eine Vergrößerung des Objektbildes. Es kommt ein Bild zustande, das das Objekt bis über das 2000fache vergrößert zeigt.
Um richtig mit dem **Mikroskop** umgehen zu können, muss man es sachgerecht **handhaben**:

1. Spiegel zur Lichtquelle einstellen, Blende öffnen, Gesichtsfeld ganz ausleuchten.
2. Tubus durch Drehen am Triebrad heben, Präparat bzw. Objekt (z. B. Haare, Federn) auf Objekttisch legen und mit Federn befestigen.
3. Tubus bis dicht über Präparat bzw. Objekt durch Drehen senken, dabei seitlich beobachten, damit Objekt nicht zerstört wird.
4. Ins Okular sehen, Tubus durch Drehen langsam heben, bis Scharfeinstellung des Objekts erreicht ist.
5. Durch langsames Verschieben des Präparates einen guten Bildausschnitt vom Objekt suchen.
6. Objekt genau beobachten.

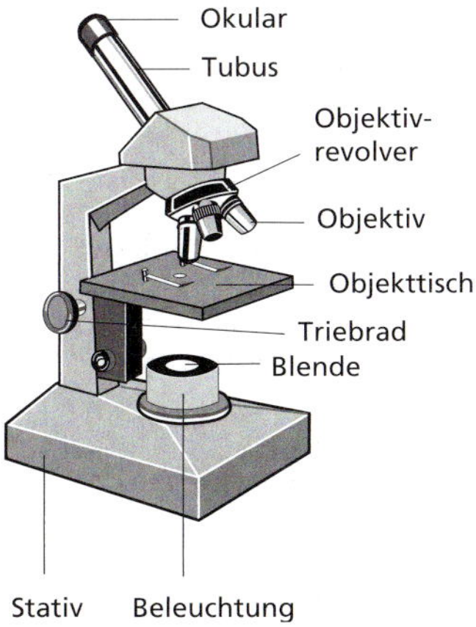

Eine millionenfache Vergrößerung des Objektbildes wird durch die verschiedenen Arten des **Elektronenmikroskops** erreicht.

Herstellen von Mikropräparaten

Zur Betrachtung von Objekten im Mikroskop eignen sich vor allem solche Objekte, die genug Licht abstrahlen (z.B. Pollenkörner). Andere müssen erst so präpariert werden, dass sie lichtdurchlässig werden. Man fertigt dazu hauchdünne Schnitte (z.B. von Pflanzenstängeln) an.

Wenn man die Frischpräparate in einer feuchten Kammer aufbewahrt, kann man sie noch einige Tage verwenden.

Man unterscheidet *Frisch- und Dauerpräparate*.
Frischpräparate werden zur sofortigen Betrachtung der Objekte unter dem Mikroskop hergestellt. Sie halten nicht sehr lange. Zu ihnen gehören *Trockenpräparate* (z.B. Insektenflügel, Pollenkörner) und Feuchtpräparate (z.B. Moosblättchen, Amöbe in Wasser).
Dauerpräparate: Objekte, die man häufiger betrachten will, kann man durch besondere Behandlung (Einschluss in Harz oder Glyceringelatine) haltbar machen.

Herstellung eines Frischpräparates vom Zwiebelhäutchen

Beim Herstellen von Mikropräparaten, insbesondere bei der Arbeit mit Rasierklingen, sind wieder die Sicherheitbestimmungen **(Arbeitsschutz)** zu beachten.

1. Bereitstellen der benötigten Arbeitsgeräte und Objekte (Objektträger, Deckgläschen, Pinzette, Pipette, Rasierklinge, Wasser, Zwiebel)!
2. Reinigen der Objektträger und Deckgläschen!
3. Auftropfen von etwas Wasser mithilfe einer Pipette in die Mitte des Objektträgers!
4. Zerschneiden der inneren durchsichtigen Haut einer Zwiebelschuppe mithilfe einer Rasierklinge in kleine Quadrate!
5. Abheben eines Stückchens der durchsichtigen Zwiebelhaut mit der Pinzette und in den Wassertropfen auf den Objektträger legen!
   (*Achtung*: Wenn sich das Hautstückchen einrollt, dann vorsichtig mit zwei Präpariernadeln aufrollen.)
6. Vorsichtig ein Deckglas auf das Objekt im Wassertropfen legen! Dazu das Deckglas schräg an den Wassertropfen heranbringen und langsam auf das Objekt im Wasser sinken lassen!
7. Seitlich hervorquellendes Wasser mithilfe eines Filterpapierstreifen absaugen! Bei Wassermangel Wasser mithilfe einer Pipette seitlich am Deckglas hinzutropfen!
8. Betrachten des Objektes mithilfe des Mikroskops!
9. Soll das Objekt angefärbt werden, einige Tropfen Farbstofflösung an den Rand des Deckgläschens tropfen und mithilfe eines Filterpapierstreifens unter dem Deckglas hindurchsaugen!

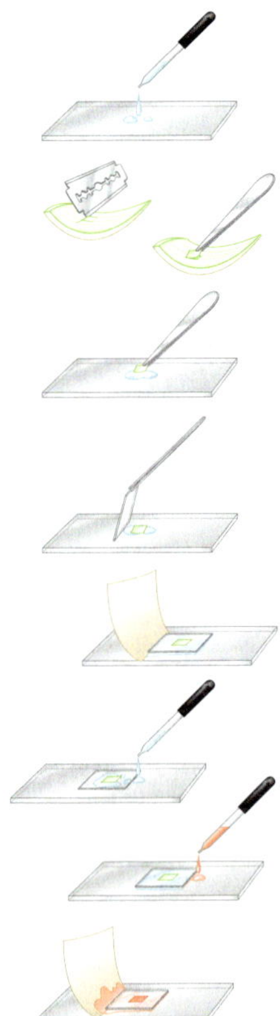

Geräte zur Herstellung von Mikropräparaten

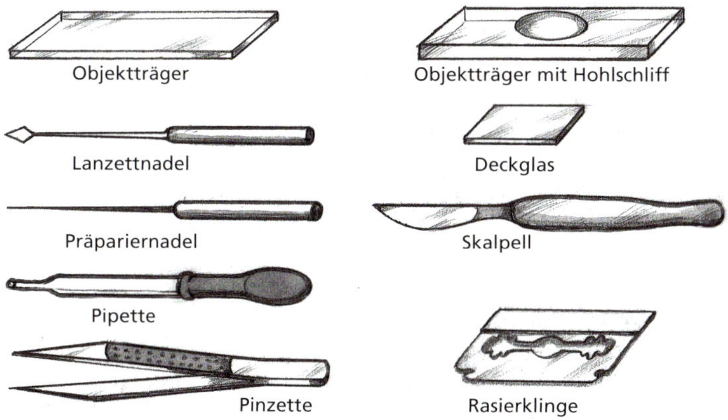

Vorsicht!
Beim Arbeiten mit den Präpariergeräten sind Sicherheitbestimmungen für den naturwissenschaftlichen Unterricht zu beachten!

Mikroskopische Zeichnungen

Nach Möglichkeit sollte vom beobachteten Objekt eine mikroskopische Zeichnung angefertigt werden, die die Form, die Lage- und die Größenverhältnisse richtig darstellt.

Beim **mikroskopischen Zeichnen** sollte man folgendermaßen vorgehen:
- Objekt im Mikroskop mit dem einen Auge betrachten, mit dem anderen Auge auf das neben dem Mikroskop liegende Zeichenpapier schauen!
- Entscheiden, was gezeichnet werden soll (Ausschnitt oder ganzes Objekt)!
- Zeichnung und Bildausschnitt im Mikroskop ständig vergleichen und Zeichnung dabei schrittweise ergänzen; dabei Form, Lage und Größe des Objekts beachten!
- Zeichnung beschriften (Objektname und erkannte Bestandteile, Vergrößerung, Zeichner)!

Mikroskopische Zeichnungen werden nur mit Bleistift angefertigt. Dabei sollte man nicht so stark aufdrücken.

Spaltöffnung im Original und in mikroskopischer Zeichnung

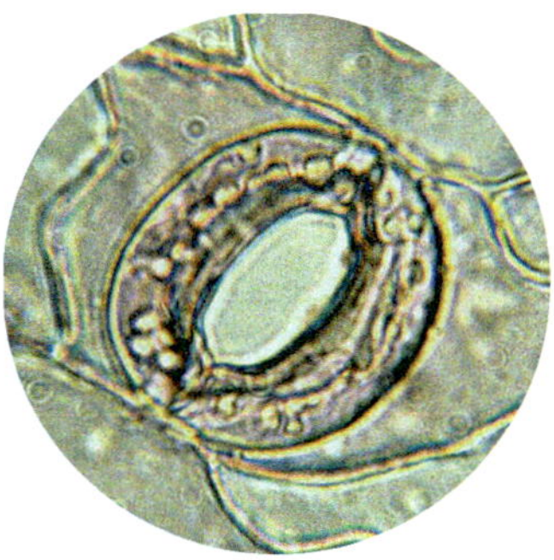

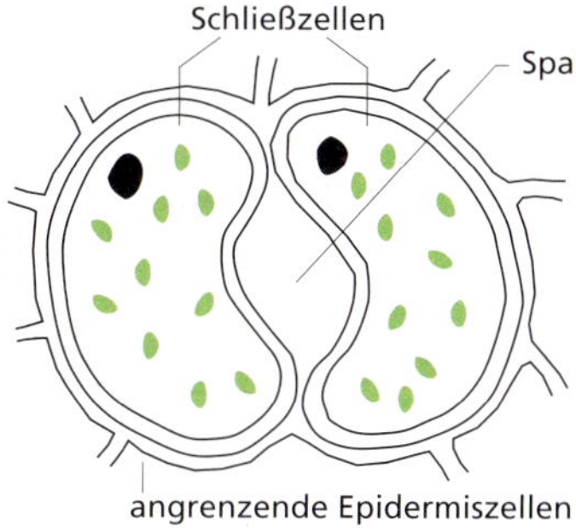

Bei der Haltung von Organismen sind die Gesetze des Natur- und Umweltschutzes einzuhalten.

Halten und Pflegen von Organismen

Viele Lebewesen kann man in geeigneten Behältern für kurze oder längere Zeit halten, pflegen und beobachten. Im Wasser lebende Tiere kann man sehr gut im **Aquarium** halten, andere Tiere, z.B. Lurche, Kriechtiere und einige Kleinsäuger, in **Terrarien**. Insekten hält man in **Insektarien**.

Einrichten eines Aquarium

Bevor das **Aquarium** eingerichtet wird, sind einige Vorbereitungen notwendig:

- Entscheiden, ob ein **Warmwasseraquarium** oder ein **Kaltwasseraquarium** angelegt werden soll!
- Auswählen eines geeigneten Standortes (heller, warmer Ort, kein Fenster)!
- Reinigen von Sand, Kies, der Steine und evtl. toter Baumwurzeln!
- Prüfen aller technischen Geräte (Heizung, Filter, Belüfter) und Bereitstellen des abgestandenen Wassers (mindestens 24 Stunden)!
- Bodenschicht aus Sand und Kies anlegen (wenige Zentimeter)!
- Bodenschicht erhält von hinten nach vorn ein Gefälle, Steine und Baumwurzeln sind als Versteckplätze geeignet!
- Wasserpflanzen in die Bodenschicht einsetzen. Hierzu ausreichend große Löcher bohren, Pflanzen einsetzen und den Boden fest andrücken. Wenn notwendig, Pflanzen mit einem kleinen Stein beschweren. Kleine Pflanzen vorne, größere seitlich hinten anordnen!
- Vorsichtig Wasser mit einem Schlauch über einen Teller einfüllen!
- Alle technischen Geräte installieren und einschalten, das Aquarium abdecken!
- Nach einer Woche Fische einsetzen!

Bei der Auswahl der Fische muss man genau beachten, welche für ein Warmwasseraquarium und welche für ein Kaltwasseraquarium geeignet sind.

Damit die Lebensbedingungen für Tiere und Pflanzen im Aquarium stabil sind, ist eine ständige Pflege wichtig.

Beschreiben von Gegenständen oder Erscheinungen

Beim **Beschreiben** wird mit sprachlichen Mitteln zusammenhängend und geordnet dargestellt, **wie** ein Gegenstand oder eine Erscheinung in der Natur beschaffen ist, z.B. welche Merkmale ein Lebewesen aufweist oder wie ein Vorgang abläuft. Dabei werden in der Regel äußerlich wahrnehmbare Merkmale dargestellt. Man beschränkt sich beim Beschreiben meist nur auf Aussagen über wesentliche Merkmale des Gegenstands oder der Erscheinung.

Gehe beim Beschreiben folgendermaßen vor:
- Beobachte das zu beschreibende Objekt genau!
- Erfasse wesentliche Merkmale!
- Formuliere die Aussage!

Beschreibe anhand der Abbildung den Bau einer Kieme!
Die Kieme besteht aus einem Kiemenbogen. An diesem setzen an einer Seite viele dünne zweigeteilte Kiemenblättchen an. Kiemenblättchen sind dünne häutige Strukturen, die von Blutgefäßen durchzogen sind. An der anderen Seite des Kiemenbogens sind dornartige Fortsätze, die die Kiemenreuse bilden.

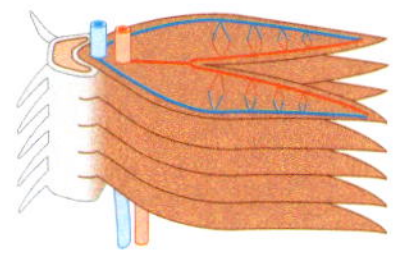

Vergleichen

Beim **Vergleichen** werden gemeinsame und unterschiedliche Merkmale von zwei oder mehreren Vergleichsobjekten (z.B. Gegenstände, Erscheinungen, Vorgänge, Prozesse, Aussagen) ermittelt und dargestellt.

Das Vergleichen ist sehr häufig mit anderen Tätigkeiten wie Beobachten, Untersuchen, Experimentieren verbunden.

Vergleiche das Gebiss eines Kindes und eines Erwachsenen miteinander!

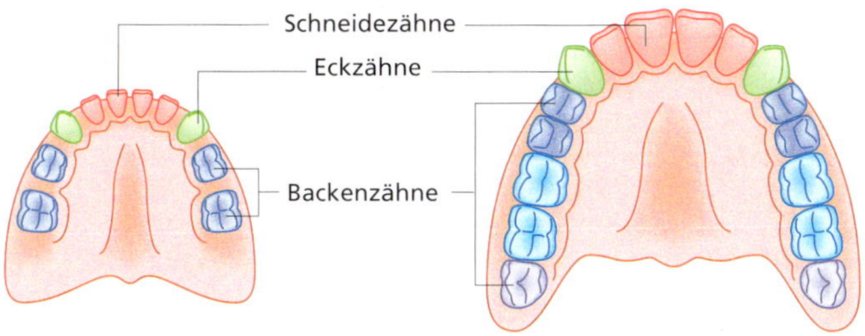

Gemeinsamkeiten:
Beide Gebisse bestehen aus Schneide-, Eck- und Backenzähnen.
Unterschiede:
1. Anzahl der Zähne insgesamt (Kind: 20, Erwachsener: 32)
2. Anzahl der Zähne pro Zahnart
3. Dauerhaftigkeit des Gebisses (Kind: Milchgebiss 5–6 Jahre, Erwachsener: Dauergebiss

Darstellung: evtl. als Tabelle

Gehe beim Vergleichen folgendermaßen vor:
- Wähle geeignete Kriterien für den Vergleich!
- Nenne Gemeinsamkeiten und Unterschiede!
- Wähle eine geeignete Darstellungsform aus (z.B. Tabelle, Übersicht)!

Klassifizieren von Objekten

Gehe beim Klassifizieren folgendermaßen vor:
- Untersuche und vergleiche die Eigenschaften von Objekten!
- Fasse Objekte mit gemeinsamen Eigenschaften zu einer Gruppe zusammen! Benenne die Gruppen von Objekten!

Beim **Klassifizieren** werden verschiedene Objekte aufgrund gemeinsamer und unterschiedlicher Merkmale in Gruppen (z.B. Klassen) eingeteilt. Alle Objekte, die bestimmte gemeinsame Merkmale besitzen, werden zu einer Gruppe zusammengefasst. Dazu ist ein Vergleich der Objekte notwendig. Die Gruppen werden benannt. Es entstehen Begriffssysteme.

Zu den Lurchen gehören Molche, Salamander, Frösche, Kröten, Unken. *Klassifiziere die Lurche aufgrund gemeinsamer und unterschiedlicher Merkmale! Ordne o.g. Vertreter den Gruppen zu!*

Gruppe der Schwanzlurche	Gruppe der Froschlurche
Merkmale: – Schwanz vorhanden – langer Körper – 4 kurze Beine	*Merkmale:* – ohne Schwanz – gedrungener Körper – Vorderbeine kürzer als Hinterbeine
Vertreter: – Molche, Salamander	*Vertreter:* – Frösche, Kröten, Unken

Definieren von Begriffen

Beim Definieren kannst du folgendermaßen vorgehen:
- Suche einen Oberbegriff!
- Nenne artbildende Merkmale!

Beim **Definieren** wird ein Begriff durch wesentliche, gemeinsame Merkmale eindeutig bestimmt und von anderen Begriffen unterschieden. Dazu werden häufig ein Oberbegriff und artbildende Merkmale angegeben.

Definiere den Begriff „Art"!

Eine Art ist die kleinste systematische Einheit von Individuen. Sie umfasst die Gesamtheit der Individuen, die in allen wesentlichen Merkmalen bezüglich Bau und Funktion übereinstimmen, sich untereinander geschlechtlich fortpflanzen und fruchtbare Nachkommen zeugen.

Erläutern von Sachverhalten und Begriffen

Beim **Erläutern** wird versucht, einem anderen Menschen einen naturwissenschaftlichen Sachverhalt (z.B. Vorgänge, Behauptungen, Arbeitsweisen) oder Begriffe verständlicher, anschaulicher darzustellen. Dies erfolgt an einem oder mehreren Beispielen, deren innere Zusammenhänge und Beziehungen ähnlich denen des zu vermittelnden Sachverhaltes oder Begriffes sind.

Erläutere an Beispielen wechselseitige Beziehungen zwischen Pflanzen und Tieren der Lebensgemeinschaft Wald!

- Bäume, Sträucher und Kräuter dienen Tieren als Lebensraum, z.B. Nisthöhlen von Spechten in alten Bäumen.
- Blüten, Samen, Früchte und Blätter dienen als Nahrung für viele Tierarten.
- Pflanzenmaterial wie Laubstreu, kleine Zweige, Gras dient Tieren zum Herrichten von Wohn- und Brutstätten oder Lagerstätten.
- Tiere tragen zur Verbreitung von Samen bei; Insekten wie Bienen, Hummeln, Schmetterlinge, Fliegen bestäuben die Blüten vieler im Wald wachsenden Pflanzen.

Beim Erläutern gehe so vor:
- Nenne den zu erläuternden Sachverhalt oder Begriff!
- Wähle ein geeignetes Beispiel, um Sachverhalte anschaulicher zu machen!

Erläutere den Begriff Metamorphose am Beispiel des Grasfrosches!

Als **Metamorphose** bezeichnet man die körperliche Umwandlung auf dem Weg zum Erwachsenwerden. Aus den befruchteten Froscheiern schlüpfen zunächst Larven (*Kaulquappen*). Sie leben nur im Wasser und atmen über Kiemen (Außenkiemen). Aus der fischähnlichen, durch Kiemen atmenden Froschlarve entwickelt sich dann allmählich ein lungenatmender kleiner Jungfrosch.

Erklären von Erscheinungen

Beim **Erklären** wird zusammenhängend und geordnet dargestellt, **warum** eine Erscheinung in der Natur so und nicht anders auftritt. Dabei wird die Erscheinung auf das Wirken von Gesetzmäßigkeiten zurückgeführt, indem man darstellt, dass die Wirkungsbedingungen bestimmter Gesetzmäßigkeiten in der Erscheinung vorliegen. Diese Wirkungsbedingungen sind wesentliche Seiten in der Erscheinung.

Gehe beim Erklären folgendermaßen vor:
- Nenne den zu erklärenden Sachverhalt!
- Formuliere die zugrunde liegende „Gesetzmäßigkeit"!
- Zeige, dass diese Gesetzmäßigkeit in der zu erklärenden Erscheinung wirkt!

Die **Erklärung** besteht demnach aus einer logischen Ableitung des zu Erklärenden aus bekannten Gesetzmäßigkeiten und vorgegebenen Bedingungen.

Menschen ertrinken (besser ersticken) im Wasser, wenn sie nicht schwimmen können und eine Weile unter Wasser geraten. Fische dagegen tummeln sich munter in allen Schichten des Wassers.
Erkläre diese Erscheinung!

Alle Lebewesen atmen. Sie benötigen Sauerstoff, um die Energie, die in Nährstoffen enthalten ist, freizusetzen. Die Energie wird für alle Lebensvorgänge benötigt. Der Sauerstoff liegt gelöst in der Luft oder im Wasser vor. Die Atmungsorgane sind an den Lebensraum angepasst. Menschen leben auf dem Land. Mithilfe von Lungen (an das Landleben angepasste Atmungsorgane) nehmen sie den Sauerstoff der Luft auf. Die Lungen sind aber nicht in der Lage, den im Wasser gelösten Sauerstoff zu nutzen. Deshalb „ertrinken" Menschen im Wasser. Fische besitzen Kiemen. Diese sind in der Lage, den im Wasser gelösten Sauerstoff zu nutzen.

Begründen von Aussagen

Beim Begründen kannst du folgendermaßen vorgehen:
- Stelle den Sachverhalt, eine Maßnahme, eine Vorschrift u. Ä. dar!
- Nenne naturwissenschaftliche Argumente!

Beim **Begründen** wird ein Nachweis geführt, dass eine Aussage richtig ist. Dazu müssen Argumente, z.B. Beobachtungen, Gesetze, Eigenschaften von Körpern und Stoffen, angeführt werden.

Die Zauneidechse kann sich lange Zeit sonnen, der Grasfrosch dagegen nicht. Begründe!

Argumente:
- Die Körperoberfläche der Zauneidechse ist mit Hornschuppen besetzt, die die darunter liegende Haut vor dem Austrocknen schützen. Sie kann lange Zeit Sonne ertragen.
- Die Haut des Frosches ist nackt und wasserdurchlässig; er würde in der Sonne sofort austrocknen.

Weitere Tätigkeiten

Tätigkeiten	Schrittfolgen
Diskutieren Diskutieren bedeutet Meinungen zu einem Thema oder einem Problem auszutauschen.	Beim *Diskutieren* geht man folgendermaßen vor: 1. Thema oder Problem überdenken! (Was ist bekannt? Welche Fragen gibt es?) 2. Eigene Meinung bilden und Lösungsideen zum Problem sammeln! 3. In Diskussion Meinung vortragen und begründen! 4. Meinungen anderer Teilnehmer anhören, zustimmen oder ablehnen und bereit sein, eigene Ansichten zu revidieren!
Auswerten von Tabellen Tabellen enthalten in kurzer Form Informationen über bestimmte Sachverhalte.	Beim *Auswerten* einer Tabelle geht man so vor: 1. Informationen über den Inhalt verschaffen! 2. Begriffe, Kurzsätze oder Zahlen in ausführlichen Sätzen wiedergeben, dabei Zusammenhänge zwischen den Einzelaussagen formulieren!

1.2.2 Ausgewählte Nachweisreaktionen und Untersuchungen

Nachweisreaktionen

Nachweis von organischen Stoffen

Nachweis von Stärke

Bei Vorhandensein von Stärke: dunkle Blaufärbung

Nachweis von Trauben-, Malz-, Fruchtzucker

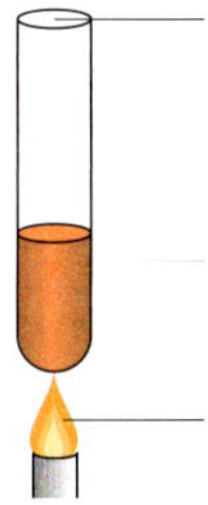

Bei Vorhandensein von Zucker: ziegelroter Niederschlag

Nachweis von Eiweiß (Biuretreaktion)

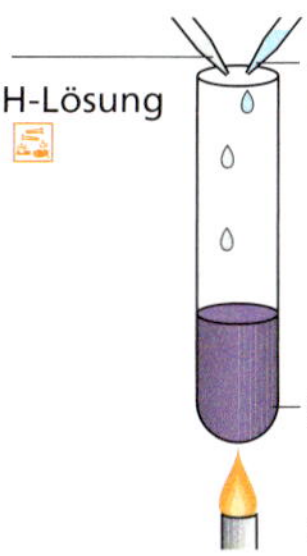

Bei Vorhandensein von Peptidbindungen: rot-violette Färbung

Nachweis von Eiweiß (Xanthoproteinreaktion)

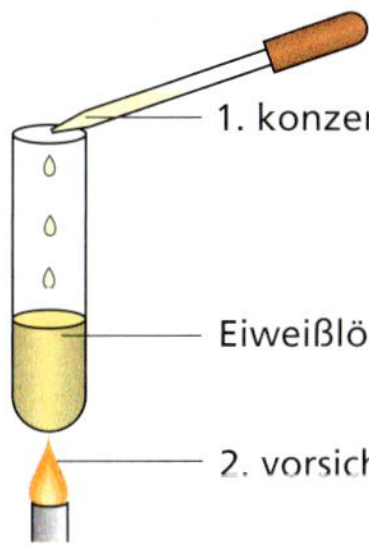

Bei Vorhandensein von Eiweiß: Gelbfärbung

Nachweis von Fett (Fettfleckprobe)

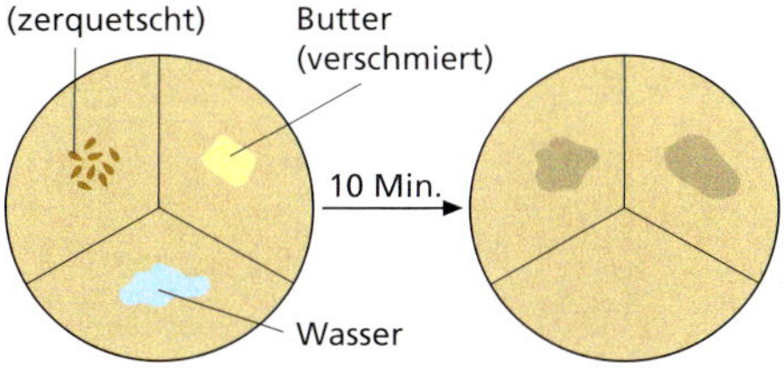

Bei Vorhandensein von Fett: Fleck auf dem Filterpapier, in Licht durchscheinend

Nachweis von Cellulose

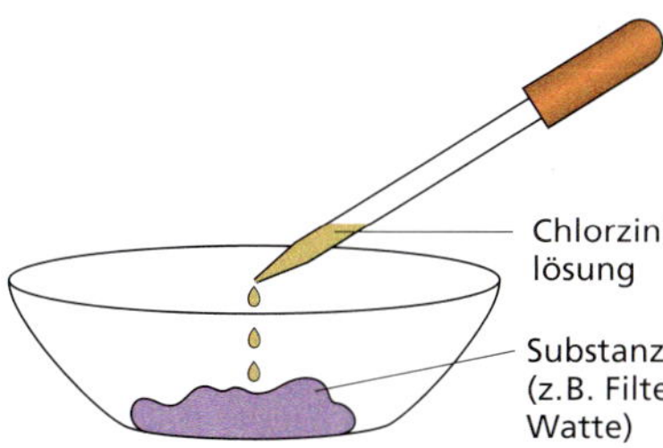

Bei Vorhandensein von Cellulose: Blaufärbung

Nachweis von Lignin (Holzstoff)

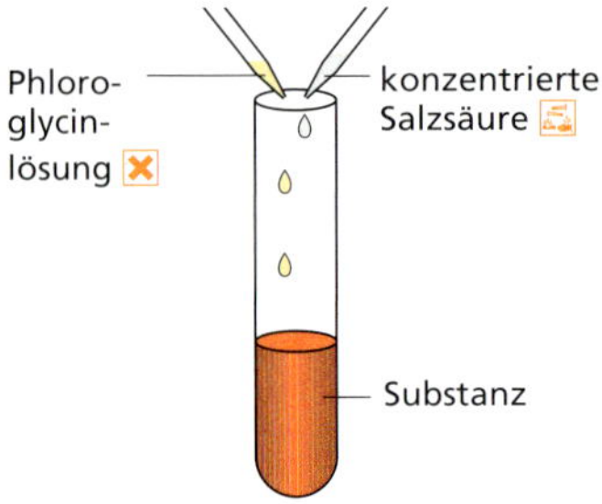

Bei Vorhandensein von Lignin: kirschrote Färbung

Nachweis von Vitamin C

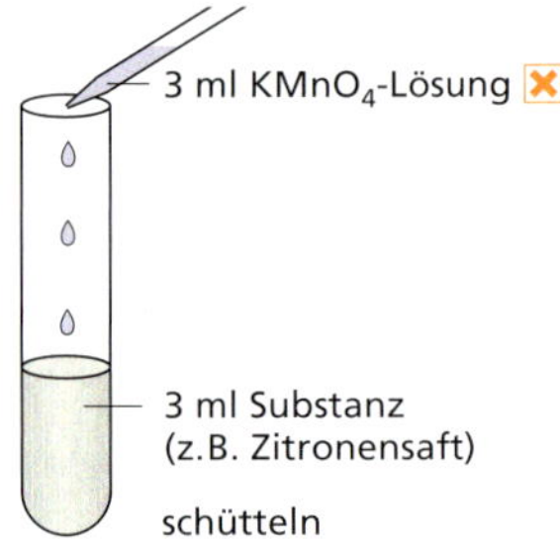

Bei Vorhandensein von Vitamin C: Entfärbung der Indikatorlösung

Nachweis von gasförmigen Stoffen

Nachweis von Sauerstoff

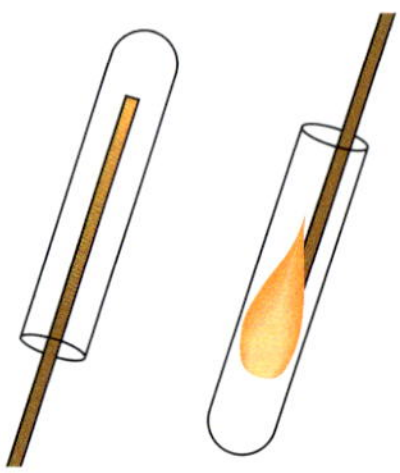

Bei Vorhandensein von reinem Sauerstoff: glimmender Holzspan entzündet sich (Spanprobe)

Nachweis von Kohlenstoffdioxid

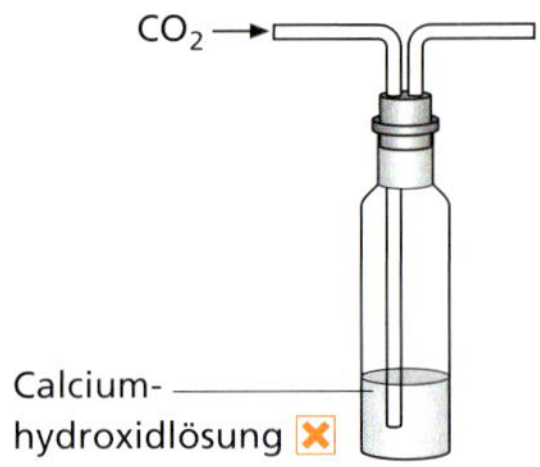

Kohlenstoffdioxid (CO_2) verursacht in Bariumhydroxid-Lösung oder Calciumhydroxid-Lösung eine milchig weiße Trübung.

Nachweis des Säure- bzw. Basengehalts im Boden

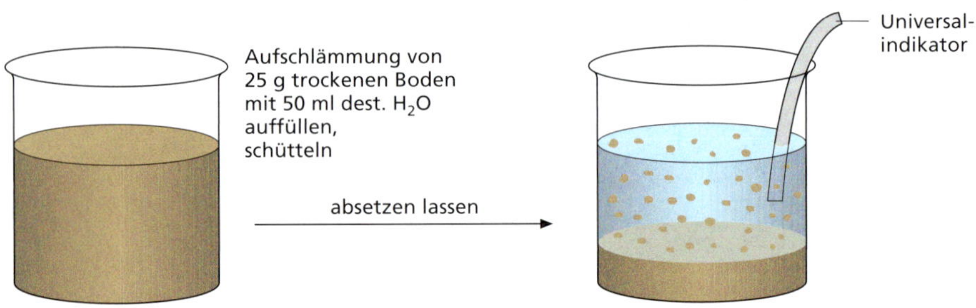

Die Verfärbung des Indikators zeigt den Säure- bzw Basengehalt des Bodens an (rot: sauer; grün: basisch). Das Ergebnis mit der Farbskala vergleichen!

Ausgewählte Nachweisreaktionen und Untersuchungen zu physiologischen Abläufen

Atmung (↗ S. 195)

Nachweis der Wasserabgabe aus der Lunge	Nachweis von Kohlenstoffdioxid in der Ein- und Ausatmungsluft
	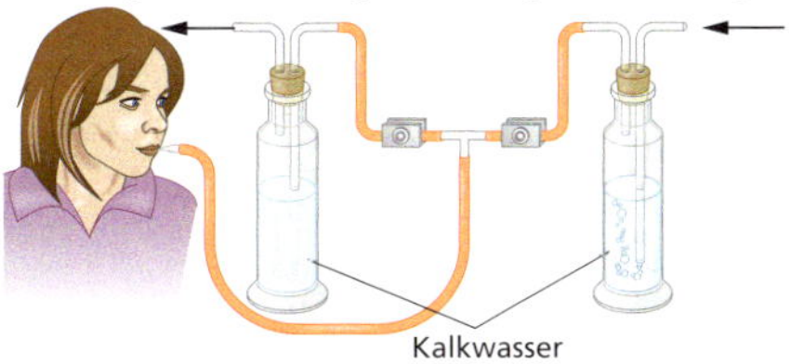
An den Spiegel bzw. an die Glasscheibe wird Ausatmungsluft gehaucht. Das Wasser schlägt sich als feine Tröpfchen auf dem Spiegel bzw. der Glasscheibe nieder.	Mehrmals tief ein- und ausatmen. Dabei jeweils den entsprechenden Hahn abklemmen. Die Ausatmungsluft verursacht milchig weiße Trübung.

Reaktion auf Reize (↗ S. 209)

Pupillen-Reflex-Reaktion

Ein für kurze Zeit im Dunkeln gehaltenes menschliches Auge wird mit einem hellen Lichtstrahl (z. B. Taschenlampe) gereizt. Bei Lichteinfluss verengt sich die vorher extrem geweitete Pupille.

Nachweis der Druck- und Tastempfindungen

1. Die Haut einer Testperson wird an verschiedenen Körperstellen (z. B. Handrücken, Ober- und Unterarm) mit einem Filzstift markiert (jeweils ca. 1 cm^2)!
2. Der Testperson werden die Augen verbunden!
3. Anzahl der Druck- und Berührungspunkte werden so ermittelt: die gesamte Fläche wird mit einer Tastborste berührt (jeweils die gleiche Anzahl in den drei Quadraten)! Die Testperson muss angeben, wo sie einen Berührungsreiz empfindet!
4. Jeder Druckpunkt, den die Testperson spürt, wird mit Filzstift markiert!
5. Die Anzahl der Druckpunkte in den drei Untersuchungsstellen wird verglichen!

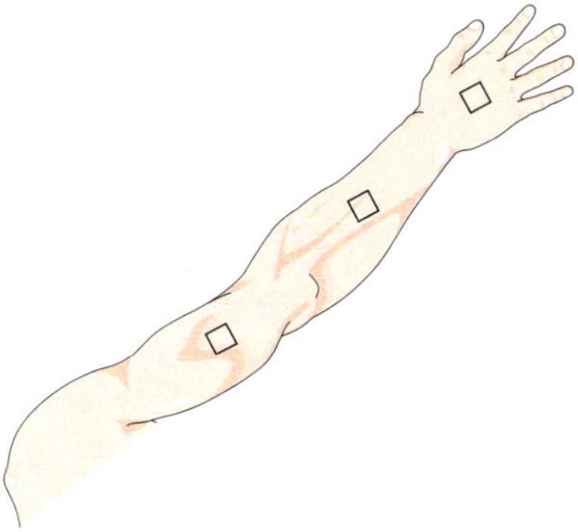

Verdauung (↗ S. 133)

Nachweis der Enzymwirkung auf Eiweiße im Magen

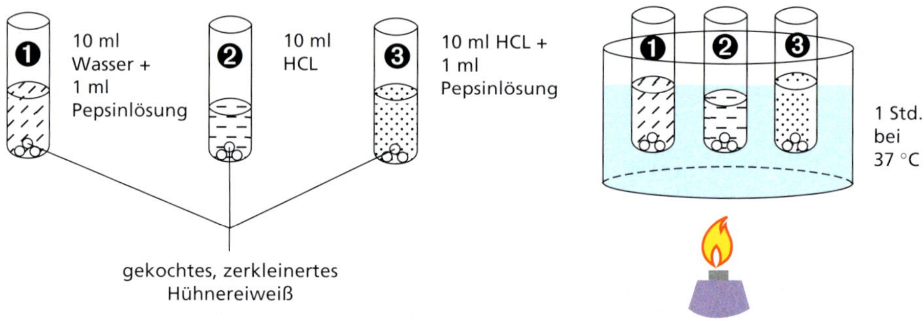

Beobachtung: nach ca. 1 Stunde

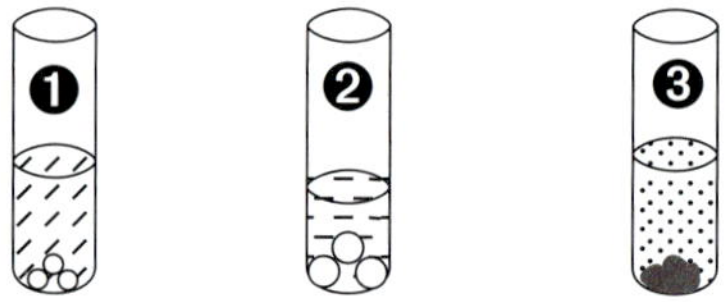

Das Hühnereiweiß im Reagenzglas 3 wird langsam kleiner und löst sich etwas auf, im Reagenzglas 1 bleibt es unverändert, im Reagenzglas 2 quillt es etwas auf.

Auswertung:
Das von der Magenschleimhaut abgesonderte Enzym Pepsin wirkt nur im sauren Milieu und bewirkt die Verdauung von Eiweiß im Magen.

Ausscheidung (↗ S. 154)

Nachweis der Wasserabgabe durch die Haut

Materialien:
Folienbeutel, Handtuch

Durchführung:
Die Hand in einen Folienbeutel stecken, die Öffnung des Beutels mit der anderen Hand verschließen!

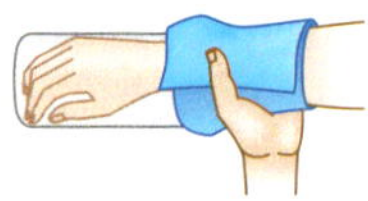

Beobachtung:
Etwa 10 Minuten die Hand und die Innenwand des Folienbeutels beobachten!
Die Beobachtung nach etwa 30 Minuten wiederholen!

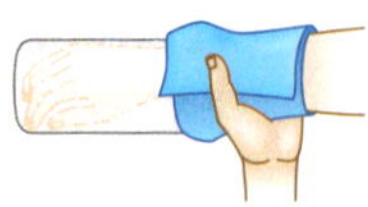

Auswertung:
Die Haut scheidet Wasser als Bestandteil des Schweißes ab, die Folie beschlägt von innen.

Nachweis physiologischer Vorgänge bei Pflanzen

Wasseraufnahme durch die Wurzeln (↗ S. 178)

Pflanzen mit gut ausgebildeten Wurzeln in einen Messzylinder stellen!
Ölschicht auf das Wasser geben!
Mehrere Tage beobachten!

Die Wassermenge verringert sich deutlich, obwohl die Ölschicht die Wasserverdunstung verhindert.

Wassertransport in der Sprossachse (↗ S. 179)

Modellexperiment

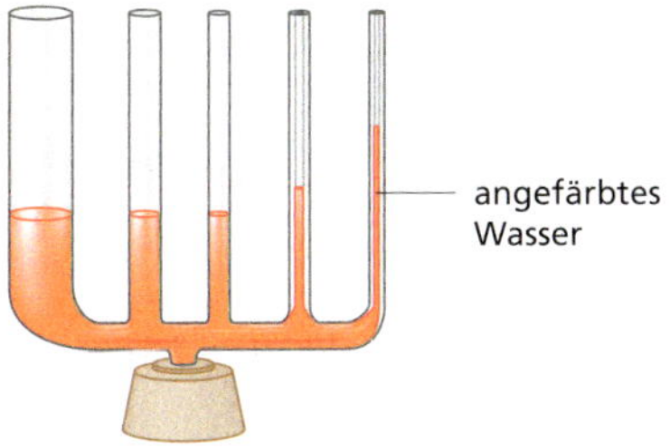

Wasser steigt in engen Gefäßen (Kapillaren) aufgrund der Kohäsions- und Adhäsionskräfte höher als in weitlumigen Gefäßen.

Realversuch

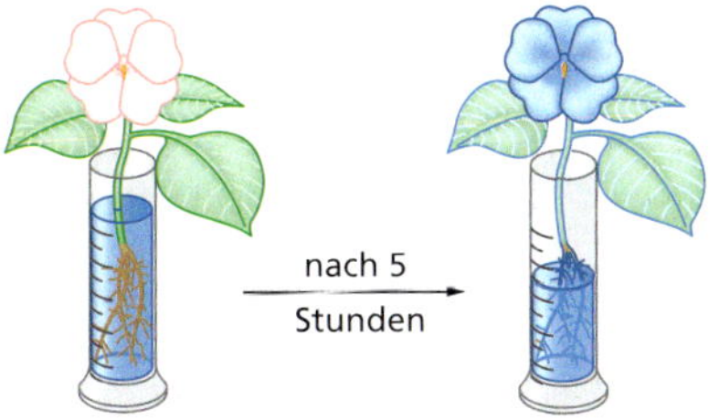

Pflanzen mit weißen Blüten in gefärbtes Wasser stellen! Nach einigen Stunden sind die Blüten gefärbt. Beobachtung des Stängelquerschnitts mit der Lupe.

Wasserdampfabgabe (Transpiration) durch die Laubblätter (↗ S. 180)

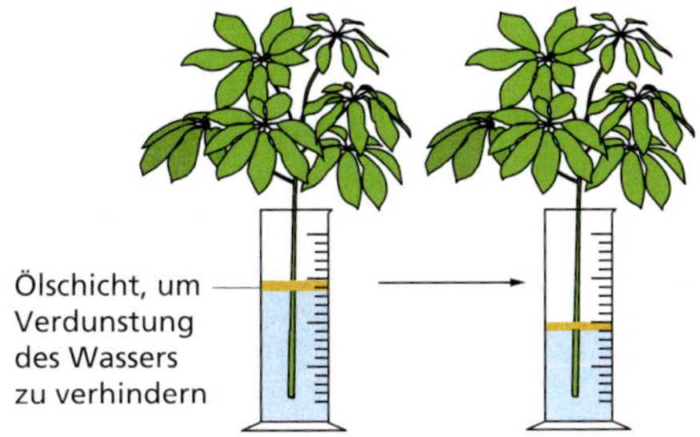

Nachweis der Kohlenstoffdioxidabgabe bei der Atmung (↗ S. 183)

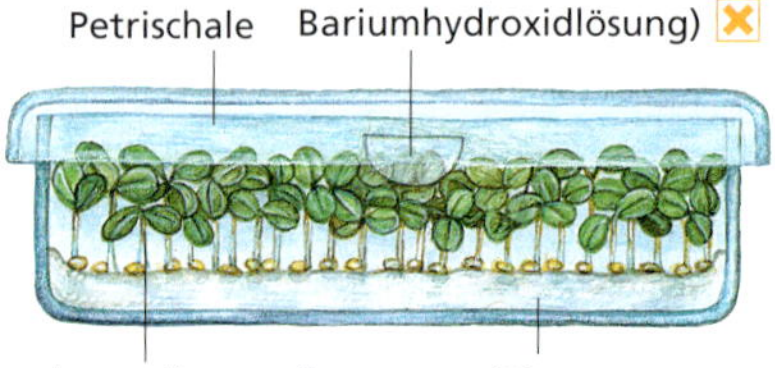

Bariumhydroxid verbindet sich mit Kohlenstoffdioxid zu weißem Bariumcarbonat; das fällt aus.

Nachweis der Wärmeabgabe bei der Atmung (↗ S. 183)

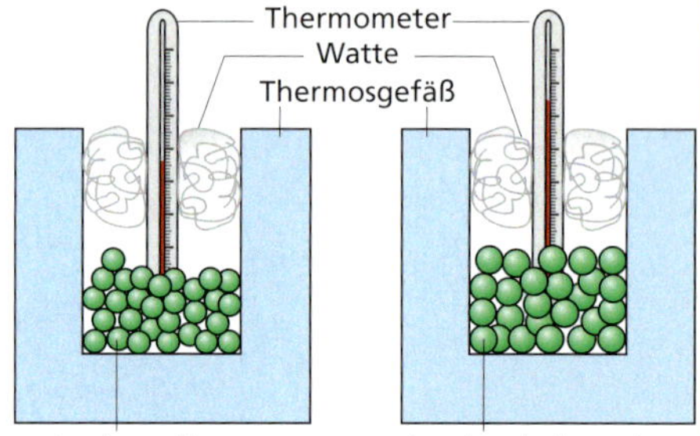

Nachweis der alkoholischen Gärung durch Hefepilze (↗ S. 198)

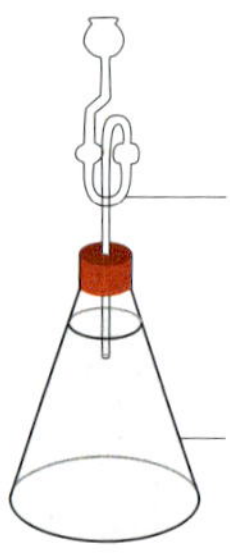

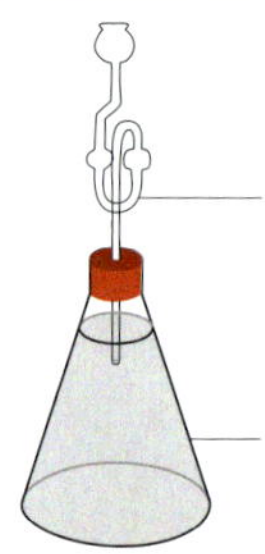

Ergebnis:
Gasentwicklung im Kolben II, milchigweiße Trübung der Bariumhydroxidlösung im Gärröhrchen II. Keine Veränderung im Kolben und im Gärröhrchen I.

Nachweis von Reizen auf Pflanzen (↗ S. 203)

Reaktion auf Licht

Pflanzen (Gänseblümchen) wenden sich zum Licht.

2 ÄUßERER UND INNERER BAU VON ORGANISMEN

2.1 Bakterien

Bau und Größe

Bakterien sind die kleinsten und auch ältesten Lebewesen auf der Erde (ca. 3 Milliarden Jahre). Diese Gruppe umfasst etwa 12000 Arten.

Bakterien rufen **Infektionskrankheiten** hervor, z. B. **Pest, Cholera, Tuberkulose, Geschlechtskrankheiten, Diphtherie, Scharlach, Tetanus, Milzbrand, Keuchhusten.**
Im Dickdarm des Menschen leben Millionen von **Kolibakterien.**

Bakterien sind einzellige oder zu Kolonien oder Zellfäden angeordnete, unterschiedlich geformte Organismen ohne abgegrenzten Zellkern (fadenförmige Kernsubstanz). Sie pflanzen sich ungeschlechtlich durch **Zellspaltung** fort. Ihre Größe schwankt zwischen 0,2 µm und 100 µm. Sie kommen fast überall auf der Erde vor, in Boden, Wasser, Luft, an Organismen und Gegenständen.

Bakterienzelle

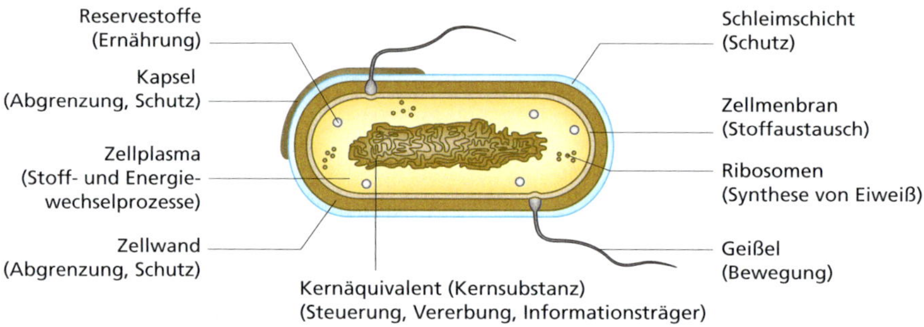

Bakterienformen und Erreger

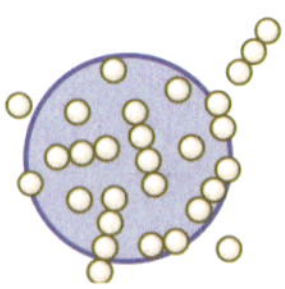
kugelförmige Bakterien (Kokken)

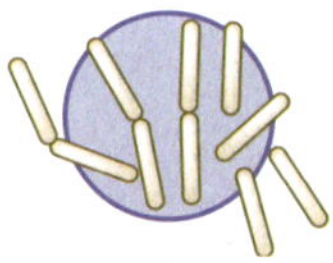
stäbchenförmige Bakterien (Stäbchen)

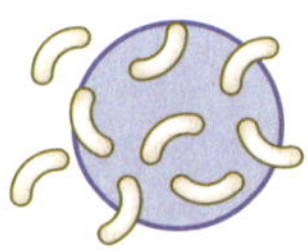
kommaförmige Bakterien (Vibrionen)

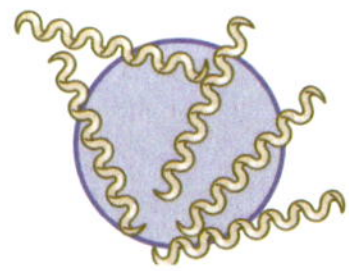
schraubenförmige Bakterien (Spirillen)

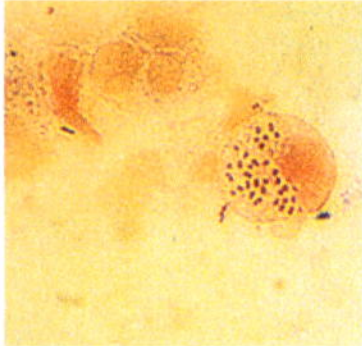
Trippererreger

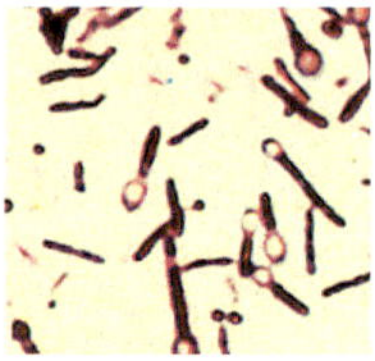
Tetanuserreger

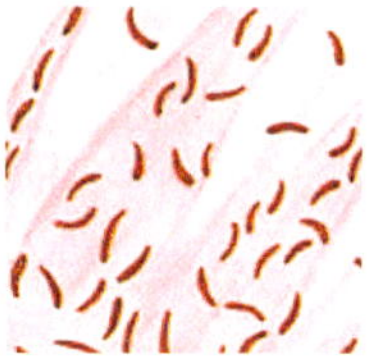
Choleraerreger

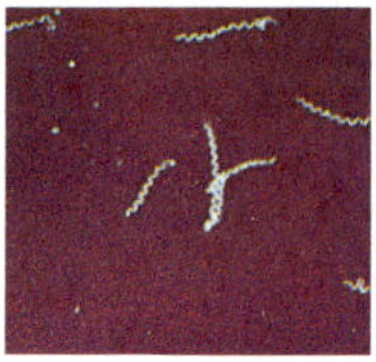
Syphiliserreger

Lebensweise und Bedeutung

Die meisten Bakterien ernähren sich **heterotroph** (↗ S. 191). Stäbchenförmige Bakterien können in Form von **Dauersporen** ungünstige Lebensbedingungen überleben.

Zu Forschungszwecken werden Bakterien auf **Bakterienkulturen** gezüchtet.

Bakterien haben u.a. große *Bedeutung* als

- Destruenten (↗ S. 341) im Kreislauf der Natur (z.B. Humusbildung, Selbstreinigung der Gewässer, biologische Reinigung von Abwasser in Kläranlagen),
- Erreger von Krankheiten bei Mensch, Tier und Pflanze (z.B. Diphtherie, Wundstarrkrampf, Lungenentzündung, Milzbrand, Nassfäule),
- Gärungserreger (↗ S. 198) beim Abbau organischer Stoffe (z.B. Herstellung von Molkereiprodukten, Essig, Silage, Alkohol),
- Fäulniserreger (↗ S. 15) beim Zersetzen von Nahrungs- und Futtermitteln,
- Symbiont in Schmetterlingsblütengewächsen (Knöllchenbakterien).

Bakteriengifte wurden als **biologische Waffen** genutzt.

Die **Knöllchenbakterien** bilden an Wurzeln von Schmetterlingsblütengewächsen Knöllchen, in denen sie leben.

Bedeutende Wissenschaftler der Bakteriologie

ANTONY VAN LEEUWENHOEK
(1632–1723)
Er wurde 1632 in Delft geboren. Nach kaufmännischer Lehre erlernte er das Schleifen von Linsen. Baute Mikroskope, mit denen er Objekte beobachtete, z. B. Mikroorganismen in Heuaufgüssen, Krebse, Insekten, Blut- und Samenzellen. Er starb 1723 in Delft.

Als Erster sah LEEUWENHOEK vor etwa 300 Jahren (1683) Bakterien mithilfe eines selbst gebauten Mikroskops.

LOUIS PASTEUR
(1822–1895)
Er wurde 1822 in Dole geboren. Er widerlegte die unwissenschaftlichen Vorstellungen über die Urzeugung und entwickelte Verfahren zum Keimfreimachen („Pasteurisieren") durch Erhitzen. Er starb 1895 in Paris.

PASTEUR konnte nachweisen, dass Bakterien nicht einfach aus dem Nichts oder Dreck durch Urzeugung entstehen.

ROBERT KOCH
(1843–1910)
Er wurde 1843 in Clausthal-Zellerfeld geboren. Er studierte Naturwissenschaften und Medizin, arbeitete als Arzt und Forscher. Er entdeckte 1876 den Milzbranderreger, 1882 den Tuberkelbazillus, 1884 den Choleraerreger.
KOCH erhielt 1905 den Nobelpreis für Medizin und Physiologie.

KOCH verdanken wir die Aufklärung schlimmer Infektionskrankheiten wie Tuberkulose, Milzbrand, Cholera.

2.2 Cyanobakterien („Blaualgen“)

Bau und Größe

Die Cyanobakterien gehören zu den ältesten Lebewesen auf der Erde (Präkambrium, vor ca. 3500 Millionen Jahren).
Sie sind wahrscheinlich die ersten Lebewesen, die Fotosynthese (↗ S. 192) durchführten und in diesem Prozess Sauerstoff produzierten (↗ S. 40).

Je nach Anteil der Farbstoffe sind die Zellen der „**Blaualgen**“ blau, blaugrün, gelblich, rötlich oder violett gefärbt.

Cyanobakterien sind unterschiedlich geformte einzellige oder zu Kolonien und Zellfäden angeordnete Organismen ohne abgegrenzten Zellkern (Kernsubstanz). Sie enthalten im Plasma Farbstoffe, z. B. Chlorophyll a, Phycocyan, sowie eine Zellwand.

Vertreter

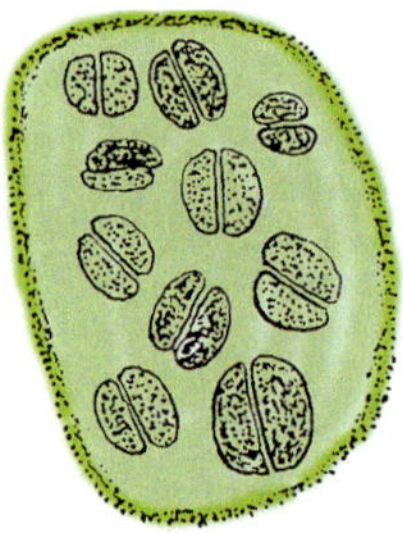
Chroococcus

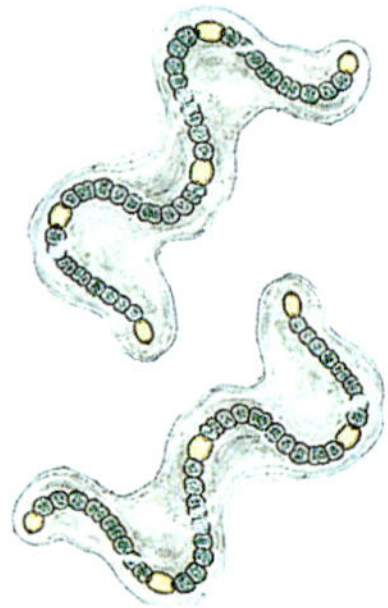
Anabaena

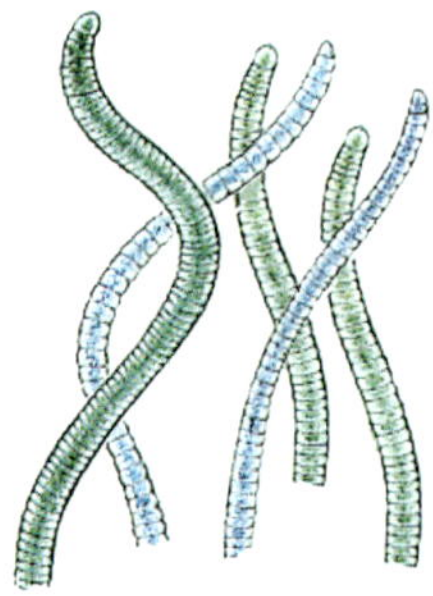
Oscillatoria

Lebensweise und Bedeutung

Eine autotrophe Ernährung besitzen alle Pflanzen, die in ihren Zellen Chloroplasten mit Chlorophyll besitzen.

Cyanobakterien ernähren sich **autotroph** (↗ S. 191). Sie pflanzen sich ungeschlechtlich durch **Zellspaltung** (↗ S. 218) fort.
Die Cyanobakterien sind mit etwa 2 000 Arten über die gesamte Erde verbreitet. Sie können oft schon mit dem bloßen Auge als gallertartige Masse, feinfädige Überzüge, gefärbte Wasserblüten sichtbar sein. Sie leben vor allem in Süßwasser, aber auch auf und in feuchten Böden, auf Baumrinde und Felsen bis in die Antarktis. Bei etlichen Arten ist also eine Angepasstheit an das Leben außerhalb des Wassers erfolgt.

Cyanobakterien haben *Bedeutung* als
- Erstbesiedler von Steinen und Felsen,
- Anfangsglieder von Nahrungsketten (↗ S. 349),
- Verursacher der „Algenblüte“ (↗ S. 362),
- Symbiont in Flechten (↗ S. 343).

2.3 Pilze

Bau und Größe

Die Pilze in ihrer Vielfalt (ca. 100000 Arten) sind noch relativ unerforscht. Deshalb fällt eine systematische Gliederung bis heute noch schwer. Man unterscheidet z. B. niedere und höhere Pilze. Sie leben vorwiegend auf dem Land.

Pilze sind einzellige, meist aber mehrzellige Organismen ohne Chlorophyll und mit einer Zellwand aus Chitin. Die mehrzelligen Pilze bestehen aus **Zellfäden (Hyphen)**, deren Zellen einen bzw. mehrere Zellkerne besitzen. Die Pilzfäden bauen ein mehrjähriges unterirdisches **Pilzgeflecht** (Myzel, Vegetationskörper) auf, das den oberirdischen **Fruchtkörper** der Pilze bildet.

Chitin ist ein stickstoffhaltiger Vielfachzucker, ein organischer Stoff, der zu den Kohlenhydraten gehört.

Zu den Pilzen gehören z. B. **Hefepilze, Schimmelpilze** und **Hutpilze**.

Vertreter der Hefepilze

Bäckerhefe (Einzelzelle)

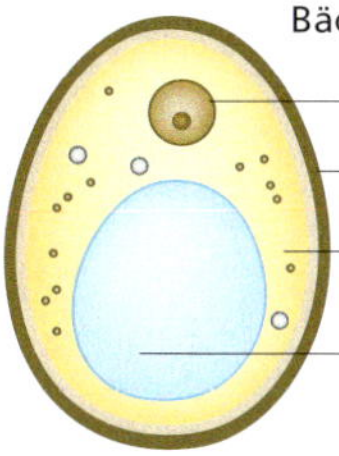

Sprossverband

Einige **Hefepilze** haben große wirtschaftliche Bedeutung, z. B. Weinhefe, Backhefe, Bierhefe, Futterhefe.

Vertreter der Schimmelpilze

Köpfchenschimmel

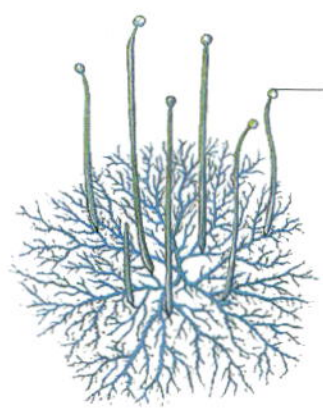

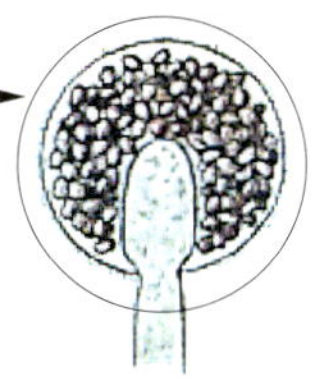

Pinselschimmel

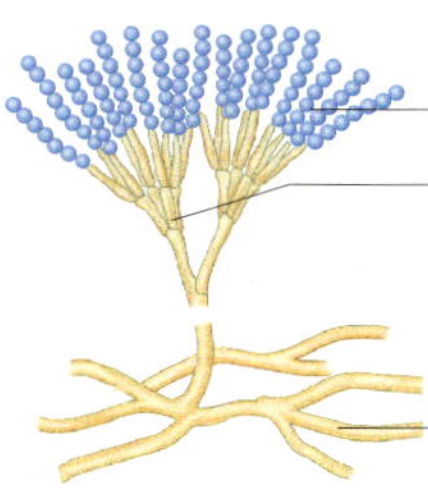

Gießkannenschimmel

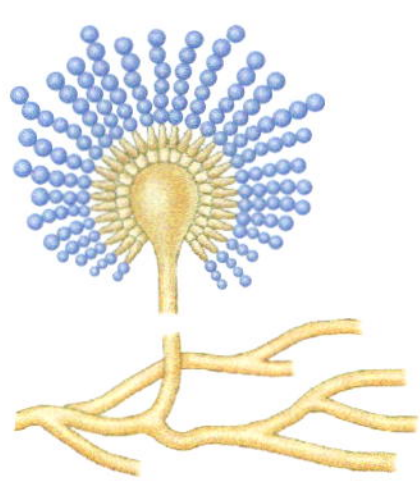

ALEXANDER FLEMING entdeckte das **Antibiotikum Penicillin**. Dieser Stoff wurde aus dem Schimmelpilz Penicillium erzeugt und wirkt bakterienhemmend.

Bau der Ständerpilze oder Hutpilze (Röhren- und Blätterpilze)

Blätterpilz (Lamellenpilz)
Wiesen-Champignon

Röhrenpilz
Satanspilz

Der Fruchtkörper der Hutpilze ist in Hut und Stiel gegliedert. Aufgrund des unterschiedlich gestalteten Hutes unterscheidet man **Blätterpilze** (Lamellenpilze) und **Röhrenpilze**.

Zu den Hutpilzen gehören unsere meisten Speisepilze sowie auch gefährliche Giftpilze.

Pilzsammler müssen bestimmte Regeln für das Sammeln von Pilzen einhalten.

Vertreter der Hutpilze

Fliegenpilz (Blätterpilz) | Birkenpilz (Röhrenpilz) | Grüner Knollenblätterpilz (Giftpilz)

Lebensweise und Bedeutung

Eine heterotrophe Ernährung besitzen auch der Mensch und die Tiere.

Candida-Hefepilze können Erkrankungen hervorrufen, ebenfalls die Hautpilze.

Pilze ernähren sich **heterotroph** (↗ S. 191). Schimmelpilze und Ständerpilze (Hutpilze) pflanzen sich durch **Sporen** fort (↗ S. 219), die Hefepilze durch **Sprossung.** Die Pilze haben u. a. *Bedeutung* als

- Destruenten (↗ S. 353) im Stoffkreislauf der Natur (Zersetzer organischer Stoffe, Humusbildung),
- Nahrungsmittel für den Menschen (Speisepilze),
- Gärungserreger (↗ S. 198) bei der alkoholischen Gärung (Hefepilze),
- Erreger von Krankheiten bei Mensch (↗ S. 245, z.B. Fußpilze) und Pflanze (↗ S. 242, z.B. Mehltau, Knollenfäule, Mutterkorn),
- Fäulniserreger beim Zersetzen von Nahrungsmitteln und anderen organischen Stoffen (Schimmelpilze),
- Grundlage zur Herstellung von Antibiotika (Schimmelpilze),
- Symbiont in Flechten (↗ S. 343).

2.4 Grünalgen

Bau und Größe

Es gibt ca. 13000 Grünalgenarten. Sie kommen vorwiegend im Süßwasser vor, wenige im Meer, an Felsen oder Baumrinden.
Frei bewegliche Grünalgen bewegen sich mit 2 bis 4 gleich langen Geißeln fort.
Grünalgen sind einzellige, Kolonie bildende oder mehrzellige (meist faden- oder flächenförmige) Pflanzen, die durch den Besitz von Chloroplasten (Chlorophyll) grün gefärbt sind.

Bei günstigen Lichtverhältnissen und ausreichenden organischen Stoffen kommt es zur Massenentwicklung, zur „Algenblüte".

Einzellige Grünalgen

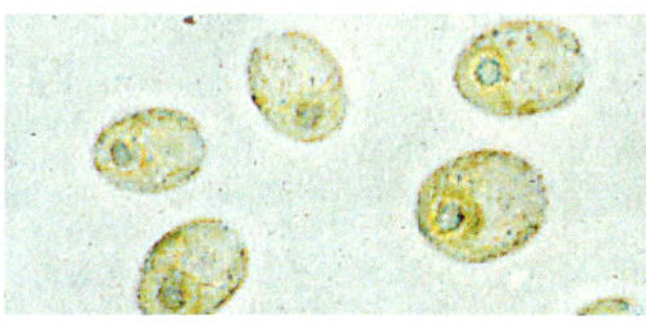

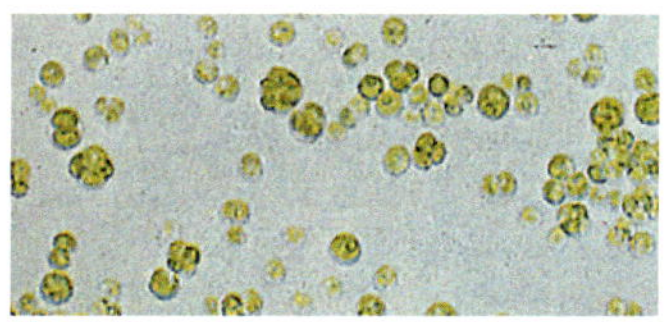

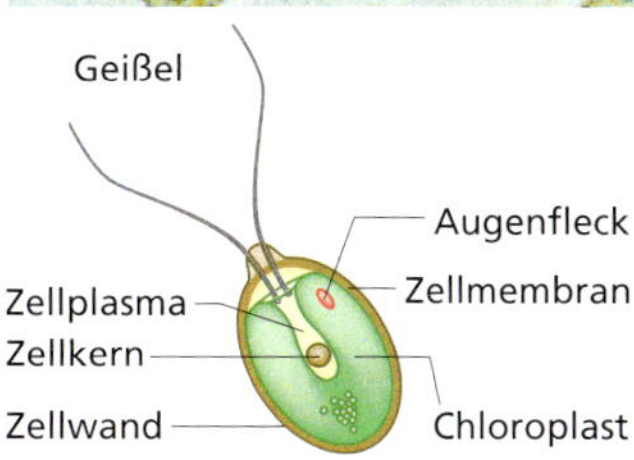

Hüllengeißelalge

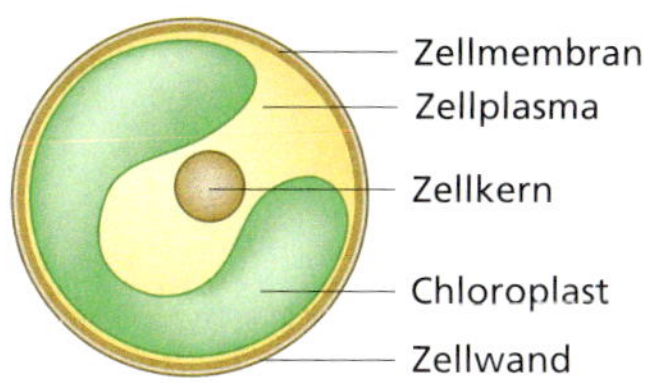

Chlorella

Kolonie bildende Grünalgen

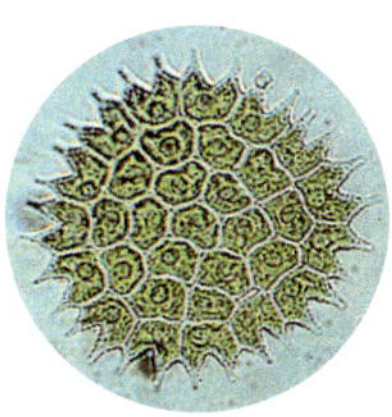

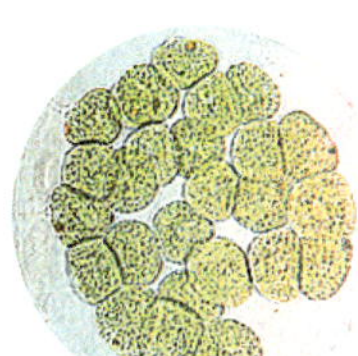

Zackenrädchen

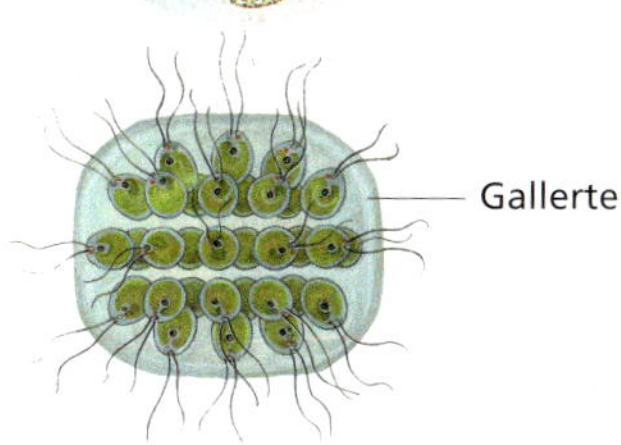

Eudorina

Die Alge **Eudorina** besteht aus 32 gleich gebauten Zellen, die von einer zarten Gallertschicht zusammengehalten werden.

Mehrzellige Grünalgen

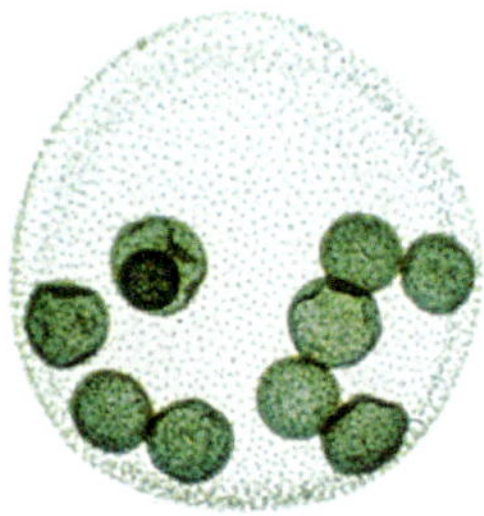

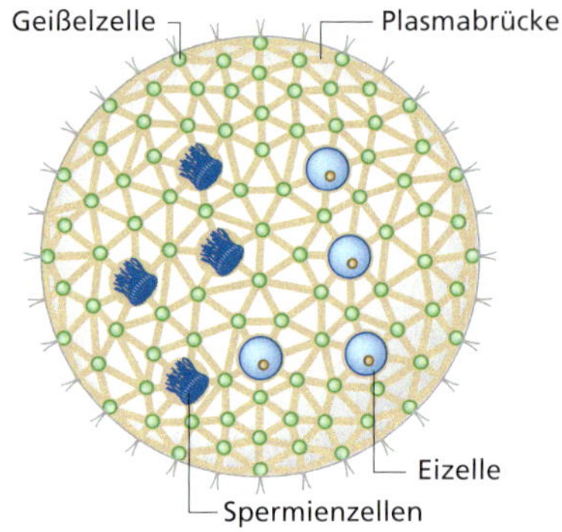

Wimperkugel (Volvox)
Kugelig und frei schwimmend; Funktionsteilung der Zellen (Geißelzellen – Fortbewegung, Ernährung; Spermien- und Eizellen – Fortpflanzung); Lebensraum Süßwasser

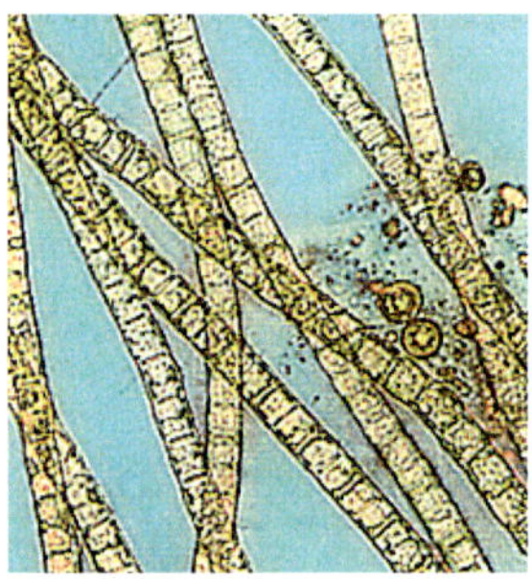

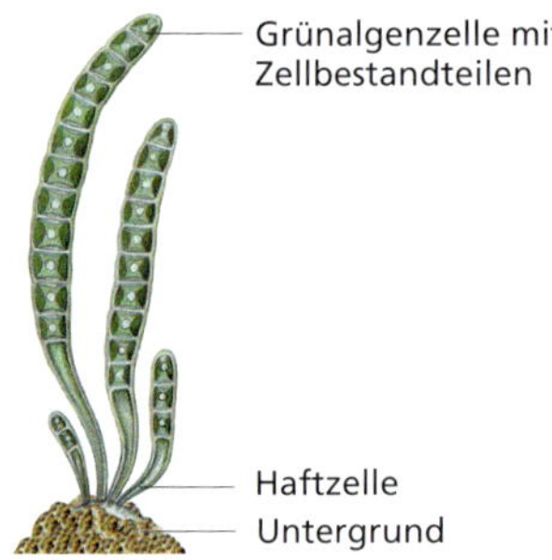

Kraushaaralge
Aufgebaut aus einem Zellfaden, fest sitzend; Lebensraum fließende Gewässer

Meersalat
Aufgebaut aus Zellflächen, fest sitzend; Lebensraum Meerwasser, z. B. Ost- und Nordsee

Die Wimperkugel besteht aus etwa 20000 Zellen, die durch Plasmafäden miteinander verbunden sind.

Bei den Algen gibt es eine große **Formenvielfalt**. Äußere Gestalt, Größe und Farbe sind mannigfaltig, z. B. Grünalgen, Braunalgen, Rotalgen.

Die frei schwimmende **Schraubenalge** (Spirogyra) bildet dichte, hellgrüne Algenwatten.

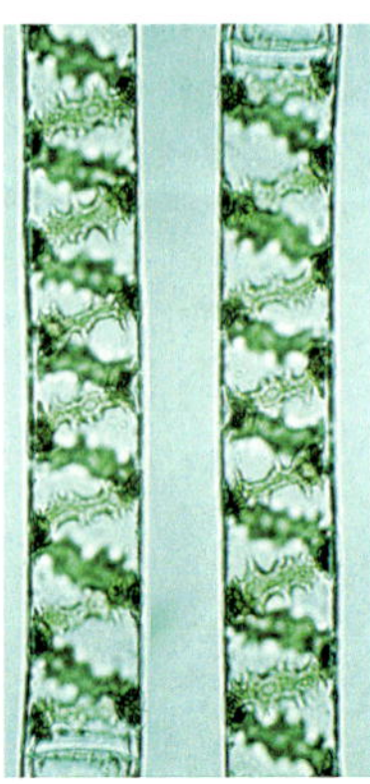

Lebensweise und Bedeutung der Algen

Algen ernähren sich **autotroph** (↗ S. 191), gehören also wie die Moos-, Farn- und Samenpflanzen zu den **Pflanzen.** Sie haben u. a. *Bedeutung* als

- Anfangsglieder (Produzenten) von Nahrungsketten (↗ S. 349), als Nahrungsgrundlage für heterotroph lebende Wasserorganismen,
- Produzent von Sauerstoff; Voraussetzung für die Atmung der Wasserorganismen,
- Symbiont in Flechten (↗ S. 343).
- Forschungsobjekte,
- Grundlage für die Herstellung von Futtermitteln für Tiere sowie von Nahrungsmitteln und Kosmetikprodukten für den Menschen.

Die Fortpflanzung der Algen (↗ S. 218) erfolgt ungeschlechtlich und geschlechtlich.

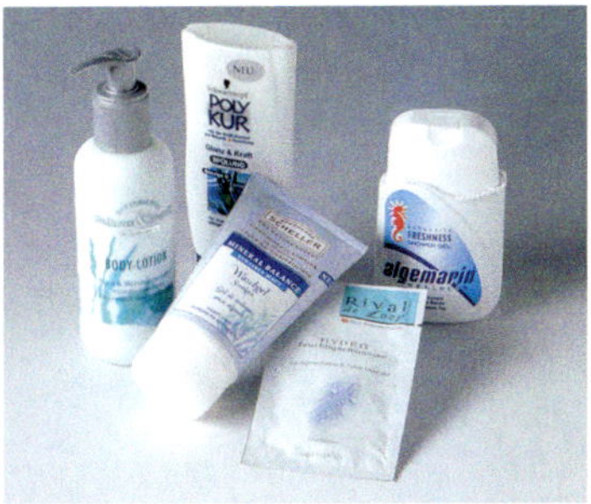

Euglena – Pflanze oder Tier?

Im Frühjahr sind viele Tümpel, Teiche und Pfützen durch kleine (0,05 mm), bewegliche, spindelförmige, begeißelte Einzeller grün gefärbt („Algenblüte"). Die Euglena (Augentierchen, Rotäuglein) ist eine **Geißelalge,** die mithilfe eines roten Augenfleckes Lichtreize aufnehmen, sich durch das Vorhandensein von Chlorophyll bei Licht **autotroph** ernähren und sich bei Dunkelheit **heterotroph** ernähren kann. Die Euglena pflanzt sich durch **Längsteilung** fort.

Euglena ist eine Brückenform (↗ S. 290) zwischen Pflanze und Tier.

Die **Euglena** besitzt Merkmale der Pflanzen (z. B. Chloroplasten, autotrophe Ernährung) und Merkmale der Tiere (z. B. Fehlen einer Zellwand, heterotrophe Ernährung).

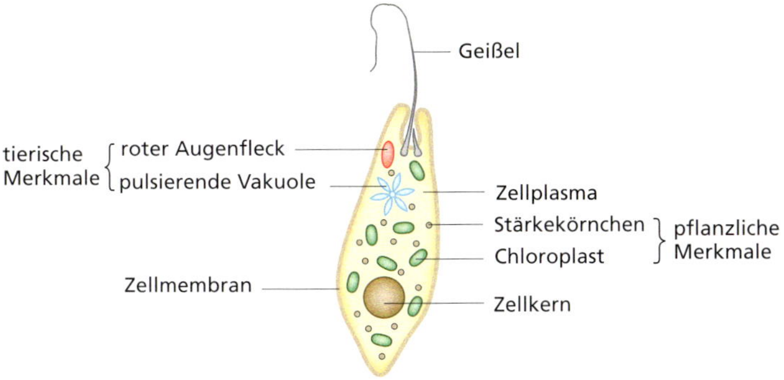

2.5 Moospflanzen

Etwa 25000 Moosarten besiedeln die Erde. Moose sind vorwiegend Landbewohner und besiedeln als **Moospolster** feuchte Standorte, z. B. Wald- und Ackerböden, Moore, Mauern, Baumrinden, Bachufer.

Bau der Moospflanzen

Moose sind kleine in Stämmchen, Blättchen und wurzelähnliche Gebilde **(Rhizoide)** gegliederte **(Laubmoose)** oder mit einem flächenförmigen Körper ausgebildete **(Lebermoose)** Pflanzen, in deren Zellen Chloroplasten vorhanden sind. Eine Gewebedifferenzierung ist kaum vorhanden, spezielle Zellen übernehmen bestimmte Funktionen (↗ S. 224).

Torfmoose besiedeln nasse Stellen in Wäldern und auch **Moore.** Sie bilden **Torflager.**

Lebermoose

Brunnenlebermoos

Laubmoose

Torfmoos Widertonmoos

Moospolster auf Baumstämmen – Lebensraum zahlreicher Tiere

Torfmoor – Lebensraum des Wasser speichernden Torfmooses

Moospolster halten nach Niederschlägen große Wassermengen zurück. Das Wasser versickert nur langsam in den Boden oder verdunstet allmählich. Dadurch wird ein völliges Austrocknen des Bodens verhindert.

Lebensweise und Bedeutung der Moose

Moose ernähren sich **autotroph** (↗ S. 191). Die Fortpflanzung erfolgt durch **Sporen**. Sie haben einen **Generationswechsel** (↗ S. 224). Die Aufnahme und Abgabe von Wasser erfolgt durch die gesamte Oberfläche der Pflanze (Abb. unten). Die Moosblättchen besitzen keine Wachsschicht (Kutikula) als Verdunstungsschutz. Das Wasser, das durch die Oberfläche in die Moospflanzen aufgenommen wird, verdunstet bei Trockenheit sehr schnell wieder aus den Moosblättchen.

Moose haben *Bedeutung* als

- Standortanzeiger für Böden (z. B. Torfmoos für sauren Boden),
- Besiedler von kahlem Untergrund (Bodenbildung, Verhinderung der Abspülung und Austrocknung des Untergrunds),
- Wasserspeicher im Wasserhaushalt der Natur.

Verdunstung von Wasser

Moospflanzen im trockenen Zustand

Aufnahme von Wasser

Moospflanzen im feuchten Zustand

2.6 Farnpflanzen

In tropischen Klimagebieten können **Baumfarne** bis zu 10 Meter hoch werden und eigene Wälder bilden.

Die **Farnpflanzen** sind über alle Klimazonen verbreitet. Sie variieren in ihrer Größe. Es gibt etwa 12000 Arten.
Zu den **Farnpflanzen** gehören die **Farne, Bärlappgewächse** und **Schachtelhalmgewächse**.

Farne

Farne sind in Spross (Sprossachse und Blätter) und Wurzel gegliederte krautige, selten baumartige grüne Pflanzen mit großen Blättern (Wedeln), auf deren Unterseite sich häufchenweise angeordnet **Sporenkapseln mit Sporen** (Sori) befinden.

Der Adlerfarn ist die größte einheimische Art (0,50 m bis 2 m).

Farne besitzen echte Gewebe, z. B. Leit-, Grund- und Festigungsgewebe, Epidermis mit Spaltöffnungen (↗ S. 68), die bestimmte Funktionen ausführen.
Farne sind durch ihren Bau besonders an das Landleben angepasst.

Wurmfarn

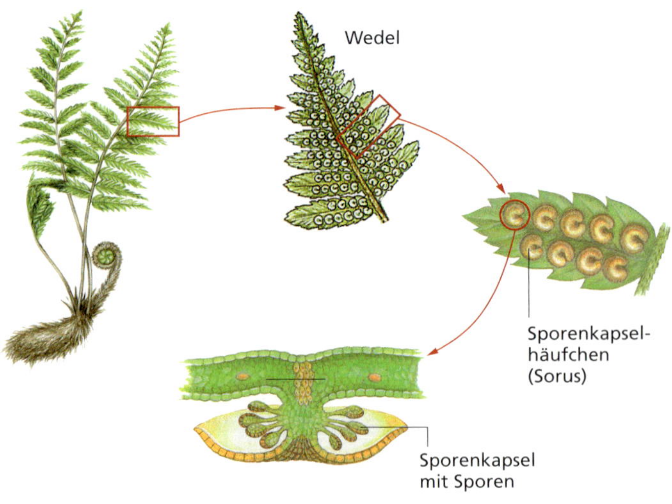

Bärlappgewächse

Sie sind kleine, immergrüne Pflanzen mit einer dünnen, meist kriechenden, gabelig verzweigten Sprossachse. An dieser sitzen spiralig angeordnet kleine, nadelförmige Laubblätter.

Zu den **Bärlappgewächsen** gehören u.a. Moosfarne und Bärlappe. Die sechs einheimischen Bärlapparten stehen unter Naturschutz.

Schachtelhalmgewächse

Sie sind meist krautige Pflanzen mit aufrechten hohlen Sprossachsen, die aus ineinander geschachtelten Abschnitten bestehen. An den Sprossachsen befinden sich zurückgebildete Blätter, meist in Wirteln angeordnet.

Keulen-Bärlapp

Wiesen-Schachtelhalm

Zur Fortpflanzung bilden Bärlappe und Schachtelhalme Ähren mit Sporenkapseln aus.

Lebensweise und Bedeutung der Farne

Farne ernähren sich **autotroph** (↗ S. 191) Die Fortpflanzung erfolgt durch **Sporen**. Sie haben einen **Generationswechsel** (↗ S. 225).

Farne haben *Bedeutung* als

- Ausgangsmaterial für die Bildung von Steinkohlelagerstätten in der Karbonzeit,
- Zierpflanzen für den Menschen, z.B. Geweihfarn (↗ Abb.).

Aus den Urwäldern der Karbonzeit entstanden die **Steinkohlelagerstätten.**

2.7 Samenpflanzen (Blütenpflanzen)

Die **Samenpflanzen** (Blütenpflanzen) bilden die höchstentwickelte Gruppe der Pflanzen. Sie besiedeln alle Klimazonen. Die Gruppe umfasst etwa 270000 Arten.

Samenpflanzen sind in Wurzel, Sprossachse und Blätter gegliedert. Sie sind durch die Ausbildung von Blüten und Samen charakterisiert. Als höchstentwickelte Pflanzen besitzen sie echte Gewebe, z. B. Haut-, Leit-, Festigungs-, Grund-, Assimilations-, Bildungsgewebe (↗ S. 62).

2.7.1 Einteilung der Samenpflanzen

Gegenwärtig sind etwa 800 Arten von Nacktsamern bekannt.

Nach der Lage der Samenanlagen werden Samenpflanzen in zwei Gruppen unterteilt, die **Nacktsamer** und die **Bedecktsamer.**

Nacktsamer

Die **Nacktsamer** sind ausschließlich Holzgewächse. Viele Arten sind bereits ausgestorben. Eine wichtige und artenreiche Gruppe der Nacktsamer sind die Nadelbäume. Dazu gehören z.B. die Kieferngewächse (↗ S. 53).

Kieferngewächse als Forstbäume haben große wirtschaftliche Bedeutung.

In den Blüten der Nacktsamer liegen die Samenanlagen frei („nackt") auf den offenen Fruchtblättern (Samenschuppen). Es werden Samen, aber keine Früchte ausgebildet.

Die Blütenglieder stehen meist in spiraliger Anordnung übereinander, so dass meist **zapfenförmige Blütenstände** gebildet werden. Die Blätter sind meist nadel- oder schuppenförmig.

Zu den Ginkgogewächsen gehört nur noch eine lebende Art, der aus Ostasien stammende Ginkgobaum.

Familien der Nacktsamer

Familie Ginkgogewächse	Familie Eibengewächse	Familie Zypressengewächse

Ginkgo (Ginko)	Eibe	Wacholder

Merkmale der Familie Kieferngewächse

Blütenstände

Zweig mit männlichen Blüten, gehäuft in eiförmigen Blütenständen

Zweig mit weiblichen Blüten, meist in paarweise stehenden Blütenständen

Junger weiblicher Zapfen

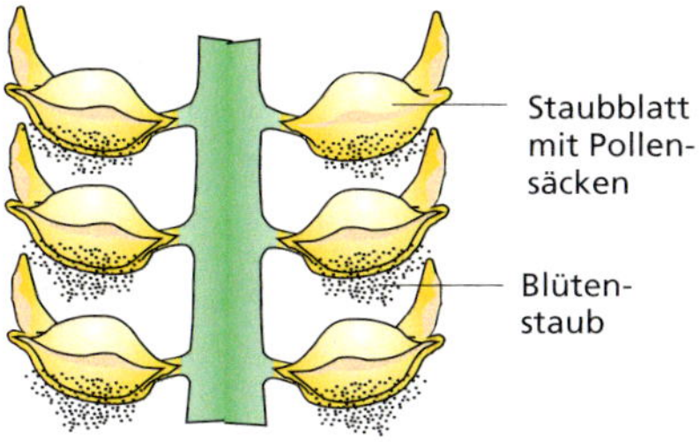

männliche Blüten (längs)

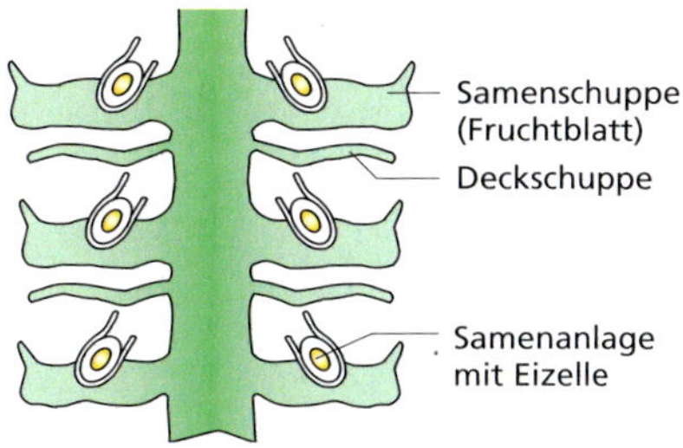

weiblicher Blütenstand (längs)

Nadeln

einzeln

zu 2 stehend

zu 5 stehend

in Büscheln

Vertreter der Kieferngewächse

Weiß-Tanne

Gemeine Kiefer

Weymouths-Kiefer

Europäisch

Bedecktsamer

Bedecktsamer sind Kräuter, Sträucher oder Bäume. Sie besiedeln alle Klimazonen. Sie umfassen etwa 250000 Arten. Ihre Größe und Gestalt ist mannigfaltig.

In den Blüten der Bedecktsamer sind die Samenanlagen in einem von den Fruchtblättern gebildeten Fruchtknoten eingeschlossen. Aus dem Fruchtknoten entwickelt sich die **Frucht** (↗ S. 73), die die **Samen** (↗ S. 74) enthält.

Die Bedecktsamer werden nach der Anzahl der Keimblätter bei ihren Keimlingen in zwei Gruppen unterteilt, die **einkeimblättrigen** und die **zweikeimblättrigen Pflanzen**.

Merkmale einkeimblättriger bzw. zweikeimblättriger Pflanzen	
Einkeimblättrige Pflanzen	Zweikeimblättrige Pflanzen
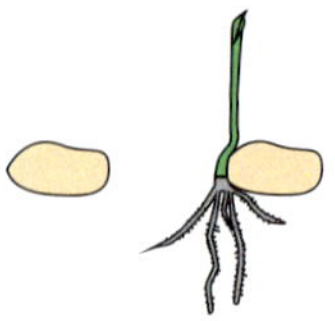 Grasfrucht (Karypose) 1 Keimblatt	 Bohnensamen 2 Keimblätter
 Blätter meist parallelnervig, ungestielt	 Blätter meist netznervig, gestielt
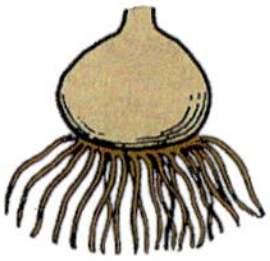 Hauptwurzel kurzlebig, durch sprossbürtige Wurzeln ersetzt	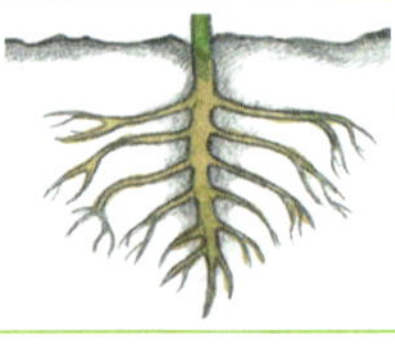 Hauptwurzel langlebig
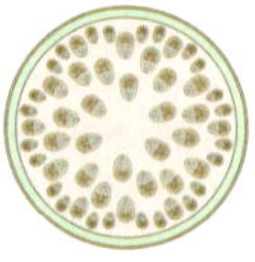 Leitbündel auf Stängelquerschnitt zerstreut	 Leitbündel auf Stängelquerschnitt im Kreis angeordnet
 Blütenteile vorwiegend dreizählig	 Blütenteile vorwiegend vier- oder fünfzählig

Familien der einkeimblättrigen Pflanzen (Auswahl)

Zu den einkeimblättrigen Pflanzen gehören etwa 50000 Arten. Wichtige Familien sind z.B. Gräser, Lilien-, Orchideen-, Bananengewächse.

Merkmale der Familie Süßgräser

Einblütiges Ährchen

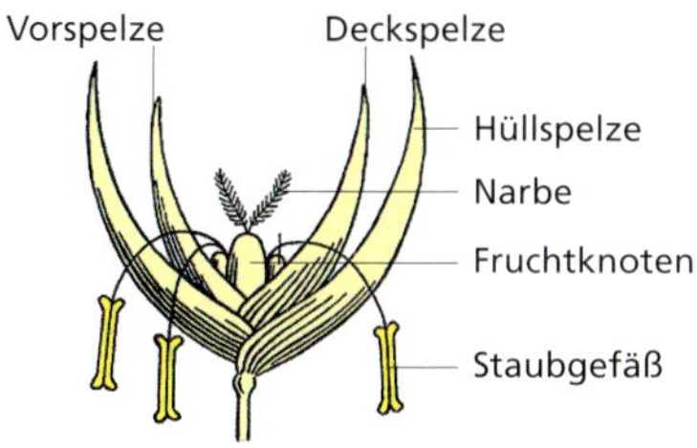

Blatt

parallelnervig, schmal, lanzettlich

Schließfrucht

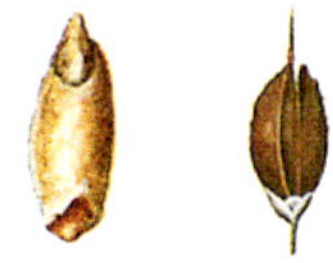

Karyopse („Körnerfrucht“) (Grasfrucht)

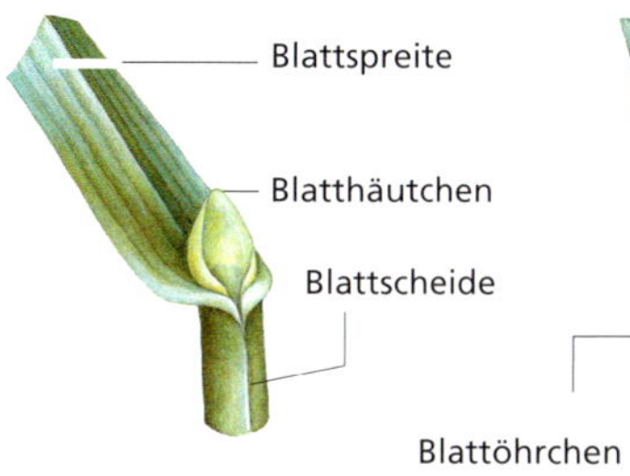

Blütenstände

Rispe
Ährchen sitzen an verlängerten Stielen 1., 2. und 3. Ordnung

Ährenrispe
Ährchen sitzen an kurzen Stielen 1., 2. und 3. Ordnung

Ähre
Ährchen sitzen direkt auf Blütenachse

Vertreter

Roggen, Weizen, Hafer, Gerste, Reis, Mais, Zuckerrohr, Weidelgras, Quecke, Schilfrohr, Strandhafer, Knäuelgras, Einjähriges Rispengras, Perlgras, Fuchsschwanz, Knabenkraut, Frauenschuh, Banane

Reis und Mais sind wichtige Nutzpflanzen.

Merkmale der Familie Liliengewächse

Blüten

Tulpe

Herbstzeitlose

Blüten mit je 3 in Farbe und Form gleichen Kelch- und Kronblättern, 6 Staubblättern, 3-fächerigem Fruchtknoten

Früchte

Weißwurz (Salomonsiegel)

Maiglöckchen

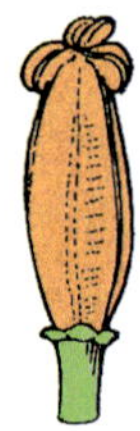

Tulpe

Früchte meistens Beeren und Kapseln

unterirdische Organe

Tulpe
Blaustern

Maiglöckchen
Graslilie

Taglilie

Zwiebeln, Wurzelstöcke (Erdsprosse, Rhizome) und **Wurzelknollen** zur Stoffspeicherung und ungeschlechtlichen Fortpflanzung (↗ S. 219)

Vertreter
Tulpe, Zwerg-Hyazinthe, Spargel, Maiglöckchen, Schattenblume, Schnittlauch, Porree, Knoblauch, Zwiebel, Blaustern, Graslilie, Taglilie, Echte Schachblume

Familien der zweikeimblättrigen Pflanzen (Auswahl)

Die **zweikeimblättrigen Pflanzen** umfassen etwa 200 000 Arten. Ihr Körper, ihre Blätter, Sprossachsen, Blüten und Früchte besitzen eine mannigfaltige Form, Gestalt und Farbe.
Wichtige Familien sind z. B. Rosengewächse, Kreuzblüten-, Schmetterlingsblüten-, Lippenblüten-, Korbblüten- und Doldengewächse.

Merkmale der Familie Kreuzblütengewächse

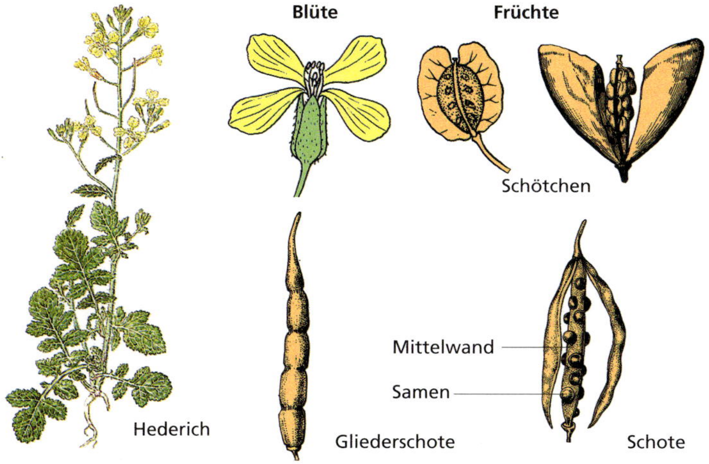

Traubiger **Blütenstand,** strahlige **Blüten** mit je 4 sich kreuzweise gegenüberstehenden Kelch- und Kronblättern, 2 äußere kurze und 4 innere lange Staubblätter; Fruchtknoten aus 2 Fruchtblättern gebildet; **Früchte** meistens Schoten oder Schötchen

Vertreter
Kohl, Rettich, Hederich, Raps, Senf, Acker-Senf, Hirtentäschel, Kresse, Hellerkraut, Goldlack, Schaumkraut, Meerrettich, Knoblauchs-Rauke

Merkmale der Familie Schmetterlingsblütengewächse

Blüte schmetterlingsförmig, bestehend aus 5 Kelch-, 5 unterschiedlich gestalteten Kronblättern (Fahne, Flügel, Schiffchen), 10 Staubblättern (meist 9 verwachsen); Fruchtknoten aus einem Fruchtblatt **Blätter** meistens dreizählig oder gefiedert, oft mit Nebenblättern; **Früchte** meistens Hülsen

Vertreter
Robinie, Ginster, Lupine, Erbse, Klee, Bohne, Wicke, Linse, Goldregen

Merkmale der Familie Lippenblütengewächse

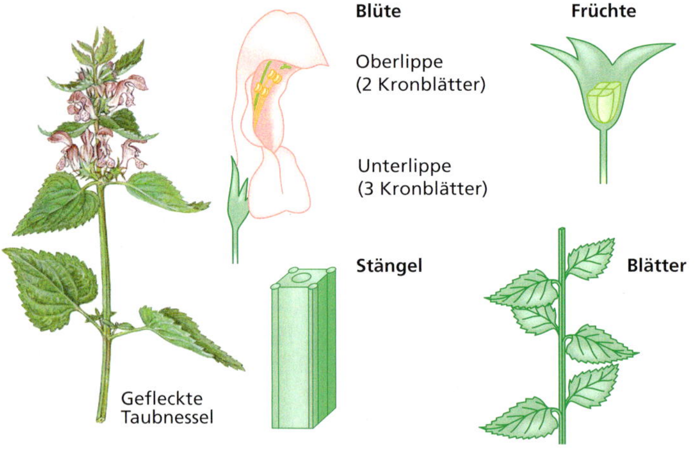

Zweiseitig symmetrische **Blüten** mit 5 Kelch-, 5 Kronblättern (verwachsen zur Kronröhre mit Ober- und Unterlippe), 4 Staubblättern; **Stängel** vierkantig mit kreuzweise gegenständig angeordneten Blättern; 4 einsamige **Teilfrüchte**

Vertreter
Majoran, Bohnenkraut, Pfefferminze, Thymian, Günsel, Salbei, Taubnessel, Gundermann, Lavendel, Hohlzahn, Braunelle

Merkmale der Familie Doldengewächse

Blütenstand meistens Doppeldolde; strahlige **Blüten** mit 5 Kelch- (meist zurückgebildet), 5 Kron-, 5 Staubblättern, 1 Fruchtknoten mit 2 Griffeln; **Stängel** hohl, durch Knoten gegliedert; **Blätter** meistens mehrfach geteilt, umfassen Stängel mit Blattscheide; **Früchte** meistens Spaltfrüchte, zerfallen in 2 einsamige Teilfrüchte

Vertreter
Petersilie, Dill, Fenchel, Kümmel, Möhre, Sellerie, Schierling

Merkmale der Familie Rosengewächse

Hunds-Rose

Vielgestaltige **Blüten** mit meist 5 Kelch- und 5 Kronblättern sowie zahlreichen Staubblättern; **Blätter** einfach oder geteilt, oft mit Nebenblättern; **Früchte** vielgestaltig (unter Beteiligung des Blütenbodens); Kapseln, Nüsse, Beeren, Steinfrüchte, oft Sammelfrüchte

Vertreter
Rose, Fingerkraut, Erdbeere, Himbeere, Brombeere, Birne, Apfel, Pflaume, Kirsche

Merkmale der Familie Korbblütengewächse

Sonnenblume

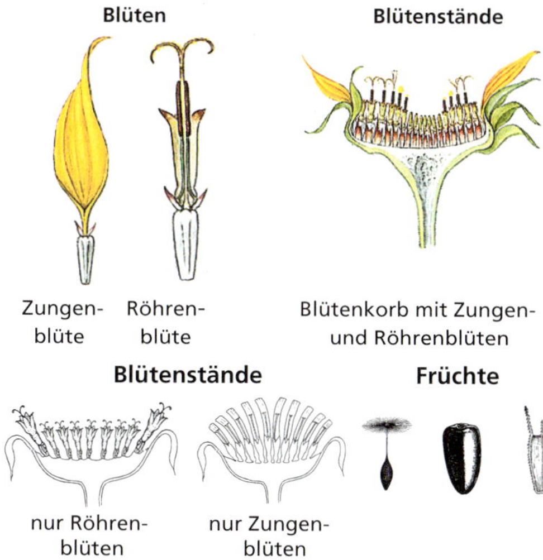

Korbartige **Blütenstände** mit **Röhren-** und/oder **Zungenblüten;** 5 Kronblätter zur Röhre (Röhrenblüten) oder unregelmäßig verwachsen und zungenförmig verlängert (Zungenblüten)

Früchte meistens Nüsse, oft mit Haarkranz zur Verbreitung

Vertreter
Aster, Margerite, Salat, Sonnenblume, Kamille, Löwenzahn, Huflattich, Wegwarte, Gänsedistel, Beifuß, Kreuzkraut, Rainfarn, Schafgarbe

2.7.2 Organe der Samenpflanzen

Körpergliederung der Samenpflanzen

Die **Samenpflanzen** sind in **Wurzel** und **Spross** gegliedert. Der Spross besteht aus Sprossachse, Laubblättern und Blüten.

Mammutbäume erreichen eine Normalhöhe von ca. 100 m, einen Stammdurchmesser von ca. 11 m und einen Stammumfang von ca. 35 m sowie ein Alter von ca. 2500 Jahren.

Die **Holzgewächse** (Bäume, Sträucher) besitzen verholzte Sprossachsen (Stamm, Ast). Die **krautigen Pflanzen** haben unverholzte (krautige) Sprossachsen (Stängel, Halm).

Holzgewächse

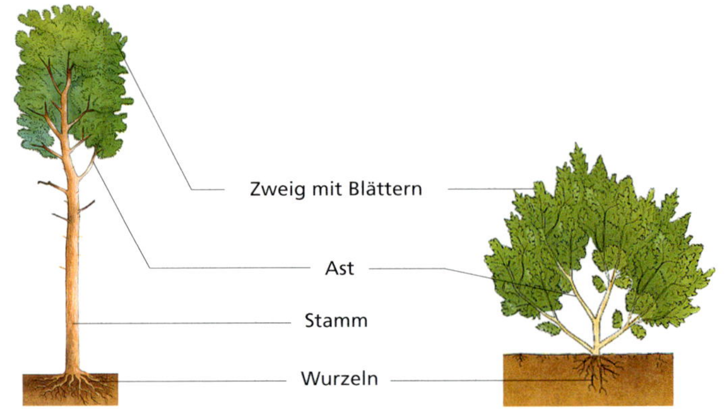

Baum, z. B. Kiefer, Buche

Strauch, z. B. Rose, Ginster

Kräuter

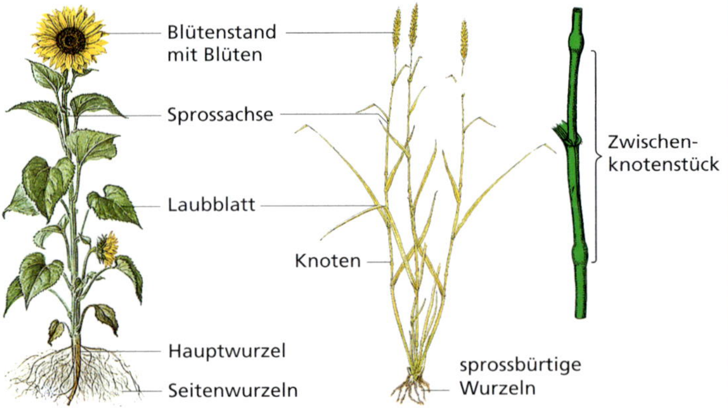

Zweikeimblättrige Pflanze z. B. Sonnenblume

Einkeimblättrige Pflanze z. B. Gerste

Nach ihrer Lebensdauer unterscheidet man einjährige, zweijährige und ausdauernde Kräuter.

Wurzeln der Samenpflanzen

Die **Wurzeln** sind stets blattlos. Sie befinden sich meistens im Boden, sind reich verzweigt und bilden ein **Wurzelsystem.** Dabei kann die **Hauptwurzel** senkrecht nach unten wachsen und tief in den Boden vordringen (**Tiefwurzler**), oder die **Seitenwurzeln** (Nebenwurzeln) wachsen im Erdboden flach nach allen Seiten (**Flachwurzler**). Entstehen Wurzeln aus dem unteren Teil der Sprossachse – wie bei einkeimblättrigen Pflanzen (↗ S. 54) –, nennt man diese Wurzeln **sprossbürtige Wurzeln.**
Gräser besitzen ein fein und weit verzweigtes Wurzelsystem, das ein kleines Bodenvolumen vollkommen durchsetzen kann.
Holzgewächse weisen meist wenige große und z.T. verholzte Wurzeln auf, die sowohl senkrecht als auch waagerecht ein großes Bodenvolumen durchwurzeln.

Wurzelsysteme

Flachwurzler,
z.B. Fichte, Pappel, Kartoffel, Gräser

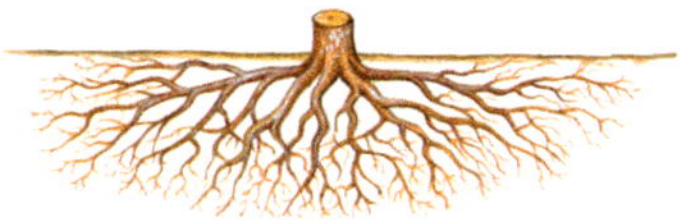

Tiefwurzler,
z.B. Eiche, Tanne, Kiefer, Löwenzahn, Raps

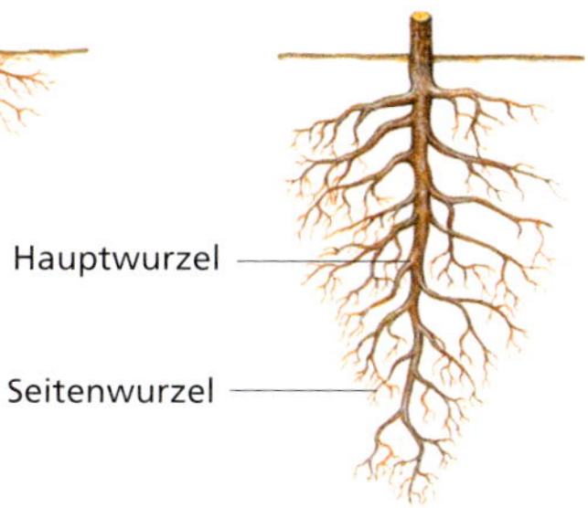

Sprossbürtige Wurzelsysteme,
z.B. Getreide, Farne, Zwiebel, Maiglöckchen

Bei heftigem Sturm werden einzeln stehende Flachwurzler (z.B. Fichte) leicht entwurzelt; bei Tiefwurzlern (z.B. Kiefer) wird der Stamm geknickt.

Die Wurzeln der Wüstenpflanzen reichen bis in eine Tiefe von 20 Metern.

Die **Wurzel** dient dazu, die Pflanzen im Boden zu verankern, Wasser und Nährsalze aufzunehmen und in den Spross weiterzuleiten (↗ S. 179). Außerdem können Wurzeln Reservestoffe speichern.

Innerer Bau der Wurzel

Die verschiedenen Funktionen der Wurzel werden von verschiedenen Geweben ausgeführt, z. B. Haut-, Grund-, Leitgewebe (Gefäße und Siebröhren).

Wurzelspitze (längs)

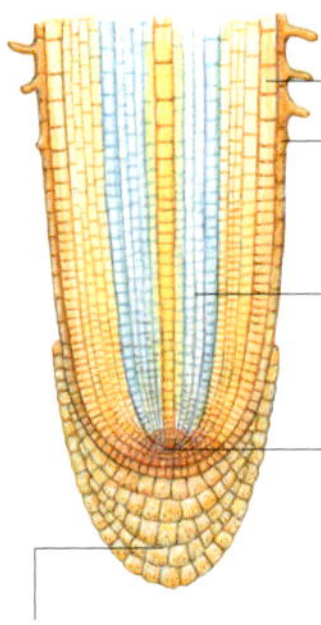

Querschnitt durch eine Wurzel

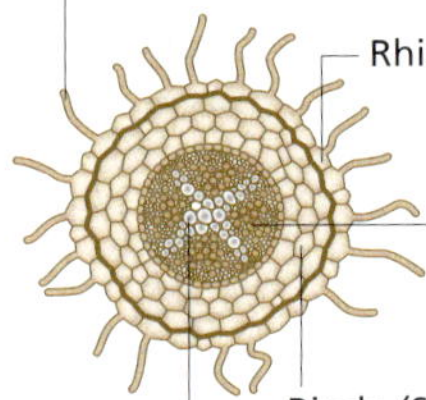

Wurzelmetamorphosen, z. B. Wurzelsprosse, Wurzelknollen, dienen auch der ungeschlechtlichen Fortpflanzung (↗ S. 219).

Umbildungen (Metamorphosen) der Wurzel

Wurzelumbildungen (**Wurzelmetamorphosen**, ↗ S. 225) entstanden bei einigen Pflanzen in Anpassung an bestimmte Umweltbedingungen. Sie führen spezielle Funktionen aus.

Speicherwurzeln

Rüben
(u. a. verdickte Hauptwurzel), z. B. Möhre, Zuckerrübe

Wurzelknollen
(verdickte sprossbürtige Wurzeln), z. B. Dahlie, Scharbockskraut, Orchideen

Haft- und Kletterwurzeln

Anheftung an fester Unterlage, z. B. Efeu, Liane

Sprossachse der Samenpflanzen

Die **Sprossachse** ist in **Knoten** und blattlose **Zwischenknotenstücke** gegliedert (↗ S. 55). An den Knoten werden sowohl die Laubblätter als auch die Seitensprossachsen gebildet. Die Sprossachse trägt die Laubblätter und Blüten.

Innerer Bau der Sprossachse

Die Sprossachse besteht aus verschiedenen **Geweben**, z.B. Abschluss-, Grund-, Leit-, Festigungsgewebe. Sie sind in Schichten angeordnet und führen spezielle Funktionen aus (↗ S. 178).

Die im **Zentralzylinder** liegenden **Leitbündel** enthalten **Gefäße** zur Wasserleitung und **Siebröhren** (bestehend aus Siebzellen) zur Stoffleitung. Zwischen ihnen liegt ein **Bildungsgewebe**, das nach innen und außen neue Zellen bildet. Die Anordnung der Leitbündel im Sprossachsenquerschnitt ist bei Gruppen von Samenpflanzen verschieden. Bei den Nacktsamern und zweikeimblättrigen Pflanzen sind die Leitbündel im Kreis angeordnet, bei den einkeimblättrigen Pflanzen sind sie über den Sprossachsenquerschnitt zerstreut.

Stängelquerschnitte

Zweikeimblättrige Pflanze

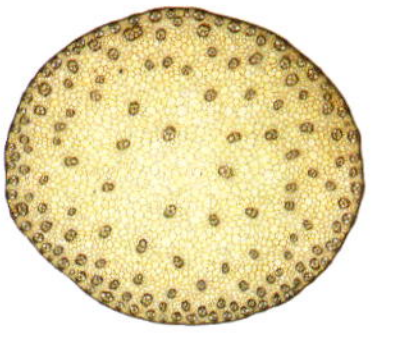

Einkeimblättrige Pflanze

Querschnitt durch eine zweikeimblättrige Sprossachse

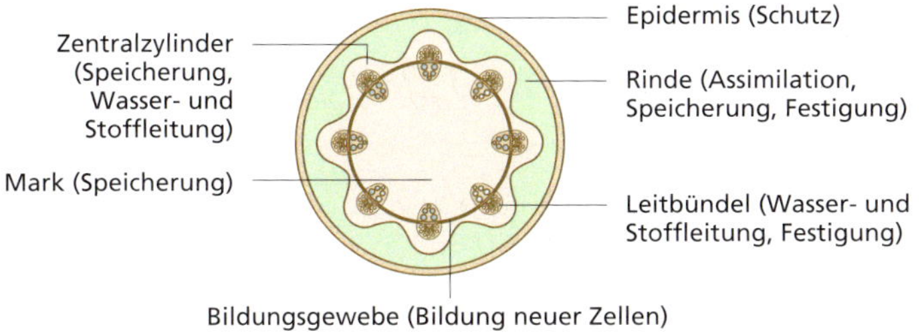

Querschnitt durch ein Leitbündel

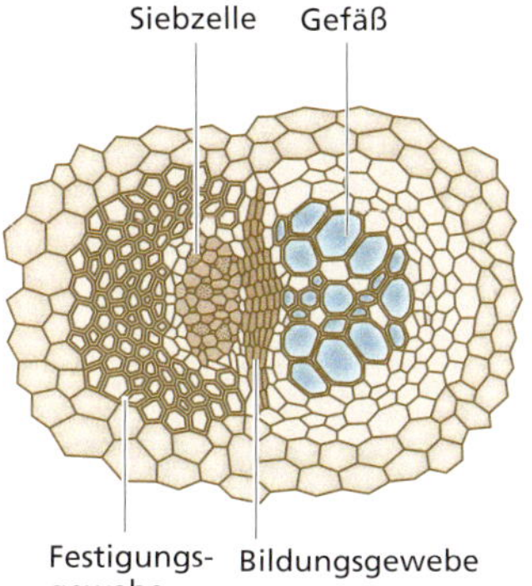

Längsschnitt durch ein Leitbündel

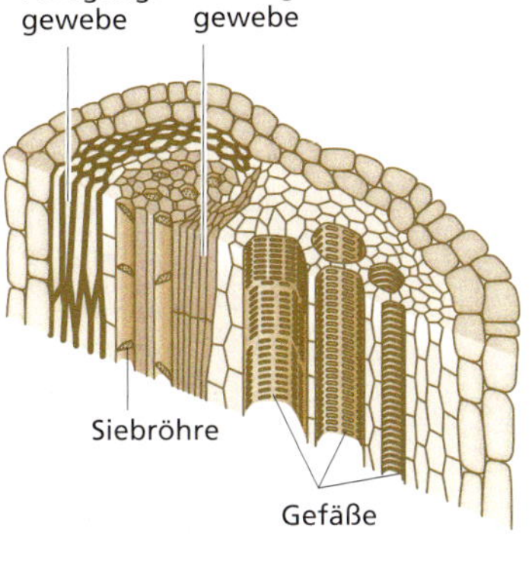

Sprossmetamorphosen werden in der Landwirtschaft und im Gartenbau zur Anzucht von jungen Pflanzen (z. B. Erdbeeren) genutzt.

Umbildungen (Metamorphosen) der Sprossachse

Umbildungen der Sprossachse (**Sprossmetamorphosen**, ↗ S. 225) entstanden bei einigen Pflanzen in Anpassung an bestimmte Umweltbedingungen. Sie führen spezielle Funktionen aus.

Umbildungen der Sprossachse	Charakteristische Merkmale/ Funktionen
Wurzelstöcke (Rhizome, Erdsprosse) 	Unterirdisch verdickte Sprossachsen mit schuppenförmigen Blättchen (Niederblättern) und sprossbürtigen Wurzeln/Speicherfunktion, ungeschlechtliche Fortpflanzung **Beispiele:** Busch-Windröschen, Schwertlilie, Maiglöckchen, Schattenblume, Spargel
Sprossknollen oberirdische Sprossknollen 	Oberirdisch verdickte Teile der Sprossachse in rundlicher Form/Speicherfunktion **Beispiele:** Kohlrabi, Radieschen, Alpenveilchen
unterirdische Sprossknollen 	Unterirdisch verdickte Teile der Sprossachse (oft das Ende) mit Schuppenblättchen, die abfallen/Speicherfunktion, ungeschlechtliche Fortpflanzung **Beispiel:** Kartoffel
Ausläufer oberirdische Ausläufer 	Oberirdische Seitensprosse, die waagerecht verlaufen und am Ende neue Pflanzen bilden/ungeschlechtliche Fortpflanzung **Beispiele:** Erdbeere, Weiß-Klee, Kriechender Günsel
unterirdische Ausläufer 	Unterirdische Seitensprosse, die am Ende neue Pflanze bilden/ungeschlechtliche Fortpflanzung **Beispiele:** Schilf, Quecke, Brennnessel, Pfeffer-Minze
Sprossranken 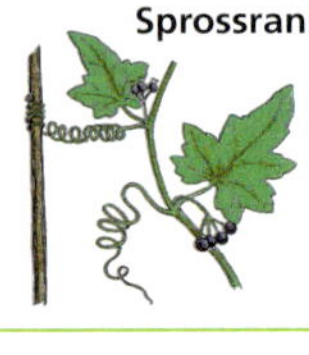	Teile des Hauptsprosses oder der Seitensprosse zu Ranken umgebildet/Verankerung der Pflanze an Stützen **Beispiele:** Weinrebe, Passionsblume

Umbildungen der Sprossachse	Charakteristische Merkmale/ Funktionen
Sprossdornen 	Kurztriebe laufen in dornige Spitze aus, manchmal noch mit kleinen Blättchen/Assimilation, Schutz **Beispiele:** Weißdorn, Schlehe
Stammsukkulente Pflanzen 	Sprossachse fleischig abgeflacht, säulen- oder kegelförmig, Blätter zu Dornen umgewandelt/Wasserspeicherung (Anpassung an trockene Standorte) **Beispiele:** Kakteen, Wolfsmilcharten

In Anpassung an trockene Standorte kann die Sprossachse zu einem Wasserspeicher umgewandelt werden (Stammsukkulenz).

Laubblätter der Samenpflanzen

Die **Laubblätter** sind in Form und Größe vielgestaltete Organe, die an der Sprossachse sitzen und verschiedene **Blattstellungen** (↗ S. 66) aufweisen. Die Laubblätter bestehen aus folgenden Teilen: Blattspitze, Blattrand, Blattspreite, Blattadern, Blattstiel und Blattgrund. In ihrer Anordnung sind die Teile unterschiedlich.

Zweikeimblättrige Pflanze **Einkeimblättrige Pflanze**

netznervig, netzadrig

parallelnervig, paralleladrig

Stellungen der Blätter an der Sprossachse

grundständig rosettig | quirlständig | wechselständig | gegenständig | kreuzweise gegenständig

Formen der Blattspreite bei einfachen Blättern

eiförmig | verkehrt eiförmig | herzförmig | verkehrt herzförmig | spatelförmig

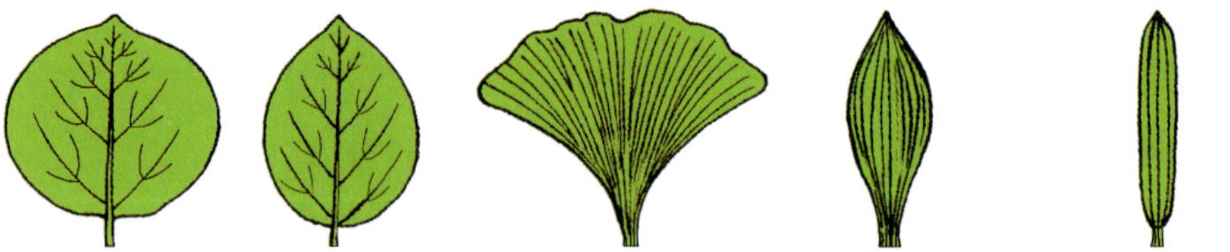

rundlich | ellipsenförmig, oval | keilförmig | lanzettlich | linealisch

nierenförmig | schildförmig | spießförmig | pfeilförmig | nadelförmig

Formen der Blattspreite bei geteilten Blättern
(Spreiten mit unterschiedlich tiefen Einschnitten)

dreilappig — handförmig gelappt — fliederlappig, gebuchtet — leierförmig — handförmig geteilt

dreispaltig — handförmig gespalten — fiederspaltig — fiederteilig

Formen des Blattrandes

ganzrandig — gebuchtet (Zähnchen außen rund, innen gerundete Buchten) — gesägt (Zähnchen außen und innen spitz) — doppelt gesägt

gezähnt (Zähnchen außen spitz, innen rund) — grob gezähnt, gelappt — gekerbt (Zähnchen außen rund, innen spitz) — schrotsägeförmig (Zähnchen groß, fein gesägt und rückwärts gerichtet)

Formen der Blattspreite bei zusammengesetzten Blättern
(Spreiten durch tiefe Einschnitte in getrennte Teilblättchen zerlegt)

Innerer Bau des Laubblattes

Die Oberseite der Blattspreite wird von einer Epidermis begrenzt. Dann folgt ein chloroplastenreiches Palisadengewebe. Daran schließt sich das Schwammgewebe an. Die Blattunterseite wird wieder von einer Epidermis begrenzt.

Die **Laubblätter** dienen dem Gasaustausch (Kohlenstoffdioxid, Sauerstoff, ↗ S. 183), der Abgabe von Wasserdampf (Transpiration, ↗ S. 180) und – da sie in ihren Zellen Chloroplasten mit Chlorophyll enthalten – der Fotosynthese (↗ S. 192). Diese Funktionen werden von verschiedenen Geweben ausgeführt.

i

Beim Abreißen des Blattstiels beim Wegerich sind die Blattadern zu erkennen.

Querschnitt durch ein Laubblatt

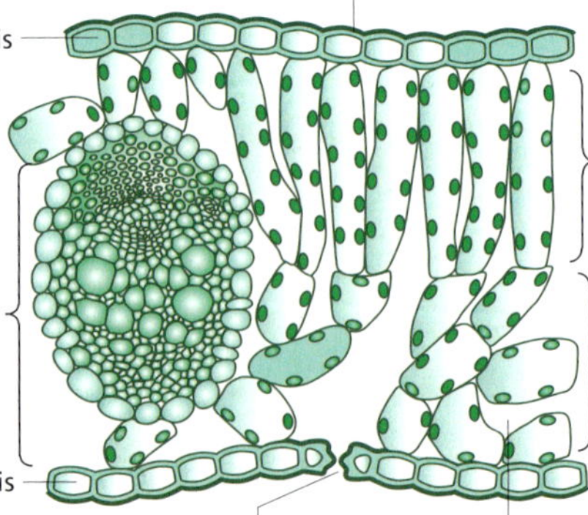

Umbildungen (Metamorphosen) des Blattes

Umbildungen des Blattes (**Blattmetamorphosen,** ↗ S. 225) entstanden bei einigen Pflanzen in Anpassung an bestimmte Umweltbedingungen. Sie führen spezielle Funktionen aus.

Umbildungen des Blattes	Charakteristische Merkmale/ Funktionen
Blattranken 	Blattspreite oder Teile der Blattspreite zu fadenförmigen, unverzweigten oder verzweigten Organen umgebildet/Klettern der Pflanzen **Beispiele:** Erbse, Wicke, Kürbis
Blattdornen 	Blattteile in verholzte oder durch Festigungsgewebe starre Organe umgebildet/Schutz, Anpassung an trockene Standorte **Beispiele:** Kakteen, Berberitze, Distel, Akazie
Speicherblätter (Zwiebel) 	Blätter in fleischige, schalen- oder schuppenförmige Zwiebelblätter umgebildet, die an gestauchter Sprossachse sitzen/Wasser- und Stoffspeicherung, ungeschlechtliche Fortpflanzung **Beispiele:** Küchenzwiebel, Tulpe, Schneeglöckchen
Blattsukkulente Pflanzen 	Blätter fleischig verdickt/Wasserspeicherung, Anpassung an trockene Standorte **Beispiele:** Mauerpfeffer, Hauswurz, Queller, Agave, Fette Henne, Mittagsblume

Es gibt umgewandelte Laubblätter, die spezielle **Blatttypen** bilden, z. B. Hochblätter, Blütenblätter, Laubblätter, Niederblätter, Keimblätter.

Bei **Insekten fressenden** Pflanzen können die Blätter zu Organen umgewandelt werden, die dem Beutefang dienen, z. B. Sonnentau, Venusfliegenfalle, Kannenpflanze.

Blüten der Samenpflanzen

Die Stellung des Fruchtknotens in der Blüte kann ober-, mittel- bzw. unterständig sein.

Die **Blüte** ist das Organ der Samenpflanzen, das der **geschlechtlichen Fortpflanzung** (↗ S. 221) dient. Sie enthält die weiblichen Fortpflanzungsorgane (**Fruchtblätter** mit Samenanlagen) und die männlichen Fortpflanzungsorgane (**Staubblätter**). Umgeben sind diese in vielen Blüten von farbigen **Kronblättern** (Anlocken von Insekten) und grünen **Kelchblättern** (Schutz). Die Fruchtblätter bilden bei den Bedecktsamern (↗ S. 222) den **Fruchtknoten**, in dem die Samenanlagen liegen. Bei den Nacktsamern (↗ S. 223) bilden sie die stark verholzten „Samenschuppen", auf denen die Samenanlagen frei („nackt") liegen.

Nicht jede Blüte besitzt alle Blütenteile. Blüten, die sowohl Staub- und Fruchtblätter enthalten, sind **zweigeschlechtig** oder **zwittrig**. Enthalten Blüten nur Staubblätter bzw. nur Fruchtblätter, sind sie **eingeschlechtig**. Es sind entweder männliche Blüten oder weibliche Blüten.

Die Verteilung der eingeschlechtlichen Blüten auf Einzelpflanzen kann unterschiedlich sein – einhäusig und zweihäusig.

Teile einer Blüte der Zweikeimblättrigen

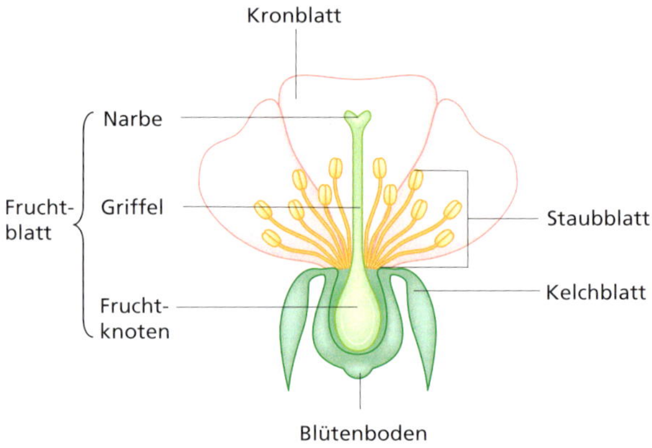

weibliche Teile einer Blüte **männliche Teile einer Blüte**

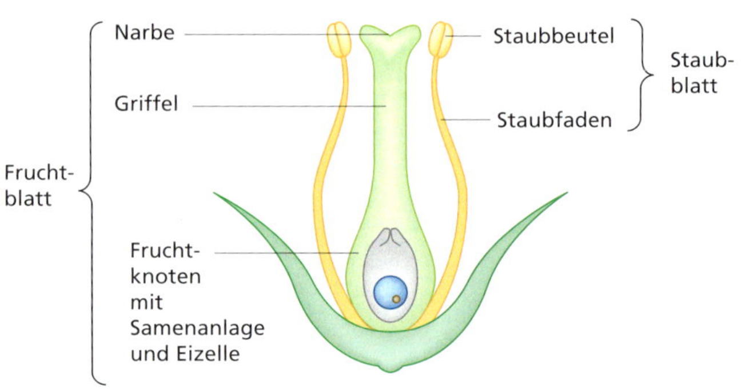

Teile einer Blüte der Einkeimblättrigen

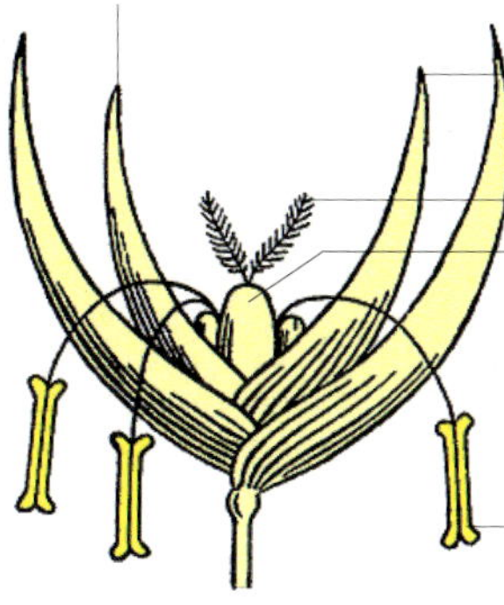

Die Blüten zeigen viele Formen, z. B. glockig, röhrig, trichter-, rad- oder tellerförmig.
Sie können nach ihren Symmetrieverhältnissen eingeteilt werden, z. B. strahlige (symmetrische) Blüten oder zweiseitig-symmetrische Blüten.

Blütenstände

Oftmals werden Einzelblüten zu **Blütenständen** vereinigt. Dies sind meist verzweigte oder unverzweigte Sprossteile, die durch das Fehlen von Laubblättern charakterisiert sind. Blütenstände existieren in vielfältigen Formen.

Blütenstände der Nacktsamer

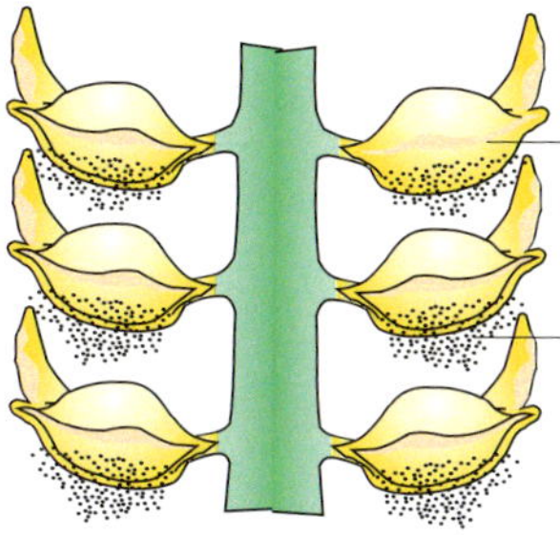

männliche Blüten (längs; ↗ S. 53)

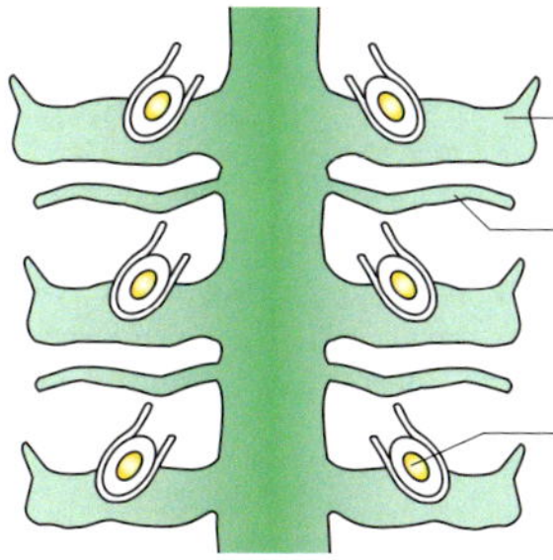

weiblicher Blütenstand (längs; ↗ S. 53)

Formen der Blütenstände

Rispe
(Blütenstandsachse mit mehrmals verzweigten Blüten tragenden Nebenachsen)

Ährenrispe
(Blütenstandsachse mit kurzen oder mehrmals verzweigten Blüten tragenden Nebenachsen)

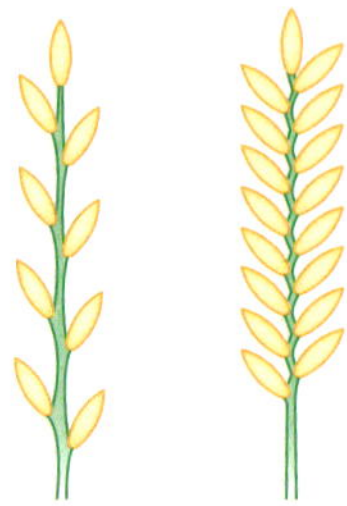

Ähre
(Blütenstandsachse mit ungestielten Ährchen)

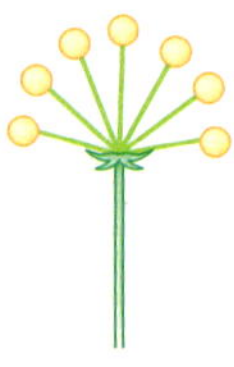

Dolde
(verkürzte Blütenstandsachse, am Ende unverzweigte, Blüten tragende Nebenachsen)

Doppeldolde
(verkürzte Blütenstandsachse, am Ende Nebenachsen mit „Döldchen")

Traube
(Blütenstandsachse mit unverzweigten, Blüten tragenden Nebenachsen)

Doppeltraube
(Blütenstandsachse mit einfach verzweigten, Blüten tragenden Nebenachsen)

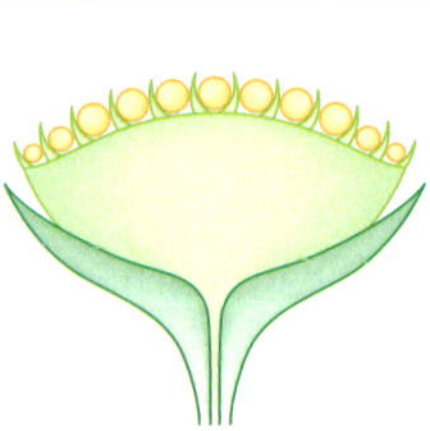

Körbchen
(Blütenstandsachse scheibenförmig verbreitert, darauf sitzen Einzelblüten, von Hüllblättern umgeben)

Köpfchen
(Blütenstandsachse gestaucht, darauf sitzen kurz- oder ungestielte Einzelblüten)

Kätzchen
(Blütenstandsachse oft hängend, mit Blüten)

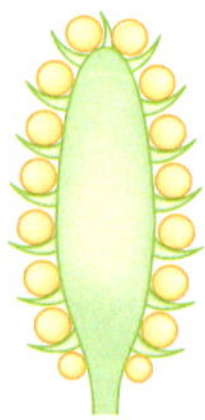

Kolben
(Blütenstandsachse verdickt, mit ungestielten Blüten)

Früchte und Samen der Samenpflanzen

Jede **Frucht** entsteht aus einem Fruchtknoten. Aus den **Fruchtblättern** wird die Fruchtwand gebildet. Im Inneren der Frucht sitzen an der Fruchtwand ein oder mehrere **Samen.**

Die Fruchtwand kann fest oder fleischig sein, verschiedene Hafteinrichtungen zum Anheften an Tiere besitzen, mit Flügeln oder Flughaaren ausgestattet sein oder Vorrichtungen zum Ausstreuen der Samen haben. Nach ihrem Bau werden bei den Bedecktsamern Einzelfrüchte und Sammelfrüchte unterschieden.

Einzelfrüchte sind Früchte, die aus einem einzelnen Fruchtknoten entstehen. Man unterscheidet Streufrüchte und Schließfrüchte.

Streufrüchte besitzen eine derbe Fruchtwand, die sich bei Reife öffnet, sodass die Samen herausfallen.

Formen der Streufrüchte

Hülse | **Schote/Schötchen** | **Kapsel**

Erbse, Ginster, Klee, Bohne | Acker-Senf, Rettich | Hederich, Hirtentäschel | Mohn, Tabak, Tulpe, Schwertlilie

Schließfrüchte besitzen Samen, die von einer Fruchtwand umschlossen sind, die sich bei Reife nicht öffnet.

Formen der Schließfrüchte

Beere | **Steinfrucht** | **Nuss/Nüsschen**

Weinbeere, Tomate, Stachelbeere, Paprika, Gurke | Kirsche, Pfirsich, Walnuss | Hasel, Eiche, Ulme, Buche

Sammelfrüchte sind Früchte, die aus mehreren Fruchtknoten gebildet werden. Dabei verwachsen mehrere Früchte miteinander. Man unterscheidet Sammelsteinfrüchte und Sammelnussfrüchte.

Früchte und Samen besitzen oft Verbreitungseinrichtungen.

Formen der Sammelfrüchte

Sammelsteinfrüchte

Himbeere, Brombeere

Sammelnussfrüchte

Erdbeere, Hagebutte

Bau des Samens

Der **Samen** besteht aus Keimling (Embryo), Nährgewebe und Samenschale. Aus ihm entwickelt sich eine neue Pflanze (↗ S. 235).

Der Samen dient der Verbreitung und der Arterhaltung der Pflanze (↗ S. 222). Das Nährgewebe des Samens besteht aus Stärke, Eiweiß und Fetten. Nach dem Vorherrschen einzelner Nährstoffe können die Samen in stärkereiche, ölhaltige und eiweißreiche Samen eingeteilt werden.

Samen einer zweikeimblättrigen Pflanze

Bohnensamen (geöffnet)

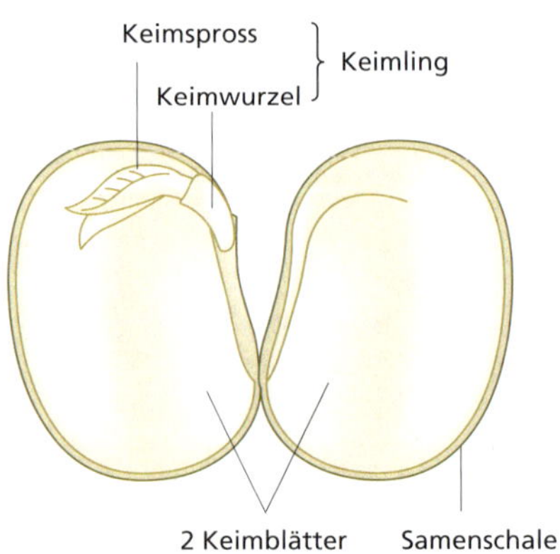

Samen einer einkeimblättrigen Pflanze

Getreidekorn (aufgeschnitten)

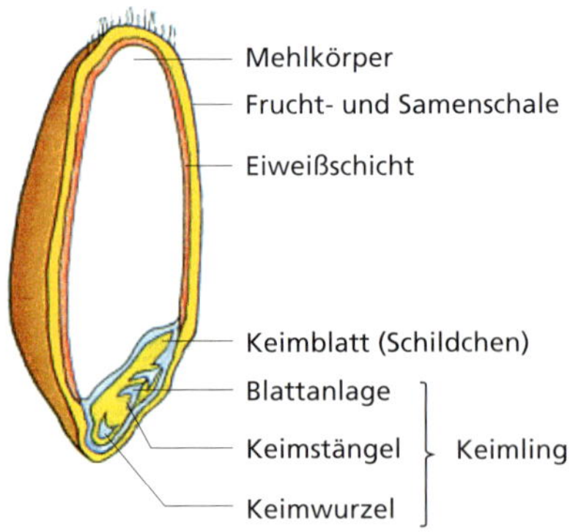

2.7.3 Nutzpflanzen der Heimat und anderer Gebiete der Erde

Nutzpflanzen sind alle Pflanzenarten, von denen Samen, Früchte oder andere Pflanzenteile vom Menschen genutzt werden.

Die Getreidearten wurden vor Jahrtausenden aus **Wildpflanzen** gezüchtet.

Einheimische Nutzpflanzen

Zu den **einheimischen Nutzpflanzen** gehören unsere Getreidearten Roggen, Weizen, Gerste und Hafer, verschiedene Gemüse- und Obstpflanzen sowie Ölpflanzen.

Die Getreidearten gehören zur Pflanzenfamilie der **Süßgräser.**

Einheimische Getreidearten und deren Nutzung

Roggen	Weizen	Gerste	Hafer

Ähre	Ähre	Ähre	Rispe

Körner länglich walzenförmig	Körner oval bis rundlich	Körner länglich oval	Körner länglich zugespitzt
Roggenbrot	Weizenbrot, Backwaren, Teigwaren, Grieß	Graupen, Grütze, zum Bierbrauen, als Futtergetreide für Schweine, Geflügel	Haferflocken, Hafermehl, als Futtergetreide für Pferde

Heimat der **Kartoffelpflanze** ist Südamerika. Seefahrer brachten sie nach Europa, wo sie seit dem 17. Jahrhundert angebaut wird.

Kartoffelpflanze und deren Nutzung

Am Ende der unterirdischen Ausläufer bilden sich Kartoffelknollen. Es sind Sprossknollen (↗ S. 64), die auch der ungeschlechtlichen Fortpflanzung (↗ S. 219) dienen. Sie enthalten Mineralstoffe, Stärke, Vitamin C. Sie sind Nahrungs- und Futtermittel.

Aus den Zuckerrüben wird in der **Zuckerfabrik** Zucker gewonnen.

Zuckerrübe und deren Nutzung

Seit Mitte des 19. Jh. wird diese zweijährige Pflanze in größerem Umfang angebaut. Im ersten Jahr speichert sie im Rübenkörper, der Wurzel, Zucker. Rübenzucker wird u.a. in Konditoreien, Bäckereien, zur Herstellung von Fruchtsäften sowie von Weinen und Marmeladen verwendet.

Einheimische Gemüsepflanzen

Gemüse hat einen hohen Vitamin- und Mineralstoffgehalt. Es bildet einen wichtigen Bestandteil der menschlichen Ernährung (↗ S.133)

Für eine gesunde Ernährung sind Gemüse und Obst unerlässlich.

Rotkohl

Kopfsalat

Möhren

Gurken

Gemüse sind Teile krautiger Pflanzen, die der Mensch zur Ernährung nutzt.

Obst und Gemüse sollten nicht lange gekocht werden, da zahlreiche Vitamine durch Kochen zerstört werden.

Einheimische Obstpflanzen

Obst enthält u.a. Vitamine, Mineralstoffe und Zucker. Es ist wichtiger Bestandteil einer gesunden Ernährung (↗ S. 133).

Birnen

Äpfel

Brombeeren

Erdbeeren

Obst sind Früchte von Bäumen, Sträuchern, Kräutern, die der Mensch zur gesunden Ernährung benötigt.

Ausländische Nutzpflanzen

Zu den **ausländischen Nutzpflanzen** gehören u.a. Obst-, Gemüse-, Getreide-, Öl-, Faser- und Genusspflanzen. Der Mensch nutzt Teile von ihnen als Nahrungsmittel, Futtermittel oder zur Herstellung von Textilien.

Ausländische Obstpflanzen

Ananas

Aus der Mitte der rosettig angeordneten Blätter erhebt sich der fleischige Fruchtstand, der an der Spitze wieder grüne Blätter trägt. Ananas wird frisch gegessen, in Scheiben oder in Stücken in Büchsen eingelegt sowie zu Marmelade und Saft verarbeitet.
Anbau u.a. in Südamerika, Spanien, Hawaii, Indien.

Banane

Die Pflanze ist eine bis zu 7 m hohe Staude. In der Mitte entwickelt sich der Blütenstand. Daraus bilden sich große, überhängende Fruchtstände mit vielen zuckerhaltigen, mehligen, beerenartigen Früchten. Sie werden unreif geerntet und mit Schiffen zu uns gebracht. Anbau u.a. in Mittelamerika, Indien, Burma, Nordafrika, Zypern.

Feige

Die birnenförmigen gelben bis blauen Feigen entwickeln sich an bis zu 10 m hohen Bäumen, vor allem im Mittelmeergebiet, Südafrika und Australien. Feigen sind zuckerreich. Meistens werden sie getrocknet gegessen.

Apfelsine (Orange)

Die Beerenfrüchte wachsen an 10–13 m hohen Bäumen u.a. im Mittelmeergebiet, Südafrika und Südamerika. Orangen sind reich an Vitamin C. Sie werden vor allem roh verzehrt und zu Saft und Marmeladen verarbeitet.

Ausländische Gemüsepflanzen

Gemüsepaprika

Vom Gemüsepaprika werden die grünen oder reifen Früchte roh als Salat oder gedünstet als Gemüse gegessen. Sie werden zu Ketchup und Paprikamark verarbeitet. Diese Beerenfrüchte sind sehr vitaminreich.
Anbau u.a. in Amerika, Afrika, Südostasien, Südeuropa.

Eierfrucht (Aubergine)

Die violette, meist birnenförmige bis längliche Beerenfrucht besteht aus einem schwammigen Fruchtfleisch. Sie wird gekocht oder gedünstet als Gemüse sowie auch als Konserve gegessen.
Anbau u.a. in den Tropen, Südeuropa, Afrika und Indien.

Brokkoli

Vom Brokkoli wird der gesamte fleischige Blütenstand gegessen. Er ist würzig im Geschmack und reich an Vitamin C.
Anbau u.a. in Italien, Frankreich, Kalifornien, Südstaaten der USA.

Zucchini

Es sind gurkenähnliche Beerenfrüchte, die roh und gekocht gegessen werden. Der Nährwert ist sehr gering.
Anbau u.a. im Mittelmeergebiet, in Kleinasien, in den USA, in Europa.

Artischocke

Von der distelartigen Staude wird vor allem der fleischige Blütenboden roh oder gekocht gegessen. Sie hat einen angenehmen Geschmack und hohen Vitamingehalt.
Anbau u.a. in Spanien, Frankreich, Italien.

Erdsprosse der Lotospflanze

Die Pflanze wird in Teichen angebaut. Die im Gewässergrund kriechenden Erdsprosse werden gekocht oder in Essig eingelegt gegessen.
Anbau u.a. in China, Korea, Indien, Thailand.

Die **Wirkung des Koffeins** ist anregend, aber auch schädlich.

Nach der Art der Aufbereitung der Laubblätter kann man **Teesorten** unterscheiden, z.B. schwarzen Tee, grünen Tee.

Aus den Rohkakaobohnen wird das Kakaopulver hergestellt.

Wichtige pflanzliche **Naturfasern** sind u.a. Baumwolle und Leinen. Sie werden auch als **nachwachsende Rohstoffe** bezeichnet.

Ausländische Genusspflanzen

Die **Kaffeepflanzen** sind immergrüne Bäume und Sträucher mit ledrigen Blättern und Steinfrüchten. Im Inneren der Frucht befinden sich 2 Samen, die Kaffeebohnen.
Der wirksame Stoff ist Koffein.
Anbau: u.a. Brasilien, Indien, Arabien, Kolumbien, Mexiko

Von den immergrünen **Teesträuchern** werden nur die jungen Triebe mit den ersten Laubblättern geerntet.
Der wirksame Stoff ist das Koffein.
Anbau: u.a. China, Japan, Indien, Mittelasien, Insel Ceylon

Am Stamm des 4 bis 8 m hohen, immergrünen **Kakaobaumes** entwickeln sich die rotbraun gefärbten gurken- bis melonenähnlichen Beerenfrüchte. Im Inneren befinden sich die Samen („Kakaobohnen").
Der wirksame Stoff ist das Theobromin.
Anbau: u.a. Mittel- und Südamerika, Westafrika

Die geernteten Blätter der **Tabakpflanze** werden getrocknet und u.a. zu Zigarren und Zigaretten verarbeitet.
Der wirksame Stoff ist das **Nikotin** (↗ S. 166).
Anbau: heute weltweit

2.8 Tierische Einzeller (Urtierchen)

Bau und Lebensweise

Urtierchen sind kleine (2 µm bis 2 mm) einzellige Lebewesen, deren eine **Zelle alle Lebensfunktionen** wie Ernährung, Ausscheidung, Reizreaktion und Fortpflanzung ausführt. Sie besitzen einen abgegrenzten Zellkern, verschiedene Zellorganellen und als Begrenzung eine Zellmembran. Ihre Körpergestalt ist sehr unterschiedlich.

Einige Urtierchen leben parasitisch im Menschen und sind lebensgefährliche **Krankheitserreger**, z. B. Erreger der **Malaria** (Sporentierchen), der **Schlafkrankheit** (Geißeltierchen), der **Amöbenruhr** (Wurzelfüßer).

Urtierchen kommen fast überall vor, z. B. im Süßwasser, Meer, feuchten Boden.

Vertreter der tierischen Einzeller

Gruppen der tierischen Einzeller sind Wimpertierchen, Sporentierchen, Wurzelfüßer und Geißeltierchen.

Wechseltierchen (Amöbe) und seine Ernährung

Durch Hervorstrecken und Rückbilden von Scheinfüßchen (Plasmafäden) wechseln die Amöben ständig ihre Gestalt, bewegen sich dadurch fort und umfließen Nahrungsteilchen, die in das Plasma gelangen und in Nahrungsvakuolen verdaut werden.

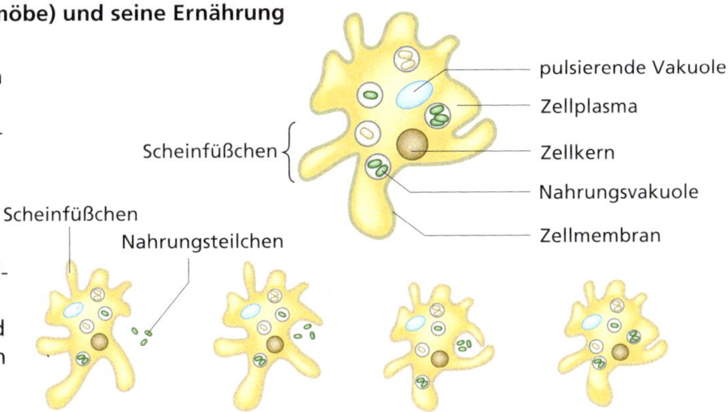

Pantoffeltierchen und seine Ernährung

Durch Schlagen der Wimpern bewegt sich das Pantoffeltierchen fort. Gleichzeitig werden Nahrungsteilchen zum Mundfeld und in den Zellschlund befördert, die in Nahrungsvakuolen durch den Körper wandern und verdaut werden. Die unverdaulichen Reste werden durch den Zellafter ausgeschieden.

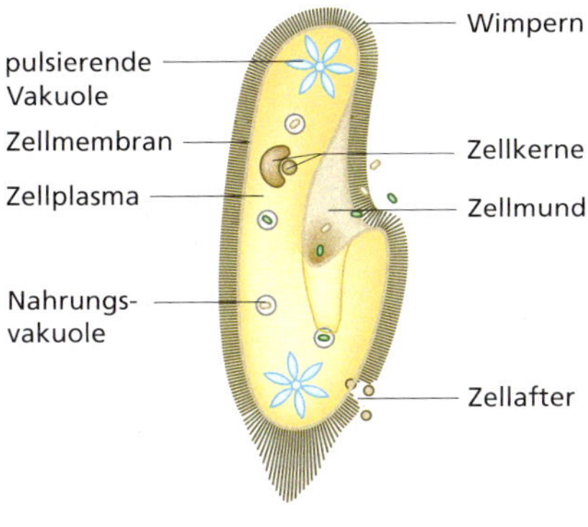

2.9 Hohltiere

Zur Gruppe der Hohltiere gehören etwa 10000 Arten. Sie leben im Wasser. Ihre Körpergröße ist sehr unterschiedlich.

Bau und Lebensweise

Hohltiere sind einfach gebaute vielzellige Tiere, die nur einen einzigen Hohlraum – die **Magenhöhle** – besitzen. Der Körper wird aus zwei Schichten aufgebaut, einer **Außen**- und einer **Innenschicht**. Zwischen beiden befindet sich eine gallertartige **Stützschicht.**

Hohltiere leben im Süßwasser (z. B. Süßwasserpolyp) und im Meer (z. B. **Quallen, Korallen**). Sie sind fest sitzend oder frei beweglich, ergreifen ihre Beute mit beweglichen Fangarmen, töten oder betäuben sie durch Nesselzellen und führen sie der Magenhöhle zur Verdauung zu.
Korallen leben einzeln (z. B. Seerose) oder zu Kolonien vereinigt (z. B. Edelkoralle).

Polypen – fest sitzende Hohltiere

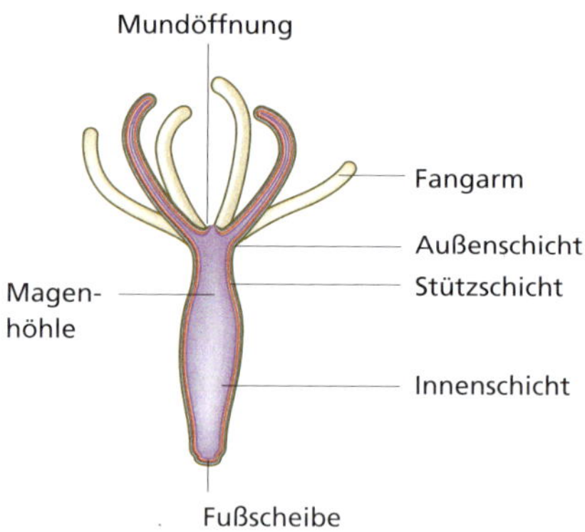

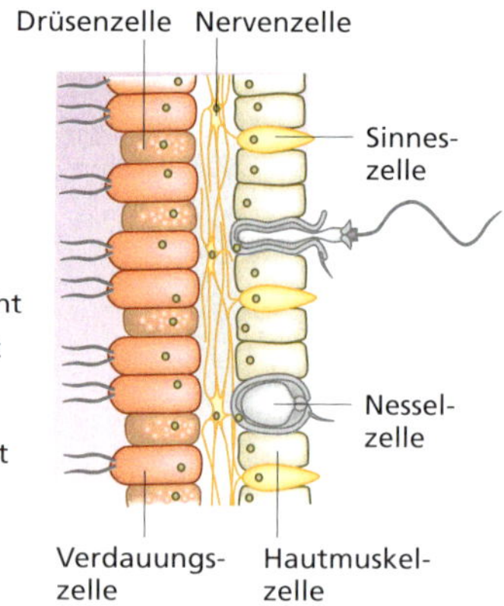

Der durchsichtige Körper des Süßwasserpolypen ist oft grünlich gefärbt, da er in Symbiose mit Grünalgen lebt.

Süßwasserpolyp (1,5 cm) mit Tochterpolyp

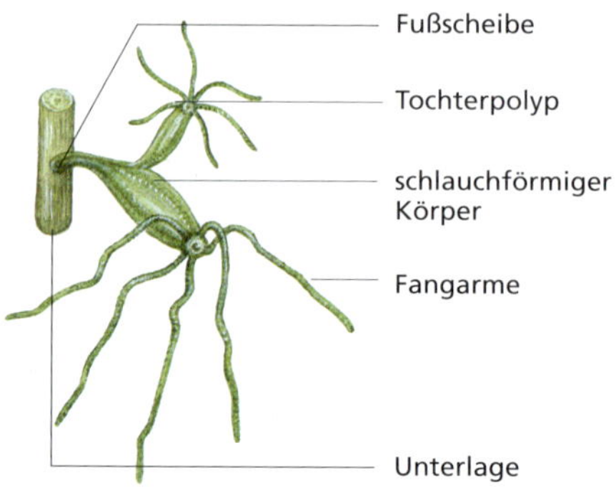

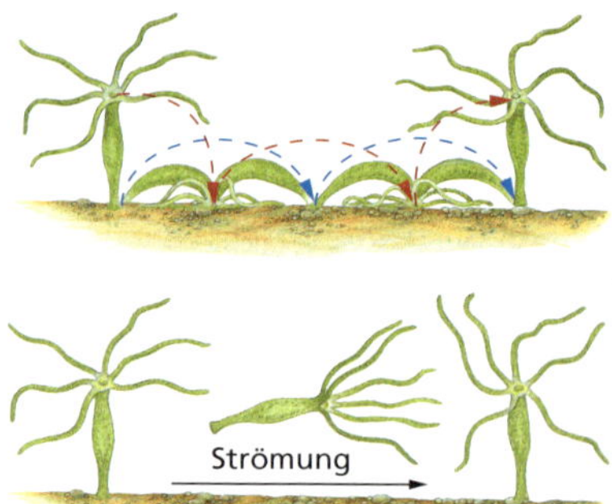

Fortbewegung des Polypen

Quallen – frei schwimmende Hohltiere

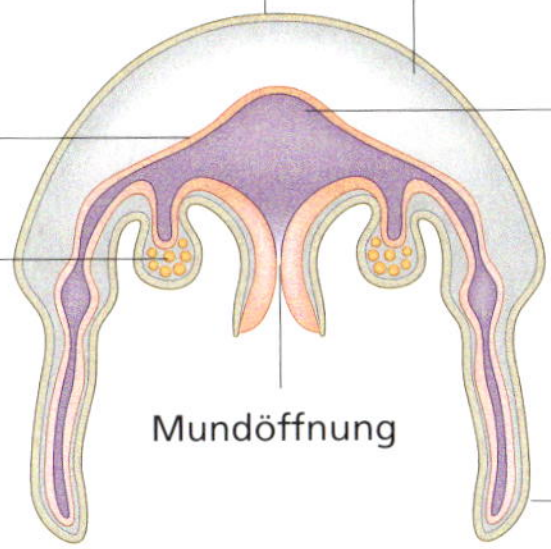

Die Ohrenqualle wechselt von geschlechtlicher zu ungeschlechtlicher Fortpflanzung. Das wird **Generationswechsel** genannt.

Ringförmige **Korallenriffe** im Randbereich ehemaliger Vulkaninseln nennt man Atolle.

Seerosen leben oft in **Symbiose mit** einem **Einsiedlerkrebs.**

Ohrenqualle (Durchmesser ca. 40 cm)

Korallen – fest sitzende Hohltiere, meist Kolonien bildend

Edelkoralle

Die Kalkskelette der Edelkoralle sind rot oder weiß gefärbt. Sie werden zu Schmuck verarbeitet.

Seerose

Seerosen sind verschieden gefärbte Hohltiere mit zahlreichen langen Fangarmen, die die Mundöffnung umgeben.

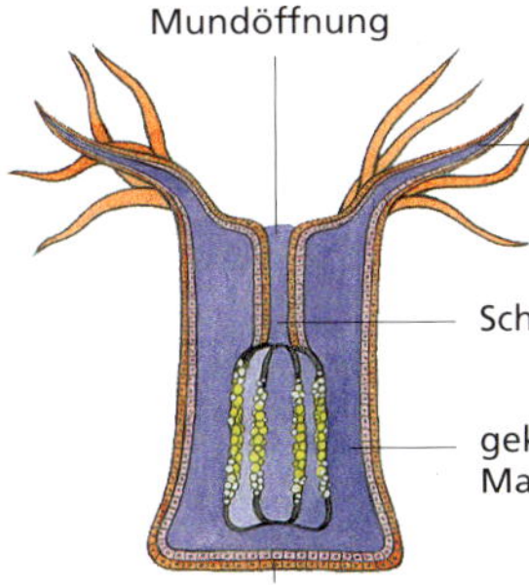

Bei Kolonien bildenden Korallen entstehen an der Fußscheibe Kalkskelette. Im Verlaufe der Zeit entstehen aus diesen riesige **Korallenriffe**.

2.10 Stachelhäuter

Bau und Lebensweise

Sind am Badestrand zahlreiche Stachelhäuter vorhanden, empfiehlt es sich, Badeschuhe zu tragen.

Schlangensterne und Seegurken zeigen einen sehr unterschiedlichen Bau.

Stachelhäuter sind meist fünfstrahlig-symmetrische Tiere. Durch Einlagerung von Kalkplatten in die Haut entsteht ein Kalkskelett. Ein Wassergefäßsystem – bestehend aus Siebplatte und Kanälen und endend in Saugfüßchen – dient der Fortbewegung.

Stachelhäuter sind vor allem den Meeresboden bewohnende Meerestiere. Sie leben räuberisch, z.B. von Schwämmen, Hohltieren, Muscheln, Würmern, Schnecken und Krebsen.
Zu den Stachelhäutern gehören die Gruppen der **Schlangensterne**, **Seegurken**, **Haarsterne** (Seelilien), **Seesterne** und **Seeigel**.

Seesterne

Seesterne sind sternförmige Stachelhäuter mit meist fünf langen, unverzweigten Armen. Sie kommen in Küstennähe und bis zu 7000 m Meerestiefe vor.

Längsschnitt

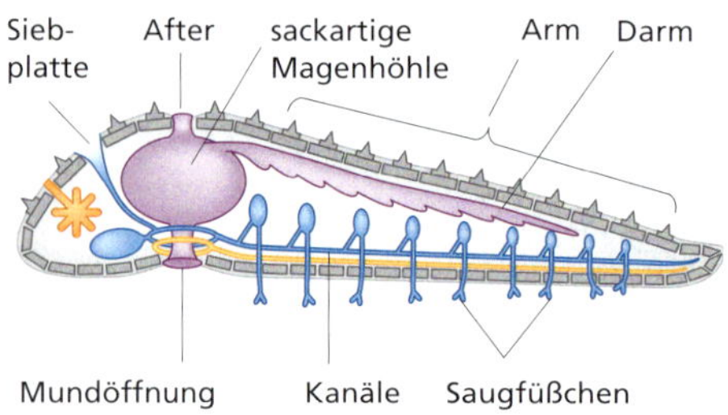

Seeigel

Seeigel sind halbkugelige Stachelhäuter, die ihre Mundseite dem jeweiligen Untergrund zuwenden. Ihr derbes, kapselartiges Skelett ist mit Stacheln besetzt. Man findet sie in der Küstenzone und in der Tiefsee.

Längsschnitt

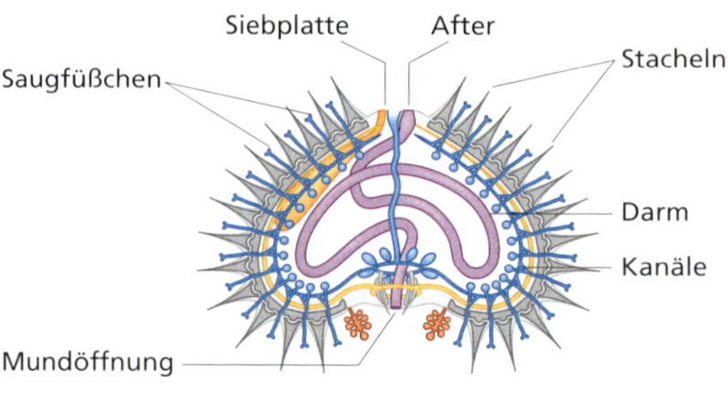

2.11 Plattwürmer und Rundwürmer

Plattwürmer sind weltweit verbreitete wirbellose Tiere. Diese Gruppe umfasst ca. 20000 Arten. **Rundwürmer** sind in Größe, Gestalt und Lebensweise sehr unterschiedliche wirbellose Tiere. Etwa 23000 Arten gehören zu dieser Gruppe.

Bau und Lebensweise der Plattwürmer

Plattwürmer sind blatt- oder bandförmige wirbellose Tiere, deren Körper abgeplattet ist.

Plattwürmer leben sowohl im Süßwasser (z.B. Planarie) als auch als Innenparasit in Tieren (z.B. Leberegel im Rind) und im Menschen (z.B. Bandwürmer). Zu den Plattwürmern gehören die **Strudelwürmer, Saugwürmer** und **Bandwürmer**.

Strudelwürmer

Sie sind meist kleine frei lebende Tiere des Süßwassers und Meeres. Ihr ungegliederter Körper besitzt eine bewimperte Oberfläche ohne feste Kutikula.

Süßwasserplanarie

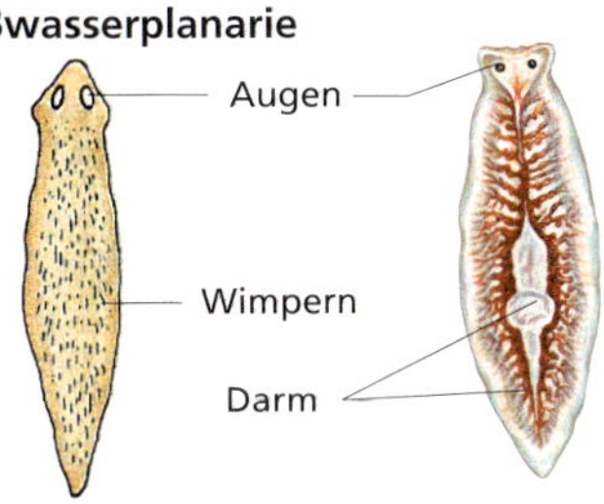

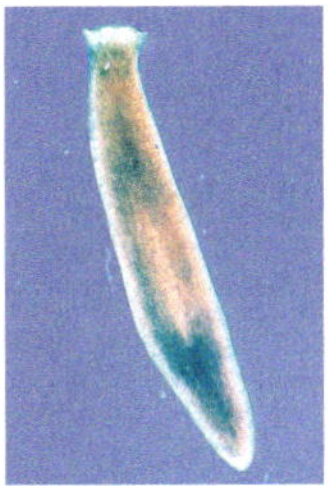

Planarien (0,2–40 mm) können in Aquarien als „Scheibenwürmer" an Fischeiern und Fischlarven Schaden anrichten.

Saugwürmer

Sie sind meist abgeplattete Tiere, deren farbloser Körper eine dicke Kutikula besitzt. Sie kommen als Außen- und Innenschmarotzer vor. Als Haftorgane besitzen sie oftmals Saugnäpfe.

Leberegel

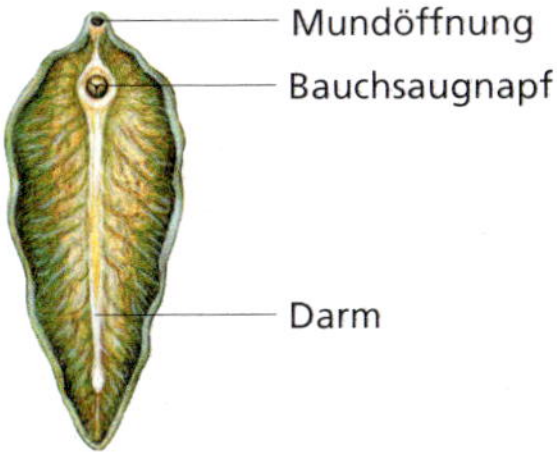

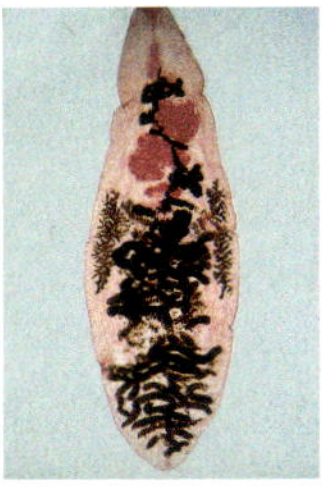

Der Große Leberegel ruft bei Rindern, Schafen und Ziegen die gefährliche **Leberegelkrankheit** hervor. Ein anderer Vertreter der Saugwürmer ruft vor allem in den Tropen und Subtropen Entzündungen an der Blase, im Darm oder in der Leber hervor (Bilharziose).

Bandwürmer

Sie sind flache, bandförmige, farblose Tiere, die Darmparasiten sind. Einige Arten werden über 15 m lang, andere nur wenige Zentimeter.

Schweinefinnenbandwurm

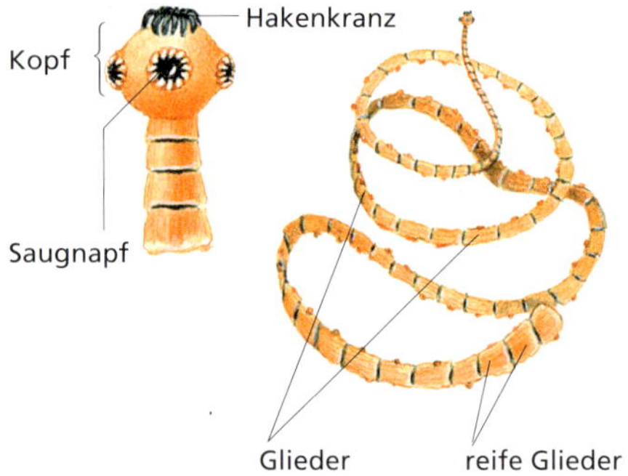

Rinderfinnenbandwurm

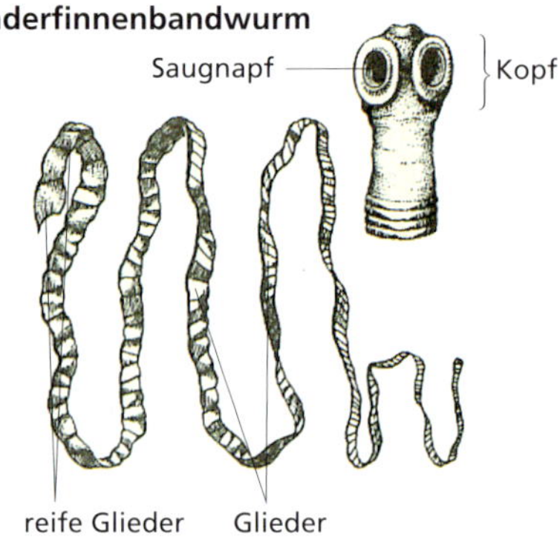

Bedeutung der Plattwürmer

Für den Menschen lebensgefährlich sind der **Hundebandwurm** und der **Fuchsbandwurm.**

Parasitisch lebende Plattwürmer bzw. ihre Larven verursachen bei Tieren und beim Menschen gesundheitliche Schäden. Der **Endwirt** beherbergt den geschlechtsreifen Wurm, der **Zwischenwirt** die Larve (↗ S. 227).

Bau und Lebensweise der Rundwürmer

Rundwürmer sind lang gestreckte, wirbellose Tiere, deren Körper zylinderförmig ist.

Die Trichine gehört zu den Rundwürmern. Sie ruft die **Trichinose** hervor.

Sie leben sowohl im Süß- und Meerwasser als auch auf dem festen Land (z. B. Boden, Moor, Hochgebirge). Viele von ihnen sind **Parasiten**. Sie schmarotzen an Pflanzen (z. B. Kartoffelälchen), in Tieren und im Menschen (z. B. Spulwurm, Madenwurm).

Madenwurm (0,3 – 1,2 cm)

Lebt im Dick- und Enddarm des Menschen, Eiablage in Aftergegend; verursacht Juckreiz, Blässe, Nervosität; Prophylaxe und Bekämpfung durch Sauberkeit von Körper und Kleidung

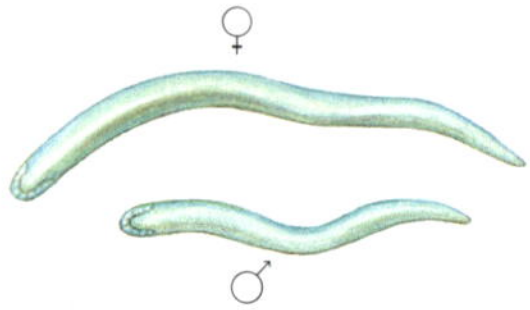

Spulwurm (15 – 40 cm)

Lebt im Dünndarm des Menschen, ernährt sich von dessen Darminhalt; verursacht Verdauungsstörungen; Prophylaxe und Bekämpfung durch Sauberkeit von Obst, Gemüse, der Hände

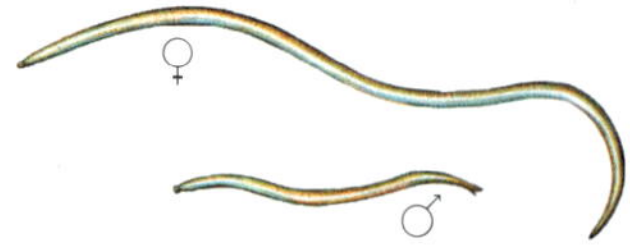

2.12 Ringelwürmer

Ringelwürmer sind weltweit verbreitet. Diese Gruppe umfasst etwa 17000 Arten. Untergruppen sind Vielborster, Wenigborster, Egel.

Bau und Lebensweise

Ringelwürmer sind lang gestreckte, wirbellose Tiere, deren Körper zylinderförmig oder abgeplattet sowie außen und innen in **Segmente (Ringe)** gegliedert ist. Jedes Segment hat im Inneren Anteil an den Organsystemen, z.B. dem Strickleiternervensystem, geschlossenen Blutgefäßsystem, Ausscheidungssystem, Verdauungssystem.

Der **Blutegel** (Egel) ist ein Blutsauger und wird in der Medizin zum Schröpfen genutzt.

Ringelwürmer bewegen sich mithilfe von **Borsten** (z.B. Regenwurm, Meeresringelwurm) oder **Saugnäpfen** (z.B. Blutegel) fort.
Sie leben sowohl im Boden (z.B. Regenwurm) als auch im Süßwasser (z.B. Blutegel) und im Meer (z.B. Meeresringelwurm, Sandpierwurm). Der Regenwurm (Wenigborster) ist ein **Feuchtlufttier** und **Hautatmer**. Meeresringelwürmer besitzen Kiemen.

Der **Sandpierwurm** ist ein Vielborster und lebt im Meer. Er wird gern als Angelköder verwendet.

Regenwurm

Regenwurm (Längsschnitt)

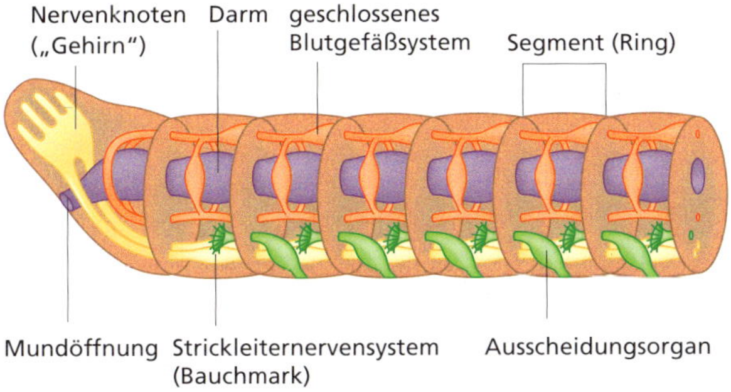

Regenwurm (Querschnitt)

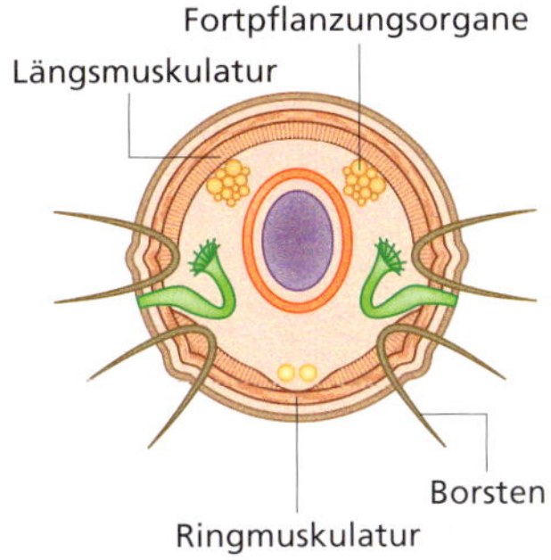

Bedeutung des Regenwurmes

Der im Boden lebende Regenwurm ist ein **Bodenverbesserer**. Er ernährt sich von Erde und den darin enthaltenen Resten von Pflanzen und Tieren. Dadurch wird der Boden zerkrümelt und durchmischt. Durch seine zahlreichen Röhren lockert der Wurm den Boden auf und sorgt für seine Durchlüftung.

2.13 Krebstiere

Die Krebstiere sind eine vielgestaltige Gruppe, die in allen Meeren und Süßgewässern verbreitet ist. Einige leben auch auf dem Lande. Weltweit umfasst diese Gruppe ca. 45000 Arten.

Bau und Lebensweise

Krebstiere sind meist in **Kopf, Brust** und **Hinterleib** gegliedert, wobei oftmals Kopf und Brust zum **Kopfbruststück** verwachsen sind. Manche Vertreter besitzen einen Schwanz bzw. **Schwanzfächer.** Sie besitzen 5 und mehr Paare Spaltbeine, die entsprechend ihrer Funktion einen unterschiedlichen Bau aufweisen.
Im Inneren haben sie ein offenes **Blutgefäßsystem, Strickleiternervensystem** und **Verdauungssystem.**

Die Häutung (Abwerfen der nicht mitwachsenden Körperbedeckung der Krebstiere) erfolgt unter Mitwirkung von Hormonen.

Der Kopfabschnitt trägt 2 Paar Antennen (Fühler), 3 Paare Mundwerkzeuge und die Augen. Viele Krebstiere besitzen zum Schutz ein starres **Außenskelett** aus Kalk und Chitin. Während des Wachstums müssen sie den **Kalk-** und **Chitinpanzer** abstreifen, sie häuten sich.
Die meisten Krebstiere sind Wasserbewohner (z.B. Flusskrebs, Strandkrabbe, Wasserfloh). Sie atmen durch Kiemen. Sie sind durch ihren Bau und ihre Lebensweise an das Leben im Wasser angepasst.
Zu den Krebstieren gehören u.a. die **Garnelen, Krabben, Asseln** und **Flohkrebse.**

Körpergliederung und äußerer Bau des Flusskrebses

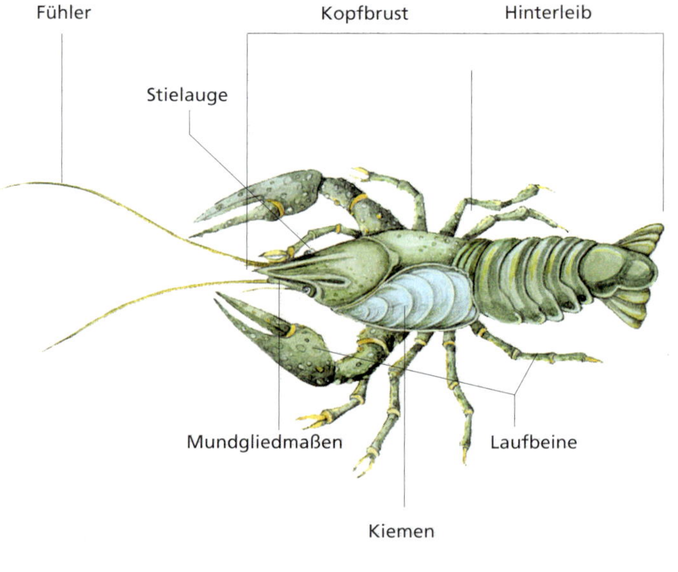

Der Europäische Flusskrebs wurde um die Jahrhundertwende durch die Krebspest fast vernichtet.

Innerer Bau des Flusskrebses

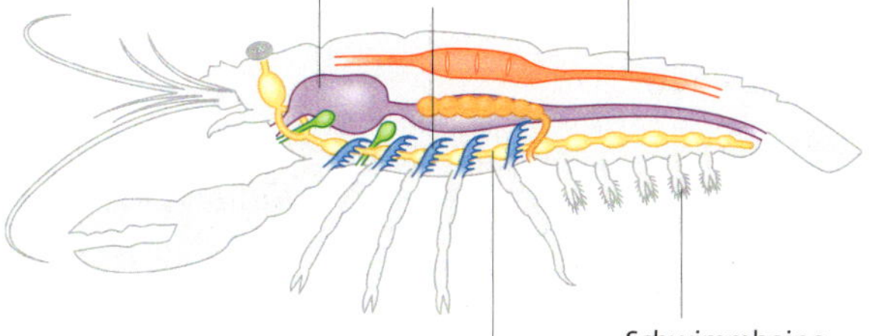

Der weichhäutige Hinterleib des **Einsiedlerkrebses** steckt in einem leeren Schneckengehäuse.

Der **Wasserfloh** gehört zum Plankton unserer Gewässer.

Bedeutung der Krebstiere

Krebstiere haben Bedeutung als
- Nahrung für den Menschen (z.B. Garnelen, Hummer, Krabben),
- wichtiges Glied in der Nahrungskette der Fische und Wale (z.B. Wasserfloh, Ruderfußkrebse).

Vertreter der Krebstiere

Bachflohkrebs

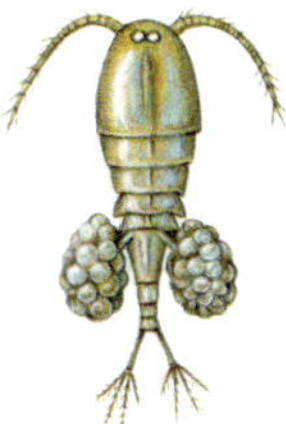

Hüpferling

Hummer

Wollhandkrabbe

Garnele

Wasserfloh

Assel

Seepocken

2.14 Spinnentiere

Spinnentiere sind meist Landbewohner. Die einzelnen Gruppen sind sehr unterschiedlich in ihrer Gestalt. Es gibt etwa 30000 Arten.

Bau und Lebensweise

Spinnentiere sind in **Kopfbruststück** und **Hinterleib** gegliedert. Sie besitzen 2 Paar Mundwerkzeuge (Kiefertaster, Kieferklauen) und 4 Paar gegliederte Laufbeine. Sie atmen durch Fächertracheen (Fächerlungen) und sehen durch Punktaugen.

Spinnentiere findet man in fast allen Lebensräumen, z.B. auf Blüten, Bäumen und Sträuchern, unter Steinen, im Haus.
Einige Spinnen (Netzspinnen) bauen Netze und fangen darin ihre Beute, andere Spinnen (Jagdspinnen) lauern auf ihre Beute oder schleichen sich an. Spinnen leben räuberisch.
Zu den Spinnentieren gehören u.a. **Echte Spinnen**, **Milben**, **Skorpione** und **Weberknechte**.

Die Kreuzspinne baut ein **Radnetz.**

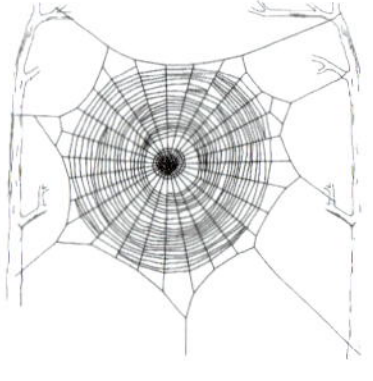

Gartenkreuzspinne – Lebensweise und äußerer Bau

Sie gehört zu den verbreitetsten Spinnenarten. Ihre Grundfarbe ist unterschiedlich, z. B. bräunlich, rötlich. Alle Tiere haben am Hinterleib auffallende, weißliche, in Kreuzform angeordnete Flecken. Im Netz sitzt stets das Weibchen (ca. 15–17 mm). Sie lauert auf Beute (z.B. Fliegen, Mücken). Diese wird durch einen giftigen Biss gelähmt und anschließend mit Spinnfaden umsponnen (Nahrungsvorrat). Die Nahrung wird außerhalb des Körpers verdaut **(Außenverdauung).**

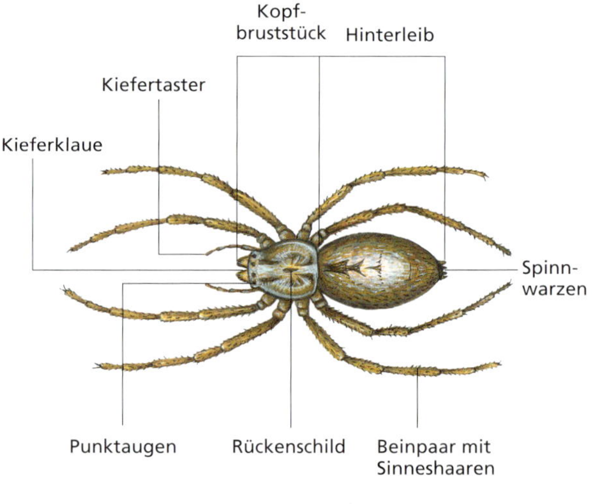

Die **Rotknie-Vogelspinne** jagt den Menschen durch ihre filzartige Behaarung und ihre Größe (5 bis 6 cm Körpergröße) Furcht ein.

Gartenkreuzspinne – innerer Bau

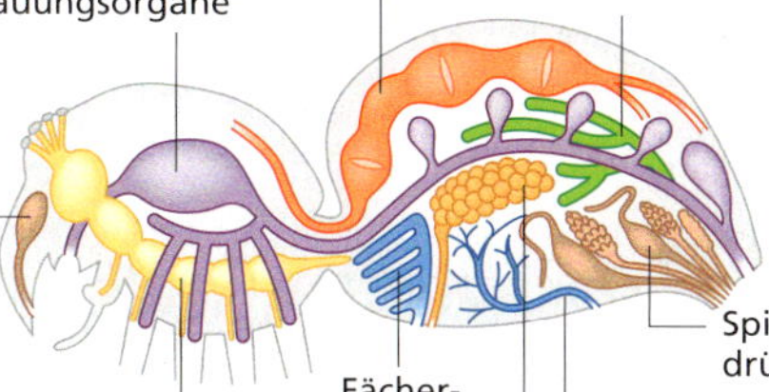

Zu den **Wolfsspinnen** gehört die legendenumwobene **Tarantel.**

Eine bekannte **Trichterspinne** ist die **Wasserspinne.**

Vertreter der Spinnentiere

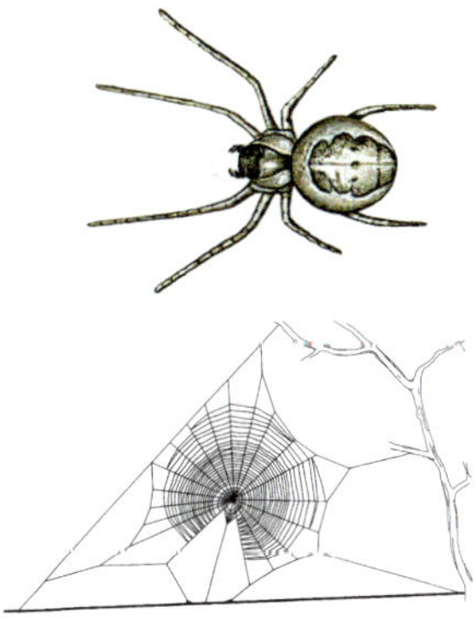
Sektorenspinne
(5 mm–10 mm)

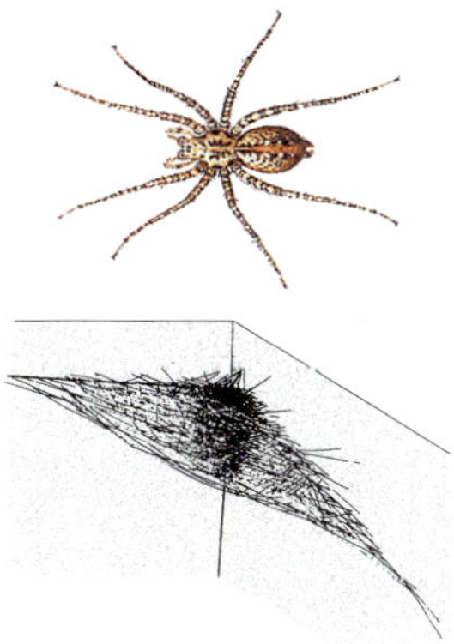
Hausspinne
(9 mm–14 mm)

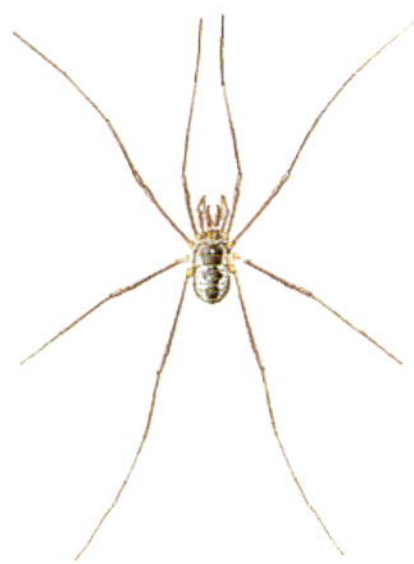
Weberknecht
(9 mm)

Skorpion
(bis 50 mm)

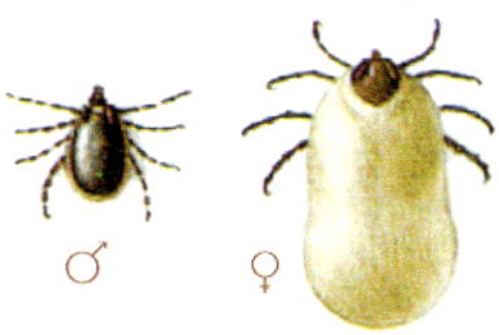

Holzbock (Zecke)
(4 mm–11 mm)

Sammetmilbe
(2 mm–4 mm)

2.15 Insekten

Mit ca. 800000 Arten sind die Insekten auf der Erde die am meisten verbreitete Tiergruppe. Sie bewohnen fast alle Lebensräume. Um eine gewisse Ordnung in die Vielfalt dieser Gruppe zu bringen, wurden Merkmale der Klassifizierung herangezogen, z.B. innerer und äußerer Bau, stammesgeschichtliche Entwicklung. Der Grundaufbau der Insekten ist aber relativ einheitlich.

Bau und Lebensweise

Insekten sind für viele Tiere eine wichtige Nahrungsgrundlage. Damit sind sie ein notwendiges Glied in Nahrungsketten (↗ S. 349) und Nahrungsnetzen (↗ S. 350) sowie im Stoffkreislauf der Natur (↗ S. 353).

Insekten sind in **Kopf, Brust** und **Hinterleib** gegliedert. Sie besitzen am Kopf 1 Paar Fühler und 1 Paar große leistungsfähige Netz-, Komplex- oder Facettenaugen. Die Mundwerkzeuge sind entsprechend der vielfältigen Ernährungsweise unterschiedlich ausgebildet (z.B. Saug-, Stechrüssel, Beißkiefer). An der Brust befinden sich 3 Paar gegliederte Beine sowie 2 Paar Flügel. Im Hinterleib liegen die inneren Organe.

Insekten besitzen ein **Strickleiternervensystem** (**Bauchmark**) mit gut entwickeltem Gehirn und ein **offenes Blutgefäßsystem**. Sie atmen durch röhrenförmige **Tracheen** (↗ S. 188), die den gesamten Körper durchziehen. Insekten pflanzen sich geschlechtlich fort. Sie entwickeln sich über Larven- und Puppenstadium (**vollkommene Verwandlung** oder **Metamorphose**) bzw. ohne Puppenstadium (**unvollkommene Verwandlung** oder **Metamorphose**) unter Häutungen zum Vollinsekt (↗ S. 226) .

Körpergliederung, äußerer und innerer Bau eines Insekts

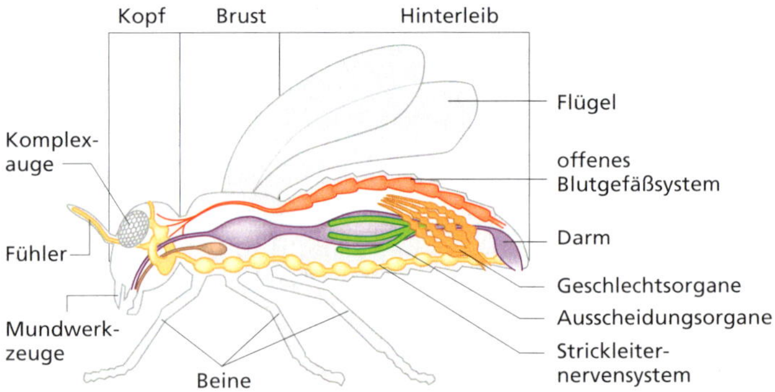

Eine Stubenfliege hat ca. 4000 Einzelaugen, eine Libelle ca. 10000 und ein Laufkäfer ca. 700 Einzelaugen.

Eine Besonderheit der Insekten sind die Netz-, Komplex- oder Facettenaugen. Sie ermöglichen ein Bildsehen und das Erkennen von Farben.

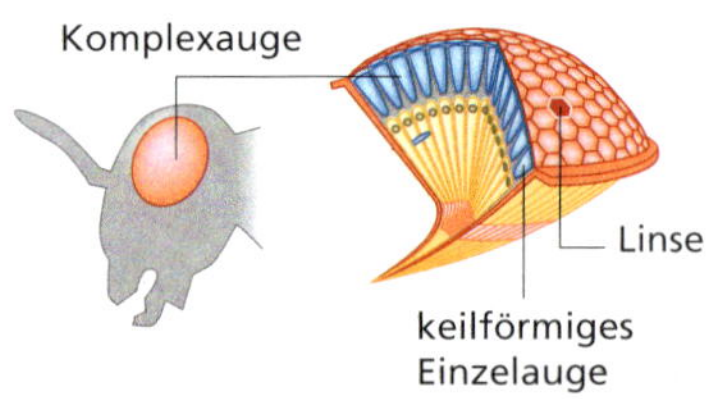

Mundwerkzeuge von Insekten

Die Mundwerkzeuge der Insekten sind aufgrund der verschiedenen Ernährungsweisen unterschiedlich ausgebildet. Man unterscheidet u.a. beißende, saugende, stechende und leckende Mundwerkzeuge.

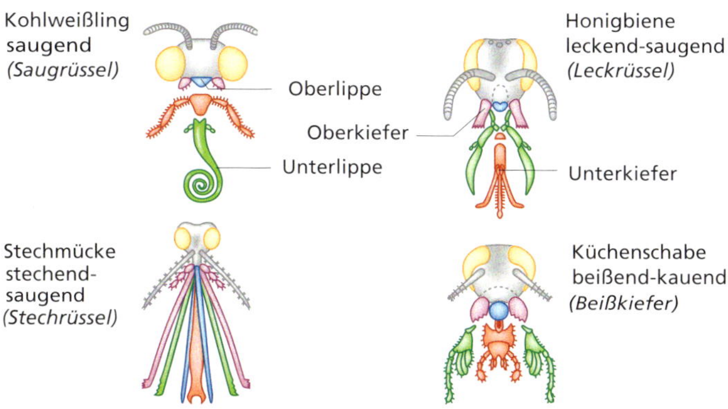

Bienen … leben in … staat. Das L… nach „Regel… und ist gekenn… net von einer Ar… teilung (↗ S. 344).

Im Bienenvolk gibt es drei **Bienenformen** – Königin, Arbeitsbiene, Drohn.

Insektenbeine

Entsprechend der Lebensweise und der Tätigkeit der Insekten sind ihre Beine unterschiedlich ausgebildet.

Einige Gruppen der Insekten

Ein wesentliches Merkmal der Zuordnung zu Insektengruppen ist u.a. die Anzahl und Ausbildung der Flügel. Diese Gruppen werden aufgrund gemeinsamer Merkmale **Insektenordnungen** genannt.

Zweiflügler

Stubenfliege

Stechmücke

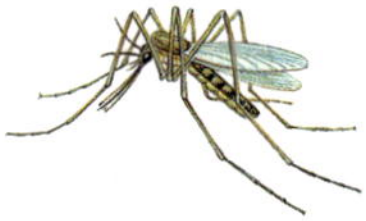

Schwebfliege

…nnitt nur 1 Paar häutige Flügel und 1 Paar paukenschlegel-

Käfer

eld-Maikäfer

Siebenpunkt-Marienkäfer

Gold-Laufkäfer

Hirschkäfer

Käfer tragen am Brustabschnitt 1 Paar harte, schalenförmige Vorderflügel (Deckflügel), die die 2 häutigen Hinterflügel schützen.

Schmetterlinge

Admiral

Tagpfauenauge

Nachtpfauenauge

Schmetterlinge tragen am Brustabschnitt je 1 Paar (insgesamt 2 Paare) gleichgestaltige zarte Flügel, die mit farbigen Schuppen dachziegelartig bedeckt sind.

Libellen

Großer Blaupfeil

Prachtlibelle

Hufeisen-Azurjungfer

Libellen besitzen einen lang gestreckten, meist schlanken Hinterleib sowie 4 große, überwiegend durchsichtige Flügel.

Hautflügler

Honigbiene

Gemeine Wespe

Erdhummel

Ameisenkönigin

Hautflügler tragen am Brustabschnitt je 1 Paar häutig durchsichtige Vorder- und Hinterflügel.

Bedeutung der Insekten

Insekten sind sowohl Nutztiere als auch Tiere, die Schaden hervorrufen.

Als Nutztiere produzieren **Insekten** Rohstoffe, die vom Menschen genutzt werden (Honigbiene, Seidenspinner). Sie sind Blütenbestäuber (Hummeln, Bienen, Schmetterlinge) oder erhöhen als Bodenbewohner die Fruchtbarkeit des Bodens (Springschwänze). Insekten sind Nahrung für andere nützliche Tiere (Vögel, Fische) oder vernichten Schadinsekten (Schlupfwespe, Marienkäfer, Ameise).

Die **Honigbiene** ist für den Menschen ein Nutztier.

Seidenspinner (Schmetterling)

In China wird die „**Seidenraupe**" seit etwa 5000 Jahren gezüchtet. Sie frisst Blätter des Maulbeerbaumes. Die Seidenraupe (Larve des Seidenspinners) fertigt in 3 bis 5 Tagen aus einem Spinnfaden (1 bis 3 km lang) eine Schutzhülle (Kokon) zur Verpuppung an. Aus diesem Spinnfaden wird Rohseide hergestellt.

Hummel (Hautflügler)

Die Insekten besuchen Blüten, um Pollen (Blütenstaub) und Nektar als Nahrung zu holen. Dabei bestäuben sie die Blüten und tragen den Blütenstaub zur anderen Blüte **(Fremdbestäubung).** Die Fremdbestäubung (↗ S. 222) ist wirtschaftlich bedeutsam in Landwirtschaft und Obstbau.

Holzwespen-Schlupfwespe (Hautflügler)

Die Schlupfwespen legen mithilfe ihres Legebohrers oder Legestachels ihre Eier in die Larven anderer Insekten, z. B. in Holzwespenlarven. Aus den Eiern sich entwickelnde Schlupfwespenlarven fressen von innen her die Wirtslarven auf und vernichten somit schädliche Insektenlarven.

Rote Waldameise (Hautflügler)

Die Ameisen vertilgen Raupen, Käfer und andere schädliche Insekten und verbreiten Samen von Pflanzen, z. B. von Veilchen, Taubnessel. Die Rote Waldameise gehört zu den Staaten bildenden Insekten. Ihre Nesthügel können bis 1,50 m hoch werden. Sie steht unter Naturschutz.

Schaden wird hauptsächlich hervorgerufen durch Schadfraß an Kulturpflanzen (Kartoffel-, Borkenkäfer), an Lebensmittelvorräten (Schaben, Kornkäfer), an Textilien und Pelzwaren (Kleidermotte, Pelzkäfer), an Holz (Hausbock) und durch Übertragung der Erreger von Pflanzenkrankheiten sowie von Krankheiten des Menschen und der Tiere.

Borkenkäfer (Käfer)

Der Käfer legt in der Rinde von Nadelbäumen Fraßgänge an. Im „Muttergang" legt das Weibchen Eier ab. Die ausschlüpfenden Larven fressen waagerechte Nebengänge, in deren Ende sie sich verpuppen.

Schaden: Zerstörung der Rinde, Beeinträchtigung des Stoffstroms, Absterben der Bäume

Nonne (Schmetterling)

Larven (Raupen) fressen Nadel- oder Laubblätter der befallenen Bäume (z.B. Fichten, Kiefern, Buchen, Eichen), bei Massenauftreten verursachen sie Kahlfraß.

Schaden: Verhinderung der Fotosynthese, Beeinträchtigung der Holzqualität

Kartoffelkäfer (Käfer)

Käfer und Larve fressen an Blatträndern und in Blattmitte unterschiedlich große Löcher.

Schaden: Verhinderung der Fotosynthese und somit der Knollenbildung, Absterben der Pflanze

Apfelwickler (Schmetterling)

Die Larve (Raupe) legt Fraßgänge im Fruchtfleisch und Kerngehäuse an, wechselt zu anderen Äpfeln.

Schaden: Faulen der Frucht

2.16 Weichtiere

Weichtiere besiedeln alle Lebensräume, die Meere und Süßgewässer sowie das Land. Diese Tiergruppe umfasst etwa 130000 Arten.

Bau, Lebensweise und Bedeutung

Weichtiere sind äußerlich wenig gegliedert. Ihr weicher, drüsenreicher Körper gliedert sich meist in **Kopf**, **Fuß**, **Mantel** (Hautfalte) und **Eingeweidesack** (umschließt die inneren Organe). Bei vielen Weichtieren wird vom Mantel eine äußere kalkhaltige Schale (Schnecken, Muscheln) gebildet. Ihr Nervensystem besteht aus wenigen paarigen Nervenknoten, die durch Nervenstränge miteinander verbunden sind. Sie besitzen ein offenes Blutgefäßsystem und atmen durch Lungen oder Kiemen.

Zu den Weichtieren gehören die **Schnecken**, **Muscheln** und **Kopffüßer** (Tintenfische). **Bedeutung** haben sie vor allem als Nahrung in vielen Ländern sowie zur Gewinnung von Perlen.

Bau und Lebensweise von Schnecken

Schnecken haben am Kopf Augen, Fühler, einen Mund mit Reibplatte. Sie bewegen sich mit dem muskulösen Fuß (**Kriechsohle**) vorwärts, atmen durch Lungen (**Lungenschnecken**) oder Kiemen (**Kiemenschnecken**), besitzen ein Gehäuse (**Gehäuseschnecken**) oder kein Gehäuse (**Nacktschnecken**).

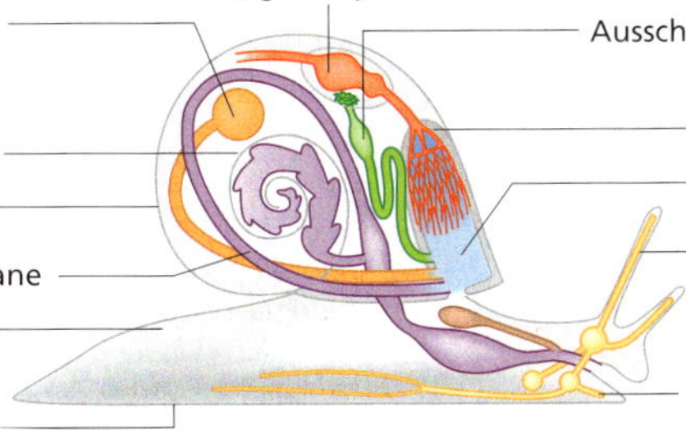

Schneckengehäuse, Muschelschalen und Versteinerungen von Tintenschnecken wurden als **Fossilien** gefunden.

In den **Kreidefelsen der Insel Rügen** befinden sich Fossilien von Weichtieren.

Weinbergschnecke

Sie ist ein Kräuterfresser. Sie raspelt mithilfe der Reibeplatte (Radula) saftige Pflanzenteile als Nahrung ab. Die Weinbergschnecke überwintert im Erdboden (**Winterstarre** ↗ S. 337).

Die Große Wegschnecke ist eine Nacktschnecke.

Durch Ausstrecken und Zusammenziehen der kräftigen Muskeln in der Kriechsohle kann die Weinbergschnecke sogar über eine Glasplatte und Messerschneide kriechen.

Bau und Lebensweise von Muscheln

Muscheln besitzen einen seitlich abgeflachten Weichkörper, der von zwei Schalenhälften umgeben ist. Sie haben keinen Kopf, bewegen sich mit dem breiten muskulösen Fuß langsam kriechend vorwärts. Muscheln sind Wasserbewohner, atmen durch Kiemen.

Herzmuschel

Meeresperlmuschel

Bau der Muschel

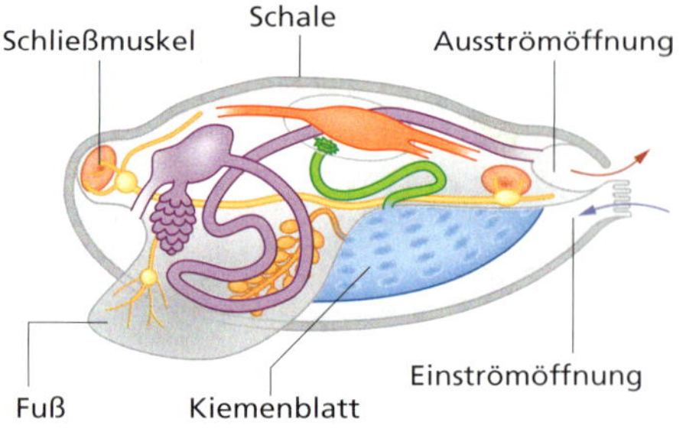

Der Gemeine Krake verbirgt sich mit dem geschmeidigen Körper und den langen Armen u.a. in Felslöchern in Gewässern.

Bau und Lebensweise der Kopffüßer (Tintenfische)

Kopffüßer besitzen einen Kopf mit zwei leistungsfähigen Linsenaugen, einem Mund, der von acht, zehn oder mehr Fangarmen mit Saugnäpfen umgeben ist. Ihr Weichkörper wird vom Mantel umgeben, der auf dem Rücken den Schulp (Schale) überdeckt, auf der Unterseite die Mantelhöhle (Atemhöhle) mit den Kiemen bildet. Sie sind Wasserbewohner.

Gemeiner Kalmar

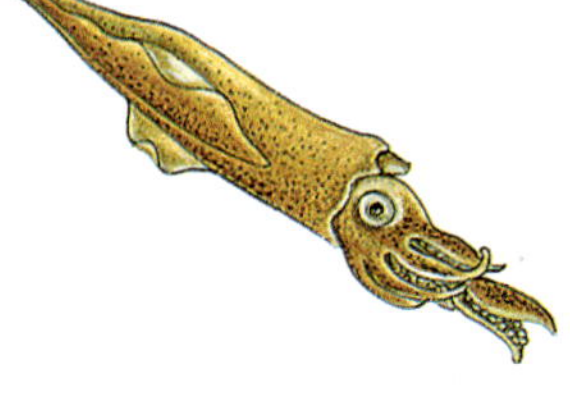

Gemeiner Krake

Gemeiner Tintenfisch

2.17 Wirbeltiere

Die Wirbeltiere bilden die höchstentwickelte Tiergruppe, zu der auch der Mensch gehört.
Der Körper der Wirbeltiere gliedert sich meist in **Kopf**, **Rumpf**, **Schwanz** und zwei Paar **Gliedmaßen**. Sie besitzen als Körperstütze ein meistens aus **Knochen** bestehendes Innenskelett, dessen Hauptteil die aus Wirbeln gegliederte **Wirbelsäule** ist. Das Zentralnervensystem besteht aus Gehirn und Rückenmark. Das geschlossene Blutgefäßsystem wird durch ein Herz angetrieben. Die Atmung erfolgt durch Lungen oder Kiemen. Sie pflanzen sich geschlechtlich durch Eier fort oder sind lebend gebärend.
Wirbeltiere besiedeln alle Lebensräume. Durch ihren unterschiedlichen Bau sind sie jeweils an ihre Umwelt angepasst. Es werden die Gruppen **Fische, Lurche, Kriechtiere, Vögel und Säuger** (**Säugetiere**) unterschieden.

2.17.1 Fische

Bau und Lebensweise

Fische sind ausschließlich im Wasser (Meer, Süßwasser) lebende Wirbeltiere. Sie sind in **Kopf, Rumpf** und **Schwanz** gegliedert. Die Oberfläche des meist stromlinienförmigen Körpers ist schleimig und mit **Schuppen** bedeckt. An das Wasserleben sind sie u.a. durch Kiemenatmung angepasst. Flossen dienen der Fortbewegung, eine Schwimmblase (nicht immer vorhanden) der Druckregulierung. Bei den Fische gibt es eine **äußere Befruchtung** (↗ S. 223).

Zu den Wanderfischen gehören der Flussaal und der Lachs.

Fische ernähren sich von Pflanzen, wirbellosen Tieren (**Friedfische**) und anderen Fischen (**Raubfische**). Sie sind die artenreichste Wirbeltiergruppe. Sie umfasst etwa 20000 Arten.

Aquarienfische erfreuen viele Menschen.

Äußerer Bau eines Fisches (Schema)

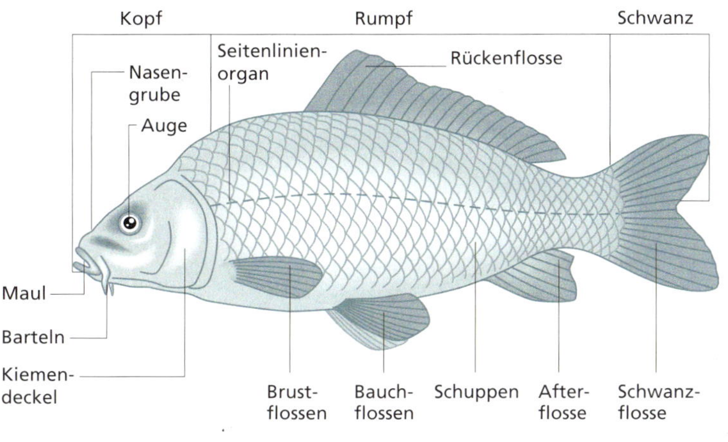

Aufbau einer Fischhaut

Der Fischkörper ist von einer dünnen, schleimigen Haut bedeckt. Dadurch gleitet der Fisch gut im Wasser.

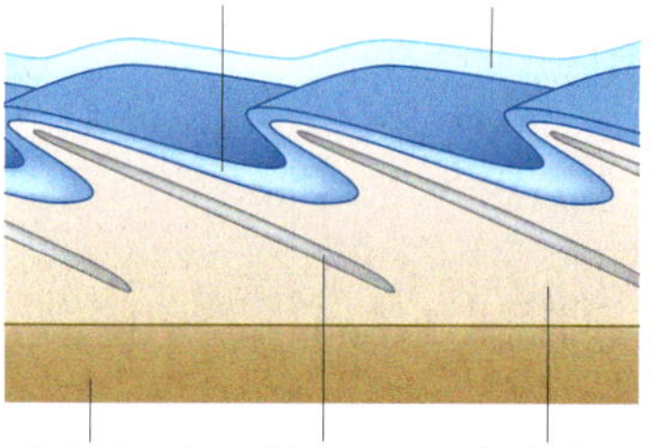

Bau einer Schuppe (Schema)

Die Schuppen sind zarte Knochenblättchen. Sie schützen den Körper vor äußeren Einflüssen.

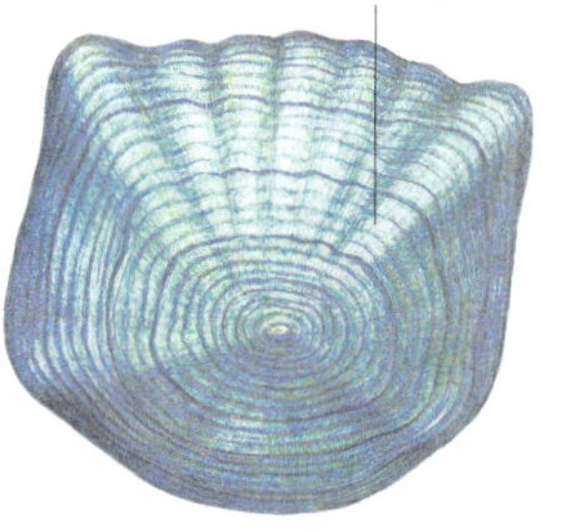

Skelett des Fisches

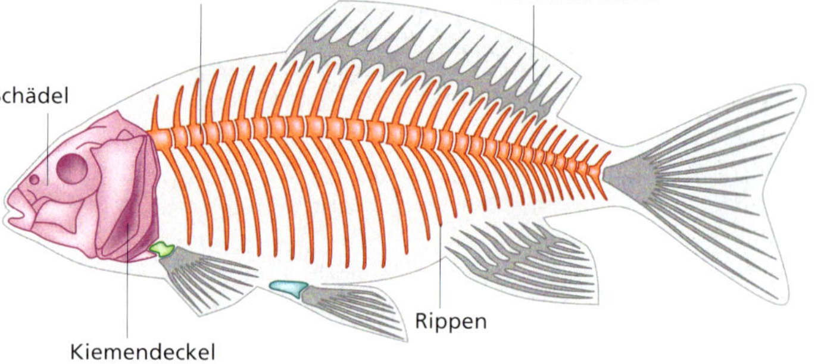

Innere Organe des Fisches

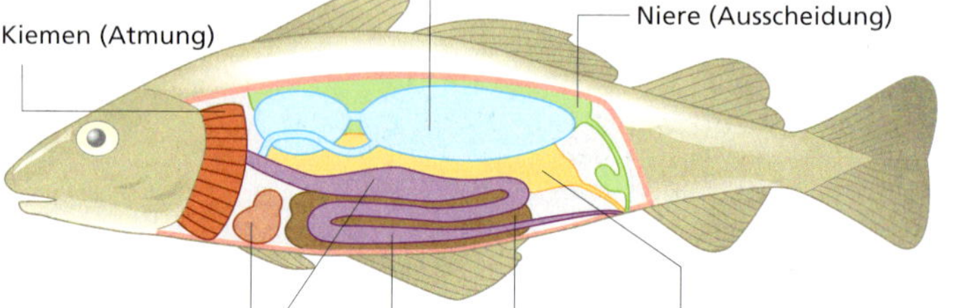

Feinbau der Kiemen

Geschützt unter den Kiemendeckeln liegen die **Kiemen**. Jede Kieme besteht aus zahlreichen zweilappigen, dünnhäutigen Kiemenblättchen. Sie sitzen am Kiemenbogen. Im Bereich der Mundhöhle besitzt der Kiemenbogen dornartige Fortsätze, die Kiemenreusen.

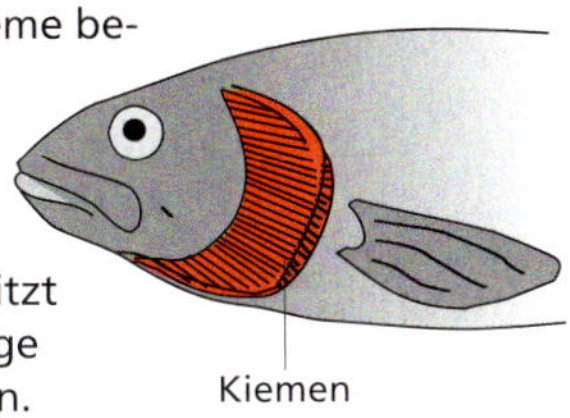

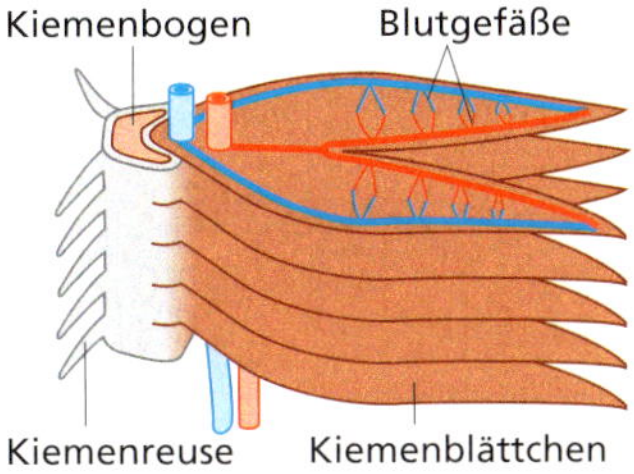

Atmung der Fische

In den Kiemenblättchen findet der Austausch von Sauerstoff und Kohlenstoffdioxid statt. Dabei wird der Sauerstoff vom Blut aufgenommen und in alle Teile des Körpers transportiert. Das Kohlenstoffdioxid wird an das Wasser abgegeben.

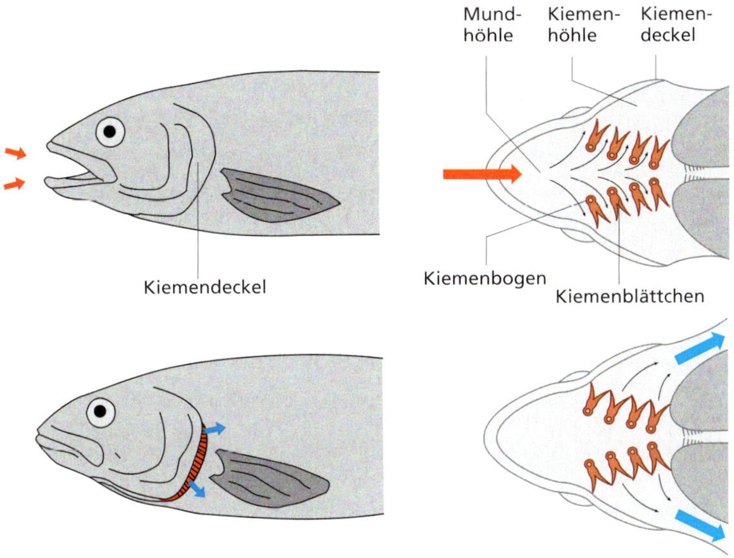

Bedeutung der Fische

Fische gehören zu den wichtigsten Nahrungsmitteln des Menschen. Ihr Nährwert beruht auf dem Gehalt an Eiweiß, Fett und Vitaminen.
Wichtige **Meeresfische** sind Kabeljau (Dorsch), Rotbarsch, Hering, Scholle.
Wichtige **Süßwasserfische**, die gefangen bzw. gezüchtet werden, sind Hecht, Aal, Karpfen, Forelle.
Fische sind wichtige Glieder im Stoffkreislauf der Natur, z.B. als **Friedfische** (Karpfen, Schleie, Hering, Scholle) oder als **Raubfisch** (Forelle, Hecht, Rotbarsch, Kabeljau) in **Nahrungsketten** und **Nahrungsnetzen** im **Ökosystem Gewässer** (↗ S. 349).

Beliebte Speisefische, z.B. Karpfen, werden in Fischteichen gezüchtet (**Fischzucht**).

Fischfang wird durch Binnenfischerei und Hochseefischerei betrieben.

Einige Vertreter der Fische	
Friedfische	**Raubfische**
Hering  *Heimat:* Meere der Nordhalbkugel *Nahrung:* Kleinkrebse; Friedfisch *Größe:* bis 36 cm	Kabeljau (Dorsch)  *Heimat:* Meere der Nordhalbkugel *Nahrung:* Friedfische; Raubfisch *Größe:* bis 1,5 m
Karpfen (Zeilenkarpfen)  *Heimat:* Gewässer Südosteuropas, Mittelasiens, heute alle Erdteile *Nahrung:* Würmer, Insektenlarven, Fischfutter; Friedfisch *Größe:* 30 cm bis 70 cm	Regenbogenforelle  *Heimat:* aus Nordamerika eingebürgert *Nahrung:* kleine Fische, Insekten, Frösche; Raubfisch *Größe:* 25 cm bis 50 cm
Scholle  *Heimat:* Atlantik, Nord- und Ostsee *Nahrung:* kleine Organismen am Boden, Pflanzen; Friedfisch *Größe:* 60 cm bis 70 cm	Hecht  *Heimat:* Süßgewässer der Nordhalbkugel *Nahrung:* Fische, Frösche; Raubfisch *Größe:* 40 cm bis 1,5 m
Plötze (Rotauge)  *Heimat:* Binnengewässer Mittel- und Nordeuropas *Nahrung:* Würmer, Pflanzen; Friedfisch *Größe:* 20 cm bis 40 cm	Rotbarsch  *Heimat:* Nordatlantik *Nahrung:* Fische; Raubfisch *Größe:* 40 cm bis 80 cm

2.17.2 Lurche

Bau und Lebensweise

Lurche besitzen eine nackte, drüsenreiche und feuchtschleimige Haut. Sie leben im Wasser oder an feuchten Stellen auf dem Lande, z.B. feuchte Wiesen, Moore, Brüche (**Feuchtlufttiere**). Sie sind wechselwarm. Den Winter verbringen sie in einer „**Kältestarre**" (↗ S. 337). Erwachsene Lurche atmen durch einfache, sackförmige **Lungen** und durch die **Haut**. Bei den Lurchen gibt es eine **äußere Befruchtung** (↗ S. 223). Das Skelett ist verknöchert. Sie haben 4 Gliedmaßen (2 Vorderbeine mit je 4 Zehen, 2 Hinterbeine mit je 5 Zehen). Sie können laufen, springen, kriechen, klettern oder springen.

Alle heimischen Lurche stehen unter Naturschutz.

Lurche ernähren sich von wirbellosen Tieren, z.B. Insekten, Spinnen, Würmern, Schnecken. Weltweit gibt es etwa 3500 Arten von Lurchen. Sie gehören zwei Gruppen an, die sich aufgrund ihrer Körpergliederung unterscheiden, den **Schwanzlurchen** und den **Froschlurchen.**

Die Entwicklung der Lurche ist mit einer Metamorphose verbunden (↗ S. 228)

Schwanzlurche

Schwanzlurche sind in Kopf, Rumpf und Schwanz gegliedert. Sie besitzen zeitlebens einen Schwanz. Zu den Schwanzlurchen gehören **Salamander** und **Molche** (↗ S. 105).

Für den Schutz einheimischer Lurche gibt es verschiedene Maßnahmen.

Äußerer Bau eines Schwanzlurchs

Der in den Schleimdrüsen gebildete Schleim wird an die Oberfläche abgegeben, damit die Haut nicht zu viel Feuchtigkeit verliert.

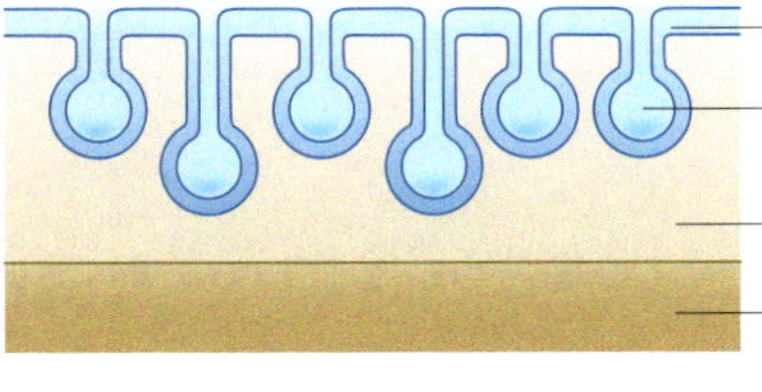

Innerer Bau des Schwanzlurchs

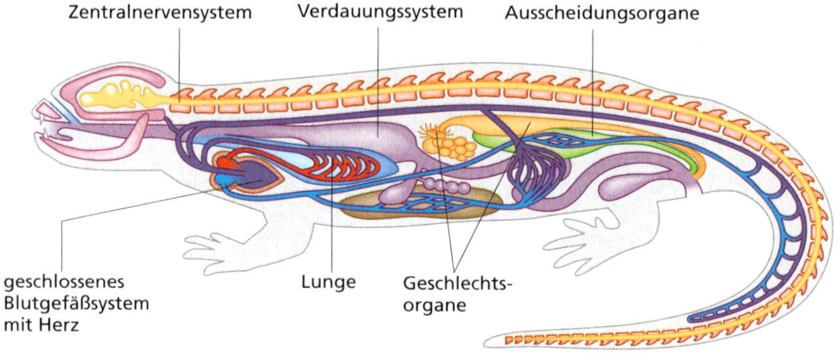

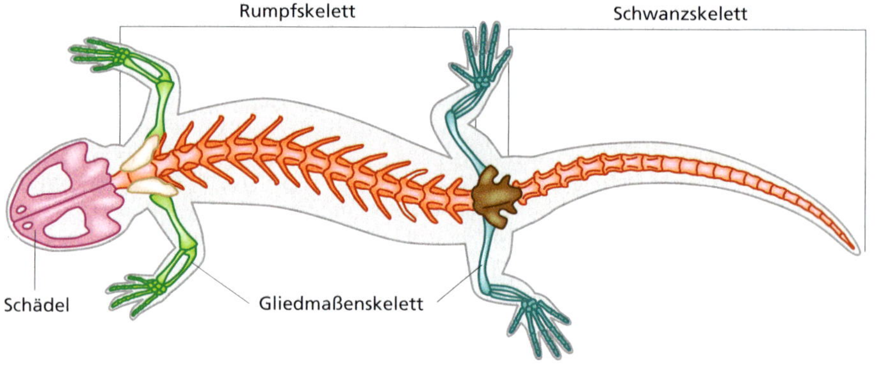

Froschlurche

Froschlurche sind in Kopf und Rumpf gegliedert. Sie besitzen einen gedrungenen schwanzlosen Körper. Mithilfe der hinteren Sprungbeine können sie sich auf dem Lande und im Wasser gut fortbewegen. Zu den Froschlurchen gehören **Frösche** und **Kröten** (↗ S. 105).

Skelett eines Froschlurchs

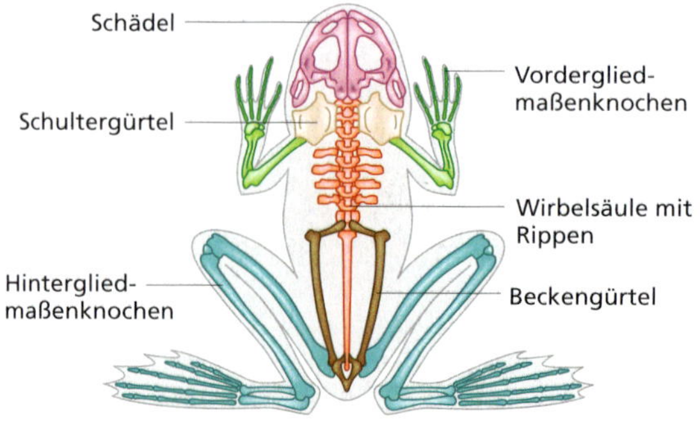

Atmungsorgan eines Lurchs

einfach gekammerte sackförmige Lunge

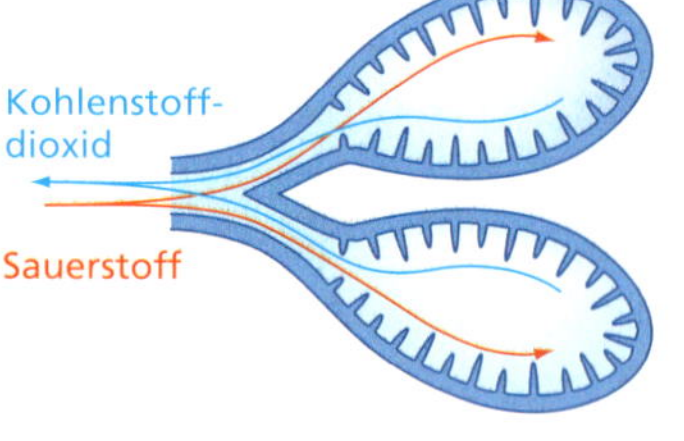

Vertreter der Lurche

Froschlurche

Frösche

Grasfrosch

Teich- oder Wasserfrosch

Kröten

Erdkröte

Unken

Gelbbauchunke

Schwanzlurche

Salamander

Gefleckter Feuersalamander

Molche

Kammmolch (♂)

Teichmolch (♂)

Bergmolch (♂)

2.17.3 Kriechtiere

Kriechtiere sind weltweit verbreitet. Diese Gruppe umfasst etwa 6000 Arten. Sie leben auf dem Lande, in Süßwassergewässern und Meeren.

Bau und Lebensweise

Einheimische Kriechtiere stehen unter Naturschutz.

Kriechtiere besitzen eine trockene, mit **Hornschuppen** besetzte Haut (**Trockenlufttiere**), die während des Wachstums gewechselt wird (**Häutung** bei Echsen, Schlangen) oder laufend verdickt wird (bei Schildkröten, Krokodilen). Ihr Körper ist in **Kopf**, **Rumpf** und **Schwanz** gegliedert. Vier Gliedmaßen sind gut entwickelt oder rückgebildet. Sie bewegen sich kriechend und schlängelnd oder schwimmend vorwärts. Sie sind wechselwarm.
Bei Kriechtieren gibt es eine **innere Befruchtung** (↗ S. 223).

Kriechtiere atmen durch einfach gekammerte **Lungen**. Sie ernähren sich vorwiegend von Insekten, Würmern, Schnecken, Fröschen, Mäusen.

Körpergliederung und innere Organe eines Kriechtieres

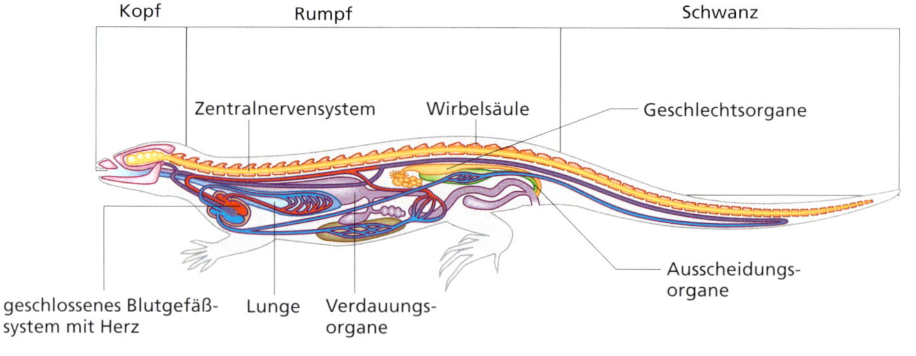

Skelett eines Kriechtieres

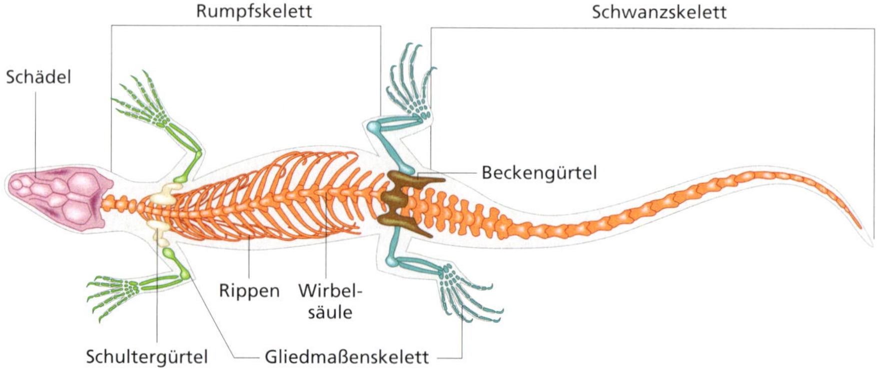

Aufbau einer Kriechtierhaut (Schema)

Kriechtiere besitzen eine trockene Haut mit Hornschuppen oder Hornplatten.

Atmungsorgane eines Kriechtieres

Kriechtiere besitzen eine mehrfach gekammerte Lunge.

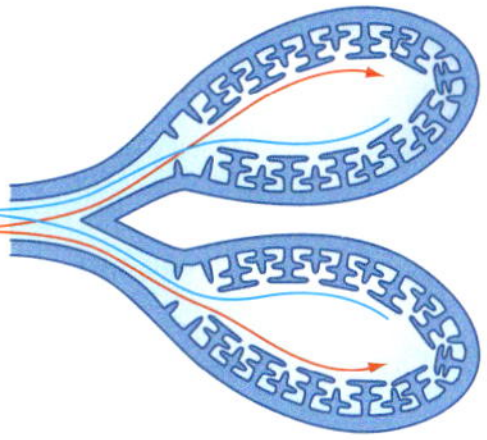

Aufgrund des Körperbaus werden die Gruppen **Echsen**, **Schlangen**, **Schildkröten** und **Krokodile** unterschieden (↗ S. 108). Im Erdmittelalter (vor ca. 225 Millionen Jahren) hatten die **Saurier** ihre größte Artenfülle und Verbreitung.

Saurier sind Kriechtiere vergangener **Erdzeitalter** (Jura, Trias). Es gab sie in allen Lebensräumen, in kleinen und auch in sehr großen Formen, z.B. Landsaurier, Flugsaurier, Fischsaurier.

Echsen

Echsen haben meist vier Gliedmaßen, ernähren sich von tierischer und pflanzlicher Nahrung, pflanzen sich Eier legend fort. Zu den Echsen gehören u.a. **Eidechsen** und **Schleichen**.

Zauneidechse (♂)

Lebt an sonnigen und trockenen Stellen wie Waldrändern, Böschungen, Heiden; dunkelbraunes, hell geflecktes und gesäumtes Rückenband; Körperseiten des Männchens grün;
gefährdet

Echsen „züngeln" ihre Beute. Dann packen sie mit dem Gebiss ihre Beute und nehmen sie als Ganzes ins Maul. Durch Kieferbewegungen wird die Beute zerquetscht und anschließend verschlungen.

Blindschleiche

Schlangenähnlich, keine Gliedmaßen, lebt an nicht zu trockenen Plätzen, z.B. an Waldrändern, auf Wäldern und Wiesen; bräunlich gefärbt; nachts und bei großer Hitze verbirgt sie sich unter Steinen oder in der Erde

Schlangen

Schlangen haben einen langen runden Körper und keine Gliedmaßen. Die Zunge ist lang und gespalten. Die meisten Schlangen sind Räuber und jagen lebende Tiere. Die Beutetiere werden meist ganz verschlungen.

Riesenschlangen (z.B. Große Anakonda) gehören zu den größten heute lebenden Kriechtieren.

Die **Kreuzotter** ist die einzige heimische Giftschlange. Sie betäubt durch einen Biss mit ihren Giftzähnen ihr Beutetier, um es dann zu verschlingen.

Bei Wanderungen in „Kreuzottergebieten" sollte man lange Hosen anziehen und hohe Schuhe oder Stiefel tragen.

Ringelnatter

Gute Schwimmerin, lebt in der Nähe von Gewässern wie Seen, Teichen, Gräben; halbmondförmiger, leuchtend gelber Fleck beidseits hinten am Kopf; Rücken grau mit dunklen Flecken; helle Augen mit großer runder Pupille; *gefährdet*

Kreuzotter

Besiedelt sonnige und feuchte Plätze wie Heidemoore, Wälder, Wiesen; x- oder kreuzförmige Zeichnung am hinteren Kopf; dunkles Zickzackband über dem graubraunen Rücken; rötliche Augen mit senkrechter Pupille; *Giftschlange; stark gefährdet*

Schildkröten

Schildkröten haben einen gedrungenen Körper, der von einem schützenden Knochenpanzer (Rücken- und Bauchschild) umgeben ist. Man unterscheidet **Landschildkröten** und **Seeschildkröten**.

Griechische Landschildkröte

Bewohnt u.a. Waldränder, Graslandschaften; Rückenpanzer hoch gewölbt, bräunlich mit dunklen Streifen; Beine „klumpfußartig" verwachsen, besitzen dicke Schuppen; Nahrung überwiegend pflanzlich

Krokodile

Krokodile besitzen einen langen gestreckten Körper mit vier kurzen Gliedmaßen. Der Schwanz ist als Ruderschwanz abgeplattet. Man unterscheidet **Echte Krokodile**, **Alligatoren** und **Kaimane**.

Krokodile werden in Krokodilfarmen gezüchtet.

Nilkrokodil

Lebt in Flüssen, Seen und Sümpfen Afrikas; wird bis zu 5m lang, der Körper ist bedeckt mit Hornplatten; Beutetiere werden mit den Zähnen gepackt und rückwärts tauchend unter Wasser gezogen, dabei werden große Bissen aus dem Tier herausgerissen und verschlungen.

2.17.4 Vögel

Vögel besitzen eine trockene Haut mit Federn, an den Beinen Hornschuppen, an den Zehen Krallen. Das Gefieder ist oftmals bunt gefärbt. Die etwa 9000 Vogelarten sind über die ganze Erde verbreitet. Den unterschiedlichen Lebensbedingungen entsprechend haben sich sehr verschiedenartige Vogelformen mit vielfältigen Anpassungsmerkmalen herausgebildet.

Bau und Lebensweise

Vögel sind gleichwarme Tiere. Ihr besonderes Kennzeichen ist das **Federkleid**, das den Vogel vor Abkühlung schützt und ihm das **Fliegen** ermöglicht. Dem Fliegen dienen die zu Flügeln umgestalteten Vordergliedmaßen, der große Brustbeinkamm, die teils hohlen und mit Luft gefüllten Knochen sowie zahlreiche mit den Lungenflügeln verbundene Luftsäcke.

Bei den Vögeln unterscheidet man verschiedene **Flugarten.**

Äußerer und innerer Bau eines Vogels

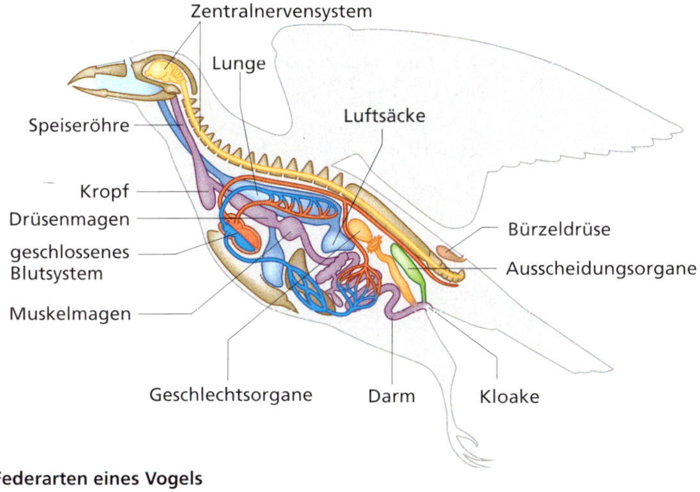

Luftsäcke sind sackartige Fortsätze der Lunge. Sie liegen zwischen den Organen und reichen teilweise in die Knochen hinein. Sie nehmen zusätzlich Luft auf und ermöglichen so eine sichere Atmung bei langen Flügen.

Federarten eines Vogels

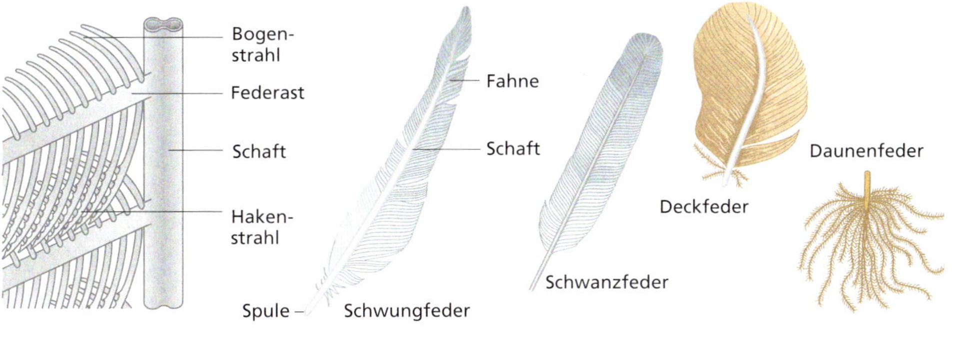

Skelett eines Vogels

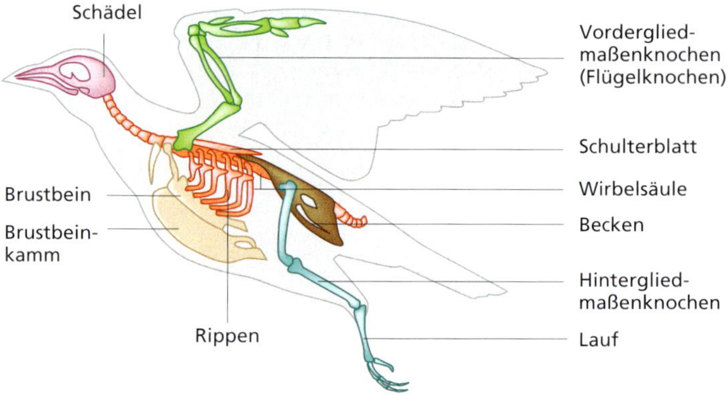

Ernährung der Vögel

Vögel sind wichtige Glieder in Nahrungsketten (↗ S. 114).

Vögel nehmen tierische und pflanzliche Nahrung mit dem Schnabel auf. Der hornige, zahnlose Schnabel hat verschiedene Formen (z. B. lang, kurz, gebogen, spitz, kegelförmig, gekreuzt). Zwischen der **Schnabelform** der Vögel, ihrer **Nahrung** und **Ernährungsweise** bestehen enge Beziehungen.

Vogel	Schnabelform	Nahrung und Ernährungsweise
Specht 	lang und spitz, kräftig	Hacken von Löchern in den Baum, Herausholen der Insektennahrung
Buchfink 	kurz und spitz, kräftig	Zerbeißen harter Fruchtschalen, Ernährung von Samen
Kernbeißer 	kurz, kräftig, meißelförmig	Zerbeißen von Kirsch- und Pflaumenkernen
Weißstorch 	lang und spitz	Ergreifen der Beute, z. B. Frösche
Bussard 	Oberschnabel hakig gebogen	Herausreißen von Fleischstücken aus Beutetieren, z. B. Mäusen
Ente 	breit, vorne rund, mit kräftigen Hornleisten	„Ergründeln" der Nahrung aus Schlamm und Wasser, bleibt an Hornleisten hängen (Seihschnabel), z. B. Pflanzenteile, Insektenlarven

Vögel besitzen einen Muskelmagen, der mithilfe der von den Vögeln aufgenommenen Steinchen die Nahrung zerkleinert.

Vögel, die Samen fressen, sind Körnerfresser. Sie weichen die Samen im Kropf vorher auf. Deshalb haben z. B. Hühner nach dem Fressen einen dicken Hals.

Fortbewegung der Vögel

Die Fortbewegung der Vögel ist aufgrund ihres Körperbaus unterschiedlich. Die hinteren Gliedmaßen sind zum Laufen (z.B. Strauß), Klettern (z.B. Specht), Scharren (z.B. Haushuhn), Greifen (z.B. Habicht) oder Schwimmen (z.B. Ente) geeignet. Die Zehen sind bekrallt.

Stockente

Haubentaucher

Fortbewegung: Schwimmen

Bau: Schwimmhäute bzw. Schwimmlappen zwischen den Zehen

Rauchschwalbe

Star

Fortbewegung: Fliegen

Bau: Flügel und Brustbein mit kräftiger Flugmuskulatur; schlanker, stromlinienförmiger Körper

Strauß ♂ (Höhe bis 3 m)

Großtrappe ♂ (Höhe bis 1 m)

Fortbewegung: Laufen

Bau: Lange, kräftige Beine; großer schwerer Körper

Fortpflanzung und Entwicklung der Vögel

Bei Vögeln gibt es eine **innere Befruchtung** (↗ S. 224). Sie legen kalkschalige Eier, die von Alttieren bebrütet werden. Die Jungen sind entweder voll entwickelte und selbstständige **Nestflüchter** oder nackte und hilflose **Nesthocker**, die **Brutpflege** vonseiten der Eltern benötigen (↗ S. 328).

Nach der inneren Befruchtung erfolgt die Eientwicklung auf dem Wege durch den Vogelkörper.

Bau des Vogeleis

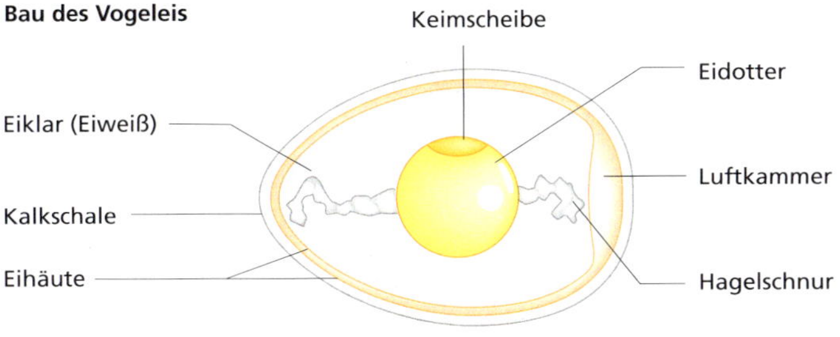

Vogeleier dienen dem Menschen als Nahrung.

Nesthocker: z. B. Star, Amsel, Taube, Meise

Augen geschlossen, keine Fortbewegung, kein Federkleid, Fütterung durch Eltern

Nestflüchter: z. B. Huhn, Ente, Gans

Augen offen, Daunenfederkleid, Laufen möglich, suchen selbst Nahrung

Aufenthalt der Vögel im Brutgebiet

Der **Vogelzug** ist eine auffällige, aber in vielen Teilen immer noch geheimnisvolle Tierwanderung.

Man kann Vögel nach ihrem Aufenthalt im Brutgebiet in **Standvögel**, **Strichvögel** und **Zugvögel** einteilen. Die Zugvögel verlassen in der kalten Jahreszeit ihre nördlichen Brutgebiete und fliegen zu warmen Winterquartieren im Süden. Der Rückflug erfolgt im Frühjahr. Dies Verhalten ist angeboren.

Standvögel

bleiben ständig im Brutgebiet, auch im Winter

Habicht

Elster

z. B. Haussperling, Habicht, Rebhuhn, Elster, Buntspecht

Strichvögel

streichen außerhalb der Brutzeit (im Winter) im weiteren Umfeld des Brutgebietes umher

Blaumeise

Kernbeißer

z. B. Kohlmeise, Blaumeise, Goldammer, Gimpel, Kernbeißer

Zugvögel

wandern aus der Brutheimat in ein Winterquartier und zurück

Weißstorch

Kuckuck

z. B. Weißstorch, Kuckuck, Star, Rauchschwalbe, Kranich

Vogelschutz

Manche Vogelarten sind im Laufe der letzten Jahrhunderte ausgerottet oder selten geworden. Dazu gehören z.B. Seeadler, Sperlingskauz und Uhu. Für den Schutz der Vögel gibt es deshalb gesetzliche Grundlagen, die eingehalten werden müssen, z.B. **rote Liste**, **Jagdgesetz**, **Naturschutzgesetz**.
Der Mensch kann durch bestimmte *Maßnahmen* den Bestandsrückgang und Artenschwund der Vögel aufhalten, z.B. durch

- Schutz von Lebensräumen durch Schaffung von Nationalparks, Naturschutzgebieten u.a.m.,
- Schaffung von Ersatzlebensräumen, durch naturnahe Gärten, naturschonende Bewirtschaftung von land- und forstwirtschaftlichen Flächen, Anpflanzungen von Hecken und Feldgehölzen, insbesondere „Vogelschutzgehölzen" aus heimischen Wildgehölzen, Anlegen von Feuchtbiotopen,
- Einsatz von chemischen Mitteln zur Bekämpfung von Insekten und „Unkräutern" nur im Rahmen des integrierten Pflanzenschutzes,
- Anbringen von Nisthilfen, z.B. Kunstnester für Mehlschwalben, Nistkästen für Meisen, Baumläufer und Rotschwänze, Nistquirle für frei brütende Vögel,
- sinnvolle Winterfütterung.

Mäusebussard auf Sitzkrücke

Nistkasten für Vögel

Bedeutung der Vögel

Der Mensch hält Vögel als Nutztiere und Haustiere, weil sie
- Fleisch und Eier als Nahrung liefern,
- Federn zur Anfertigung von Daunendecken, Kissen und Betten liefern,
- durch ihren Gesang (z.B. Singvögel) oder durch ihr Verhalten in Haus und Wohnung (z.B. Wellensittich, Papagei, Kanarienvogel) die Menschen erfreuen.

Vögel sind beliebte Heimtiere.

Vögel haben im Naturhaushalt eine Bedeutung, weil sie
- in ihrem Lebensraum (z.B. Garten, Wald, Wiese, Feld, Moor) schädliche Insekten vertilgen (biologische Schädlingsbekämpfung),
- eine natürliche Auslese durch Vertilgen kranker und überalterter Tiere vornehmen (z.B. die Greifvögel),
- Samen und Früchte von Pflanzen verbreiten.

Vögel richten aber auch Schäden an, weil sie
- die Entwicklung und das Wachstum von Bäumen und Sträuchern durch Abfressen von Knospen, jungen Trieben u.a. beeinträchtigen,
- die von Menschen auf Feldern und in Gärten ausgesäten Sämereien vertilgen.

Vögel besitzen als **Glieder von Nahrungsketten** (↗ S. 349) im Naturhaushalt große Bedeutung. In Nahrungsnetzen (↗ S. 350), z.B. von Hecken, Wald, Wiese, stellen Vögel wichtige Glieder im Stoffkreislauf (↗ S. 353) dar. Sie tragen aber auch durch ihr oft farbenprächtiges Federkleid und durch ihren Gesang zur Freude und Erholung der Menschen bei.

Einige Vögel werden vom Menschen als Nutztiere gehalten.

Vögel als Glieder einer Nahrungskette im Wald

Borkenkäfer und Fraßbild am Baumstamm → Specht → Mäusebussard

Ausgewählte Gruppen von Vögeln

Die verschiedenen Vogelarten werden nach Bau und Lebensweise zu Gruppen zusammengefasst, z.B. Singvögel, Greifvögel, Eulenvögel, Hühnervögel.

Hühnervögel (ca. 262 Arten)

Hühnervögel sind vierzehige Vögel, die nach pflanzlicher oder tierischer Nahrung scharren. Sie sind schlechte Flieger, meistens Bodenbrüter und Nestflüchter.

Wachtel Rebhuhn Birkhuhn

Eulenvögel (ca. 144 Arten)

Eulenvögel sind Nachtraubvögel mit nach vorn gerichteten großen Augen, leistungsfähigen Ohren und kräftigem Hakenschnabel. Die Beutetiere werden verschlungen, unverdauliche Reste werden als Gewölle ausgespien. Sie sind lautlose Flieger. Alle Eulenvögel sind *geschützt*.

Waldohreule Waldkauz Uhu

Greifvögel (ca. 262 Arten)

Greifvögel sind Tagraubvögel mit kräftigem Hakenschnabel und spitzkralligen Greiffüßen. Die Beutetiere werden gerissen, unverdaute Nahrungsreste werden als Gewölle ausgespien. Sie sind gute Flieger. Ihre Nester (Horste) werden hoch oben gebaut, ihre Jungen sind Nesthocker. Alle Greifvögel sind *geschützt*.

Sperber

Rotmilan

Fischadler

Entenvögel (ca. 148 Arten)

Entenvögel sind Schwimmvögel mit breitem Schnabel mit Hornlamellen und Schwimmhäuten zwischen den Vorderzehen. Zu ihnen gehören Schwäne, Gänse, Enten und Säger. Sie sind gute Schwimmer, können aber auch gut fliegen. Ihre Nahrung sind Wasserpflanzen, Getreide, Würmer, Gräser, Insekten, Fische, Weichtiere. Die Jungen sind Nestflüchter.

Die bei uns sehr häufige Stockente ist die Stammform unserer Hausenten.

Stockente

Kanada-Gans

Höckerschwan

Sperlingsvögel (Untergruppe Singvögel, ca. 4 000 Arten)

Singvögel zeigen ein sehr verschiedenes Aussehen und sind von unterschiedlichster Größe. Infolge des besonderen Baues des unteren Kehlkopfes besitzen sie einen Stimmapparat und können singen. Sie sind vor allem Baumbewohner, wenige leben am Boden. Unter ihnen gibt es Insekten-, Körner- und Allesfresser. Die Jungen sind Nesthocker.

Viele Vogelarten werden als Stubenvögel gehalten, z.B. Wellensittiche, Kanarienvögel, Nymphensittiche.

Star

Buchfink

Kohlmeise

2.17.5 Säugetiere

Die Säugetiere bilden die am höchsten entwickelte Gruppe der Wirbeltiere. Sie umfasst mehr als 4500 Arten, die weltweit verbreitet sind. Zu den Wirbeltieren gehört auch der Mensch. Körpergröße, Gestalt und Lebensweise der Säugetiere sind sehr vielfältig.

Bau der Säugetiere

Säugetiere sind durch Lungen atmende **gleichwarme Wirbeltiere,** deren Haut mit **Haaren** bedeckt ist. Sie bringen lebende Junge zur Welt, die durch **Säugen** eines Milchdrüsensekretes ernährt werden. Zahlreiche **Organsysteme** erfüllen bestimmte Aufgaben.

Das **Verdauungssystem** versorgt durch Umwandlung der Nahrung in aufnehmbare Nährstoffbestandteile den Körper mit organischen Stoffen. Das **Atmungssystem** regelt durch Austausch der Atemgase die Versorgung der Zellen mit Sauerstoff.
Das **Ausscheidungssystem** entfernt Stoffwechselendprodukte und unverdauliche Reste aus dem Körper. **Blut** und **Blutkreislauf** transportieren Stoffe im Körper. Die **Sinnesorgane** nehmen Reize aus der Umwelt auf. Das **Nervensystem** leitet Erregungen zu allen Teilen des Körpers, verarbeitet sie im Gehirn, bewirkt die Reaktionen auf die Reize und steuert alle Lebensprozesse.

Innere Organe eines Hundes (Schema)

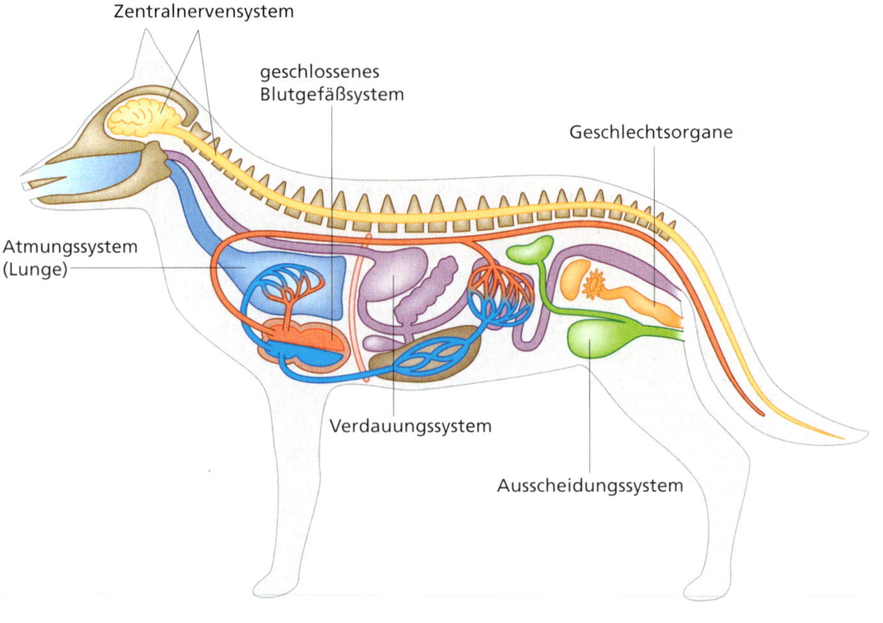

Skelett einer Katze

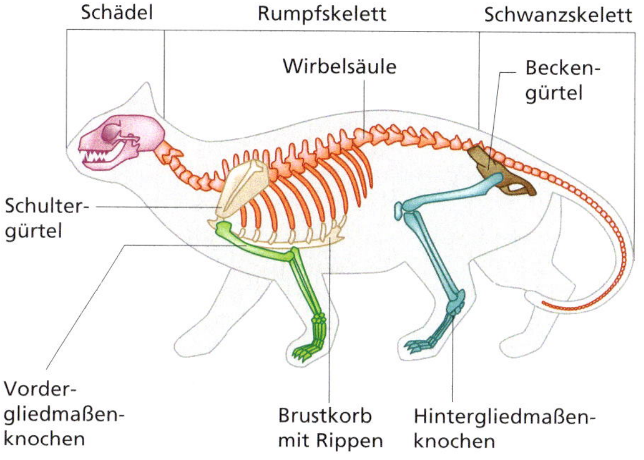

Fell der Säugetiere

Säugetiere haben eine trockene **Haut** mit **Haaren**, ein **Fell**. Es werden im Fell weiche **Wollhaare** und derbere **Grannenhaare** unterschieden. Der Aufbau des Fells ändert sich mit den Jahreszeiten. Im **Sommerfell** überwiegen die Grannenhaare, im **Winterfell** findet man zusätzliche Wollhaare.

Einige Säuger, z. B. Hausschwein und Mensch, haben nur wenige Haare.

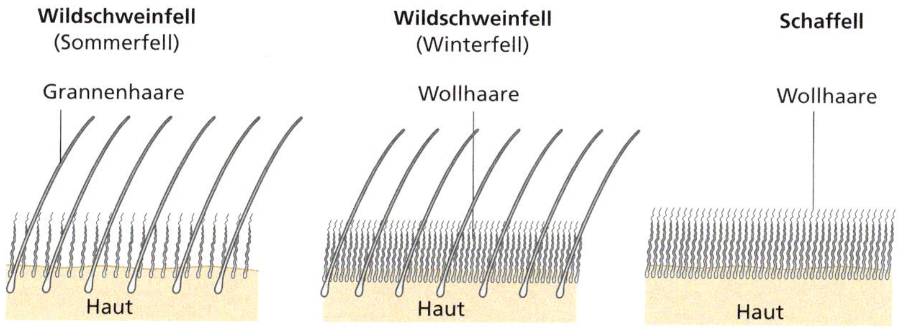

Auf der Haut wachsen lange glatte Haare weniger dicht, die sich derb anfassen, die Grannenhaare. Zwischen ihnen befinden sich kurze gekräuselte, weiche Haare, die Wollhaare. Die Grannenhaare dienen als Nässeschutz und zum mechanischen Schutz.

Auf der Haut sind viele wollig weiche Haare dicht nebeneinander angeordnet. Die Haare sind kurz und gekräuselt. Es sind die Wollhaare. Sie schützen gegen Kälte.

Angepasstheit der Säugetiere an ihre Umwelt

Die ursprünglich mit 5 Zehen versehenen Gliedmaßen bei vielen Säugetieren sind in Angepasstheit an bestimmte **Fortbewegungsarten** in verschiedenen Lebensräumen umgebildet. Es werden **Sohlen-**, **Zehen-** und **Spitzengänger** unterschieden.

Sohlengänger | **Zehengänger** | **Spitzengänger**

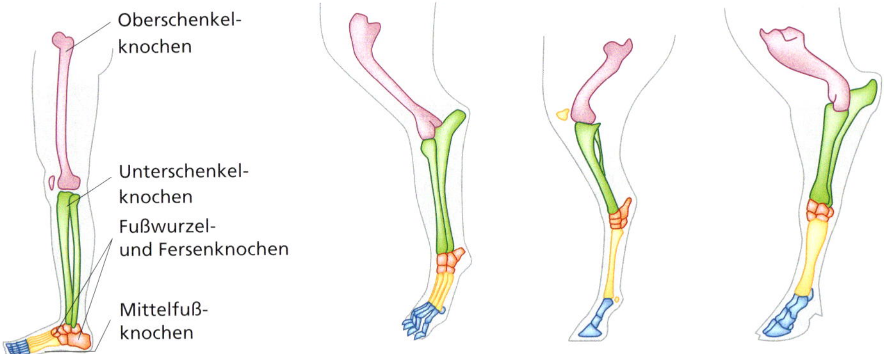

z.B. Mensch
Dachs, Bär

z.B. Hund
Katze, Fuchs

z.B. Pferd
Esel, Zebra
Unpaarhufer

z.B. Reh , Rind
Schwein
Paarhufer

Speziell angepasste Formen leben im Boden (z.B. Maulwurf), im Wasser (z.B. Delfin), auf Bäumen (z.B. Eichhörnchen) und haben sogar den Luftraum erobert (z.B. Fledermaus).

i

Maximale Geschwindigkeit einiger Tiere,
Schwimmen (km/h)
Delfin 12
Forelle 3
Laufen (km/h)
Antilope 7
Hauskatze 48
Gepard 120
Fliegen (km/h)
Biene 29
Fledermaus 50

i

Legende:
- Oberarmknochen
- Unterarmknochen
- Handwurzelknochen
- Mittelhandknochen
- Fingerknochen

Maulwurf

Umbildung der Vordergliedmaßen zu Schaufeln zum *Graben im Boden* – Unterarm kurz, Hände schaufelförmig mit langen Krallen

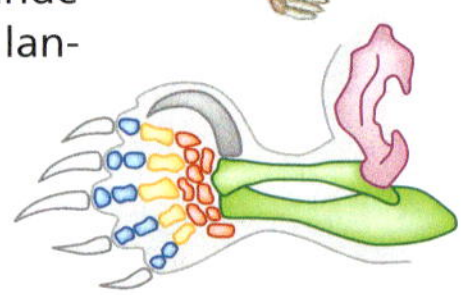

Fledermaus

Umbildung der Vordergliedmaßen zu Hautflügeln *zum Fliegen* – Mittelhand- und Fingerknochen verlängert, Flughaut zwischen den Fingern bis zu den Schwanzknochen, frei sind Füße und Daumen

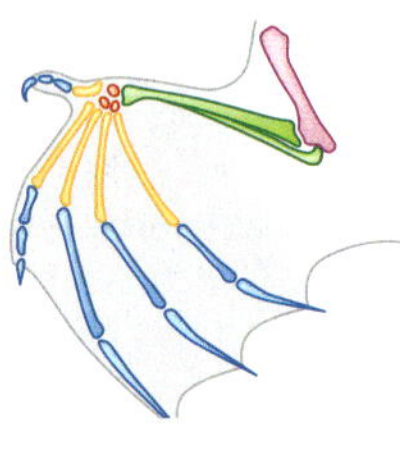

Delfin

Umbildung der Vordergliedmaßen zu Flossen zum *Schwimmen im Wasser*, die Hintergliedmaßen sind zu einigen im Körper liegenden Knochenresten rückgebildet.

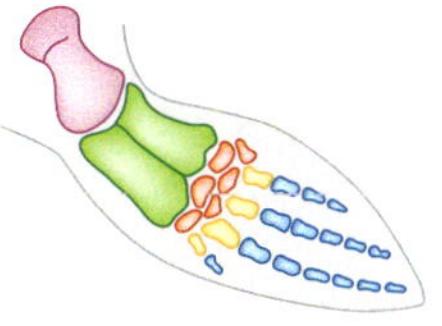

Eichhörnchen

Kräftige Hinterbeine *zum Springen*, scharf gebogene Krallen an Vorder- und Hinterbeinen zum Erfassen der Zweige, zum Laufen und Klettern; langer, buschig behaarter Schwanz als Steuerruder und Luftbremse

Atmung der Säugetiere

Säugetiere atmen mit einer **Lunge**, die aus zahlreichen dünnwandigen **Lungenbläschen** besteht. Blutgefäße umgeben wie ein Netz die Lungenbläschen. Zwischen Blutkapillaren und Lungenbläschen findet der **Gasaustausch** von Kohlenstoffdioxid und Sauerstoff statt (↗ S. 188).

Die Säugetiere und der Mensch haben im Sommer wie im Winter die gleiche Körpertemperatur, sie sind gleichwarm.

Weg des Sauerstoffs in den Säugetierkörper

Der Sauerstoff gelangt über die Mundhöhle und Luftröhre in die Lunge. Dort findet der Gasaustausch statt. Der Sauerstoff gelangt mit dem Blut in alle Teile des Körpers.

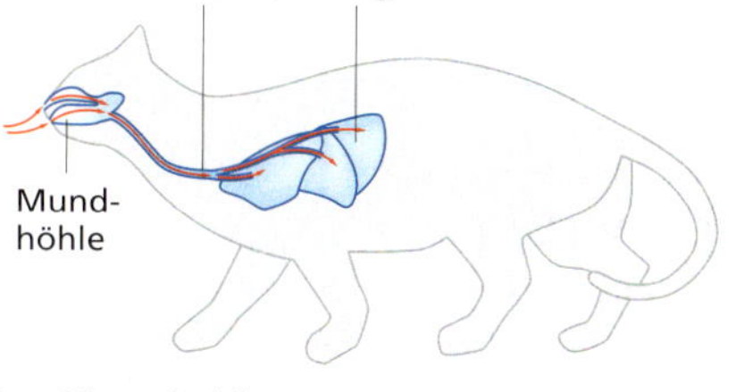

Weg des Kohlenstoffdioxids aus dem Säugetierkörper

Das Kohlenstoffdioxid wird mit dem Blut in die Lunge transportiert. Dort findet der Gasaustausch statt. Das Kohlenstoffdioxid gelangt über Luftröhre in die Mundhöhle und wird ausgeatmet.

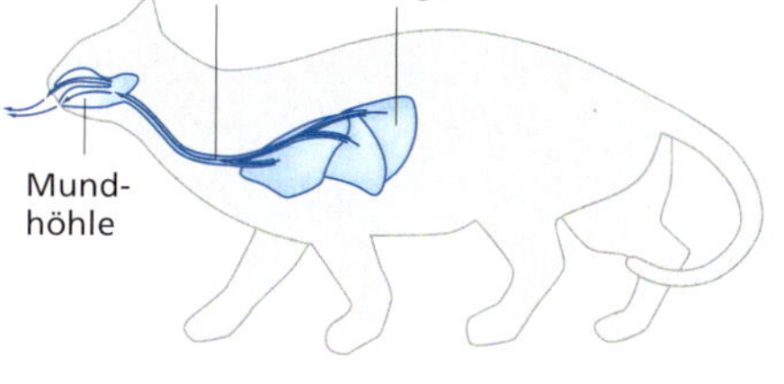

Ernährung der Säugetiere

Das Gebiss der Säugetiere enthält Schneide-, Eck- und Backenzähne.

Angepasst an eine unterschiedliche Ernährungsweise – insbesondere in Bezug auf die Art der Nahrung und Nahrungsaufnahme – haben sich unterschiedliche **Gebisstypen** herausgebildet. Die Säugetiere werden entsprechend der Art der aufgenommenen Nahrung in **Allesfresser, Fleischfresser** und **Pflanzenfresser** eingeteilt.

Die Pflanzenfresser haben einen längeren Darm als die Fleischfresser, z. B. Hund (5 m), Ziege (32 m).

Pflanzenfressergebisse

Nagergebiss: im Ober- und Unterkiefer je zwei ständig nachwachsende lange, gebogene, meißelförmige Schneidezähne zum Nagen; Eckzähne fehlen, breite Backenzähne zum Zermahlen der Nahrung (z. B. Nutria)
Wiederkäuergebiss: Oberkiefer mit Knorpelplatte (z. B. Hausrind)

Der Magen der Wiederkäuer, z. B. Rind, besteht aus Pansen, Netzmagen, Blättermagen und Labmagen.

Nutria

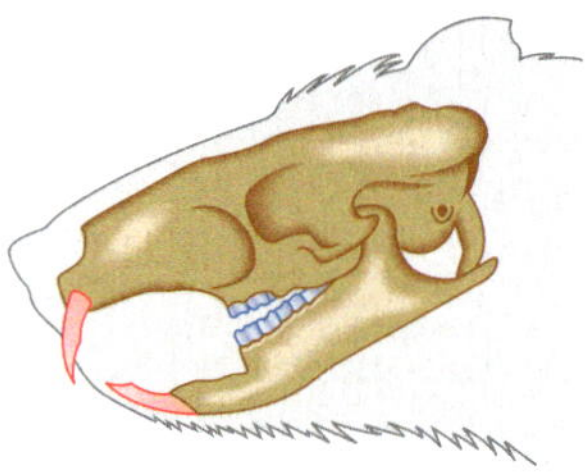

Hausrind

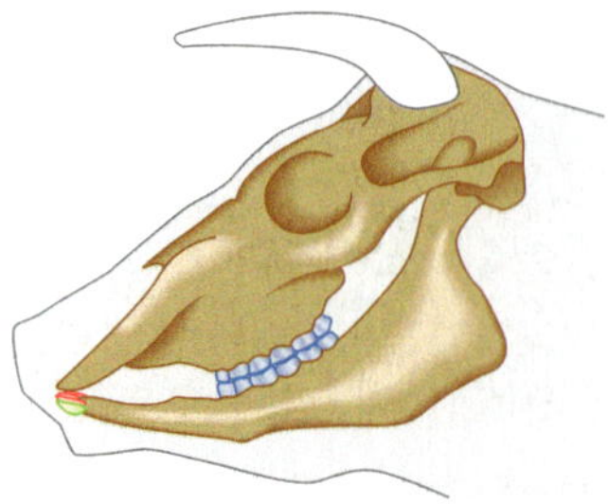

Fleischfressergebisse

Raubtiergebiss: meißelförmige Schneidezähne; große, spitze, etwas gebogene Eckzähne zum Ergreifen, Festhalten und Töten der Beute; breite Backenzähne zum Zerbeißen und Zerquetschen der Nahrung; großer Reißzahn (Backenzahn) zum Zerreißen der Nahrung (z. B. Hauskatze)
Insektenfressergebiss: alle Zähne sind spitz und scharf (z. B. Igel)

Legende:
- Backenzähne
- Eckzähne
- Schneidezähne

Katze

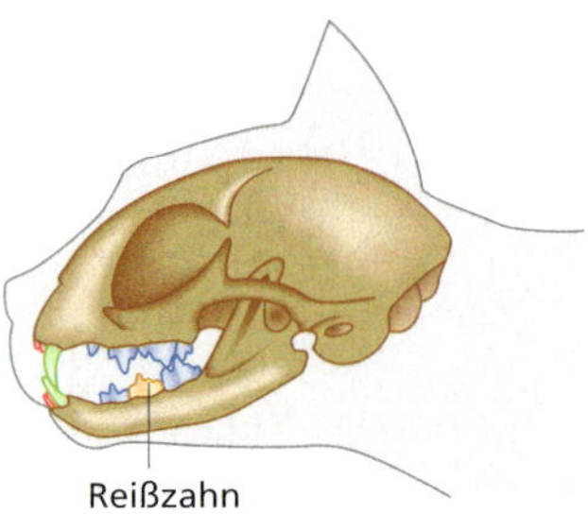

Igel

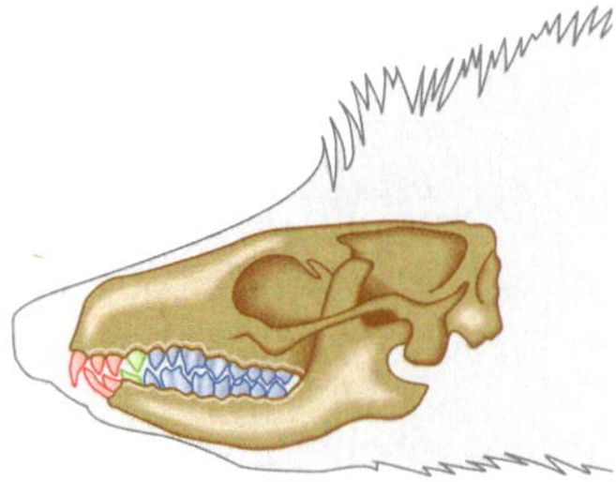

Allesfressergebisse
Kleine Schneidezähne zum Ergreifen und Festhalten der Nahrung, größere Eckzähne, breite Backenzähne zum Kauen und Zerquetschen der Nahrung

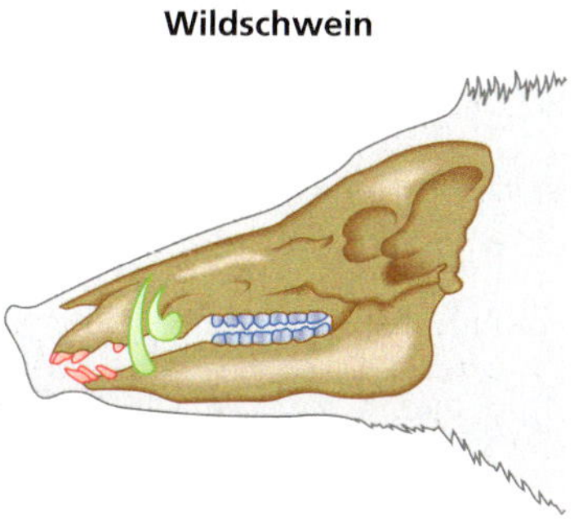

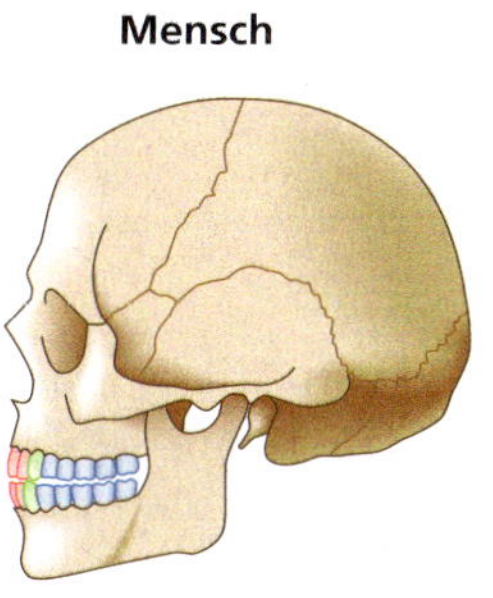

Beim Menschen unterscheidet man das Milchgebiss und das Dauergebiss (↗ S. 136).

Fortpflanzung und Entwicklung der Säugetiere

Bei Säugetieren gibt es die **innere Befruchtung** (↗ S. 223). Die Entwicklung der Jungen erfolgt geschützt im Mutterleib. Die Jungen werden geboren. Nach der **Geburt** werden die Jungen von der Mutter **gesäugt**. Sie sind **Säugetiere**.

Säugetiere, die nach der Geburt noch nicht voll entwickelt sind, bezeichnet man als **Nesthocker**. Die Jungen sind nach der Geburt blind, nackt und hilflos, eine Behaarung ist kaum vorhanden.
Beispiele: Hamster, Kaninchen, Maus, Eichhörnchen
Säugetiere, die nach der Geburt voll entwickelt sind, bezeichnet man als **Nestflüchter**. Sie können laufen, ihr Fell ist fertig ausgebildet, ihre Augen sind geöffnet.
Beispiele: Schweine, Pferde, Schafe, Rinder

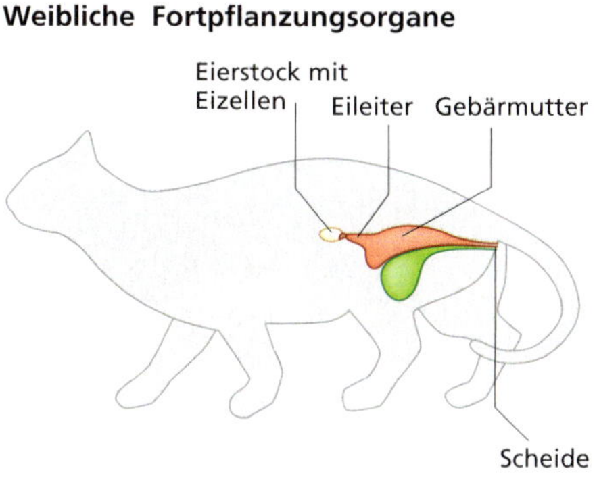

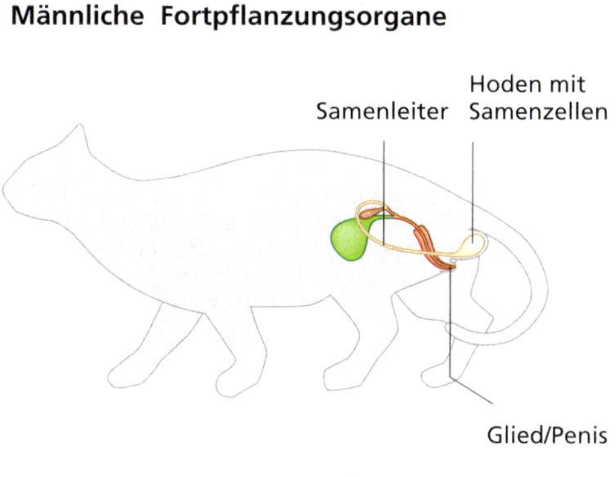

Säugetiere werden als Heimtiere gehalten, z. B. Meerschweinchen, Goldhamster.

Säugetiere werden als **Nutztiere** gehalten, z. B. Ziege, Schaf, Rind, Schwein. Nutztiere werden oft in großer Anzahl in sehr großen Ställen gehalten. Diese Form der Haltung wird Massentierhaltung genannt.

Bedeutung der Säugetiere

Der Mensch hält Säugetiere als Nutztiere und Haustiere, weil sie u. a.
- Nahrung und Rohstoffe wie Fleisch, Eier, Wolle, Knochen liefern,
- in ihrem Lebensraum Schädlinge vertilgen,
- für wichtige Tätigkeiten genutzt werden können (als Zug- und Lasttiere, als Blindenführer),
- als Heimtiere zur Freude der Menschen gehalten werden können.

Rinder liefern Milch, Knochen, Fleisch.

Hausschafe liefern Wolle, Felle, Milch.

Säugetiere können auch Schaden anrichten, weil sie u. a.
- Nahrungsvorräte fressen und Holz zernagen,
- Krankheitserreger wie Tollwut u. a. übertragen.

Carl von Linné schuf ein künstliches System, um Ordnung in die Vielfalt von Pflanzen und Tieren zu bringen.

Ausgewählte Gruppen von Säugetieren

Zu den Säugetieren gehören u. a. die Insektenfresser, Fledermäuse, Hasentiere, Nagetiere, Raubtiere, Robben, Paarhufer und Wale. Da sie alle Lebensräume bewohnen, haben sie eine große Gestaltenfülle und verschiedene Formen der Angepasstheit entwickelt.

Insektenfresser (ca. 370 Arten)

Es sind kleine Säugetiere mit rüsselartig verlängerter Nase, lückenlosem Gebiss aus kleinen spitzen Zähnen. Ihre Nahrung sind vorwiegend Würmer, Insekten, Schnecken, kleine Wirbeltiere.

Maulwurf

Igel

Nagetiere (ca. 3000 Arten)

Es sind kleine bis mittelgroße Tiere. Im Gebiss besitzen sie im Ober- und Unterkiefer je 2 kräftige, meißelartig geformte Schneidezähne („Nagezähne“), die ständig nachwachsen. Sie sind meistens Pflanzenfresser (↗ S. 120).

Eichhörnchen

Biber

Brandmaus

Hamster

Raubtiere (ca. 250 Arten)

Es sind kleine bis große Tiere. Das Gebiss enthält dolchartige Eckzähne und Reißzähne (↗ S. 120). Sie besitzen Zehen mit Krallen. Raubtiere sind meistens Fleischfresser.
Unter den Raubtieren gibt es tagaktive Tiere (z.B. Wolf, Hund) und nachtaktive Tiere (z.B. Katze, Hamster). Die Sinnesorgane, besonders Geruchs-, Gehör- und Lichtsinnesorgane, sind gut entwickelt.

Wolf

Luchs

Seehund

Dachs

In Deutschland gibt es derzeit ca. 100 Säugetierarten. Davon sind 5 Arten vom Aussterben bedroht und 12 Arten stark gefährdet. Deshalb stehen auch einige **einheimische Säugetierarten unter Naturschutz.**

Huftiere (ca. 180 Arten)

Die Tiere besitzen **Hufe** aus Horn. Sie sind **Spitzengänger** (↗ S. 120). Die Endglieder einer oder mehrerer Zehen sind von einem schuhförmigen Horngebilde der Haut, den Hufen, umgeben. Man unterteilt die Huftiere in **Paarhufer** und **Unpaarhufer**.

Unpaarhufer (ca. 17 Arten)
Meist große, langbeinige, sehr lauf- und springtüchtige Tiere, die mit einem Huf auftreten (Mittelzehe oder dritter Zehenspitze); Pflanzenfresser

Zebra

Nashorn

Pferd

Esel

Paarhufer (ca. 154 Arten)
Tiere treten mit 2 Hufen auf (Spitzen der 3. und 4. Zehe); Pflanzenfresser; Wiederkäuer (Hirsche, Giraffen, Kamele) und Nichtwiederkäuer (Schweine, Flusspferde)

Hausrind

Flusspferd

Wildschwein

Reh

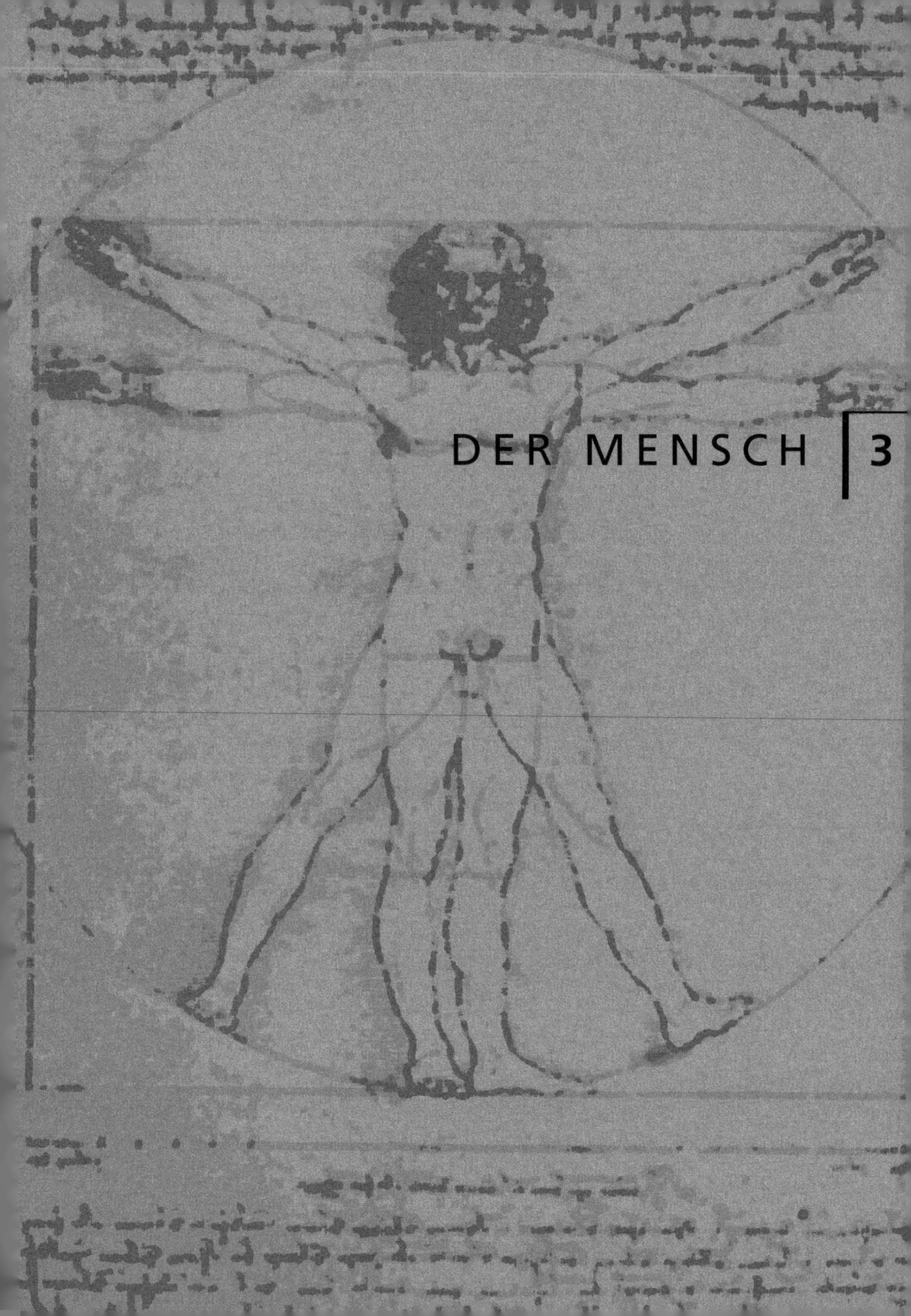

DER MENSCH | 3

3.1 Das Stütz- und Bewegungssystem

Als einziges Lebewesen hat der Mensch einen aufrechten Gang. Seine Bewegungen reichen vom einfachen Gehen und Laufen bis zu komplizierten Tätigkeiten bei Arbeit, Sport und Spiel. Die Bewegungen kommen durch das Zusammenspiel von Muskeln und Knochen zustande.

Das Stütz- und Bewegungssystem besteht aus **Knochen, Gelenken** und **Muskeln.** Sie geben dem Körper Halt und Beweglichkeit.

3.1.1 Das Stützsystem

Das Skelett des Menschen

Das Skelett des Menschen besteht aus vielen Einzelteilen. Es lassen sich drei Abschnitte unterscheiden: **Kopfskelett (Schädel), Rumpfskelett** und **Gliedmaßenskelett**. Hauptstütze ist die **Wirbelsäule.**

Das Skelett des Menschen besteht aus etwa 220 Knochen.

Überblick über das Skelett des Menschen

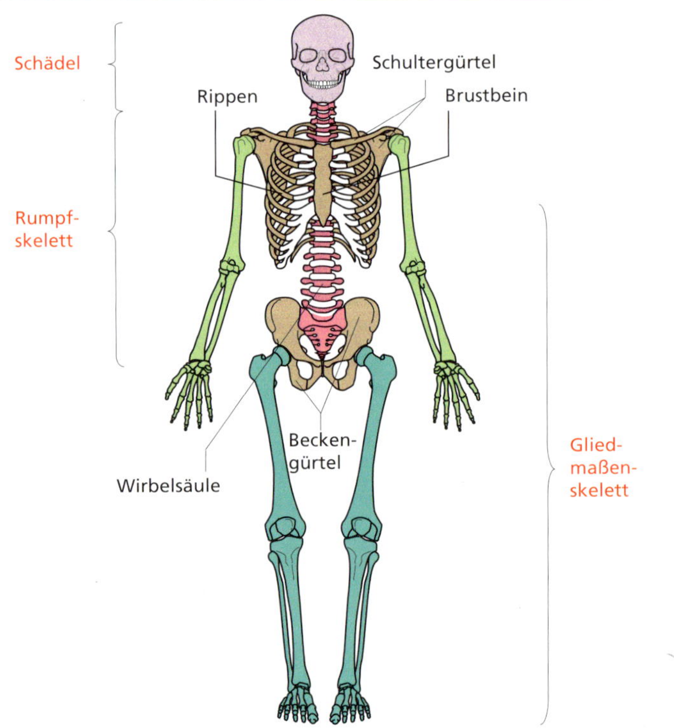

Der Schädel ist gegliedert in Hirnschädel und einem Gesichtsschädel.

Beim Neugeborenen sind die Plattenknochen des Schädels noch nicht fest verwachsen. Zwischen ihnen befinden sich durch Bindegewebe verschlossene Stellen, Fontanellen genannt.

Wirbelsäule und Wirbel

Hauptstütze des Skeletts ist die doppel-S-förmig gekrümmte **Wirbelsäule**. Sie besteht aus 30 Wirbeln, die durch elastische Bandscheiben abgefedert sind. Geschützt im Wirbelkanal verläuft das Rückenmark, das Hauptkabel unseres Nervensystems (↗ S. 165).

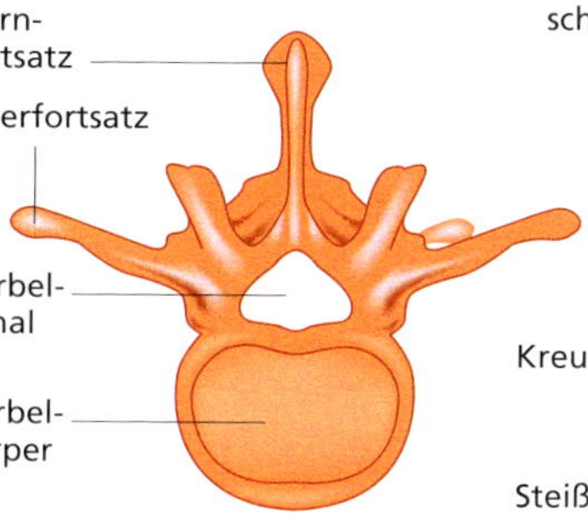

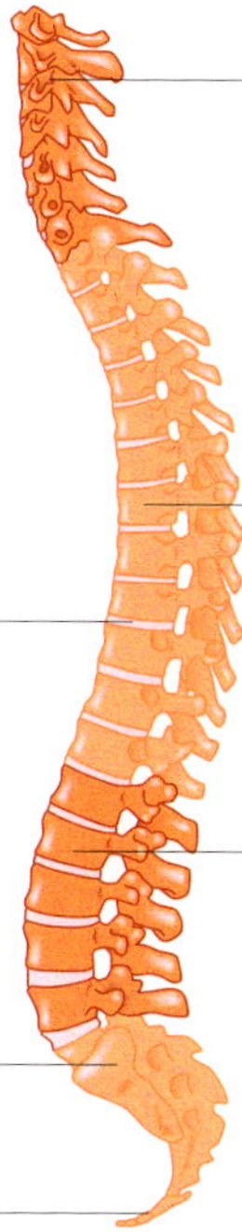

Durch Überlastung, Haltungsfehler und Alterungsvorgänge kann es zu Verlagerung und Schäden der Bandscheiben, z. B. **„Bandscheibenvorfall"**, kommen (↗ S. 132).

Gliedmaßenskelett

Das Gliedmaßenskelett umfasst **Handskelett** und **Armskelett** sowie **Fußskelett** und **Beinskelett.**

Hand- und Armskelett

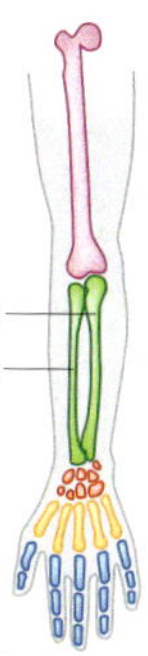

Beim **Handskelett** sind die Knochen sehr beweglich miteinander verbunden; am beweglichsten ist der Daumen.

Fuß- und Beinskelett

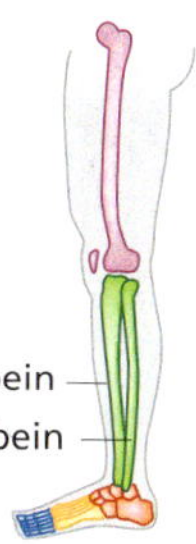

Beim **Fußskelett** bilden die Knochen die gewölbte Stütze des Körpers für das Gehen, Stehen und Laufen.

Die Belastbarkeit der Knochen nimmt bei älteren Menschen ab. Es erfolgt ein Abbau der Knochensubstanz **(Osteoporose).** Das kann zu Skelettverformungen führen und Knochenbrüche begünstigen.

Legende:
- Unterarm- / Unterschenkelknochen
- Oberarm- / Oberschenkelknochen
- Hand- / Fußwurzelknochen
- Mittelhand- / Mittelfußknochen
- Finger- / Zehenknochen

Bau und Bestandteile der Knochen

Die **Bestandteile der Knochen** können chemisch untersucht werden.

Die lang gestreckten stabförmigen **Röhrenknochen** dienen als bewegliche Stützpfeiler, insbesondere für die Arme und Beine. Dagegen sind **Plattenknochen** durch Nähte fest miteinander verwachsen, z.B. Schädelknochen als Schutzkapsel für das Gehirn, Beckenknochen als Stützschale für die Bauchorgane.
Unsere Knochen werden durch Druck, Zug und Biegung belastet. Sie müssen hart, fest und auch elastisch sein. Die Knochensubstanz besteht aus zwei Komponenten:
- einer gallertig-faserigen Grundmasse von Eiweißstoffen („Knochenleim" oder Kollagen); dieser organische Bestandteil gibt dem Knochen seine Elastizität, seine Biegsamkeit und Zugfestigkeit;
- im Kollagen eingelagerten Mineralstoffen, hauptsächlich Kalksalzen; diese anorganischen Bestandteile geben dem Knochen seine Härte und Druckfestigkeit.

Bau eines Röhrenknochens

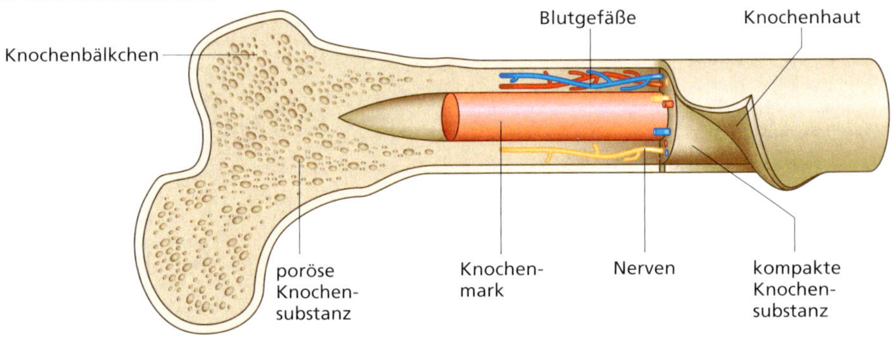

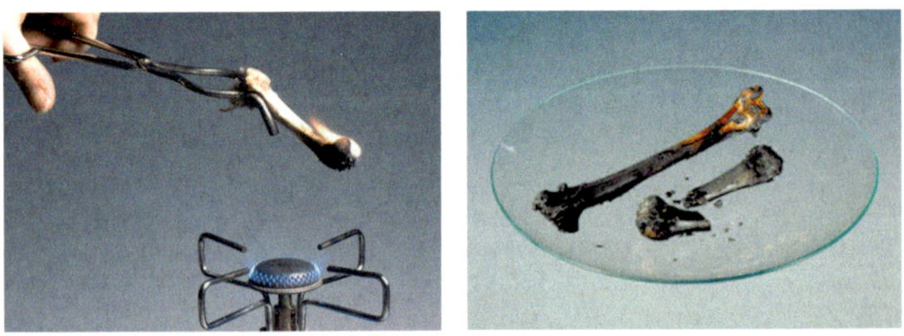

Ausgeglühte Knochen sind hart und brüchig. Sie bestehen nur noch aus Mineralstoffen („Knochenasche").

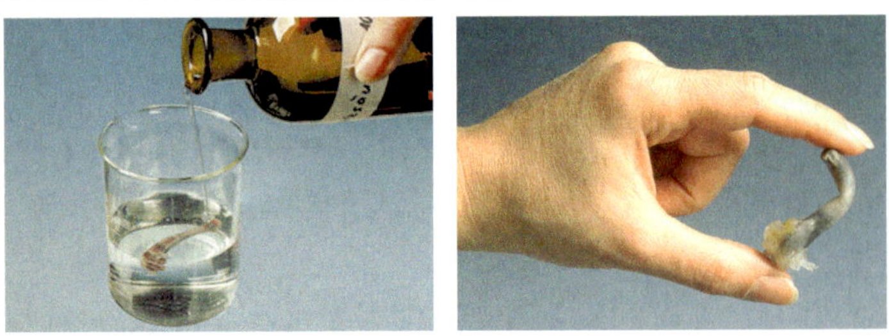

Knochen werden in verdünnter Salzsäure weich und biegsam. Sie bestehen nur noch aus „Knochenleim".

Bau der Gelenke und Gelenkformen

Gelenke sind bewegliche Verbindungen zwischen Knochen. Sie ermöglichen eine Vielfalt von Bewegungen der Körperteile.

Bau eines Gelenkes (Schema)

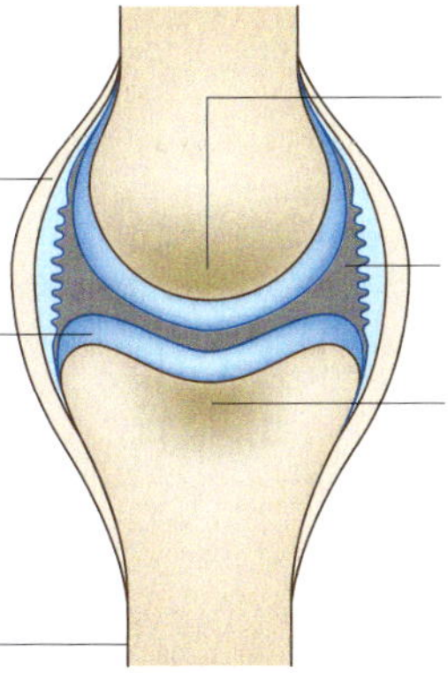

Die gegeneinander beweglichen Knochen werden durch die Bänder der Gelenkkapsel zusammengehalten.

Die Gelenke sind von einem Schleimbeutel umgeben. Er enthält die Gelenkschmiere. Verletzungen, Infektionen, Stoffwechselerkrankungen oder rheumatische Erkrankungen können zu Schleimbeutelentzündungen führen.

Es gibt verschiedene **Gelenkformen**. Je nach Gelenkform sind nur bestimmte Bewegungsrichtungen möglich.

Kugelgelenke

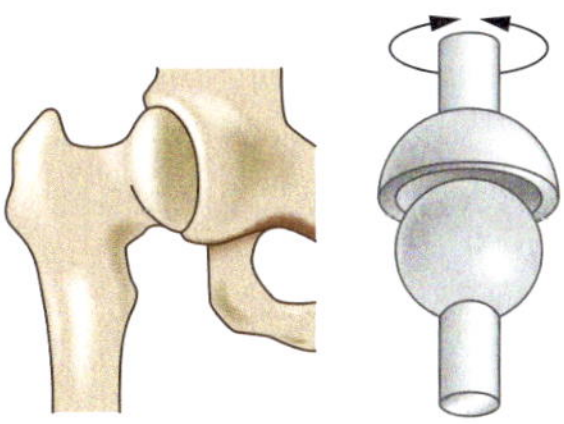

Bewegungen um drei Achsen

Scharniergelenke

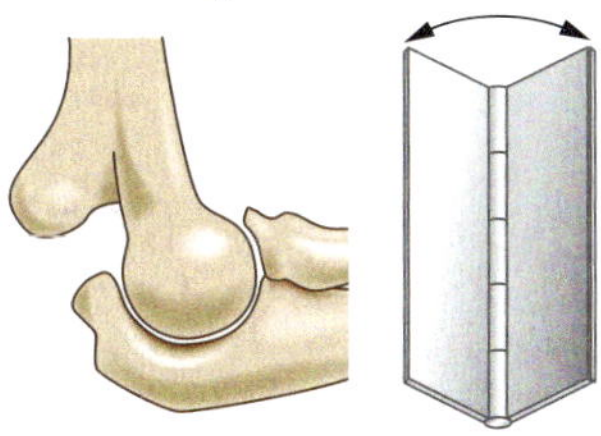

Bewegungen um eine Achse

Sattelgelenke

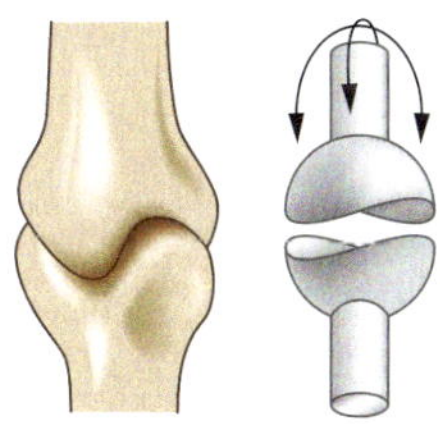

Bewegungen um zwei Achsen

Hüftgelenk, Schultergelenk

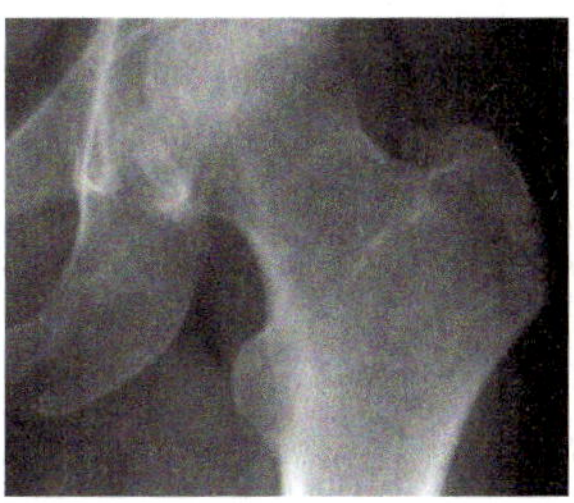

Ellbogengelenk, Fingergelenke

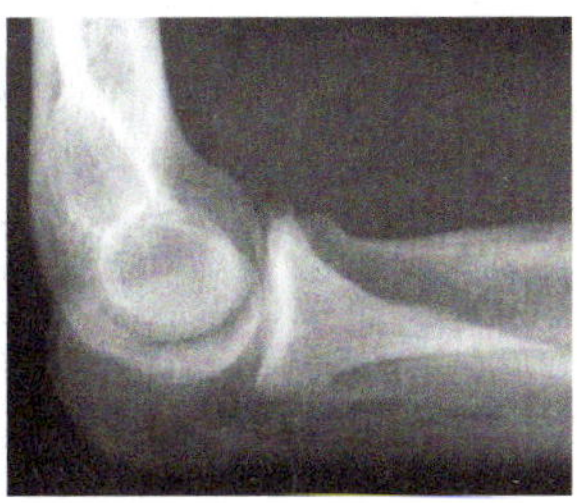

Grundgelenk des Daumens

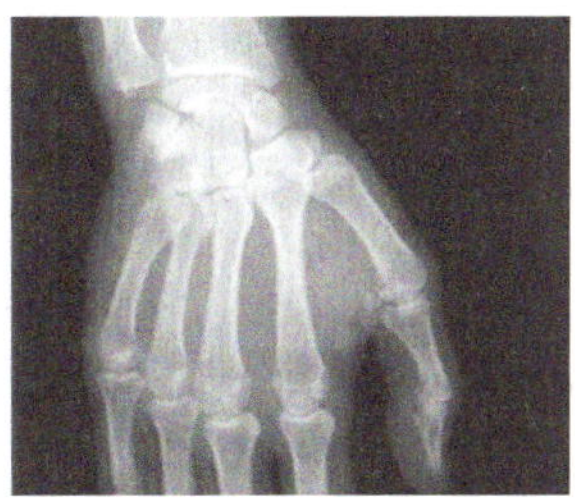

3.1.2 Das Bewegungssystem

Die Muskulatur

Die Herzmuskulatur ist quer gestreift, arbeitet aber langsamer und automatisch, ähnlich wie die glatte Muskulatur.

Die Aufgabe der Muskulatur ist die Bewegung der Knochen (**Skelettmuskulatur**), aber auch die Bewegung der inneren Organe Magen, Darm, Blutgefäße, Gebärmutter (**Eingeweidemuskulatur**).

Der Mensch besitzt etwa 400 größere und kleinere Skelettmuskeln. Sie bestehen aus vielen feinen elastischen **Muskelfasern,** welche durch Bindegewebe zu Faserbündeln angeordnet sind. Alle Faserbündel eines Muskels werden durch eine **Muskelbinde** zusammengehalten und durch Sehnen an den Knochen befestigt.
Die Bewegung beruht auf **Kontraktion** und **Erschlaffen** der Muskelfaserzellen. Für diese Arbeitsleistung beziehen die Muskeln über Blutgefäße energiereiche Stoffe aus der Nahrung und Sauerstoff aus der Atmung (↗ S. 196).
Nach dem anatomischen Feinbau und der Funktion unterscheidet man quergestreifte, glatte und Herzmuskulatur.

Glatte Muskulatur
Tätigkeit langsam, ausdauernd, unabhängig von unserem Willen

Vorkommen: Eingeweidemuskulatur

Quer gestreifte Muskulatur
Tätigkeit schnell, leicht ermüdend, von unserem Willen beeinflussbar
Vorkommen: Skelettmuskulatur

Muskulatur der Darmwand

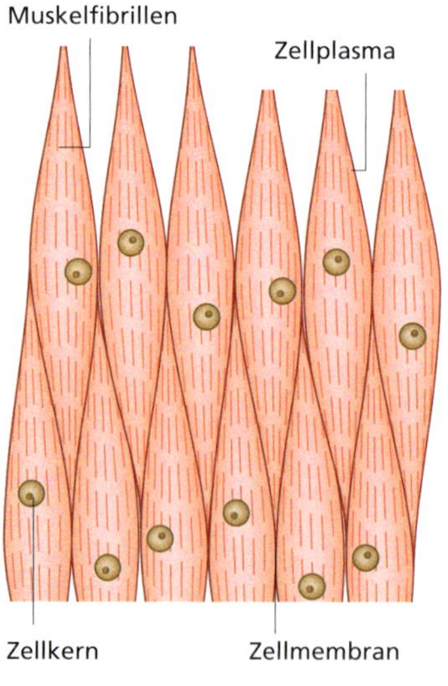

Bau eines Skelettmuskels

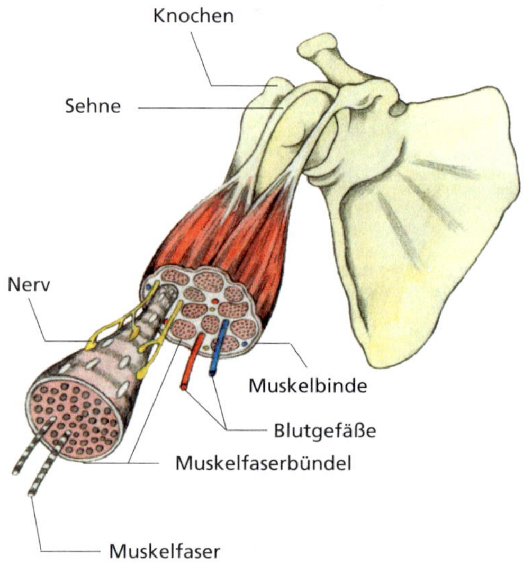

Übersicht über die Skelettmuskeln des Menschen

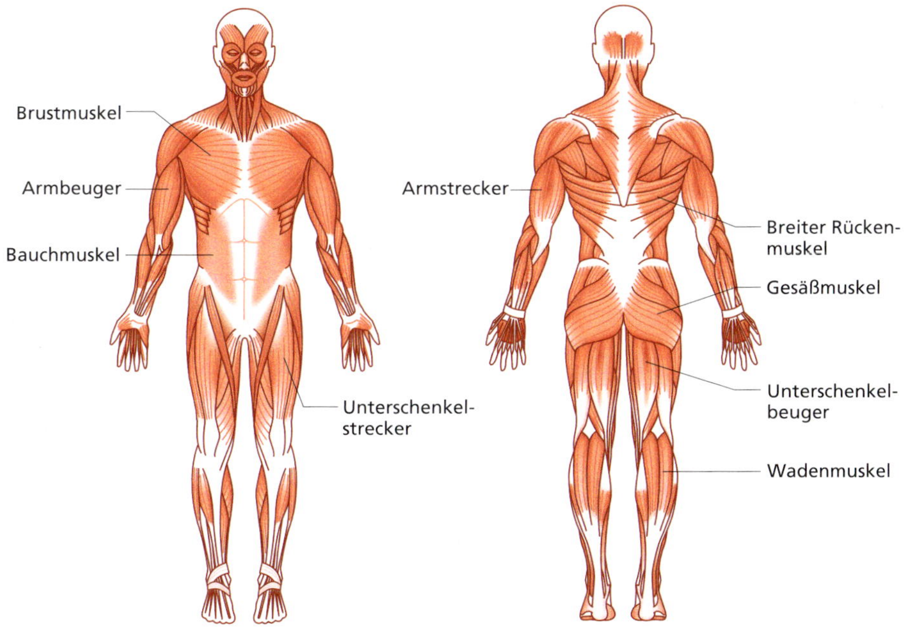

Zur Bewegung der Körperteile sind mindestens zwei, oft mehrere Muskeln notwendig. Sie arbeiten miteinander oder im Wechsel gegeneinander. Wirken sie gegeneinander, dann wirken die einen Muskeln als **Beuger,** die anderen als **Strecker**. Sie sind **Gegenspieler** (z.B. Armbeuger, Armstrecker).

Gegenspieler werden als Antagonisten (↗ S. 163) bezeichnet.

Bewegung von Armbeuger und Armstrecker

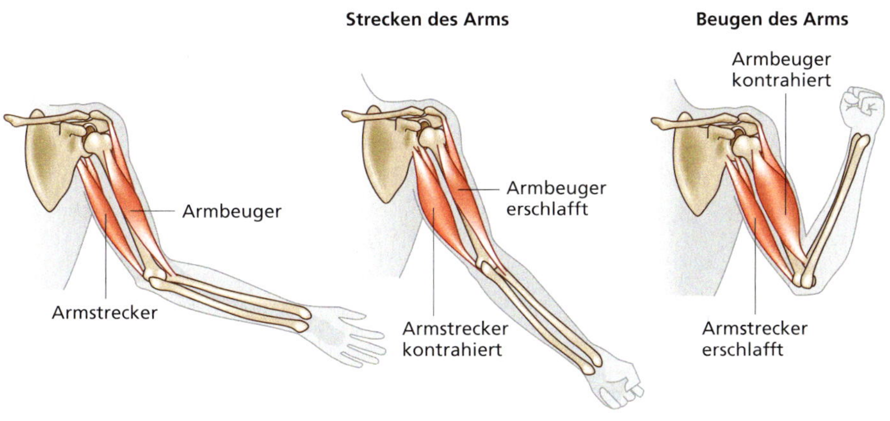

Zu den **Fußschäden** gehören Platt-, Spreiz- und Knickfuß.

Verformungen der Wirbelsäule können zu **Haltungsschäden** (Hohl-, Rund-, Schiefrücken) führen.

Erste-Hilfe-Maßnahmen für Verletzungen an Knochen, Muskeln und Gelenken müssen bei Unfällen sofort ergriffen werden.

Gesunderhaltung des Stütz- und Bewegungssystems

Bewegung und Sport erhalten und fördern die Gesundheit:
- halten Muskeln und Gelenke beweglich,
- fördern Atmung, Herz und Kreislauf,
- helfen Übergewicht zu vermeiden und eine gute Körperfigur aufzubauen.

Bei sportlichen Betätigungen sollten *Regeln* beachtet werden:
- Regelmäßig Sport treiben (2- bis 3 mal wöchentlich)!
- Passende Sportart mit persönlichem Programm wählen!
- Belastung und Dauer der sportlichen Übungen allmählich steigern!
- Zu große Überanstrengungen vermeiden!
- Passende Kleidung und richtiges Schuhwerk tragen!

Skelett und Muskulatur bestimmen durch ihr Zusammenwirken unsere aufrechte **Körperhaltung**. Einseitige bzw. zu schwere Belastung kann zu Fehlhaltungen und **Verformungen der Wirbelsäule** sowie zu **Fußschäden** führen.

Häufige Verletzungen
- der Knochen sind **Knochenbrüche**,
- der Gelenke sind **Verstauchungen** und **Verrenkungen**,
- der Muskeln sind **Muskelrisse, Prellungen, Quetschungen** und **Zerrungen**.

Knochenbrüche werden durch Überlastungen, Stürze oder Gewalteinwirkungen am Skelett verursacht. Am häufigsten sind die langen Röhrenknochen der Arme und Beine, das Schlüsselbein und die Rippen betroffen.
Beim geschlossenen Bruch (a) ist die Haut über der Verletzung unverletzt, beim offenen Bruch (b) sind auch Haut und Muskeln verletzt.

Zu **Muskelverletzungen** kann es durch plötzliche Anspannung oder übermäßige Belastung der Muskeln kommen. Durch plötzliche Muskelanspannung können Muskelfaserrisse entstehen, in schweren Fällen kann es sogar zum Muskelriss bzw. zum Sehnenriss (c) kommen.

a)

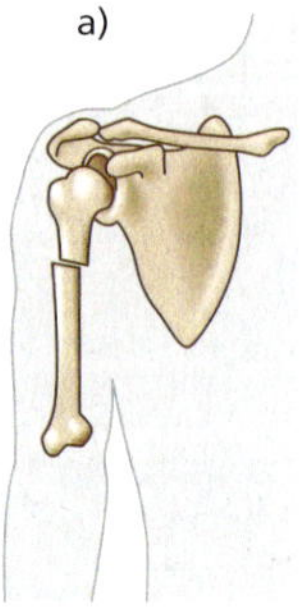

b)

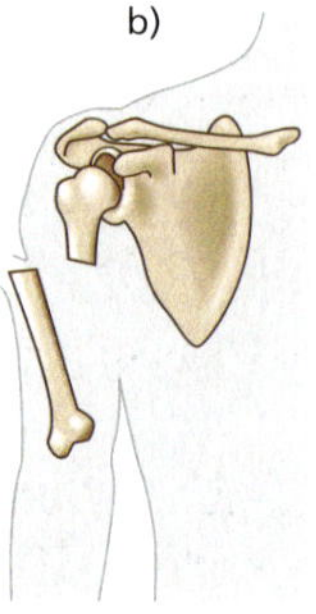

c)

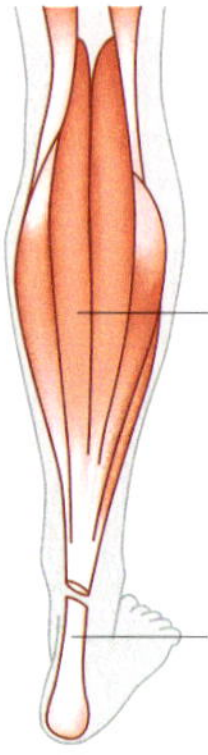

3.2 Das Verdauungssystem

Das **Verdauungssystem** dient der Aufnahme von Nahrung, der Umwandlung der Nährstoffbausteine sowie der Ausscheidung von unverdaulichen Stoffen.

3.2.1 Die Nahrung des Menschen

Bestandteile der Nahrung und ihre Bedeutung

Bestandteile der Nahrung sind Nährstoffe (Kohlenhydrate, Fette, Eiweiße), Vitamine, Mineralstoffe, Wasser und Ballaststoffe. Sie erfüllen im Stoff- und Energiewechsel (↗ S. 186) bestimmte Aufgaben.
Nährstoffe sind körperfremde, energiereiche Stoffe (Kohlenhydrate, Fette, Eiweiße), die im Körper abgebaut werden. Aus ihren Bausteinen (Glucose, Glycerol/Glycerin, Fettsäuren, Aminosäuren) werden körpereigene, organische Stoffe aufgebaut. Beim Abbau der Nährstoffbausteine wird Energie freigesetzt, die für das Ausführen der Lebensprozesse genutzt wird.

Bei der eigenen Ernährung und beim Aufstellen von Speiseplänen sind die **10 Regeln für eine vollwertige Ernährung** zu beachten.

Bestandteile der Nahrung	Bedeutung
Eiweiße	Aufbau verschiedener Zellbestandteile, Voraussetzung für Wachstum, Bildung von Organen, Hormonen, Enzymen, Lieferung von Energie
Fette	Vor allem Lieferung von Energie, aber auch am Aufbau von Zellen beteiligt, z. B. Fettzellen im Unterhautgewebe
Kohlenhydrate	Vor allem Lieferung von Energie, aber auch am Aufbau von Zellen beteiligt, Aufbau von Abwehrstoffen und Blutgruppensubstanzen
Vitamine	Regler für den Ablauf lebenswichtiger Prozesse im Körper, z. B. Atmung, Blutbildung, Abwehr von Krankheitserregern; Fehlen in der Nahrung (Mangel) führt zu Vitaminmangelerkrankungen
Mineralstoffe	Aufbau von Skelett und Zähnen (Calcium, Phosphor), Bestandteil von Hormonen, Enzymen (Eisen), Bestandteil vom Blutfarbstoff (Magnesium, Eisen), Regler für Ablauf wichtiger Prozesse wie Tätigkeit der Nerven (Natrium, Calcium)
Wasser	Lösungs-, Transport-, Quellungsmittel, Verteiler im Wärmehaushalt
Ballaststoffe	Unverwertbare Bestandteile der Nahrung, werden ausgeschieden, z. B. Holzstoffe (Lignin) und Cellulosefasern. Ausreichende Füllung des Darmes, Förderung der Darmbewegung, Nahrung für Mikroorganismen (Darmbakterien)

Als **Ergänzungsstoffe** werden u.a. Vitamine und Ballaststoffe bezeichnet.

Überblick über wichtige Vitamine

Vitamine sind lebenswichtige organische Stoffe, die vom menschlichen Körper nicht selbst gebildet werden können, deshalb mit der Nahrung aufgenommen werden. Bei ungenügender Zufuhr von Vitaminen entstehen **Vitaminmangelerscheinungen** bzw. **Vitaminmangelerkrankungen**.

Vitamine	wichtig für	z.B. enthalten in	Mangel führt zu
Vitamin A	Sehen, Wachstum und Erneuerung der Haut	Leber, Butter, Margarine, Eigelb, Innereien; als Vorstufe „Carotin" in Möhren, Spinat, Grünkohl, Tomaten	Wachstumsstörungen, Nachtblindheit, Verhornungserscheinungen der Haut
Vitamin B_1	Glucoseabbau im Körper, Funktionieren des Nervensystems	Vollkornbrot, Haferflocken, Hülsenfrüchten, Naturreis, Kartoffeln, Schweinefleisch, weißen Bohnen, Linsen	Nervenkrankheiten, Lähmungen, Abmagerung, Appetitlosigkeit, Herzschwäche, Krämpfe
Vitamin B_2	Sehen, Erneuerung der Haut und Vorgänge im Körper (z.B. Atmung)	Milch, Käse, Eiern, Kartoffeln, Getreideprodukten, Gemüse, Obst, Fleisch, Nieren, Leber, Leberwurst	Hautstörungen, Haarausfall, Bindehautentzündung, Wachstumsstörungen
Vitamin C	Aufbau von Knochen, Zähnen, Blut, Stärkung der Abwehr von Krankheitserregern	Obst, vor allem Zitrusfrüchten und Beerenobst, Kartoffeln, Kopfkohl, Paprikaschoten, Petersilie	Gelenk- und Knochenschmerzen, Skorbut, Infektanfälligkeit
Vitamin D	Aufbau von Knochen und Zähnen	Butter, Margarine, Milch, Käse, Fisch, Leber, Pilzen	Zahnschäden, Knochenverformungen (Rachitis)

Überblick über wichtige Mineralstoffe

Mineralstoffe sind anorganische Stoffe, die für bestimmte Lebensprozesse notwendig sind. Sie müssen mit der Nahrung aufgenommen werden.

Mineralstoffe	Wirkungen im Körper	Vorkommen in Nahrungsmitteln
Natrium	Wasserhaushalt, Salzsäurebildung in der Magenschleimhaut, Schweißbildung, Vorgänge in den Nerven	Vollkornbrot, Hühnerei, Hering, Brötchen, Kochsalz, Wurst (2000–3000 mg/Tag)
Calcium und Magnesium	Aufbau der Knochen und Zähne, Blutgerinnung, Muskeltätigkeit, Herztätigkeit, Nerventätigkeit	Vollkornbrot, Vollmilch, Käse, Joghurt, Fisch, Grünkohl, Spinat (1200 mg/Tag)
Eisen	Bestandteil des roten Blutfarbstoffes (Hämoglobin), unterstützt die Sauerstoffversorgung des Körpers	Vollkornbrot, Haferflocken, Leber, grüne Bohnen (12–15 mg/Tag)
Iod	Aufbau des Schilddrüsenhormons	Seelachs, Iodsalz (0,2 mg/Tag)

3.2.2 Aufnahme der Nahrung, Verdauung und Ernährung

Verdauungsorgane und ihre Funktionen

In den **Verdauungsorganen** wird die aufgenommene Nahrung zerkleinert, transportiert und schrittweise verdaut.

Verdauungsorgane des Menschen

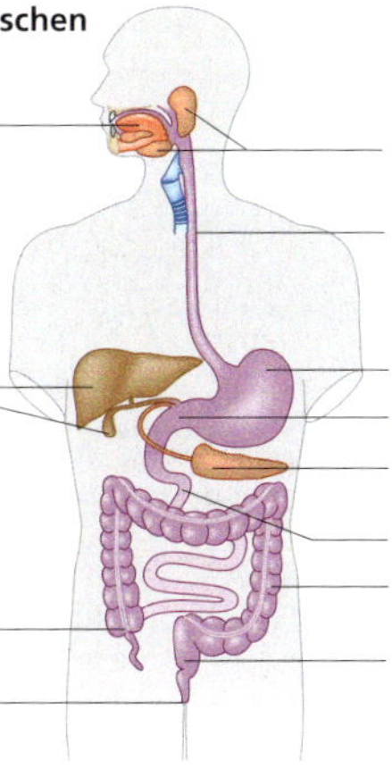

Bei vielen Menschen treten Magen- und Darmerkrankungen auf.

Abschnitte	Vorgänge	abgesonderte Säfte
Mundhöhle mit **Speicheldrüsen**	Zerkleinern der Nahrung durch Zähne und Zunge, Gleitfähigmachen der Nahrung (Einspeicheln), Beginn der Kohlenhydratverdauung (Stärke)	Mundspeichel mit Kohlenhydrat spaltendem Enzym
Speiseröhre	Transport des Nahrungsbreies	Schleim
Magen	Durchmischung des Nahrungsbreies, Beginn der Eiweißverdauung, Transport des Nahrungsbreies	Schleim, Salzsäure, Magensaft mit Eiweiß spaltendem Enzym
Dünndarm mit Anhangsorganen	Verdauung der Kohlenhydrate in Glucose, der Eiweiße in Aminosäuren, der Fette in Glycerol und Fettsäuren; Transport des Nahrungsbreies, Aufnahme der Nährstoffbausteine durch Darmzotten in Blut bzw. Lymphe	Gallensaft, Darmsaft mit Kohlenhydrat, Eiweiß und Fett spaltenden Enzymen, Schleim
Dickdarm	Teilweise Zersetzung der unverdauten Ballaststoffe durch Bakterien, Eindicken des Nahrungsbreies durch Entzug von Wasser, Bildung und Transport des Kotes	Schleim
Mastdarm mit **After**	Sammeln des Kotes, Kotabgabe	Schleim

Verdauung ist die Umwandlung der körperfremden organischen Stoffe (Kohlenhydrate, Fette, Eiweiße) mithilfe von Enzymen in Nährstoffbausteine (Glucose, Aminosäuren, Glycerol, Fettsäuren).

Die Nährstoffbausteine werden im Dünndarm vom Blut bzw. von der Lymphe aufgenommen und zu den Zellen transportiert (↗ S. 145, 149).

Die häufigste Krankheit unserer Zähne ist die **Zahnfäule (Karies).**
Zur Gesunderhaltung der Zähne ist u. a. eine richtige **Zahnputztechnik** notwendig.

Das menschliche Gebiss und der Bau der Zähne

Der Mensch besitzt meißelförmige **Schneidezähne** und spitze **Eckzähne** zum Abbeißen und Zerkleinern der Nahrung sowie höckrige breite **Backenzähne** zum Zerreiben und Zermahlen der Nahrung.
Im 3. Lebensjahr ist das Kindergebiss, das **Milchgebiss**, vollständig entwickelt (20 Zähne). Ab dem 6. Lebensjahr erfolgt ein **Zahnwechsel** zum Gebiss des Erwachsenen, zum **Dauergebiss** (32 Zähne).

Bau eines Schneidezahns und eines Backenzahns (Schema)

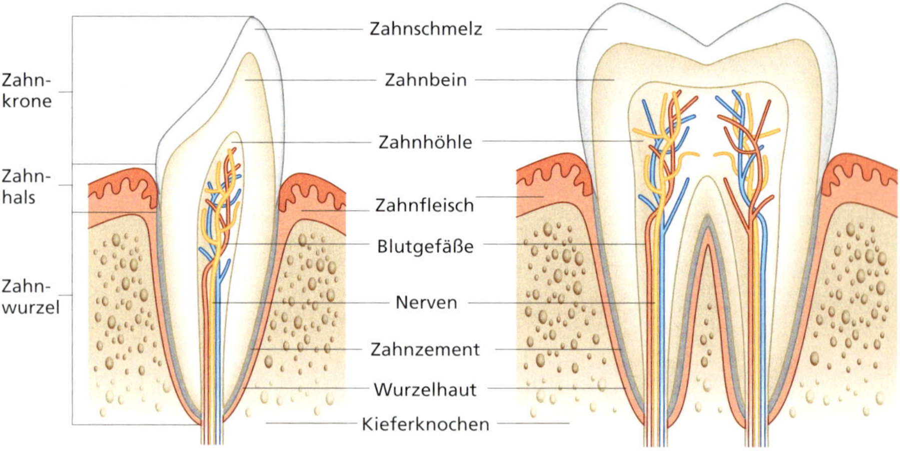

Gebiss des Menschen

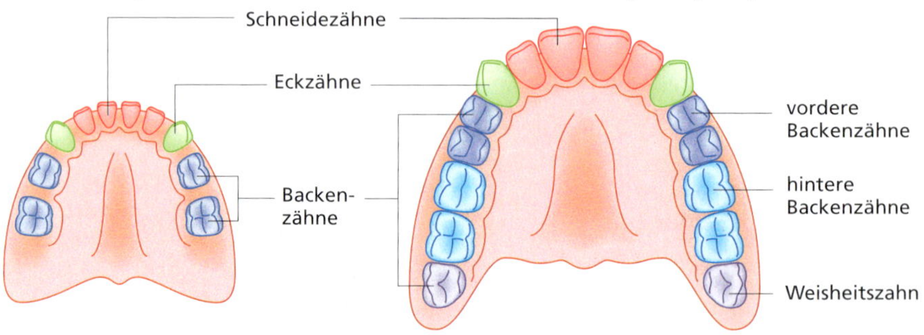

Gesunde Ernährung, Fehlernährung und ihre Folgen

Gesunde, vollwertige Ernährung bedeutet, dass die Ernährung alle lebensnotwendigen Bestandteile der Nahrung (↗ S. 133) in der richtigen Menge und im richtigen Verhältnis enthält.
Im **Nahrungsmittelkreis** sind die Nahrungsmittel in 8 Gruppen eingeordnet. Man ernährt sich „gesund", wenn man täglich aus allen Gruppen isst. Im täglichen Speiseplan sollten unterschiedliche Anteile aus den Gruppen enthalten sein.

WERNER KOLLATH gilt als Begründer der modernen Vollwerternährungslehre. Er unterscheidet Lebensmittel nach Wertstufen.

Nahrungsmittelkreis

Die Größe der Kreisausschnitte entspricht dem benötigten Anteil der jeweiligen Nahrungsmittelgruppe.

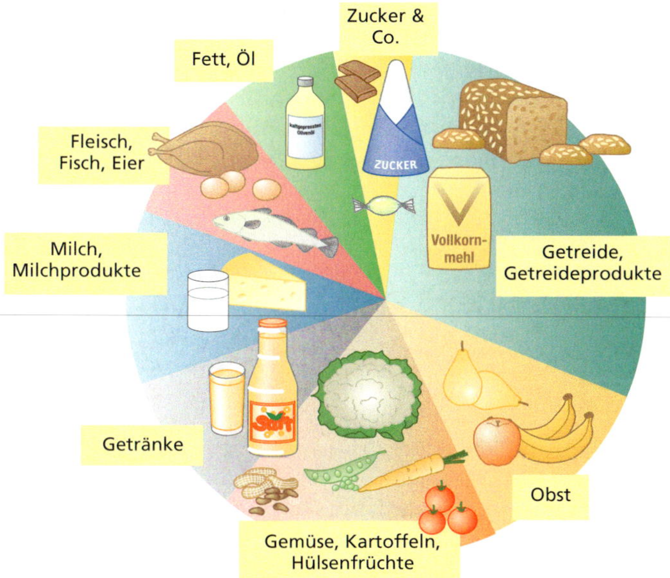

Einseitige Ernährung führt zu Ernährungsstörungen. Diese können zu schwerwiegenden körperlichen Folgeschäden führen. Weltweit umfasst z. B. die Unterernährung etwa 840 Millionen Menschen.

Eine Diät ist eine besonders zusammengesetzte Kost zur Verhütung oder zur Behandlung von Krankheiten, aber auch zur Gewichtsreduzierung.
Mit dem Body-Mass-Index (BMI) kann man das tatsächliche Übergewicht feststellen.

Der gestörte Umgang mit dem Essen kann zu **Ess-Störungen** führen, z. B. zur **Bulimie (Ess-Brech-Sucht)** und **Ess-Sucht (Fettsucht)** durch ein zwanghaftes In-sich-hinein-Stopfen großer Nahrungsmengen bzw. zur **Magersucht** durch die Verweigerung der Nahrungsaufnahme.

Körperliche Folgeschäden
- der Magersucht, z. B. Müdigkeit, Absinken des Stoffwechsels, des Pulses, des Blutdrucks, der Körpertemperatur,
- der Bulimie, z. B. Nierenschäden, Herzrhythmusstörungen,
- der Ess-Sucht, z. B. Bluthochdruck, Belastung des Herzens.

Ess-Störungen sind psychisch bedingte Störungen der Nahrungsaufnahme u. a. durch Unzufriedenheit mit dem eigenen Körpergewicht.

3.3 Das Atmungssystem

i

Beim Schlucken von Nahrung legt sich der Kehldeckel über den Kehlkopfeingang und verschließt die Luftröhre. Gelangen beim Verschlucken doch Nahrungsbröckchen in die Luftröhre, so werden sie durch kräftiges Husten wieder herausgeschleudert.

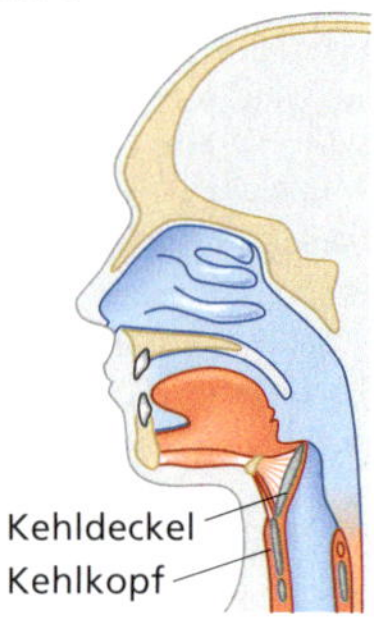

> Das **Atmungssystem** dient der Aufnahme von Sauerstoff in den Körper und der Abgabe von Kohlenstoffdioxid aus dem Körper.

3.3.1 Die Atmungsorgane

Der Mensch atmet durch eine dünnwandige, stark durchblutete **Lunge**, deren Oberfläche durch sehr viele **Lungenbläschen** vergrößert wird.
Die Lunge ist Atmungsorgan und auch Ausscheidungsorgan (↗ S. 152).

> **Atmung** (↗ S. 195) ist die Aufnahme von Sauerstoff aus der Luft in die **Lunge**, sein Transport mit dem Blut zu den Zellen, der Austausch von Sauerstoff und Kohlenstoffdioxid in den Zellen, der Abtransport von Kohlenstoffdioxid durch das Blut zur Lunge, seine Ausscheidung aus der Lunge.

Die Einatmungsluft wird auf ihrem Weg zur Lunge gereinigt, angefeuchtet und vorgewärmt.
In den **Lungenbläschen** findet der **Gasaustausch** (↗ S. 145) zwischen Sauerstoff und Kohlenstoffdioxid statt.
Gebunden an den roten Blutfarbstoff, wird der Sauerstoff durch den Körper zu allen Zellen transportiert.

Überblick über die Atmungsorgane

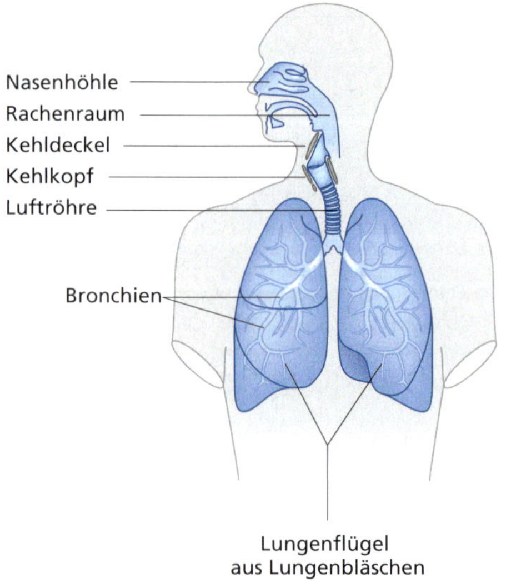

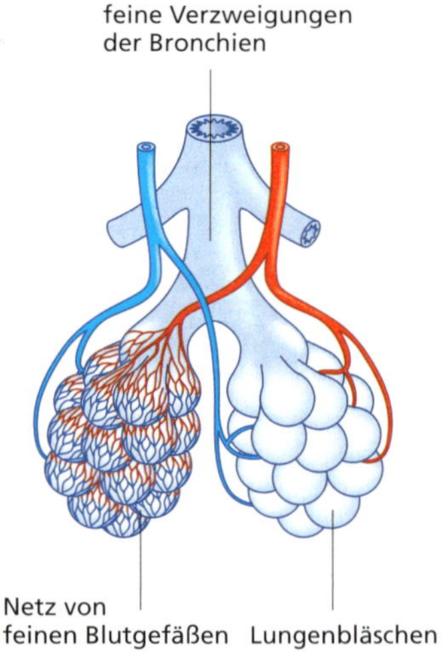

3.3.2 Die Atembewegungen

Die **Atembewegungen**, das Ein- und Ausatmen, werden durch die Zwischenrippenmuskeln und das Zwerchfell bewirkt. Sie sind durch das Heben und Senken des Brustkorbes gekennzeichnet.

Ein- und Ausatmungsbewegungen

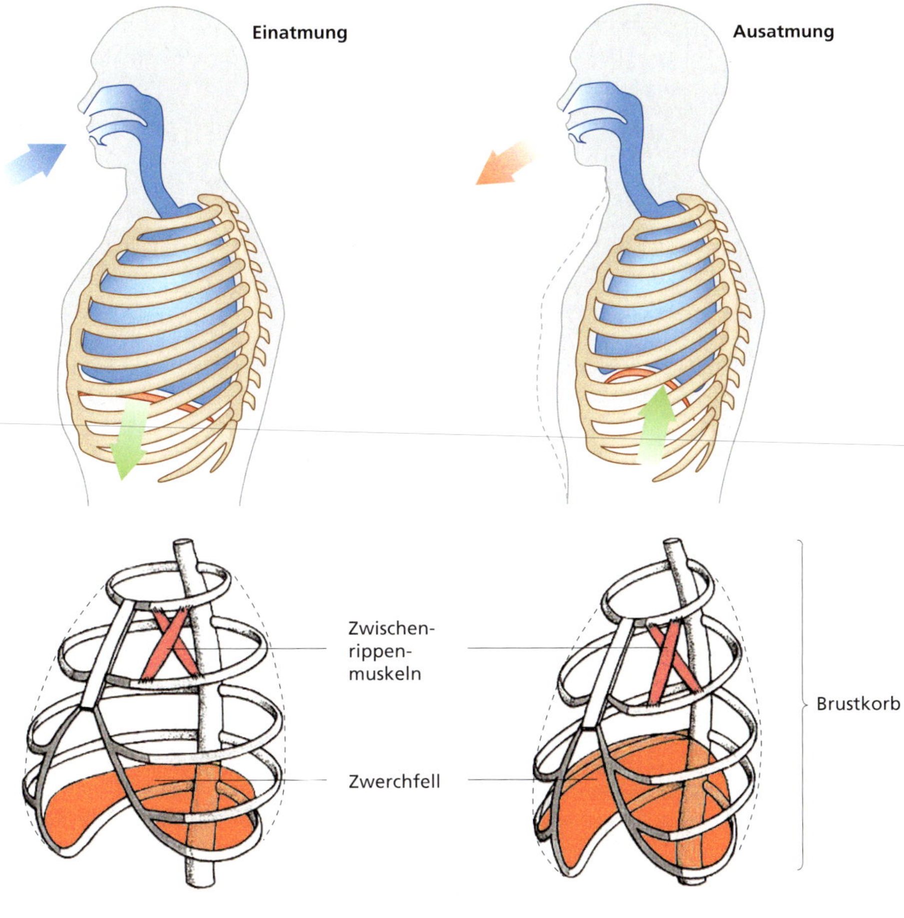

Heben des Brustkorbes, Senken des Zwerchfells hat Vergrößerung des Brustraumes zur Folge; Luft strömt in die Lunge, da Unterdruck im Brustraum

Senken des Brustkorbes, Heben des Zwerchfells hat Verkleinerung des Brustraumes zur Folge; Luft strömt aus, da Überdruck im Brustraum

Bei der normalen unbewussten Ruheatmung wird unterschieden in Brustatmung und Bauchatmung.

In Ruhe atmet ein erwachsener Mensch in einer Minute etwa 16-mal ein und aus. Bei Kindern bis zum 10. Lebensjahr beträgt die Zahl der Atemzüge in Ruhe 20 bis 25 in der Minute. Nach körperlicher Belastung verändert sich die Anzahl der Atemzüge pro Zeiteinheit.
Die Zahl der Atemzüge in der Minute – die **Atemfrequenz** – verändert sich entsprechend der ausgeführten Tätigkeit (Tab.).

Die Anzahl der Atemzüge pro Minute ist nach einem sportlichen Wettkampf erhöht. Auch in Angstsituationen oder bei Aufregungen atmet jeder Mensch schneller, also in der Minute häufiger ein und aus.

Tätigkeiten	**Atemzüge pro Minute**
Ruhiges Sitzen	15
Langsames Gehen	25
Nach 15 Kniebeugen	44
Langsames Radfahren	20 bis 40
100-m-Lauf	70 bis 90
im Schlaf	10 bis 15

Unsere Einatmungsluft enthält zahlreiche Schadstoffe.

Einatmungsluft und Ausatmungsluft

Die ein- und ausgeatmete Luft hat eine unterschiedliche Zusammensetzung an Bestandteilen.

Zusammensetzung der Ein- und Ausatmungsluft (bezogen auf 10 000 Anteile)				
Bestandteile	**Einatmungsluft**		**Ausatmungsluft**	
Sauerstoff	2100	(21,00 %)	1700	(17,00 %)
Kohlenstoffdioxid	3	(0,03 %)	403	(4,03 %)
Stickstoff	7800	(78,00 %)	7800	(78,00 %)
Edelgase	97	(0,97 %)	97	(0,97 %)

Erkältungskrankheiten stehen unter den Erkrankungen der Atmungsorgane an erster Stelle.

Erkrankungen und Gesunderhaltung des Atmungssystems

Häufige Erkrankungen der Atmungsorgane sind **Erkältungskrankheiten** wie *Schnupfen*, *Luftröhrenentzündung* und *Bronchitis*. Verursacht werden sie durch Krankheitserreger, die mit der Einatmungsluft in unseren Körper gelangen.
Erkrankungen der Lunge sind *Lungenentzündung*, *Lungentuberkulose* und *Lungenkrebs*. Sie werden hervorgerufen durch Krankheitserreger bzw. durch chemische Substanzen und Strahlungen.
Den besten *Schutz* gegen die Erkältungskrankheiten bietet die Abhärtung des eigenen Körpers, beispielsweise durch wechselwarme Duschen, Bewegung an frischer Luft, gesunde Ernährung, ausreichend Schlaf, Gymnastik, zweckmäßige Kleidung.

Die **Lungentuberkulose** wird durch ein Bakterium verursacht.

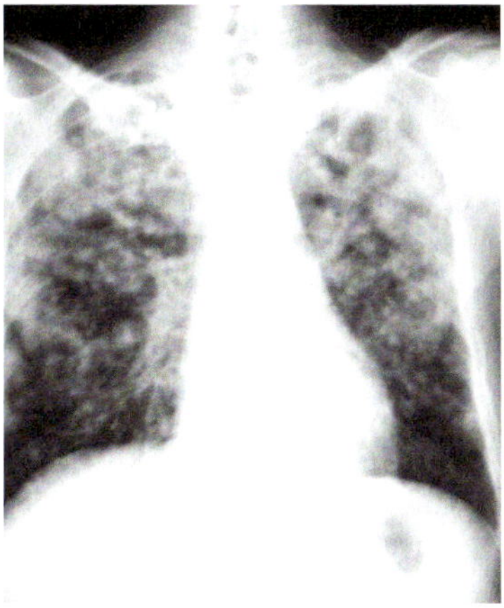

Lunge mit Tuberkulose-Entzündungsherden

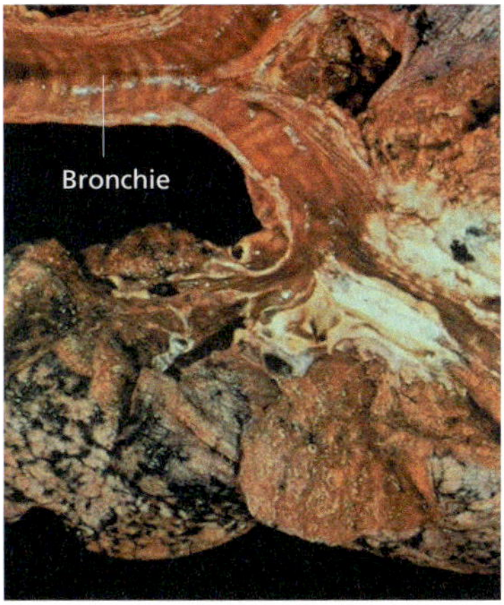

Durch Krebs zerstörte Lunge mit Gewebswucherungen

Lungenkrebs hat in den letzten Jahren weltweit zugenommen.

Man kann den **Erkrankungen der Lunge vorbeugen** durch verbesserte hygienische und soziale Bedingungen, durch Schutzimpfung der Neugeborenen (BCG-Impfung), durch Einschränkung des Rauchens, durch Beachtung der Zeiten für Smog-Alarm.

Die schädigende Wirkung verunreinigter Luft spürt man besonders bei **Smog**-Situationen.

Schädlichkeit des Rauchens

Der **Tabakrauch** enthält viele schädliche Stoffe. Hauptschadstoffe sind Nikotin, Teerstoffe und Kohlenstoffmonooxid.

Heute gibt es eine große Anzahl gesetzlicher Regelungen zum Nichtraucherschutz.

Nikotin ist ein Nerven- und Blutgefäßgift. In kleinen Mengen führt diese Droge (↗ S. 166, 167) zu einer Anregung der Gehirntätigkeit.
Teerstoffe setzen sich als sehr feine Teilchen in Luftröhre und Bronchien ab, hemmen das Schlagen der Flimmerhärchen; eingeatmete Krankheitserreger und Staubteilchen verursachen Entzündungen und Raucherhusten. In den Lungenbläschen verhindern die Teerstoffe den Gasaustausch (↗ S. 145) und verursachen Krebsgefahr.
Kohlenstoffmonooxid blockiert als Atemgift die Aufnahme und den Transport von Sauerstoff im Blut zu den Körperzellen. Sauerstoffmangel führt zu Durchblutungsstörungen, Herzinfarkt, Konzentrationsschwäche.

Die Industrie, der Verkehr, die Kraftwerke und Haushalte geben jährlich mit ihren Abgasen gewaltige Schadstoffmengen an die Luft ab.

3.4 Blut, Blutkreislauf und Lymphe

3.4.1 Bau und Funktionen des Blutkreislaufs

Durch den Körper eines Erwachsenen fließen etwa 5 bis 6 Liter Blut.

Der Mensch besitzt ein **geschlossenes Blutgefäßsystem** mit Herz, Arterien, Venen und Kapillaren (Haargefäße). In diesem Röhrensystem kreist das Blut durch den Körper und erreicht alle Organe **(Blutkreislauf;** ↗ S. 145, 146).
Das **Blut** transportiert u.a. Sauerstoff, Stoffwechselendprodukte (Kohlenstoffdioxid, Wasser, Harnstoff), Wirkstoffe, Nährstoffbausteine, Mineralstoffe.

Bau und Funktionen des Herzens

Das Herz eines Erwachsenen schlägt in Ruhe 60- bis 80-mal in der Minute.

Das Herz ist ein **Hohlmuskel**. Durch rhythmisches Zusammenziehen und Erschlaffen des **Herzmuskels** wird das Blut aus dem Körper und der Lunge vom Herzen angesaugt und auch in den Körper und zur Lunge zurückgepumpt.

Das Herz eines Erwachsenen wiegt etwa 300 Gramm.

Bau des Herzens

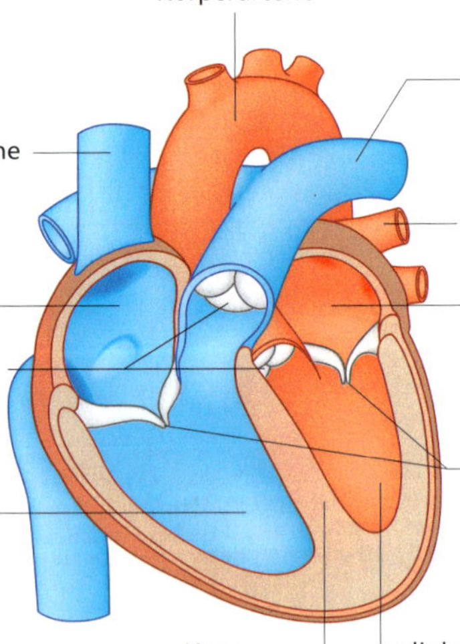

Mithilfe eines Elektrokardiogramms (EKG) kann der Arzt die Herztätigkeit untersuchen.

Herzschlag – nach jedem Zusammenziehen des Herzmuskels erfolgt ein Erschlaffen.
Herzfrequenz – Anzahl der Herzschläge in der Minute; abhängig vom Alter des Körpers und der ausgeführten Tätigkeit.
Herztöne – Geräusche, die beim Erschlaffen und Zusammenziehen des Herzmuskels durch Schwingungen der Herzklappen entstehen.

Arbeitsweise des Herzens

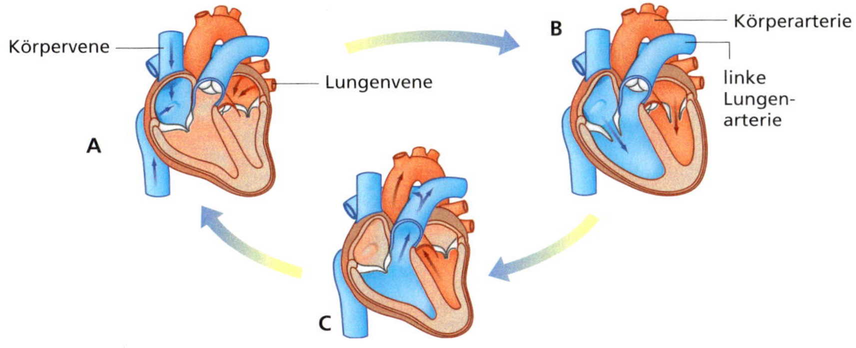

Beim *Erschlaffen des Herzmuskels* füllen sich die Vorhöfe mit Blut aus Körper- und Lungenvenen (Abb. A). Die Vorhöfe ziehen sich zusammen, die Herzklappen (Segelklappen) öffnen sich, das Blut fließt in die beiden Herzkammern (Abb. B).
Das Erschlaffen des Herzmuskels wird als *Diastole (Ansaugvorgang)* bezeichnet.

Beim *Zusammenziehen des Herzmuskels* wird das Blut durch die sich öffnenden Herzklappen (Taschenklappen) aus den Herzkammern herausgepresst. Aus der rechten Herzkammer wird es in die Lungenarterien, aus der linken Herzkammer in die Körperarterie gepumpt (Abb. C). Das Zusammenziehen des Herzmuskels wird als *Systole (Auspressvorgang)* bezeichnet.

Bau und Funktionen der Blutgefäße

Das Blut fließt in **Blutgefäßen** (Arterien, Kapillaren, Venen) durch unseren Körper.

Bau der Blutgefäße und ihre Funktionen

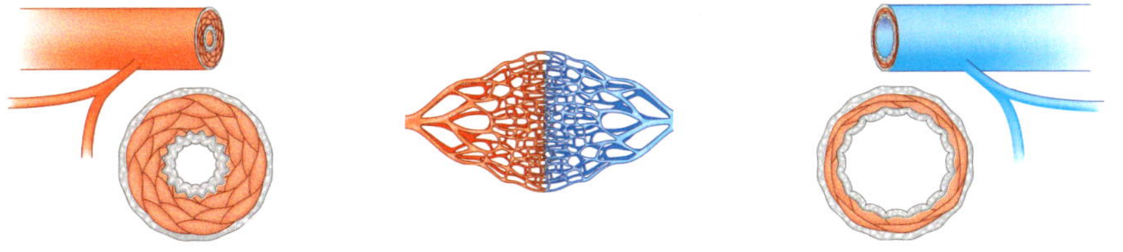

Arterie
sehr dicke elastische Muskelschicht
Arterien führen das Blut vom Herzen in alle Körperteile bzw. zur Lunge.

Kapillaren
einschichtige Kapillarwand
Kapillaren ermöglichen den Stoffaustausch im Körper zwischen Blut und Zellen bzw. in der Lunge zwischen Blut und Lungenbläschen.

Vene
dünne Muskelschicht, Venenklappen
Venen führen das Blut aus dem Körper bzw. aus der Lunge zum Herzen. Venenklappen verhindern das Zurückfließen des Blutes in den Körper.

Blutstrom in Arterien und Venen

In den Arterien wird das Blut durch eine Druckwelle (**Pulswelle**), die vom Herzen kommt, in den Körper transportiert. Die Pulswelle drückt die Venenwände zusammen. Dies bewirkt die Schließung bzw. Öffnung der Venenklappen, sodass das Blut in den Venen in Richtung Herzen gedrückt wird. Die geschlossenen Venenklappen verhindern ein Zurückfließen des Blutes in den Körper (a). Auch Muskeln (z. B. Skelettmuskeln) drücken auf die Venen und fördern den Blutstrom (b, c).

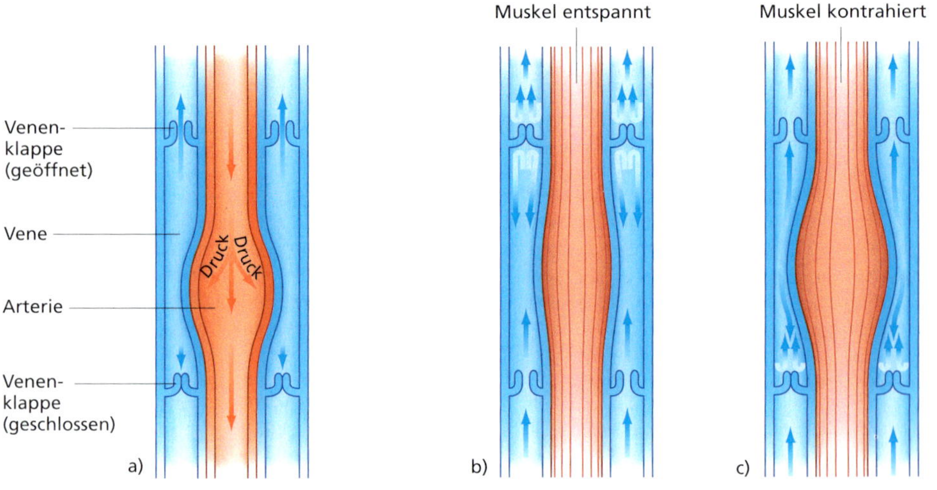

Bluthochdruck ist eine krankhafte Erscheinung (↗ S. 151).

Puls ist der Anschlag der Druckwelle (Pulswelle) des Blutes in den Arterien. Er gibt die Schlagfolge des Herzens (Herzfrequenz) an. An hautnahen Arterien, z. B. am Handgelenk, an den Schläfen, am Hals, kann man die Druckwelle des Blutes als Puls fühlen.

Blutdruck ist der durch die rhythmische Kontraktion des Herzens aufrechterhaltene Druck in den Blutgefäßen. Er bewirkt die Blutströmung. Er sinkt vom Herzen über die Arterien und Kapillaren bis zu den Venen immer mehr ab.

Blutstrom durch die Kapillaren

Die Kapillaren bilden ein feines Kapillarnetz. Das Blut strömt aus der Arterie durch die Kapillaren in die Vene.

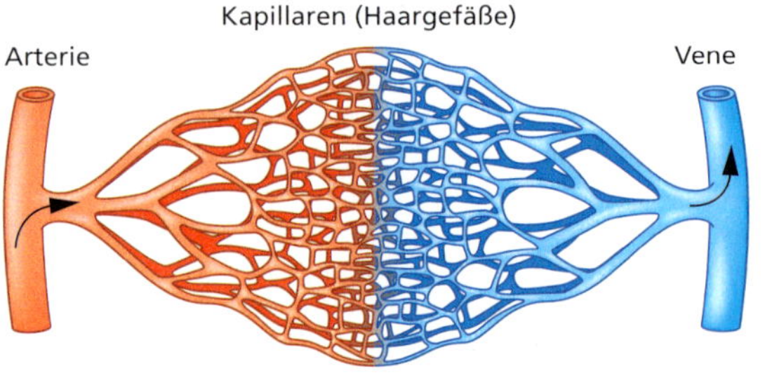

Austausch von Stoffen zwischen Blutkapillare und Körperzelle
Die im Blut gelösten Stoffe (Salze, Sauerstoff, Nährstoffbausteine) gelangen aus den Kapillaren in die Körperzellen. Aus den Körperzellen wandern die **Stoffwechselendprodukte** (Kohlenstoffdioxid, Harnstoff) in die Kapillaren.

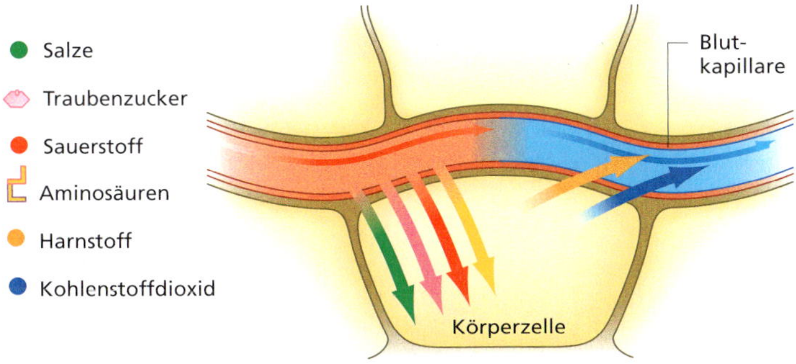

Gasaustausch zwischen Lungenbläschen und Blut
Der **Gasaustausch** (↗ S. 188) zwischen Lungenbläschen und Blut beruht auf dem unterschiedlichen Gehalt an Sauerstoff und Kohlenstoffdioxid.

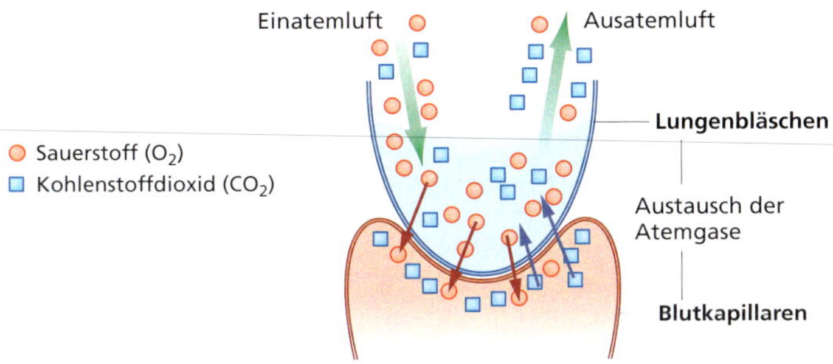

Blutkreislauf

> Das Blut fließt in einem geschlossenen Röhrensystem, das von Arterien, Kapillaren und Venen gebildet wird, durch unseren Körper.

Das Röhrensystem wird **geschlossenes Blutgefäßsystem** genannt. Beim **Blutkreislauf** wird zwischen *Körperkreislauf* und *Lungenkreislauf* unterschieden.
Lungenkreislauf – sauerstoffarmes und kohlenstoffdioxidreiches Blut fließt aus der rechten Herzkammer in Arterien zur Lunge, Gasaustausch, sauerstoffangereichertes Blut fließt in Venen zurück zum linken Vorhof und zur Herzkammer.
Körperkreislauf – sauerstoffreiches Blut fließt aus der linken Herzkammer in Arterien in den Körper, Stoffaustausch in Körperzellen, kohlenstoffdioxidreiches Blut fließt in Venen zurück zur rechten Herzhälfte.

Erst 1628 wurde der Blutkreislauf vom englischen Arzt WILLIAM HARVEY entdeckt.

Blutkreislauf des Menschen (Übersicht)

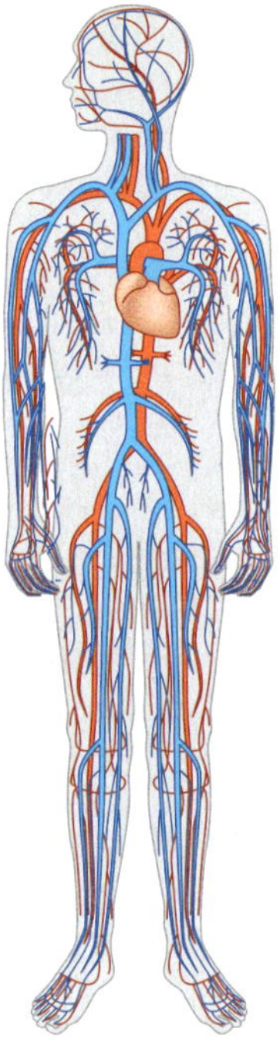

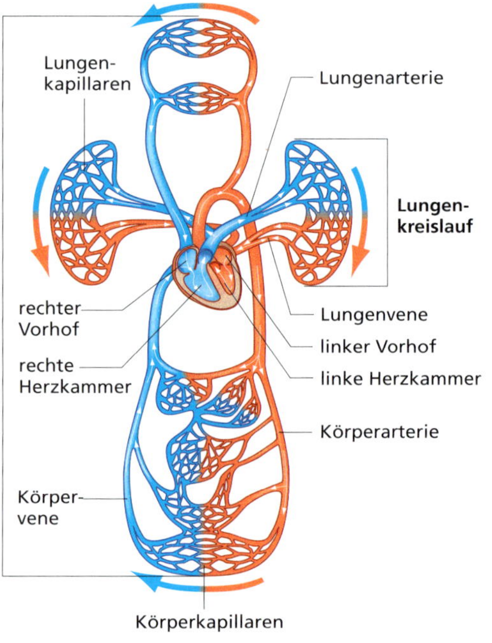

3.4.2 Die Bestandteile des Blutes und ihre Funktionen

Die Blutbestandteile

Durch die Blutsenkung werden flüssige und feste Bestandteile des Blutes getrennt.

Das **Blut** besteht zu etwa 45 % aus festen Bestandteilen (rote und weiße **Blutzellen, Blutplättchen**) und zu etwa 55 % aus einer hellen **Blutflüssigkeit (Blutplasma)**.

Die Blutgerinnung ist ein komplizierter Vorgang, bei dem das Blut aus einem flüssigen in einen halbfesten Zustand übergeht.

Bestandteile des Blutplasmas	Funktionen
Blutserum (Wasser und darin gelöste Stoffe wie Eiweiße, Traubenzucker, Harnstoff, Kochsalz, Kohlenstoffdioxid)	Transport von Nährstoffbausteinen, Stoffwechselendprodukten, Mineralstoffen, Vitaminen
Fibrinogen (lösliches Blutplasmaeiweiß)	Bei der Blutgerinnung bildet sich aus dem löslichen Fibrinogen ein Fasernetz aus unlöslichem Fribin.

Feste Blutbestandteile und ihre Funktionen

rote Blutzellen
rote Blutkörperchen,
Erythrozyten)

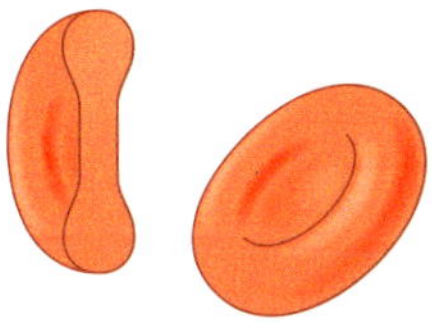

Sie sind kernlos und außen umgrenzt durch eine Zellmembran. Sie enthalten den roten Farbstoff Hämoglobin.
Sie sind kreisrund, scheibenförmig und auf beiden Seiten in der Mitte eingedellt (7 µm bis 8 µm Durchmesser).
Ihr *Bildungsort* ist das rote Knochenmark, z. B. in den Wirbeln, im Brustbein. Da sie nur eine *Lebensdauer* von etwa 120 Tagen haben, müssen sie laufend neu gebildet werden.
1 mm^3 Blut enthält ca. 4,5 bis 5 Mio. rote Blutzellen.
Aufgabe: Transport von Sauerstoff.

weiße Blutzellen
(weiße Blutkörperchen,
Leukozyten)

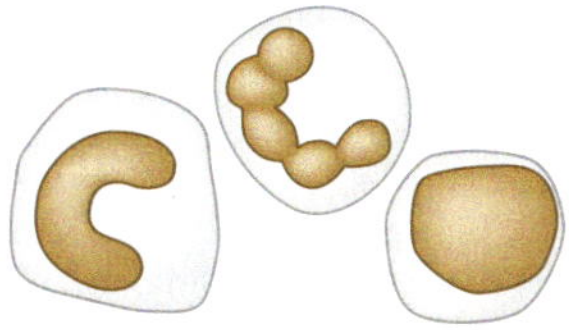

Sie besitzen einen Kern und bewegen sich amöboid vorwärts. Sie können ihre Form laufend ändern (bis 0,02 mm Durchmesser).
Ihr *Bildungsort* ist das Knochenmark.
Ihre *Lebensdauer* beträgt etwa 10 Tage.
1 mm^3 Blut enthält ca. 5 000 bis 9 000 weiße Blutzellen.
Aufgabe: Vernichtung eingedrungener Krankheitserreger und Fremdkörper, Antikörperbildung (↗ S. 249).

Blutplättchen
(Thrombozyten)

Sie sind kernlose, sehr, sehr kleine, verschieden geformte Gebilde (0,5 µm bis 2,5 µm Durchmesser). Sie zerfallen sehr leicht an der Luft.
Ihr *Bildungsort* ist das Knochenmark.
Ihre *Lebensdauer* beträgt etwa 4 bis 10 Tage.
1 mm^3 Blut enthält ca. 250 000 Blutplättchen.
Aufgabe: Gerinnung des Blutes und Wundverschluss.

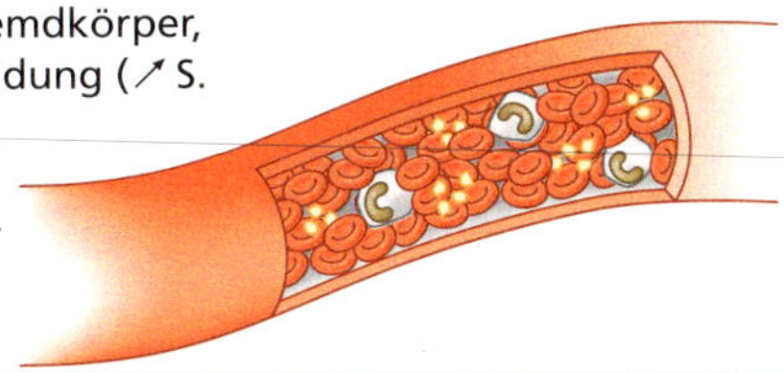

Blutgruppen und Blutübertragung

Nach dem Vorhandensein oder Fehlen von Stoffen an den roten Blutzellen – **Antigene** genannt – wird das Blut den **Blutgruppen** A, B, AB und 0 (Null) zugeordnet.
Im Blutplasma befinden sich ebenfalls Stoffe – **Antikörper** genannt –, die eine Verklumpung des Blutplasmas auslösen können.

Im Jahre 1901 entdeckte der Wiener Arzt KARL LANDSTEINER drei Blutgruppen.

Blutübertragung (Bluttransfusion) ist die Zufuhr von Blut in eine Vene bei Blutverlusten und Erkrankungen mit Auswirkungen auf das Blutgefäßsystem.
Bei einer Blutübertragung sollte nach Möglichkeit Blut der gleichen Blutgruppe verwendet werden, da es sonst zu lebensbedrohenden Verklumpungen der Blutbestandteile durch die Antikörper im Blutplasma kommen kann.
Bei der Transfusion von roten Blutzellenkonzentraten sind die Spender der Blutgruppe 0 **Universalspender**, die Empfänger der Blutgruppe AB **Universalempfänger**.

Bei der Blutübertragung sind weitere Blutgruppenmerkmale, z. B. **Rhesusfaktor**, zu beachten.
Er spielt bei Schwangerschaften eine große Rolle.

Blutgruppen	A	B	AB	0
Substanzen an roten Blutzellen (Antigene)	Antigene A	Antigene B	Antigene A und B	keine Antigene
Substanzen im Blutplasma (Antikörper)	Antikörper B	Antikörper A	keine Antikörper	Antikörper A und B
Verklumpung	Antikörper A	Antikörper B	Antikörper A und B	keine Verklumpung

Vor einer Blutübertragung wird das Blut der Spender und Empfänger im Labor untersucht und eine **Blutgruppenbestimmung** vorgenommen.

Bluttransfusionsschema für das AB0-System bei Verwendung der Konzentrate von roten Blutzellen als Spenderblut

	Konzentrate von roten Blutzellen als Spenderblut			
	rote Blutzellen der Blutgruppe			
Blutplasma der Empfänger mit der Blutgruppe	**A** haben 	**B** haben 	**AB** haben 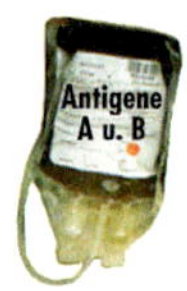	**0** haben 
A hat Antikörper B				
B hat Antikörper A				
AB hat keine Antikörper				
0 hat Antikörper A und B				

( nicht verklumpt;  verklumpt)

Das **Blutspendewesen** ist eine wichtige Einrichtung des Gesundheitswesens, in der unter ärztlicher Kontrolle von einem Spender Blut entnommen, untersucht, aufbewahrt und zur ärztlichen Verwendung zur Verfügung gestellt wird.
Blutkonserven sind Behälter mit gespendetem Blut.

3.4.3 Lymphe und Lymphgefäßsystem

Die **Lymphe** ist eine gelbliche bis farblose Flüssigkeit, die in Lymphgefäßen durch unseren Körper fließt.

Die Lymphe transportiert die Nährstoffbausteine der Fette (Fettsäuren, Glycerol/Glycerin) zu allen Zellen des Körpers sowie weiße Blutzellen zu eingedrungenen Fremdkörpern.

Lymphsystem des Menschen

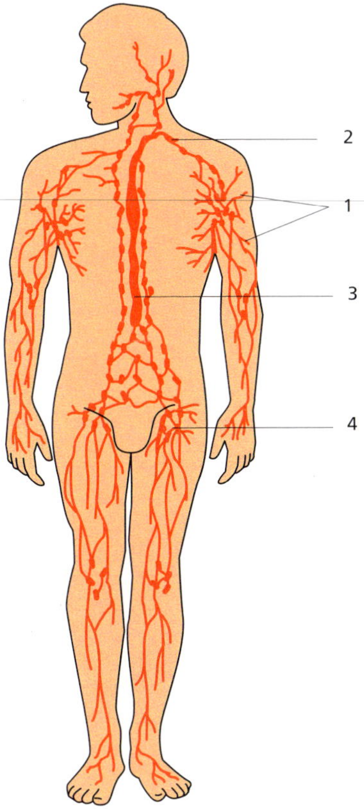

Zwischen den Geweben verlaufen **feinste Kanälchen** (1), die in größere **Sammelrohre** (2) münden. Einige Sammelrohre wiederum vereinen sich zu einem großen Lymphgefäß, dem **Brustlymphgang** (3). Dieser mündet in den Blutkreislauf ein.
In die Lymphbahnen sind **Lymphknoten** (4) eingeschaltet.
In den Lymphknoten werden Giftstoffe und Krankheitserreger aus der Lymphe herausgefiltert.
Sie werden größer und schmerzhaft fühlbar, wenn in ihrem Zuflussbereich eine Entzündung abläuft.
Die **Lymphe** wird durch die Tätigkeit der Körpermuskulatur in Bewegung gehalten.

Entzündungen der Lymphgefäße – meist durch Bakterien verursacht – zeigen sich oft als „rote Streifen" von der Wunde in Richtung Herz.
Beim Eindringen der Erreger in die Blutbahn kann sich eine **Blutvergiftung** entwickeln.

3.4.4 Herz-Kreislauf-Erkrankungen und vorbeugende Maßnahmen

Zu den häufigsten Herz- und Kreislauferkrankungen gehören u.a. *Bluthochdruck, Arterienverkalkung, Schlaganfall, Herzinfarkt und Krampfadern.*

Herz- und Kreislauferkrankungen haben vielfältige Ursachen. Diese werden als **Risikofaktoren** bezeichnet, z.B. übermäßiger Nikotin- und Alkoholgenuss, Übergewicht durch zu fetthaltige Ernährung, überwiegend sitzende Tätigkeit und Bewegungsmangel, großer Stress, bedingt durch Ärger, Aufregung oder Konfliktsituationen.

Wichtigste vorbeugende Maßnahme ist eine **gesunde Lebensweise**, z.B. regelmäßige Bewegung des Körpers, ausreichend Schlaf, abwechslungsreiche gesunde Ernährung, keinen übermäßigen Alkoholgenuss, Einstellen des Rauchens.

Herz- und Kreislauferkrankungen (Auswahl)

Durch eine gesunde Ernährung (↗ S. 137) kann der Arterienverkalkung vorgebeugt werden, bei der u.a. Cholesterin an den Wänden der Blutgefäße abgelagert wird.

Arterienverkalkung (Arteriosklerose)
Schon in jungen Jahren können sich durch *Kalk-* und *Fettablagerungen* an der Innenwand der Arterien Verengungen bilden (Abb. b–d). Die Gefäßwand verliert ihre Elastizität. Durch diese Verengungen fließt weniger Blut. Dadurch werden beispielsweise Organe wie das Gehirn, die Nieren, das Herz weniger mit Sauerstoff versorgt, als sie für ihre Tätigkeit benötigen. Diese Organe erkranken.

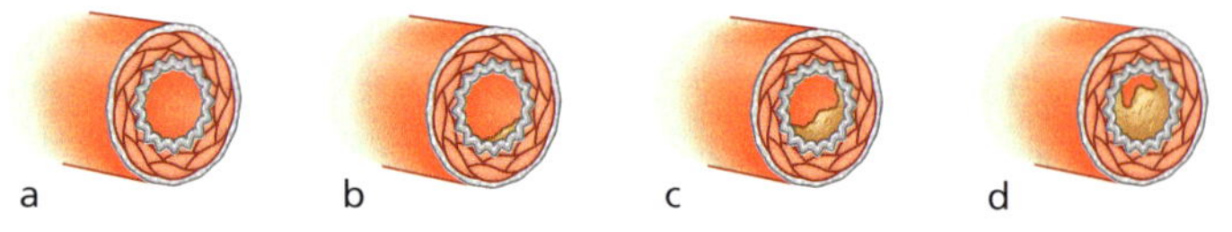

Normale Arterie (a) Stadien der Arterienverkalkung (b–d)

Ein Schlaganfall kann auch in relativ jungen Jahren auftreten. Bei sofortiger Behandlung und anschließender Rehabilitation können ausgefallene Beweglichkeit und Koordination teilweise wieder hergestellt werden.

Schlaganfall (Hirnschlag)

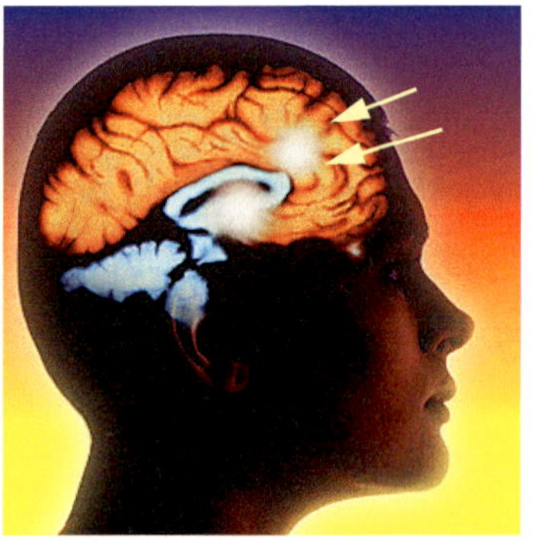

Als **Schlaganfall** bezeichnet man Ausfallerscheinungen des Gehirns. Ursache ist oftmals eine Mangeldurchblutung durch Arterienverkalkung im Gehirn und im Bereich der Halsgefäße. Sie kann bis zum Gefäßverschluss führen. Durch diese Mangeldurchblutung erhalten bestimmte Hirnregionen keinen Sauerstoff und keine Nährstoffbausteine. Die betroffenen Hirnregionen können ihre Aufgaben nicht mehr ausführen, sie gehen zugrunde. Das führt u.a. zur halbseitigen Lähmung des Körpers, zu Sprachstörungen, Erkennungs- und Sehstörungen.

Herzinfarkt
Wird ein Herzkranzgefäß durch Fett- oder Kalkeinlagerungen an der Innenwand sowie durch ein Blutgerinnsel verschlossen, wird die Durchblutung des Herzens unterbrochen.
Die nicht versorgten Teile des Herzmuskels sterben ab.

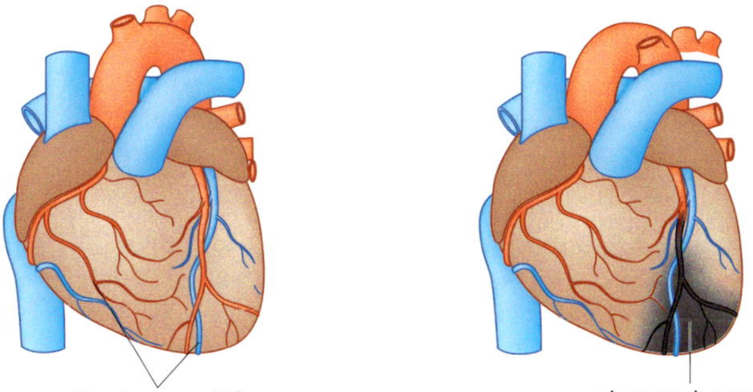

Verengungen der Herzkranzgefäße werden durch ein **Herzkatheter** bzw. Ballonkatheter festgestellt.

Bei mehreren Verengungen der Herzkranzgefäße wird eine **Bypassoperation** vorgenommen.

Krampfadern
Das sind oft schmerzhafte, knotenförmige Erweiterungen der Venen besonders an den Ober- und Unterschenkeln, bei Menschen, die vorwiegend stehende, sitzende oder bewegungsarme Tätigkeiten ausführen. Die Venenklappen (↗ S. 144) können sich nicht mehr schließen, sodass der Rückfluss des Blutes zum Herzen gestört ist.
In den erkrankten Venen können sich Blutgerinnsel bilden. Dann spricht man von einer *Venenthrombose*, die sehr gefährlich sein kann. Die Blutgerinnsel können mit dem Blutstrom in die Lunge gelangen, dort ein Gefäß verstopfen und zur tödlichen Lungenembolie führen.

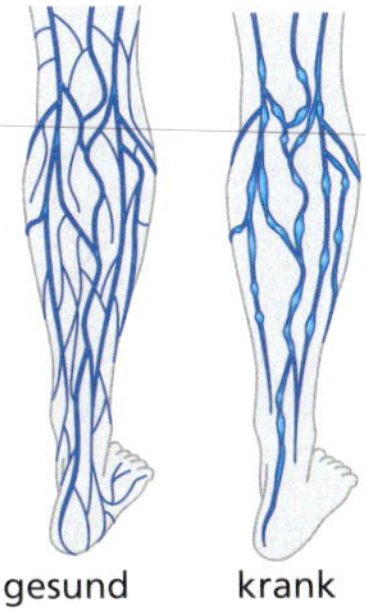

Bluthochdruck (Messung)
Wenn der Blutdruck (↗ S. 145) dauerhaft auf Werte oberhalb des für das Alter gültigen Normalwertes ansteigt, dann spricht man von *„Bluthochdruck"*.
Hoher Blutdruck führt einerseits zu Herzmuskelschwäche, andererseits zu Gefäßverkalkungen. Die Folgen von Gefäßverkalkungen sind u.a. Schlaganfall und Herzinfarkt. Bluthochdruck schädigt auch Gehirn und Nieren.

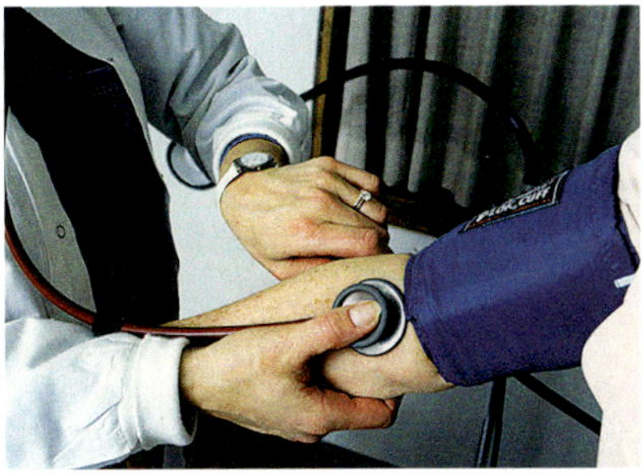

Bei Herzrhythmusstörungen wird ein **Herzschrittmacher** eingepflanzt.

3.5 Die Ausscheidungsorgane

Harnuntersuchungen sind besonders bei Nierenerkrankungen und Zuckerkrankheit (↗ S. 172) wichtig.

Ausscheidungsorgane sind **Haut** (↗ S. 154), **Lunge** (↗ S. 138) und **Nieren**. Sie dienen der Regulation des Wasser- und Salzhaushaltes des Körpers sowie der Ausscheidung von Stoffwechselendprodukten (Wasser, Kohlenstoffdioxid, Harnstoff, Salze).

3.5.1 Nieren und harnableitende Organe

Eine Niere des Menschen enthält etwa 2000000 Nierenkörperchen in der Nierenrinde.

Bau der Organe

Die paarigen, bohnenförmigen Nieren liegen links und rechts der Wirbelsäule an der Rückwand der Bauchhöhle. Die äußere Schicht, die *Nierenrinde*, besteht aus Millionen von *Nierenkörperchen*. Sie wirken als Blutfilter. Die innere Schicht, die *Markschicht*, wird aus zahlreichen *Harnkanälchen* gebildet. Sie wirken ebenfalls als Filter bei der Harnbildung.

Nieren und Harnwege

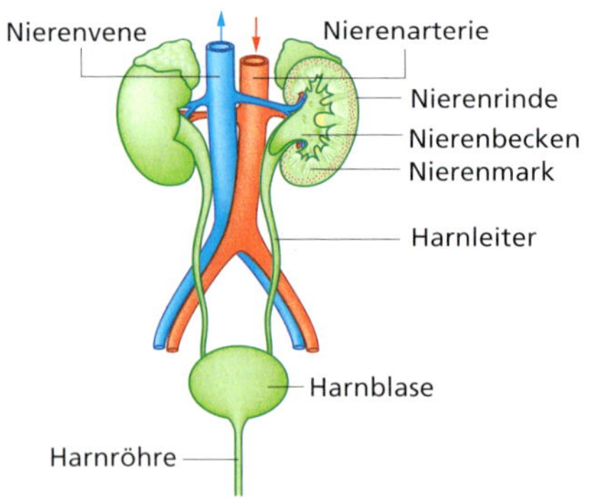

Niere (längs)

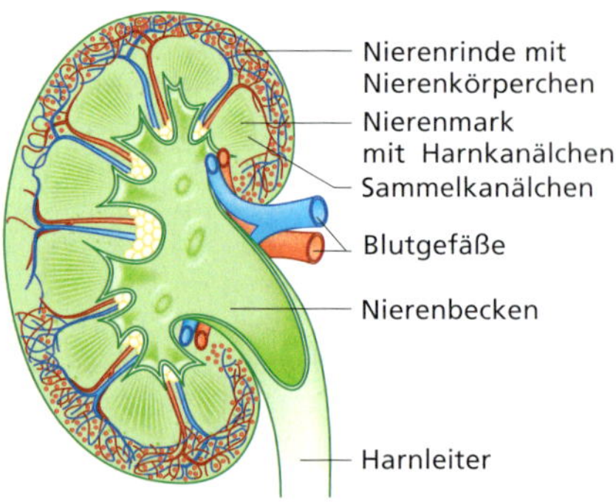

Nierenkörperchen als Filter und Harnbildung

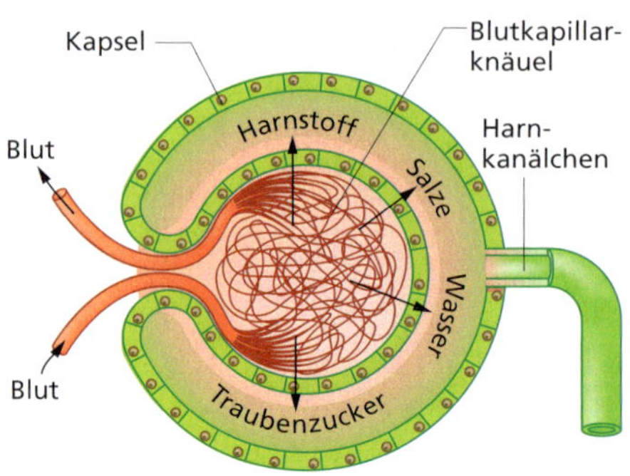

Aus dem Blut werden Wasser, Glucose, Harnstoff, Salze in das Nierenkörperchen abgeschieden. Wasser und die darin gelösten Stoffe gelangen durch die Harnkanälchen ins Nierenbecken. Dabei werden ein Teil der Stoffe (Glucose, Salze) und Wasser wieder ins Blut aufgenommen; aus dem verbleibenden Wasser mit gelösten Stoffen bildet sich der Harn (Wasser, Harnstoff, Mineralsalze), der vom Nierenbecken über Harnleiter, Harnblase, Harnröhre ausgeschieden wird.

Erkrankungen der Nieren und harnableitenden Organe sowie vorbeugende Maßnahmen zur Gesunderhaltung

Erkrankungen der **harnableitenden Organe** sind durch Krankheitserreger bzw. durch Erkältung verursachte Entzündungen von Nierenbecken und Harnblase sowie durch Ablagerung fester Salze entstandene Nierensteine und Blasensteine.

Entzündungen oder Störungen der Durchblutung der Nieren können zu **Schrumpfnieren** führen.
Bei Nierenversagen werden die Nieren durch ein **Dialysegerät** oder durch die Niere eines anderen Menschen (**Nierentransplantation**) ersetzt.

Unterkühlung sowie über die Harnröhre eingedrungene Krankheitserreger können zur schmerzhaften **Harnblasenentzündung** bzw. **Nierenbeckenentzündung** führen.
Symptome: Fieber, Schmerzen in der Nierengegend, Beschwerden beim Wasserlassen.
Durch Auskristallisation von Calcium- und Phosphatsalzen aus dem Harn entstehen **Blasensteine** und **Nierensteine**. Verschließen sie Harnleiter bzw. Harnröhre, verursachen sie Harnstau und große Schmerzen.

Nierensteine

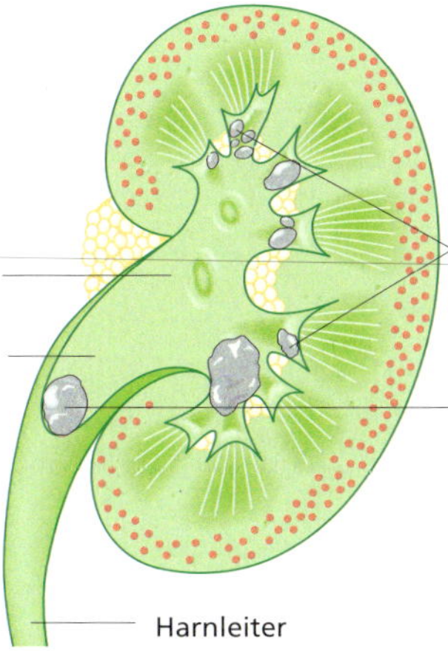

Blasensteine

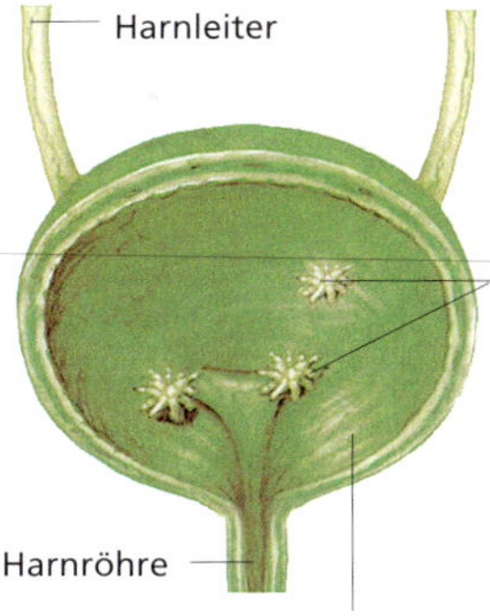

Durch **vorbeugende Maßnahmen** kann jeder Mensch selbst seine Nieren und Harnorgane gesund erhalten.

Nierenschutz beim Motorradfahren, Wechseln nasser Badebekleidung, Vermeidung von Unterkühlung, Vermeiden extrem gewürzter Speisen, ausreichende tägliche Flüssigkeitszufuhr

Bei der **Organspende** müssen die Antigene von Spender und Empfänger möglichst ähnlich sein.

Beim **Nierenversagen** gelangen alle schädlichen Stoffe, die mit dem Harn normalerweise ausgeschieden werden, in die Blutbahn. Sie führen zu einer „inneren“ Vergiftung. Behandlungsmöglichkeiten sind der Einsatz einer *„künstlichen Niere“* sowie eine *Nierentransplantation*. Will man nach dem Tode Organe für schwer kranke Menschen spenden, kann man einen **Organspenderausweis** ausfüllen.

Geeignete Spenderorgane werden weltweit durch **Organbanken** erfasst.

3.5.2 Die Haut als Ausscheidungsorgan

Die **Haut** bedeckt als mehrschichtiges Gewebe den äußeren Körper (äußere Haut, ca. 2 m^2), kleidet aber auch als drüsenreiche **Schleimhaut** (innere Haut) alle Körperhohlräume, z. B. Mund und Nasenhöhle, Magen, Darm, Lunge, aus. In der Haut befinden sich Haare. Die Haut ist ein Ausscheidungs- und Sinnesorgan (↗ S. 161).

Bau und Funktionen der Haut

Unsere **äußere Haut** besteht aus **Oberhaut** (Schutz, Bildung neuer Zellen), **Lederhaut** (Ausscheidungs- und Sinnesfunktion) und **Unterhaut** (Wärmeisolierung, Schutz, Energiespeicher).

Aufbau der Haut (schematisch)

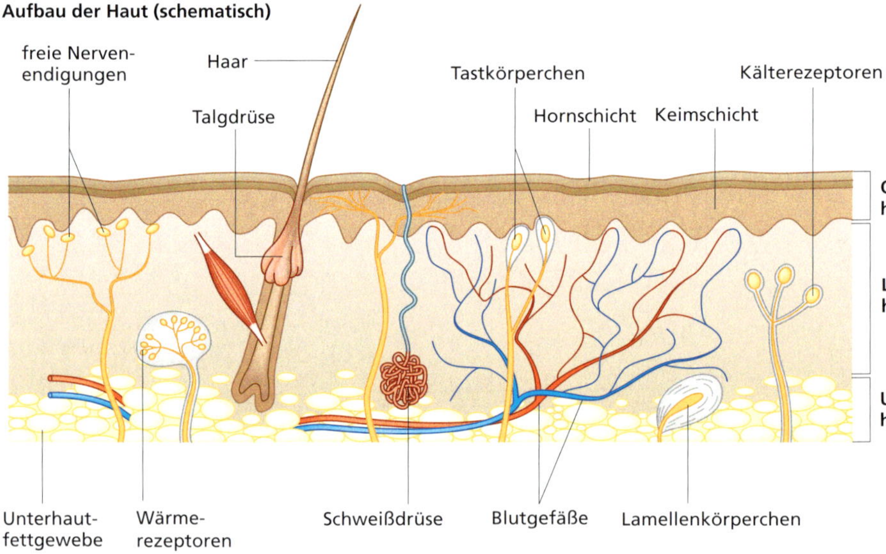

In der Haut befinden sich zahlreiche **Schweißdrüsen** und **Talgdrüsen**.

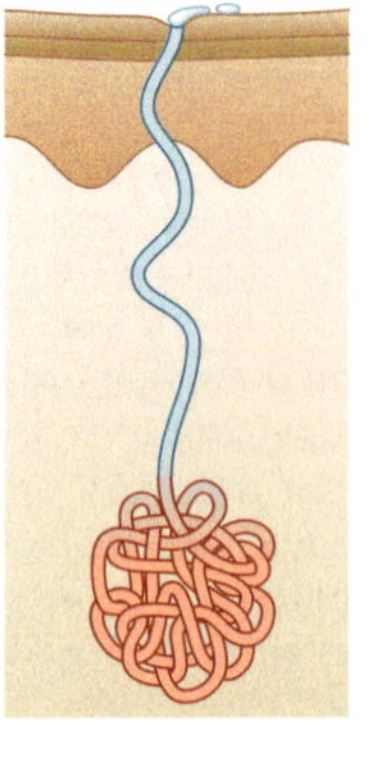

Die **Schweißdrüsen** sondern Schweiß ab. Ihre Drüsenzellen liegen in der Wand eines dünnen, knäuelartig aufgerollten Schlauches (Knäueldrüsen).
Der Ausführungsgang jeder Schweißdrüse ist korkenzieherartig gewunden und mündet in der Oberhaut. Die Schweißdrüsen verdunsten täglich bis zu ein Liter Wasser, bei anstrengender körperlicher Arbeit sogar 5 bis 10 Liter. Der unangenehme Schweißgeruch entsteht, wenn Bakterien den Schweiß zersetzen. Die Anzahl beträt 1,8 Mio. (ca. 100 pro cm^2 Haut).

Die **Talgdrüsen** sondern Talg ab. Ihre Drüsenzellen liegen in der Wand von vielen kleinen, traubenartig angeordneten Bläschen (Bläschendrüsen). Der Ausführungsgang jeder Talgdrüse ist relativ gerade und mündet in der Oberhaut. Der fetthaltige Talg hält die Haut feucht und geschmeidig.
Anzahl: 250 000 (ca. 15 pro cm^2 Haut)

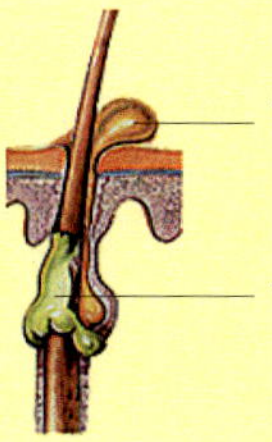

Hautpigmente sind in der Haut eingelagerte Farbstoffe.

Weitere Teile der Haut und ihre Funktionen	
Oberhaut	
Hornschicht (tote, verhornte Zellen)	Schutz vor Austrocknung, Fremdkörpern, Reibung, Stoß, Druck, Bakterien
Keimschicht mit Farbstoffen (Pigmenten)	Bildung neuer Zellen, Schutz vor UV-Strahlung
Lederhaut	
Tastkörperchen, freie Nervenenden, Kälte- und Wärmekörperchen	Aufnahme von Reizen (↗ S. 161)
Schweißdrüsen, Talgdrüsen	Ausscheidung von Stoffen (z. B. Wasser, Salze, Harnstoff, Talg)
Blutgefäße, Schweißdrüsen	Regulation von Vorgängen im Körper, z. B. Körpertemperatur (↗ S. 215)
Unterhaut	
Fettgewebe der Unterhaut	Schutz vor Kälte, Stoß und Druck Speicherung, Wärmeisolierung

Die Hornhaut hat eine Dicke von ca. 0,015 mm.

Viele Menschen haben an verschiedenen Stellen des Körpers **Hauttätowierungen** (Tattoos).

In die Haut sind **Hautorgane** eingesenkt, z. B. Haare, Nägel.

Die *innere Haut*, die **Schleimhaut**, kleidet alle Hohlorgane unseres Körpers aus. Sie ist häufig einschichtig und im Gegensatz zur äußeren Haut immer unverhornt. Die Schleimhautzellen sind sehr drüsenreich.
Hautleisten sind nervenreiche *Papillen* im Hand- und Fußbereich, die zu Hautleisten angeordnet, die typische Furchungen bilden. Diese Muster sind in den Erbanlagen festgelegt und für jeden Menschen spezifisch. Anhand von *Fingerabdrücken* können Menschen identifiziert werden.

Das Hautleistenmuster der Fingerspitzen ist bei jedem Menschen anders ausgeprägt. Es kann als Erkennungszeichen (Fingerabdruck) in der Kriminalistik verwendet werden.

An den Endgliedern von Fingern und Zehen befinden sich **Nägel.** Sie entstehen aus verhornten Zellen der Oberhaut. Nägel erleichtern das Greifen, schützen die Finger- und Zehenenden vor Verletzungen.

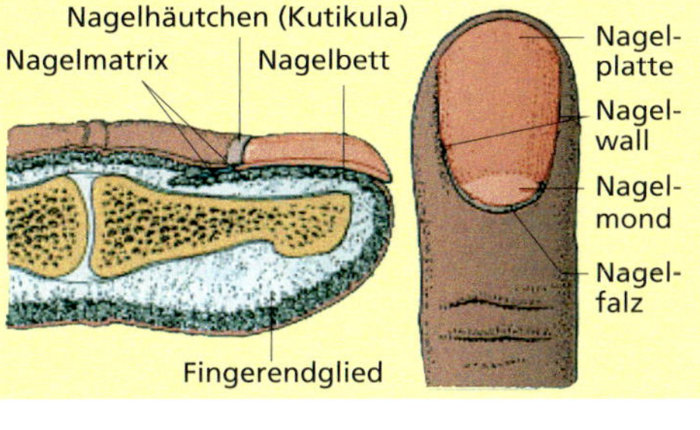

Besonders gefährlich für unsere Haut sind die UV-Strahlen der Sonne.

Die Hautfarbe wird durch Pigmente in der Keimschicht der Oberhaut und in Bindegewebszellen der Lederhaut erzeugt.

Pflege der Haut

Trockene Haut braucht eine fette Hautcreme, *fette Haut* sollte mit einer Reinigungsemulsion behandelt werden. Generell sollten Hautpflegemittel in Maßen verwendet werden.
Die Zufuhr von ausreichend Feuchtigkeit ist Voraussetzung für eine wirksame Tagespflege der Haut, ebenso das Eindringen der Vitamine A und E in die Haut. Deshalb sollten Feuchtigkeitscremes, die diese Vitamine enthalten, genutzt werden. Sie beschleunigen die Erneuerung der Hautzellen und stärken die Abwehrkraft der Haut.
Die Schädigungen der Haut durch die Sonneneinstrahlung hängt z.B. ab von der geographischen Lage, den Witterungseinflüssen, der Jahres- und Tageszeit sowie besonders vom jeweiligen **Hauttyp.** Erst dann, wenn man seinen Hauttyp kennt, kann man auch dessen Sonnenempfindlichkeit richtig einschätzen und das Sonnenschutzmittel mit dem richtigen Lichtschutzfaktor (LSF) auswählen und anwenden.

Hauttypen mit Merkmalen und Gefährdungen

Type I	Type II	Type III	Type IV

helle Haut, rötliche Haare, blaue oder grüne Augen	helle Haut, blonde Haare, blaue oder grüne Augen	helle bis hellbraune Haut, dunkelblonde bis dunkle Haare, blaue oder braune Augen	dunkle Haut, tiefbraune bis schwarze Haare, braune Augen
immer Sonnenbrand, Sonne meiden, keine Bräunung	immer Sonnenbrand, langsame Gewöhnung, schwache Bräunung	manchmal leichter Sonnenbrand, gute Bräunung	kaum Sonnenbrand, immer Bräunung
LSF 15	LSF 9–14	LSF 8	LSF 2–4

Schädigungen der Haut und Erste-Hilfe-Maßnahmen

Verbrühungen und Verbrennungen

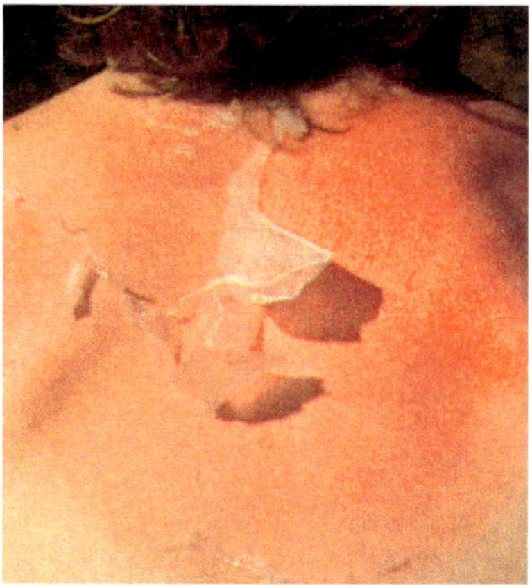

Schädigung des Hautgewebes in unterschiedlichen Graden (1. – 4. Grad) durch Kontakt mit heißer Flüssigkeit bzw. durch Einwirkung starker Hitze von heißen Gegenständen, Flammen, erhitzten Gasen, UV-Strahlen.

Erste-Hilfe-Maßnahmen:
Körperstellen mit leichten Verbrennungen mit kaltem Wasser abspülen, bei schweren Verbrennungen Stellen keimfrei abdecken.

Verätzungen

Schädigung des Hautgewebes durch Einwirkung von Säuren und Basen, die das Eiweiß der Zellen zerstören und zum Tode des entsprechenden Gewebes führen.

Erste-Hilfe-Maßnahmen:
betroffene Körperstellen mit lauwarmem Wasser abspülen, anschließend keimfrei abdecken.

Akne vulgaris

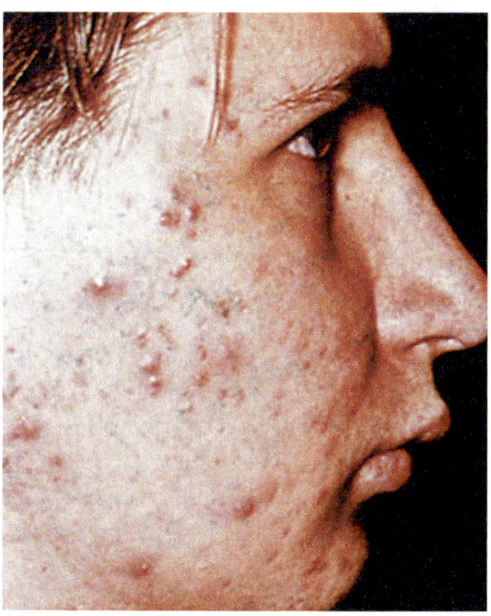

Die **Akne vulgaris** ist die häufigste Hauterkrankung im jugendlichen und frühen Erwachsenenalter. Durch eine Fehlsteuerung der Talgdrüsenaktivität werden die Ausfuhrgänge der Talgdrüsen verstopft. Diese „Talgpfropfen" entzünden sich mehr oder weniger stark und führen zu den vereiterten Pusteln. Zu achten ist auf eine gründliche Reinigung der Haut. Mithilfe von Reinigungswasser wird die Haut bald wieder glatt und gesund sein.
Schwere Formen der Akne gehören in die Hand des Arztes.

Vier Grade der Hautschädigung werden bei Verbrühungen und Verbrennungen unterschieden.

Allergien sind überempfindliche Reaktionen auf u.a. Medikamente, Tierhaare, Hausstaub, Chemikalien, Nahrungsmittel, Blütenstaub.

In den letzten Jahren haben Infektionen der Haut durch „**Hautpilze**" erheblich zugenommen.

3.6 Sinne und Sinnesorgane

Mithilfe der **Sinne** und **Sinnesorgane** kann der Mensch sich in seiner Umwelt orientieren. Er kann u.a. sehen, hören, schmecken, fühlen.

Überblick über Sinne und Sinneszellen				
Sinne	**Reizarten**	**Orte der Reizaufnahme**	**Energieform**	**Empfindungen**
Gehörsinn	Schall (akustische Reize)	Sinneszellen im Innenohr (Schnecke)	mechanische Energie (Luftschwingungen)	Wahrnehmen von Tonhöhen und Lautstärken
Gesichtssinn	Licht (optische Reize)	Sinneszellen in der Netzhaut des Auges	Lichtenergie	Unterscheiden von Hell und Dunkel; Farben-, Bewegungs-, Bildsehen; räumliches Sehen
Geruchssinn	chemische Stoffe (chemische Reize)	Sinneszellen im Riechfeld der Nasenschleimhaut	chemische Energie	Unterscheiden von Geruchsqualitäten, z.B. brenzlig, würzig, faulig, fruchtig, blumig
Geschmackssinn	chemische Stoffe (chemische Reize)	Sinneszellen in den Geschmacksknospen der Zunge und des Gaumens	chemische Energie	Unterscheiden von Geschmacksqualitäten, z.B. sauer, süß, bitter, salzig
Gleichgewichtssinn	Lage- und Bewegungsänderungen des Körpers (mechanische Reize)	Sinneszellen im Innenohr (Lagesinneszellen im Vorhof, Bewegungssinneszellen in den Bogengängen)	mechanische Energie	Feststellen der Lage des Körpers, der Körperhaltung und -bewegung
Temperatursinn	Wärme und Kälte, Veränderung der Temperatur (Temperaturreize)	Sinneszellen in der äußeren Haut und der Schleimhaut	thermische Energie	Feststellen von Temperaturunterschieden und -veränderungen, Wärme- und Kälteempfindung
Druck- und Berührungssinn	Druck und Berührung (mechanische Reize)	Sinneszellen und freie Nervenendigungen in der Haut und den inneren Organen	mechanische Energie	Feststellen von Druck und Berührung

Sinneszellen (Rezeptoren) sind Zellen, die zur Aufnahme bestimmter Reize (↗ S. 202) spezialisiert sind. Sie wandeln Reize in Erregungen um (↗ S. 207)
Sinnesorgane (z.B. Auge, Ohr, Nase) sind spezielle Organe zur Aufnahme von bestimmten Reizen. Sie bestehen aus zahlreichen Sinneszellen, die von Schutz- und Hilfseinrichtungen umgeben sein können.

3.6.1 Das Auge als Lichtsinnesorgan

Die fast kugeligen Augen liegen geschützt in knöchernen **Augenhöhlen**.

Schutz- und Hilfseinrichtungen des Auges

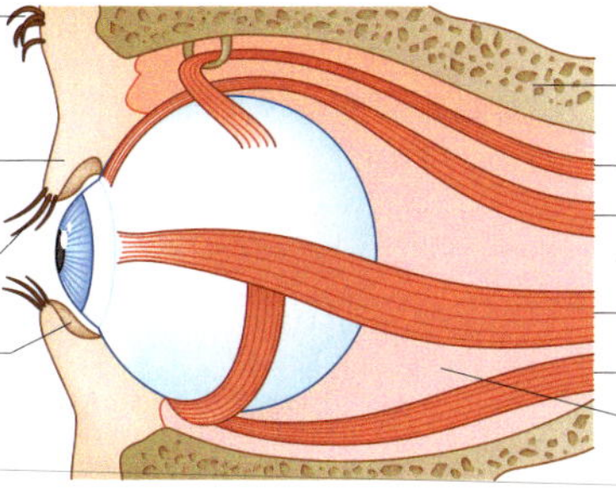

Eine weitere Schutzeinrichtung der Augen sind die Tränendrüsen.

Die Augenmuskeln bewirken die gleichsinnige Bewegung der Augen.

Bau des Auges und Funktion seiner Teile

Das nahezu kugelige Auge besteht aus 3 Schichten, der Linse und dem Glaskörper. Alle Teile führen entsprechend ihres Baues bestimmte Funktionen aus.

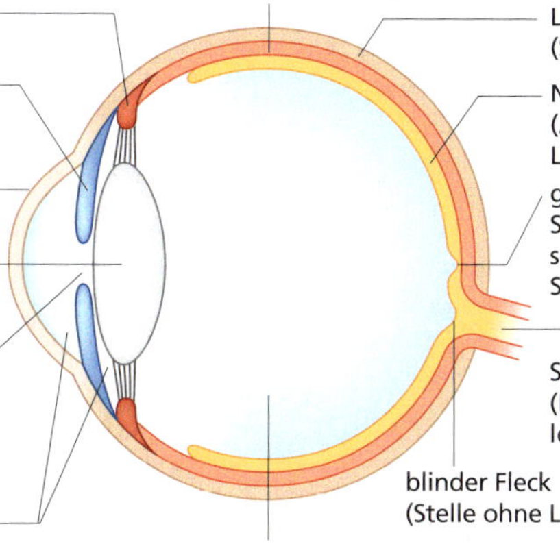

Die Netzhaut (↗ S. 208) enthält die Lichtsinneszellen. Die Stelle, wo der Sehnerv das Auge verlässt, wird blinder Fleck genannt. Dort befinden sich keine Lichtsinneszellen.

Die Augenfarbe wird durch die Regenbogenhaut bestimmt.

Ein häufige Erkrankung der Augen ist die **Bindehautentzündung.**

Schutz der Augen sowie ihre Gesunderhaltung

Ausreichende Beleuchtung beim Ausführen von Tätigkeiten, Tragen von Sonnenbrillen bei grellem Licht, Tragen von Schutzbrillen bzw. Schutzschildern bei die Augen gefährdenden Tätigkeiten (z.B. Schleifen, Schweißen, Drehen) sowie beim Motorradfahren und beim Arbeiten mit ätzenden Chemikalien.

Die Schnecke im Innenohr enthält mit ihren zweieinhalb Windungen etwa 14000 Hörsinneszellen (↗ S. 211).

3.6.2 Das Ohr als Hör- und Gleichgewichtssinnesorgan

Bau des Ohres als Hörorgan und Funktion seiner Teile

Das Ohr besteht aus **Außenohr, Mittelohr** und **Innenohr**. Mittel- und Innenohr liegen geschützt im knöchernen Schädel.

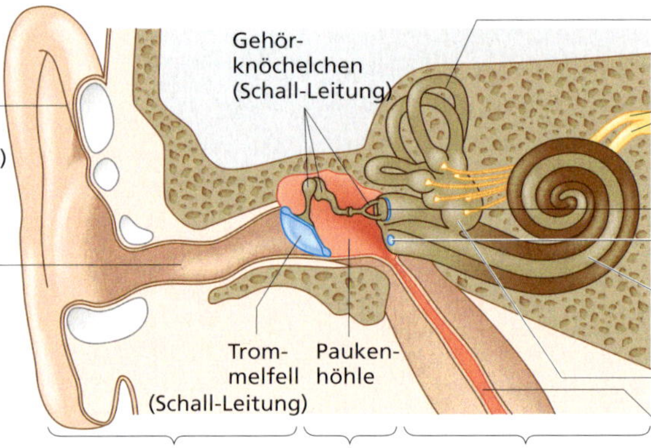

Ohr als Gleichgewichtssinnesorgan

Die drei Bogengänge und der Vorhof des Innenohres bilden das Gleichgewichtsorgan. Bei jeder Veränderung der Lage des Körpers sowie bei jeder Bewegung des Körpers wird die *Ohrlymphe* bewegt. Durch die Strömung der Ohrlymphe werden die Sinneszellen im Innenohr gereizt. Es entstehen in ihnen *Erregungen* (↗ S. 211).

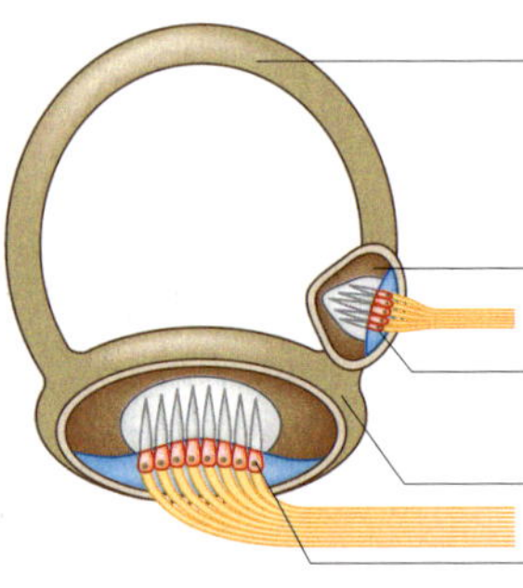

Sinneszellen in Ruhe

Bei Veränderung der Lage des Kopfes werden die Lagesinneszellen im Vorhof gereizt. Bei jeder Bewegung des Körpers werden die Bewegungssinneszellen in den Ampullen der drei Bogengänge gereizt. Die entstehenden Erregungen werden über Nerven zum Gehirn geleitet und dort verarbeitet. Der Mensch kann auf diese Weise das Gleichgewicht seines Körpers wieder herstellen.

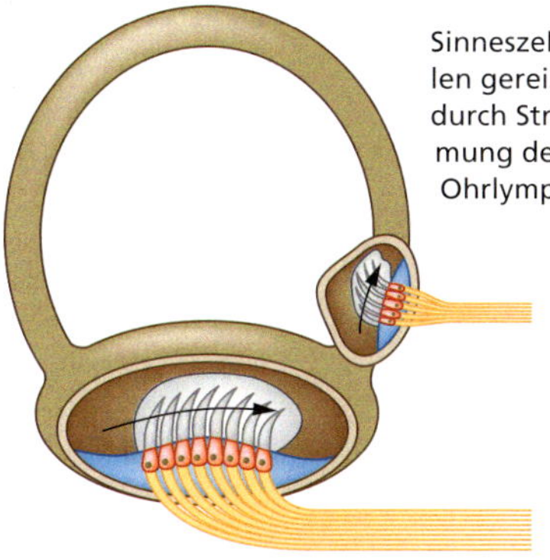

Schutz der Ohren sowie ihre Gesunderhaltung

Tragen von Hörschutzgeräten bei Lärm verursachenden Tätigkeiten (z. B. Arbeiten in Schmiede, mit Presslufthammer) sowie von Hörgeräten bei Schwerhörigkeit, Entfernen von in den Gehörgang eingedrungenen Fremdkörpern durch einen Arzt.

Lärm gefährdet unsere Gesundheit. Deshalb unbedingt Ohren vor zu langer Lärmbelästigung schützen!

3.6.3 Die Haut als vielseitiges Sinnesorgan

Die **Haut** ist sowohl ein wichtiges Ausscheidungsorgan (↗ S. 154) als auch **Sinnesorgan**. In der Lederhaut befinden sich **Sinneszellen** (Wärme-, Kälte-, Tastkörperchen) und freie Nervenendigungen, die auf Wärme, Kälte, Berührung und Druck sowie Schmerz reagieren.

Der Tastsinn ist besonders bei Blinden ausgeprägt. Sie können die **Blindenschrift** durch Ertasten lesen.

Die Haut besitzt also mehrere Sinnesfunktionen, beispielsweise den *Temperatursinn,* den *Tastsinn* und den *Schmerzsinn* (↗ S. 158).

Über die Haut nehmen wir unterschiedliche Empfindungen wahr, z. B. die Berührung einer Hand, den Druck eines harten Gegenstandes, die Kälte des Schnees, die Wärme der Ofenplatte oder den Schmerz einer Wunde.
Wärme- und Kälterezeptoren, dies können auch freie Nervenendigungen sein, übermitteln nur Temperaturunterschiede und -veränderungen. Feinste Berührungen, Druck und Erschütterungen werden von unterschiedlichen Tastkörperchen aufgenommen.

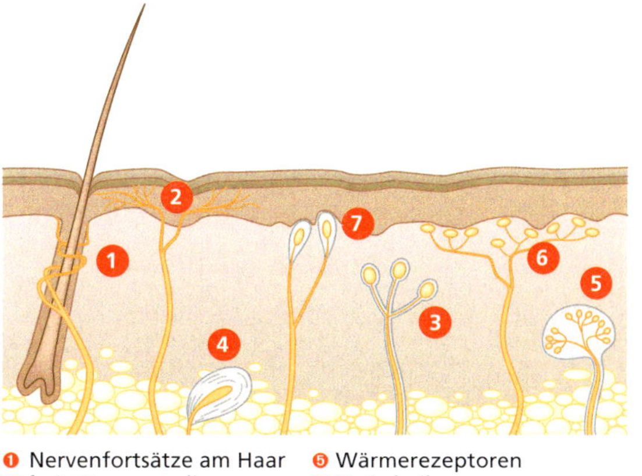

❶ Nervenfortsätze am Haar
❷ freie Nervenendigungen
❸ Kälterezeptoren
❹ Lamellenkörperchen
❺ Wärmerezeptoren
❻ Tastscheiben
❼ Tastkörperchen

3.6.4 Geruchssinnesorgan und Geschmackssinnesorgan

Der Geruchssinn gehört zu den chemischen Sinnen (↗ S. 158). Er dient der Wahrnehmung gas- oder dampfförmiger Substanzen.

Geruchssinnesorgan und **Geschmackssinnesorgan** gehören zu den **chemischen Sinnesorganen**.

Das Geruchssinnesorgan

Die **Geruchssinneszellen** liegen in der Riechschleimhaut der Nasenhöhlen. Die Größe der Riechschleimhaut beträgt beim Menschen ca. 5 cm^2, beim Hund ca. 85 cm^2 und beim Reh ca. 90 cm^2.
Durch Reizstoffe ausgelöst, können von ihnen zahlreiche Geruchsqualitäten ermittelt werden, u.a. würzig, fruchtig, faulig, brenzlig.

Schnitt durch Nasenhöhle mit Riechschleimhaut von Mensch und Reh

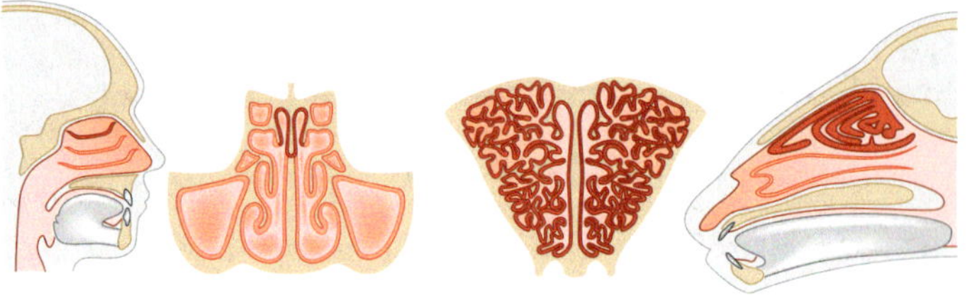

Das Geschmackssinnesorgan

Die Sinnesempfindungen, die beim Essen und Trinken auftreten, beruhen auf dem Zusammenwirken von Geruchs- und Geschmacksempfindungen.

Die **Geschmackssinneszellen** befinden sich in den an der Zungenoberfläche liegenden Geschmacksknospen. Die Geschmacksempfindungen (z. B. bitter, sauer, salzig, süß) werden in bestimmten Bereichen der Zunge von Chemorezeptoren wahrgenommen. Jede Rezeptorzelle reagiert nur auf eine bestimmte Substanz maximal empfindlich. Manche Sinneszellen reagieren auf besonders Süßes, andere auf Salziges. Sie werden aber auch von einer Anzahl verwandter Chemikalien erregt.

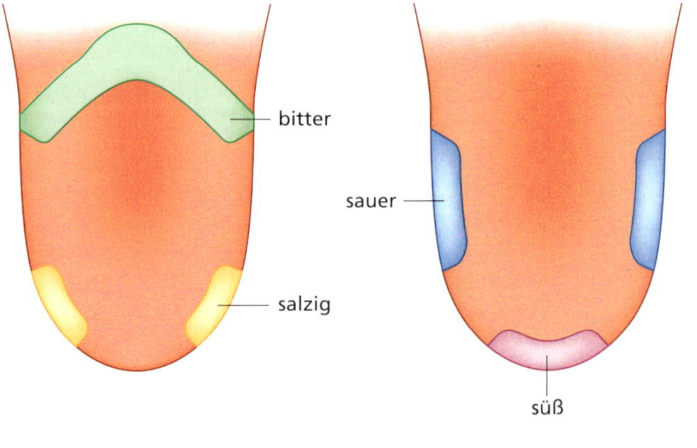

Der Geschmackssinn gehört zu den chemischen Sinnen (↗ S. 158). Er dient der Wahrnehmung gelöster Substanzen.

3.7 Das Nervensystem

Das **Nervensystem** steuert die Lebensprozesse im Körper (↗ S. 215). Es besteht aus Gehirn, Rückenmark und Nervensträngen, die alle Teile des Körpers mit den Nervenzentren (Gehirn, Rückenmark) verbinden. Man unterscheidet das **Zentralnervensystem** (aus Gehirn und Rückenmark), das **periphere Nervensystem** (aus vom Gehirn und Rückenmark ausgehenden Nervenpaaren), das **vegetative Nervensystem** (aus zwei gegensätzlich wirkenden Nervensträngen – Sympathikus und Parasympathikus). Kleinstes Bauelement des Nervensystems ist die **Nervenzelle.**

Symphathikus und Parasymapthikus wirken wie Armbeuger und Armstrecker als Gegenspieler.

3.7.1 Das Nervensystem im Überblick

Das **Zentralnervensystem** (Gehirn, Rückenmark) verarbeitet die einlaufenden Erregungen, sodass unsere Umwelt wahrgenommen werden kann.
Das **periphere Nervensystem** umfasst die Nerven, die vom Gehirn und Rückenmark ausgehen und das Nervengeflecht für die Haut und Muskeln von Hals, Nacken, Rumpf und Gliedmaßen bilden.
Das **vegetative Nervensystem** umfasst die Nerven, die zu den inneren Organen (z.B. Haut, Drüsen) und von ihnen weg führen.

Zentralnervensystem und peripheres Nervensystem

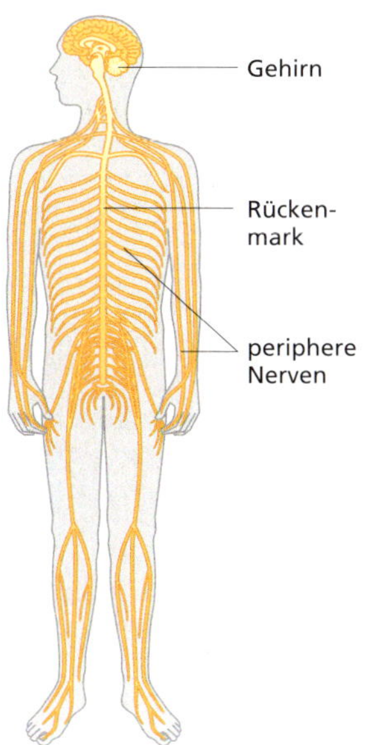

Vegetatives Nervensystem

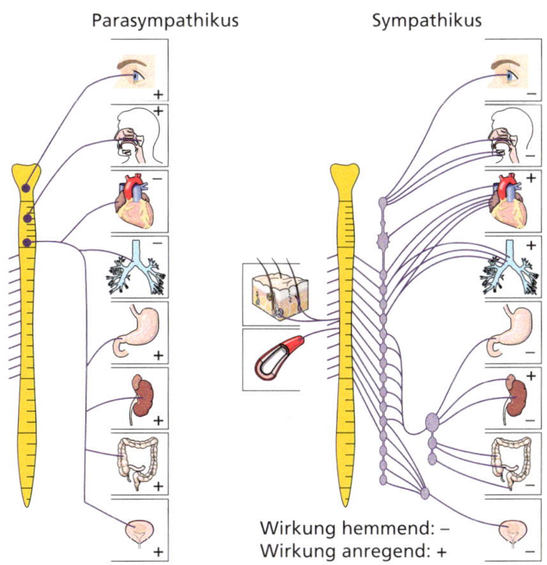

3.7.2 Das Zentralnervensystem und seine Gesunderhaltung

Das **Zentralnervensystem** besteht aus **Gehirn** und **Rückenmark**. Der kleinste Baustein des Nervensystems ist die **Nervenzelle.**

Parallel verlaufende Nervenfasern mehrerer Nervenzellen sind von einer gemeinsamen Bindegewebshülle umgeben. Sie bilden Nervenfaserbündel. Mehrere Nervenfaserbündel mit gemeinsamer Bindegewebshülle bilden einen Nerv bzw. eine Nervenbahn.

An den **Synapsen** erfolgt die Erregungsübertragung.

Bau und Funktion einer Nervenzelle

Die **Nervenzelle** besteht aus dem **Nervenzellkörper** mit kurzen Fortsätzen (**Dendriten**) und dem langen Nervenzellfortsatz (**Neurit/Nervenfaser**). Die Nervenzelle dient der Aufnahme, Weiterleitung und Übertragung von Erregungen (Nervenimpulsen, ↗ S. 202). Dabei erfolgt die Aufnahme der Erregungen durch die kurzen Fortsätze des Nervenzellkörpers, die Weiterleitung der Erregungen durch den Neuriten und die Synapsen zu anderen Nervenzellen oder Muskeln bzw. Organen.
Nervenfaser ist der von einer Hülle umgebene Neurit.
Synapse ist die Übertragungsstelle für eine Erregung von einer Nervenzelle auf eine andere Nervenzelle, eine Muskelzelle oder eine Drüsenzelle. Jede Synapse besitzt einen Endknopf, eine birnenförmige Verdickung. Er enthält synaptische Bläschen mit dem Überträgerstoff.

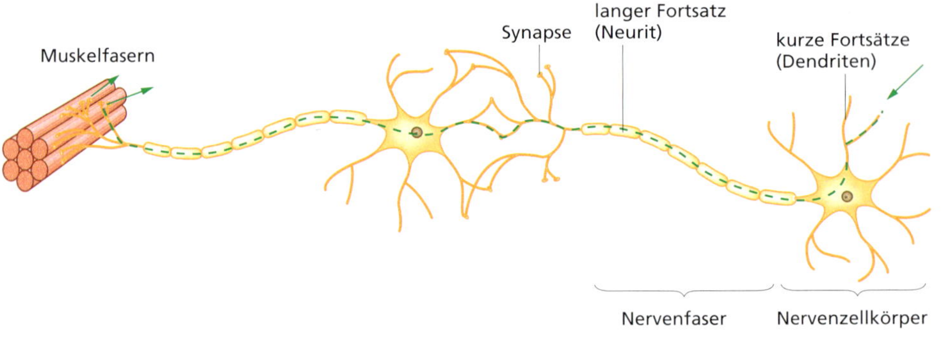

Das Gehirn

Das Gehirn eines Erwachsenen wiegt ca. 1500 g und enthält etwa 10–14 Milliarden Nervenzellen.

Die Großhirnrinde ist in **Rindenfelder** eingeteilt (↗ S. 217).

Das weiche, druckempfindliche **Gehirn** – umgeben von Hirnhäuten – liegt geschützt in der Schädelkapsel. Es besteht aus den Abschnitten **Nachhirn**, **Kleinhirn**, **Mittelhirn**, **Zwischenhirn** und **Großhirn**. Jeder Abschnitt erfüllt bestimmte Aufgaben (↗ S. 165).
Etwa 80 % des gesamten Hirnvolumens nimmt das Großhirn ein. Das Kleinhirn und das Großhirn bestehen aus **Hirnrinde** (**graue Substanz**, bestehend aus Nervenzellkörpern) und **Hirnmark** (**weiße Substanz**, bestehend aus Nervenfasern). Die Oberfläche des Großhirns sowie des Kleinhirns ist durch Furchen und Windungen stark vergrößert. Damit steigt die Leistungsfähigkeit dieser Gehirnabschnitte.
Der **Hirnstamm** wird gebildet aus Zwischenhirn, Mittelhirn und Nachhirn.

Gehirn des Menschen (längs) und Leistungen der Hirnabschnitte

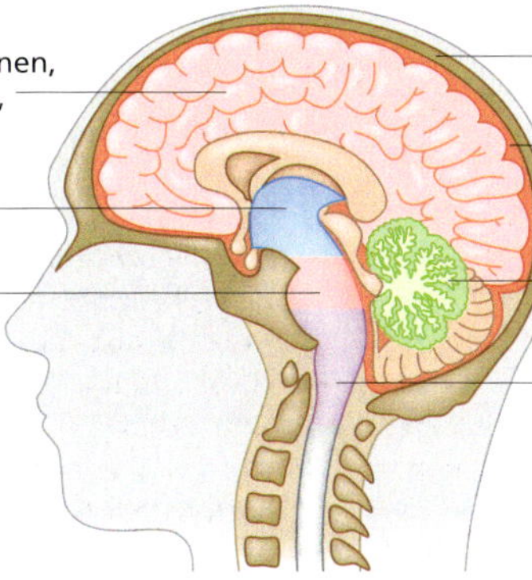

Das Rückenmark

Das **Rückenmark** – umgeben von Rückenmarkshäuten – liegt geschützt im Wirbelkanal der Wirbelsäule. Es besteht außen aus **Nervenfasern (weiße Substanz)** und innen, schmetterlingsförmig angeordnet, aus Nervenzellkörpern (**graue Substanz**).
Durch Nervenfasern steht das Rückenmark mit allen Teilen des Körpers und mit dem Gehirn in Verbindung. Es ist eine zentrale Schaltstelle für Reflexe (↗ S. 212).

Aus dem Rückenmark treten zwischen den Wirbelkörpern 31 Paar **Rückenmarksnerven** aus.

Bau des Rückenmarks

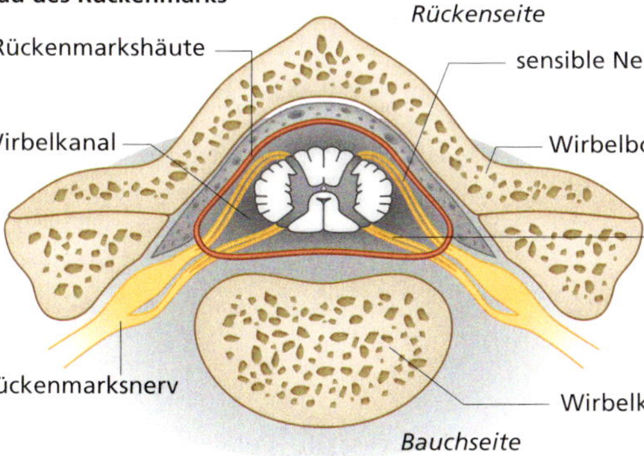

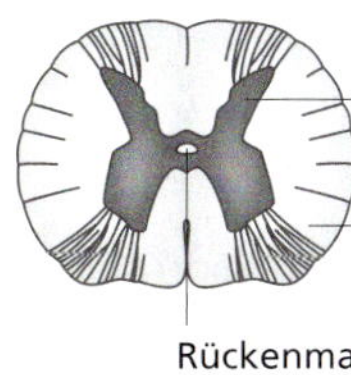

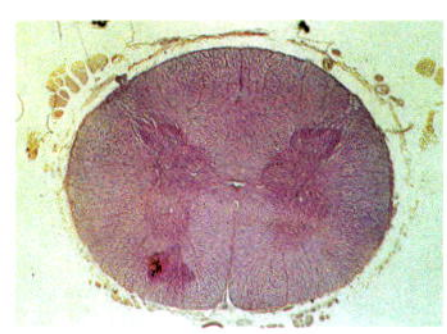

Gesunderhaltung des Nervensystems

Voraussetzung für die *Gesunderhaltung* des Nervensystems ist ein richtiger Tagesablauf in Bezug auf Arbeit und Erholung, Freizeit, Körperpflege, Essen, Schlafen und Wachsein. Unregelmäßige Zeiteinteilung und große Hektik sowie Dauerstress führen zu nervösen Störungen. Besonders wichtig ist ausreichender **Schlaf**.
Ursachen für **Schlafstörungen** können Lärm, Übermüdung, Völlegefühl, Schmerzen, quälende Gedanken und Erkrankungen sein.

Die verschiedenen Schlafphasen können durch ein **Elektroenzephalogramm (EEG)** erforscht werden.

Erkrankungen des Nervensystems

Nerventransplantation ist das Übertragen und Einfügen eines Nervenabschnitts zum Überbrücken einer Lücke zwischen zwei Enden eines Nervs.

Schlägt man bei einem Sturz mit dem Kopf auf einen festen Gegenstand bzw. auf den Boden auf, kann eine **Gehirnerschütterung** die Folge sein. Der Verletzte ist oftmals bewusstlos, muss sich erbrechen, leidet unter Schwindelgefühlen und Kopfschmerzen. Unbedingte Bettruhe ist erforderlich.
Werden motorische Nervenbahnen durchtrennt oder Nervenzellkörper zerstört, kommt es zu **Lähmungen**. Die Verletzten können ihre Muskeln nicht mehr bewegen, z. B. Querschnittslähmung.
Eine weitere Nervenerkrankung ist die von Viren verursachte **Kinderlähmung**. Befallen Viren das Rückenmark und zerstören dort Nervenzellen, kommt es zu Lähmungen der Gliedmaßen.
Ausfallerscheinungen des Gehirns bezeichnet man als **Schlaganfall** (↗ S. 150).
Eine besonders schwere Nervenerkrankung ist die **multiple Sklerose**. Bei ihr treten schubweise Veränderungen in der Hirnsubstanz auf. Die Folge davon sind Lähmungen und Störungen in der Empfindlichkeit der betroffenen Körpergebiete. Die Ursachen dieser Erkrankung sind noch nicht vollständig geklärt.
Auch angeborene **(erbbedingte) Erkrankungen** (↗ S. 276) können zur geistigen Behinderung führen. *Geistig behinderte Kinder* bedürfen vonseiten der Eltern, Geschwister und aller anderen Personen einer besonderen Zuneigung, Unterstützung und Hilfe.

3.7.3 Drogen und ihre Wirkung im Körper

Neben Beratungsstellen gibt es weitere Einrichtungen bzw. Organisationen für **Suchtkrankenhilfe**, Gesundheitsförderung und Vorbeugung.

Suchtmittel (Drogen) sind Stoffe, die in die natürlichen Lebensprozesse des Körpers eingreifen und Stimmungen, Gefühle und Wahrnehmungen des Menschen beeinflussen. Durch Drogen verändern sich die Beziehungen des Menschen zu seiner Umgebung, z. B. zu den Freunden, Arbeitskollegen, zur Familie.
Sucht ist die krankhafte, zwanghafte Abhängigkeit von Suchtmitteln, das Verlangen nach einer ständig erneuten Einnahme dieser Stoffe, um ein bestimmtes Glücksgefühl zu erreichen oder Unlust- und Angstgefühle zu vermeiden. Es werden die seelische und körperliche **Abhängigkeit** unterschieden.

Von Fachleuten werden legale („erlaubte“) und illegale (verbotene) Drogen unterschieden.

Legale („erlaubte“) Drogen

Medikamentenmissbrauch schadet der Gesundheit des Körpers und führt allmählich zur seelischen und körperlichen Abhängigkeit.

Zu den legalen Drogen gehören beispielsweise *Alkohol*, *Nikotin* und *Medikamente*. Sie sind in Deutschland nicht verboten. Alkohol und Nikotin werden als **Genussmittel**, Medikamente als **Arzneimittel** angeboten.

Bei regelmäßiger Einnahme größerer Mengen dieser Suchtmittel führen sie zur Abhängigkeit des Süchtigen und zur Schädigung innerer Organe.

Alkohol zerstört innere Organe

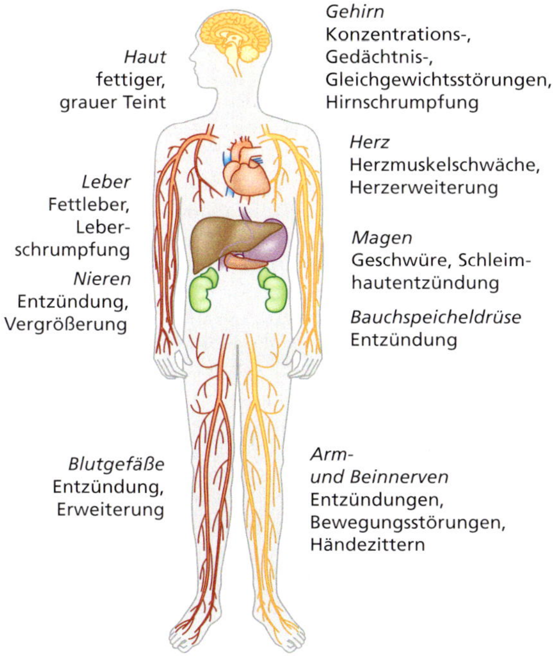

Laut **Jugendschutzgesetz** darf Alkohol nicht an Jugendliche unter 16 Jahren ausgeschenkt werden. Kinder und Jugendliche sind durch Alkoholkonsum und Alkoholmissbrauch besonders gefährdet.

Alkoholische Getränke haben einen unterschiedlichen **Alkoholgehalt.**

Nikotin zerstört innere Organe

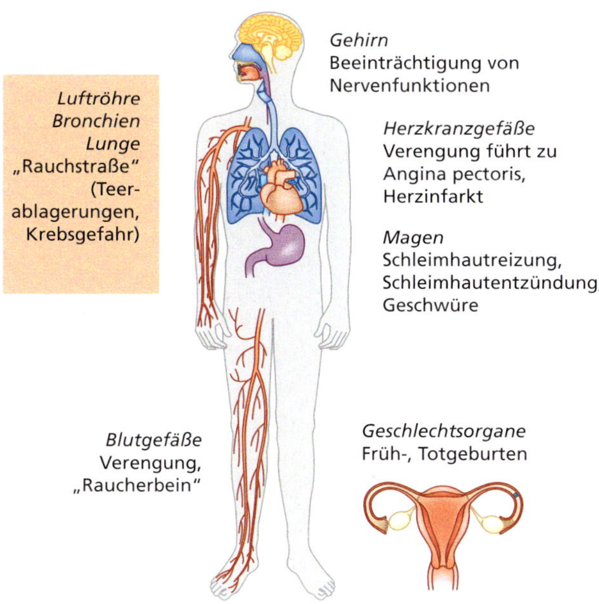

Heute gibt es eine große Anzahl gesetzlicher Regelungen zum Nichtraucherschutz.

Tabakrauch schadet auch den Passivrauchern. Deshalb nur in dafür vorgesehenen Raucherinseln oder -räumen rauchen.

Illegale („verbotene") Drogen

Zu den illegalen Drogen gehören u.a. *Haschisch* und *Marihuana*, *Heroin* und *Kokain*, aber auch die künstlich hergestellten Drogen, wie *LSD* und *Crack*, sowie die Designerdrogen, z.B. *Ecstasy*.

Die Herstellung und Weitergabe sowie die Einnahme **illegaler Drogen**, wie Haschisch, Marihuana, Heroin und Kokain, sind verboten. Die Folgen einer regelmäßigen Einnahme sind eine seelische und körperliche *Abhängigkeit* sowie die *Schädigung innerer Organe*. Dies führt zum Verfall der Persönlichkeit und oft zum Tode.

Seit einigen Jahren gibt es neue, **künstlich hergestellte Drogen** wie LSD, Ecstasy, Crack.

Illegale Suchtmittel (Auswahl)

Marihuana

Haschisch-Öl

Marihuana wird aus den getrockneten Blättern und Blüten,

Haschisch aus dem Harz der Hanfpflanze hergestellt.

Drogenpflanzen sind u.a. Hanfpflanze, Kokastrauch, Schlafmohnpflanze.

Roh-Opium

Heroin

Roh-Opium wird aus dem Milchsaft der Mohnkapsel,

Herion aus Opium bzw. Morphium hergestellt.

Hilfe für Menschen mit Drogentproblemen geben **Beratungsstellen.**

Kokain

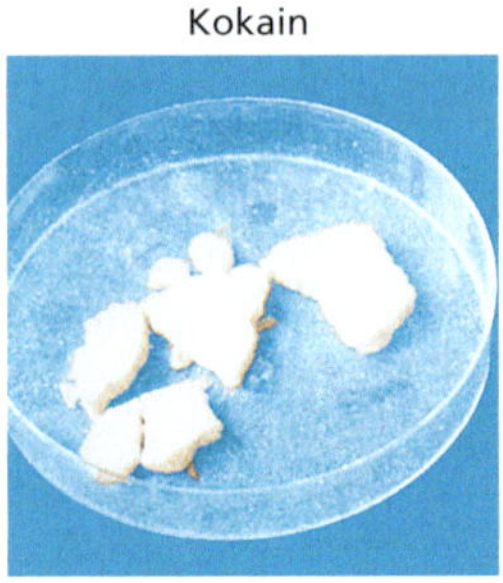

Mutterkornpilz

Kokain wird aus den Blättern des Kokastrauches hergestellt.

Früher wurde aus dem Mutterkornpilz *LSD* hergestellt, heute, künstlich.

3.8 Das Hormonsystem

Das **Hormonsystem** stellt neben dem Nervensystem das zweite Informationssystem im Körper dar. Es besteht aus einer Vielzahl im Körper befindlicher Drüsen. Es reguliert und steuert zahlreiche im Körper ablaufende Prozesse (↗ S. 171).

Da die Hormone in das Innere, direkt in das Blut, abgegeben werden, nennt man die Hormondrüsen endokrine Drüsen, das Hormonsystem endokrines System.

Ein Hormon passt zu einem Rezeptor wie ein Schlüssel in sein Schloss.

Hormondrüsen, Hormone und ihre Funkti(

Hormondrüsen sind Drüsen, die Hormone (chemische Wirkstoffe, Botenstoffe) bilden und diese direkt ins Blut abgeben.

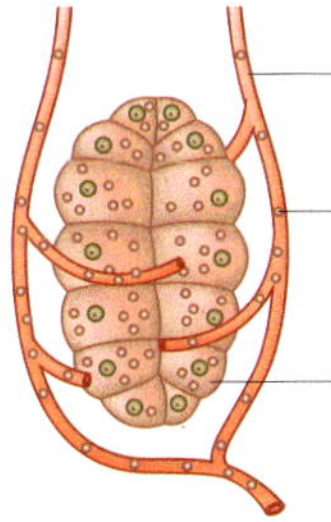

Hormone sind chemische Wirkstoffe (Informationsüberträger), die vom Blut direkt zu ihren speziellen Wirkungsorten (Zellen, Geweben, Organen) transportiert werden. Sie steuern und regeln – in enger Verbindung mit dem Nervensystem – wichtige Lebensprozesse im Körper. Sie sind wirkungsspezifisch und wirken schon in geringen Mengen.

Jedes Hormon besitzt eine chemische Struktur. Es kann sich deshalb nur an die Zellen des Zielortes anlagern, die eine passende Stelle für die Anlagerung besitzen. Erst dann wird in der Zelle eine Reaktion ausgelöst.

Lage der Hormondrüsen im Körper

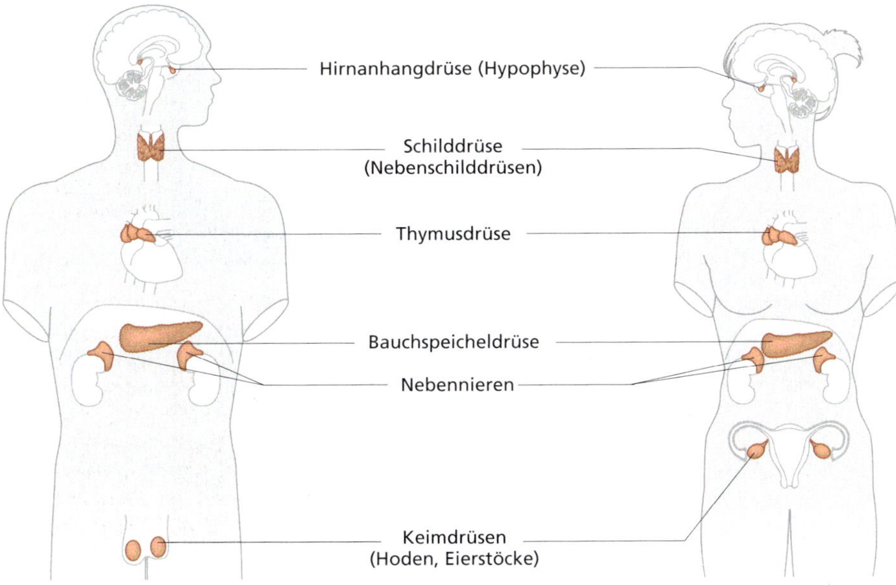

Hormondrüsen	produzierte Hormone (Beispiele)	Wirkungen der Hormone (Beispiele)
Hirnanhangdrüse (Hypophyse; ↗ S. 172)	Wachstumshormone	Regulation des Körperwachstums
	etwa 10 verschiedene Hormone zur Anregung von Lebensprozessen	Anregung anderer Hormondrüsen, z. B. Schilddrüse, Nebennieren, Keimdrüsen
Schilddrüse	Thyroxin	Steuerung des Stoff- und Energiewechsels im Organismus
Nebenschilddrüse	Parathormon	Beeinflussung des Calcium- und Phosphorstoffwechsels (Regelung des Calciumwertes im Blut im Zusammenhang mit den Kalkverbindungen in den Knochen)
Nebennieren		
Mark	Adrenalin	„Stresshormon"; Blutdrucksteigerung, Erhöhung von Blutzuckerspiegel und Schlagfrequenz des Herzens, Beeinflussung der Atmung, Glykogenabbau
Rinde	Kortikoide (Rindenhormone)	Regelung des Wasser- und Salzhaushaltes, Entzündungshemmung, Hemmung von Antikörperbildung und allergischen Reaktionen
	männliche Sexualhormone (Androgene)	Wirkung auf sekundäre Geschlechtsmerkmale, bessere Energieversorgung der Muskulatur
Bauchspeicheldrüse (langerhanssche Inseln)	Insulin	Senkung des Blutzuckerspiegels, Glykogenbildung
	Glukagon	Erhöhung des Blutzuckerspiegels, Glykogenabbau
Geschlechtsdrüsen		
Eierstöcke	weibliche Sexualhormone (Östrogene) Gestagene (Progesteron)	Förderung der Knochenbildung Förderung der Ausprägung sekundärer Geschlechtsmerkmale und sexueller Aktivität, Steuerung des Menstruationszyklus, Schwangerschaft
Hoden	Androgene (Testosteron)	Förderung der Ausprägung sekundärer Geschlechtsmerkmale und sexueller Aktivität, Förderung der Samenzellenbildung

Regulation des Blutzuckerspiegels

Der **Blutzuckerspiegel** ist der Gehalt an Traubenzucker (Glucose) im Blut (Blutzuckerwert). Er wird durch das Zusammenwirken von Hormonen und Nerven auf 80 mg bis 100 mg Traubenzucker (Glucose) pro 100 ml Blut (im nüchternen Zustand) einreguliert.

Die **Regelung des Blutzuckerspiegels** wird durch Hormone gesteuert. Die Senkung bewirkt das Insulin der Bauchspeicheldrüse, die Erhöhung bewirken das Adrenalin der Nebennieren und das Glukagon der Bauchspeicheldrüse.

Wird der normale Blutzuckerwert überschritten, liegt Zuckerkrankheit (↗ S. 172) vor.

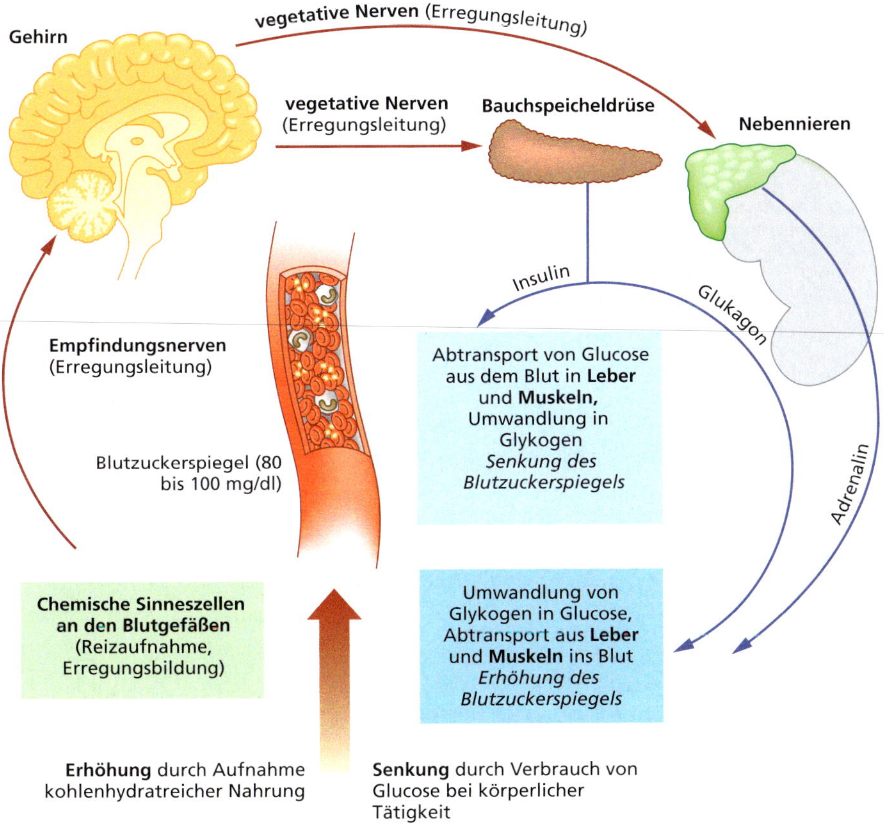

Es gibt zwei Typen des Diabetes, Typ I-Diabetes, Typ II-Diabetes.
Die **Diätnahrung für Zuckerkranke** enthält wenig Kohlenhydrate und wenig Fett.

Zuckerkrankheit (Diabetes)

Beim **Diabetes mellitus (Zuckerkrankheit)** ist der Traubenzuckergehalt des Blutes (Blutzuckerspiegel) infolge nicht ausreichender Insulinbildung der Bauchspeicheldrüse ständig zu hoch. Ein Teil des Traubenzuckers wird mit dem Blut ausgeschieden.
Symptome sind Müdigkeit, Sehstörungen, Gewichtsabnahme, Hautjucken, Schwindel, Kopfschmerzen, großer Durst, allgemeine Leistungsminderung, häufiges Wasserlassen. Ein einfacher *Test* – mit Teststreifen durchgeführt – ermöglicht den Nachweis der Glucose und die Ermittlung der jeweiligen Glucosemenge im Urin.

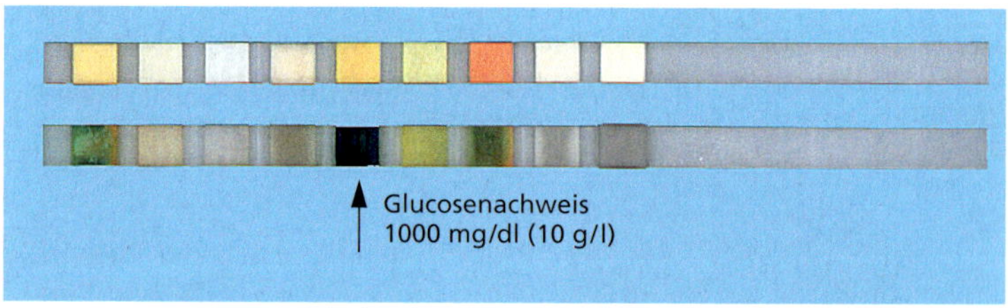

Heute wird **Humaninsulin** durch gentechnisch veränderte Bakterien hergestellt.

Der erhöhte Blutzuckerspiegel kann durch **Diät,** blutzuckersenkende Tabletten sowie durch Insulingabe einreguliert werden.

Zusammenwirken von Hormon- und Nervensystem

Bei der **Regulation von Lebensprozessen** wirken Hormon- und Nervensystem zusammen.

Bei den Lebensprozessen, wie Wachstum, Ausprägung sekundärer Geschlechtsmerkmale (↗ S. 170), Stoff- und Energiewechsel der Zellen (↗ S. 191), Regulation des Blutzuckerspiegels (↗ S. 171), besteht ein enges Zusammenwirken von Hormonsystem und Nervensystem.
Im Hormonsystem spielt die **Hirnanhangdrüse (Hypophyse)** eine übergeordnete Rolle.
Sie hat etwa die Größe eines Kirschkerns, wiegt ungefähr 0,5 g, ist bohnenförmig, liegt unter dem Großhirn und ist über einen Stiel mit einem Bereich des Zwischenhirns (dem Hypothalamus) verbunden. Über diesen Bereich besteht die Verbindung des Hormonsystems mit dem Nervensystem.

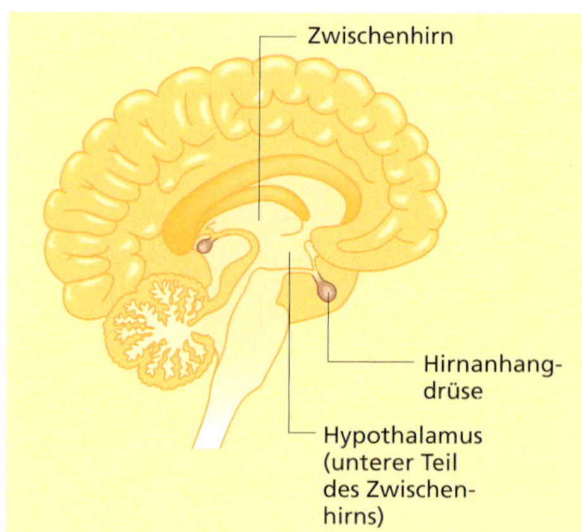

Ein Überangebot des Schilddrüsenhormons Thyroxin führt zur Stoff- und Energiewechselstörung **Basedowkrankheit.**

Nerven- und Hormonsystem wirken auch bei **Stress-Situationen** zusammen.

3.9 Die Geschlechtsorgane

Geschlechtsorgane sind die der Fortpflanzung dienenden Organe.

Bau und Funktionen der weiblichen Geschlechtsorgane

Zu den **äußeren Geschlechtsorganen** gehören die großen und kleinen Schamlippen sowie der Kitzler, zu den **inneren Geschlechtsorganen** die zwei Eierstöcke und 2 Eileiter, die Gebärmutter und die Scheide.

Bau der Geschlechtsorgane der Frau

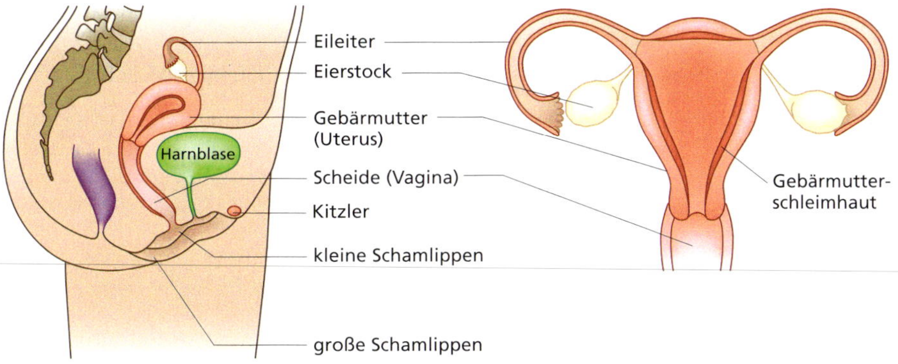

Organe	Funktionen
paarige Eierstöcke	Einzellenbildung, Follikelreifung und Follikelsprung, Gelbkörperbildung; Produktion von Follikel- und Gelbkörperhormon
paarige Eileiter	Auffangen der Eizelle nach dem Follikelsprung; Ort der Befruchtung (Zusammentreffen Eizelle und Samenzellen); Weiterleitung der Eizelle in die Gebärmutter
Gebärmutter (Uterus)	Aufnahme der Eizelle, monatliches Ausstoßen der Schleimhaut (Menstruation), Aufnahme und Einnistung der befruchteten Eizelle (des Blasenkeims) in die Gebärmutterschleimhaut, Versorgung und Schutz des Embryos, Geburtswehen
Scheide (Vagina)	Aufnahme des Penis und der Samenflüssigkeit beim Geschlechtsverkehr; Abflusskanal für Menstruationsblut; Geburtskanal
Kitzler (Cliterus)	sexuelles Reizzentrum
Schamlippen	Abfluss und Schutz der inneren Geschlechtsorgane

Ablauf des Menstruationszyklus

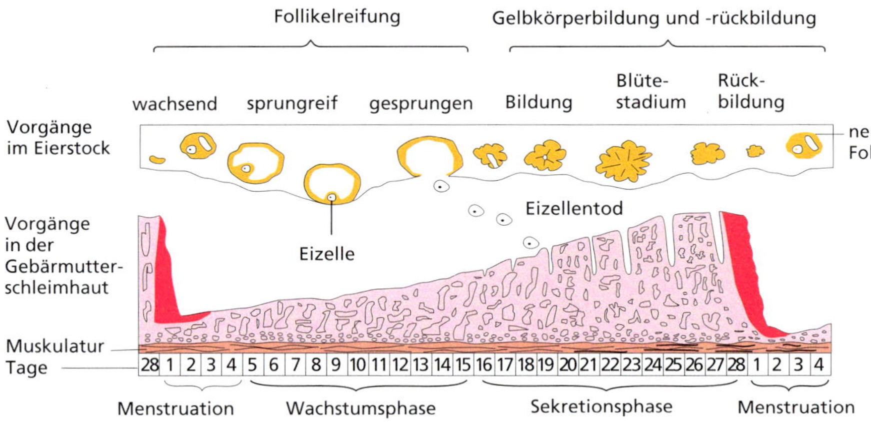

Mit Eintritt der Geschlechtsreife setzen im weiblichen Organismus Vorgänge ein, die sich alle 4 Wochen zyklisch wiederholen. In den Eierstöcken reift ein Eibläschen (Follikel), gibt die befruchtungsfähige Eizelle frei (Follikelsprung), die anschließend über einen Eileiter in die Gebärmutter transportiert wird. Der leere Follikel bildet sich zum Gelbkörper um. Parallel dazu wächst in der Gebärmutter die Schleimhaut, wird mit Blut und Sekreten angereichert und am Ende des Zyklus unter Blutungen abgebaut (**Menstruation,** Periode, Regelblutung).

Dieser Menstruationszyklus wird durch Hormone gesteuert: Die Vorgänge im Eierstock durch **Hypophysenhormone,** die Vorgänge in der Gebärmutter durch **Eierstockhormone** (*Follikelhormon* und *Gelbkörperhormon*) (↗ S. 170).

Jedes Mädchen sollte sorgfältig einen Regelkalender führen. Daran kann der Arzt u.a. erkennen, ob Störungen im Menstruationszyklus vorliegen und behandelt werden müssen. Wichtig ist der Kalender auch für die exakte Einnahme der Pille und für natürliche **Verhütungsmethoden.**

Hygiene der weiblichen Geschlechtsorgane

Tägliche Waschung der äußeren Geschlechtsorgane, da Urinrückstände und Scheidenflüssigkeit entfernt werden müssen. Maßnahmen der **Menstruationshygiene** sind gründliche Waschung des Scheideneingangs, mehrmaliges Wechseln von Blut aufsaugenden Tampons oder Binden sowie die gewissenhafte Führung eines Regelkalenders (Menstruationskalenders).

Menstruationsbinden und *Slipeinlagen* (a) sind aus Watte und Zellstoff hergestellte Vorlagen, die vor die Scheidenöffnung gelegt werden und das Blut aufsaugen.

Tampons (b) werden in die Scheide geschoben und ermöglichen der Frau völlige Bewegungsfreiheit während der „Regeltage".

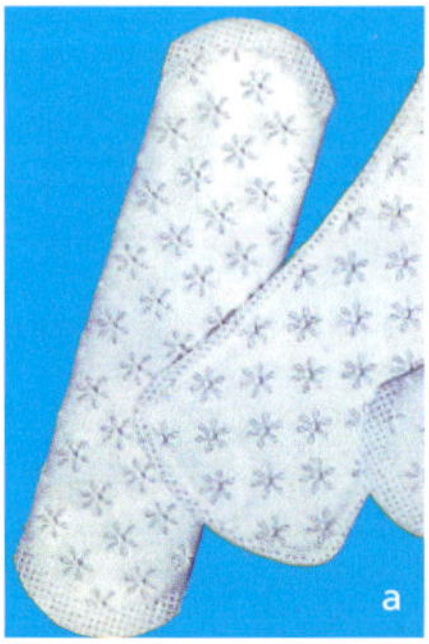
a

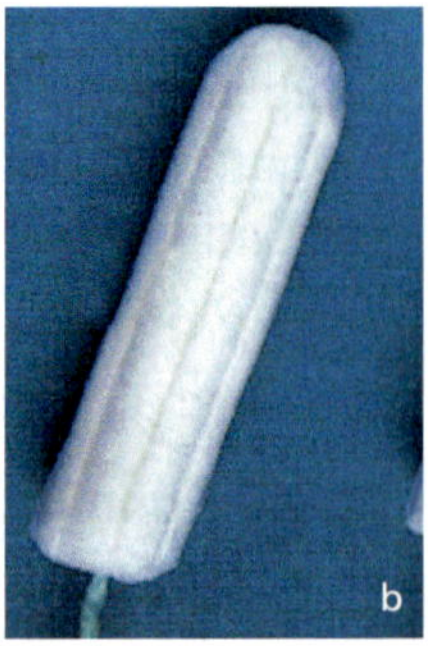
b

Bau und Funktionen der männlichen Geschlechtsorgane

Zu den **männlichen Geschlechtsorganen** gehören der Hodensack mit den beiden Hoden und Nebenhoden, die Samenleiter, verschiedene Drüsen und das männliche Glied (Penis). Dieses wird von der Harn-Samen-Röhre durchzogen und besitzt Schwellkörper, die sich bei sexueller Erregung mit Blut füllen.

Bau der Geschlechtsorgane des Mannes

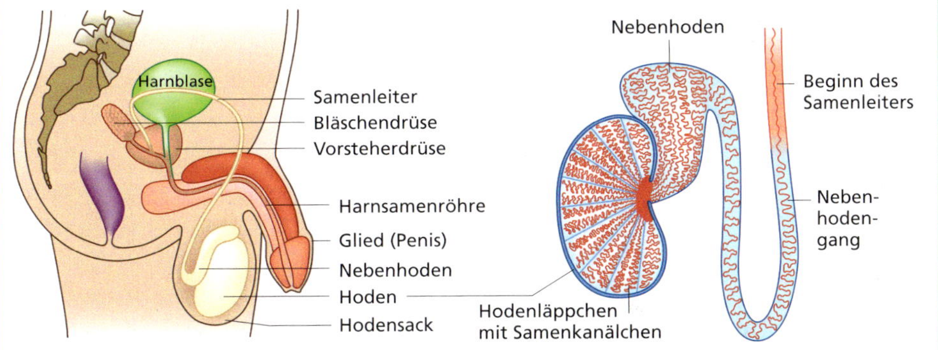

Organe	Funktionen
Hodensack	Schutz der Hoden und Nebenhoden
paarige Hoden	Bildung von Samenzellen und männlichen Sexualhormonen
paarige Nebenhoden	Samenzellenspeicherung
paarige Samenleiter	Samenzellentransport
Vorsteher- oder Bläschendrüse	Bildung der schleimigen Samenflüssigkeit, die sich mit den Samenzellen vermischt
Glied (Penis)	Versteifung des Gliedes, Übertragung der Samenflüssigkeit beim Geschlechtsverkehr in die Scheide, Eichel als sexuelles Reizzentrum, Vorhaut zum Schutz, Samenerguss (Ejakulation – Ausstoßen der Samenflüssigkeit; Pollution)

Hygiene der männlichen Geschlechtsorgane

Waschen der Intimregion bei der täglichen Körperpflege und nach Geschlechtsverkehr unter Zurückziehen der Vorhaut über die Eichel, um Urinreste und Sekretansammlungen zu entfernen. Unsauberkeit kann Körpergeruch, Entzündungen, Infektionen hervorrufen.

Geschlechtskrankheiten

Die **Geschlechtskrankheiten** im engeren Sinne sind solche Infektionskrankheiten, die durch Infektion mit bestimmten Erregern (Bakterien, Pilzen, Viren) bei ungeschützten Sexualkontakten und Geschlechtsverkehr übertragen werden. Man nennt sie deshalb auch **„sexuell übertragbare Krankheiten"**. *Sie unterliegen der Kontroll- und Meldepflicht.*

Die jüngste und gefährlichste sexuell übertragbare Krankheit ist **Aids** (↗ S. 246).

Die vom Namen her bekanntesten Geschlechtskrankheiten sind *Tripper* (*Gonorrhöe*) und *Syphilis* (*Lues*).
Hauptansteckungsquellen sind ungeschützte Sexualkontakte mit Prostituierten, häufig wechselnden Partnern, Zufallsbekanntschaften. Deshalb: Zweifelhafte Kontakte meiden! Wenn, dann Kondome benutzen.

Weitere Geschlechtskrankheiten, die nicht der gesetzlichen Kontrolle unterliegen, werden u. a. von Pilzen und Geißeltierchen (Trichomonaden) verursacht. Sie werden durch Sexualkontakt, unsaubere Handtücher und Toiletten, in Schwimmbädern oder in der Sauna übertragen. Symptome sind Juckreiz, Brennen beim Wasserlassen, Rötung der Schleimhaut.

Trippererreger (Kugelbakterien)

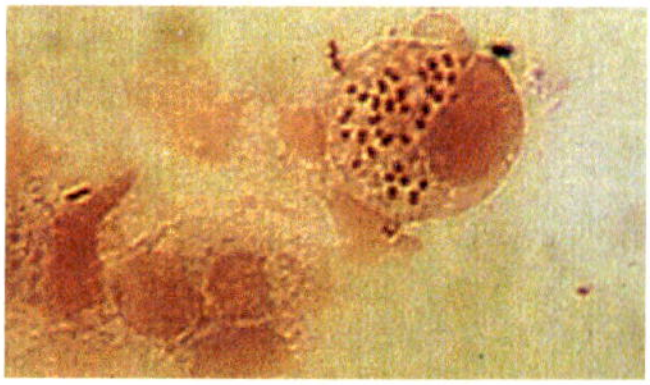

Beim **Tripper** sind erste Krankheitszeichen (nach 3 bis 8 Tagen) Jucken und Brennen in den Geschlechtsorganen; später dann weißgelblicher eitriger Ausfluss aus Harnröhre und Scheide. Bei diesem Symptom ist jeder Mann und jede Frau verpflichtet, zum Arzt zu gehen. Er oder sie muss den Partner informieren und darf bis zur Heilung keinen Geschlechtsverkehr ausüben!
Im Frühstadium mit Antibiotika behandelt, heilt Tripper bald ab. Aber erst nach drei negativen Tests darf der Geschlechtsverkehr wieder aufgenommen werden.
Verschleppt und unbehandelt kann Tripper auf tiefer gelegene Teile der Geschlechtsorgane übergehen und zur Unfruchtbarkeit führen.

Syphiliserreger (spiralförmige Bakterien)

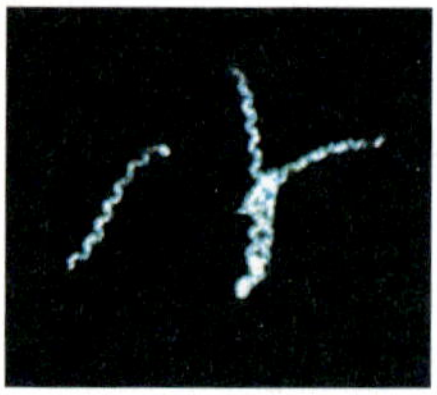

Die **Syphilis** verläuft in mehreren Phasen und kann unbehandelt im Endstadium zum Tode führen.
1. Phase (2–3 Wochen nach Ansteckung): knotige Geschwüre an Geschlechtsorganen, Lippen, Zunge.
2. Phase (nach 2–3 Monaten): Hautausschlag, Fieber; Dauer: Monate bis Jahre.
3. Phase (nach Jahren): Geschwüre am ganzen Körper, Schädigungen von Nervensystem, Verdauungsorganen, Leber, Lunge, Herz, Gehirn. Im Endstadium kommt es zu Rückenmarksschwindsucht und Gehirnzerfall (Paralyse). Bei syphiliskranken Schwangeren kann die Krankheit auf das ungeborene Kind übertragen werden.
Syphilis wird durch Blutuntersuchungen festgestellt und erfordert längere intensive Behandlung.

4 AUSGEWÄHLTE LEBENSPROZESSE

Wasser ist ein Hauptbestandteil der Pflanzen. Durch Zusatzberegnung wird eine Ertragssteigerung erreicht.

4.1 Stoff- und Energiewechsel

Alle Organismen nehmen Stoffe aus der Umwelt auf. In den Organismen werden Stoffe
- von den Orten ihrer Aufnahme zu den Orten des Verbrauchs,
- von den Orten ihrer Bildung zu den Orten des Verbrauchs oder ihrer Speicherung,
- von den Orten ihrer Speicherung zu den Orten des Verbrauchs,
- zu den Orten der Ausscheidung transportiert. Die Stoffe werden von Organ zu Organ, von Zelle zu Zelle und innerhalb der Zellen transportiert. Vom Organismus nicht verwendbare oder schädliche Stoffe (Stoffwechselendprodukte) werden aus den Organismen ausgeschieden.

Aufnahme von Stoffen in die Organismen —Transport→ Zellen —Transport→ Abgabe von Stoffen aus den Organismen

Stoffe werden von Organ zu Organ, von Zelle zu Zelle und innerhalb der Zellen transportiert.
In jeder lebenden Zelle laufen Stoff- und Energiewechselprozesse ab (↗ S. 189–201). Der Stoff- und Energiewechsel (↗ S. 189, 191) ist wie die Reizbarkeit, die Bewegung, die Fortpflanzung, das Wachstum und die Individualentwicklung ein Merkmal aller Lebewesen.

4.1.1 Aufnahme, Transport und Ausscheidung von Stoffen bei Pflanzen

Wasser

Wasser wird durch die **Wurzelhaare** (↗ S. 62) aufgenommen. Der Wasseraufnahme liegen physikalische Vorgänge, z.B. **Diffusion**, **Osmose**, zugrunde.

Diffusion

Physikalischer Vorgang, bei dem aufgrund der Eigenbewegung der Stoffteilchen ein ungehinderter Konzentrationsausgleich zwischen zwei aneinander grenzenden, unterschiedlich konzentrierten gasförmigen oder flüssigen Stoffen erfolgt.

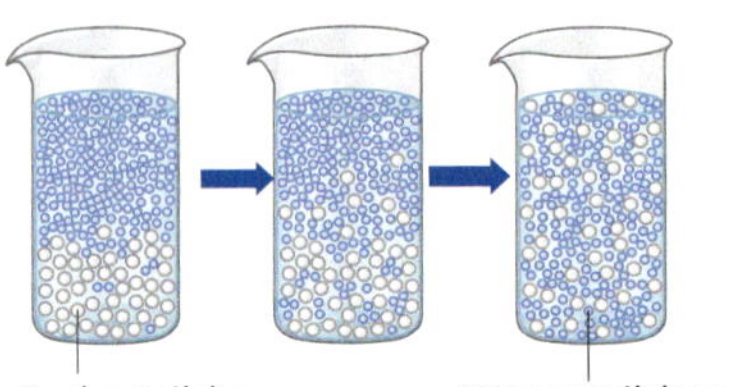

Osmose

Physikalischer Vorgang, bei dem die Diffusion durch eine **halbdurchlässige Membran** erfolgt. Wasserteilchen passieren die halbdurchlässige Membran, gelöste Stoffe aufgrund ihrer Teilchengröße nicht.

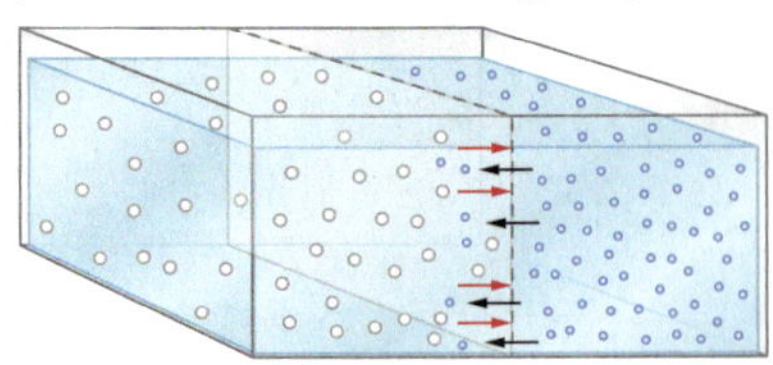

Wasseraufnahme

Die **Wasseraufnahme** in das Wurzelhaar erfolgt durch Osmose (passiver Transport).

Die Wasserteilchen wandern vom Ort ihrer hohen Konzentration (Bodenwasser) zum Ort ihrer niedrigen Konzentration (Zellsaft der Vakuole). Die Zellmembran wirkt als halbdurchlässige Membran.

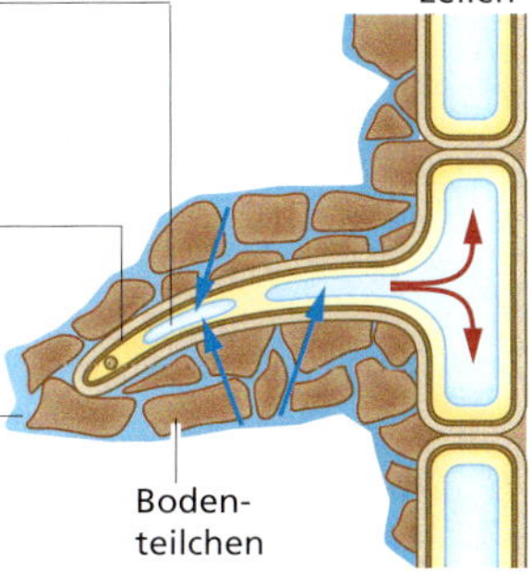

Die Wurzelhaarzellen sind dünnwandige, schlauchförmige Zellen mit großen Vakuolen (Zellsafträumen).

Wassertransport

Der passive **Wassertransport** von der Wurzelhaarzelle bis in die Gefäße der Leitbündel (↗ S. 63) im Wurzelinneren und von diesen in die Sprossachse (↗ S. 62) erfolgt durch Osmose und Diffusion.

- Verteilung des Wassers innerhalb der Wurzelhaarzellen und Rindenzellen durch **Diffusion,**
- Transport des Wassers in der Rinde von Zelle zu Zelle durch **Osmose** bis in die Leitgefäße.

Der Transport geht sowohl durch die Zellwände als auch durch das Zellplasma. Der passive Wassertransport wird durch Transporteiweiße (z. B. „Kanaleiweiße", Aquaporine), die „Korridore" in Zellmembranen und Zellwänden bilden, erleichtert.

In den Gefäßen werden Wasser und die darin gelösten Mineralsalze (↗ S. 183) von den Wurzeln zu den Blättern geleitet.
In den Siebröhren werden die in den Laubblättern gebildeten Stoffe in die Speicherorgane und Wurzeln transportiert.

Weg des Wassers bis in die Gefäße

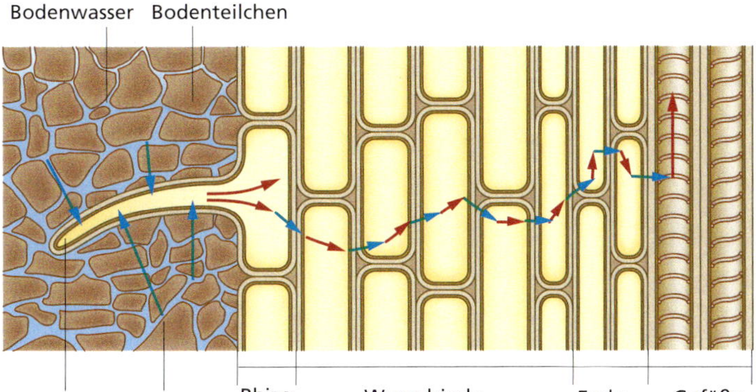

Der weitere Transport des Wassers von der Wurzel über die Sprossachse bis in die Laubblätter (**Ferntransport**) erfolgt durch Gefäße des Leitbündels (↗ S. 63). Dabei wirken mehrere physikalische Vorgänge zusammen, z.B. Diffusion, Osmose, Kohäsion, Adhäsion, Transpirationssog und Transpiration.

Die Wasserleitung in der Sprossachse wird durch den Wurzeldruck und den Transpirationssog verursacht.

Kohäsion: Zusammenhalt der Wasserteilchen in den Gefäßen

Adhäsion: das Anheftungsvermögen der Teilchen verschiedener Stoffe an der Gefäßwand

Transpiration: Wasserdampfabgabe (Verdunstung) durch die Spaltöffnungen der Laubblätter

Transpirationssog: Folge der Wasserdampfabgabe durch die Spaltöffnungen

Transport des Wassers in der Pflanze

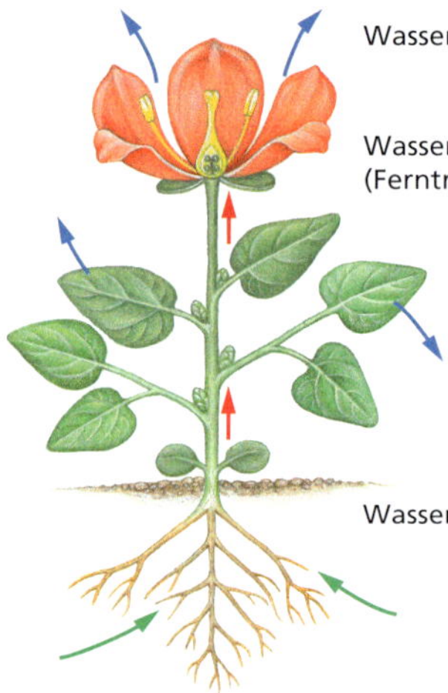

Wasserdampfabgabe (Transpiration)

Die **Wasserdampfabgabe (Transpiration)** erfolgt durch die Laubblätter. Der Wasserdampf wird durch die Spaltöffnungen (↗ S. 68, 181) durch Diffusion abgegeben. Die Wasserteilchen wandern vom Ort ihrer hohen Konzentration (Interzellularen) zum Ort ihrer niedrigen Konzentration (Außenluft).

Die tröpfchenförmige Wasserausscheidung an den Blättern einiger Pflanzen wird als Guttation bezeichnet.

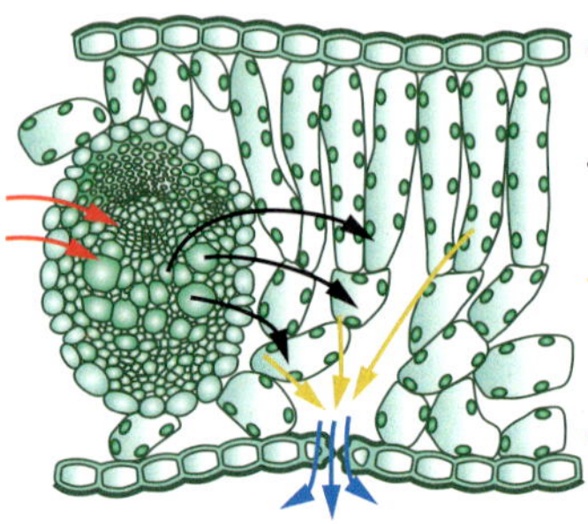

Durch Öffnen und Schließen der Spaltöffnungen wird die Wasserdampfabgabe (Transpiration) an die Außenluft reguliert.

Öffnen und Schließen der Spaltöffnungen

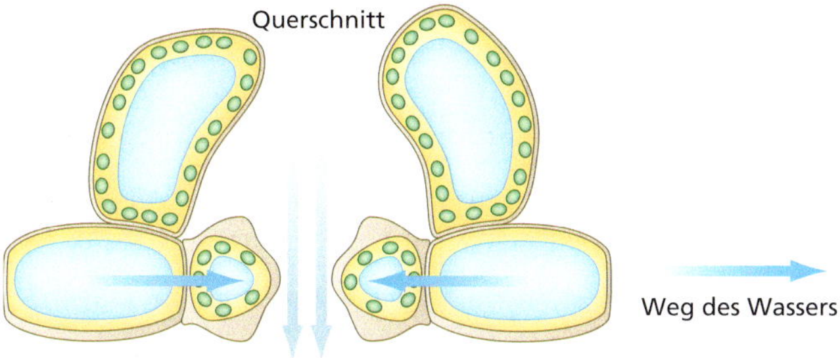

Spaltöffnung geöffnet – bei ausreichendem Wasserangebot gelangt durch Osmose Wasser aus den Nachbarzellen in die Schließzellen. Die Vakuole der Schließzellen wird größer, der Zellinnendruck ebenfalls. Die Spaltöffnung öffnet sich, da aufgrund des hohen Zellsaftdruckes sich die unverdickten Zellwände der Schließzelle krümmen.

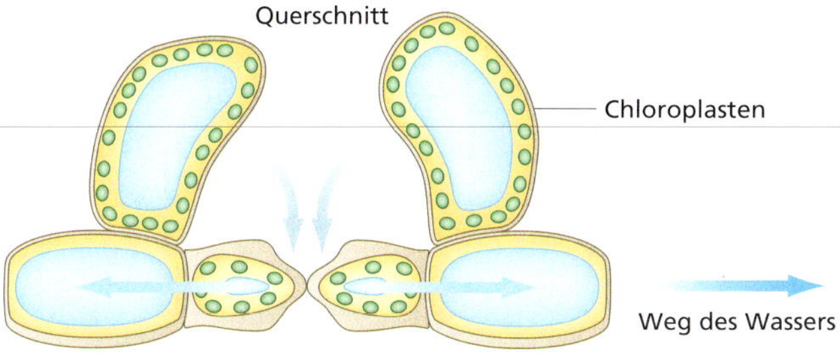

Spaltöffnung geschlossen – bei Wassermangel geben die Vakuolen der Schließzellen osmotisch Wasser an die Nachbarzellen ab, dadurch sinkt der Zellinnendruck der Schließzellen. Die Schließzellen mit ihren ungleichmäßig verdickten Zellwänden bewegen sich derart, dass die Spaltöffnung geschlossen wird.

Die Transpiration verändert sich auch während des Tagesverlaufs entsprechend den Umweltbedingungen.

Die **Transpiration** ist von äußeren Faktoren abhängig, z. B. von Temperatur, Luftbewegung, Luftfeuchtigkeit.
Pflanzen besitzen in Anpassung an ihren Lebensraum spezifische Einrichtungen, die die Transpiration regulieren.
Trockenpflanzen (Xerophyten) (↗ S. 335) sind Pflanzen trockener Standorte mit Einrichtungen zur Verringerung der Wasserdampfabgabe.
Feuchtpflanzen (Hygrophyten) (↗ S. 335) sind Pflanzen feuchter Standorte mit Einrichtungen zur Erhöhung der Wasserdampfabgabe.
Wasserpflanzen (Hydrophyten) (↗ S. 335) sind Pflanzen, die an das Leben im Wasser angepasst sind und Einrichtungen zur Wasserdampfabgabe besitzen.

Die Pflanzen, die wechselfeuchte Standorte der gemäßigten Zonen besiedeln, heißen Tropophyten.

Oleander als Trockenpflanze

Die kleinen lederartigen Blätter des Oleanders besitzen eine dicke Kutikula.

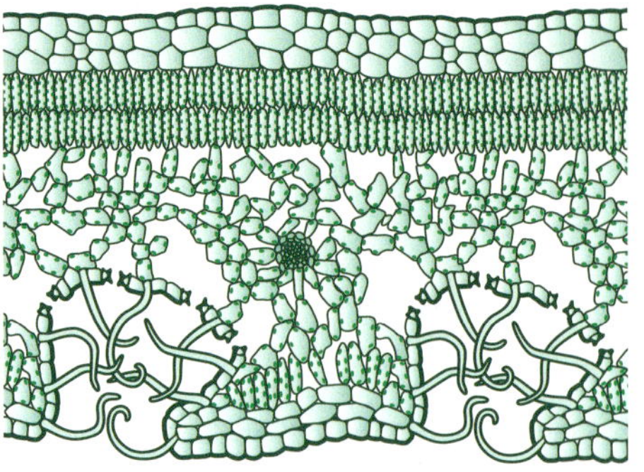

Blatt (quer) einer Trockenpflanze mit tief eingesenkten Spaltöffnungen (Oleander)

Springkraut als Feuchtpflanze

Die großen Blätter beim Springkraut sind dünn und besitzen nur eine zarte Kutikula.

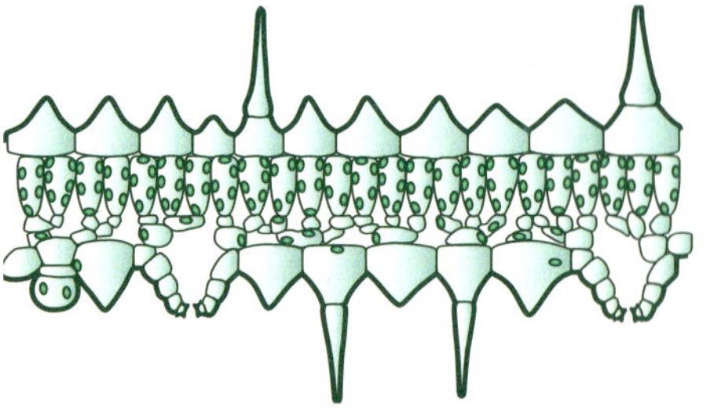

Dünnes Blatt (quer) einer Feuchtpflanze (Ruellia portellae) mit vorgestülpten Spaltöffnungen

Seerose als Wasserpflanze

Die Schwimmblätter der Seerose haben eine große Blattfläche.

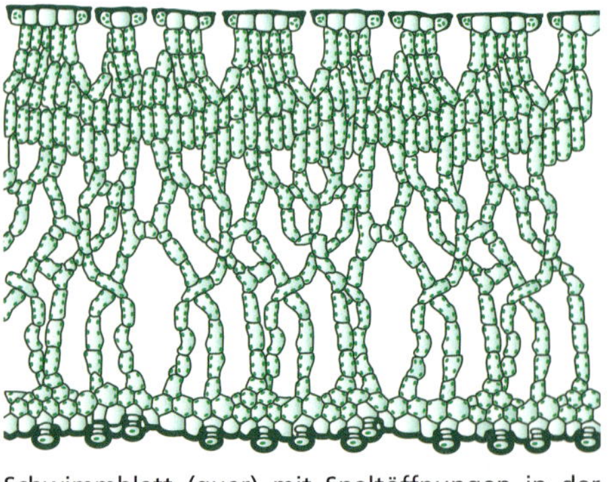

Schwimmblatt (quer) mit Spaltöffnungen in der oberen Epidermis (Seerose)

Mineralstoffe

Zum Aufbau körpereigener organischer Stoffe benötigen die Pflanzen **Mineralstoffe**. Diese enthalten die *Hauptelemente* C, O, H, N, S, P, K, Ca, Fe, Mg sowie *Spurenelemente* wie Mn, Cu, Zn. Die Aufnahme der Elemente C, O und H erfolgt in Form von Kohlenstoffdioxid und Wasser, Quelle für die anderen Elemente sind Mineralsalze, z. B. Phosphor- und Stickstoffsalze.
Die Mineralstoffe können von der Pflanze nur in gelöster Form (als Ionen) in die Wurzel aufgenommen werden. Da die Zellmembranen für die gelösten Mineralstoffe weitgehend undurchlässig sind, können diese nicht durch den Wasserstrom mittransportiert werden. Die Mineralsalz-Ionen werden an ein Trägerteilchen der Membran gebunden und von diesem unter Energieverbrauch aktiv in das Zellinnere transportiert. Dieser Vorgang verläuft unabhängig von der Wasseraufnahme.
Der **Transport der Mineralsalz-Ionen** erfolgt gemeinsam mit dem Wasser in den Gefäßen von der Wurzel bis in die Blätter. Er beruht auf der Wirkung von Kohäsion, Adhäsion und Transpirationssog (↗ S. 180).

Die Mineralstoffzufuhr erfolgt in der Landwirtschaft vor allem durch anorganische (mineralische) und organische Düngung.
Bei Fehlen bestimmter Mineralstoffe sind Mangelerscheinungen festzustellen.

Kohlenstoffdioxid und Sauerstoff

Die Aufnahme und Abgabe von **Kohlenstoffdioxid** und die Aufnahme und Abgabe von **Sauerstoff** erfolgen durch die Spaltöffnungen der Laubblätter. Entsprechend des Konzentrationsgefälles zwischen Interzellularen und Außenluft werden diese Gase durch Diffusion aufgenommen oder abgegeben.

Gasaustausch bei Pflanzen ist der Vorgang der Aufnahme und Abgabe von Wasserdampf, Kohlenstoffdioxid und Sauerstoff durch die Spaltöffnungen.

Gasaustausch während der Fotosynthese (↗ S. 192) und Atmung (↗ S. 195)

Prozesse	**Fotosynthese**		**Atmung**	
	Konzentrationsgefälle	**Diffusionsrichtung**	**Konzentrationsgefälle**	**Diffusionsrichtung**
Interzellularen	hohe Konzentration von Sauerstoff	Abgabe von Sauerstoff aus dem Laubblatt	niedrige Konzentration von Sauerstoff	Aufnahme von Sauerstoff in das Laubblatt
Außenluft	niedrige Konzentration von Sauerstoff		hohe Konzentration von Sauerstoff	
Interzellularen	niedrige Konzentration von Kohlenstoffdioxid	Aufnahme von Kohlenstoffdioxid in das Laubblatt	hohe Konzentration von Kohlenstoffdioxid	Abgabe von Kohlenstoffdioxid aus dem Laubblatt
Außenluft	hohe Konzentration von Kohlenstoffdioxid		niedrige Konzentration von Kohlenstoffdioxid	

4.1.2 Aufnahme, Transport und Ausscheidung von Stoffen bei Tieren und Menschen

Organische Stoffe

Die *Aufnahme der organischen Stoffe* erfolgt mit der Nahrung (↗ S. 133) in den Verdauungskanal. Dort wird sie verdaut (↗ S. 185).

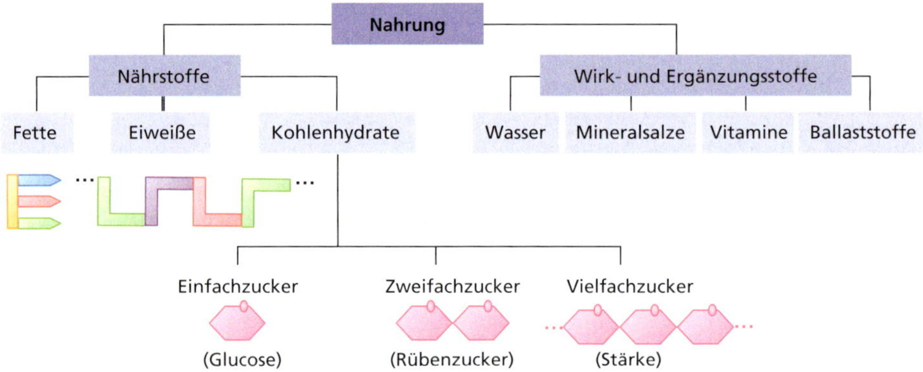

Verdauung (↗ S. 14, 136) ist die biochemische Umwandlung der Nährstoffe Kohlenhydrate, Eiweiße und Fette durch Enzyme in kleine, wasserlösliche, für die Zellen aufnehmbare Grundbausteine.

In der Nahrung befinden sich bestimmte **Zusatzstoffe.** Das können Nahrungsmittelzusatzstoffe und Nahrungsmittelschadstoffe sein.

Jede biochemische Reaktion erfordert das Vorhandensein eines bestimmten **Enzyms.** Es bildet mit dem Ausgangsstoff eine Zwischenverbindung und geht nach Ablauf der biochemischen Reaktion wieder unverändert aus ihr hervor. Der Ausgangsstoff muss also zum Enzym „passen" wie der Schlüssel zum Schloss. Jedes Enzym kann demnach in der Zelle nur den passenden Stoff binden und zu einem neuen Stoff umsetzen. Nach der Stoffumwandlung trennen sich beide „Partner" (Enzym und neuer Stoff) wieder.

Verdauungsenzyme sind Eiweiße, die die Zerlegung der Nährstoffe (Eiweiße, Kohlenhydrate, Fette) in ihre wasserlöslichen Bestandteile auslösen und diesen Vorgang steuern. Dabei verändern sie sich selbst nicht. Sie werden auch Biokatalysatoren genannt.

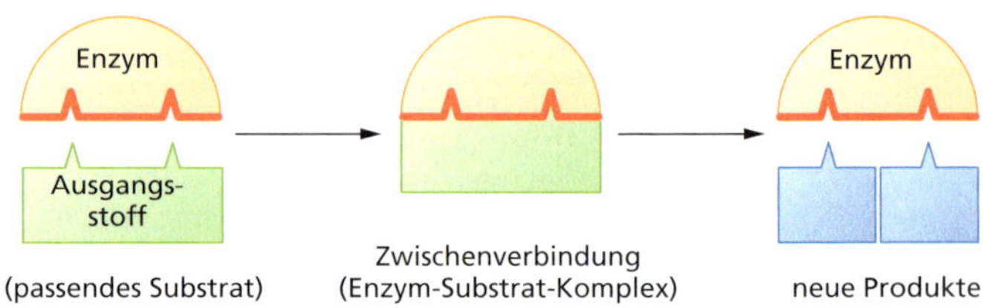

Enzyme sind organische Stoffe (Eiweiße), die den Ablauf biochemischer Reaktionen beeinflussen.

Merkmale der Enzyme sind:
- Erhöhung der Reaktionsgeschwindigkeit biochemischer Reaktionen,
- Vorhandensein bestimmter Enzyme für jede biochemische Reaktion,
- Bildung einer Zwischenverbindung mit dem Ausgangsstoff und unverändertes Hervorgehen des Enzyms aus der biochemischen Reaktion.

Kohlenhydratverdauung: beginnt in der Mundhöhle. Stärke wird teilweise mithilfe von Mundspeichelenzymen in einen Zweifachzucker, z. B. Malzzucker (Maltose), umgewandelt. Im Dünndarm erfolgt die weitere Verdauung der Kohlenhydrate durch Enzyme des Darmsaftes und des Bauchspeichels bis zum Grundbaustein *Traubenzucker* (*Glucose*).

> Die Drüsen des Dünndarms produzieren täglich etwa 2 bis 3 Liter Darmsaft mit Enzymen.

Eiweißverdauung: beginnt im Magen durch Salzsäure und Enzyme des Magensaftes. Die weitere Verdauung der Eiweißbruchstücke in den Grundbaustein *Aminosäure* findet im Dünndarm mithilfe von Enzymen des Darmsaftes und des Bauchspeichels statt.

Fettverdauung: erfolgt im Dünndarm. Zuerst werden durch den Gallensaft die Fett in Tröpfchen verteilt. Danach werden die Tröpfchen mithilfe von Enzymen aus Bauchspeichel und Darmsaft bis zu den Grundbausteinen *Glycerol* (*Glycerin*) und *Fettsäuren* verdaut.

> Die Schleimhautfalten des Dünndarms besitzen etwa 4 Mio. fingerartige, 1,5 mm hohe Ausstülpungen (Zotten), die die innere Oberfläche des Dünndarms vergrößern.

Die wasserlöslichen Grundbausteine der Nährstoffe, Kohlenhydrate und Eiweiße, *Traubenzucker* und *Aminosäuren*, gelangen durch die sehr dünne, einschichtige Wand der Schleimhautzotten in das Blut. Die Grundbausteine der Fette, *Glycerol (Glycerin)* und *Fettsäuren,* werden in die Lymphe aufgenommen (resorbiert).

Resorption ist der Vorgang der Aufnahme der Grundbausteine der Nährstoffe (Traubenzucker, Aminosäuren, Fettsäuren, Glycerol) durch die Schleimhautwand hindurch in die Körperflüssigkeiten Blut (↗ S. 145) und Lymphe (↗ S. 149).

Schleimhautfaltung und Bau der Zotten

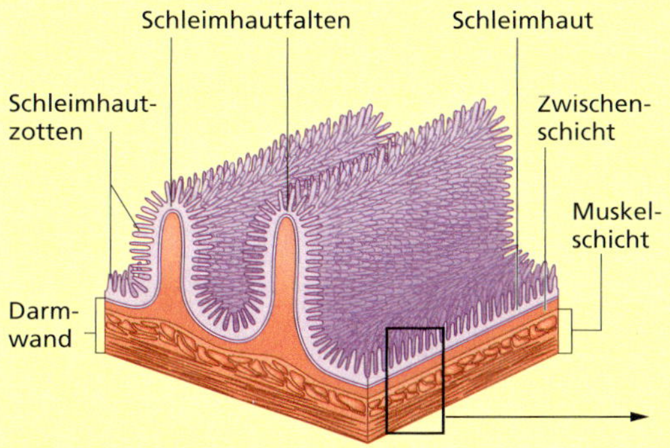

Durch die Faltung der Darmschleimhaut wird die innere Oberfläche des Dünndarms, besonders des Zwölffingerdarms, um ein Vielfaches vergrößert.

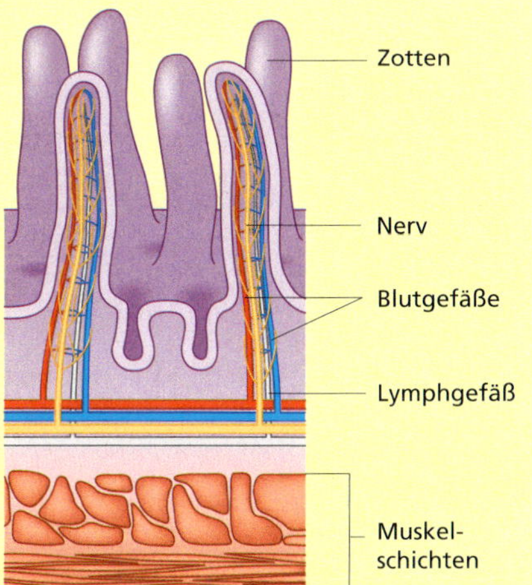

Der Feinbau der Darmwand lässt Schleimhautzotten, Blut- und Lymphgefäße sowie Nerven erkennen.

Der **Transport** der organischen Nährstoffbausteine erfolgt durch Blut und Lymphe zu den Zellen (↗ S. 145). Die Nährstoffbausteine sind Ausgangsstoffe für die Stoff- und Energieumwandlungen in den Zellen (↗ S. 191), für heterotrophe Assimilation (↗ S. 191) und Atmung (↗ S. 195).

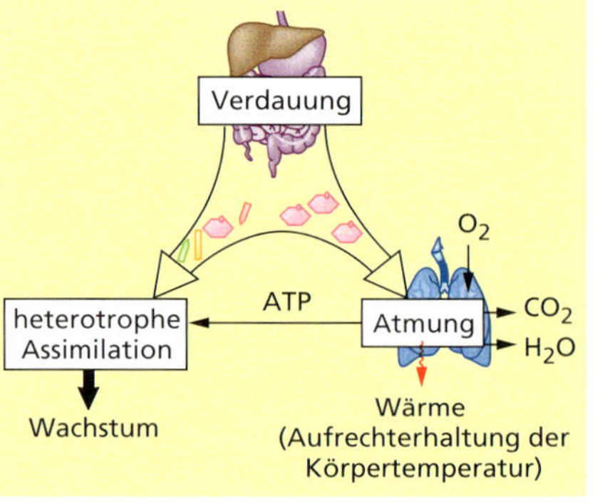

Der menschliche Körper benötigt ständig **Energie** für die Aufrechterhaltung der Lebensfunktionen in den Zellen, für die Tätigkeit der Organsysteme und für sämtliche Arbeitsleistungen. Die Energie wird unserem Körper in Form von chemischer Energie der Nährstoffe mit der Nahrung zugeführt. Jeder Mensch hat einen bestimmten **Nährstoffbedarf** und damit auch einen **Energiebedarf**. Der Energiebedarf ist von Mensch zu Mensch unterschiedlich. Er ist in erster Linie abhängig von der Tätigkeit, dem Alter und Geschlecht des Menschen.

Der **Nährstoffbedarf** und damit der Energiebedarf sind abhängig von der Schwere der auszuführenden Tätigkeit. Der tägliche Normwert für Frauen beträgt ca. 5900 kJ, für Männer 7300 kJ. Jugendliche haben aufgrund der Wachstums- und Entwicklungsprozesse einen hohen Energiebedarf (16 bis 19 Jahre: Mädchen 11000 kJ, Jungen 13000 kJ).

Grundumsatz ist die Energiemenge, die der Körper in Ruhe für die Aufrechterhaltung aller Lebensprozesse während 24 Stunden verbraucht.
Leistungs- (Arbeits-) Umsatz ist die Energiemenge, die der Körper für die Ausführung zusätzlicher Tätigkeiten verbraucht.
Der **Gesamtumsatz** ist das Ergebnis aus Grundumsatz plus Arbeitsumsatz.

Das Körpergewicht ist individuell unterschiedlich. Es sollte ein Gewicht sein, bei dem man sich wohl fühlt („Wohlfühlgewicht“).
Das Körpergewicht kann man mit der Formel nach Broca sowie nach dem Body-Mass-Index (BMI) errechnen.

Zusammenwirken der Organsysteme bei der Aufnahme, dem Transport und der Ausscheidung von Stoffen (am Beispiel des Menschen)

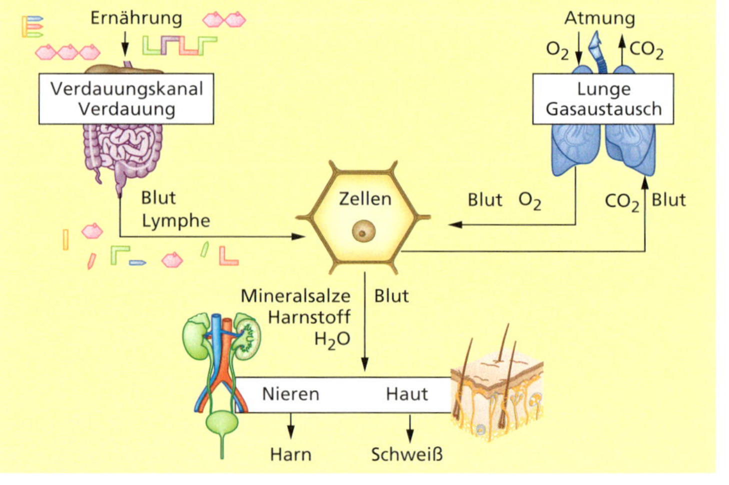

Fleisch fressende Pflanzen gleichen ihren Stickstoffmangel aus, indem sie Insekten fangen und verdauen.

Ernährung ist die Aufnahme von Stoffen in den Organismus zur Aufrechterhaltung der Lebensprozesse.

	Aufnahme anorganischer Stoffe (autotrophe Ernährung)	**Aufnahme organischer Stoffe (heterotrophe Ernährung)**
Stoffe	Kohlenstoffdioxid, Wasser, Mineralsalze	Kohlenhydrate, Fette, Eiweiße
Organismengruppen	Pflanzen	Mensch, Tiere, Pilze, viele Bakterien

Für den Abbau der Nährstoffbausteine in den Zellen (biologische Oxidation) ist Sauerstoff notwendig.

Sauerstoff und Kohlenstoffdioxid

Bei wirbellosen Tieren, Wirbeltieren und Mensch gibt es verschiedene Sauerstoff aufnehmende und Kohlenstoffdioxid abgebende Flächen.

Kohlenstoffdioxid ist ein Stoffwechselendprodukt, das aus dem Körper entfernt werden muss.

gesamte Körperoberfläche
z.B. Hohltiere, Regenwurm

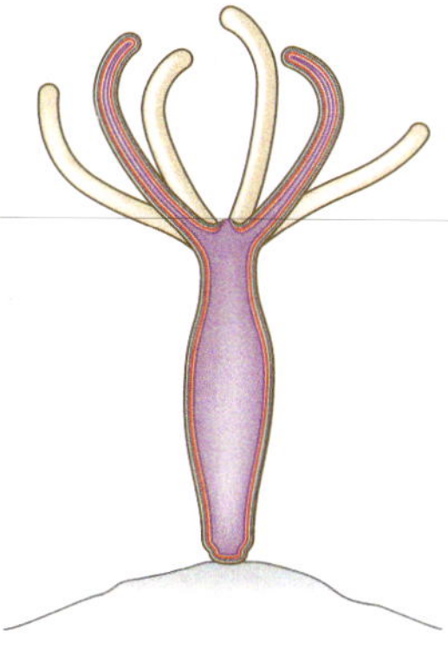

Tracheen
z.B. Insekten

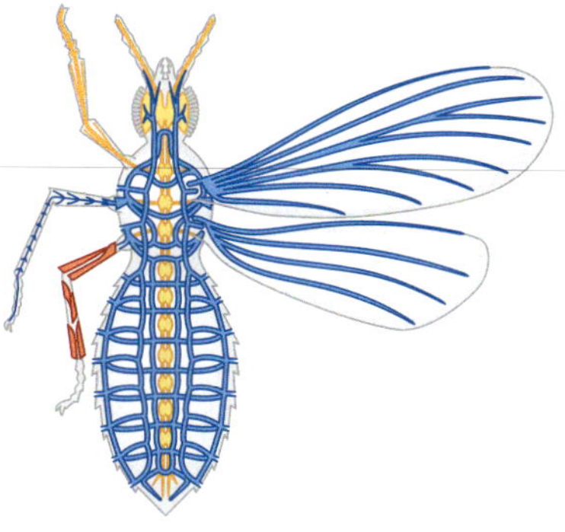

Tracheen sind röhrenförmige Einstülpungen der Körperhaut, die nach innen zwischen die Organe führen. Ihre Auskleidung besteht aus Chitin.

Kiemen
(↗ S. 101)
z.B. Krebstiere, Fische

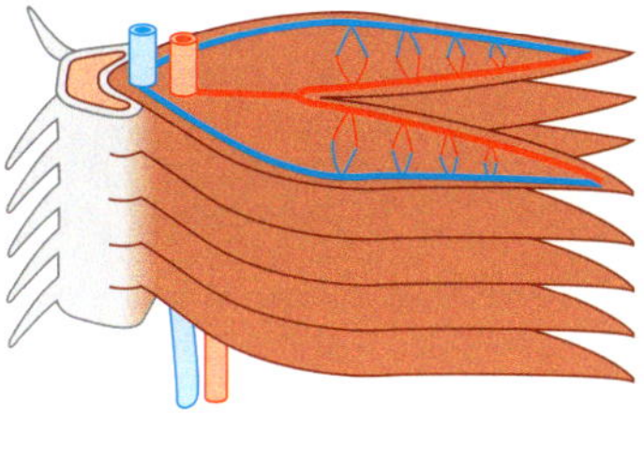

Lungen
(↗ S. 119, 138) z.B. Vögel, Säugetiere, Mensch

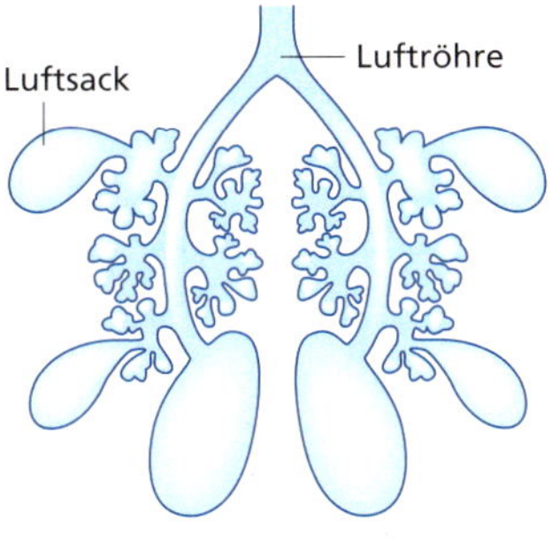

Gasaustausch

Sauerstoff und Kohlenstoffdioxid sind **Atemgase**. In den Atmungsorganen (Kiemen, Lungen, Tracheen) findet ein **Gasaustausch** (↗ S. 138, 145) von Sauerstoff und Kohlenstoffdioxid statt. Bei den Fischen findet dieser Gasaustausch in den **Kiemen** (↗ S.101), bei den anderen Wirbeltieren und dem Menschen in der Lunge statt. Dabei wird der **Sauerstoff** vom Blut aufgenommen und in den Körper transportiert. Das **Kohlenstoffdioxid** wird vom Blut in die Atmungsorgane abgegeben und aus dem Körper in das Wasser (bei Fischen) oder in die Luft abgegeben. Bei den Insekten gelangt der Sauerstoff in den Tracheen bis zu den Zellen.

Der unterschiedliche Gehalt an Kohlenstoffdioxid in der Aus- und Einatmungsluft kann einfach nachgewiesen werden (↗ S. 35, 140).

> **Gasaustausch** ist ein Vorgang, bei dem Gase (z.B. Sauerstoff, Kohlenstoffdioxid) durch Membranen hindurchgelangen. Der Gasaustausch beruht auf physikalischen Vorgängen (Diffusion).

Gasaustausch findet bei Wirbeltieren und Menschen im Körper zwischen Atmungsorgan und Blut sowie zwischen Blut und Körperzelle statt.

Gasaustausch zwischen Lungenbläschen und Kapillaren (↗ S. 145)

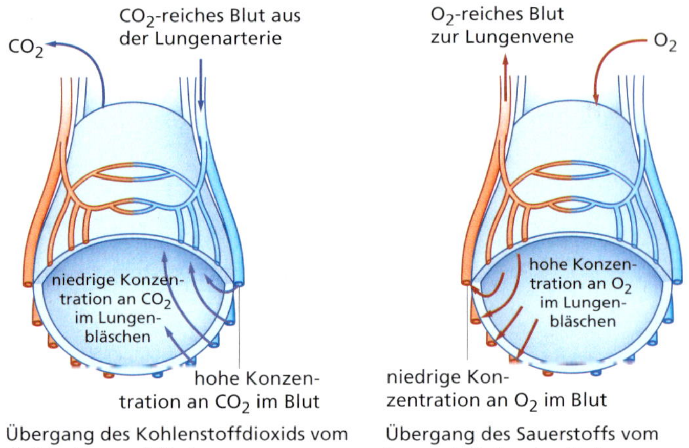

Übergang des Kohlenstoffdioxids vom Blut ins Lungenbläschen

Übergang des Sauerstoffs vom Lungenbläschen ins Blut

Gasaustausch zwischen Blut und Körperzelle

Die Blutkapillaren (↗ S. 144) haben einen Durchmesser von 0,008 mm.

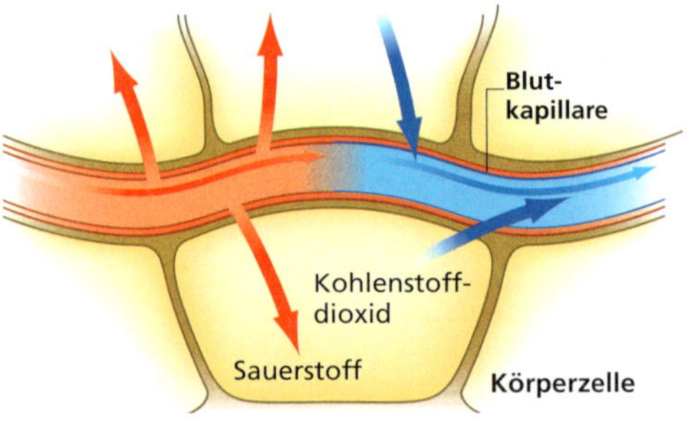

Transport von Sauerstoff

Der **Transport** von Sauerstoff erfolgt im Blut, gebunden an den roten Blutfarbstoff (Hämoglobin) der roten Blutzellen.

Das **Hämoglobin** ist ein kompliziert aufgebauter organischer Stoff, der sich in den roten Blutkörperchen befindet.

Leitung der Atemluft durch das Atmungssystem
(am Beispiel des Menschen)

Einatemluft → Nasenhöhle → Luftröhre → Bronchien → Lungenbläschen → (O_2) Blut

Ausatemluft ← Nasenhöhle ← Luftröhre ← Bronchien ← Lungenbläschen ← (CO_2) Blut

4.1.3 Stoff- und Energiewechsel in den Zellen

Tierzellen und Pflanzenzellen

Zellen sind die Grundbausteine der Organismen. Sie besitzen eine unterschiedliche Form und Größe. Zellen mit gleichem Bau und gleicher Funktion bilden ein **Gewebe.**

Beispiele für **Tierzellen** sind Muskel-, (↗ S. 130), Nerven- (↗ S. 164) und Knochenzellen. Beispiele für **Pflanzenzellen** sind Epidermis-, Palisaden- und Schwammzellen (↗ S. 68).

Bau einer Pflanzenzelle und einer Tierzelle

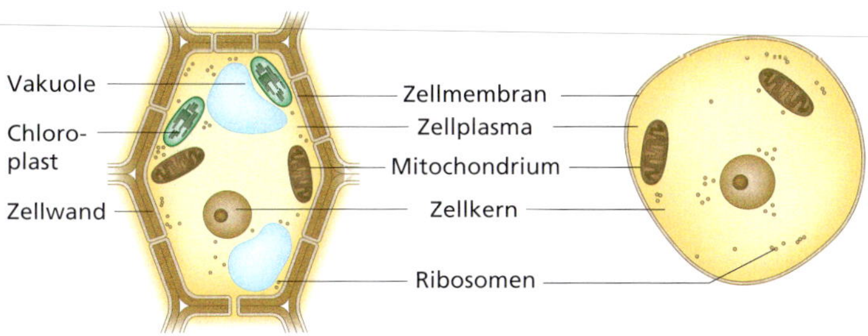

Tierzellen

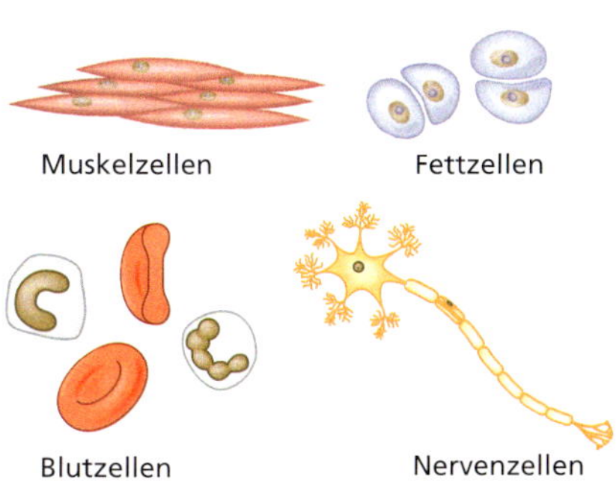

Pflanzenzellen

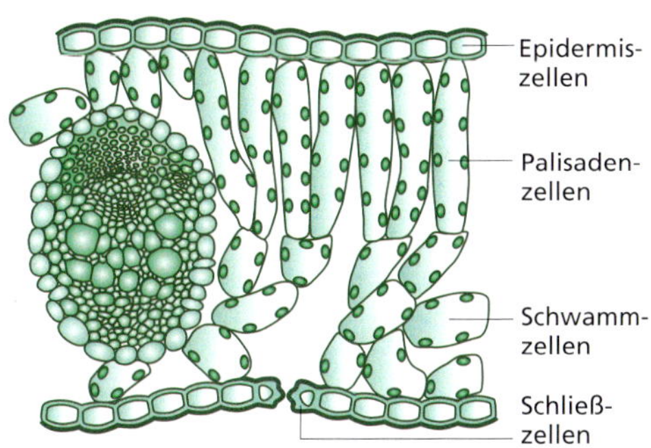

Zellen

Merkmale: mit Zellmembran, Zellplasma, Zellkern, Mitochondrien, Ribosomen

- **Pflanzenzellen**
  Merkmale: mit Zellwand und Vakuolen
  - autotrophe Pflanzenzellen (z.B. Palisadenzellen)
    Merkmal: mit Chloroplasten
  - heterotrophe Pflanzenzellen (z.B. Wurzelhaarzellen)
    Merkmal: ohne Chloroplasten
- **Tierzellen**
  Merkmale: ohne Zellwand und ohne Chloroplasten

In den Zellen befinden sich verschiedene **Zellbestandteile.** Im Bau der Zellen von Menschen, Tieren und Pflanzen gibt es Gemeinsamkeiten. In einigen Merkmalen unterscheiden sich die Pflanzenzellen von den Zellen der Tiere und der Menschen.

Bau des Chloroplasten
Chloroplasten sind Zellbestandteile, die Membranstapel mit Chlorophyll enthalten und die von einer Chloroplastenhülle umgeben sind. Chloroplasten sind die Orte der Fotosynthese (↗ S. 193).

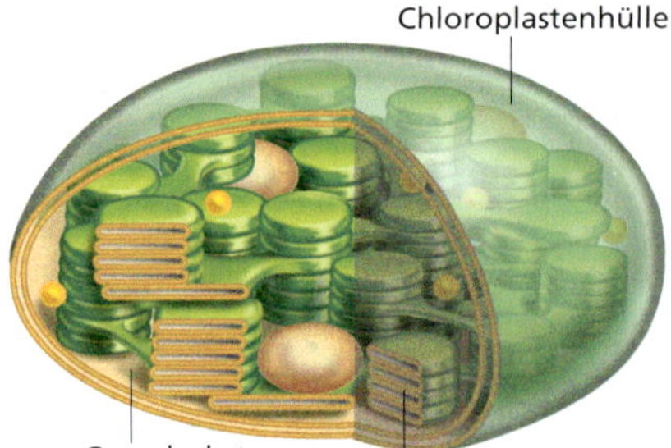

Bau des Mitochondriums
Die **Mitochondrien** sind Zellbestandteile, die aus zwei Membranen bestehen. Die innere Membran bildet Einstülpungen.
Mitochondrien sind die Orte der Atmung in den Zellen (↗ S. 195).

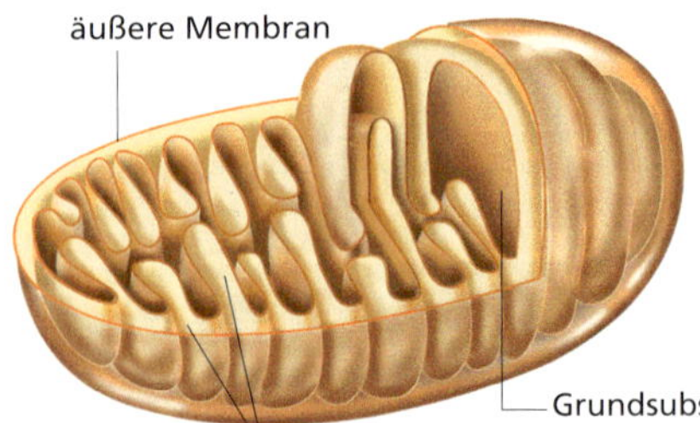

Zellen bestehen aus organischen Stoffen (aus Kohlenhydraten, Fetten, Eiweißen und anderen Stoffen).
Autotrophe Pflanzenzellen (z.B. Palisadenzellen des Laubblattes) enthalten weitere organische Stoffe, z.B. **Chlorophyll**. Das Chlorophyll ist ein kompliziert aufgebauter, grüner Farbstoff, der Lichtenergie absorbiert.

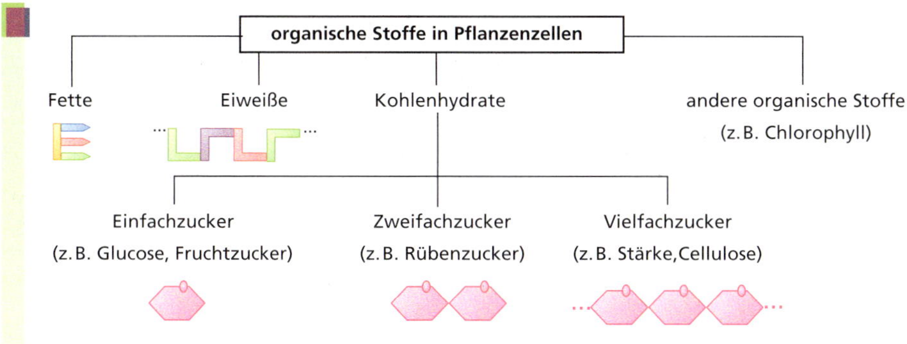

Der Stoff- und Energiewechsel

Der **Stoff- und Energiewechsel** ist
- die Aufnahme von Stoffen und Energie in die Zellen,
- die Umwandlung von Stoffen und Energie in den Zellen,
- die Abgabe von Stoffen und Energie aus den Zellen.

Er ist ein Merkmal aller Lebewesen.

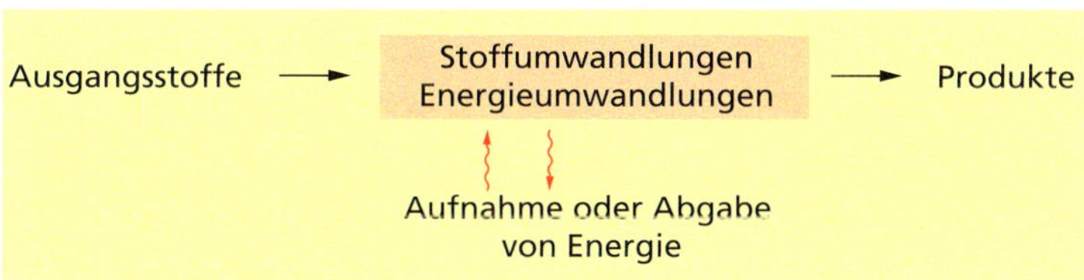

In den Zellen der Organismen werden ständig körpereigene organische Stoffe aus körperfremden Stoffen *aufgebaut* (**Assimilation** ↗ S. 192) und organische Stoffe zur Nutzbarmachung der in ihnen enthaltenen chemischen Energie *abgebaut* (**Dissimilation** ↗ S. 195).

Formen der Assimilation und Dissimilation

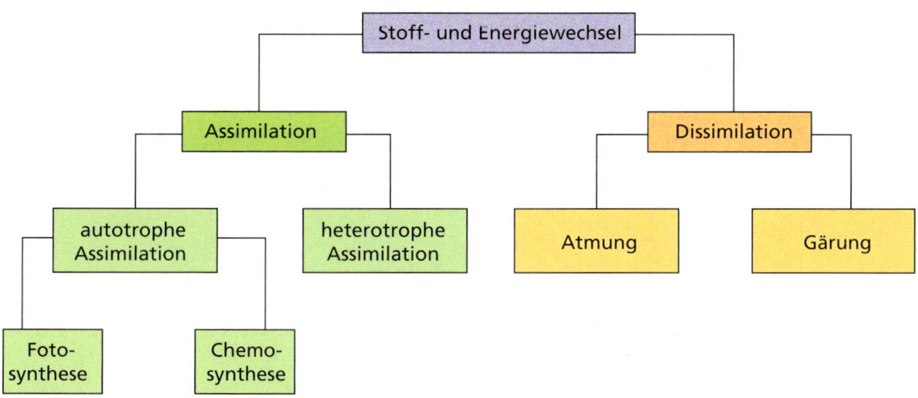

Assimilation

Assimilation ist der **Aufbau** körpereigener organischer Stoffe (Kohlenhydrate, Fette, Eiweiße) aus körperfremden Stoffen. Dazu wird Energie benötigt.

Pflanzen und einige Bakterien bauen körpereigene organische Stoffe durch **autotrophe Assimilation** auf. Sie ernähren sich autotroph (z.B. Hüllengeißelalge). Die autotrophe Assimilation ist eine Form der Assimilation, bei der aus **anorganischen Stoffen** körpereigene organische Stoffe aufgebaut werden.
Viele Bakterien, Tiere und Menschen bauen körpereigene organische Stoffe durch **heterotrophe Assimilation** auf. Sie ernähren sich heterotroph (z.B. Pantoffeltierchen). Die heterotrophe Assimilation ist eine Form der Assimilation, bei der aus **organischen Stoffen** körpereigene organische Stoffe aufgebaut werden.

Autotrophe Ernährung einer Hüllengeißelalge

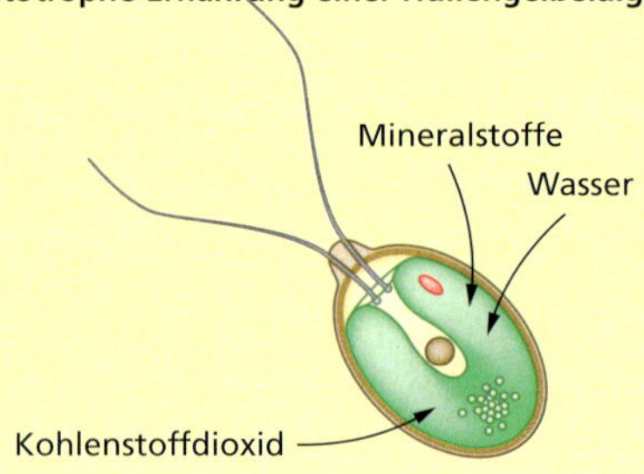

Heterotrophe Ernährung eines Pantoffeltierchens

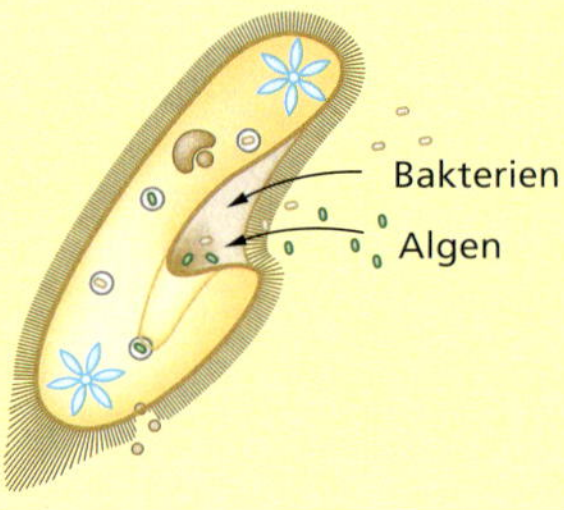

Fotosynthese der Pflanzen

Die **Fotosynthese** ist eine Form der autotrophen Assimilation, bei der der Aufbau von Traubenzucker (Glucose) aus Kohlenstoffdioxid und Wasser unter Zufuhr von Lichtenergie und mithilfe des Chlorophylls erfolgt. Dabei wird Sauerstoff abgegeben.
Die Orte der Fotosynthese sind die Chloroplasten (↗ S. 190).

Ausgangsstoffe, Produkte und Bedingungen für den Ablauf der Fotosynthese

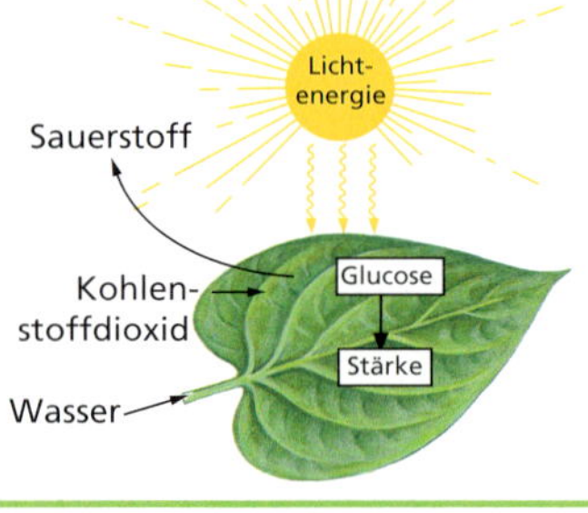

Ausgangsstoffe:
Kohlenstoffdioxid und Wasser
Produkte:
Glucose und Sauerstoff
Bedingungen für den Ablauf der Fotosynthese:
- Vorhandensein von Chlorophyll
- Zufuhr von Lichtenergie

Durch Fotosynthese gebildeten Sauerstoff kann man mithilfe der Spanprobe nachweisen (↗ S. 34).

Die *Ausgangsstoffe* Kohlenstoffdioxid und Wasser werden in den Chloroplasten in die *Produkte* Glucose (Traubenzucker) und Sauerstoff umgewandelt. Die Stoffumwandlungen während der Fotosynthese sind mit Energieumwandlungen verbunden. Die Fotosynthese ist ein **endothermer Prozess.** *Lichtenergie* wird in *chemische Energie* der Glucose umgewandelt.

Die während der Fotosynthese gebildete Glucose ist Grundlage für die Bildung weiterer organischer Stoffe in den Pflanzenzellen. Die Glucose wird durch biochemische Reaktionen in andere Kohlenhydrate sowie in *Fette* und *Eiweiße* umgewandelt (↗ S. 194). Zur Bildung der Eiweiße und einiger anderer organischer Stoffe, z. B. Chlorophyll, sind außerdem *Mineralstoffe* (↗ S. 183) notwendig.

In Vakuolen, Samen und Speicherorganen (Spross- und Wurzelknollen, Zwiebeln, Wurzelstöcken, ↗ S. 62, 64) werden organische Stoffe gespeichert, die nicht sofort für das Wachstum und andere Lebensprozesse verbraucht werden.

Bei endothermen. chemischen Reaktionen wird Energie aufgenommen. Der Energieinhalt der Ausgangsstoffe ist kleiner als der der Reaktionsprodukte.

JULIUS SACHS (1832–1867) gelang es 1862, Stärke in belichteten Laubblättern nachzuweisen (Jodprobe nach SACHS).

JULIUS ROBERT MAYER (1814–1878) erkannte als erster Wissenschaftler, dass während der Fotosynthese eine Umwandlung von Lichtenergie in chemische Energie erfolgt.

Stoff- und Energieumwandlungen während der Fotosynthese

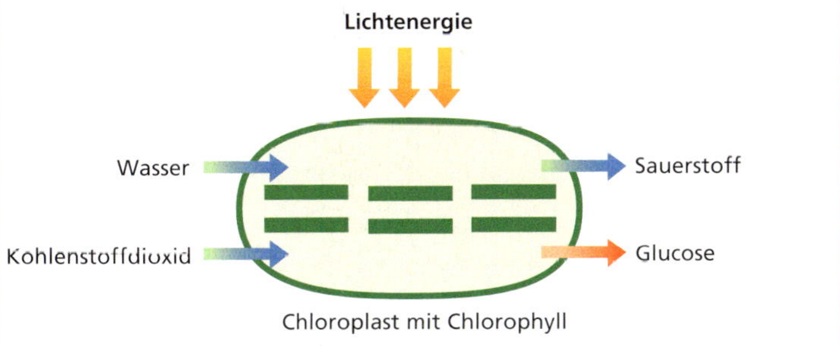

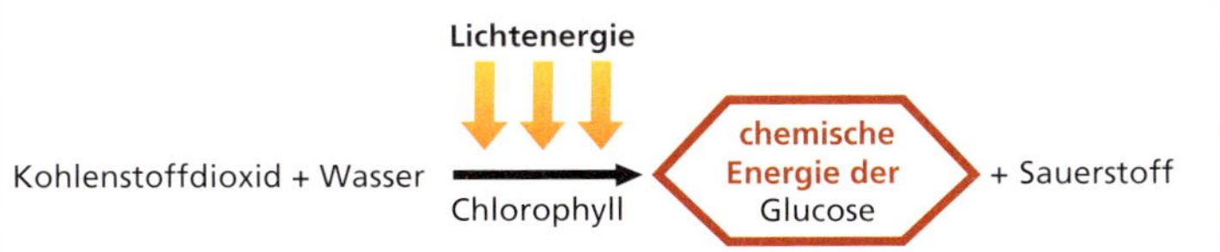

$6CO_2 + 6H_2O \longrightarrow C_6H_{12}O_6 + 6O_2$

Intensität der Fotosynthese

Die **Intensität der Fotosynthese** wird von verschiedenen Faktoren (z. B. der Lichtintensität, dem Kohlenstoffdioxidgehalt der Luft, der Temperatur) beeinflusst.

Eine Erhöhung der Lichtintensität (bis zu einer bestimmten Grenze) bewirkt eine Erhöhung der Intensität der Fotosynthese. Auch eine Erhöhung des Kohlenstoffdioxidgehalts der Luft bewirkt, dass die Fotosynthese intensiver abläuft.

Die Intensität der Fotosynthese wird von mehreren Faktoren gleichzeitig beeinflusst, die verschiedenen Faktoren beeinflussen sich auch untereinander.

Kenntnisse über die Beeinflussung der Intensität der Fotosynthese werden in Landwirtschaft und Gartenbau genutzt. So wird z. B. der CO_2-Gehalt der Luft in Gewächshäusern erhöht, um den Ertrag zu steigern

Beeinflussung der Fotosynthese durch Umweltfaktoren und Maßnahmen im Gewächshaus

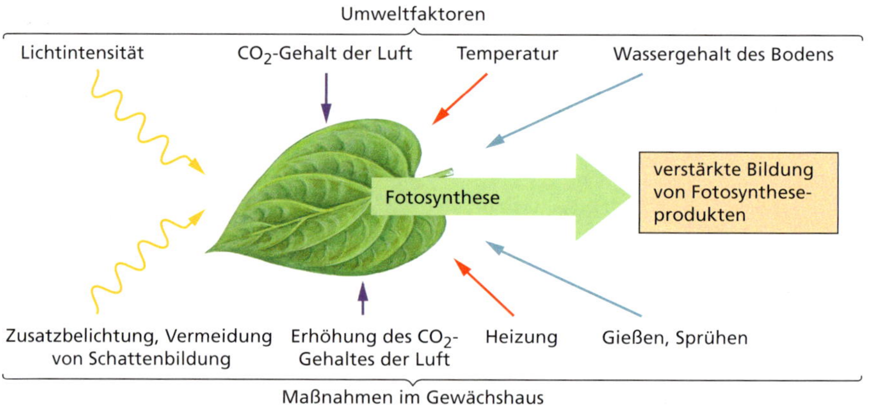

Bildung weiterer organischer Stoffe in Pflanzenzellen

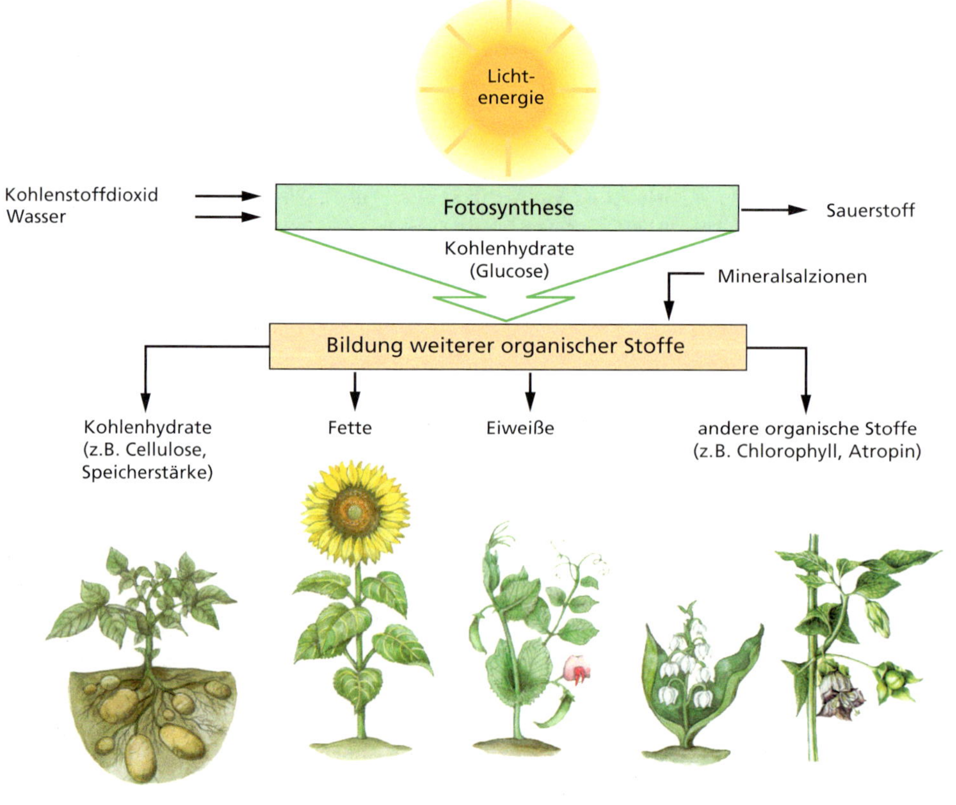

Chemosynthese
In einigen Bakterien (z.B. Eisen-, Nitrit- und Schwefelbakterien) läuft eine andere Form der autotrophen Assimilation, die **Chemosynthese**, ab. Die Energiequelle für den Aufbau von Glucose durch Chemosynthese ist Energie aus chemischen Reaktionen.

Energiequelle für den Aufbau von Glucose durch Schwefelbakterien ist z.B. die Oxidation von Schwefelwasserstoff (H_2S) zum Schwefel. Die Oxidation von Ammoniak (NH_3) zu salpetriger Säure (HNO_3) ist Energiequelle für den Ablauf der Chemosynthese durch Nitritbakterien.

Dissimilation

Dissimilation ist der **Abbau** organischer, energiereicher Stoffe (Kohlenhydrate, Fette) zur Nutzbarmachung der in ihnen enthaltenen chemischen Energie.

Die **Atmung** und die **Gärung** sind Formen der Dissimilation.

Die Atmung
Ausgangsstoffe der Atmung sind Glucose und Sauerstoff. Produkte der Atmung sind Kohlenstoffdioxid und Wasser.

Die **Atmung** ist eine Form der Dissimilation, bei der in den Zellen der organische Stoff Glucose zu den anorganischen Stoffen Kohlenstoffdioxid und Wasser abgebaut wird.
Die **Mitochondrien** (↗ S. 190) sind die Orte der Atmung in den Zellen.

Die Abgabe von Kohlenstoffdioxid und die Wärmeabgabe bei der Pflanzenatmung kann man mithilfe von Bariumhydroxid bzw. mit einem Thermometer nachweisen (↗ S. 38).

Die *Ausgangsstoffe* Glucose und Sauerstoff werden während der Atmung in die *Produkte* Kohlenstoffdioxid und Wasser umgewandelt. Die biochemischen Reaktionen in den Mitochondrien sind *Oxidationen*. Die Stoffumwandlungen während der Atmung sind mit Energieumwandlungen verbunden. Die Atmung ist ein **exothermer Prozess.** Ein Teil der *chemischen Energie* der Glucose wird in *thermische Energie* umgewandelt und als *Wärme* an die Umwelt abgegeben. Der andere Teil der chemischen Energie der Glucose wird in *chemische Energie des* **ATP** umgewandelt. Die chemische Energie des ATP ist für die Aufrechterhaltung der Lebensprozesse (z.B. Bewegung, Wachstum) nutzbar.

Stoff- und Energieumwandlungen während der Atmung

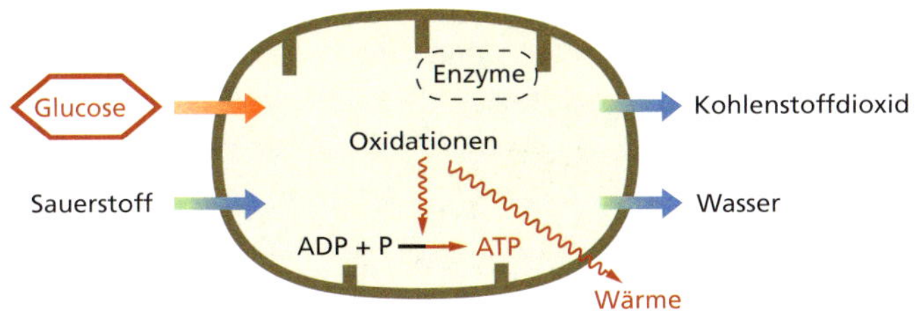

Glucose + Sauerstoff ⟶ Kohlenstoffdioxid + Wasser

Bei exothermen chemischen Reaktionen wird Energie abgegeben. Der Energieinhalt der Ausgangsstoffe ist größer als der der Reaktionsprodukte.

Die Stoff- und Energieumwandlungen während der Fotosynthese (↗ S. 193) und Atmung vollziehen sich in vielen Teilreaktionen, die durch **Enzyme** (↗ S. 184) gesteuert werden.

ATP als Energiespeicher und Energieüberträger

ADP ist die Abkürzung für **A**denosin**di**-**p**hosphat, ATP für **A**denosin**tri**-**p**hosphat.

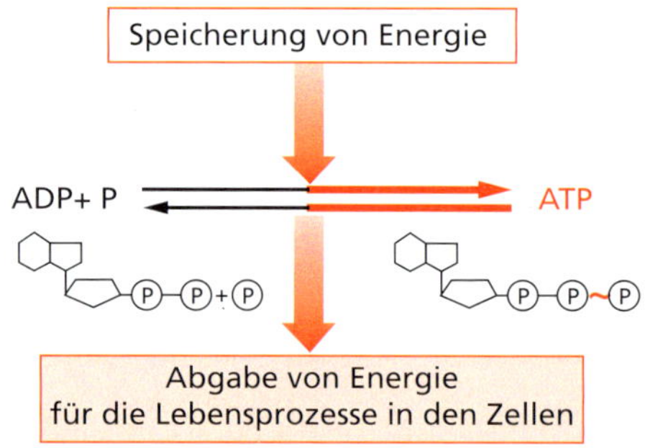

Das **ATP**, ein kompliziert aufgebauter organischer Stoff, ist der zentrale Energiespeicher und Energieüberträger in den Zellen. Die Energiespeicherung im ATP erfolgt durch die Anlagerung eines Phosphatrestes (P) an das ADP, dabei entsteht aus dem ADP das ATP. Die Abgabe von Energie für die Lebensprozesse in den Zellen erfolgt durch die Abspaltung eines Phosphatrestes (P) vom ATP. Dabei wird aus dem ATP wieder ADP gebildet.

Steht nicht genügend Sauerstoff zur Verfügung (z. B. bei starker Belastung des Muskels), wird die Glucose zu Milchsäure abgebaut. Ihre Anreicherung führt zur Ermüdung des Muskels. Früher glaubte man, dass das die Ursache von **„Muskelkater“** sei.

Für die **Muskelbewegung** ist Energie notwendig. Die Energie für die Tätigkeit der Muskeln wird durch den Abbau von Glykogen zu Glucose, der Glucose zu Kohlenstoffdioxid und Wasser unter Sauerstoffverbrauch gewonnen. Dabei wird ATP gebildet. Die im ATP gespeicherte Energie wird in mechanische Energie umgewandelt.

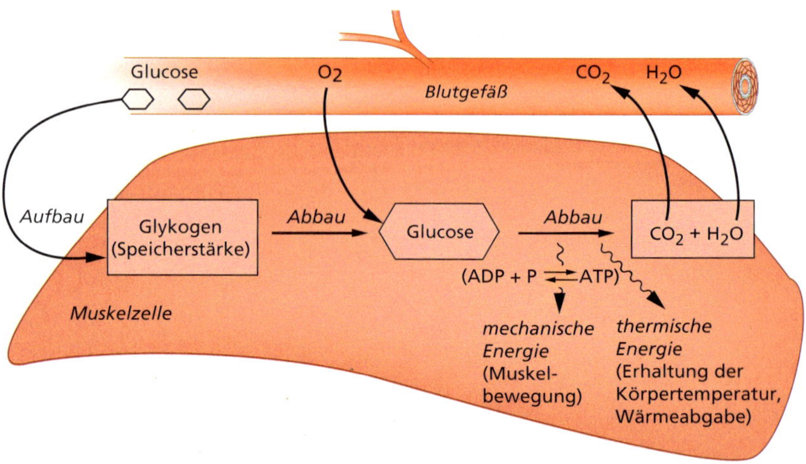

Intensität der Atmung

Die **Intensität der Atmung** wird von verschiedenen Faktoren (Temperatur, Gehalt an Kohlenstoffdioxid und Sauerstoff in der Luft, Wassergehalt in den Zellen) beeinflusst. Ein Absinken der Temperatur sowie die Erhöhung des Kohlenstoffdioxidgehaltes und die Senkung des Sauerstoffgehaltes in der Luft führen zu einer **Hemmung der Atmung.** Eine Temperaturerhöhung, die Senkung des Kohlenstoffdioxidgehaltes und die Erhöhung des Sauerstoffgehaltes in der Luft bewirken eine Förderung der Atmung.

Beeinflussung der Atmung durch Umweltfaktoren in Lagerräumen

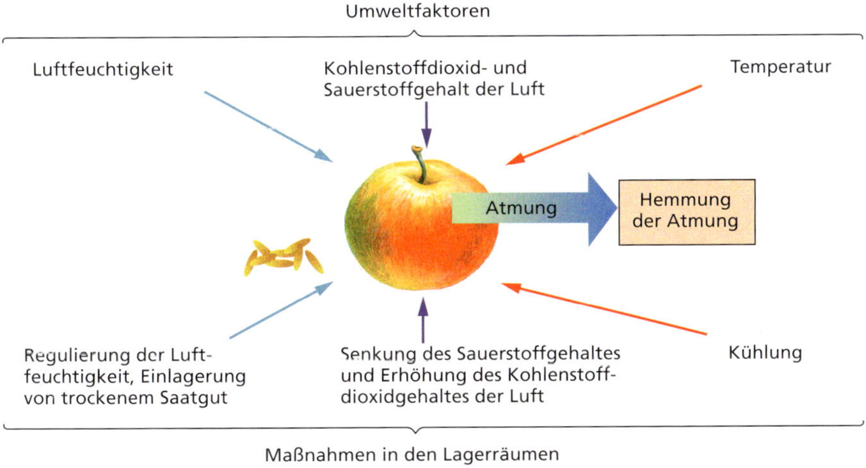

Kenntnisse über die Beeinflussung der Intensität der Atmung durch verschiedene Faktoren nutzt man bei der Langzeitlagerung von Obst, Gemüse und Saatgut aus.

Um eine Hemmung der Atmung zu erreichen, wird Obst (z.B. Äpfel) in *gasdichte Kühlzellen* eingelagert. Mithilfe technischer Geräte wird die Zusammensetzung der Luft in den Lagerräumen verändert (Absinken des Sauerstoffgehaltes der Luft von 21 % auf 1,5 %, Ansteigen des Kohlenstoffdioxidgehaltes der Luft von 0,03 bis 0,04 % auf 4 %). Dadurch atmen die Äpfel mit so geringer Intensität, dass ein Masseverlust und damit ein Schrumpfen der Äpfel weitgehend vermindert wird.

Massenverlust nach Lagerung in einem Keller bis 20 %

Massenverlust bei Äpfeln nach Lagerung in gasdichten Kühlzellen 3–4 %.

Die Gärung

Ausgangsstoffe der Gärung sind einige Kohlenhydrate (z.B. Glucose). Produkte der Gärung sind beispielsweise Ethanol, Milchsäure.

Die **Gärung** ist eine Form der Dissimilation (↗ S. 195), bei der der organische Stoff Glucose zu anderen organischen Stoffen (z. B. Ethanol, Milchsäure) abgebaut wird. Die Gärung verläuft ohne Verbrauch von Sauerstoff.

Gärungen sind exotherme Prozesse (↗ S. 195). Die chemische Energie der Glucose wird in chemische Energie des ATP (↗ S. 196) und thermische Energie umgewandelt. Die *chemische Energie des ATP* wird von den Mikroorganismen für die *Aufrechterhaltung der Lebensprozesse* genutzt.

Die **alkoholische Gärung** und die **Milchsäuregärung** sind zwei Gärungsarten. Sie werden nach den Produkten (Ethanol, Milchsäure) benannt, die bei der Gärung entstehen und von den Mikroorganismen an die Umwelt abgegeben werden.

Alkoholische Gärung bei Hefezellen

Bei der **alkoholischen Gärung** wird Glucose mithilfe von Enzymen in den **Hefezellen** in Ethanol und Kohlenstoffdioxid umgewandelt.

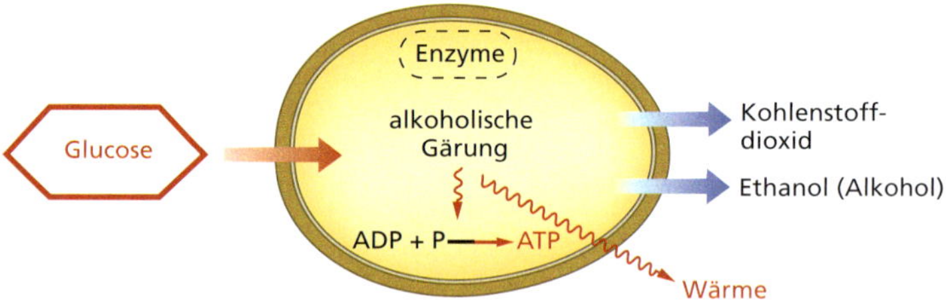

Milchsäuregärung bei von Milchsäurebakterien

Bei der **Milchsäuregärung** wird Glucose mithilfe von Enzymen der **Milchsäurebakterien** in Milchsäure umgewandelt.

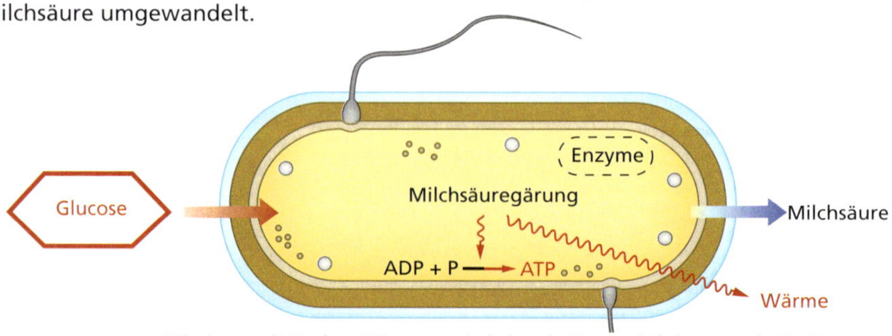

Die Intensität der Gärung wird durch Umweltfaktoren (z.B. Temperatur) beeinflusst.

Die **Gärprodukte** werden von den Menschen wirtschaftlich genutzt, z.B. in Großbäckereien und Brauereien.

Nutzung von Gärprodukten durch den Menschen	
alkoholische Gärung – Wein- und Bierbereitung – Herstellung von Brot und Hefekuchen	**Milchsäuregärung** – Konservierung von Gemüse und Grünfutter (Haltbarmachen von Sauerkraut, sauren Gurken, Silierung von Mais) – Herstellung von Milchprodukten (z. B. Joghurt, Käse)

Die im Teig enthaltenen Kohlenhydrate werden von Hefepilzen (Bäckerhefe) in Ethanol und Kohlenstoffdioxid umgewandelt. Die Gasbläschen aus CO_2 bilden Hohlräume im Teig, die als „Löcher" im Brot und Kuchen zurückbleiben.

Beim Sauerwerden der Milch werden die in der Milch enthaltenen Kohlenhydrate durch Milchsäurebakterien in Milchsäure umgewandelt.

„Essigsäuregärung" – eine weitere Form der Dissimilation

Bei der „Essigsäuregärung" werden Ethanol und Sauerstoff mithilfe von Enzymen der Essigsäurebakterien in Essigsäure und Wasser umgewandelt. Im Unterschied zur Gärung ist bei der „Essigsäuregärung" auch Sauerstoff ein Ausgangsstoff. Die Essigsäurebakterien leben vor allem auf Früchten, Gemüse und in Pflanzensäften.

Eine weitere Form der Dissimilation ist die „Essigsäuregärung". Dieser Begriff ist historisch entstanden. Im fachlichen Sinne handelt es sich hierbei aber nicht um einen Gärungsprozess (↗ S. 198).

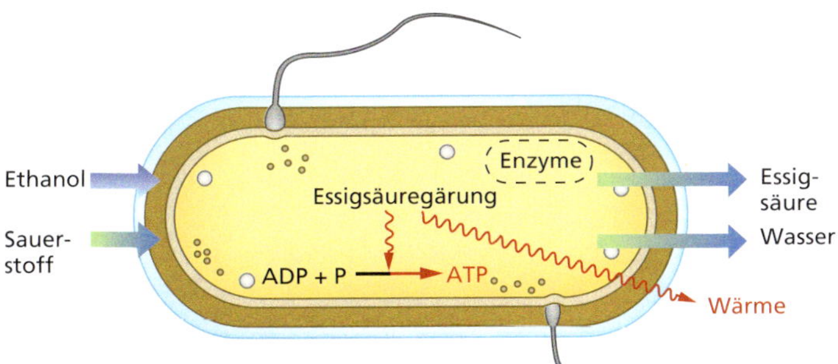

Die Essigsäure als Produkt der „Essigsäuregärung" wird in der Industrie zur Herstellung von Speiseessig (Abb.) aus Wein und anderen alkoholischen Getränken genutzt.

Zusammenwirken der Stoff- und Energiewechselprozesse und die Bedeutung der Fotosynthese

Stoff- und Energiewechselprozesse wirken in der lebenden Natur zusammen.

Erst durch die Entwicklung von chlorophyllhaltigen Organismen, die durch Fotosynthese Sauerstoff in die Erdatmosphäre abgaben, konnten sich auch Organismen entwickeln, die atmen.

Die ersten Organismen mit Fotosynthese traten vor ca. 3,8 Milliarden Jahren auf und waren den heutigen Cyanobakterien („Blaualgen“, ↗ S. 42) ähnlich.

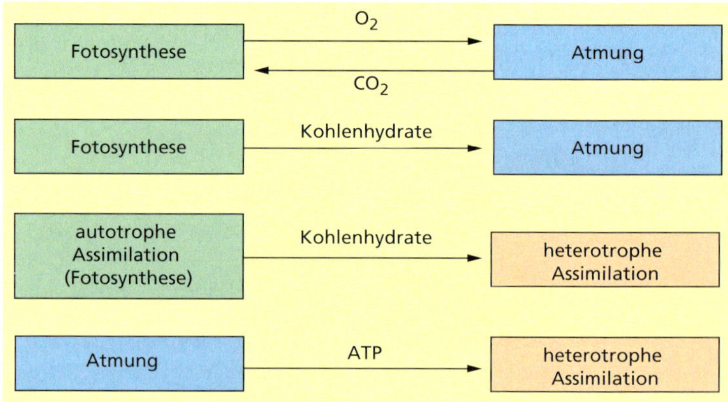

Die **Fotosynthese** (↗ S. 192, 193) liefert die stoffliche und energetische Grundlage für die Erhaltung des Lebens auf der Erde.

Durch Fotosynthese wird der durch die Atmung der Organismen verbrauchte Sauerstoffanteil der Luft ständig erneuert. Dadurch bleibt der Sauerstoffanteil in der Erdatmosphäre (etwa 21 %) annähernd konstant.

Zusammenhang zwischen Fotosynthese und Atmung

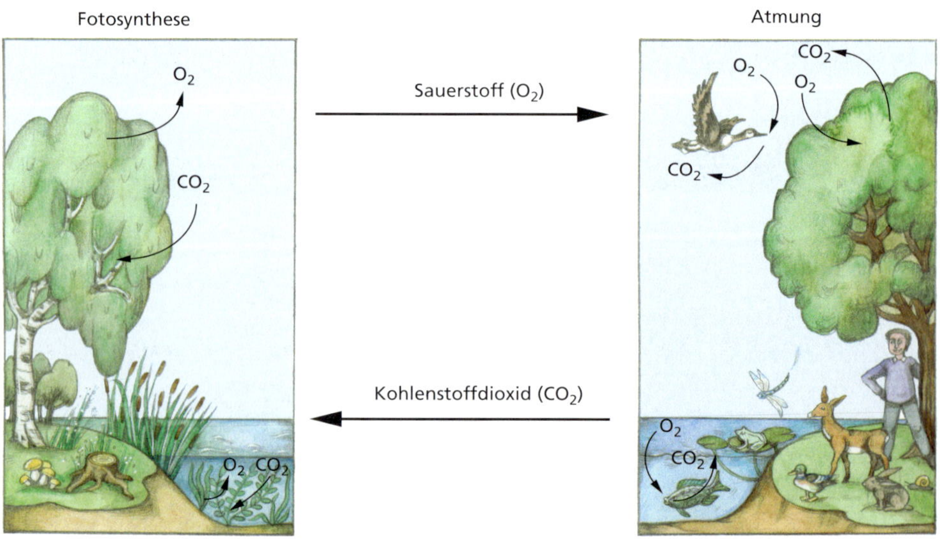

Die Fotosynthese ist die Grundlage für die Ernährung heterotroph lebender Organismen und den Aufbau körpereigener organischer Stoffe durch **heterotrophe Assimilation** (↗ S. 192) in den Zellen dieser Organismen.

Zusammenhang zwischen autotropher Assimilation (Fotosynthese) und heterotropher Assimilation

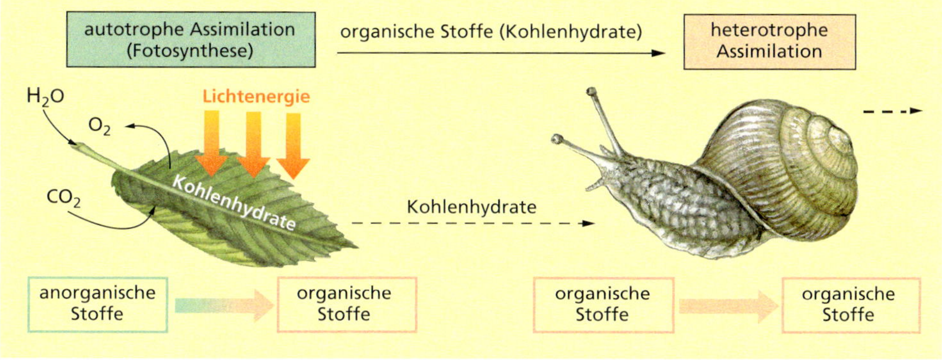

Die Fotosynthese liefert die **energetische Grundlage** für das Leben vieler Bakterien, der Pflanzen, der Tiere und des Menschen. Nur durch die Fotosynthese kann die Lichtenergie der Sonne in chemische Energie und damit in für die Lebensprozesse der Organismen nutzbare Energie umgewandelt werden.

Fotosynthese als Grundlage für die Energieversorgung von Pflanzen, Tieren und Menschen

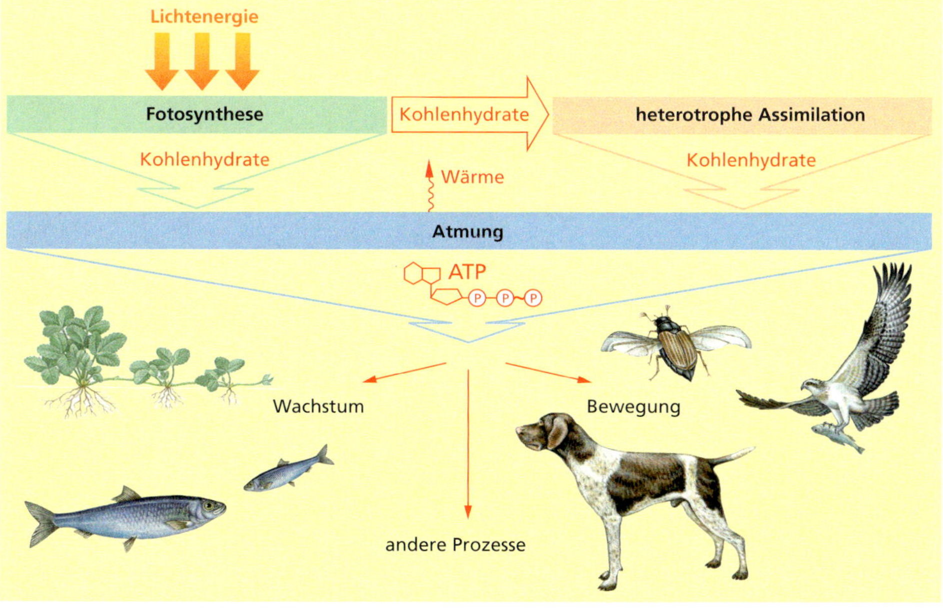

4.2 Reizbarkeit, Sinnes- und Nervenleistungen sowie biologische Regelung

4.2.1 Grundbegriffe

Reizbarkeit ist eine Eigenschaft lebender Organismen, auf Einwirkungen **(Reize)** aus der Umwelt und dem Innern des Körpers mit bestimmten Reaktionen zu antworten.

Reize sind Einwirkungen aus der Umwelt oder dem Innern des Körpers (↗ S. 158), die in der reizaufnehmenden Zelle eine elektrische Spannungsänderung (Erregung) hervorrufen.
Die **Reizaufnahme** erfolgt durch einzelne **Sinneszellen** (↗ S. 158, 159), durch Sinneszellen, die in **Sinnesorganen** (z.B. Auge, Ohr; ↗ S. 159–161) konzentriert sein können oder durch **freie Nervenendigungen** (↗ S. 158).
Die Aufnahme von Reizen führt zu Änderungen der elektrischen Ladung der Zellmembran der Zellen, sie werden erregt.

Die Erregungsleitung kann bei Wirbeltieren 70 bis 120 m/s betragen.

Erregung ist die Ladungsänderung (Spannungsänderung) an der Zellmembran einer lebenden Zelle, z.B. Sinnes-, Nerven-, Muskelzelle.
Erregungsleitung ist die Weiterleitung der Erregung von den Sinneszellen durch Nerven zum Zentralnervensystem oder vom Zentralnervensystem durch Nerven zu Erfolgsorganen.
Reaktion ist die Beantwortung eines Reizes durch einen Organismus oder durch eines seiner Teile, z.B. Organe.
Die Aufnahme von Reizen und die Beantwortung des Organismus auf Reize läuft in **Reiz-Reaktionsketten** (↗ S. 212) ab. Dabei nehmen Sinneszellen und freie Nervenendigungen Reize aus der Umwelt auf und wandeln sie in Erregungen um. Die Erregungen werden über **Empfindungsnerven (sensible Nerven)** zum Gehirn bzw. Rückenmark und von dort über **Bewegungsnerven (motorische Nerven)** zu den ausführenden Organen geleitet.

Unbewusste Berührung eines heißen Ofens mit der Hand

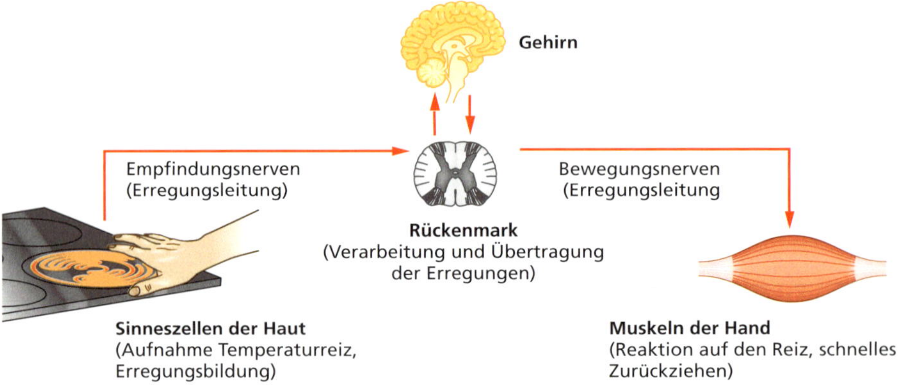

4.2.2 Reizbarkeit und Reaktion auf Reize bei Pflanzen

Pflanzen nehmen Reize aus der Umwelt auf und reagieren mit Bewegungen ihrer Organe auf sie. Die Reizbarkeit der Pflanzen ist – wie die anderer Organismen – an lebendes Zellplasma gebunden.
Viele Bewegungen der Pflanzen sind **Krümmungsbewegungen** Diese kommen entweder durch verstärktes Wachstum der einen Seite des Organs oder durch Turgorschwankungen zustande. Es werden *gerichtete* und *ungerichtete Krümmungsbewegungen* unterschieden.

Gerichtete Krümmungsbewegungen

Bei **gerichteten Krümmungsbewegungen (Tropismen)** wird die Richtung der Krümmung durch den auslösenden Reiz bestimmt. Die Pflanzen bzw. ihre Organe bewegen sich dem Reiz entgegen (positiver Tropismus) oder wenden sich ab (negativer Tropismus).

Die Krümmung einer Zimmerpflanze zum Fenster ist ein Beispiel für Lichtwendigkeit. Deshalb sollte man Pflanzen drehen.

Gerichtete Krümmungsbewegungen sind **Wachstumsbewegungen**. Sie beruhen auf dem verstärkten Transport von **Wuchsstoffen** (Auxinen) in einer Seite der Pflanzen bzw. ihrer Organe. Diese Seite zeigt ein verstärktes Wachstum.

Reaktion auf Licht – Lichtwendigkeit (Fototropismus) einer Spross-Spitze

Die Reaktion von Samenpflanzen auf einseitige Lichtreize heißt **Lichtwendigkeit (Fototropismus)**. Dabei entsteht durch einseitiges Wachstum eine Krümmungsbewegung des Getreideprosses zum Licht.

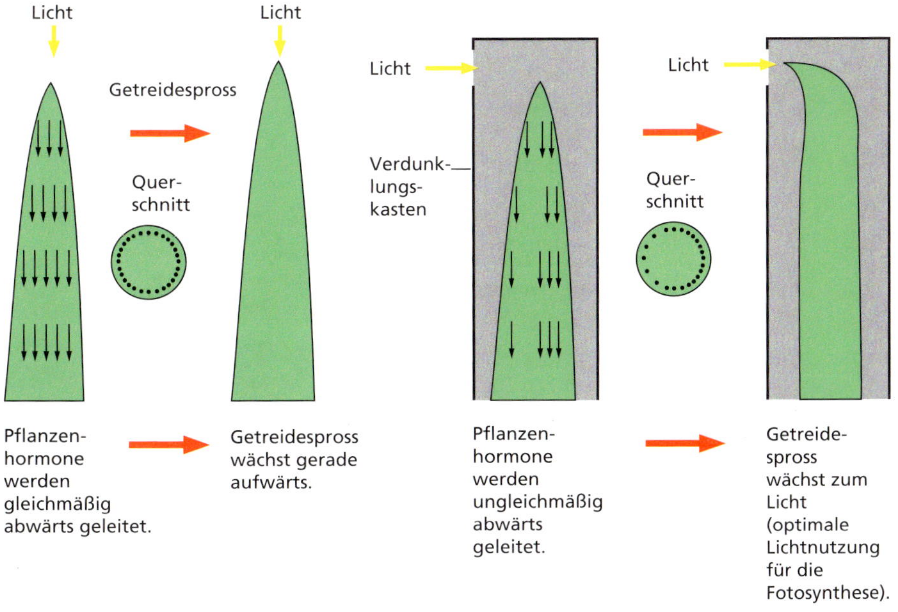

Reaktion auf Erdanziehungskraft – Erdwendigkeit (Geotropismus) einer Keimpflanze

Die Reaktion der Samenpflanzen auf die Erdanziehungskraft heißt **Erdwendigkeit (Geotropismus).** Dabei entsteht durch einseitiges Wachstum von Spross bzw. Wurzel deren Krümmung.

Normallage
Gleichmäßige Wuchsstoffverteilung

Hauptwurzel wächst Richtung Erdmittelpunkt, Sprossachse entgegengesetzt.

Reizlage
In den Wurzelzellen werden andere Regionen des Zellplasmas gereizt.

Ungleichmäßige Wuchsstoffverteilung beeinflusst Wachstum (beginnende Aufwärts- und Abwärtskrümmung).

Hauptwurzel wächst wieder in Richtung Erdmittelpunkt, Sprossachse entgegengesetzt (aus Reizlage in Normallage).

Ungerichtete Krümmungsbewegungen

Das Umwachsen einer Stütze durch Weinranken ist eine Reaktion auf mechanische Reize.

Bei **ungerichteten Krümmungsbewegungen (Nastien)** ist die Richtung der Krümmung vom auslösenden Reiz unabhängig.

Ungerichtete Krümmungsbewegungen auf die Reize Temperatur und Licht sind **Wachstumsbewegungen**, auf Berührungsreize sind es z. B. **Turgorbewegungen** (Veränderung des Zellinnendrucks durch osmotische Aufnahme und Abgabe von Wasser aus Geweben).
Nastien sind Bewegungen einer Pflanze oder ihrer Organe, die nicht in Beziehung stehen zu der Richtung, aus der ein auslösender Reiz einwirkt. Diese Bewegungen werden allein vom Bau der Organe gelenkt.

Reaktion auf Temperatur (Thermonastie) – Öffnungs- und Schließbewegungen von Blüten *(z. B. Tulpe)*

Höhere Temperatur bewirkt verstärktes Wachstum der Oberseite (Innenseite) der Blütenblätter
– Öffnen der Blüten.

Niedere Temperatur bewirkt verstärktes Wachstum der Unterseite (Außenseite) der Blütenblätter
– Schließen der Blüten.

Reaktion auf Licht (Fotonastie) – Öffnungs- und Schließbewegungen von Blütenkörben und Einzelblüten *(z. B. Löwenzahn, Seerose)*

Licht bewirkt verstärktes Wachstum der Oberseite (Innenseite) der Blütenblätter – Öffnen der Blütenkörbe.

Dunkelheit bewirkt verstärktes Wachstum der Unterseite (Außenseite) der Blütenblätter – Schließen der Blütenkörbe.

Intensiveres Licht führt zu verstärktem Wachstum der Oberseite (Innenseite) der Blütenblätter – Öffnen der Blüte.

Mangelndes Licht führt zu verstärktem Wachstum der Unterseite (Außenseite) der Blütenblätter – Schließen der Blüten.

Turgorbewegungen beruhen auf plötzlicher Veränderung des Zellinnendruckes (Turgor) durch osmotische Vorgänge der Wasserabgabe oder -aufnahme in bestimmten Pflanzenteilen (z. B. Gelenke des Blattstiels).

Turgorbewegungen werden durch Berührungsreize ausgelöst, verlaufen relativ schnell und sind umkehrbar.

Reaktion auf Berührung *(Seismonastie)* – **Bewegung von Blättern** *(z. B. Mimose)*

Erschütterung, Stoß, Berührung bewirken eine Veränderung des Zellinnendruckes (Turgor) in den Gelenken durch osmotische Aufnahme und Abgabe von Wasser. Dies bewirkt ein Zusammenklappen der Fiederblättchen und das Senken der Blattstiele. Nach einiger Zeit richten sich die Blättchen wieder auf.

Turgorbewegungen sind auch bei Spaltöffnungen (↗ S. 181) zu beobachten.

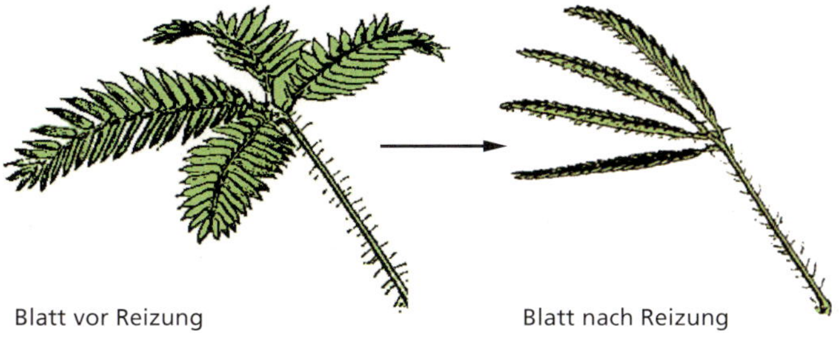

Blatt vor Reizung — Blatt nach Reizung

4.2.3 Bewegungen von Pflanzen unabhängig von Reizvorgängen

Bei Pflanzen gibt es auch Bewegungen ohne Beziehungen zur Reizbarkeit. Dies können Bewegungen sein, die auf Quellung und Entquellung von bestimmten Zellschichten beruhen. Es können auch Bewegungen sein, die der Verbreitung von Samen und Früchten dienen.

Quellungsbewegungen

Quellung ist die Volumenvergrößerung eines lebenden oder nicht lebenden Körpers durch Wasseraufnahme. Dieser Vorgang kann wiederholt vollzogen und wieder rückgängig gemacht werden **(Entquellung).**

Quellungsbewegungen (hygroskopische Bewegungen) der Pflanzen beruhen auf Quellungs- und Entquellungsbewegungen und den damit verbundenen Volumenveränderungen in den unterschiedlichen Gewebeschichten. Sie sind nicht an lebendes Zellplasma gebunden.

Quellungsbewegungen eines Kiefernzapfens

Die reifen Früchte des Springkrautes zerfallen explosionsartig bei der zartesten Berührung, wobei sich die Fruchtblätter nach innen zusammenrollen und dabei die Samen wegschleudern.

Bewegungen zur Verbreitung von Samen und Früchten

Ist ein bestimmter Reifegrad, z. B. bei Früchten, erreicht, werden Pflanzenteile zerstört.
Beispielsweise platzen die trockenen Hülsen des Besenginsters auf, die Samen werden fortgeschleudert.

4.2.4 Reizbarkeit und Reaktionen auf Reize bei Tier und Mensch

Reaktion auf mechanische Reize

Reaktion auf Berührungsreize beim Süßwasserpolypen

Die in der Stützschicht liegenden einzelnen Nervenzellen sind durch dünne Fortsätze zu einem einfachen **Nervennetz** verbunden (↗ S. 82, 303). Der Berührungsreiz wird von einfachen Sinneszellen in der Außenhaut aufgenommen; sie werden erregt. Die Erregung wird auf die Nervenzellen übertragen, die die Hautmuskelzellen zum Zusammenziehen des Körpers anregen.

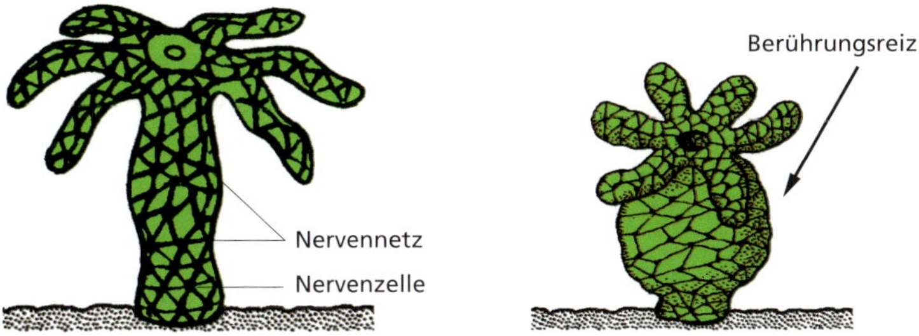

Reaktion auf optische Reize

Sehvorgang bei Wirbeltieren und Mensch

Hornhaut, Augenflüssigkeit, Augenlinse und Glaskörper bilden ein System, das wie eine Sammellinse wirkt.

Durch dieses Linsensystem wird das auftreffende Licht gebrochen. Es breitet sich durch den Glaskörper aus und erregt die Lichtsinneszellen in der Netzhaut. Dort entsteht ein umgekehrtes, verkleinertes und wirkliches (reelles) Bild des betrachteten Objekts.

Die in den **Lichtsinneszellen** entstehenden Erregungen werden über den Sehnerv zum Sehfeld des Gehirns (↗ S. 217) geleitet. Die Erregungen werden dort verarbeitet. Im Ergebnis sieht der Mensch das Bild des betrachteten Objekts in seiner natürlichen Größe und Gestalt.

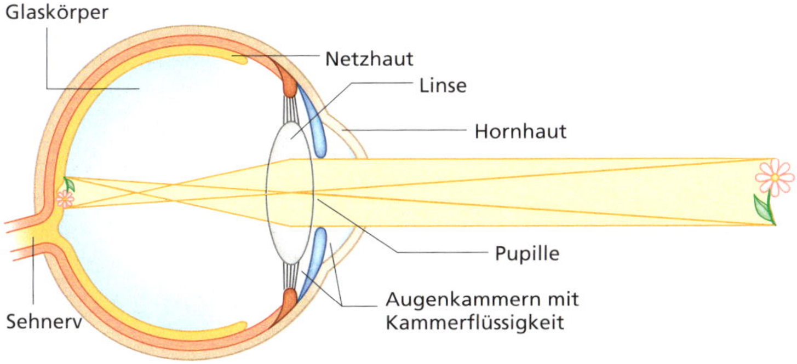

Der Regenwurm (↗ S. 87) kann mit lichtempfindlichen Zellen, die über die gesamte Körperoberfläche verteilt sind, Hell und Dunkel unterscheiden. Sie stehen mit dem „Gehirn" und dem Strickleiternervensystem in Verbindung.

Die Weinbergschnecke (↗ S. 97) reagiert mit ihren hinteren größeren Fühlern, die die Augen tragen, auf Licht und Berührung.

Optische Täuschungen beruhen darauf, dass das Gehirn das Gesehene nach der Erfahrung deutet.

In den aus keilförmigen Einzelaugen zusammengesetzten Komplexaugen der Insekten (↗ S. 92) setzt sich das Bild des betrachteten Objekts mosaikartig aus zahlreichen Bildpunkten zusammen.

Die Netzhaut ist ein ca. 0,5 mm dickes Häutchen.

Im Feinbau der **Netzhaut** sind zu erkennen
- Lichtsinnenzellen (Stäbchen und Zapfen), die durch Licht erregt werden (→).
- netzartig untereinander verbundene Nervenzellen, die die Erregungen zum Sehnerv leiten (→).

Feinbau der Netzhaut, Lichteinfall und Erregungsleitung

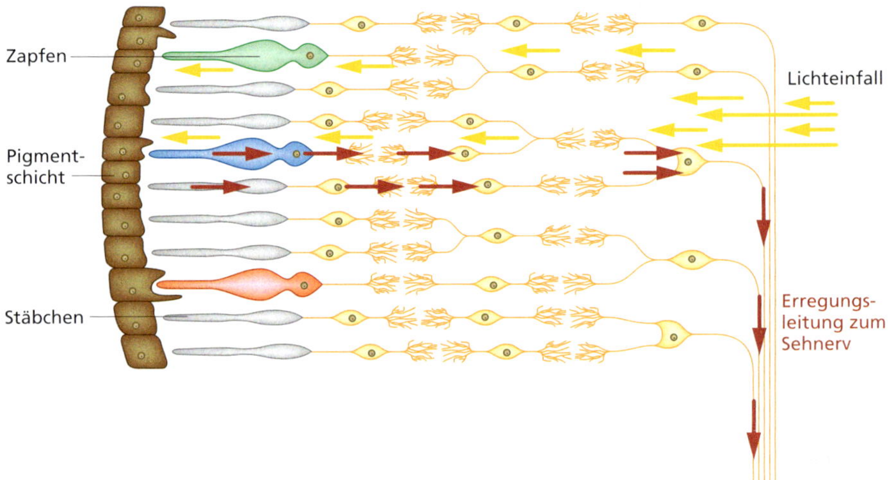

Anpassungen des Auges

Das Auge kann sich an die unterschiedliche Entfernung der Gegenstände sowie an die Menge des einfallenden Lichtes anpassen.

Der **Sehbereich** bei Mensch und Tier ist unterschiedlich.

Akkommodation ist die Anpassung des Auges an die unterschiedliche Entfernung der zu betrachtenden Gegenstände durch Änderung der Linsenkrümmung.

Anpassung an ferne Gegenstände – Fernakkommodation

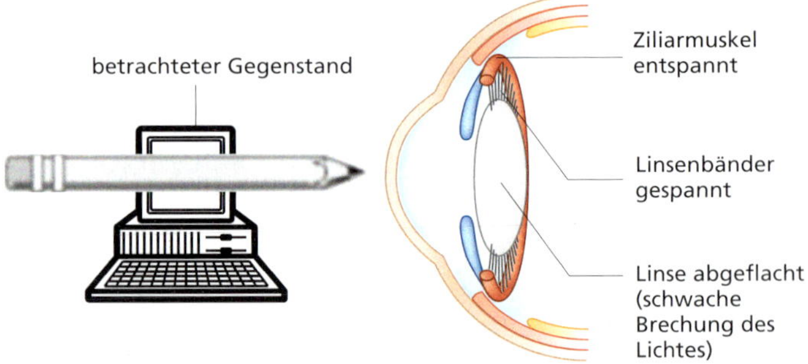

Verletzungen der Linse führen zu der als **grauer Star** benannten Augenkrankheit.

Anpassung an nahe Gegenstände – Nahakkommodation

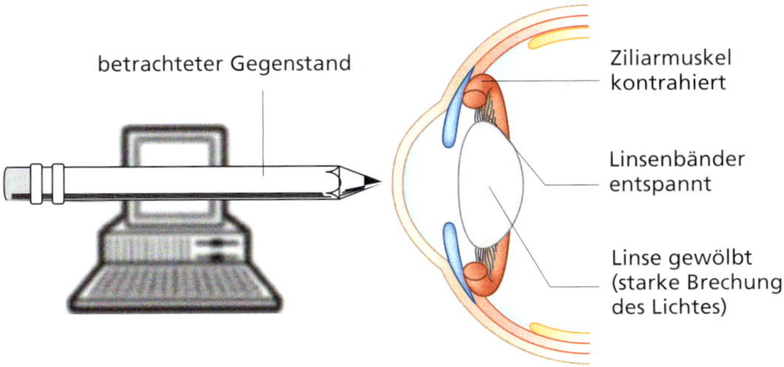

Pupillenadaptation (↗ S. 215) ist die Anpassung des Auges an die unterschiedliche Beleuchtungsstärke durch Erweiterung bzw. Verengung der Pupille.

Pupille im grellen Licht	Pupille im Dunkeln
Verengung der Pupille wird durch Kontraktion der Ringmuskeln der Regenbogenhaut bei gleichzeitiger Entspannung der strahlenförmig angeordneten Muskulatur bewirkt. Das hat eine Verringerung der Menge des einfallenden Lichtes zur Folge.	*Erweiterung der Pupille* wird durch Kontraktion der strahlenförmig angeordneten Muskeln bei gleichzeitiger Entspannung der ringförmig angeordneten Muskulatur bewirkt. Das hat eine Erhöhung der Menge des einfallenden Lichtes zur Folge.

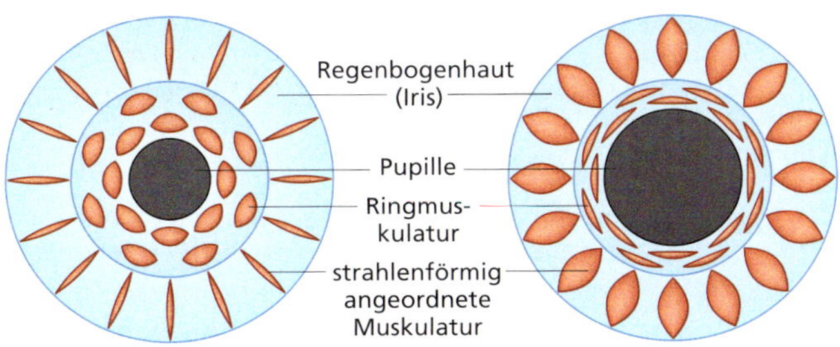

Auch die Netzhaut mit ihren Lichtsinneszellen (Stäbchen, Zapfen) passt sich an die unterschiedliche Lichtintensität an **(Netzhautadaptation).** Bei Dunkelheit werden die Stäbchen und bei Helligkeit die Zapfen erregt. Ursache für die Netzhautadaptation ist der Farbstoff in den Stäbchen, *Sehpurpur* (Rhodopsin). Die Stäbchen enthalten im dunkeladaptierten Auge Sehpurpur, der bei Lichteinfall abgebaut wird. Dadurch entstehen Erregungen, die zur Wahrnehmung von Helligkeitsunterschieden führen.

Räumliches Sehen ist nur beidäugig möglich. Es ist eine Leistung des Gehirns.

Optische Täuschungen beruhen darauf, dass das Gehirn das Gesehene nach der Erfahrung deutet.

Die Veränderung des Durchmessers der Pupille je nach Lichteinfall verläuft als Pupillenreflex (↗ S. 215). Bei größerer Helligkeit beträgt der Durchmesser ca. 2 mm, bei Dunkelheit bis 8 mm.

Zur Korrektur von **Augenfehlern** werden **Brillen und** häufig auch **Kontaktlinsen als Sehhilfen** benutzt.

Sehfehler und ihre Korrektur beim Menschen

Sehfehler können angeboren sein oder werden im Verlauf des Lebens erworben.

Sehfehler haben ihre Ursachen in Abweichungen des Augapfels von seiner normalen Länge (zu kurz bzw. zu lang) oder im Nachlassen der Krümmungsfähigkeit und damit der Brechkraft der Linse. Zur Korrektur sind Brillen mit verschiedenen Linsen notwendig.

Kurzsichtigkeit (Ursache: angeboren)
Kurzsichtige Menschen können nahe Gegenstände mühelos sehen, aber ferne Gegenstände sehen sie verschwommen.

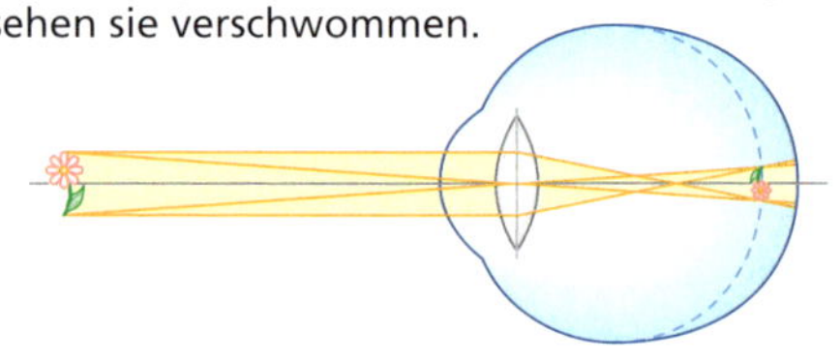

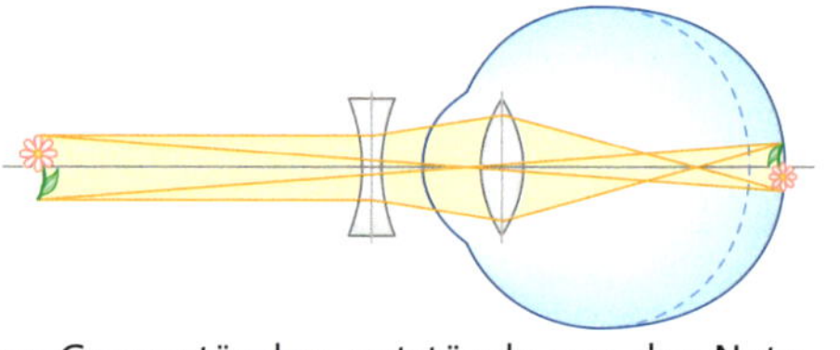

Augapfel zu lang; scharfes Bild von entfernten Gegenständen entstünde vor der Netzhaut, in der Netzhaut ist das Bild unscharf.
Korrektur: durch Brillen mit Zerstreuungslinsen

Weitsichtigkeit/Übersichtigkeit (Ursache: angeboren)
Weitsichtige (übersichtige) Menschen können ferne Gegenstände mühelos scharf sehen, nahe Gegenstände jedoch nur mit Mühe oder nur unscharf.

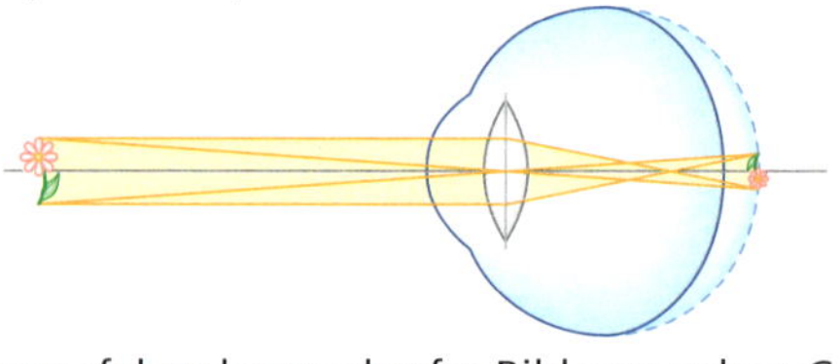

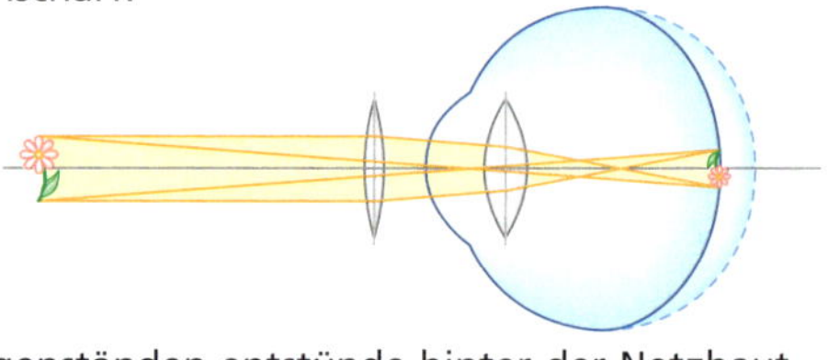

Augapfel zu kurz; scharfes Bild von nahen Gegenständen entstünde hinter der Netzhaut, in der Netzhaut ist das Bild unscharf.
Korrektur: durch Brillen mit Sammellinsen

Altersweitsichtigkeit (Ursache: erworben, Alterserscheinung)
Mit zunehmendem Alter kann sich die Augenlinse den verschiedenen Entfernungen der Gegenstände nicht mehr ausreichend anpassen.

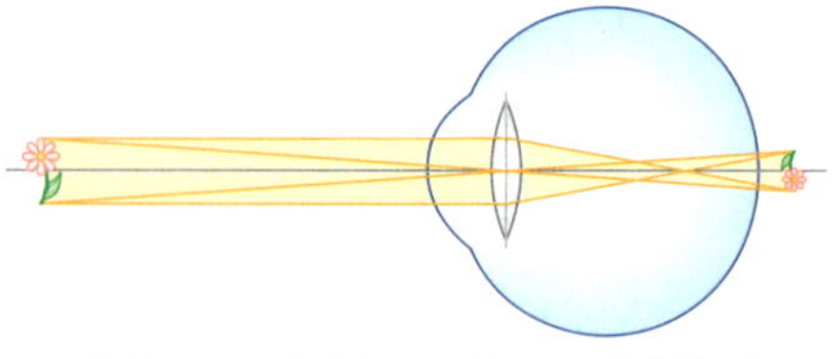

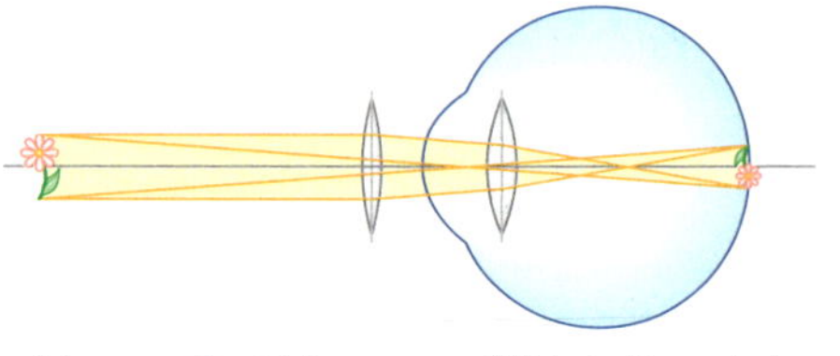

Augapfel normale Länge; Linse wird flacher, Nachlassen der Krümmungsfähigkeit und damit des Brechwertes; scharfes Bild von nahen Gegenständen entstünde hinter der Netzhaut, in der Netzhaut ist das Bild unscharf.
Korrektur: durch Brillen mit Sammellinsen

Farbensehen

Das **Licht** breitet sich als elektromagnetische Wellen aus. Das Spektrum des sichtbaren Lichtes (das weiße Licht) reicht von den Farben Rot bis Violett. Untersuchungen ergaben, dass es in der Netzhaut drei Zapfentypen gibt, die je einen spezifischen Sehfarbstoff besitzen.

Die Zapfen werden durch Licht der Grundfarben Rot, Grün und Blau erregt. Eine gleich starke Erregung der drei Zapfentypen ruft den Eindruck der Farbe Weiß hervor. Werden Zapfen nur durch rotes und grünes Licht erregt, entsteht die Farbe gelb. Durch Mischung der Grundfarben Rot, Grün und Blau erhält man alle Farben.

Infrarotes bzw. ultraviolettes Licht ist für den Menschen unsichtbares Licht.

Fehlen Zapfen für eine Grundfarbe oder mehrere Grundfarben, kommt es zu Farbsehstörungen bzw. zur Farbenblindheit. Durch **Farbtests** kann ermittelt werden, ob Personen an Farbenblindheit, z. B. Rot-Grün-Blindheit, leiden.

Reaktion auf akustische Reize

Hörvorgang

Der **Schall** wird von der Ohrmuschel (↗ S. 160) aufgenommen und im Gehörgang bis zum Trommelfell geleitet. Dieses wird in Schwingungen versetzt, die über die Gehörknöchelchen auf die Flüssigkeit des Innenohres (Lymphe) übertragen werden. Die Hörsinneszellen in der Gehörschnecke werden gereizt und anschließend erregt. Die entstehenden Erregungen werden über den Hörnerv zum Hörzentrum im Gehirn (↗ S. 217) geleitet und dort verarbeitet. Der *Hörbereich* des Menschen umfasst sowohl hohe und tiefe als auch laute und leise **Töne.**
Die Zahl der Schwingungen pro Minute – die **Schallfrequenz** – verändert sich beim Menschen im Verlaufe des Lebens und ist bei den Tieren sehr unterschiedlich (Tab.).
Die Unterschiede zwischen *hohen* und *tiefen Tönen* sind abhängig von der Anzahl der Schwingungen pro Sekunde (Frequenz). Je höher die Anzahl der Schwingungen, desto höher ist der Ton.
Der Mensch unterscheidet auch *laute* und *leise Töne*. Die **Lautstärke** wird in Dezibel (dB) gemessen.

Schall wird durch Schwingungen erzeugt. Bei Schallschwingungen werden Töne, Klänge, Geräusche und der Knall unterschieden.

Wahrnehmung der Schwingungen pro Minute bei Mensch und Tier

Mensch	Schwingungen pro Minute	Tier	Schwingungen pro Minute
12 Jahre	16 000–20 000	Fledermaus	175000
35 Jahre	20000	Delfin	200000
50 Jahre	15000	Aal	500
70 Jahre	12000	Heuschrecke	90000
	5000	Elritze	7000

Maßeinheit für die Schallfrequenz ist Hertz.
Ein Hertz (Hz) ist eine Schwingung pro Sekunde.

Reflexe und Reflexbogen

Reflexe sind unwillkürliche Reaktionen des Organismus oder seiner Teile, z.B. Organe wie Arm, Bein, auf einen Reiz. Jeder Reflex läuft in einem bestimmten **Reflexbogen** ab.

Ein **Reflexbogen** ist eine Nervenbahn, auf der ein Reflex zustande kommt und abläuft.

Schema eines Reflexbogens

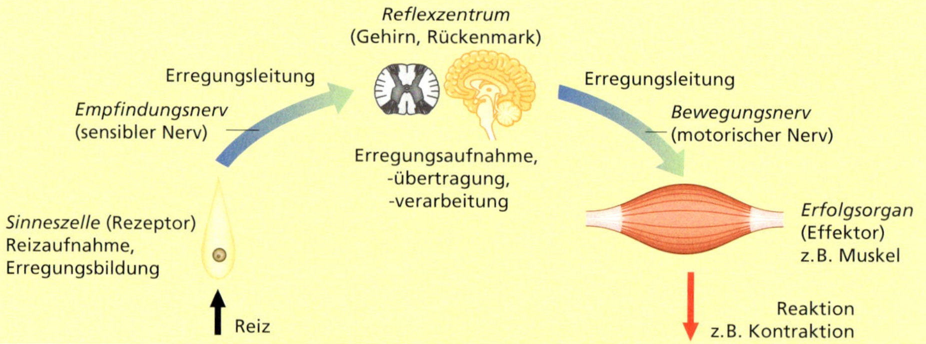

Eigenreflex ist ein Reflex, bei dem die Sinneszellen im Erfolgsorgan liegen (z.B. Kniesehnenreflex).

Unbedingte Reflexe sind unwillkürliche, angeborene und beständige Reaktionen auf einen Reiz. Sie bleiben meist zeitlebens erhalten und sind nicht an die Tätigkeit der Großhirnrinde gebunden.

Beispiele für Reflexe sind der Saug-, Schluck-, Speichelsekretionsreflex, Husten- und Niesreflex, Kniesehnenreflex. Auf dem Ablauf unbedingter Reflexe beruhen elementare Lebensfunktionen wie Ernährung, Atmung, Fortpflanzung, Schutz, Verteidigung.

Fremdreflex ist ein Reflex, bei dem die Sinneszellen und das Erfolgsorgan voneinander getrennt sind, z.B. Hustenreflex.

Ablauf des angeborenen (unbedingten) Speichelreflexes

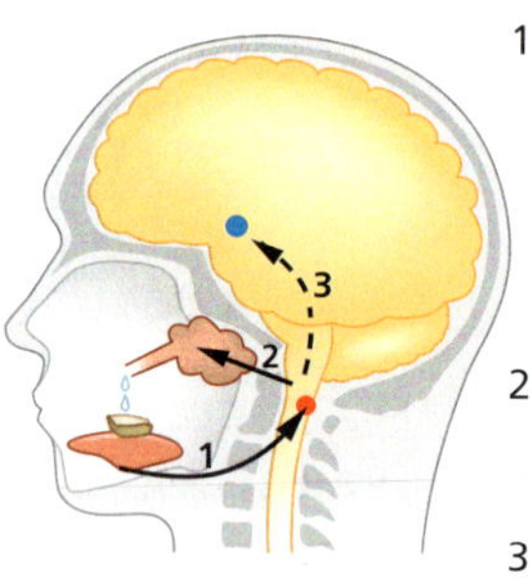

1 Auf die Zunge gebrachte Nahrung reizt die Geschmackssinneszellen und ruft in ihnen eine Erregung hervor. Die Erregungen gelangen über Empfindungsnerven zum Reflexzentrum im Nachhirn (●). Die Erregungen werden verarbeitet.
2 Neue Erregungen veranlassen über Bewegungsnerven die Speicheldrüsen zur Absonderung des Speichels.
3 Gleichzeitig wird der Geschmack der Nahrung in der Großhirnrinde (●) empfunden.

Erworbene Reflexe (bedingte Reflexe) sind im Verlaufe des Lebens auf der Grundlage von angeborenen Reflexen (unbedingten Reflexe) erworbene Reaktionen auf bestimmte Reize **(Signalreize).**

Die Einteilung der Reflexe in unbedingte und bedingte Reflexe wurde von I. P. PAWLOW (1849–1936) nach Untersuchungen an Hunden eingeführt.

Erworbene Reflexe können erlöschen, wenn die Signalreize nicht erneut nach einiger Zeit einwirken. Erworbene Reflexe (bedingte Reflexe) sind an die Tätigkeit der Großhirnrinde gebunden, z. B. bedingter Speichelreflex, gleicher Tagesrhythmus für Aufstehen, Mittagessen, Abendessen, Schlafengehen.
Der Mensch und viele Tiere (z. B. Menschenaffen, Delfine) können sich auf der Grundlage der Bildung, Hemmung und Löschung bedingter Reflexe an ihre Umwelt besser anpassen. Sie sind durch die Ausbildung bedingter Reflexe in der Lage, Informationen im Gehirn zu verarbeiten und zu speichern. Sie sind in der Lage zu **lernen** (↗ S. 216).

Ausbildung des erworbenen (bedingten) Speichelreflexes

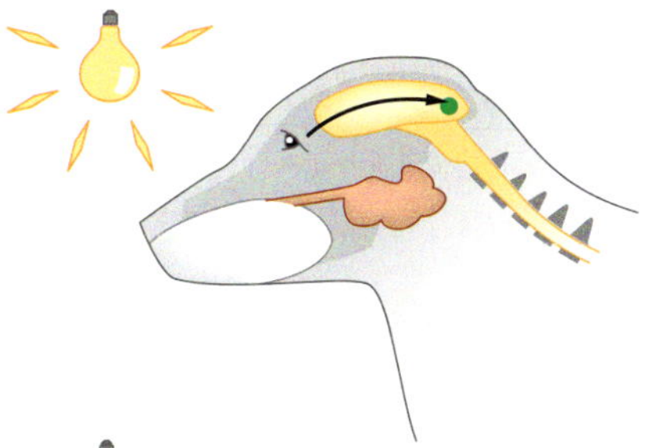

Durch Aufleuchten der Lampe werden die Lichtsinneszellen gereizt. Es erfolgt die Weiterleitung der entstehenden Erregungen über den Sehnerv zum Sehfeld des Gehirns (•). Dort wird das Aufleuchten wahrgenommen.

Durch Nahrung werden die Geschmackssinneszellen gereizt. Die entstehenden Erregungen werden zum Geschmackszentrum im Nachhirn (•) weitergeleitet. Über Nerven erfolgt die Weiterleitung der Erregungen zur Speicheldrüse. Dort wird Speichel *(unbedingter Reflex)* abgesondert.
Gleichzeitig wird die Geschmackswahrnehmung im Gehirn (Geschmacksfeld •) gespeichert. Bei mehrfacher Wiederholung dieses Vorganges (*Aufleuchten der Lampe kombiniert mit Nahrungsgabe*) kommt es zu einer zeitweiligen und unbeständigen Verbindung der erregten Gehirnfelder (Seh- und Geschmacksfeld), zur Anbahnung eines *bedingten Reflexes (erworbenen Reflexes).*

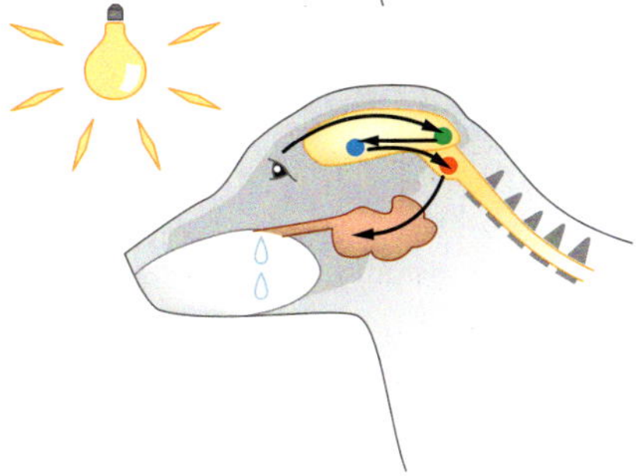

Allein das Aufleuchten der Lampe genügt nun, um die Absonderung des Speichels auszulösen. Ein *bedingter Reflex (erworbener Reflex)* ist ausgebildet.

Die Biokybernetik befasst sich mit den Aufgaben und der Wirkungsweise von biologischen Regelkreisen.

Biologische Regelung

Im gesunden Organismus laufen viele biologische Prozesse geregelt ab. Es werden Zustände möglichst konstant gehalten, z.B. Körpertemperatur, Blutdruck, Atmung, Blutzuckerspiegel (↗ S. 171), Beleuchtungsstärke im Auge (↗ S. 209, 215), obwohl in der Umwelt und im Körperinneren ständig Veränderungen vor sich gehen.

Biologische Regelung ist der Ablauf biologischer Prozesse in Regelkreisen. Sie erfolgt unwillkürlich, ist angeboren und ständig vorhanden. Sie ist aber kein unbedingter Reflex, da durch eine dauernde Rückmeldung über den Ablauf der Reaktion an ein Reflexzentrum ein geschlossener Wirkungskreis (biologischer Regelkreis) entsteht.

Biologischer Regelkreis ist ein geschlossener Wirkungskreis, in dem eine zentrale Schaltstelle die Prozesse bzw. Zustände im Körper überwacht und reguliert.
Die biologische Regelung ermöglicht eine bessere Anpassung des Organismus an sich ändernde Lebensbedingungen in der Umwelt und im Körperinneren.

Biologischer Regelkreis (Schema)

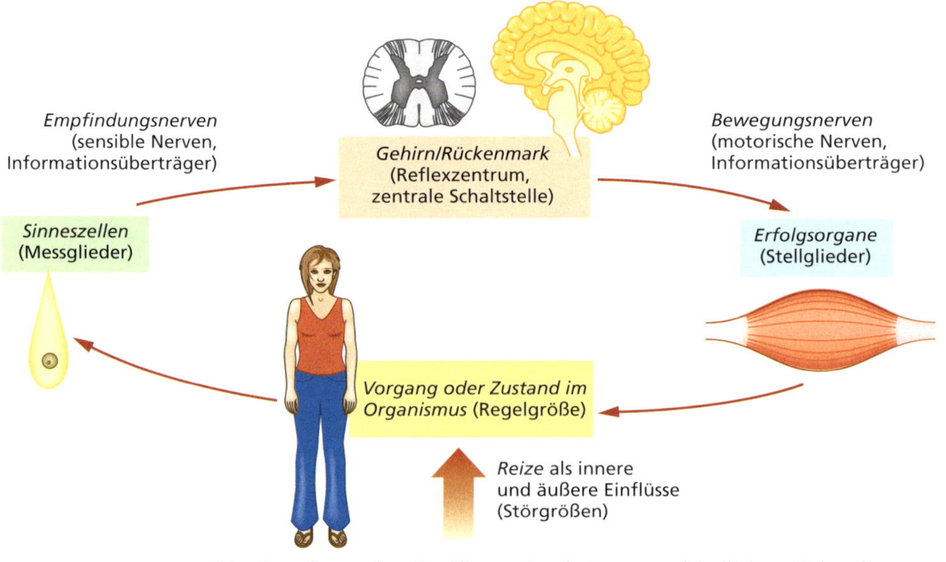

Die Regelung der Pupillenweite bei unterschiedlicher Beleuchtungsstärke sowie die Regelung der Konstanthaltung der Körpertemperatur auf 37 °C erfolgt auf der Grundlage von biologischen Regelkreisen.
Einige biologische Prozesse werden durch das *Zusammenwirken von Hormonen und Nerven* geregelt, z.B. Blutzuckerspiegel (↗ S. 171), Grundumsatz des Stoff- und Energiewechsels, Ausbildung der sekundären Geschlechtsmerkmale (↗ S. 170, 174).

Regelung der Pupillenweite bei unterschiedlicher Beleuchtungsstärke

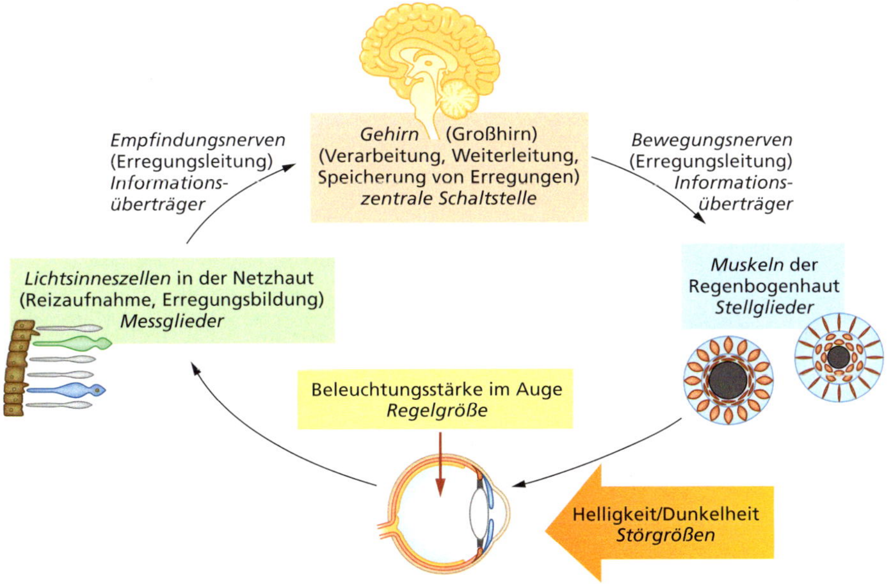

Regelung der Konstanthaltung der Körpertemperatur

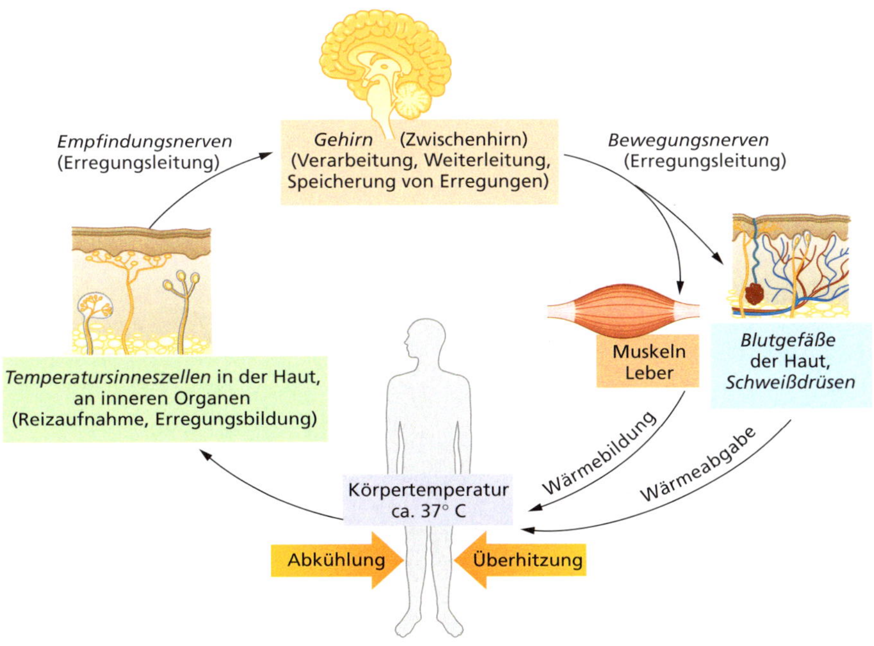

Leistungen des menschlichen Gehirns

Die Ursache für die hohe Leistungsfähigkeit des menschlichen Gehirns liegt in der großen Anzahl von Nervenzellen (10–14 Milliarden) und deren Verknüpfungen untereinander begründet. Die Zahl der Verknüpfungen, der Synapsen, wird auf etwa 7 Billionen und die Zahl der Querverbindungen im Großhirn auf ca. 1 Billion geschätzt.

Der Mensch besitzt das am höchsten entwickelte Gehirn. In ihm vollziehen sich alle Vorgänge unseres bewussten Fühlens, Denkens und Handelns.
Das Gehirn ist also Steuer- und Informationszentrale, beeinflusst direkt oder indirekt alle Vorgänge in unserem Körper und auch seine Reaktionen. Der Mensch kann die Gesetzmäßigkeiten in Natur und Gesellschaft erkennen und sie sinnvoll nutzen und anwenden.

Höher entwickelte Tiere und der Mensch sind in der Lage, ihre im Leben erworbenen Kenntnisse, Erfahrungen, Erlebnisse und Eindrücke zu speichern und bei Bedarf wieder abzurufen. Diese Informationen werden in den Nervenzellen des Gehirns und ihren Verbindungen untereinander gespeichert. Sie sind Grundlage für das **Gedächtnis.**

Gedächtnis ist die Fähigkeit des Gehirns, Erregungen von Reizen aus der Umwelt und dem Körperinneren über verschiedene Zeiträume hinweg aufzubewahren, z. B. im Kurz- und Langzeitgedächtnis.

Um Gedächtnisleistungen vollbringen zu können, muss der Mensch über die Fähigkeit zum Lernen (↗ S. 316) verfügen. Lernen beruht auf Vorgängen der Informationsaufnahme, -weiterleitung, -verarbeitung, -speicherung und -abgabe.

Ablauf von Gedächtnisvorgängen (⟶)

Kurzzeitgedächtnis: Speicherung von Informationen innerhalb weniger Sekunden

Mittelfristiges Gedächtnis: Speicherung von Informationen bis mehrere Tage

Langzeitgedächtnis: Speicherung von Informationen mehrere Tage bis lebenslang

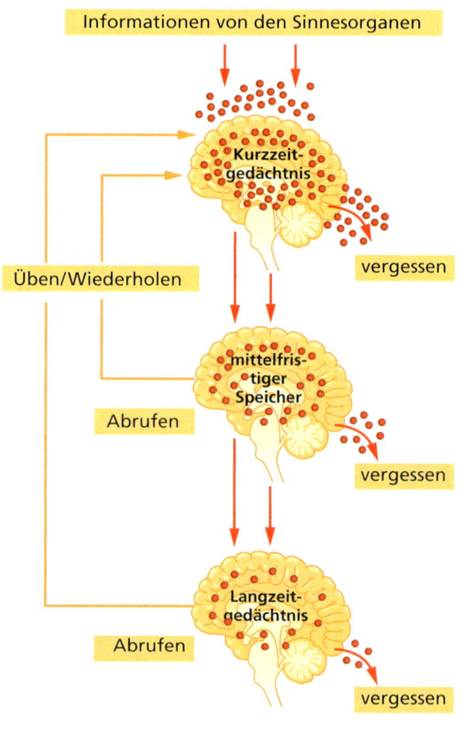

Die *Abschnitte des menschlichen Gehirns* (↗ S. 165) erfüllen bestimmte Aufgaben.

Gehirnabschnitte	Leistungen
Großhirn	Aufnahme, Verarbeitung, Speicherung, Weiterleitung von Erregungen, Wortsprache, Denken, Lernen, bewusstes Handeln, Zentrum zahlreicher Empfindungen und Wahrnehmungen, Verhalten, Gefühle
Kleinhirn	Gleichgewichts- und Bewegungskoordination, Orientierung im Raum, Tastsinn
Zwischenhirn	Beeinflussung von Blutdruck, Atmung, Temperaturregulation
Mittelhirn	Umschaltstelle für Nervenbahnen, Zentrum zahlreicher Reflexe, z.B. Seh- und Hörreflexe, Pupillenreflex, Scharfstellen des Bildes auf der Netzhaut
Nachhirn	Atemzentrum, Kreislaufregulation, Herzschlag, Stoffwechsel, Wasserhaushalt, Umschaltstelle für Nervenbahnen, Zentrum zahlreicher Reflexe

Auf der **Großhirnrinde** lassen sich verschiedene sensible und motorische **Rindenfelder** abgrenzen. In den sensiblen Hirnfeldern wird bei Aufnahme der Erregungen von bestimmten Reizen die entsprechende Empfindung und Wahrnehmung ausgelöst, z.B. im Sehfeld das Sehen, im Hörfeld das Hören. Sollen die Empfindungen und Wahrnehmungen ausgeführt werden, so werden die motorischen Rindenfelder angeregt. Diese steuern alle bewussten Verhaltensweisen wie Sprechen, Schreiben, Bewegung der Gliedmaßen. Bei Schädigung der Rindenfelder kommt es zu Ausfallerscheinungen.

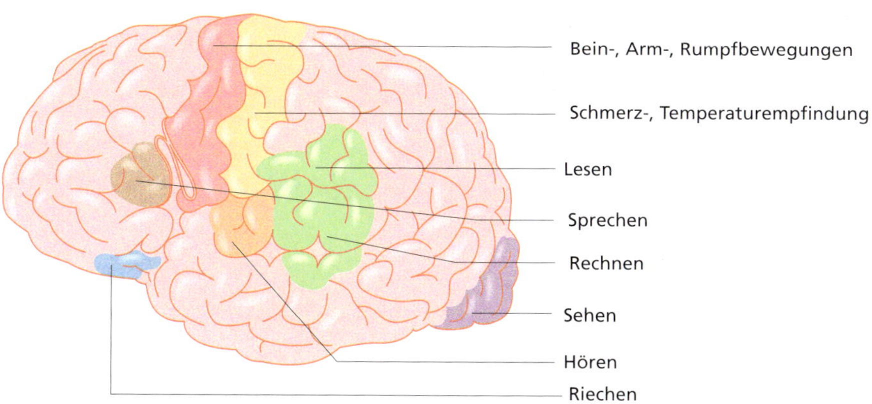

4.3 Fortpflanzung, Individualentwicklung und Wachstum

4.3.1 Die Fortpflanzung

Die **Fortpflanzung** ist ein wesentliches Merkmal des Lebens. Sie ist die Fähigkeit der Lebewesen, Nachkommen zu erzeugen. Sie kann ungeschlechtlich (vegetativ) oder geschlechtlich (generativ) erfolgen.

Vermehrung ist die Erhöhung der Anzahl der Nachkommen gegenüber den Eltern bei der Fortpflanzung.

Die ungeschlechtliche Fortpflanzung

Die **ungeschlechtliche Fortpflanzung** ist die Entstehung von Nachkommen aus einer elterlichen Einzelzelle oder aus Teilstücken (Zellkomplexen) eines elterlichen Lebewesens.

Bei *Einzellern* (↗ S. 40, 47, 81) beruht die ungeschlechtliche Fortpflanzung auf einer einfachen Zweiteilung (z. B. Längsteilung, Querteilung, Spaltung) oder auf der Bildung von Tochterzellen in der Mutterzelle, bei *einzelligen Pilzen* (↗ S. 43) auf der Abschnürung eines Auswuchses (z. B. Sprossung), bei *mehrzelligen Pilzen* (↗ S. 43) auf der Bildung von Sporen und bei der Grünalge Volvox (↗ S. 46) als Zwischenglied zum *pflanzlichen Vielzeller* auf der Bildung von Tochterkugeln.

Längsteilung (Euglena)

Querteilung (Pantoffeltierchen)

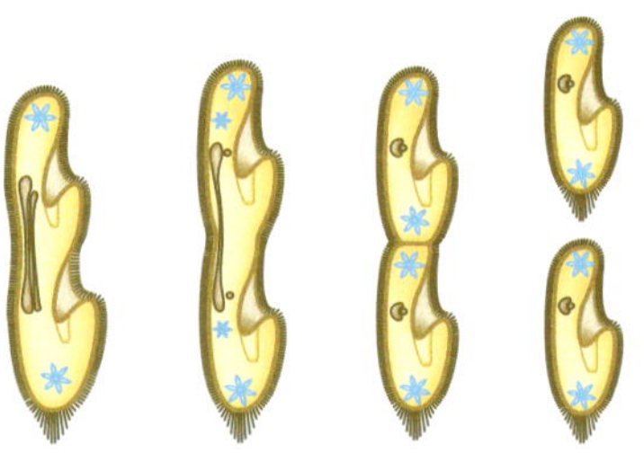

Bildung von Tochterzellen (Chlorella)

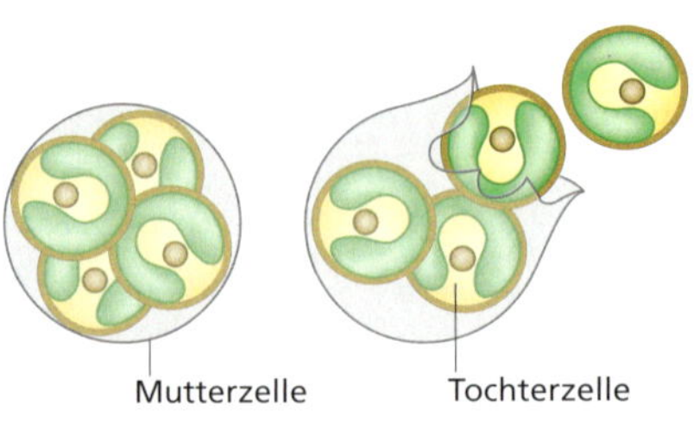

Spaltung (Bakterien)

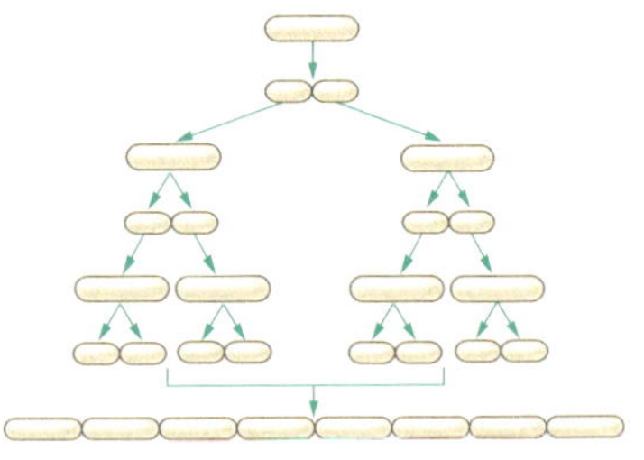

Zellteilung (Wechseltierchen)

Sporen (Schimmelpilze)

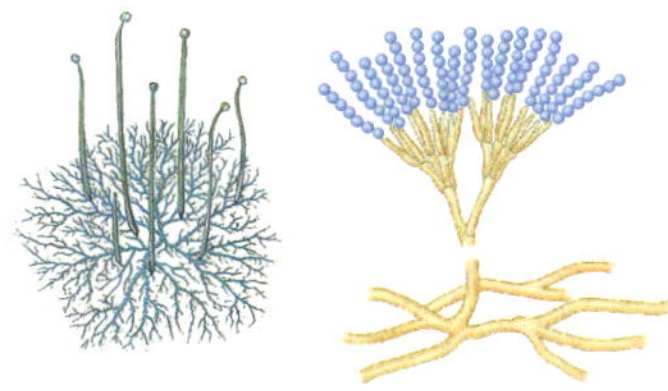

Tochterkugeln (Volvox)

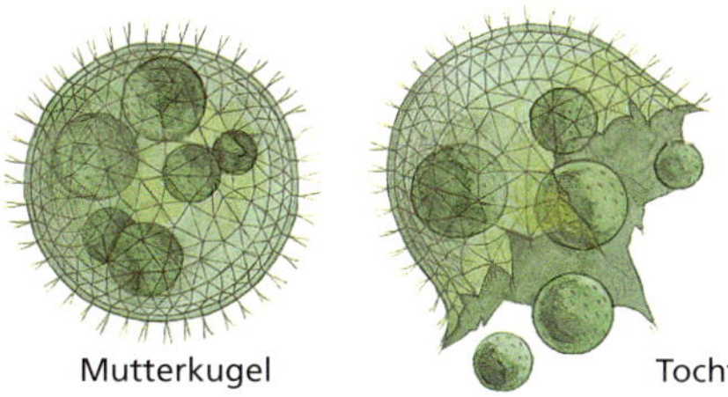

Sprossung (Bäckerhefe)

Bei *mehrzelligen Pflanzen* werden verschiedene Formen der ungeschlechtlichen Fortpflanzung gebildet, z. B. Brutknospen, Knollen, Zwiebeln, Ausläufer, Erdsprosse (Rhizome/Wurzelstöcke).
Bei *niederen Tieren*, z. B. Hohltieren, findet die ungeschlechtliche Fortpflanzung durch Knospung statt.

Oberirdische Ausläufer (Erdbeere)

Unterirdische Ausläufer (Quecke)

Tochterzwiebeln (Tulpe)

Wurzelknollen (Dahlie)

Sprossknollen (Kartoffel)

Wurzelunkräuter (z. B. Ackerdistel, Ackerwinde) vermehren sich durch unterirdische Wurzelstöcke.

Brutknospen (Brutblatt)

Knospung (Süßwasserpolyp)

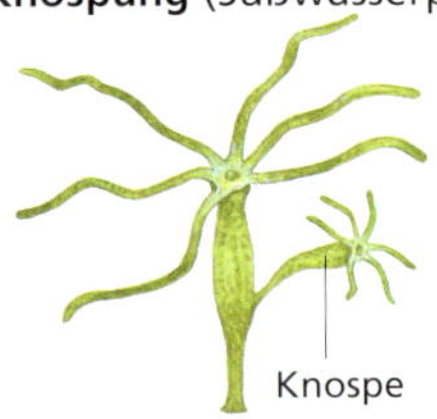

Wurzelstock (Rhizom/Erdspross) (Busch-Windröschen)

Die Knospe entsteht aus sich teilenden Zellen am Muttertier. Sie entwickelt sich zu einem kleinen Süßwasserpolypen, der sich vom Elterntier ablöst.

Die ungeschlechtliche Fortpflanzung von Samenpflanzen nutzt der Gärtner zur schnellen Vermehrung zahlreicher Pflanzenarten.

Viele Zimmer- und Zierpflanzen, auch Bäume (z. B. Weiden) und Sträucher werden durch Stecklinge vermehrt.
Steckling ist ein Spross-Stück, das von einer Pflanze abgetrennt wird und sich im Boden bzw. in einer Hydrokultur bewurzelt. Bei manchen Pflanzen, z. B. Usambaraveilchen, genügt zur Vermehrung auch ein einzelnes Blatt.

Steckling mit Wurzelbildung (Dieffenbachie)

Die geschlechtliche Fortpflanzung

Eizellen sind meist größer als Samenzellen:
Mensch 0,12–0,2 mm,
Haushuhn 30 mm,
Strauß 105 mm,
Riesenhai 220 mm.

Die **geschlechtliche Fortpflanzung** ist die Entstehung von Nachkommen aus einer befruchteten Eizelle **(Zygote)**, die durch Verschmelzung der Zellkerne einer weiblichen Geschlechtszelle (Eizelle) und einer männlichen Geschlechtszelle **(Samenzelle, Spermium)** entsteht.

Bei der geschlechtlichen Fortpflanzung kommt es zu einer Neukombination der Erbanlagen (↗ S. 260).

Bildung von Ei- und Samenzellen
Die Bildung der **Eizellen** erfolgt bei Pflanzen in bestimmten Organen bzw. in Samenanlagen (↗ S. 52, 54), bei mehrzelligen Tieren und beim Menschen in den weiblichen Keimdrüsen, in den Eierstöcken (↗ S. 116, 121, 173).
Die Bildung der **Samenzellen** erfolgt bei Pflanzen in bestimmten Organen, bei mehrzelligen Tieren wie Ringelwürmern und Wirbeltieren in den männlichen Keimdrüsen, in den Hoden (↗ S. 121, 175).

Bildung von Eizellen und Bildung von Samenzellen (Beispiel Mensch)

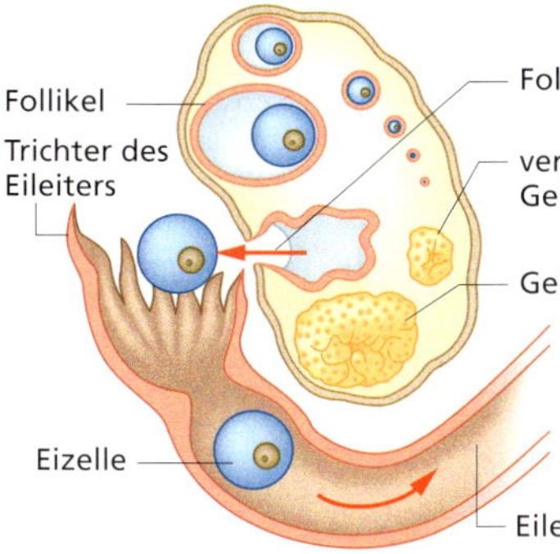

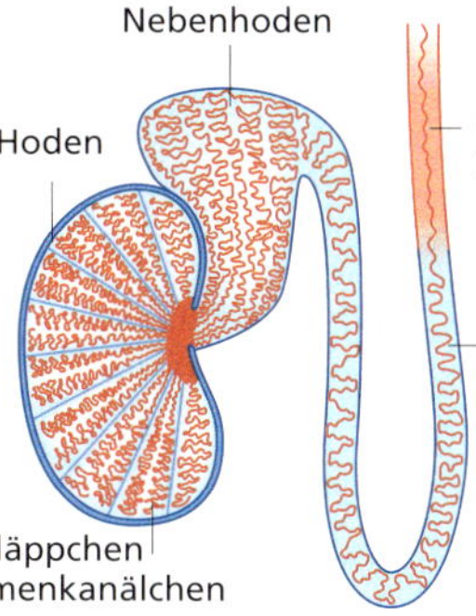

Übertragung der männlichen Geschlechtszellen

Die männlichen Geschlechtszellen (Samenzellen, Spermien) werden bei höheren Tieren und beim Menschen durch **Begattung** in den weiblichen Körper übertragen. Die Übertragung erfolgt durch äußere Geschlechtsorgane, die **Begattungsorgane** (z. B. Penis).

Eine Samenzelle besteht aus Kopf, Hals, Mittelstück und dünnem langem Schwanz.

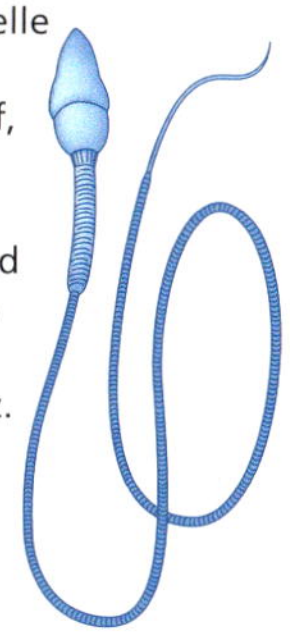

Begattung (Geschlechtsverkehr) ist bei höher entwickelten Tieren und dem Menschen die geschlechtliche Vereinigung eines weiblichen und männlichen Lebewesens zur Übertragung der männlichen Geschlechtszellen (Samenzellen, Spermien) in die weiblichen Geschlechtsorgane (z. B. Scheide).

Bei Samenpflanzen (Blütenpflanzen, ↗ S. 52) erfolgt die Übertragung des männlichen Pollens auf die weibliche Pflanze durch **Bestäubung**.

Bestäubung ist die Übertragung des Blütenstaubes (Pollen) von den männlichen Blütenteilen (Staubgefäßen) auf die weiblichen Blütenteile (Narbe bei Bedecktsamern, Samenanlage bei Nacktsamern) oder die weiblichen Blüten.

Man unterscheidet Fremd- und Selbstbestäubung.

Die Übertragung des Pollens kann durch Wind, Wasser oder Tiere (z. B. Insekten, Vögel) erfolgen.

Windbestäubung

Pflanzen mit unscheinbaren Blüten ohne Duft; büschelige, meist frei liegende Narben; lange, bewegliche Staubblätter mit einer großen Menge von Blütenstaub, z. B. Gräser, Hasel, Eiche, Kiefer, Buche

In tropischen Ländern erfolgt die Bestäubung auch durch Vögel, z. B. Kolibris.

Insektenbestäubung

Pflanzen mit meist auffälligen, duftenden Blüten; einfache Narben; kleine Staubblätter mit einer geringen Menge von Blütenstaub, z.B. Kirsche, Rose, Raps, Schlüsselblume, Salbei

Die Befruchtung

Bei den vielzelligen Tieren und dem Menschen geht der Befruchtung die Besamung voraus.

Bestäubung und Befruchtung bei Samenpflanzen sind die Voraussetzungen für die Bildung von Früchten und Samen (↗ S. 73).

Besamung ist das Eindringen einer Samenzelle in die Eizelle. **Befruchtung** ist die Verschmelzung der Zellkerne einer männlichen Geschlechtszelle (Samenzelle, Spermium) und einer weiblichen Geschlechtszelle (Eizelle) zur befruchteten Eizelle (Zygote).

Bei **Bedecktsamern** (↗ S. 54) bildet ein Pollenkorn, das auf die Narbe gelangt, einen *Pollenschlauch*. Dieser wächst durch den Griffel zur Eizelle im *Fruchtknoten*. Eine der Samenzellen aus dem Pollenschlauch verschmilzt mit der Eizelle. Aus der *Samenanlage* mit der befruchteten Eizelle entwickelt sich der **Samen**, aus Teilen des Fruchtknotens die **Frucht**.

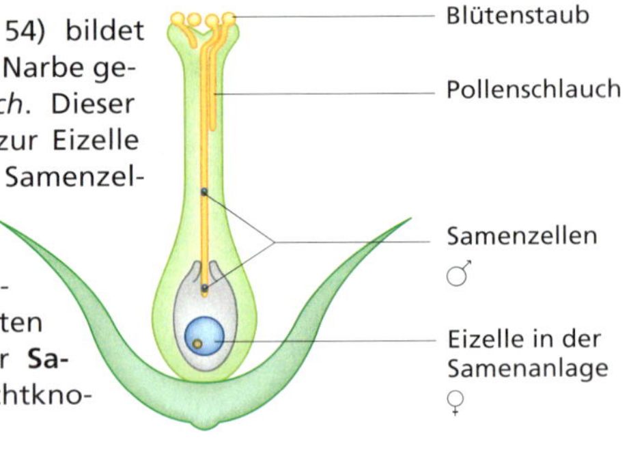

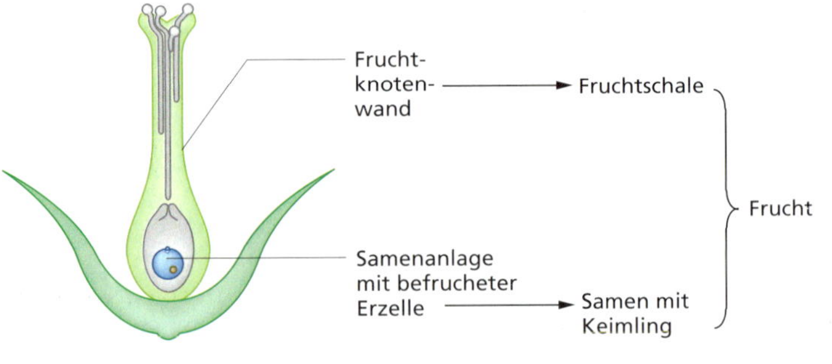

Bei **Nacktsamern** (↗ S. 52) gelangen die Pollenkörner meist mithilfe des Windes bis zu den frei liegenden Samenanlagen. Die Pollen bilden ebenfalls *Pollenschläuche*, in denen sich Samenzellen befinden. Die Eizelle in der *Samenanlage* wird befruchtet. Aus jeder befruchteten Eizelle entwickelt sich ein **Samen.**

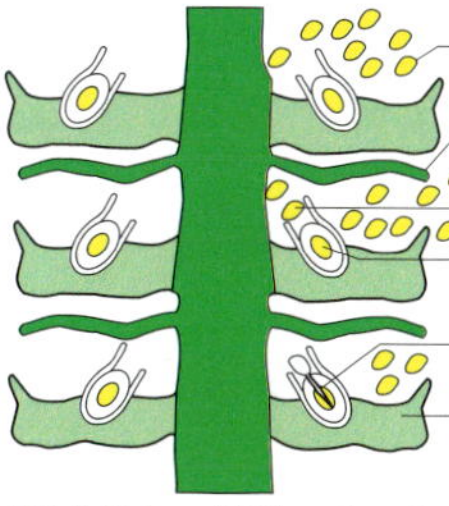

Weiblicher Blütenstand

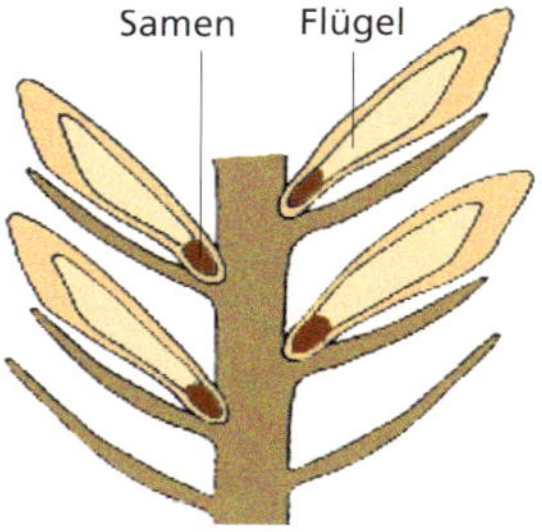

Samenbildung

Bei **Tieren** gibt es die **äußere Befruchtung** und die **innere Befruchtung.**

Die **äußere Befruchtung** ist die Verschmelzung der Geschlechtszellen außerhalb der weiblichen Geschlechtsorgane.

Beim Wasserfrosch trägt das größere Weibchen das kleinere Männchen auf dem Rücken zum Laichgewässer.

Diese Form der Befruchtung ist nur im Wasser möglich. Die männlichen und weiblichen Geschlechtszellen werden gleichzeitig ins Wasser abgegeben.

Äußere Befruchtung bei Fischen

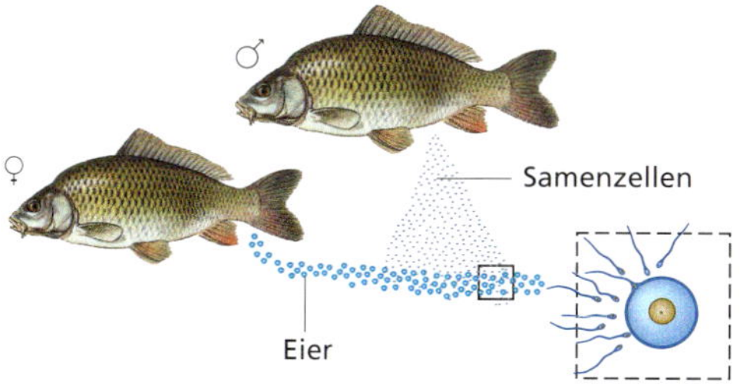

Weitere Beispiele sind Frösche, Kröten, Hohltiere, Muscheln.

Bei den Lurchen gibt es verschiedene Formen der Laichablage, z. B. Klumpen (Grasfrosch), Schnüre (Erdkröte).

Die **innere Befruchtung** ist die Verschmelzung der Geschlechtszellen innerhalb der weiblichen Geschlechtsorgane.

Bei **Landwirbeltieren** und beim **Menschen** gelangen die Samenzellen durch Paarungsvorgänge in die weibliche Geschlechtsöffnung und bewegen sich von dort weiter in die inneren Geschlechtsorgane. Befinden sich dort reife Eizellen, kann es zur inneren Befruchtung kommen.

Innere Befruchtung beim Menschen

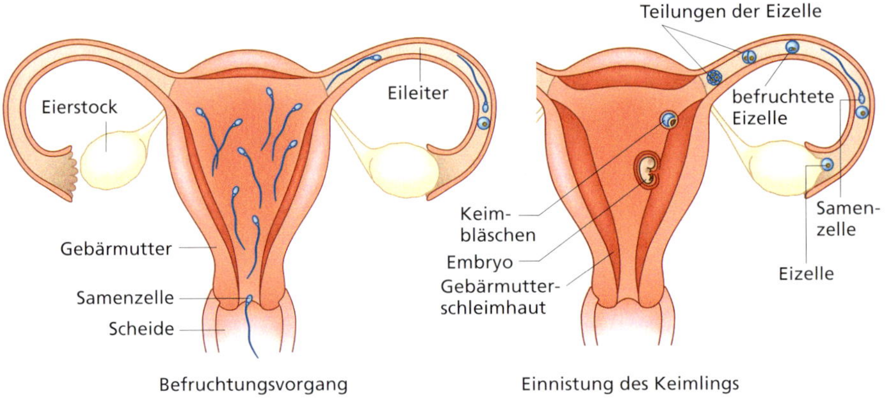

Der Generationswechsel

Bei manchen Pflanzen (z.B. Moose, Farne) und Tieren (z.B. Hohltiere) gibt es einen regelmäßigen Wechsel in der Fortpflanzungsweise.

Die Ohrenqualle hat einen Generationswechsel.

Der **Generationswechsel** ist eine regelmäßige Aufeinanderfolge (der Wechsel) von geschlechtlicher und ungeschlechtlicher Generation einer Art. Er ist meistens mit einem Wechsel der äußeren Gestalt verbunden.

Generationswechsel bei einem Laubmoos

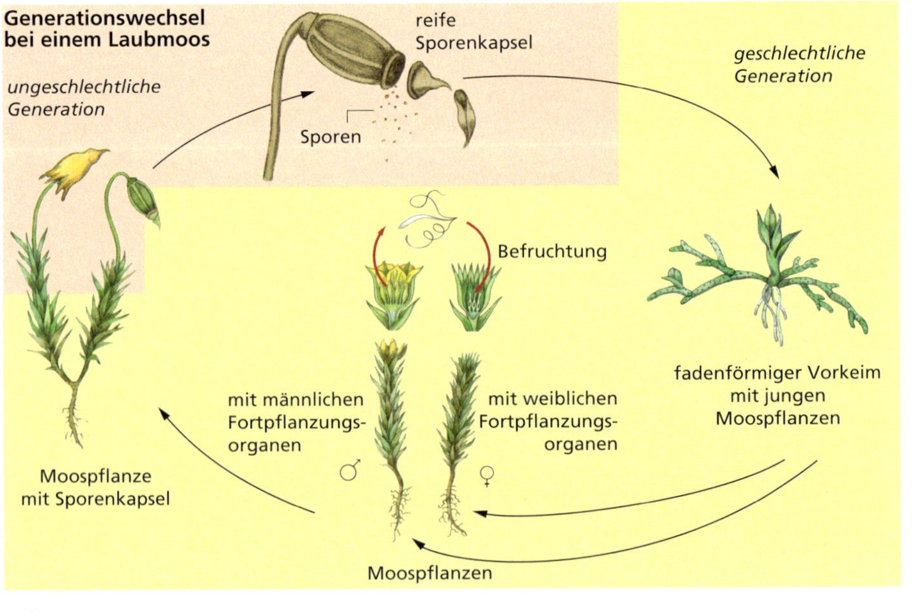

Generationswechsel bei einem Farn

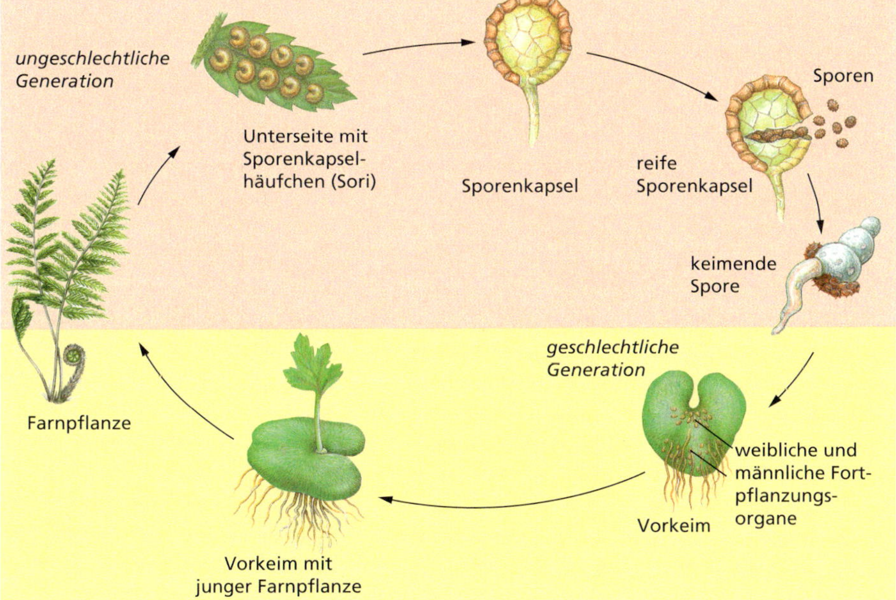

4.3.2 Die Individualentwicklung

Die **Individualentwicklung** ist die Entwicklung des Einzellebewesens (Individuum) von der befruchteten Eizelle bis zum Eintritt des Todes. Sie verläuft in bestimmten Phasen, die nicht umkehrbar sind. Sie stimmen trotz Unterschieden im Ablauf bei allen vielzelligen Organismen im Prinzip überein.

Die **Individualentwicklung** ist eng mit Wachstumsprozessen verbunden. Sie erfolgt direkt bzw. indirekt.
Bei der *direkten Entwicklung* entwickeln sich aus der befruchteten Eizelle Junglebewesen, die den erwachsenen Lebewesen in Gestalt und Lebensweise sehr ähnlich sind (z.B. Säugetiere, Kriechtiere, Vögel, Mensch).
Bei der *indirekten Entwicklung* entwickeln sich aus der befruchteten Eizelle Larven, die in Gestalt und Lebensweise von den erwachsenen Lebewesen abweichen und deren Gestalt erst durch eine Umwandlung (Gestaltwandel, Metamorphose) erreichen (z.B. Insekten, Lurche).

Eine **Metamorphose** ist beim Tier ein Gestaltwandel, den es während der Individualentwicklung bis zum ausgereiften Tier durchmacht, bei der Pflanze eine Umwandlung von Organen, z.B. Blattmetamorphosen (↗ S. 69), Wurzelmetamorphosen (↗ S. 62), Sprossachsenmetamorphosen (↗ S. 64).

Individualentwicklung bei Insekten

Die Insekten (↗ S. 92) haben eine **indirekte Entwicklung**. Bei ihnen verläuft die Entwicklung vom Ei zum geschlechtsreifen Insekt (Imago) unterschiedlich.

Vollkommene Verwandlung (vollkommene Metamorphose) ist die Entwicklung vom befruchteten Ei über Larvenstadien und ein Puppenstadium zum voll entwickelten Insekt, z. B. bei Käfern, Schmetterlingen, Haut- und Zweiflüglern.
Unvollkommene Verwandlung (unvollkommene Metamorphose) ist die Entwicklung vom befruchteten Ei über mehrere Larvenstadien zum voll entwickelten Insekt, z. B. bei Heuschrecken, Wanzen, Libellen und Schaben.

Vollkommene Verwandlung (vollkommene Metamorphose) des Kohlweißlings

Eier | Larve (Raupe) | Puppe | Vollinsekt

Unvollkommene Verwandlung (unvollkommene Metamorphose) der Heuschrecke

Eier | Larve | Larve | Vollinsekt

Individualentwicklung bei Plattwürmern

Plattwürmer (↗ S. 85) sind meist **Parasiten** (Saugwürmer, ↗ S. 344, Bandwürmer). Sie sind in ihre *parasitische Lebensweise* gut angepasst, z.B. durch Hautatmung, Aufnahme der Nahrung mit gesamter Körperoberfläche. Die Plattwürmer verändern während ihrer Entwicklung ihre Körpergestalt, sie vollziehen eine **Metamorphose** (Gestaltwandel, ↗ S. 225). Der erwachsene Plattwurm befindet sich im Endwirt, die Jugendstadien (Larven) im Zwischenwirt.

Endwirt ist der Träger des ausgewachsenen Plattwurmes.
Zwischenwirt ist der Träger der Larven.
Wirtswechsel ist der regelmäßige Wechsel zwischen Endwirt und Zwischenwirt.

Bei den Parasiten gibt es Ektoparasiten (Außenparasiten) und Endoparasiten (Innenparasiten). Die Bandwürmer sind Endoparasiten.

Entwicklung des Schweinefinnenbandwurms

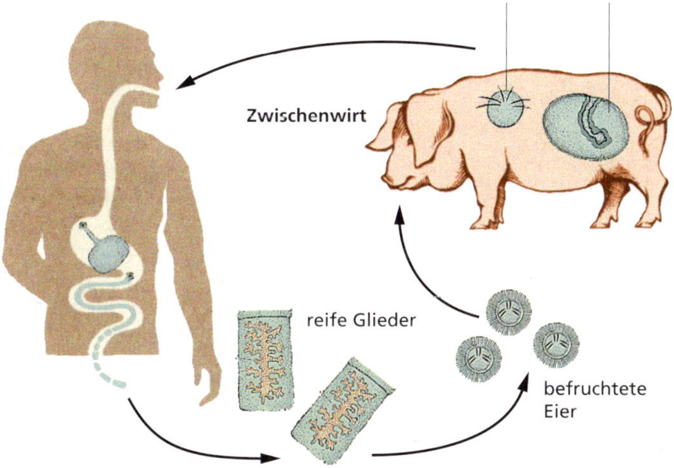

Der Hundebandwurm (3–6 mm) ist besonders gefährlich, da der Mensch Zwischenwirt ist.

Schadwirkungen: Verdauungsstörungen, Leibschmerzen, Erbrechen, Schwindel, Abmagerung
Prophylaxe und Bekämpfung: Fleischbeschau, Sauberkeit des Körpers, Essen von gekochtem bzw. gebratenem Fleisch, Wurmkur (Arzt)

Individualentwicklung bei Wirbeltieren

Die **Individualentwicklung** (↗ S. 225) der Wirbeltiergruppen ist durch bestimmte Entwicklungsabläufe charakterisiert. Im Gegensatz zu den Fischen (↗ S. 99), Kriechtieren (↗ S. 106), Vögeln (↗ S. 109) und Säugetieren (↗ S. 116) haben Lurche (↗ S. 103) eine indirekte Entwicklung, verbunden mit einer **Metamorphose** (↗ S. 225).

Manche Fische, z. B. Guppys, sind lebend gebärend.

Individualentwicklung der Fische

Die Fortpflanzung (↗ S. 223) und Entwicklung der Fische findet im Wasser statt. Aus der *befruchteten Eizelle* entwickelt sich meistens eine *Fischlarve*. Sie entwickelt sich zum *Jungfisch*. Der Jungfisch wächst und entwickelt sich zum *geschlechtsreifen Fisch*.

Die Anzahl der abgelegten Eier ist sehr unterschiedlich, z. B. Karpfen bis 70 000 Eier, Bitterlinge ca. 50 Eier, Hering ca. 30 000 Eier, Stör ca. 6 Mio. Eier, Stichling 60 bis 120 Eier.

Entwicklung des Karpfens

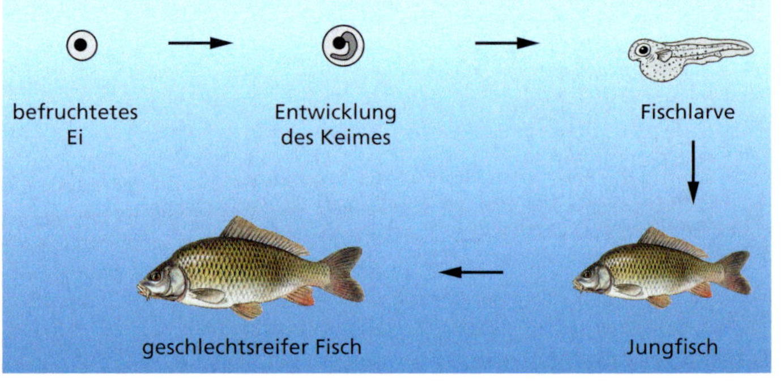

Individualentwicklung der Lurche

Nach etwa einer Woche schlüpfen aus den Froscheiern Froschlarven, die Kaulquappen genannt werden.

Die Fortpflanzung der Lurche ist an Wasser gebunden. Aus den *befruchteten Eiern* schlüpfen fischähnliche, durch Kiemen atmende *Lurchlarven*. Sie machen in ihrer Entwicklung zum lungenatmenden *erwachsenen Lurch* eine Metamorphose (↗ S. 225) durch. Die Luchlarven haben einen langen, seitlich abgeplatteten Schwanz und keine Gliedmaßen. Sie atmen durch büschelige Außenkiemen, die zu Innenkiemen werden. Es bilden sich zuerst die Hinterbeine, dann die Vorderbeine. Der Schwanz wird kleiner, er schrumpft. Anstelle der Innenkiemen entwickelt sich eine einfache sackförmige Lunge. Der Jungfrosch verlässt das Wasser.

Entwicklung des Grasfrosches

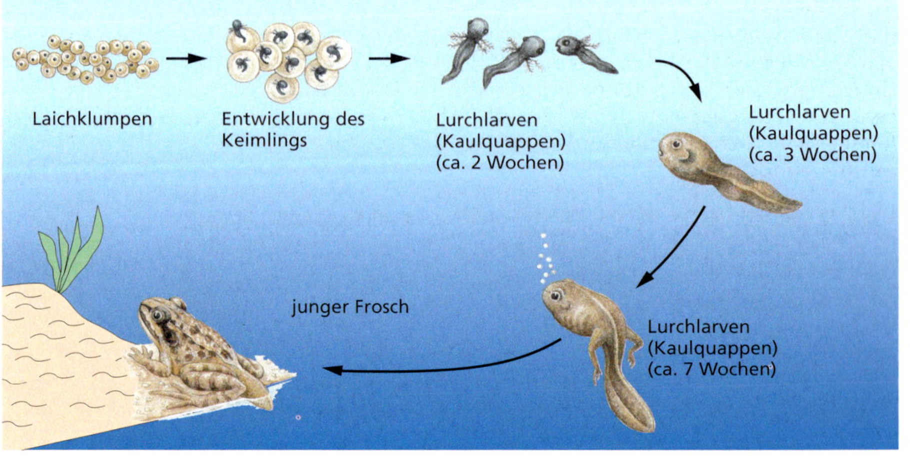

Individualentwicklung der Kriechtiere

Nach der inneren Befruchtung (↗ S. 223) bildet sich um die Eier eine pergamentartige Hülle (Eidechsen, Schlangen) oder eine Kalkschale (Krokodile, Schildkröten). Die *befruchteten Eier* werden auf dem Lande abgelegt. Aus ihnen schlüpfen *Jungtiere*, die wie die erwachsenen *Kriechtiere* aussehen.

Die auf dem Lande abgelegten Eier werden zugedeckt und von der Sonnenwärme ausgebrütet.

Entwicklung der Zauneidechse

Eiablage

befruchtete Eier im Erdloch und Schlupf der Jungtiere

Einige Kriechtiere, z. B. Kreuzotter, bringen lebende Junge zur Welt; sie sind lebend gebärend.

Individualentwicklung der Vögel

Viele Vögel bauen Nester, in die sie ihre *befruchteten Eier* (↗ S. 111) legen. Es sind Eigelege. Die Eier werden von den Altvögeln bebrütet. Während des Brütens entwickelt sich aus der Keimscheibe ein *Embryo* (Keimling). Nach bestimmten Tagen schlüpft das junge *Vogelküken*. Es wächst heran und entwickelt sich zum ausgewachsenen Vogel.

Die Brutdauer ist bei den Vogelarten unterschiedlich.
Amsel 13–14 Tage
Fasan 23–25 Tage
Haushuhn 21 Tage
Kuckuck 12 Tage
Strauß 42 Tage

Eier im Nest

Ausbrüten der Eier

Schlupf der Jungtiere

Individualentwicklung der Säugetiere

Nach der inneren Befruchtung (↗ S. 223) erfolgt die Entwicklung der Jungen geschützt im Mutterleib. Aus der *befruchteten Eizelle* entwickelt sich ein *Embryo* (Keimling). Nach einer bestimmten Zeit wird das *Jungtier* lebend zur Welt gebracht; es wird geboren. Nach der *Geburt* wird das Jungtier vom Muttertier gesäugt. Es wächst und entwickelt sich zum *erwachsenen Säugetier*.

Die Dauer der Tragzeit ist unterschiedlich.
Braunbär ca. 240 Tage
Eichhörnchen ca. 35 Tage
Elefant ca. 660 Tage
Hase ca. 42 Tage
Hausmaus ca. 21 Tage

Geburt der Jungtiere

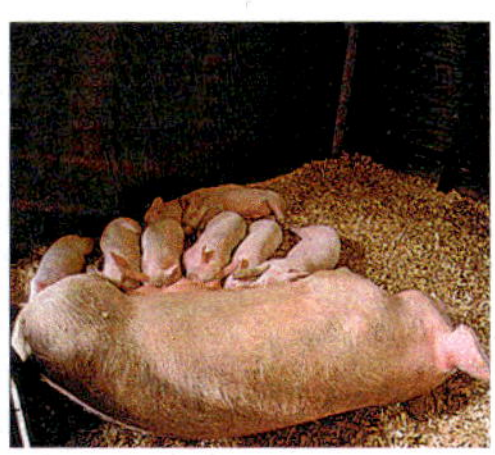

Säugen der Jungen

Individualentwicklung des Menschen

Die **Individualentwicklung** (↗ S. 225) des Menschen verläuft in verschiedenen Phasen: vorgeburtliche Entwicklung (Embryonalentwicklung), Geburt, nachgeburtliche Entwicklung.

Unerwünschte Befruchtung und Schwangerschaft lassen sich verhüten vom Mann durch Benutzen des Kondoms, von der Frau durch Einnehmen der Pille. Weitere Methoden und Mittel mit dem Arzt beraten!

Vorgeburtliche Entwicklung

Die vorgeburtliche Entwicklung wird auch *Keimesentwicklung* genannt.

> **Vorgeburtliche Entwicklung (Embryonalentwicklung)** ist die Entwicklung des Organismus von der befruchteten Eizelle bis zur Geburt.

Die befruchtete Eizelle beginnt sich bereits auf dem Weg vom Eileiter in die Gebärmutter (↗ S. 173) zu teilen. Es entsteht ein Zellhaufen, der *Maulbeerkeim* (Morula), aus ihm ein Bläschen mit einer winzigen Keimlingsanlage im Inneren, der *Blasenkeim* (Blastula).

Teilungsstadien der befruchteten Eizelle

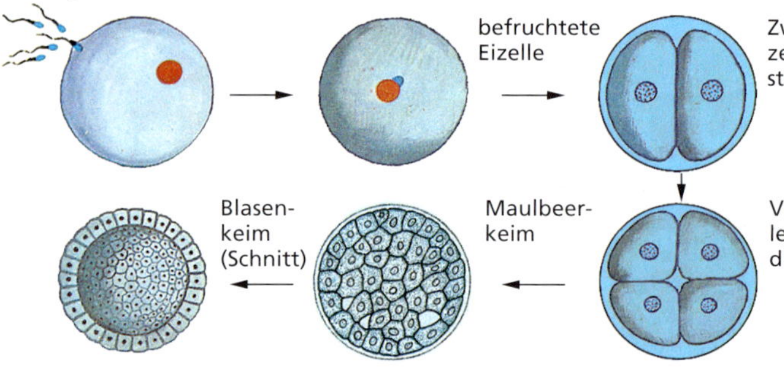

Der Blasenkeim nistet sich in die Gebärmutter ein. In den ersten Wochen entwickelt sich aus der Keimlingsanlage der *Embryo* (Keimling) und aus der Hüllschicht des Blasenkeims eine Zottenhaut, die zum *Mutterkuchen* (Plazenta) wird. In den folgenden Wochen werden alle *Organe* und *Organsysteme* angelegt. Über die *Nabelschnur* ist das Kind mit dem Mutterkuchen verbunden und erhält auf diesem Wege aus dem Blut der Mutter Sauerstoff und Nährstoffe.

Der vier Monate alte Keimling wird Fetus genannt.

Befruchtung und Einnistung des Blasenkeims

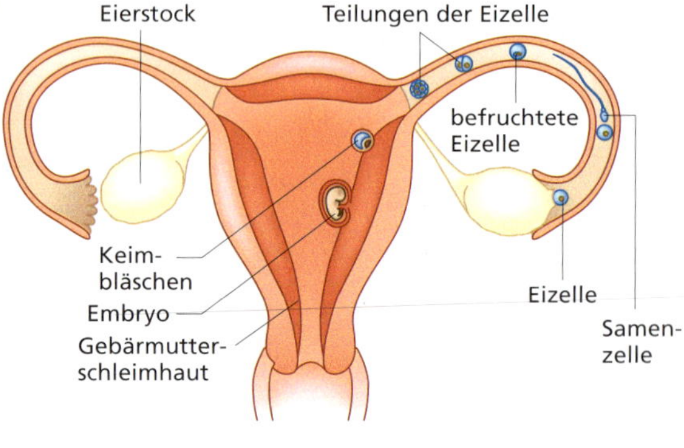

Embryo, vier Wochen alt (Schema)

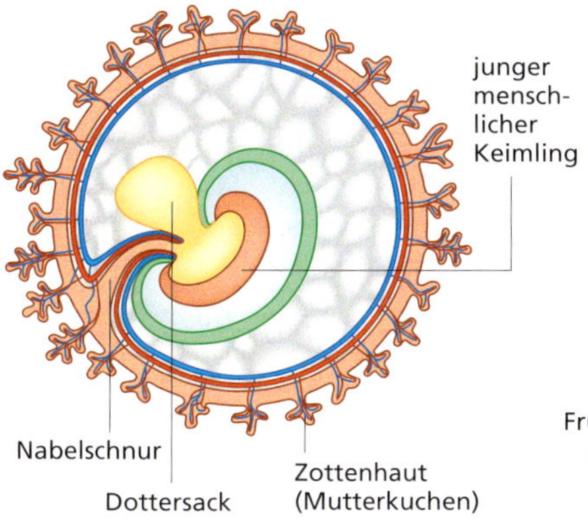

Stoffaustausch zwischen Mutter und Kind

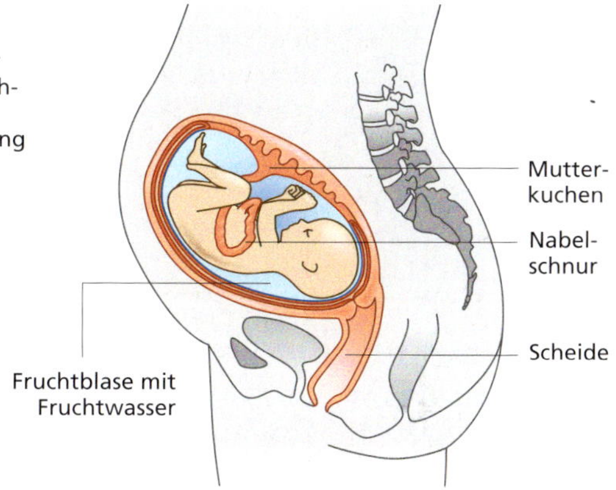

Der **Embryo** wächst geschützt im Mutterleib heran und erreicht nach etwa 280 Tagen (9 Monaten) die Geburtsreife.
Schwangerschaft ist die Zeitspanne von der Befruchtung der Eizelle, der Einnistung des Blasenkeimes in die Gebärmutterschleimhaut bis zur Geburt des Kindes.

Jede Schwangere sollte regelmäßig an Vorsorgeuntersuchungen teilnehmen und auf eine gesunde Lebensführung achten.

Die Geburt

Der Geburtsvorgang wird durch Hormone gesteuert und durch rhythmisches Zusammenziehen der Gebärmutter und der Bauchmuskulatur **(Wehen)** unterstützt.

Die **Geburt** ist der Vorgang des Ausstoßens des geburtsreifen Kindes aus dem mütterlichen Organismus.

Geburten vor der 37. Schwangerschaftswoche werden als Frühgeburten bezeichnet.

Die Geburt verläuft in drei Phasen: Eröffnungs-, Austreibungs- und Nachgeburtsphase.

Eröffnungsphase

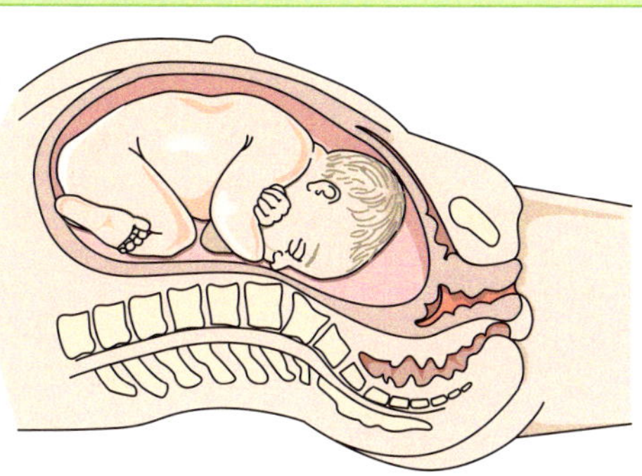

In der *ersten Phase* der Geburt (*Eröffnungsphase*) bereiten die zunächst in größeren Abständen eintretenden Eröffnungswehen den Geburtskanal für den Austritt des Kindes vor. Der Ausgang der Gebärmutter (Muttermund) öffnet sich, und die in immer kürzeren Abständen wiederkehrenden Wehen drücken die Fruchtblase mit dem Kind langsam in Richtung Scheide. Dabei platzt die Fruchtblase, und das Fruchtwasser fließt aus (*Blasensprung*).

Austreibungsphase

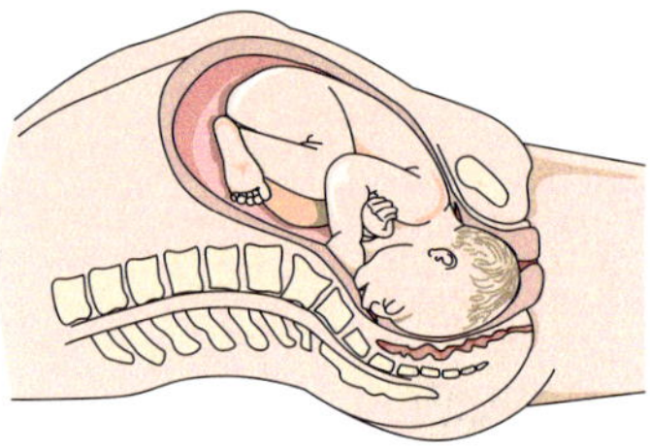

In der *zweiten Phase (Austreibungsphase)* wird das Kind durch kräftigere Wehen, die von der Frau durch aktives Pressen mit ihrer Bauchmuskulatur unterstützt werden *(Presswehen)*, in der Regel mit dem Kopf voran durch den inzwischen vollständig (8–10 cm) geöffneten Muttermund in den Scheidenkanal gedrückt.

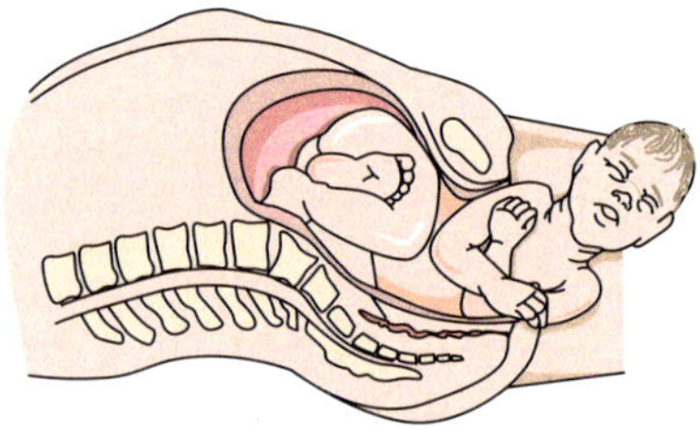

Mit Unterstützung der Geburtshelfer (Hebammen, Schwester und Ärzte) schieben sich der Kopf, die Schultern, der übrige Körper des Babys aus dem Bauch der Mutter. Das Kind ist geboren.

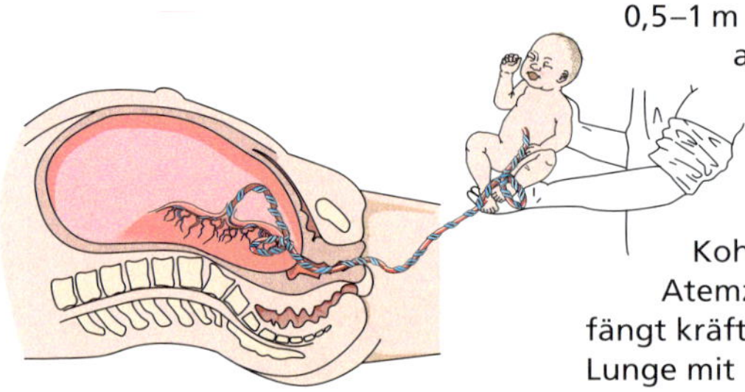

Das Neugeborene hängt zunächst noch an der 0,5–1 m langen Nabelschnur, die anschließend abgebunden und durchtrennt wird (Abnabelung). Da das Kind nun nicht mehr über den Mutterkuchen mit Sauerstoff versorgt wird, reichert sich in seinem Blut Kohlenstoffdioxid an; dadurch wird sein Atemzentrum gereizt. Das Neugeborene fängt kräftig an zu schreien, füllt dabei seine Lunge mit Luft und beginnt selbstständig zu atmen.

Nachgeburtsphase

In der *dritten Phase (Nachgeburtsphase)* löst sich fünf Minuten bis 30 Minuten nach der Geburt des Kindes der Mutterkuchen von der Gebärmutterwand ab und wird mit den Fruchthüllen und der anhängenden Nabelschnur ausgestoßen *(Nachgeburt)*.

Nachgeburtliche Entwicklung

In den ersten Wochen braucht das Neugeborene intensive Betreuung. Es schläft viel und wird anfangs alle 2–3 Stunden, später alle 5–6 Stunden von der Mutter „gestillt“, also mit Muttermilch versorgt. Das ist für den Säugling die optimale natürliche Nahrung.

Die Mutter sollte in dieser Zeit nicht rauchen, keinen Alkohol trinken und bestimmte Medikamente vermeiden.

Lebensphasen des Menschen sind: Säuglings-, Kleinkind-, Vorschul-, Schul-, Jugend-, Erwachsenen-, Greisenalter und Tod.

Säuglingsalter

Bis *Ende 3. Monat*: Heben des Kopfes, Festhalten von Gegenständen, Suchbewegungen der Augen, Lächeln, quietschende und gurrende Lautäußerungen;
das Kind kann sich für kurze Zeit auf dem Unterarm abstützen und für wenigstens eine Minute den Kopf hochhalten.

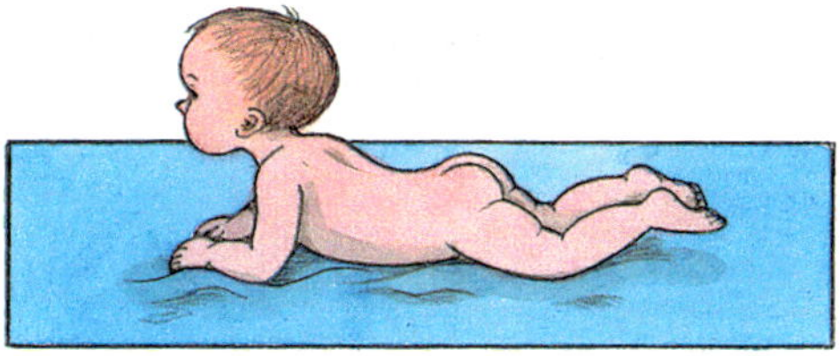

Bis *Ende 6. Monat*: Drehen aus der Rückenlage in die Bauchlage, gezielte Kopf- und Augenbewegungen, Erkennen von Personen;
das Baby will nun unbedingt in die aufrechte Position und hilft beim Hochziehen zum Sitzen sehr aktiv mit.

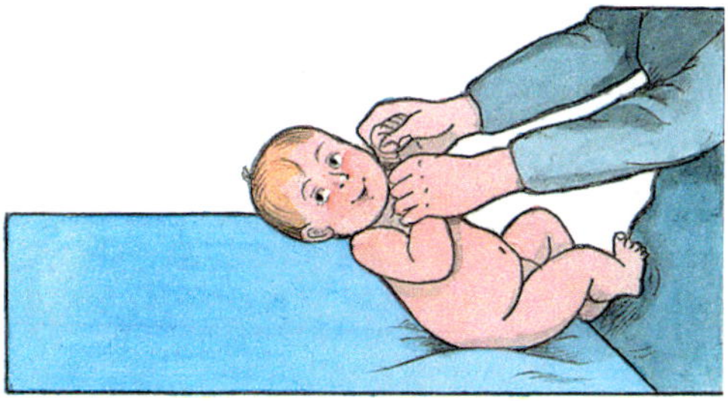

Bis *Ende 9. Monat*: Kriechen und Sitzen, gezieltes Greifen nach Gegenständen, erste Aufstehversuche, Plappern von Silben;
das Kind versucht sich an Gegenständen hochzuziehen und steht dann schon recht stabil mit voller Gewichtsübernahme.

Bis *Ende 12. Monat*: Gehen an einer Hand, selbstständiges Trinken, versuchen mit dem Löffel zu essen, Sprechen erster sinnvoller Worte in „Kindersprache", Verstehen von Aufforderungen und Verboten;
das Kind zieht sich selbstständig an Möbeln hoch und kann – wenn es sich festhält – in die Hocke gehen, um ein Spielzeug aufzuheben.

Kleinkind- und Vorschulalter

Merkmale im **Kleinkindalter** sind Spielen mit Gegenständen und Geräten, Erlernen der Sprache, Beobachten und Untersuchen der Umwelt, beginnendes Fragen nach dem „Warum".
Im **Vorschulalter** stehen im Vordergrund Erweitern des Wortschatzes, Lernen von Liedern, Aufsagen von Versen, Spielen in der Gruppe und Durchführen gemeinsamer Aktionen sowie die Mithilfe im Haushalt.

Wichtig für die gesunde Entwicklung des Kindes sind Vorsorgeuntersuchungen und Impfungen (↗ S. 250).

Schulalter
Ab dem 6. Lebensjahr vollzieht sich bei Mädchen und Jungen der *erste Gestaltwandel*. Er ist gekennzeichnet durch Streckungswachstum des Körpers, deutlichere Gliederung des Rumpfes in Brust und Bauch (Taille) sowie Kräftigung der Muskulatur. Die Bewegungen werden zielgerichteter und flüssiger. Im Verlauf des Schulalters vollzieht sich der Wechsel vom Milchgebiss zum Dauergebiss (↗ S. 136). Auch die *geistige Entwicklung* geht weiter voran. Die Wortsprache wird bewusster gestaltet und verfeinert; das Denken bildet sich heraus.
Jugendalter
Zwischen dem 11. und 18. Lebensjahr vollzieht sich der *Übergang vom Kind zum Erwachsenen (2. Gestaltwandel)*. Er ist verbunden mit einem starken Wachstumsschub, Ausprägung der sekundären Geschlechtsmerkmale von Mann und Frau sowie Eintritt der **Geschlechtsreife**.
Erwachsenenalter
Mit 18 bis 20 Jahren ist das Stadium des Erwachsenseins biologisch gesehen erreicht. Jeder Mensch hat sein *persönliches Erscheinungsbild (Konstitution)* entsprechend den Erbanlagen und äußeren Faktoren ausgeprägt. Zwischen 20 Jahren und 40 Jahren erreicht er sein *optimales körperliches* und *geistiges Leistungsvermögen* (das so genannte „Leistungsalter"). Viele Menschen leisten auch danach noch Bedeutendes in Beruf und Gesellschaft.
Greisenalter und Tod
Im Greisenalter nehmen die Verschleißerscheinungen und Rückbildungsvorgänge zu. Sie treten mit zunehmender Lebensdauer in verschiedenen Organsystemen des Körpers ein. Sie führen zur allmählichen Abnahme des Leistungsvermögens und der Arbeitsfähigkeit und schließlich zum Tod. Zeitlicher Verlauf und Symptome des Alterns sind beim einzelnen Menschen je nach Veranlagung und Lebensführung unterschiedlich.

Pubertät ist die Phase der Geschlechtsreife. Die Reifungsvorgänge nehmen einen individuell unterschiedlichen Verlauf. Es gibt bei beiden Geschlechtern Früh- und Spätreife.

Neben den körperlichen Merkmalen entwickeln und verändern sich auch die Gefühle, Bedürfnisse, Interessen und Verhaltensweisen der Jugendlichen. Sie knüpfen Freundschaften und Partnerschaften an, erleben die Liebe und haben erste sexuelle Kontakte (↗ S. 237). Dabei treten nicht selten Probleme und Konflikte auf, für deren Bewältigung sie Rat und Hilfe brauchen.

Sekundäre Geschlechtsmerkmale

Mädchen/Frau		Junge/Mann	
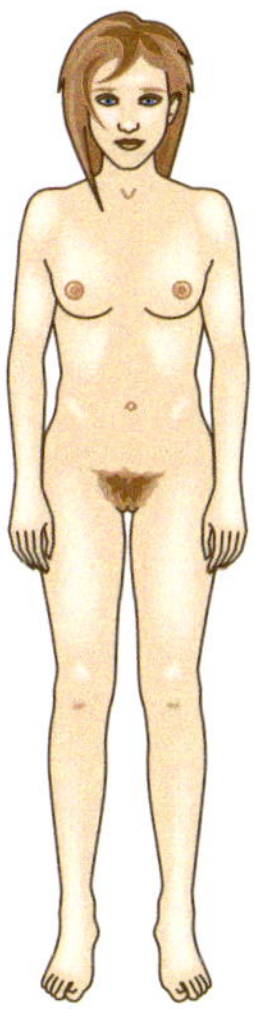	Entwicklung der Brüste Abrundung der Körperformen Verbreitung des Beckens Achselbehaarung Schambehaarung Wachstum der Geschlechtsorgane Follikel- und Eizellenreifung erste Menstruation	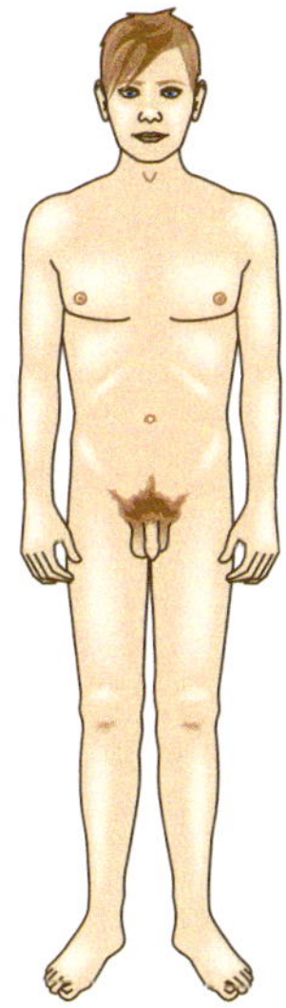	Muskelwachstum Stimmbruch breite Schultern Achselbehaarung, Bartwuchs Schambehaarung Wachstum der Geschlechtsorgane Samenzellenreifung erster Samenerguss

Individualentwicklung bei Samenpflanzen

Die **Individualentwicklung** der Samenpflanzen verläuft in bestimmten Phasen, die durch charakteristische Merkmale gekennzeichnet sind.
Lebensphasen der Samenpflanzen sind: Entwicklung des Keimlings, Keimung des Samens, Wachstumsphase, Fortpflanzungsphase, Alterungsphase, Tod.

Entwicklung des Keimlings und Keimung des Samens

Aus der befruchteten Eizelle entwickelt sich der Embryo (Keimling).
Die *Keimung* des Samens wird durch die Aufnahme von Wasser (Quellung des Samens, Zunahme an Masse und Volumen), durch eine ausreichende Sauerstoffzufuhr und durch günstige Temperaturen beeinflusst. Während der Keimung ernährt sich der Keimling von den im Speichergewebe enthaltenen Nährstoffen.
Die wachsende *Keimwurzel* verankert den Samen im Boden. Der *Keimspross* durchbricht die Samenschale und durchstößt die Erdoberfläche („Auflaufen der Saat"). Unter dem Lichteinfluss ergrünen die ersten Laubblätter und der Keimstängel.

Wachstumsphase (vegetative Phase)

Mit dem Ergrünen des Keimsprosses beginnt die selbstständige autotrophe Ernährung (↗ S. 187).
In der **Wachstumsphase** kommt es zu weiteren Differenzierungen von Zellen und Geweben, bildet die Samenpflanze ihre Organe (Wurzeln, Sprossachse und Laubblätter) voll aus.
Die Jungpflanze erschließt neue Bereiche im Boden zur Aufnahme von Wasser und Mineralstoffen und in der Luft zur Aufnahme von Kohlenstoffdioxid und Licht. Die Pflanze kann bei günstigen Bedingungen (gute Wasser- und Mineralstoffversorgung, viel Licht) eine hohe Stoffproduktion bei der Fotosynthese erreichen und viele körpereigene organische Stoffe bilden (↗ S. 192, 194).

Fortpflanzungsphase (generative Phase)

Dies ist die Phase, in der die Jungpflanze sich zur fortpflanzungsfähigen Pflanze durch Bildung von Blüten und Samen entwickelt.
Es werden einjährige Pflanzen, zweijährige Pflanzen und mehrjährige Pflanzen unterschieden.

Alterungsphase

Diese Phase beginnt bei vielen Pflanzen bereits nach der Samenreife. Sie ist gekennzeichnet durch ein verringertes Wachstum, durch Absterben von Zellen und Geweben.

Tod

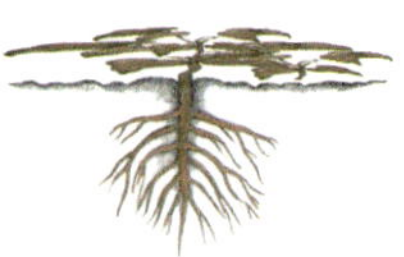

Das Lebensalter der Pflanzen ist begrenzt. Bei einjährigen, zweijährigen und mehrjährigen Pflanzen führt das Abbrechen der Lebensprozesse zum Absterben der Pflanzen, zum Tod.

4.3.3 Das Wachstum

Das **Wachstum** eines Organismus ist durch eine bleibende Volumen- und Substanzzunahme gekennzeichnet. Wachstumsvorgänge werden durch Hormone gesteuert und sind nicht umkehrbar.

Das Wachstum des Körpers ist meist mit einer Formveränderung verbunden. Beim Menschen und den meisten Tieren dauert das Wachstum nur kurz bis nach der Geschlechtsreife. Bei den Pflanzen können Wachstum und Organbildung bis zum Tode andauern.

Wachstum bei Pflanzen

Bei Pflanzen dauern Wachstum und Organbildung bis zum Tode an, da sie beispielsweise an Spross- und Wurzelspitzen, den Vegetationspunkten, Bildungsgewebe besitzen. Dies besteht aus dünnwandigen, plasmareichen Zellen, die zur Teilung befähigt sind. Aus den Zellen des Bildungsgewebes bilden sich durch Differenzierungsvorgänge die Zellen der verschiedenen Dauergewebe (↗ S. 62, 63, 68).

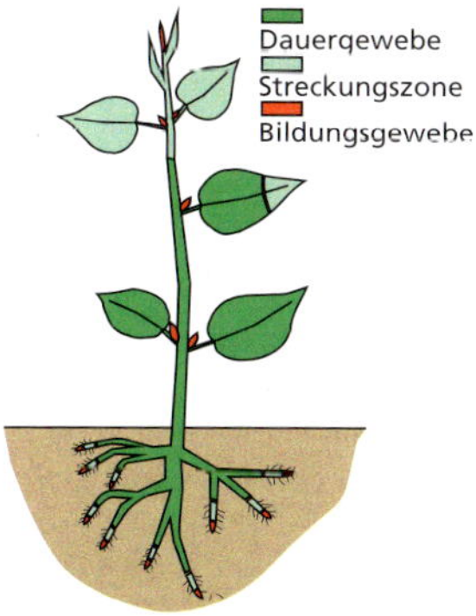

Es werden verschiedene **Wachstumsformen** unterschieden. Während tierische und menschliche Zellen nur über *Zellteilungswachstum* und *Plasmawachstum* verfügen, gibt es bei Pflanzen außerdem das *Zellstreckungswachstum*.

Das **Zellteilungswachstum** erfolgt durch schnell wiederholte Zellteilungen. Es führt zur Zellvermehrung.
Das **Plasmawachstum** erfolgt durch Zunahme von Zellplasma und Zellbestandteilen innerhalb einer Zelle. Dazu werden organische Stoffe genutzt, die beim Stoff- und Energiewechsel gebildet werden.

Zellteilung und Plasmawachstum einer Pflanzenzelle

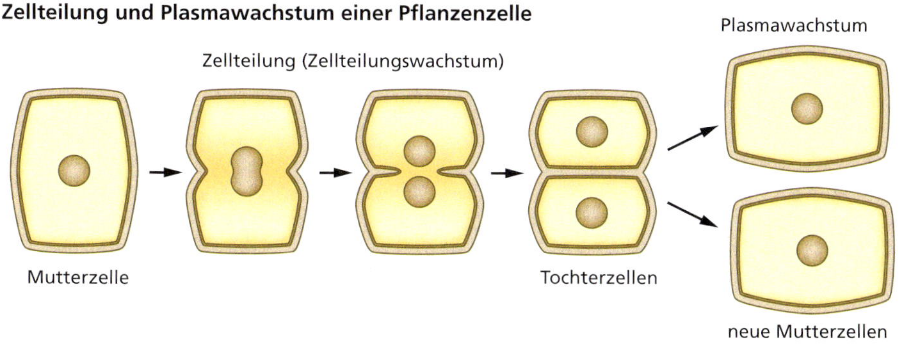

Das **Zellstreckungswachstum** der Pflanzenzellen ist gekennzeichnet durch die Vergrößerung des Zellvolumens, vor allem durch Wasseraufnahme (Vakuolenbildung). Gleichzeitig erfolgt die Ausprägung der Zellwand durch Einlagerung von Cellulose.

Zellstreckungswachstum einer Pflanzenzelle

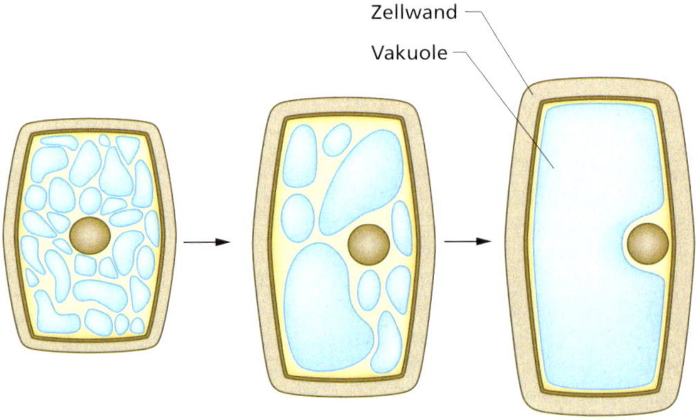

Differenzierung von Zellen

Mit dem Zellstreckungswachstum sind *Differenzierungsvorgänge der Zellen* verbunden. Dabei erhalten die Zellen entsprechend ihrer späteren Funktion, z.B. als Epidermiszelle, Leitungszelle, Festigungszelle, auch die endgültige Form sowie ihren speziellen Bau und sie ordnen sich in spezifischer Weise zu **Geweben** (↗ S. 63) an. Das *Epidermisgewebe* besteht beispielsweise aus flachen Zellen, die lückenlos aneinander liegen. Sie enthalten meistens keine Chloroplasten.

Das *Leitgewebe* besteht aus lang gestreckten Zellen, die in den Pflanzenorganen Röhren zur Stoff- und Wasserleitung (Siebröhren, Gefäße) bilden.

Abgeschlossen wird dieser Prozess mit der Einlagerung von Cellulose in die Zellwand.

An Spross-Spitzen und an Wurzelspitzen sind verschiedene Zonen vorhanden, z.B. die Zellvermehrungszone, die Streckungszone und die Zone der Dauergewebe. Jede Zone erfüllt bestimmte Aufgaben.

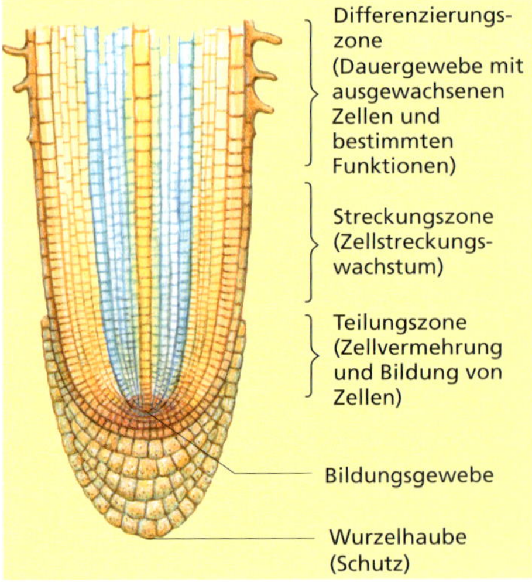

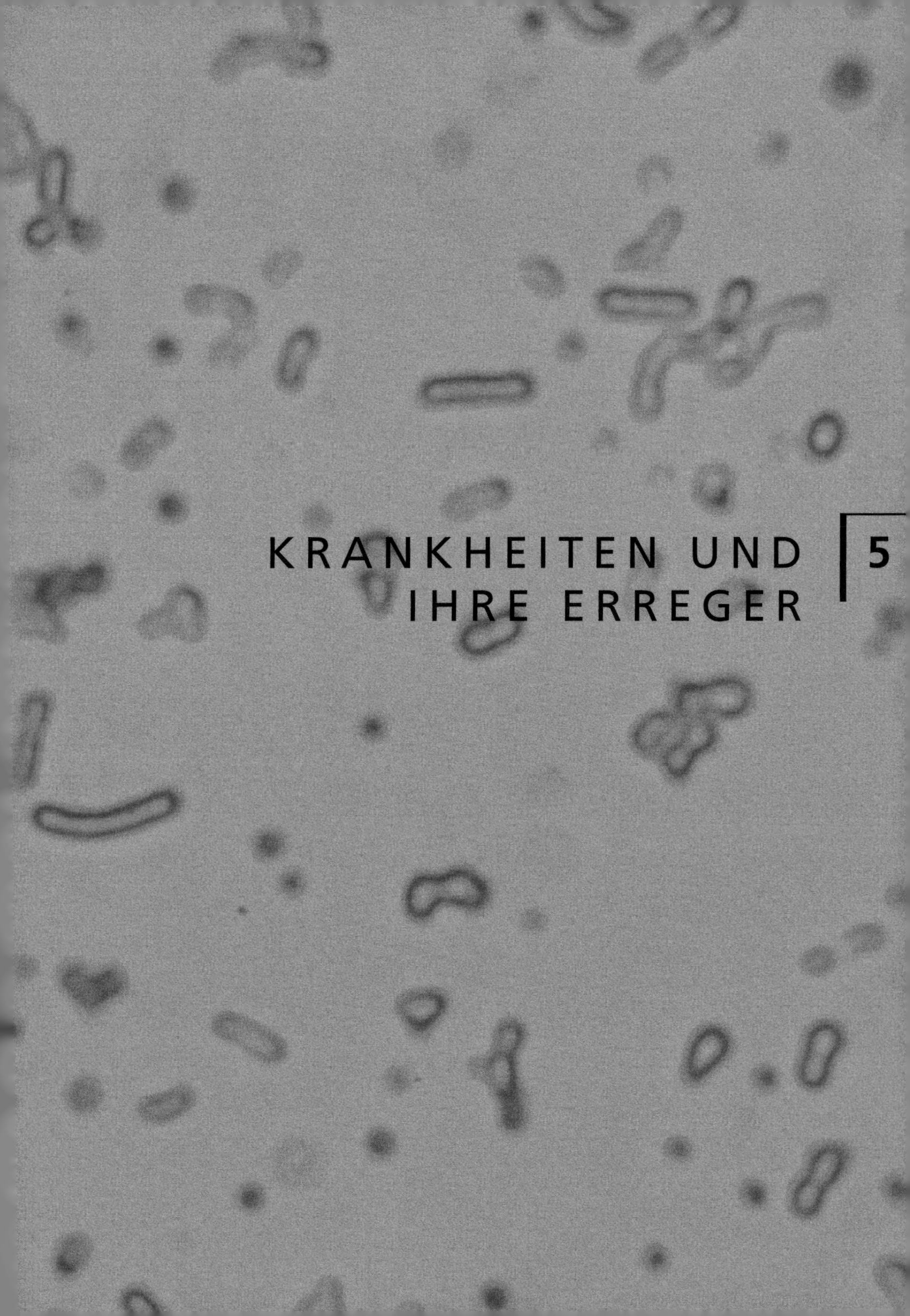

KRANKHEITEN UND IHRE ERREGER

5

5.1 Viren und andere Krankheitserreger

Krankheitserreger sind Organismen, die Pflanzen, Tiere und Menschen befallen. Durch die Abgabe von giftigen Stoffwechselendprodukten können sie in den befallenen Lebewesen Krankheiten hervorrufen.

Viren als Krankheitserreger

Viren bestehen nur aus einer Eiweißhülle und der Erbsubstanz (Kernsubstanz) in der Hülle. Sie besitzen keinen eigenen Stoffwechsel und können sich nur in lebenden Zellen (Wirtszellen) vermehren. Viren sind keine echten Lebewesen.

Viren können in allen Organismengruppen gefährliche Krankheiten hervorrufen. Diese Krankheiten sind übertragbar. Man bezeichnet sie auch als Infektionskrankheiten.

Bau eines Virus

Grippe-Virus (150 nm)

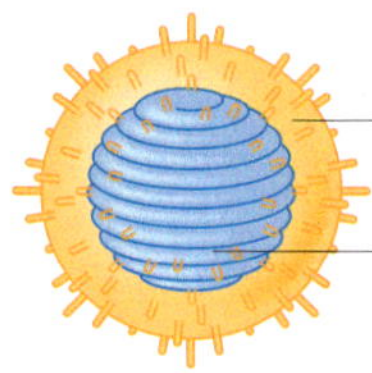

Neuartige Erreger, Prionen (Eiweißpartikel), verändern die Eiweiße des Körpers bei Mensch und Tier und rufen z. B. das **Creutzfeldt-Jakob-Syndrom** bzw. den **Rinderwahnsinn (BSE)** hervor.

Viren sind sehr klein. Die winzigsten Viren haben einen Durchmesser von nur 20 nm. Sie sind nur mithilfe des Elektronenmikroskops sichtbar. Sie besitzen unterschiedliche geometrische Formen.

Formen von Viren

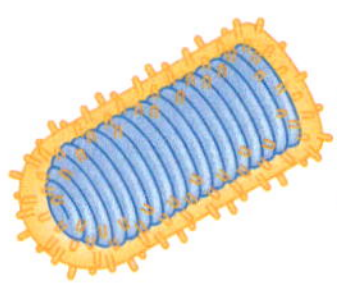

Tollwut-Virus (180 nm)

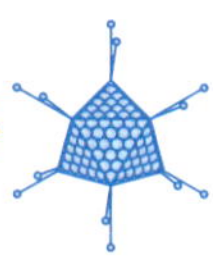

Adeno-Virus (100 nm)

Pocken-Virus (350 nm)

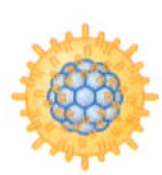

Röteln-Virus (80 nm)

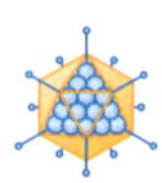

Gelbsucht-Virus (80 nm)

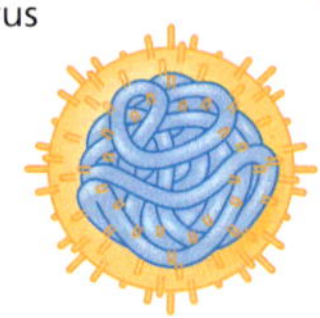

Masern-Virus (180 nm)

HI-Virus (300 nm)

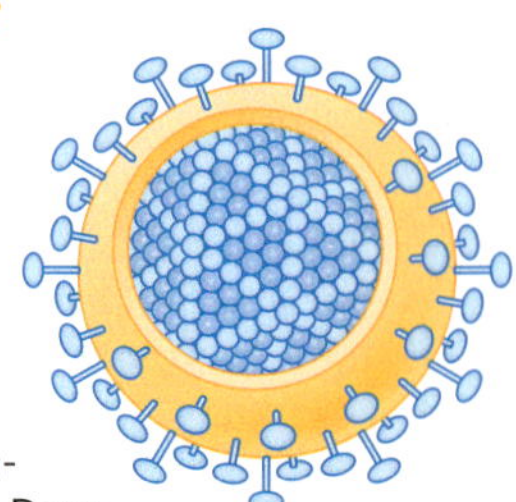

Weitere Krankheitserreger:

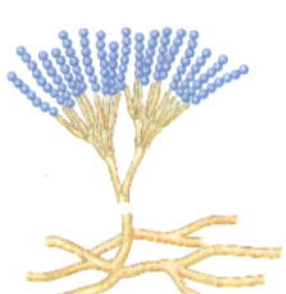

Pinselschimmel

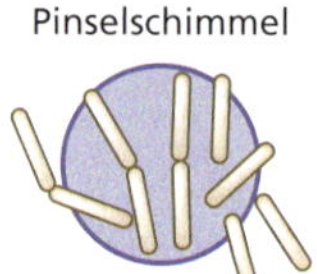

stäbchenförmige Bakterien (Stäbchen)

Weitere Krankheitserreger

Außer den Viren gibt es zahlreiche andere Organismen, die Krankheiten hervorrufen können. Dazu gehören Bakterien (↗ S. 40), Pilze (↗ S. 43) und tierische Einzeller (Protozoen ↗ S. 81).

5.2 Ausgewählte Erkrankungen bei Pflanzen und Tieren

5.2.1 Krankheiten bei Pflanzen

Pflanzenkrankheiten werden von Viren, Bakterien oder Pilzen hervorgerufen. Sie beeinträchtigen die Entwicklung der Pflanzen und mindern deren Erträge.

Nassfäule

Die Nassfäule der Kartoffelknolle wird durch **Bakterien** verursacht. Sie verwandeln die Knolle in eine breiig faule und übel riechende Masse.
Die Nassfäule greift rasch um sich und kann in wenigen Tagen viele Tonnen von Kartoffelknollen vernichten. Kranke Knollen müssen schnell aussortiert werden.

Blattrollkrankheit

Das **Blattroll-Virus** ist verantwortlich dafür, das sich die Blätter der Pflanzen, vor allem im unteren Bereich kräuseln. Später färben sie sich gelb. Dadurch können die Pflanzen nicht mehr optimal die Fotosynthese (↗ S. 192) durchführen. Der Ertrag geht zurück, teilweise bis zu 80 %. *Überträger* des Blattrollvirus ist u.a. die Pfirsichblattlaus.

Im Mittelalter führten Krankheiten an Pflanzen, z.B. an Kartoffeln, zu großen Ertragsverlusten, die häufig Hungerepidemien nach sich zogen.

Gelbmosaikkrankheit bei Wintergerste

Das **Mosaik-Virus** wird durch einen Pilz übertragen. Wird eine Pflanze von virusinfizierten Pilzen befallen, vermehren sich beide in der Pflanze. Auf den Feldern sieht man dann nesterartige bis großflächige Vergilbungen. Über die Pilzsporen gelangen die Viren wieder in den Boden zurück, können so neue Pilze infizieren und neue Kulturen verseuchen. Damit geht der Ertrag zurück.

Pilzkrankheiten an Pflanzen sind auch Mehltau (an Äpfeln, Wein), Schwarzrost, (Getreide), Blattfleckenkrankheit (Kulturpflanzen) und Wurzel- und Stängelfäule an Bäumen. Sie verändern die Pflanzen und mindern die Erträge der betroffenen Pflanzen teilweise drastisch.

Kraut- und Knollenfäule

Der **Pilz** *Phytophthora infestans* befällt vorwiegend Kraut und Knollen an Kartoffeln und führt zu deren Fäule. An den Kartoffelblättern bilden sich bei feuchtem Wetter Flecken, die an der Unterseite weiße Schimmelrasen aufweisen. An den Knollen zeigen sich graue Flecken. Im Mittelalter führte diese Pilzerkrankung zu großen **Hungerepidemien**, weil ganze Ernten dadurch vernichtet wurden.

5.2.2 Krankheiten bei Tieren

Tierkrankheiten werden meistens von Bakterien oder Viren hervorgerufen. Sie mindern die Leistungen der Tiere und führen oft zum Tod.

Beim Menschen zeigt sich die Krankheit auch als Hautmilzbrand durch Bildung eines Bläschens bzw. des Milzbrandkarbunkels an der Infektionsstelle oder als Lungenmilzbrand (durch Streuung oder Einatmen) oder als Darmmilzbrand (durch Verschlucken der Erreger mit Essen von Fleisch erkrankter Tiere).

Milzbrand

Es ist eine durch **Bakterien** (*Bazillus anthracis*) hervorgerufene Erkrankung bei Huftieren. Die Bakterien befallen verschiedene Organe des Tieres und schädigen sie. Eine Schwellung der Milz ist ein typisches Merkmal dieser Krankheit, daher auch der Name.
Milzbrand ist auch auf den Menschen übertragbar. In der BRD kommt Milzbrand nicht mehr vor.

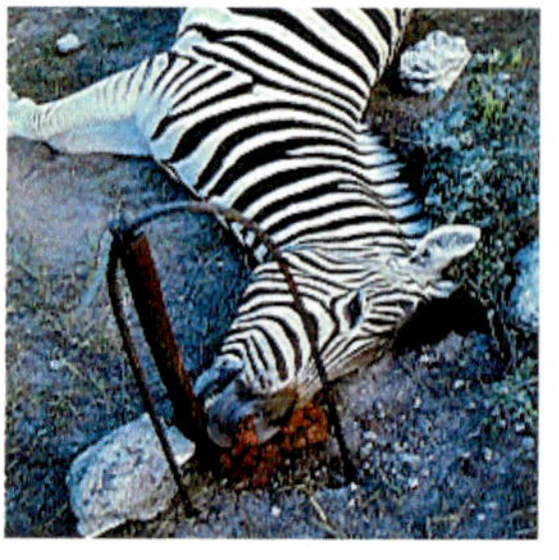

Tollwut

Der Erreger ist ein **Virus** (*Rabies-Virus,* ↗ S. 240). Man erkennt ein tollwutkrankes Tier am Schaum vor dem Mund und an nicht arttypischen Verhaltensweisen.
Hauptvirusträger ist in Europa der Fuchs. Fast alle bekannten Haus-, Nutz-, Zoo- und Wildtiere können Infektionsquellen für Tier und Mensch sein. Die *Übertragung* erfolgt durch Speichel infizierter Tiere. Bis zum Ausbruch der Krankheit vergehen meist 30 bis 60 Tage. *Krankheitsmerkmale* sind u. a. Speichelfluss, Schlingkrämpfe, Sehstörungen sowie Lähmungen. Tollwut verläuft meist tödlich. Tollwut ist auch auf den Menschen übertragbar. *Bekämpfungsmaßnahmen:* Reduzierung der Füchse (Fuchsbaubegasung); Katzen- und Hundesperren, Impfungen, seuchenhygienische Maßnahmen.

Maul- und Klauenseuche

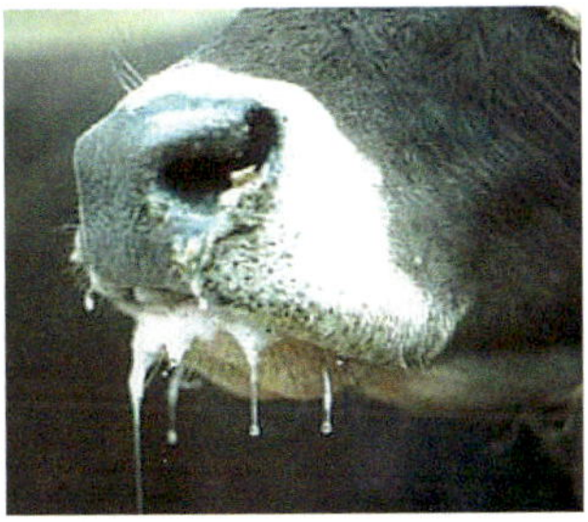

Die Erreger, **Maul-und Klauenseuche-Viren,** befallen vor allem Rinder, Schweine, Schafe und Ziegen, seltener wild lebende Huftiere. Bemerkbar macht sich die Krankheit durch schmerzhafte Bläschenbildung an Schleimhäuten im Maul, am Euter und den Klauen. Außerdem tritt Fieber auf. Die *Übertragung der Erreger* erfolgt hauptsächlich durch Direktkontakt.
Bis zum Ausbruch der Krankheit vergehen meist 24 Stunden bis mehrere Tage. Die Maul- und Klauenseuche gilt als wirtschaftlich wichtigste Tierseuche. Die Erkrankung ist anzeigepflichtig.
Zur *Verhütung der Ausbreitung* werden Isolierungsmaßnahmen, Sperrmaßnahmen der engen und weiteren Umgebung und Desinfektionsverfahren eingeleitet. Eine *vorbeugende Maßnahmen* um die Einschleppung von Maul- und Klauenseuche-Erregern zu verhindern, ist eine systematische MKS-Impfung.

Die Hundestaupe ist ebenfalls eine *Viruserkrankung*. Die Erreger befallen vor allem Nervensystem, Verdauungstrakt und Atemwege.
Staupe verläuft meist tödlich.
Erkennungszeichen sind Bindehautentzündung, Husten, Erbrechen und Durchfall.

5.2.3 Bekämpfung von Infektionskrankheiten bei Pflanzen und Tieren

Zur Bekämpfung von Pflanzenkrankheiten werden **Pflanzenschutzmittel** eingesetzt. Sie haben das Ziel:
- eine bereits ausgebrochene Erkrankung schnell zu bekämpfen und
- pflanzeneigene Abwehrkräfte zu aktivieren.

Zusätzlich werden Pflanzen gezüchtet, die resistent (widerstandsfähig) gegenüber bestimmten Krankheitserregern sind.
Um **Erkrankungen bei Tieren** vorzubeugen, ist eine artgerechte Haltung und eine optimale Pflege wichtig.
Zur Vorbeugung werden bei Haustieren und in der **Großviehhaltung** Impfungen vorgenommen. In akuten Fällen werden auch Antibiotika zur Bekämpfung von Infektionskrankheiten eingesetzt.
Zum Schutz vor einer Ausbreitung von bestimmten Krankheiten (z. B. Schweinepest) besteht eine gesetzliche Meldepflicht.

1892 war die Geburtsstunde des modernen Pflanzenschutz. Mit Antinonnin gegen die Nonnenraupe bringen die „Farbenfabriken vorm. Friedr. Bayers & Co" das erste chemisch synthetische Insektizid der Welt auf den Markt.

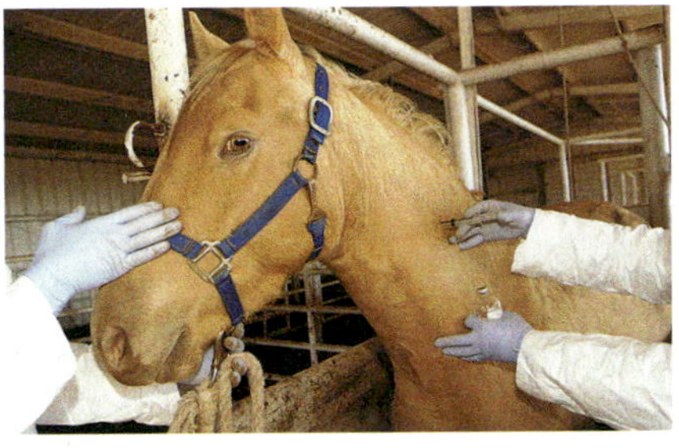

5.3 Überblick über die wichtigsten Infektionskrankheiten beim Menschen

5.3.1 Übertragungsmöglichkeiten der Erreger und Verlauf einer Infektionskrankheit

Infektionskrankheiten werden durch Erreger hervorgerufen und auch durch sie weiterverbreitet. Dabei gibt es verschiedene Übertragungsmöglichkeiten.

Einer Infektionskrankheit geht eine *Infektion* („Ansteckung") mit Krankheitserregern voraus. Diese dringen in den menschlichen Organismus ein und vermehren sich dort. Sie können von einem Organismus auf einen anderen übertragen werden. Die Krankheitserreger können an den unterschiedlichsten Stellen in den menschlichen Organismus eindringen.

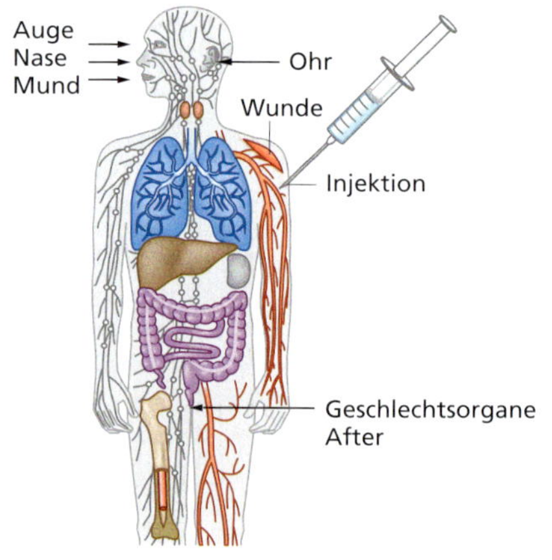

Jede Infektionskrankheit hat einen typischen Verlauf mit typischen Symptomen. Daran erkennt der Arzt die Krankheit.

Es gibt verschiedene Möglichkeiten, die Krankheitserreger zu übertragen:

direkte Übertragung	indirekte Übertragung
Tröpfcheninfektion, Schmierinfektion; Luft; Geschlechtsverkehr; Schwangerschaft; Geburt; Muttermilch	Lebensmittel (Wasser, Obst); Instrumente (Spritzen); Tiere (z.B. Mücken, Fliegen)

Nach der Infektion vermehren sich die Erreger im Körper. Es kommt zu den typischen Anzeichen, **Symptomen**, für die jeweilige Erkrankung, z. B. Ansteigen der Körpertemperatur, Ausschlag.
Den Zeitraum, der zwischen der Übertragung der Erreger und dem Auftreten der Symptome (Ausbruch der Krankheit) liegt, nennt man **Inkubationszeit**. Während der Inkubationszeit vermehren sich die Erreger, aber es werden im Körper auch Abwehrstoffe mobilisiert, sodass in vielen Fällen die Krankheit nicht ausbricht.

Die Inkubationszeit ist bei verschiedenen Krankheiten unterschiedlich lang.
Diphtherie: 2–7 Tage
Masern: 9–11 Tage
Röteln: 14–21 Tage
Kinderlähmung: 7–14 Tage

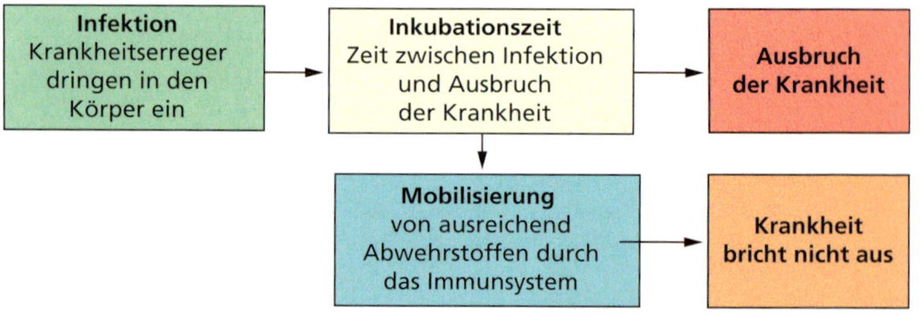

5.3.2 Wichtige Infektionskrankheiten (Auswahl)

Name	Erreger	Übertragung
	Bakterien	
Lungentuberkulose	Bakterien	Einatmen
Wundstarrkrampf (Tetanus)	Bakterien	Eindringen der Erreger durch Verletzungen der Haut
Keuchhusten	Bordetella pertussis	Tröpfcheninfektion (z. B. durch Husten)
Diphtherie	Corynebacterium diphtheriae	Tröpfcheninfektion (durch Speichel)
Scharlach	Streptokokken	Tröpfcheninfektion (durch Sprechen, Husten, über feuchte Hände)
Angina	Streptokokken	Tröpfcheninfektion
	Viren	
Kinderlähmung	Poliomyelitis-Viren	Schmier-, Schmutz-, Tröpfcheninfektion
Windpocken	Windpocken-Viren	Tröpfchen- und Schmierinfektion
Grippe	Grippe-Viren	Kontakt oder durch Atemluft
Aids	HI-Viren	direkter Kontakt und Wundinfektion
	Pilz	
Soor	Sprosspilze	Kontakt mit infizierten Personen
Nagelmykose	Schimmelpilze	Kontakt mit infizierten Gegenständen
	Tierische Einzeller	
Amöbenruhr	Entamoeba histolytica	Mensch, Haus- und Wildtiere
Malaria	Plasmodien	Anophelesmücke

Robert Koch (1842–1910) entdeckte 1882 den Erreger der TBC. Tuberkulose (TBC) ist weltweit verbreitet und wird von sozialen Faktoren beeinflusst. In Mitteleuropa hat diese Infektionskrankheit ihren Schrecken verloren.

Grippe ist eine ernst zu nehmende Erkrankung. Im Durchschnitt sterben jährlich 3000 bis 4000 Menschen infolge dieser Viruserkrankung.

Das **Aids-Virus** (↗ S. 246) wird vor allem durch ungeschützten Geschlechtsverkehr übertragen.

Ebola ist eine relativ neuartige Infektionskrankheit. Das Ebola-Virus löst innerhalb von 4–16 Tagen Durchfall, Erbrechen, Bewusstseinsstörungen und hohes Fieber aus. Es zerstört menschliches Gewebe. Die meisten Patienten sterben an inneren Blutungen.

Aids – eine gefährliche Krankheit

Aids ist die Abkürzung für **a**cquired **i**mmune **d**eficiency **s**yndrome; auf deutsch **„Ansteckendes Abwehr-Schwäche-Syndrom"** oder „durch Ansteckung erworbene Immunschwäche".
Die einzelnen Wörter dieser Abkürzung erläutern, was mit Aids gemeint ist.

- *Ansteckendes*: von einem Menschen auf den anderen übertragbar, im Gegensatz zu vererbten Krankheiten.
- *Abwehr*: Mit den meisten ansteckenden Krankheiten wird der menschliche Körper ohne fremde Hilfe durch seine eigenen Abwehrkräfte fertig. Bei Aids ist es anders.
- *Schwäche*: Wenn das HI-Virus in den Körper eines Menschen gelangt, kann es die T-Helferzellen zerstören und die Abwehrkräfte so schwächen, dass andere Krankheitserreger vom Körper nicht mehr abgewehrt werden können.
- *Syndrom*: Das bedeutet, dass mehrere Krankheitserscheinungen zusammen auftreten.

HI-Virus und seine Wirkung im Körper

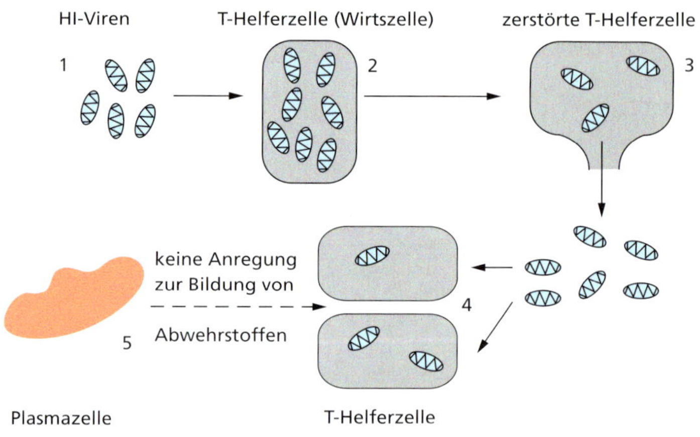

Dringen **HI-Viren** (1) in den Körper ein, befallen sie im Blut bestimmte Gruppen von weißen Blutzellen, die **T-Helferzellen** (2). Da Viren keinen eigenen Stoffwechsel besitzen, benutzen die HI-Viren die T-Helferzellen als „Wirtszellen". Sie dringen in sie ein, vermehren sich in diesen Zellen und zerstören sie (3).
Die frei werdenden HI-Viren befallen weitere T-Helferzellen (4). Diese sind dann nicht mehr in der Lage, andere weiße Blutzellen, die **Plasmazellen** (5), zur Bildung von Abwehrstoffen anzuregen.
Dadurch wird das lebenswichtige Abwehrsystem (Immunsystem) unseres Körpers immer schwächer und fällt schließlich ganz aus.
Eingedrungene Krankheitserreger können jetzt nicht mehr durch die Bildung von Abwehrstoffen vernichtet werden.

Die **Ansteckung** mit den HI-Viren erfolgt vor allem über den *Geschlechtsverkehr.* Die Viren werden dabei mit dem Blut oder der Sperma- bzw. Scheidenflüssigkeit übertragen. Über winzige Risse der Schleimhaut von Glied, Scheide, Mund oder Darm gelangen die Viren in die Blutbahn des anderen Partners.

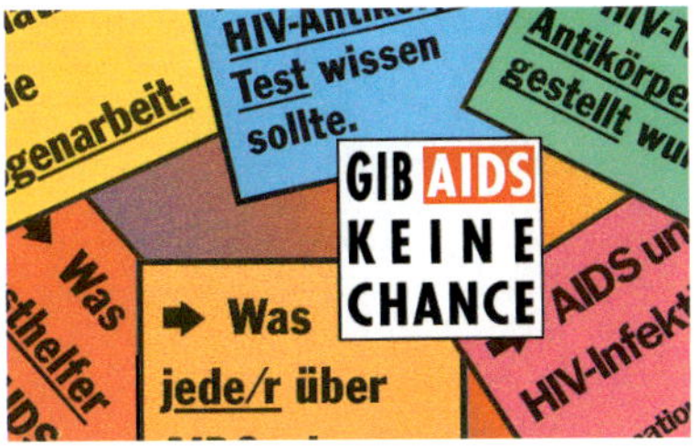

Kondome schützen vor Ansteckung mit Geschlechtskrankheiten und Aids!

Das *Risiko* einer HIV-Ansteckung ist sehr hoch
- beim Sex mit Zufallsbekanntschaften, Prostituierten und männlichen Homosexuellen. Hier müssen unbedingt Kondome angewendet werden („**Safer Sex**")!
- beim Benutzen infizierter Kanülen durch Drogensüchtige.

Eine *gewisse Ansteckungsgefahr* besteht bei Wundkontakten in der ersten Hilfe sowie bei Blutübertragungen.
Keine Ansteckungsgefahr besteht bei
- Händegeben, Küssen, Anhusten, Anniesen,
- gemeinsamem Spielen und Sport treiben,
- gemeinsamem Benutzen von Gläsern, Geschirr, Bestecken, von Handtüchern und Bettwäsche,
- dem Besuch von Schwimmbädern, Saunen,
- Mückenstichen, Kontakten mit Tieren (Katzen, Hunden) u.Ä.

Der sog. **„HIV-Antikörper-Test"** zeigt, ob im Blut Abwehrstoffe (HIV-Antikörper) vorhanden sind, die der Körper nach einer Ansteckung mit HIV bildet. Wer „HIV-positiv" oder „Antikörper-positiv" ist, hat sich zwar angesteckt, ist aber noch nicht aidskrank. Wichtig ist aber, dass jeder Infizierte andere Personen über bestimmte Übertragungswege anstecken kann.

Mit dem sog. „HIV-Antikörper-Test" können Ärzte heute feststellen, ob im Blut Abwehrstoffe (HIV-Antikörper) vorhanden sind, die der Körper nach einer Ansteckung mit HIV bildet. Allerdings dauert es längere Zeit, bis die HIV-Antikörper zu erkennen sind. Zwischen der möglichen Ansteckung (z.B. dem letzten ungeschützten Geschlechtsverkehr) und dem Test sollte etwa ein Vierteljahr vergangen sein, sonst sagt der Test nichts aus.

Der **Verlauf der Aids-Erkrankung** dauert mehrere Jahre. Die Aids-Viren befallen im Blut die für das Abwehrsystem zuständigen „T-Helferzellen", später dann auch Gehirnzellen.
Nach der Infektion vermehren sich die HI-Viren in den Zellen des Lymphsystems, insbesondere den für die Immunvorgänge wichtigen T-Helferzellen. Eine Zeit lang kann der Körper noch ein labiles Gleichgewicht zwischen seinem Immunsystem und den HI-Viren halten. Das kann viele Jahre so sein.
Dann entwickelt sich das Vollbild der Aidserkrankung mit Fieberschüben, Entzündungen, Tumorbildungen, schweren Störungen in Lunge, Darm und Nervensystem. In den meisten Fällen geht die Erkrankung tödlich aus.
Wie Menschen mit Aids leben, hängt auch davon ab, ob ihnen ihre Umgebung Kraft gibt, sich innerlich gegen diese Krankheit zu wehren. Ein verzweifelter Mensch ist viel anfälliger für ansteckende Krankheiten als ein Mensch, der sich in seiner Umgebung sicher und geborgen fühlt. Deshalb ist es für Menschen mit HIV oder Aids ganz wichtig, dass man sie nicht alleine lässt. Es gibt auch gar keinen Grund, den Kontakt mit Aidskranken zu meiden.

5.3.3 Abwehrreaktionen des Körpers

Auf eine Infektion mit Krankheitserregern reagiert der Körper mit **Abwehrreaktionen (Immunreaktionen)**.

Bei einer **Immunreaktion** werden im Körper Abwehrstoffe gebildet, mit deren Hilfe eingedrungene Krankheitserreger abgetötet werden. **Immunität** ist die Widerstandsfähigkeit des Körpers gegenüber Krankheitserregern aufgrund des Vorhandenseins von Abwehrstoffen.

Zum **menschlichen Immunsystem** gehören Lymphorgane und Lymphbahnen.

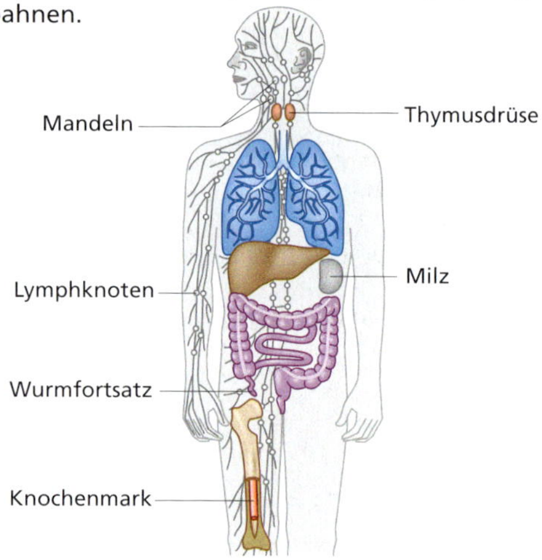

Einen wesentlichen Anteil an Immunreaktionen besitzen die **weißen Blutzellen** (↗ S. 147), insbesondere die **Lymphzellen** (Lymphozyten), die man in B- und T-Lymphzellen unterteilt. Etwa 25 % der weißen Blutzellen sind Lymphzellen. Sie stellen die zelluläre Grundlage des Immunsystems dar.
Man unterscheidet die **angeborene Immunität (natürliche Immunität)** und die **erworbene Immunität.**

Die **natürliche Immunität** ist die angeborene Widerstandsfähigkeit gegen Krankheitserreger.

Die angeborene Immunität wird durch verschiedene Abwehrreaktionen erreicht, z. B.
- lässt eine gesunde und unverletzte Haut keine Erreger in den Körper eindringen;
- schließen Sekretbildungen wie Tränenflüssigkeit, Speichel, Nasensekret aufgrund ihrer schleimigen Beschaffenheit Mikroorganismen ein und entfernen sie mit dem Sekret aus dem Körper;

- unterdrücken und vernichten Säuren, die im Körper gebildet werden (z. B. Magensäure), eingedrungene Erreger;
- umfließen „Fresszellen" (Phagozyten) eingedrungene Krankheitserreger, z. B. Bakterien oder Viren, aber auch andere Fremdkörper, nehmen diese in ihr Plasma auf und verdauen sie;
- töten Enzyme, die sich im Blut befinden, eingedrungene Krankheitserreger ab.

Diese *unspezifischen Abwehrreaktionen* machen unseren Körper auf *natürlichem* Weg **widerstandsfähig (immun)** gegenüber Krankheitserregern.

Weiße Blutzelle (Fresszelle) nimmt Krankheitserreger in ihr Plasma auf und vernichtet sie.

Die **erworbene Immunität** ist das Ergebnis *spezifischer Abwehrreaktionen*, bei denen sich der Körper mit ganz bestimmten Krankheitserregern auseinander gesetzt hat. Im Körper laufen spezifische Abwehrreaktionen ab.

Bei den spezifischen Abwehrreaktionen (**Immunreaktion**) werden bestimmte Abwehrstoffe gebildet, mit deren Hilfe bestimmte eingedrungene Krankheitserreger abgetötet werden. Diese Abwehrstoffe bleiben im Körper oft längere Zeit erhalten. Dringt der bestimmte Erreger wieder in den Körper ein, wird er von den noch vorhandenen Abwehrstoffen vernichtet. Der Mensch ist gegenüber dieser bestimmten Krankheit **immun**.

Ablauf einer Immunreaktion (Antigen-Antikörper-Reaktion)

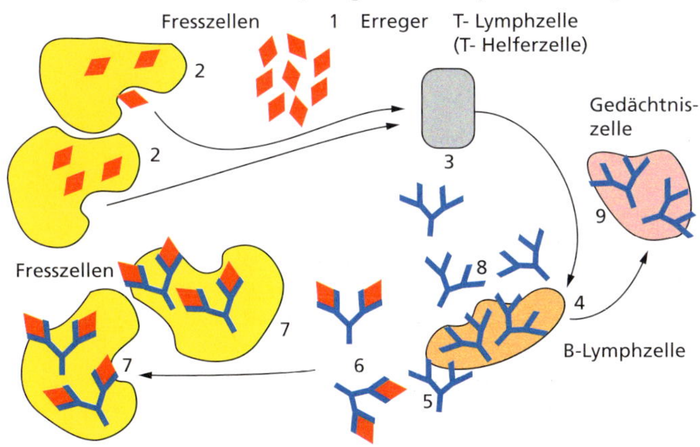

Die aktive Immunisierung wirkt mehrere Jahre, weil die Gedächtniszellen, die die Antikörper bilden, sehr langlebig sind. Deshalb ist diese Art der Impfung eine Schutzimpfung. Sie wird z.B. bei Masern, Mumps und Röteln angewendet.
Passive Immunisierung wendet man z.B. bei Diphtherie oder Wundstarrkrampf an.
Schutzimpfungen werden weltweit durchgeführt. In der BRD erfolgen die Impfungen nach einem **Impfkalender**.

Die Immunität gegen bestimmte Krankheitserreger kann künstlich durch den Vorgang der **Immunisierung** (Impfung) erreicht werden. Bei der künstlich ausgelösten Immunisierung unterscheidet man aktive und passive Immunisierung.

Bei der **aktiven Immunisierung** erfolgt die Impfung mit abgeschwächten Krankheitserregern zur Bildung von Abwehrstoffen im Körper. Bei der **passiven Immunisierung** wird ein Serum mit Abwehrstoffen eingeimpft.

5.3.4 Schutz vor Infektionskrankheiten

Vor Reisen in ferne Länder sollte man sich unbedingt über Schutzmaßnahmen informieren.

Einen absoluten Schutz vor Infektionskrankheiten gibt es nicht. Krankheitserreger kommen überall in der Umwelt vor und können auf verschiedenen Wegen in den menschlichen Körper eindringen (↗ S. 244). Durch verschiedene Maßnahmen kann man der Gefahr einer Infektion vorbeugen.

Vorbeugende Maßnahmen zur Eindämmung von Infektionskrankheiten

Gesunde Lebensführung:	Abhärtung, gesunde Ernährung (↗ S. 137), Sport, um die Abwehrkräfte des Körpers zu stärken.
Hygiene:	Sauberkeit und Pflege des eigenen Körpers und der Umgebung, um das Verbreiten von Krankheitserregern zu verhindern.
Impfungen:	Sie werden durchgeführt, um eine Immunität (Widerstandsfähigkeit) gegenüber Krankheitserregern zu erzielen.

Im Kampf gegen Infektionskrankheiten machten sich zwei weitere Wissenschaftler einen Namen, EDWARD JENNER (1749–1823) und IGNAZ SEMMELWEIS (1818–1865). JENNER führte als Erster die Pockenschutzimpfung ein, während SEMMELWEIS die Ursache des Kindbettfiebers entdeckte.

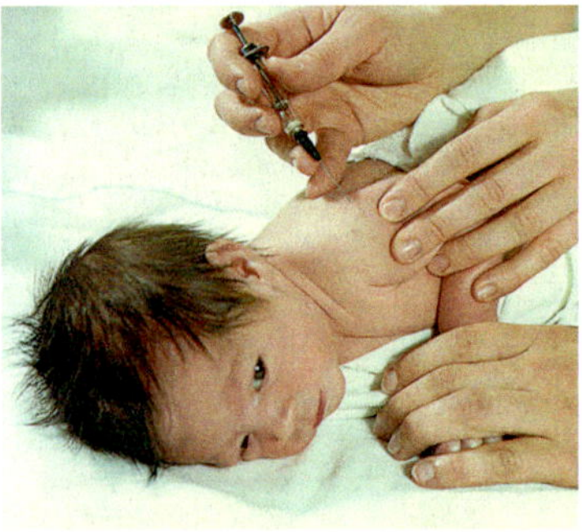

Maßnahmen bei Ausbruch von Infektionskrankheiten

Nicht immer werden im Körper ausreichend Antikörper gebildet, z.B. wenn sich ein Mensch in körperlich schlechtem Zustand befindet. Deshalb ist es notwendig, den erkrankten Körper durch Arzneimittel zu unterstützen.

Antibiotika sind von Mikroorganismen gebildete Wirkstoffe und deren synthetisch herstellbare Abkömmlinge gegen Infektionen durch Bakterien.

ALEXANDER FLEMING fand 1928 das Antibiotikum Penicillin. Von den Mikrobiologen wurden bisher etwa 2000 Antibiotika entwickelt, von denen ca. 100 industriell hergestellt werden.

Antibiotika sind Stoffe, die u.a. von bestimmten Pilzen (z.B. Schimmelpilz Penicillin) gebildet werden und die unmittelbar auf das Wachstum bestimmter Bakterien hemmend wirken. Der Eiweißaufbau in den Bakterien wird verhindert und die Zellwand zerstört. Die Vermehrung der Bakterien wird unterbunden. Antibiotika dürfen aber nicht zu oft angewendet werden, da sich sonst unempfindliche (resistente) Bakterien herausbilden. Deshalb wird die Suche nach weiteren Antibiotika fortgesetzt.

6 Grundlagen der Genetik

6.1 Gegenstand der Genetik

Der Begriff Genetik wurde 1906 von WILLIAM BATESON geprägt. Er leitet sich aus dem lateinischen Wort Genesis (Werden) ab und lässt sich mit den Begriffen Ursprung, Entstehung, Leben am treffendsten übersetzen.

Die **Genetik** oder **Vererbungslehre** befasst sich mit grundlegenden Lebensprozessen, die sowohl für die Gleichheit der Merkmale bei Eltern und ihren Nachkommen verantwortlich sind als auch mit jenen Vorgängen, die verändernd darauf einwirken.

Untersuchungsgegenstand der Genetik sind die scheinbar widersprüchlichen Erscheinungen der **relativen Konstanz** und **Variabilität der Arten** (↗ S. 274). Beide Erscheinungen werden durch die Vererbung realisiert.

Die **Vererbung** ist die Übertragung von Erbmaterial (genetischer Information) auf die Nachkommen.

Die Erscheinung, dass Kinder ihren Eltern ähnlich sind und Tiere und Pflanzen immer artgleiche Nachkommen hervorbringen, hat die Menschen schon seit dem Altertum beschäftigt. Wesentliche Erkenntnisse konnten jedoch erst in den letzten 50 Jahren gewonnen werden.

Voraussetzung für die Gleichheit der Merkmale der Eltern und Nachkommen ist das Vorhandensein von Erbanlagen (Gene), ihre identische Verdopplung und Verteilung bei Kern- und Zellteilungsprozessen (Mitose und Meiose, ↗ S. 257, 259)
Neben diesen Prozessen, die für die **Konstanz der Arten** sorgen, gibt es Möglichkeiten zur Veränderung der Erbsubstanzen und damit auch der Organismen. Solche Veränderungen erfolgen durch **Mutation** und **Rekombination** der Erbanlagen.

Die **Genetik** hat sich zu einem umfangreichen Teilgebiet der Biologie entwickelt und ist eng mit anderen biologischen Fachdisziplinen verbunden. So zum Beispiel mit der Pflanzen- und Tierzüchtung, der Medizin, der Zellenlehre (Cytologie), der Biochemie, der Physiologie und der Mikrobiologie.

Die **Tier- und Pflanzenzüchtung** basiert auf Gesetzmäßigkeiten der Genetik mit der allgemeinen Zielstellung, möglichst ertragreiche und gegen Krankheiten widerstandsfähige Sorten zu züchten.
Andererseits erbrachte die Tier- und Pflanzenzüchtung die grundlegenden Erkenntnisse für die klassische Genetik.
Pflanzenzucht wurde beispielsweise schon um 883 v. Chr. von den Ägyptern betrieben. Sie wandten die künstliche Bestäubung bei der Zucht von Dattelpalmen an.

6.2 Die zellulären Grundlagen der Vererbung

6.2.1 Die Zelle als Träger der Vererbung

Die Nachkommen von Hunden sind wieder Hunde und die Nachkommen von Fliegen sind wieder Fliegen. Die Anlagen für die spezifischen Merkmale einer Art werden von den Eltern auf die Nachkommen weitergegeben.

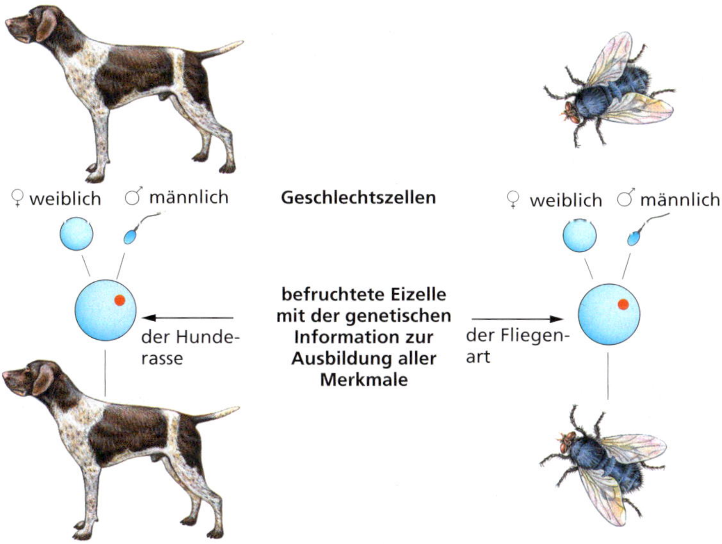

Die Kinder bekommen von ihren Eltern Informationen zur Ausbildung ihrer Merkmale vererbt. Diese Informationen müssen zunächst in den Geschlechtszellen enthalten sein, denn aus dem Verschmelzungsprodukt, der Zygote, entwickelt sich das neue Individuum. Vererbung (die Weitergabe der Artmerkmale und der individuellen Merkmale eines Organismus) wird über die Zellen vermittelt.

Vererbung und Fortpflanzung sind an die Zelle gebunden.
Fortpflanzung (↗ S. 218) ist die Fähigkeit der Lebewesen, Nachkommen zu erzeugen.
Vererbung ist die Weitergabe genetischer Informationen von der Mutterzelle zur Tochterzelle.

Auch einzelne Zellen geben ihre Merkmale durch Teilung auf die Tochterzellen weiter. So werden bei der Teilung von Hautzellen wieder Hautzellen oder aus Muskelzellen wieder Muskelzellen.

Die Erhaltung der Artmerkmale und der individuellen Merkmale eines Organismus ist nur im Zusammenhang mit seiner Fortpflanzung möglich. Bei der geschlechtlichen Fortpflanzung vereinen sich die Geschlechtszellen zur befruchteten Eizelle (Zygote, ↗ S. 220) und entwickeln sich dann zu einem neuen arttypischen Lebewesen (Nachkommen mit den genetischen Informationen und den Merkmalen des Vaters und der Mutter).

Teilen sich beim Menschen durch Wachstum und Entwicklung bedingt Hautzellen oder bei einer Pflanze Rindenzellen, so entstehen aus diesen Zellen wiederum Haut- und Rindenzellen mit ihren spezifischen Funktionen.

Vererbung findet sowohl auf Organismusebene als auch im zellulären Bereich statt.

6.2.2 Die Bedeutung des Zellkerns für die Vererbung

Der **Zellkern** hat eine zentrale Bedeutung für die Vererbung, da sich in ihm die Chromosomen befinden.

ROBERT BROWN (1730–1858) war ein schottischer Botaniker. Mit der Entdeckung des Zellkerns schuf er eine wichtige Grundlage für die Zelltheorie.

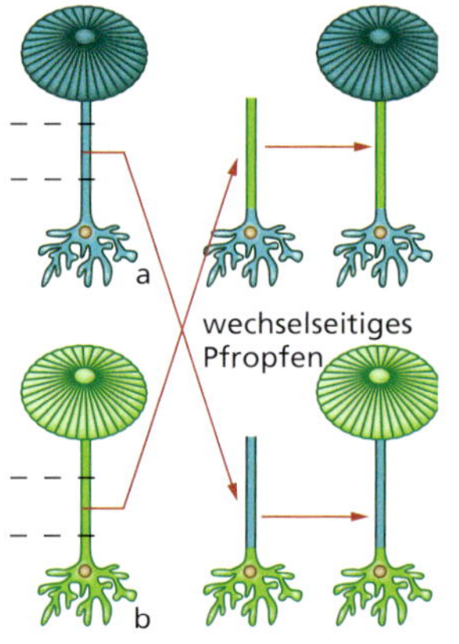

Die Rolle des Zellkerns bei der Vererbung lässt sich an den **Transplantationsexperimenten** mit der einzelligen, bis 10 cm großen und im Mittelmeer vorkommenden Schirmalge *Acetabularia* erkennen. Die in Schirm und Stiel gegliederten Algen sind mit einem wurzelähnlichen Haftorgan, dem Rhizoid, der auch den Zellkern trägt, am Boden verwachsen.
Die beiden Arten *Acetabularia mediterranea* (a) und *Acetabularia wettsteinii* (b) unterscheiden sich durch die Größe und Kammerung ihres Hutes. Pfropft man z.B. den kernlosen Stiel von *Acetabularia mediterranea* auf den kernhaltigen Rhizoid von *Acetabularia wettsteinii*, so bildet die Pflanze später den kleineren Hut von *Acetabulaira wettsteinii* aus. Auch das umgekehrte Experiment beweist, dass die Form des Hutes durch den Zellkern festgelegt wird.

Die **Zygote** enthält, wie jede andere Körperzelle auch, die gesamte und von beiden Eltern weitergegebene Erbinformation.

Das Verfahren zur Zellkerntransplantation wurde 1968 erstmals von JOHN GURDON durchgeführt.

Die Eizellen des *afrikanischen Krallenfrosches* (*Xenopus laevis*) beispielsweise wurden durch UV-Bestrahlung „entkernt". Sie bekamen die Zellkerne aus dem Darmepithel der Kaulquappe implantiert. Aus den so behandelten Eizellen entwickelten sich Frösche, die mit den Spendertieren erbgleich waren. Nach einem vergleichbaren Verfahren wurde auch das Schaf **Dolly** gezüchtet. Dolly stammt aus dem Zellkern einer Euterzelle (1. Mutter), der in die Eizelle eines anderen Schafes (2. Mutter) implantiert wurde und von einem Schaf einer anderen Klasse (3. Mutter) ausgetragen worden ist.

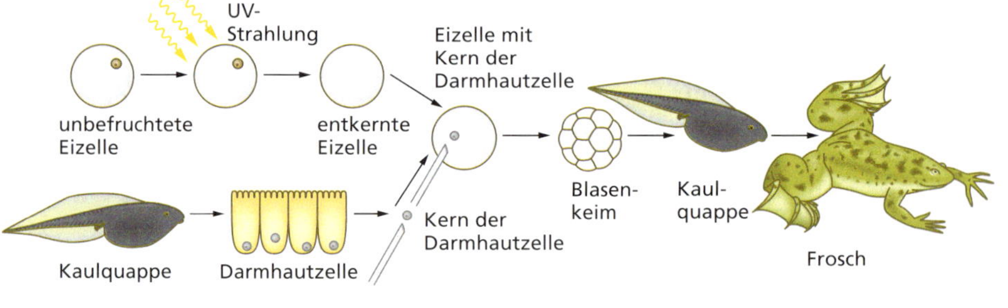

6.2.3 Die Chromosomen – Träger der Erbinformation

Chromosomen sind fädige Strukturen, die meist im Zellkern von Zellen vorliegen. Sie sind Träger der Erbanlagen (Gene) und steuern in dieser „Arbeitsform" alle Lebensprozesse. Das genetische Material der Chromosomen wird von Nukleinsäuren (Kernsäuren, ↗ S. 261) gebildet.

1880 wurden in Zellen von teilungsfähigem Gewebe stark anfärbbare, fadenförmige Gebilde, die Chromosomen, entdeckt.
CARL E. CORRENS vermutete bereits 1900, dass die Chromosomen die Erbträger seien. 1903 begründete der Deutsche THEODOR BOVERI und der Amerikaner WALTER S. SUTTON unabhängig voneinander die Chromosomentheorie der Vererbung.

Während der Zellteilung treten die Chromosomen in ihrer Transportform auf und werden durch ihre Spiralisation stark verkürzt und dadurch mikroskopisch gut sichtbar.
Die **Chromosomentheorie** der Vererbung sagt aus, dass die Chromosomen die stofflichen Träger der Erbanlagen sind. Die Erbanlagen nennt man **Gene** (↗ S. 265). Sie sind in linearer Reihenfolge in den Chromosomen angeordnet.

Bau eines Chromosoms

Jedes Chromosom besteht aus zwei Chromosomenhälften (Halbchromosomen oder Chromatiden), die an dem Centromer miteinander verbunden sind. Anzahl (Chromosomenzahl), Größe und Form der Chromosomen sind *artspezifisch.* Die Gesamtheit der Chromosomen einer Zelle ist der **Chromosomensatz**. Gleichen sich je zwei Chromosomen eines Satzes in Größe und Form, sind es **homologe Chromosomen.** Homologe Chromosomen können **Chromosomenpaare** bilden. Wie der gesamte Organismus haben auch die Körperzellen väterliche und mütterliche Erbanlagen. Da diese aus Chromosomen bestehen, haben alle Körperzellen einen *doppelten (diploiden) Chromosomensatz*. Die Geschlechtszellen haben dagegen nur *einen einfachen (haploiden)* Chromosomensatz.

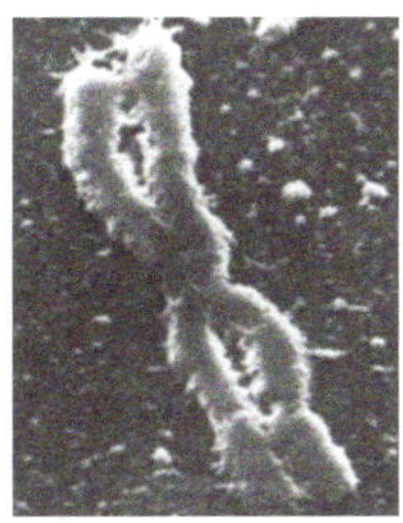

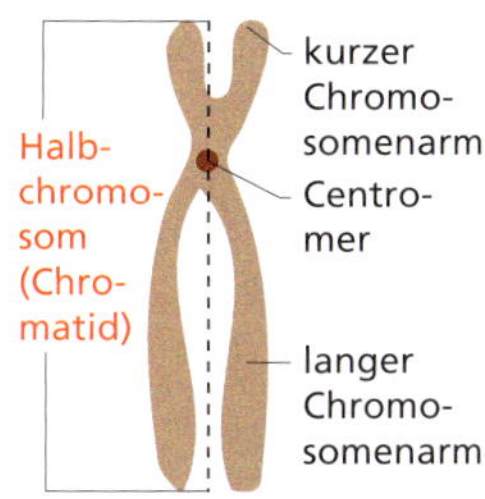

Organismen	Chromosomensatz	
	in Körperzellen (diploid)	in Geschlechtszellen (haploid)
Sonnenblume	34	17
Kartoffeln	48	24
Taufliege	8	4
Karpfen	104	52
Honigbiene	16	8
Schwein	40	20
Rind	60	30
Mensch	46	23

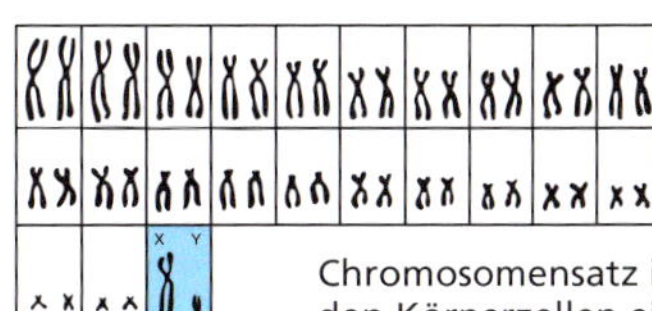

Chromosomensatz in den Körperzellen eines Mannes (diploid)

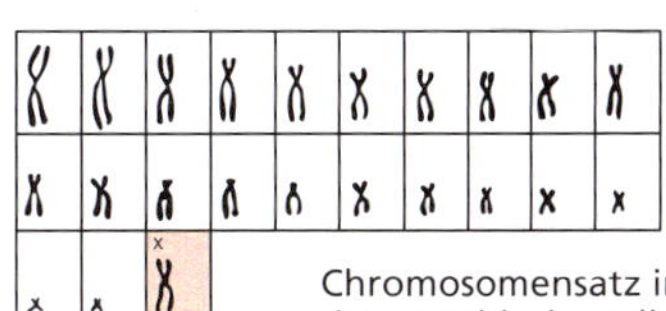

Chromosomensatz in den Geschlechtszellen einer Frau (haploid)

Chromosomenkarte (Karyogramm) einer Körperzelle des Menschen

Chromosomen können aus stark vergrößerten Mikrofotos herausgeschnitten werden. Werden sie nun nach Form und Größe geordnet, erhält man eine **Chromosomenkarte (ein Karyogramm).** In ihr werden die homologen Chromosomenpaare von 1 bis 22 durchnummeriert und zu sieben Gruppen mit den Kennbuchstaben A bis G zusammengefasst. Diese 44 Chromosomen sind **Körperchromosomen** (Autosomen). Das 23. Chromosomenpaar sind **Geschlechtschromosomen** (Gonosomen; XX = weiblich, XY = männlich).

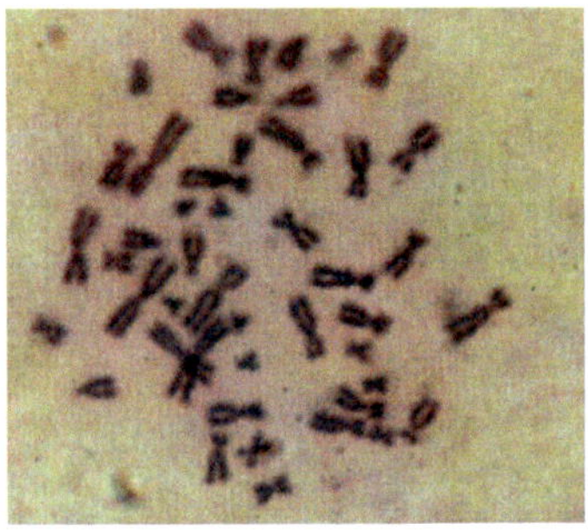

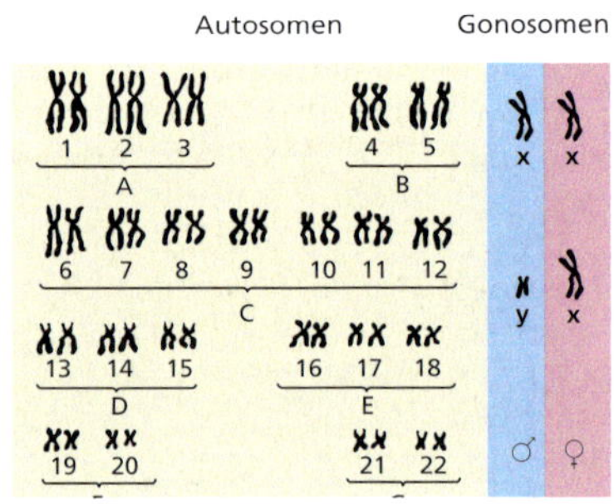

6.2.4 Gene

Das Gen für die Erbkrankheit Mucoviscidose (Drüsenfehlfunktion) liegt beim Menschen auf dem Chromosomenpaar Nr. 7.

Gene sind als spezifische Bereiche auf den Chromosomen identifizierbar. Sie sind auf den Chromosomen linear angeordnet, wobei jedes Gen einen ganz bestimmten Platz (Genort, Genlocus) belegt. Sie bestimmen die Ausbildung spezifischer Merkmale.

Die Reihenfolge der Gene auf den Chromosomen kann in **genetischen Karten** erfasst werden.
In **Strukturgenen** sind die Informationen für den Aufbau von Struktur- und Enzymeiweißen sowie von RNS (RNA) festgelegt.
Funktionsgene enthalten Informationen für den korrekten Ablauf der Eiweißsynthese (z. B. Start, Ende).

Als Struktureiweiße sind Eiweiße z. B. am Aufbau von Haaren, Federn, Knochen, Haut, Struktur der roten Blutzellen beteiligt. Als Enzymeiweiße steuern Eiweiße zahlreiche Prozesse. Die Verdauungsenzyme steuern die Verdauung.

Anordnung von Erbanlagen
Auf dem Chromosomenpaar 1 liegen die Erbanlagen für die Vererbung des Rh-Faktors, auf dem Chromosomenpaar 9 befinden sich Bereiche, die für die Blutgruppenvererbung verantwortlich sind.

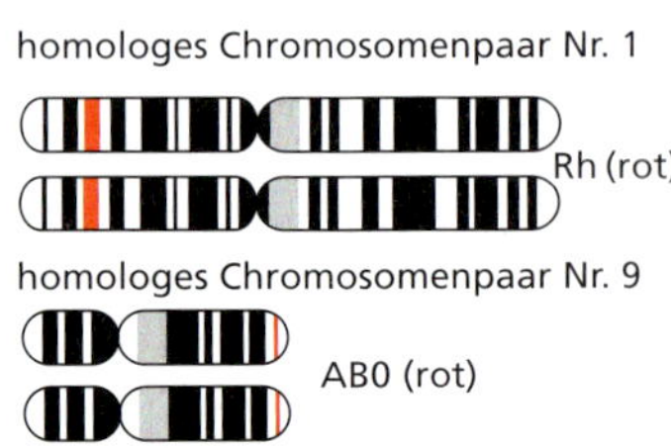

Die Gesamtheit aller Gene eines Organismus sind die **Erbanlagen** (Genom).

6.2.5 Allele

Allele oder **allele Gene** sind zwei verschiedene Variationen (Zustandsformen) eines Gens, die auf homologen Chromosomen (Chromosomenpaaren) den gleichen Ort einnehmen.

Die Allele eines Gens bewirken die Ausprägung desselben Merkmals im Erscheinungsbild, z.B. Farbe der Erbsensamen. Dieses Merkmal kann in verschiedenen Variationen im Erscheinungsbild auftreten, z.B. gelb oder grün. Welches Allel eines Gens im Erscheinungsbild das Merkmal ausbildet, hängt davon ab, ob es merkmalsbestimmend (dominant) ist.

Homologes Chromosomenpaar Nr. 2

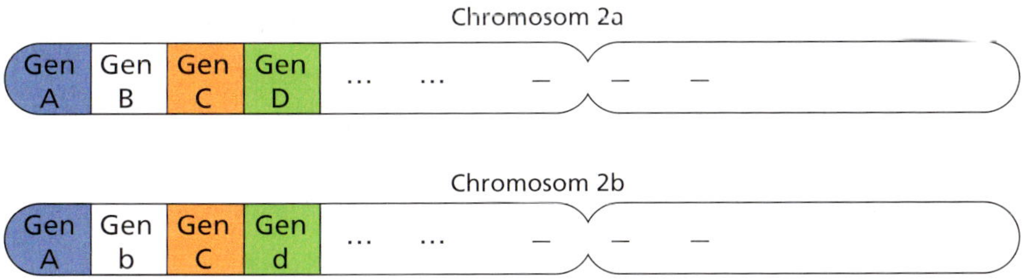

Allele sind A/A, B/b, C/C und D/d

Sind die Allele eines Chromosomenpaares für die Ausbildung eines Merkmals gleich (z.B. Farbe der Erbse Chromosom 2a Gen A = gelb, Chromosom 2b Gen A = gelb), ist der Organismus in Bezug auf dieses Gen (A, A) **reinerbig** oder **homozygot.**

Sind die Allele eines Chromosomenpaares für die Ausbildung eines Merkmals verschieden (z.B. Form der Erbse Chromosom 2a Gen B = glatt; Chromosom 2b Gen b = runzlig), ist der Organismus in Bezug auf dieses Gen (B, b) **mischerbig** oder **heterozygot.**

6.2.6 Mitose

Die **Mitose** ist die Form der Kern- und Zellteilung, in deren Ergebnis aus einer Mutterzelle zwei genetisch identische Tochterzellen hervorgehen. Mitotische Kern- und Zellteilungen finden in den Körperzellen statt.

Die genetischen Informationen werden von einer Zellgeneration gleichmäßig auf die nächste Zellgeneration weitergegeben. Die Mitose tritt bei der Teilung von Körperzellen auf.

Der Zeitabschnitt zwischen zwei Zell- und Kernteilungen ist die **Interphase.** In der Interphase liegen die Chromosomen entspiralisiert vor. In ihr erfolgt die Verdopplung der DNS (DNA, ↗ S. 262).

Der **Zellzyklus** besteht aus der Interphase und der Mitose.
Die Mitose wird während der Interphase durch eine Verdopplung der Erbsubstanz vorbereitet. Die verdoppelte Erbsubstanz wird dann durch die Mitose wieder halbiert und gleichmäßig auf die Tochterzellen verteilt. Dadurch ist gewährleistet, dass Mutter- und Tochterzellen genetisch identisch sind und dieselben Bau- und Funktionsmerkmale besitzen.

Phasen der Mitose	
Prophase	**Metaphase**
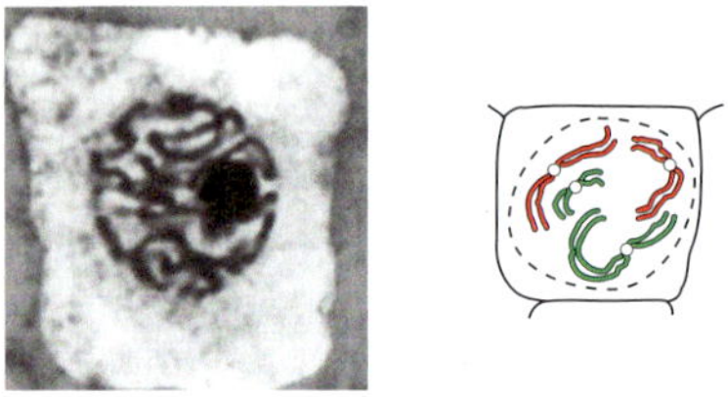 Durch die Spiralisierung der Chromatinfäden werden die Chromosomen gut sichtbar. Die Kernmembran löst sich auf.	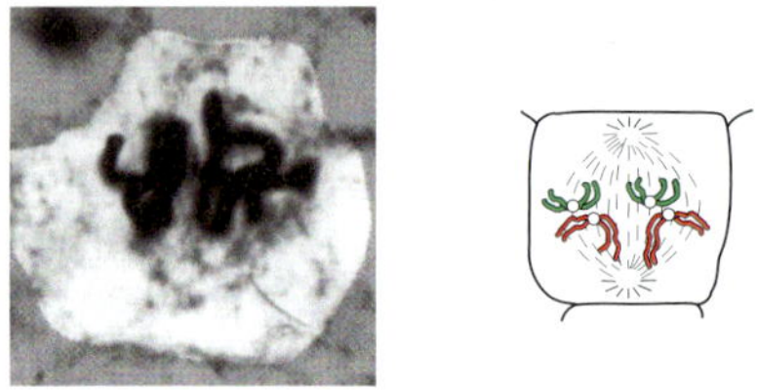 Das Zentriol teilt sich und bildet den Spindelapparat. Die Chromosomen ordnen sich in der Äquatorialebene an.
Anaphase	**Telophase**
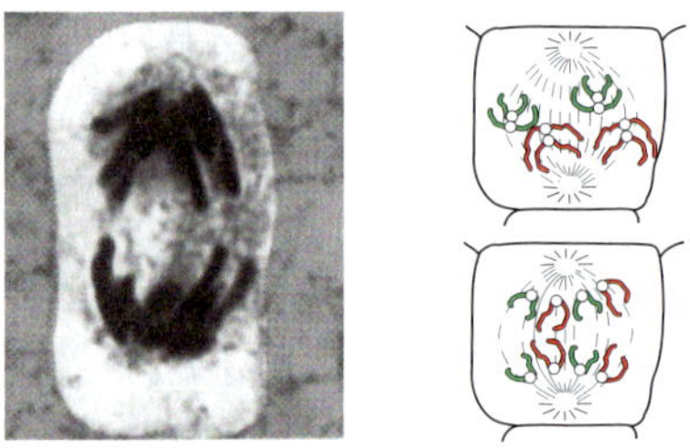 Die Chromosomen trennen sich in je zwei Chromosomenhälften (Chromatiden). Diese werden mithilfe der Spindelfasern zu den Polen gezogen.	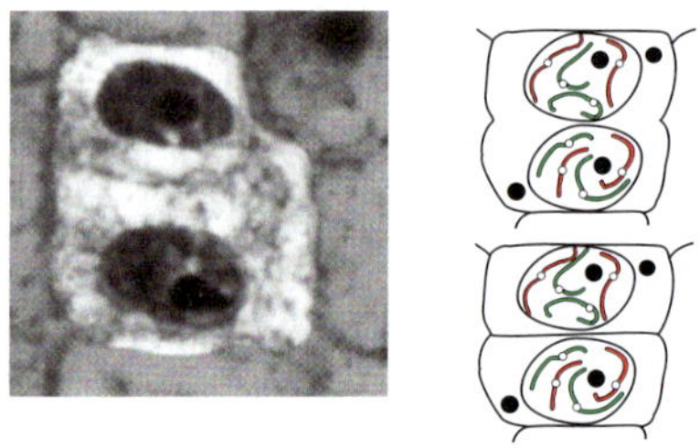 An den Polen erhalten die Chromosomen eine Kernmembran. Es bilden sich zwei identische Tochterkerne aus. Eine Plasmamembran wird gebildet. Durch Teilung der Mutterzelle entstehen zwei identische Tochterzellen.

Bedeutung der Mitose

Die **Mitose** dient der Realisierung verschiedener Lebensfunktionen. Sie ist Voraussetzung für das Wachstum der Organismen. Die ungeschlechtliche Fortpflanzung bei Bakterien, Einzellern, Polypen und auch bei höheren Pflanzen basiert auf Mitose.

Zellkulturen sind ein wichtiges Instrument der **Gentechnik** (Gentechnologie ↗ S. 281). So kann man in das Erbmaterial isolierter Zellen Fremd-DNA einführen und die daraus gezüchteten transgenen Pflanzen zur Produktion bestimmter Stoffe, z. B. **Insulin,** anregen.

Beim Regenwurm und der Planarie können verletzte Körperteile durch mitotische Kern- und Zellteilungen regeneriert (erneuert) werden. Durch Mitose erfolgt auch das Zellteilungswachstum (↗ S. 237) bei Pflanzen und Tieren.

Praktische Anwendungen der Mitose

In der *Praxis* und *Forschung* nutzt man die Kenntnisse über die Mitose zur Anlage pflanzlicher, tierischer und menschlicher Zell- und Gewebekulturen und damit auch für das therapeutische **Klonen** (↗ S. 282).

In-vitro-Vermehrung von Pflanzen
Auch das ist eine Form der **Klonierung.** Sie erfolgt auf der Grundlage der Mitose. Diese Vermehrungsform ist unabhängig von Witterungseinflüssen und ist durch wesentlich höhere Vermehrungsraten herkömmlichen Verfahren weit überlegen.

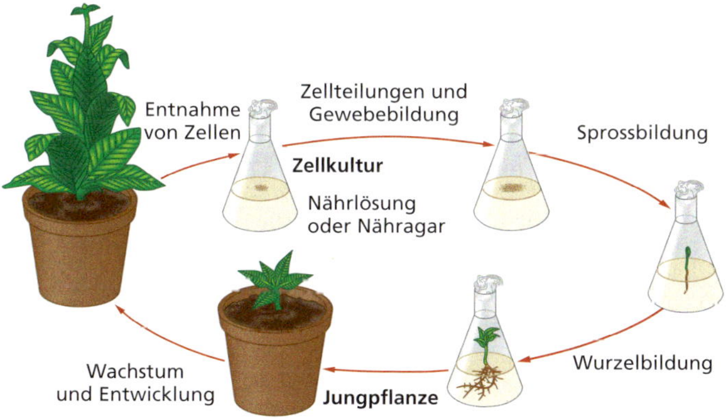

Alle genetisch gleichen Nachkommen, die aus einem Elter hervorgegangen sind, bilden einen **Klon.**

Das Verfahren der In-vitro-Kultur ist auch grundlage für das therapeutische Klonen (↗ S. 282).

Zucht und Vermehrung leistungsfähiger Rinderrassen
Hier wendet man ebenfalls das Prinzip der **Klonierung** an. Das Ziel der Klonierung besteht darin, möglichst viele Nachkommen mit hervorragenden Leistungsvoraussetzungen zu erhalten.

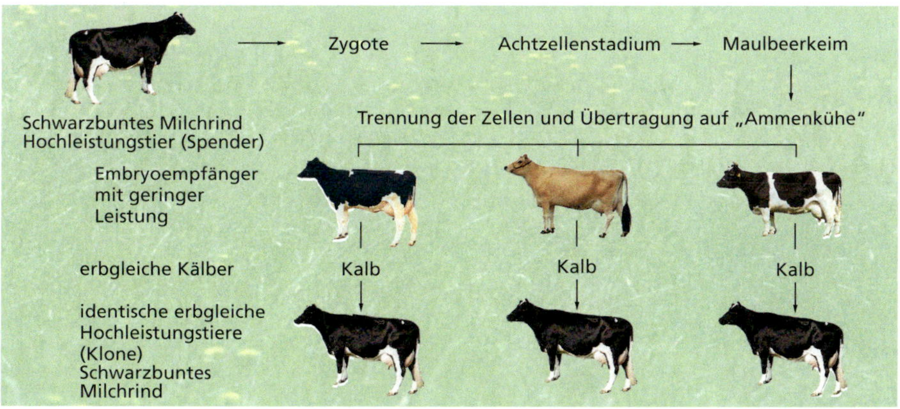

6.2.7 Meiose

Die **Meiose** ist die Form der Kern- und Zellteilung, bei der aus einer diploiden Zelle vier Tochterzellen mit haploidem Chromosomensatz entstehen. Die Meiose tritt bei der Bildung von Geschlechtszellen auf. Durch die Meiose wird die artspezifische Chromosomenzahl bei der geschlechtlichen Fortpflanzung erhalten.

Phasen der Meiose

1. Reifeteilung (Reduktionsteilung)

Prophase 1
Homologe Chromosomen legen sich aneinander, sie paaren sich. Dabei wird Erbmaterial ausgetauscht (neu kombiniert). Die Kernmembran löst sich auf, es bildet sich der Spindelapparat.

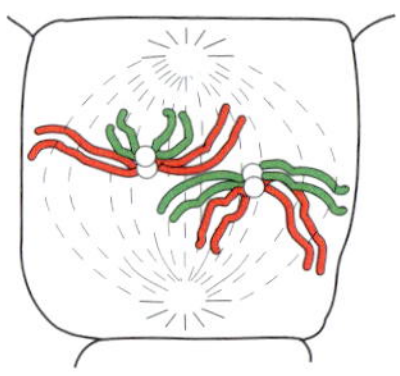

Metaphase 1
Ausbildung der Kernspindel. Die Chromosomenpaare (Tetraden) ordnen sich in der Äquatorialebene an.

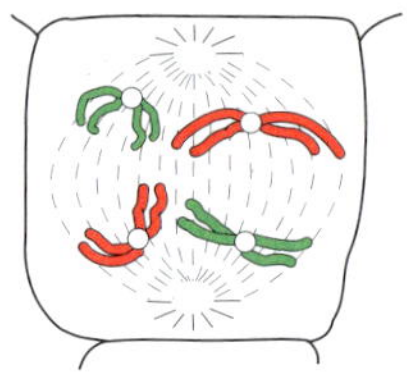

Anaphase 1
Homologe Chromosomen werden zu den Polen gezogen. Die Verteilung der väterlichen und mütterlichen Chromosomenpaare zu den Polen erfolgt rein zufällig. Väterliches und mütterliches Erbmaterial wird durch die Chromosomenwanderung umverteilt.

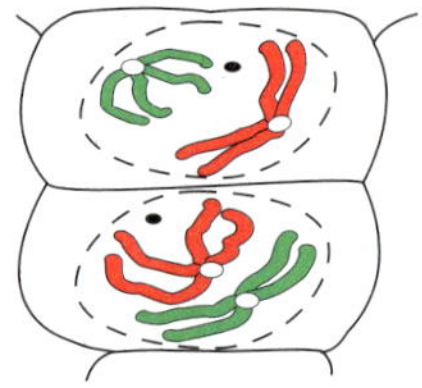

Telophase 1
Die getrennten Chromosomen werden von einer Kernmembran umgeben. Jeder Kern besitzt einen haploiden Chromosomensatz. Es folgt eine Zellteilung in zwei Tochterzellen.

2. Reifeteilung (Äquationsteilung)

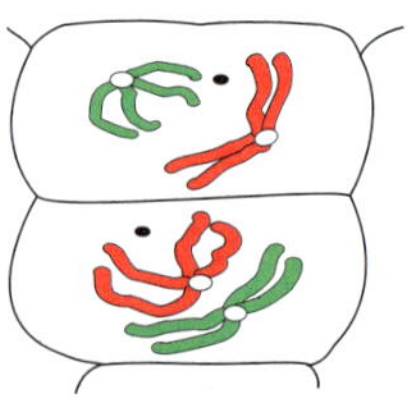

Prophase 2
Chromosomen verkürzen sich, Kernmembran löst sich auf.

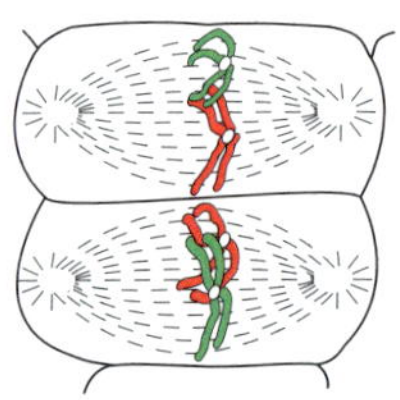

Metaphase 2
Tochterzellen bilden neue Kernspindeln aus. Anordnung der Chromosomen in der Mitte der Zelle in der Äquatorialebene.

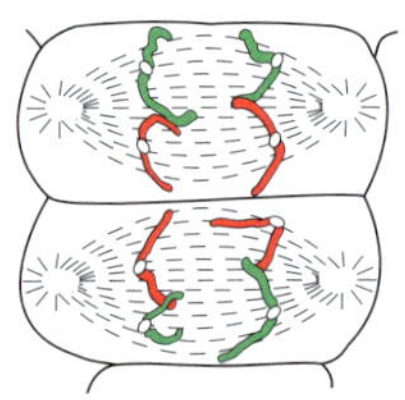

Anaphase 2
Trennung der Chromosomen in 2 Chromatiden, Wanderung der Chromatiden zu den Polen der Zellen.

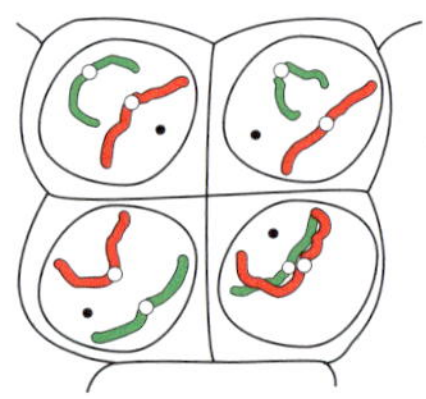

Telophase 2
Bildung neuer Kernmembranen, Bildung einer Plasmamembran, Entstehung von 4 Tochterzellen mit haploidem Chromosomensatz und unterschiedlichen Erbinformationen.

Neukombination von Erbanlagen durch Überkreuzung (crossing over) der Chromatiden in der Prophase 1

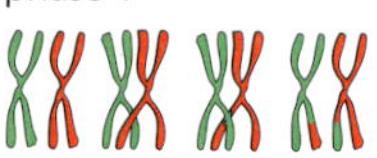

Bedeutung der Meiose

Durch Meiose kommt es zur Bildung genetisch unterschiedlicher Keimzellen (Samen- und Eizellen) für die geschlechtliche Fortpflanzung, bedingt durch die Umverteilung von Erbmaterial.

Die Umverteilung von Erbmaterial erfolgt sowohl durch die Verteilung ganzer homologer Chromosomen als auch durch den Stückaustausch zwischen den homologen Chromosomen in der Prophase 1.

6.3 Molekulare Grundlagen der Vererbung

6.3.1 Nucleinsäuren

Nucleinsäuren sind hochmolekulare organische Verbindungen, die in allen Zellkernen vorkommen. Nach ihrer chemischen Zusammensetzung werden Desoxyribonucleinsäure (DNA/DNS) und Ribonucleinsäure (RNA/RNS) unterschieden. Die Nucleinsäuren sind aus vielen Nucleotiden aufgebaut. Jedes **Nucleotid** besteht aus drei chemischen Komponenten: einem Zucker (Ribose oder Desoxyribose), einem Phosphorsäurerest und einer stickstoffhaltigen organischen Base.

JAMES D. WATSON und FRANCIS H. C. CRICK, zwei amerikanische Wissenschaftler, erbrachten besondere Leistungen bei der Erforschung der Struktur der Erbanlagen. Sie erhielten für ihre Arbeiten 1962 den Nobelpreis.

Desoxyribonukleinsäure (DNS/DNA)

Die **DNA (DNS)** ist ein Makromolekül, dessen Bausteine Phosphorsäurereste, der Zucker Desoxyribose und die organischen Basen Adenin (A), Thymin (T), Guanin (G) und Cytosin (C) sind. Die Struktur der DNA wird durch die bestimmte Aufeinanderfolge von Desoxyribose, Phosphorsäurerest und Base, also der Reihenfolge der Nucleotide, festgelegt.

Diese Aufeinanderfolge heißt **Nucleotidsequenz.** Die DNA bildet einen **Doppelstrang**, in dem sich die Basen A und T sowie C und G gegenüberstehen und durch Wasserstoffbrücken miteinander verbunden sind. Der Doppelstrang ist in sich spiralig verdreht. Durch die Aufeinanderfolge der Nucleotide ist in der DNA die Erbinformation gespeichert (genetischer Code, (↗ S. 263).

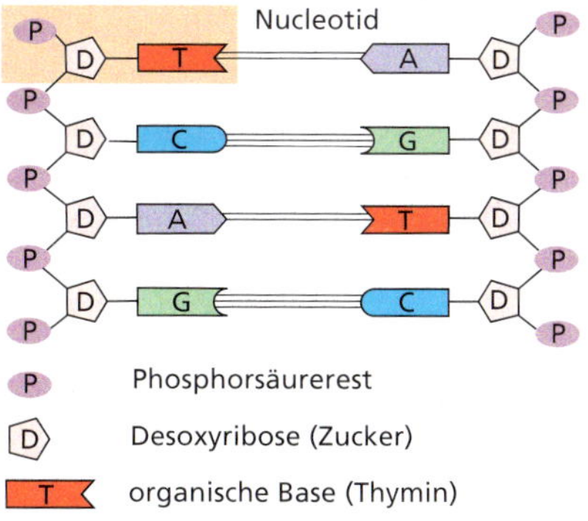

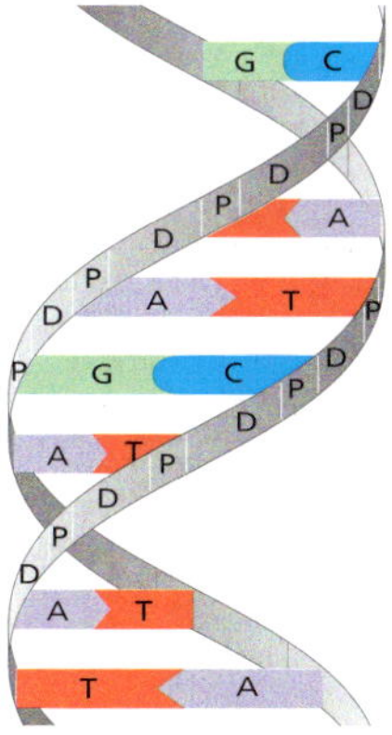

F. GRIFFITH konnte bereits 1928 indirekt die DNS als transformierendes Prinzip nachweisen. Er experimentierte mit Pneumokokken, die Lungenentzündungen bei Mäusen hervorrufen.
Erst 1944 gelang es O. T. AVERY, GRIFFITH Versuche in vitro nachzuvollziehen und zu bestätigen, dass die DNS die Erbsubstanz ist. ALFRED D. HERSHEY und M. CHASE konnten 1952 diesen Beweis durch Experimente mit Bakteriophagen antreten.

Ribonucleinsäure (RNS/RNA)

Ribonucleinsäuren sind Makromoleküle, dessen Bausteine Phosphorsäurereste, der Zucker Ribose und die organischen Basen Adenin (A), Uracil (U), Guanin (G) und Cytosin (C) sind.
Die RNA (RNS) kommt meist als **Einzelstrang** vor.

Es werden drei RNA-Formen mit unterschiedlichen Funktionen unterschieden.

Formen	Funktionen
m-RNA (Boten-RNA)	„Abschreiben" der genetischen Information von der DNA und Transport der Botschaft zu den Ribosomen (Transkription, ↗ S. 264)
r-RNA (Ribosomen-RNA)	Bestandteil der Ribosomen (↗ S. 264)
t-RNA (Transfer-RNA)	Bindung spezifischer Aminosäuren und Transport zu den Ribosomen (Translation, ↗ S. 264)

6.3.2 Identische Replikation (Verdopplung) der DNA

Zur Klärung des Grundschemas der Replikation der DNA führten M. MESELSON und F. STAHL ein entscheidendes Experiment durch. Es heißt seitdem das **Meselson-Stahl-Experiment.**

Im Ergebnis der Mitose erhalten die beiden Tochterzellen identische Chromatiden (Halbchromosomen). Um daraus wieder vollständige Chromosomen herzustellen, müssen die Chromatiden verdoppelt werden. Dies erfolgt in der Interphase des Zellzyklus zwischen zwei Mitosen (↗ S. 257). Dabei wird auch die DNA als Baustein der Chromosomen verdoppelt.

Die **identische Replikation** (identische Reduplikation) ist die Verdopplung der DNA (DNS). Dabei wird ein DNA-Doppelstrang (Elternstrang) mithilfe von Enzymen in zwei Einzelstränge, die als Matritzen für die Bildung neuer Doppelstränge dienen, gespalten.

Die Einzelstränge werden durch **komplementäre Basenpaarung** (A zu T, C zu G, T zu A, G zu C) unter Einwirkung von Enzymen zu zwei neuen identischen Doppelsträngen (Tochtersträngen) ergänzt.

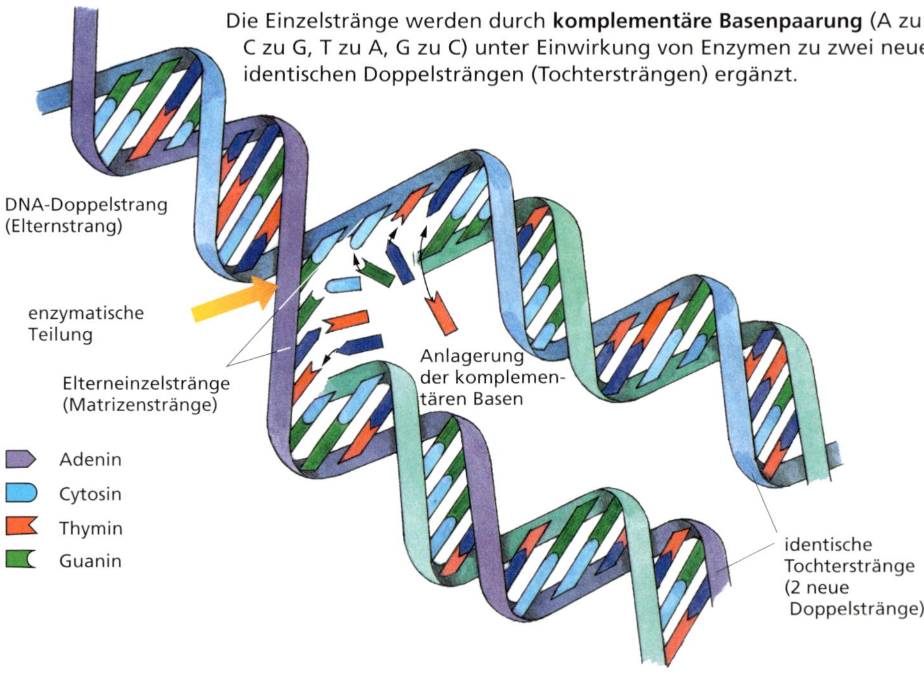

6.3.3 Der genetische Code

Die Wissenschaftler Marshall Nirenberg und Heinrich Matthaei führten erste Untersuchungen zur Erforschung des genetischen Codes durch.

Der **genetische Code** ist die Verschlüsselung der genetischen Information für die Eiweißsynthese in der DNA und RNA. Er ist die besondere (jeweils spezifische) Aufeinanderfolge von Nucleotiden der DNA, durch die die Aufeinanderfolge der verschiedenen Aminosäuren in dem entsprechenden Eiweißmolekül festgelegt (verschlüsselt) ist.

Am Aufbau der Proteine sind 20 verschiedene Aminosäuren beteiligt. Jede der 20 Aminosäuren wird durch die Kombination von jeweils **drei** der vier organischen Basen der DNA dargestellt (**codiert**). Der genetische Code wird deshalb als **Triplett-Code** bezeichnet.

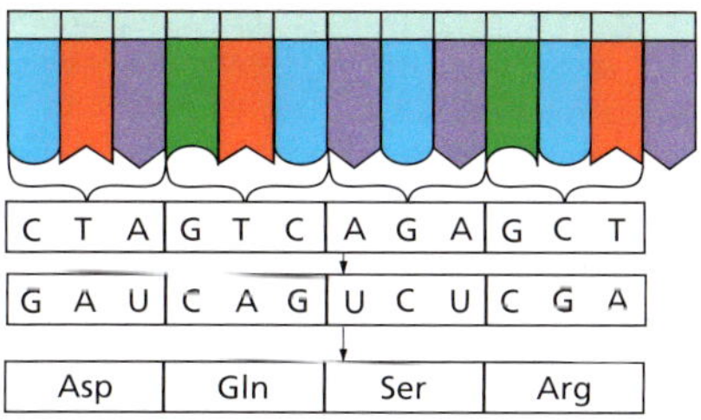

DNA-Einzelstrang mit durch die Nucleotidsequenz verschlüsselter Information

Tripletts der DNA

Tripletts der m-RNa

codierte Aminosäuren (Protein)

Durch Untersuchungen an verschiedenen Organismen konnte nachgewiesen werden, dass, von ganz seltenen Ausnahmen abgesehen, alle Organismen dieselben **Codons** (Bezeichnung für Triplett) für die Verschlüsselung einer Aminosäure benutzen.

Der genetische Code stellt quasi eine universelle Programmiersprache dar.

Durch diese „Programmiersprache" wurde es möglich, Codetabellen aufzustellen.
Eine gebräuchliche Form ist die so genannte **Code-„Sonne"**. Sie ermöglicht es, von einer bestimmten Reihenfolge der DNA-Nucleotide auf die Aminosäurenfolge eines Eiweißes zu schließen und umgekehrt.
Die **Code-„Sonne"** zeigt die Verschlüsselung der 20 Aminosäuren durch die entsprechenden Nucleotidtripletts der m-RNA. Sie muss von innen nach außen gelesen werden. Ganz außen stehen die Abkürzungen der Aminosäure, die durch das entsprechende Triplett codiert ist.

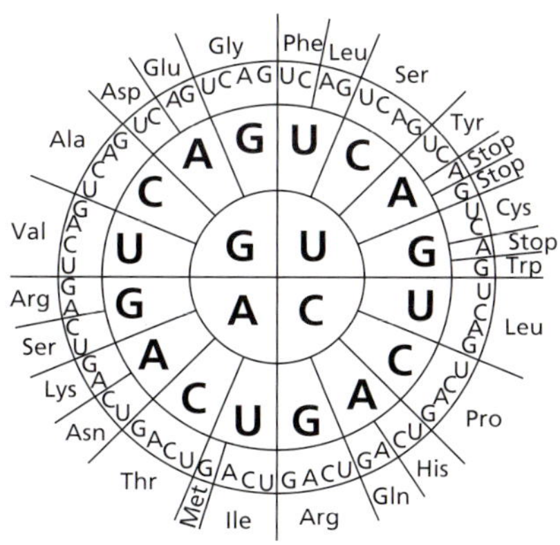

Viele der 20 Aminosäuren können über verschiedene Tripletts in gleicher Weise codiert werden.

6.4 Vom Gen zum Merkmal

6.4.1 Realisierung der Erbinformation

Der Fluss der genetischen Information hat folgende Reihenfolge: DNA → m-RNA → t-RNA → Eiweiß (Dogma der Molekulargenetik).

Die **Realisierung der Erbinformation** erfolgt in mehreren Teilprozessen im Zellkern und in der Zelle bis zum Aufbau von Eiweißen (**Eiweißsynthese**). Dabei übernimmt die RNA wichtige Funktionen.
Im **ersten Teilprozess (Transkription)** wird die genetische Information der DNA im Zellkern durch die RNA „abgeschrieben" und als Botschaft zu den Ribosomen transportiert. Deshalb wird diese RNA auch als **Boten-** oder **messenger-RNA (m-RNA)** bezeichnet. Die m-RNA kann als Einzelstrang von Nucleotiden den Zellkern verlassen und wandert zu den Ribosomen im Cytoplasma.
Im **zweiten Teilprozess (Translation)** ist die **Transport-** oder **transfer-RNA (t-RNA)** von großer Bedeutung. In dem t-RNA-Molekül befindet sich ein Basen-Triplett, das sich mit einem komplementären *Codon* der m-RNA verbinden kann. Das Triplett der t-RNA wird daher auch *Anticodon* genannt. Jede t-RNA kann je nach Art ihres Anticodons nur eine bestimmte Aminosäure im Cytoplasma binden und zum Ribosom transportieren. Entsprechend der Nucleotidfolge der m-RNA lagern sich die t-RNA-Tripletts an die m-RNA an. Die Aminosäuren, die die t-RNA mitbringen, verbinden sich zu Polypeptidketten und diese zu Eiweißmolekülen.

Die Eiweißsynthese verläuft bei Lebewesen, die einen echten Zellkern (Eukaryoten) besitzen, anders als bei Lebewesen, deren DNA ohne begrenzende Kernmembran in das Zellplasma eingelagert ist (Prokaryoten). Dazu gehören z.B. Bakterien.

Eiweißsynthese (Proteinbiosynthese)

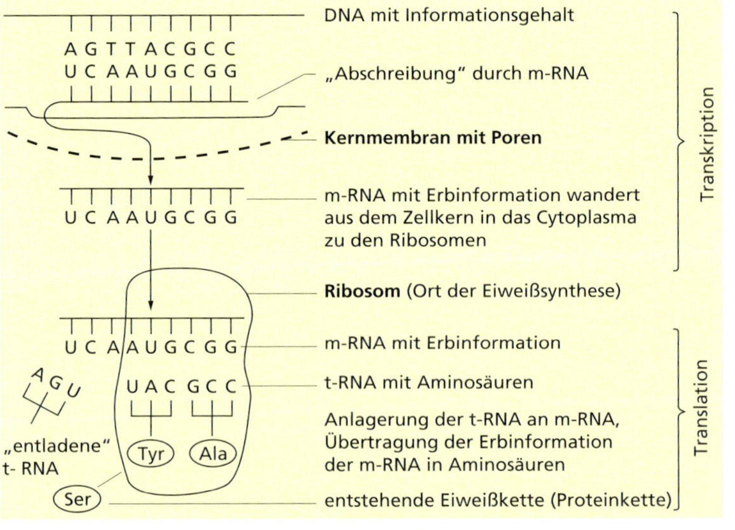

Eiweiße sind die Grundlage für die Ausbildung von Merkmalen. Sie sind durch die Reihenfolge ihrer Aminosäuren bestimmt.
Die Reihenfolge der Nukleotidbasen der DNA als Erbinformation legt die Reihenfolge der Aminosäuren in den Eiweißmolekülen und damit die Merkmalsausbildung fest.

Beim Menschen sind schätzungsweise 25000 bis 30000 Merkmale in den Genen verschlüsselt.

6.4.2 Die Ausbildung von Merkmalen

Die Ausbildung von Merkmalen ist durch eine spezifische Basenfolge in der DNA genetisch bedingt und nur durch Stoffwechselvorgänge überhaupt möglich. Stoffwechselvorgänge werden mithilfe von Enzymen gesteuert

Merkmale werden über eine Synthesekette ausgebildet. Dabei werden, angefangen von einem Ausgangsstoff, mehrere Zwischenstufen bis zum Merkmal (z.B. Abbau der Proteine) durchlaufen. Die Synthese der einzelnen Stoffe wird durch Enzymeiweiße gesteuert.

Für die Bildung der Enzyme sind entsprechende Gene auf der DNA verantwortlich. Alle Gene, die für die Ausbildung eines Merkmals verantwortlich sind, bilden eine **Genwirkkette.**

Eine Genwirkkette läuft immer nach einem bestimmten Muster ab.

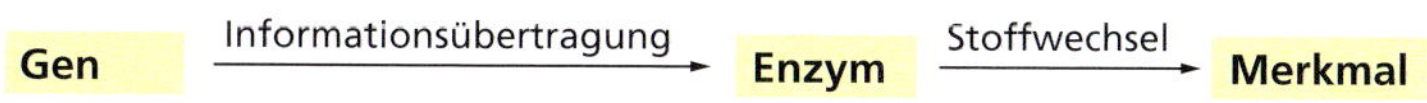

Die **Ein-Gen-ein-Enzym-Hypothese** besagt, dass ein Gen der Abschnitt auf der DNA ist, der in seiner Nucleotidsequenz die Information für die Synthese eines Enzyms enthält.
Wird ein Enzym in der Synthesekette nicht ausgebildet, so sind dieser Enzymausfall und das damit verbundene Krankheitsbild *genetisch* bedingt.

Erbkrankheiten durch genetisch bedingten Ausfall von Enzymen

Das Fehlen von Enzymen ist die Ursache für folgende Krankheiten.

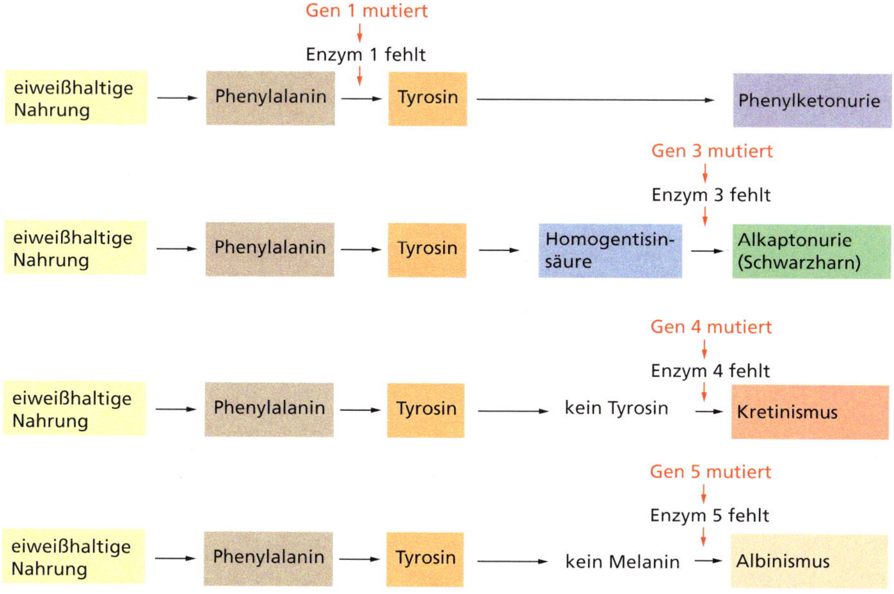

6.5 Mendelsche Regeln (mendelsche Gesetze)

6.5.1 Forschungsmethodisches Vorgehen

Voraussetzung für die Erkenntnis der Vererbungsregeln war MENDELS besonderes methodisches Vorgehen.

Wahl des Versuchsobjekts

MENDEL wählte ein günstiges Forschungsobjekt, die Saaterbse (*Pisum sativum*). Sie bringt in kurzer Zeit viele Nachkommen hervor und ist ein Selbstbestäuber und Selbstbefruchter.
Beim Kreuzen von gelben mit grünen Erbsen ging er folgendermaßen vor: Er entnahm mit einem Tuschepinsel Pollen aus der geöffneten Blüte einer Pflanze, die aus einem gelben Samen hervorgegangen war. Diese Pollen übertrug er auf die Narbe einer noch ungeöffneten Blüte einer Pflanze, die aus einem grünen Samen gezüchtet war. Deren Staubblätter entfernte er.

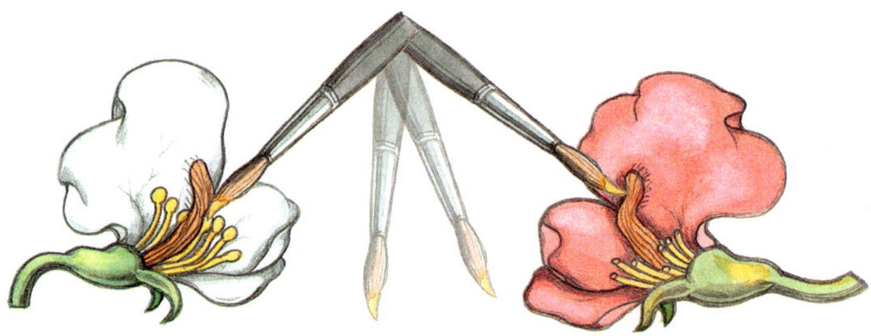

Blüte einer Erbse aus einem gelben Samen

Blüte einer Erbse aus einem grünen Samen

JOHANN GREGOR MENDEL (1822–1884) gilt als Begründer der modernen Genetik. Durch umfangreiche Kreuzungsversuche an Pflanzen und die statistische Auswertung der gewonnenen Ergebnisse kam er zu allgemein gültigen Regeln über die Vererbung bei Pflanzen, Tieren und Menschen.

MENDEL arbeitete mit reinerbigem Saatgut.

Über zwei Jahre prüfte MENDEL, ob die äußeren Merkmale der Nachkommen noch denen der Eltern entsprachen. Erst dann wurden sie für Kreuzungen ausgesucht.

MENDEL konzentrierte sich jeweils nur auf ein oder wenige Merkmale. Dadurch wurde das Vererbungsgeschehen überschaubar.

Er beschränkte sich bei der Kreuzung nur auf die Samen- oder Blütenfarbe.

MENDEL führte seine Kreuzungsversuche mit einer Vielzahl von Individuen durch und wertete die Ergebnisse *statistisch* aus.
MENDEL kreuzte reinerbige Elternpflanzen mit gelber und grüner Samenfarbe. Aus dieser Elterngeneration gingen ausschließlich Nachkommen mit gelber Samenfarbe hervor. Diese kreuzte er in einem weiteren Versuch miteinander. Bei diesen Nachkommen traten gelbe und grüne Samen auf.

6.5.2 Grundbegriffe zum Verständnis der mendelschen Regeln

Der **Genotyp** (Erbbild) ist die Gesamtheit der Erbanlagen eines Organismus.
Der **Phänotyp** (Erscheinungsbild) ist das sich aus der Gesamtheit der Merkmale ergebende äußere Erscheinungsbild eines Organismus. Er entsteht im Ergebnis des Zusammenwirkens von Erbanlagen (Genotyp) mit der Umwelt.
Ein **Gen** ist ein Abschnitt auf den Chromosomen, der für die Ausbildung eines Merkmals verantwortlich ist (↗ S. 256).
Jedes Gen existiert in *zwei* **Allelen** (↗ S. 257).
Dominant (lat. *dominare*: herrschen): Ein Allel ist stärker an der Ausbildung eines Merkmals beteiligt als das andere. Das merkmalsbestimmende Allel ist dominant.
Rezessiv (lat. *recedere:* zurücktreten): So nennt man das merkmalsunterlegene (unterdrückte) Allel.

Kennzeichnung des homozygoten Gens für rote Blütenfarbe
Gen: rote Blütenfarbe (phänotypisch sichtbar)
R: mütterliches Allel für rote Blütenfarbe
R: väterliches Allel für rote Blütenfarbe

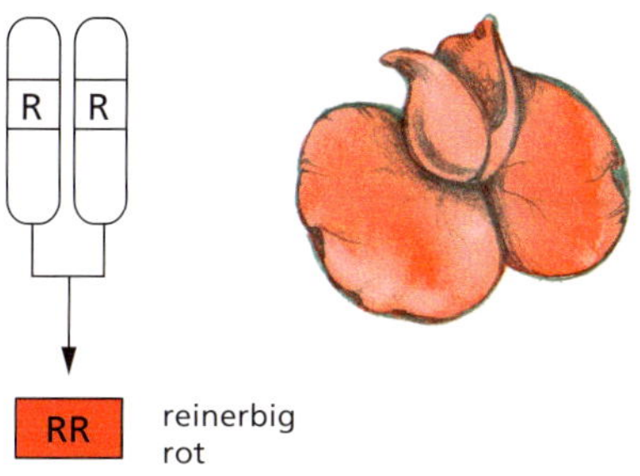

Kennzeichnung des heterozygoten Gens für rote Blütenfarbe
Gen: rote Blütenfarbe (phänotypisch sichtbar)
w: mütterliches Allel für weiße Blütenfarbe (rezessiv)
R: väterliches Allel rote Blütenfarbe (dominant)

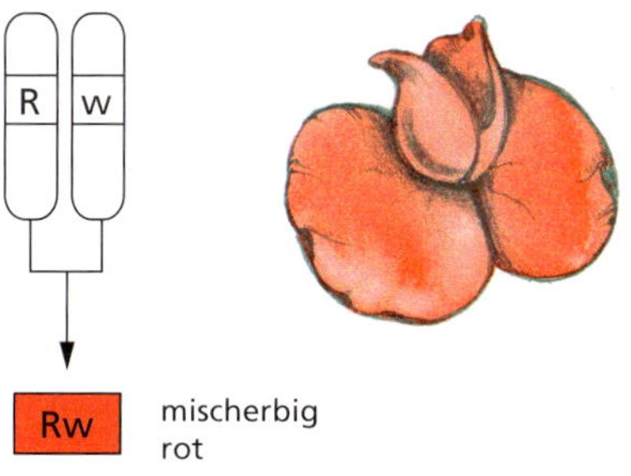

Die **Erbgänge** können in einem **Kreuzungsschema** dargestellt werden (↗ S. 268).
Symbole für die Darstellung von Erbgängen:
P = Elterngeneration (Parentalgeneration)
F_1 = 1. Tochtergeneration (Filialgeneration)
F_2 = 2. Tochtergeneration
x = Kreuzung von 2 Individuen
großer Buchstabe = dominantes (merkmalsbestimmendes) Allel
kleiner Buchstabe = rezessives (merkmalsunterlegenes) Allel.

Homozygot (reinerbig): Ein Organismus ist reinerbig, wenn beide Allele eines Genes gleich sind.
Heterozygot (mischerbig): Ein Organismus ist in einem Merkmal heterozygot, wenn die Allele eines Gens unterschiedlich sind (↗ S. 255).
Organismen, die in dem betrachteten Gen heterozygot sind, werden als *Hybride* oder *Bastarde* bezeichnet.

6.5.3 Die drei mendelschen Regeln

Bei den Erbgängen werden Erbgänge mit dominant-rezessiver Merkmalsausbildung und Erbgänge mit intermediärer Merkmalsausbildung unterschieden.
Eine **dominant-rezessive Merkmalsausbildung** liegt vor, wenn bei Individuen das dominante Allel eines Gens allein die Ausprägung des Erscheinungsbildes (Phänotyps) bestimmt.
Eine **intermediäre Merkmalsausbildung** liegt vor, wenn bei Individuen beide Allele eines Gens gleichwertig an der Ausprägung des Erscheinungsbildes beteiligt sind. Es liegt zwischen den beiden elterlichen Erscheinungsbildern.

1. mendelsche Regel (Uniformitätsregel)

Kreuzt man zwei Individuen einer Art, die in einem Merkmal unterschiedlich, aber jeweils reinerbig sind, so sind die Nachkommen in der 1. Tochtergeneration (F_1) in diesem Merkmal untereinander gleich (uniform). Das gilt auch bei umgekehrter (reziproker) Kreuzung.

Dominant-rezessiver Erbgang
(Samenform bei Erbsen)

Intermediärer Erbgang
(Blütenfarbe)

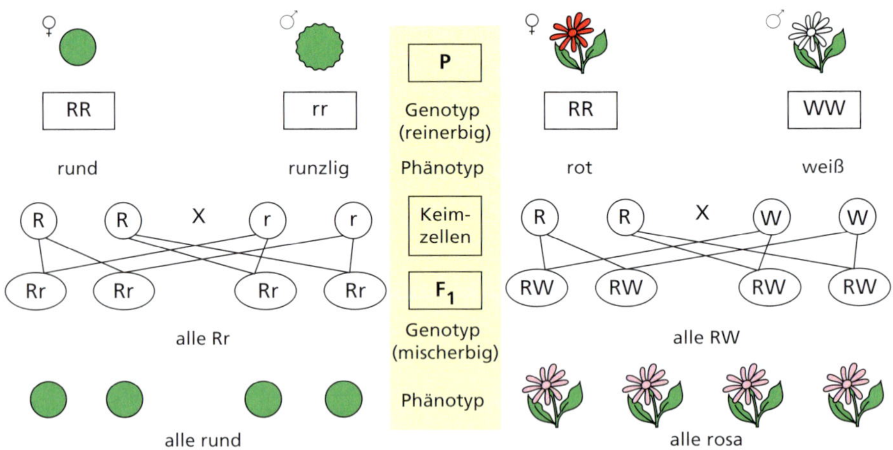

Diesen Kreuzungsversuch kann man vereinfacht in einem Kreuzungsschema darstellen.

♀ \ ♂	r	r
R	Rr	Rr
R	Rr	Rr

♀ \ ♂	W	W
R	RW	RW
R	RW	RW

	Genotyp	
alle Rr mischerbig (heterozygot)	Genotyp	alle RW mischerbig (heterozygot)
alle Rr alle rund	Phänotyp	alle RW alle rosa

2. mendelsche Regel (Spaltungsregel)

Kreuzt man Individuen der F_1-Generation untereinander, so spalten sich die Nachkommen in der F_2-Generation (2. Tochtergeneration) in Bezug auf die Merkmale nach bestimmten Zahlenverhältnissen auf (Genotyp-Verhältnis 1:2:1, Phänotyp-Verhältnis 3:1).

Dominant-rezessiver Erbgang
(Samenform bei Erbsen)

Intermediärer Erbgang
(Blütenfarbe)

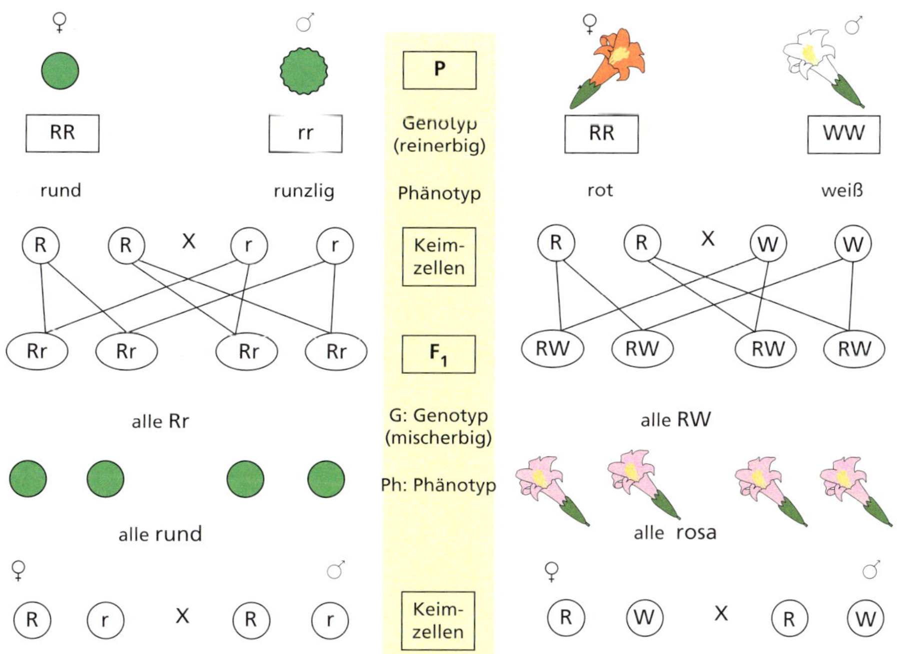

F_2

♀ \ ♂	R	r
R	RR	Rr
r	Rr	rr

♀ \ ♂	R	W
R	RR	RW
W	RW	WW

		Genotyp	Phänotyp
1	x	RR (reinerbig)	rund
2	x	Rr (mischerbig)	rund
1	x	rr (reinerbig)	runzlig
		1:2:1	3:1

		Genotyp	Phänotyp
1	x	RR (reinerbig)	rot
2	x	RW (mischerbig)	rosa
1	x	WW (reinerbig)	weiß
		1:2:1	1:2:1

3. mendelsche Regel (Unabhängigkeits- und Neukombinationsregel)

Werden zwei reinerbige Eltern gekreuzt, die sich in mehreren Merkmalen unterscheiden, so werden die Erbanlagen frei kombiniert und unabhängig voneinander vererbt. In der F_2-Generation treten sämtliche Merkmalskombinationen der Elterngeneration auf. Es können reinerbige Individuen mit **neu kombinierten Erbanlagen** entstehen.

Die Gültigkeit dieser Regel wird immer dann eingeschränkt, wenn die bei der Kreuzung betrachteten Erbanlagen für bestimmte Merkmale auf denselben Chromosomen liegen.

Samenschalenfarbe und Form von Erbsen

P-Generation (Elterngeneration)

Genotyp: ♀ GGRR — ♂ ggrr

Phänotyp: G gelb (dominant), R rund (dominant) — g grün (rezessiv), r runzlig (rezessiv)

Keimzellen: GR, GR — gr, gr

F_1-Generation (Tochtergeneration): GgRr, GgRr, GgRr, GgRr

Genotyp: GgRr mischerbig

Phänotyp: gelb und rund

Keimzellen der F_1-Generation (1. Tochtergeneration): ♀ GR, Gr, gR, gr × GR, Gr, gR, gr ♂

F_2-Generation (2. Tochtergeneration)

♀ \ ♂	GR	Gr	gR	gr
GR	GGRR	GGRr	GgRR	GgRr
Gr	GGRr	GGrr	GgRr	Ggrr
gR	GgRR	GgRr	ggRR	ggRr
gr	GgRr	Ggrr	ggRr	ggrr

Genotyp: GGRR (1), GGrr (1), ggRR (1), ggrr (1) reinerbig
GGRr (2), GgRR (2), GgRr (4), Ggrr (2), ggRr (2) mischerbig
[ ] reinerbige Neukombinationen

Phänotyp : 9 gelb/rund, 3 gelb/runzlig, 3 grün/rund, 1 grün/runzlig

Zahlenverhältnis: 9 : 3 : 3 : 1

6.5.4 Die Anwendung der mendelschen Regeln bei der Tier- und Pflanzenzüchtung

Durch **Kreuzungszüchtung** wird versucht, Erbanlagen für wertvolle Merkmale unterschiedlicher Rassen bzw. Sorten miteinander zu kombinieren und in Hochleistungsrassen bzw. -sorten zu vereinen.

Im **Schwarzbunten Milchrind** (Hochleistungsrind) sind die Gene für hohe Milchleistung des *Holstein-Friesian-Rindes*, die Gene für hohen Milchfettgehalt des *Dänischen Jersey-Rindes* und die Gene des *Schwarzbunten Rindes* für gute Fleischbildung vereint.

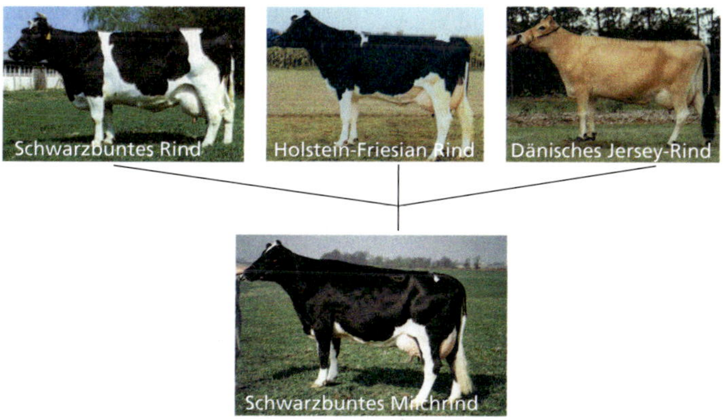

In der Pflanzenzüchtung werden Getreidesorten mit höheren Erträgen und größerer Widerstandskraft gegenüber Umweltfaktoren gezüchtet.
Bei der Zucht von Tomaten kommt es u.a. darauf an, viel „Fleisch" zu erhalten.

Reife Tomaten einer gezahnten Sorte

Reife Tomaten der Sorte „Milchperle"

Reife Tomaten der Sorte „Mandarin"

Aus dem Wildkohl sind beispielsweise verschiedene Kohlsorten gezüchtet worden: Rotkohl und Wirsingkohl als Kopfkohle, Kohlrabi als Verdickung des Stängels und Blumenkohl als fleischiger Blütenstand.

6.5.5 Vererbungsvorgänge beim Menschen

Die Vererbungsvorgänge beim Menschen verlaufen ebenfalls nach den mendelschen Regeln.

Vererbung des Geschlechts

Alle Menschen besitzen in ihren Geschlechtszellen (Ei- und Samenzellen) einen einfachen (haploiden) Chromosomensatz mit 23 Chromosomen (22 Chromosomen und 1 Geschlechtschromosom). Die Eizelle enthält als Geschlechtschromosom ein X-Chromosom. Die Samenzellen enthalten entweder ein X- oder ein Y-Chromosom. Das Geschlecht wird bei der Befruchtung der Eizelle durch die Kombination der Geschlechtschromosomen bestimmt (XX = weiblich, XY = männlich).

Das Kreuzungsschema kann man auch vereinfacht darstellen

	♀ \ ♂	X	Y
P			
F_1	X	XX	XY
	X	XX	XY

	männlich	**weiblich**
Körperzellen	44 Chromosomen + XY	44 Chromosomen + XX
Keimzellen	22 Chromosomen + X oder Y	22 Chromosomen + X

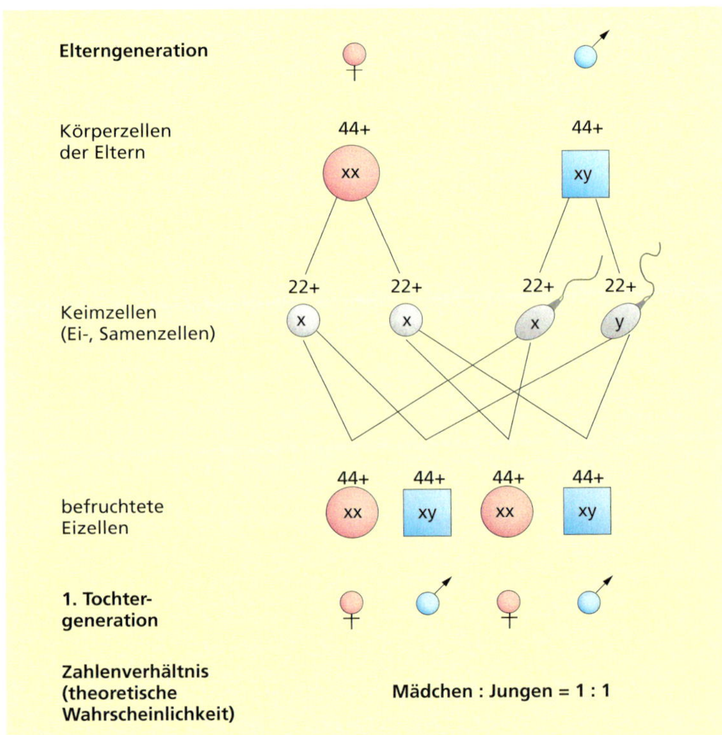

Vererbung der Blutgruppen

Die Vererbung der Blutgruppenmerkmale A, B und 0 erfolgt nach den mendelschen Gesetzen.

Bei **Vaterschaftsnachweis** spielten früher die Blutgruppen eine große Rolle, weil sie vererbt werden. Heute werden dazu DNA-Analysen vorgenommen.

Je zwei der drei Allele A, B oder 0 bilden ein Gen und bestimmen die Blutgruppenmerkmale eines Menschen.
Das Allel 0 ist gegenüber den Allelen A und B rezessiv, während A und B gleich stark (kodominant) vererbt werden. Beide sind gegenüber dem Allel 0 dominant.
Jede Körperzelle des Menschen besitzt zwei Allele. Sind es gleiche Allele, z.B. AA bzw. BB, ist der Mensch reinerbig für die Blutgruppe. Sind in den Körperzellen zwei verschiedene Allele, z.B. A0, AB, B0, ist der Mensch mischerbig für diese Blutgruppe.
Es gibt also sechs Allelkombinationen. Den vier Blutgruppen entsprechen bestimmte Genotypen.

Blutgruppen (Phänotyp)	Allelpaare (Genotyp)	Häufigkeit in %
A	AA reinerbig A0 mischerbig	6,3 37,7
B	BB reinerbig B0 mischerbig	0,3 10,7
AB	AB mischerbig	5,0
0	00 reinerbig	40,0

Auch der **Rhesusfaktor** (Rh-Faktor) wird nach den mendelschen Regeln vererbt.

Die Vererbung der Blutgruppen kann in Erbgängen dargestellt werden

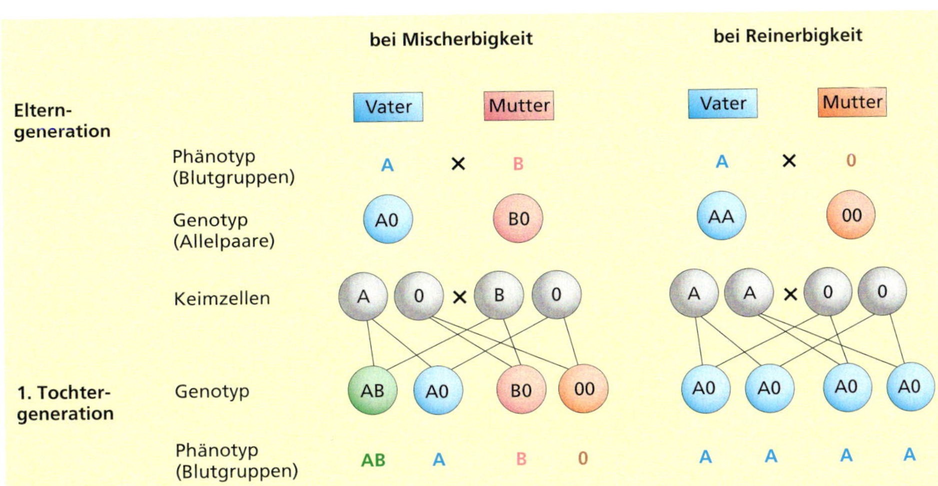

6.6 Variabilität der Organismen

6.6.1 Zwischenartliche Variabilität

Die Mannigfaltigkeit verschiedener Lebewesen ist nur scheinbar unüberschaubar. Vergleicht man beispielsweise einzelne Pflanzen oder Tiere einer Wiese, stellt sich heraus, dass sich bestimmte Pflanzen oder Tiere in ihren Eigenschaften und Merkmalen (z.B. Blütenaufbau, Blattform) ähneln. Die Ähnlichkeit beruht auf Verwandtschaft.

Je näher Organismen miteinander verwandt sind, desto mehr ähneln sie sich in ihren Eigenschaften und Merkmalen.

Die Organismen lassen sich in einem hierarchischen System mit folgenden Kategorien ordnen:
Art – systematische Grundeinheit,
Gattung – verwandtschaftlich einander nahe stehende Arten bilden eine Gattung,
Familie – mehrere Gattungen bilden diese Kategorie,
Ordnung – mehrere Familien bilden eine Ordnung,
Klasse – mehrere Ordnungen bilden eine Klasse,
Stamm/Abteilung – mehrere Klassen bilden den Stamm.
Als Begründer dieser Systematik gilt CARL VON LINNÈ (↗ S.285).

Die Mannigfaltigkeit der Organismen ergibt sich aus der Vielfalt verschiedener Arten und der Veränderlichkeit der Individuen innerhalb einer Art.

Die Veränderlichkeit der Organismen innerhalb einer Art ist die innerartliche Variabilität (↗ S. 252, 294).

Die Vielfalt der verschiedenen Arten wird als zwischenartliche Variabilität bezeichnet. Sie ist Ergenis der Verschiedenartigkeit und Veränderlichkeit einzelner Merkmale. Ursachen dafür können Umwelteinflüsse, Neukombinationen der elterlichen Erbanlagen oder auch Mutationen (↗ S. 275) sein.

Die grundlegende Kategorie im System der Organismen ist die **Art.**

Individuen gehören zu einer Art, wenn sie in wesentlichen morphologischen und anatomischen Merkmalen übereinstimmen, sich miteinander paaren und fruchtbare Nachkommen hervorbringen können.

6.6.2 Mutationen – erbliche Veränderungen der Organismen

Mutationen sind Veränderungen des genetischen Materials (Chromosomen bzw. Gene), die zu Veränderungen im Phänotyp führen können. Sie sind erblich, wenn sie in den Keimzellen vorliegen.

Faktoren, die Mutationen auslösen können, werden als **Mutagene** bezeichnet. Das sind u.a. **Röntgenstrahlen,** radioaktive Strahlung, Nikotin, Industrieabgase, Klimafaktoren.

Organismen mit solchen Veränderungen heißen **Mutanten.** Mutationen können spontan entstehen, z.B. durch Stoff- und Energiewechselstörungen, oder durch bestimmte Faktoren ausgelöst werden.

Mutationsarten

Genommutation ist eine Veränderung der Chromosomenanzahl	**Chromosomenmutation** ist eine Veränderung der Struktur der Chromosomen	**Genmutation** ist eine Veränderung im Gen
– Verlust oder Verdoppelung *einzelner* Chromosomen (a) – Verminderung oder Vervielfachung des *gesamten* Chromosomensatzes (b)	– Chromosomenbrüche und Verlust von Bruchstücken (a) – Verdoppelung von Chromosomenabschnitten (b) – Umkehrung eines Chromosomenstücks um 180° (c) – Verlagerung von Teilstücken auf andere Chromosomen (d)	– Ersetzen einer Base durch eine andere (a) – Veränderung der Nucleotidanzahl (b) – Umkehrung eines Genabschnitts um 180° (c)
 normal	A B C D E F G normal	… CAT ACA TGT … normal
a) 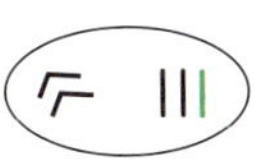 Verdreifachung eines Chromosoms b)  vierfacher Chromosomensatz	a) A B C F G b) A B C D E F G F G c) A C B D E F G d) A G C D E F B	a) … CTT ACA TGT … b) … CAT TACA TGT … c) … TAC ACA TGT …

Der **Tier- und Pflanzenzüchtung** liegen genetische Erkenntnisse zugrunde. Diese spiegeln sich in bestimmten Züchtungsmethoden und Züchtungstechniken wieder.

Bedeutung der Mutationen

Mutationen können begünstigend oder nachteilig auf den Fortbestand des Lebewesens wirken. Damit bilden sie die Grundlage für den Prozess der Selektion während der Evolution.
Mutationen werden gezielt für die *Tier-* und *Pflanzenzüchtung* genutzt. Viele unserer Kulturpflanzen besitzen vervielfachte Chromosomensätze.
Veränderungen des Erbgutes haben für den Menschen auch dahingehend eine große Bedeutung, dass sie als **Erbkrankheit** in Erscheinung treten können.

Erbkrankheiten (Beispiele)

Down-Syndrom, Trisomie 21: Genommutation

Merkmale – 47 Chromosomen (Chromosom 21 ist dreifach vorhanden); kleiner runder Kopf, kurze Nase, vermeintliche mongolische Lidspalte, plumpe Finger, breite und kurze Füße, kleine Gestalt, sehr niedrige Intelligenz (Schwachsinn)

Eiweißnahrung
↓ Verdauung
Phenylalanin
↓ bei Fehlen des Gens **Anreicherung im Blut,** führt zur → **Phenylketonurie**
↓ bei Vorhandensein des Gens **Abbau** zu → **Tyrosin**

Phenylketonurie (PKU): Genmutation

Merkmale – Fehlen der genetischen Information für den Bau des Enzyms, das im Stoffwechsel des Menschen die Aminosäure Phenylalanin zur Aminosäure Tyrosin abbaut; Anreicherung von Phenylalanin im Blut führt zu Schädigungen des Zentralnervensystems und zum Schwachsinn

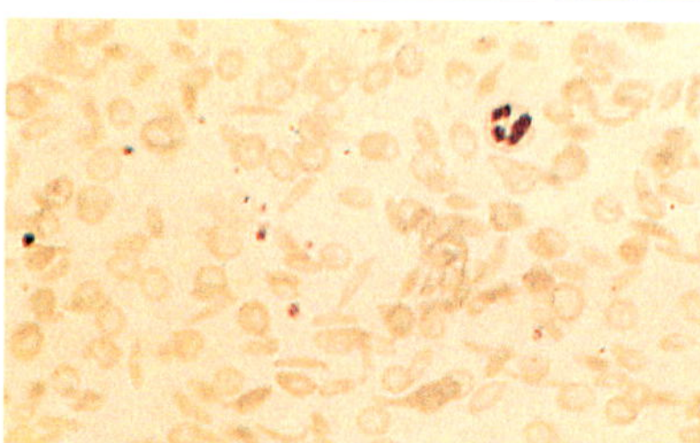

Sichelzellenanämie: Genmutation

Merkmale – Ersetzen der Aminosäure Glutaminsäure durch die Aminosäure Valinsäure an einer Stelle im Hämoglobin. Bildung von kurzlebigen sichelförmigen roten Blutzellen; geringe Sauerstoffaufnahmefähigkeit der roten Blutzellen; Sichler sind sehr blass, Blutarmut, schmerzhaftes Anschwellen von Hand- und Fußrücken

normales Hämoglobin	„Sichelzellen"hämoglobin
… val–his–leu–thr–pro–glu–glu–lys …	… val–his–leu–thr–pro–val–glu–lys …

Möglichkeiten der Humangenetik zur Abklärung der genetischen Ursachen und des Erbverhaltens einer Krankheit

Für die Abklärung der genetischen Ursachen und des Erbverhaltens einer Krankheit gibt es in der Humangenetik drei Möglichkeiten.

Erstellung eines Familienstammbaumes
Mit ihm wird die spezifische familiäre Belastung ermittelt, und zwar auf der Basis der mendelschen Regeln. Allerdings sind auch Grenzen vorhanden: bei rezessiv vererbten Krankheiten kann man einen Gesunden nicht von einem Überträger unterscheiden.

Heterozygotentest
Mit dem Heterozygotentest kann ermittelt werden, ob die betreffende Person heterozygoter Überträger einer Krankheit ist oder nicht. Der Test lässt sich auch an embryonalen Zellen durchführen.

Cytogenetische Untersuchung
Die Fruchtwasseruntersuchung (Amniozentese) ist eine solche Methode. Sie wird angewendet bei einem begründeten Verdacht auf Genom- oder Chromosomenmutation. Sie wird in der 15. bis 18. Schwangerschaftswoche durchgeführt.
Risiko: Auslösen einer Frühgeburt.

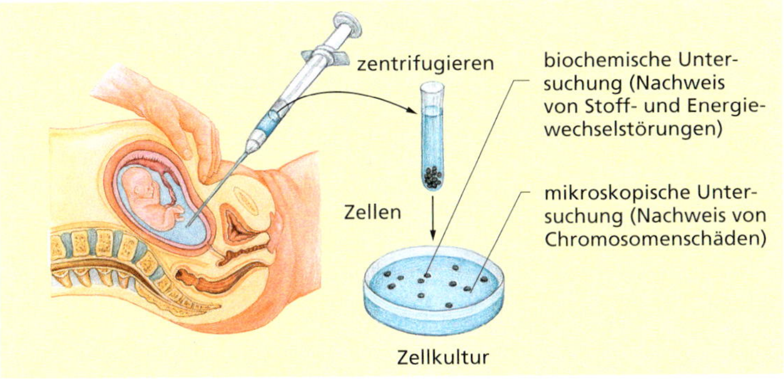

Umgang mit Erbkrankheiten

Nach heutigem Erkenntnisstand sind genetische Faktoren bei mehr als 2000 Krankheiten beteiligt. Deshalb gewinnen genetische Aspekte bei der Erkrankung, Ursachenanalyse, Prophylaxe und Therapie von vielen Krankheiten an Bedeutung.
In der **humangenetischen Familienberatung** werden Ehepaare betreut, die die Geburt eines erbkranken Kindes befürchten.
Indikatoren für eine humangenetische Beratung sind u. a.:
- es wurde bereits ein erbkrankes Kind geboren;
- es liegt Blutsverwandtschaft vor;
- die zukünftigen Eltern sind Geschwister erbkranker Personen;
- in der Familie traten Erbkrankheiten auf.

In der **humengenetischen Familienberatung** kann das Risiko einer Erbkrankheit abgeschätzt werden. Die Konsequenzen müssen die Eltern daraus aber allein ableiten.

6.6.3 Modifikationen – nicht erbliche Veränderungen

Modifikationen sind nicht erbliche Veränderungen im Erscheinungsbild (Phänotyp) eines Organismus während der Individualentwicklung.
Ursache von Modifikationen sind Einflüsse aus der Umwelt.

Voraussetzung für das Entstehen von Modifikationen ist die genetisch bedingte Möglichkeit, dass das entsprechende Merkmal in bestimmten Grenzen im Verlauf der Individualentwicklung variieren kann. Dabei schwankt die Häufigkeit der Ausprägung dieses Merkmals um einen Mittelwert.

Auch die unterschiedliche Ausprägung der Blattgröße des Sauerklees am Waldrand und im Waldinneren, die unterschiedliche Wuchshöhe von Kastanienbäumen gleichen Alters, Sommer- und Winterfell bei Tieren oder die unterschiedliche Größe von Kartoffeln einer Pflanze sind weitere Beispiele für Modifikationen.

Häufigkeitsverteilung eines Merkmals
z.B. Anzahl und Größe der Bohnensamen einer Pflanze

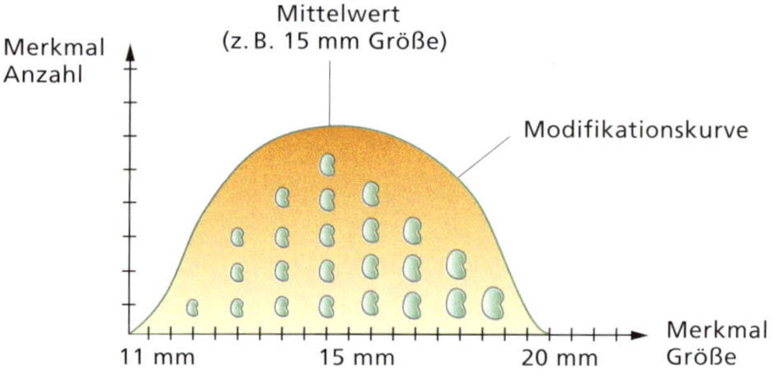

Bei **Schweinen** desselben Wurfs kann man bei unterschiedlicher Fütterung ein unterschiedliches Körperwachstum feststellen.

Bei eineiigen **Zwillingen** kann man eine unterschiedliche Bräunung der Haut beobachten.

Bedeutung der Modifikationen

Modifikationen ermöglichen eine Anpassung des Organismus an unterschiedliche Umweltbedingungen ohne Veränderung des Genotyps. Durch Kenntnis derjenigen Umweltbedingungen, die bestimmte Modifikationen hervorrufen, kann der Mensch gezielt Einfluss auf die Ausprägung des Phänotyps nehmen (z.B. muskulöse „fettfreie" Rinder, große Blätter bei Topfpflanzen).

6.7 Forschungsmethoden in der Humangenetik

Wichtige Methoden der humangenetischen Forschung sind die *Familienforschung* und die *Zwillingsforschung*.

Familienforschung (Stammbaumforschung)

In der **Familienforschung** werden Stammbäume aufgestellt. Ein Familienstammbaum kann als Ersatz für die Kreuzungsexperimente in der klassischen Genetik angesehen werden.

Die Auswertung von **Familienstammbäumen** ist eine wichtige Methode, um die Vererbung eines Merkmals über viele Generationen zu verfolgen. Sie ermöglicht unter Berücksichtigung der Vererbungsregeln in vielen Fällen schon Aussagen über das Erkrankungsrisiko des Kindes.

Für die Erstellung von Familienstammbäumen sind folgende **Symbole** gebräuchlich.

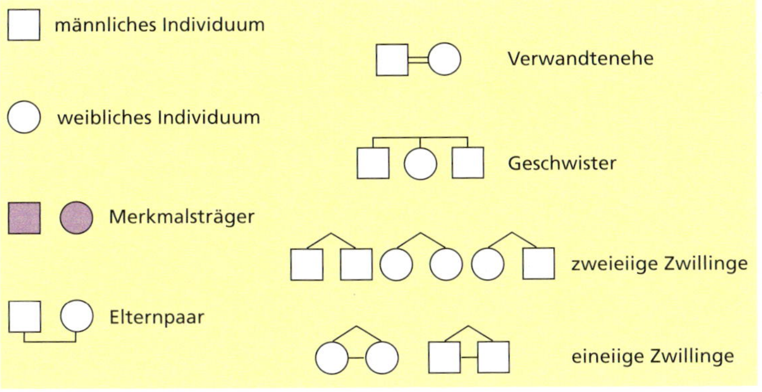

Eine **Konduktorin** besitzt ein krankhaft verändertes Gen. Die Erbkrankheit (z. B. Bluterkrankheit) bricht bei ihr jedoch nicht aus. Sie überträgt aber das krankhaft veränderte Gen auf ihre Nachkommen.

Stammbaum der Familie Scott

Aus dem Brief, den ein MR. J. SCOTT (1777) an einen Freund geschrieben hatte, konnte man den Erbgang für die **Rotgrünblindheit** in der Familie SCOTT beschreiben.
Auswertung: Das Gen für die Krankheit liegt auf dem X-Chromosom und wird rezessiv vererbt. Alle Männer, die den Defekt im X-Chromosom haben, erkranken. Mischerbige Frauen erkranken nicht, sie sind Konduktorinnen.

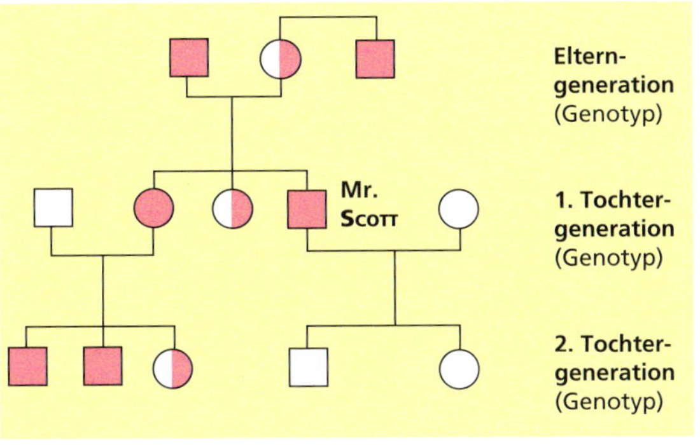

Zwillingsforschung

Die **Zwillingsforschung** untersucht die Wechselwirkungen von Erbgut und Umwelt bei der Ausbildung von Merkmalen.

Eineiige Zwillinge sind dabei natürlich besonders interessant. Sie entstehen aus einer einzigen befruchteten Eizelle und haben identisches Erbmaterial. Unterschiede in der Ausbildung von Merkmalen lassen sich deshalb ausschließlich auf die Wirkung von Umweltfaktoren zurückführen.

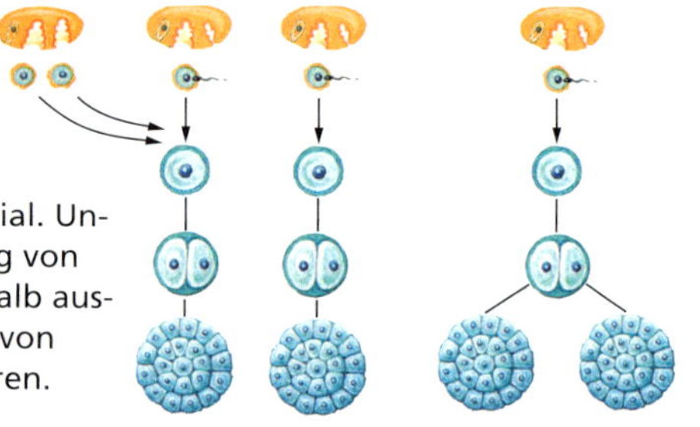

Zweieiige Zwillinge sind aus verschiedenen Eizellen und Spermien entstanden. Ihr Erbgut unterscheidet sich wie das bei normalen Geschwistern. Übereinstimmungen in den Merkmalen können hier mit Umweltfaktoren in Beziehung gesetzt werden.

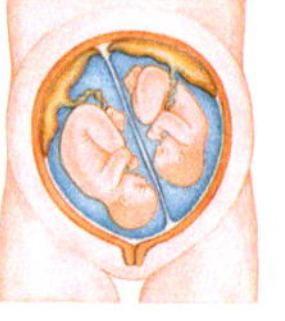

zweieiige Zwillinge

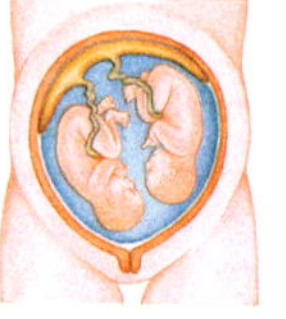

eineiige Zwillinge

Bestimmte Merkmale stimmen bei eineiigen Zwillingen weitgehend überein. Bei zweieiigen Zwillingen sind diese Merkmale weniger übereinstimmend ausgeprägt.
Auch bei dem Auftreten von Krankheiten kann man bei eineiigen Zwillingen eine weitgehende Übereinstimmung feststellen. Bei zweieiigen Zwillingen tritt diese Übereinstimmung weniger auf.

Merkmale	Übereinstimmungen in %	
	Eineiige Zwillinge	Zweieiige Zwillinge
Augenfarbe	100	52
Körpergewicht	66	48
Kopflänge	91	58
Krankheiten		
Tuberkulose	54	27
Zuckerkrankheit	60	13
Krebs	16	13
Bronchialasthma	63	38
Depressionen	67	5
Epilepsie	54	24

Intelligenz ist das Resultat einer komplexen Wechselbeziehung von Erbe und Umwelt. Erblich bedingt sind die Voraussetzungen, einen bestimmten IQ zu erreichen. Die Umweltbedingungen entscheiden aber darüber, ob dieser Intelligenzgrad tatsächlich erreicht wird.

Auch die **Vererbung der Intelligenz** wurde bei Zwillingen untersucht. Das, was durch den Intelligenztest gemessen wird, ist im Wesentlichen erbbedingt.

6.8 Gentechnik (Gentechnologie)

Die Molekulargenetik hat sich in den letzten dreißig Jahren rasant entwickelt. Ein wichtiger Meilenstein war dabei die Identifikation der DNA (↗ S. 261) als Träger der genetischen Information. Dadurch war es möglich geworden, gerichtet genetische Veränderungen von Mikroorganismen, Pflanzen und Tieren vorzunehmen, und zwar *gezielt* und *direkt* am genetischen Material eines Organismus. Die **Gentechnik** (Gentechnologie) war „geboren".

Die **Gentechnik** (Gentechnologie) ist ein Teilgebiet der **Biotechnologie**, das sowohl die theoretischen Grundlagen als auch die praktischen Methoden zur Analyse, gezielten Veränderung und Übertragung von Erbmaterial umfasst.

Das weltweit erste geklonte Schaf Dolly war nicht transgen (↗ S. 254).

Organismen, deren Erbmaterial gentechnisch beeinflusst worden ist, bezeichnet man als **transgen.**
Die Möglichkeiten, die die Gentechnik eröffnet, haben sowohl Einfluss auf die Pflanzen- und Tierzüchtung als auch auf die Medizin, die Mikrobiologie und auf viele andere Bereiche unseres täglichen Lebens.

Das Schaf Polly
1997 kam Schaf Polly zur Welt.
Es war der erste transgene Klon eines Schafes. Die Eizelle, aus der sein Erbgut stammt, enthielt ein eingeschleustes Gen für einen menschlichen Blutgerinnungsfaktor.
Ausgetragen wurde Polly von einem Mutterschaf einer anderen Rasse.

Wichtige Anwendungsgebiete der Gentechnik

- Isolation und Entschlüsselung von Genen
- Implantation (Übertragung) wichtiger Gene in Bakterien und Gewinnung der Genprodukte
- gezielte Veränderung von Genen
- Übertragung von Genen in das Erbgut höherer Organismen

Methoden der Gentechnik

Die wichtigsten Methoden der Gentechnik sind
- gezielte Eingriffe in das Erbgut von Organismen,
- der Umbau von DNA-Molekülen,
- die In-vitro-Kombination von DNA-Molekülen verschiedener Herkunft, ihre Einführung und starke Vermehrung in Wirtszellen.

Die In-vitro-Befruchtung und Kultur von befruchteten Eizellen wird in einigen europäischen Ländern und in den USA auch bei Menschen durchgeführt. Sie bietet hier die Basis für eine *pränatale Implantationsdiagnostik* (PID). Familien, bei denen häufig Erbkrankheiten auftreten, haben so die Möglichkeit, gesunde Kinder zu bekommen.

Die Verwendung von **Plasmiden** in der Gentechnik ist derzeit das gängige Verfahren. Es verläuft nach einem ganz bestimmten Schema.

Die entscheidenden **Werkzeuge** der Gentechniker sind **Enzyme** (**Restriktenzyme**), die die DNA an genau festgelegten Stellen ausschneiden können. **Bakterien** (↗ S. 40) werden derzeit in der Gentechnik eingesetzt. Sie besitzen eine nicht an Chromosomen gebundene DNA (Plasmide). Daher kann man die DNA relativ einfach isolieren, verändern und wieder in die Zelle zurückführen. Bakterienzellen vermehren sich sehr schnell. Dadurch erfolgt auch eine effektive Klonierung der Fremd-DNA.

Anwendung der Gentechnik beim Menschen

Die wichtigsten Anwendungsgebiete beim Menschen sind
- der Einsatz gentechnisch produzierter Eiweiße als Medikamente,
- die Gendiagnostik,
- die Gentherapie an Körperzellen.

Außerdem arbeiten die Wissenschaftler daran, das therapeutische Klonen als ein bedeutsames Anwendungsgebiet zu erschließen.

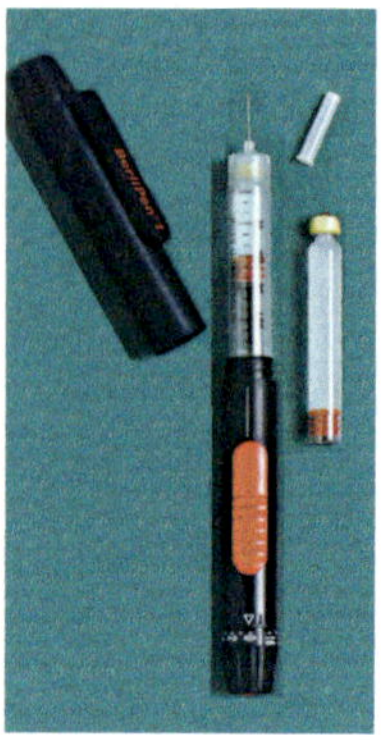
Insulinbesteck

Insulin – gentechnisch erzeugt

Etwa 300000 Menschen in der BRD leiden an Diabetes. Sie benötigen etwa 2 mg Insulin pro Tag, um ihren Blutzuckergehalt zu regulieren. Um die benötigte Insulinmenge für einen Diabetiker zu erzeugen, musste früher alle 4 Tage ein Schwein geschlachtet werden. In einem chemisch aufwendigen Verfahren wurde Insulin aus der Bauchspeicheldrüse isoliert.
Nachdem das Gen für menschliches Insulin entschlüsselt war, kann dieses Hormon gentechnisch in großen Mengen hergestellt werden.

Gendiagnostik
Heute sind etwa 6000 genetisch bedingte Erkrankungen bekannt. Etwa 1,5 Prozent der Neugeborenen weisen eine erblich bedingte Fehlbildung oder Behinderung auf. Durch die Gendiagnostik kann man Fehler in den Erbanlagen identifizieren. Dazu werden DNA-Proben mithilfe von Restriktionsenzymen in kleine, unterschiedlich lange Abschnitte zerlegt. Eine radioaktiv markierte Gensonde (sie besteht aus einsträngiger DNA) zeigt den Gendefekt an. Daraufhin kann man therapeutische Maßnahmen einleiten.

Über **Nutzen und Risiken der Gentechnik** wird immer diskutiert. Die Forderung nach der Freigabe aller gentechnischer Experimente auf der einen Seite und die nach einem generellen Verbot auf der anderen Seite spiegeln die derzeitigen konträren Auffassungen in der politischen Diskussion und anderen öffentlichen Diskussionen wider.

Somatische Gentherapie
Unter somatischer Gentherapie versteht man die Übertragung spezifischer Gene auf Körperzellen (somatische Zellen) mit dem Ziel, defekte Gene zu ersetzen. So wäre es z.B. denkbar, Diabetikern intakte Gene zur Insulinbildung in die Bauchspeicheldrüse zu übertragen. Diese würden die Diabetiker von ihrem Leiden befreien und die Prozedur des täglichen Spritzens überflüssig machen. Aus technischer Sicht wäre dieses Verfahren vergleichbar mit einer Impfung oder Medikamenteneinnahme.
Da die somatische Gentherapie nur Körperzellen betrifft, werden die genetischen Veränderungen nicht an die Nachkommen weitergegeben.

Therapeutisches Klonen
Durch diese Methode sollen Patienten Ersatzgewebe, z.B. Haut-, Knorpel-, Herz- oder Nervenzellen, aus körpereigenem Material erhalten. Dadurch hofft man Krankheiten (Parkinson, Herzinfarkt) heilen zu können.

7 EVOLUTION DER ORGANISMEN

7.1 Grundbegriffe

Unter **Evolution** wird der Prozess der stammesgeschichtlichen Entwicklung der Organismenarten verstanden.
Dabei wird davon ausgegangen, dass sich die heutige Vielfalt der Organismenarten in langen Zeiträumen aus wenigen, einfach organisierten Formen entwickelt hat.

Die **Evolutionstheorie** ist die Theorie von der stammesgeschichtlichen Entwicklung der Organismen.

Die **Evolutionstherorie** sucht mit naturwissenschaftlichen Methoden nach Antworten auf die Fragen:
- Fand eine Evolution statt?
- Welche Ursachen gibt es für eine Evolution?
- Welchen Verlauf nahm die Evolution?

Dabei steht die Evolutionstheorie vor der Aufgabe, die Entstehung und die Umbildung von Arten zu erklären. Es wird davon ausgegangen, dass die heute lebenden Organismen aus früheren, primitiven Vorfahren hervorgegangen sind. Für diesen Prozess der stammesgeschichtlichen Entwicklung der Pflanzen, Tiere und Menschen werden sehr lange Zeiträume sowie auch das Wirken von Evolutionsfaktoren angenommen.
Die Schwierigkeiten zum Beweisen der Evolutionstheorie bestehen darin, dass
- Experimente zur Artneubildung wegen der langen Zeit nahezu ausgeschlossen sind (Ausnahme: Modellexperimente zu Bakterien, Züchtung von Tieren und Pflanzen),
- Beobachtungen der Evolutionsvorgänge unmittelbar nicht möglich waren.

Innerhalb der Evolutionsforschung werden molekulargenetische Methoden herangezogen.

Die **Evolutionsforschung** sucht nach Beispielen, um die Stammesgeschichte der Organismen zu belegen, wie u.a.:
- Fossilien, ihre Entstehung und Altersbestimmung,
- homologe, analoge und rudimentäre Organe,
- Vergleich der Embryonalentwicklung bei Wirbeltieren,
- Auswertung angeborener Verhaltensweisen bei Tieren,
- Deutung von Zwischenformen (Brückentieren).

Skelette geben Auskunft über die Evolution
In den 70er Jahren wurde in Bilzingsleben bei Halle ein Rastplatz freigelegt, auf dem sich Reste von mehreren ovalen und runden Behausungen, Feuerstellen und Arbeitsplätzen befanden. Neben Schädelresten von **Homo erectus** (↗ S. 307) fanden die Forscher zahlreiche Tierknochen, die von Wisenten, Auerochsen, Wildpferden, Hirschen, Bären, Wildschweinen und sogar von Steppennashörnern und Waldelefanten stammen. Viele Röhrenknochen waren zerschlagen, um an das Mark zu gelangen.
Die Funde geben Auskunft darüber, dass der Mensch von Bilzingsleben nicht nur zielgerichtet Geräte hergestellt und das Feuer genutzt, sondern auch Ritzungen auf Knochen angebracht hat, Zeichen, die wir heute noch nicht deuten können.
Diese Fundstelle gehört zu den bedeutendsten in Europa.

7.2 Historische Entwicklung

7.2.1 Zur Geschichte der Evolutionstheorie

Über die Entstehung der Organismen wurden von Wissenschaftlern verschiedene Auffassungen entwickelt. Insbesondere CHARLES DARWIN begründete wissenschaftlich die **Evolutionstheorie**.

Überblick über Erforschungsgeschichte der Evolution (Auswahl)

CARL VON LINNÈ (1707–1778)

Dem schwedischen Naturforscher CARL VON LINNÈ (↗ S. 274) verdankt die Botanik ihre Systematik und die binäre Nomenklatur. Er führte das Prinzip des zweifachen Namens ein: des Gattungs- und des Artnamens.
Er ordnete über 4000 Tierarten und über 7000 Pflanzenarten. Auf ihn sind beispielsweise die Bezeichnungen *Bellis perennis L.* für das Gänseblümchen und *Talpa europaea L.* für den Europäischen Maulwurf zurückzuführen. LINNÈ glaubte aber auch an die Erschaffung der Arten durch Gott und daran, dass Arten sich *nicht* verändern (Konstanz der Arten).

GEORGES CUVIER (1769–1832)

CUVIER war Zoologe, er arbeitete auf dem Gebiet der vergleichenden Anatomie.
Als Verfechter der „**Katastrophentheorie**" war er der Ansicht, das Naturkatastrophen immer wieder zur Vernichtung der Organismen führen und danach wieder Arten mit gleichem Bauplan erschaffen würden.
Er vertrat den Standpunkt, dass die Neuerschaffung der Arten durch den Schöpfungsakt erfolge und dass Arten sich *nicht* verändern (Konstanz der Arten).

JEAN BAPTISTE DE LAMARCK (1744–1829)

LARMARCK war Botaniker und Zoologe, der sich neben seinen umfangreichen systematischen Arbeiten auch dem *Evolutionsgedanken* widmete.
Seine Theorie besagt, dass die Lebewesen durch einen inneren Drang zur Vervollkommnung veranlasst würden, bestimmte Organe stärker oder schwächer zu betätigen. Dies führe dann zu Veränderungen im Bauplan der Lebewesen. Diese Veränderungen können schließlich an die Nachkommen vererbt werden.
LAMARCK nahm z. B. an, dass die Länge des Giraffenhalses auf beständiges Hinaufstrecken zum Laub der Bäume zurückzuführen ist.

Darwins Weltreise (1831–1836) führte mit dem Forschungsschiff „Beagle" über Teneriffa, Südamerika, die **Galapagosinseln,** Neuseeland bis nach Australien. Die Auswertung des gesammelten Materials war entscheidend für seine Selektionstheorie.

Charles Darwin (1809–1882)

Darwin gilt als der Begründer der modernen Evolutionslehre. Ausgangspunkt seiner Untersuchungen waren Kulturpflanzen und Haustiere. Deren verändertes Aussehen erkannte er als Ergebnis einer wiederholten Züchtung. Darwin nannte das *„künstliche Zuchtwahl"*.
Er fragte sich, ob es auch in der Natur etwas Vergleichbares, eine „natürliche Zuchtwahl" oder Selektion geben könnte. Doch wer oder was übernahm hier die Rolle des Züchters? Darwins Ziel war es herauszufinden, *wie* die Änderung der Arten vor sich geht.
Darwin fand heraus, dass *die* Umweltbedingungen eine entscheidende Rolle spielen. Es überleben und vermehren sich bevorzugt die Lebewesen, die sich in der Auseinandersetzung mit ihrer Umwelt behaupten. Über Generationen werden dabei die Erbanlagen für bestimmte Merkmale, deren Vorhandensein sich in dieser Auseinandersetzung als vorteilhaft erwiesen, an die Nachkommen weitergegeben. Seine gründliche wissenschaftliche Arbeitsweise erforderte viel Zeit, um diese Annahme mit klaren Argumenten zu stützen.
Darwins entscheidenste Erkenntnisse sind, dass die vielen Nachkommen *nicht völlig gleich* (Variabilität) sind, dass es eine natürliche Auslese (Selektion) entsprechend den Umweltbedingungen **(Selektionstheorie)** gibt, dass sich Organismenarten im Verlaufe langer Zeiträume aus einfacheren Formen entwickelt haben **(Evolutionstheorie)** und das somit *alle Arten veränderlich* sind.

Johann Gregor Mendel (1822–1884)

Mendel studierte Theologie in Brünn und Naturwissenschaften in Wien. 1855 begann er mit seinen Kreuzungsversuchen an Erbsen. Durch umfangreiche *Kreuzungsversuche* an Pflanzen und die statistische Auswertung der gewonnenen Ergebnisse kam er zu allgemeingültigen Gesetzen über die Vererbung von Anlagen.
Die nach ihm benannten *drei Regeln* (↗ S. 268) haben bis heute nichts an ihrer Gültigkeit eingebüßt.

Ernst Haeckel vertrat sehr entschieden in vielen Vorträgen und Schriften die Evolutionstheorie in Deutschland. 1866 formulierte er das biogenetische Grundgesetz, nach dem jede Individualentwicklung eine kurze Wiederholung der Stammesentwicklung ist.

Ernst Haeckel (1834–1919)

Haeckel studierte von 1852 bis 1858 Naturwissenschaften und Medizin in Würzburg, Berlin und Wien. Als Professor für Zoologie in Jena verbreitete er wie kein anderer die Evolutionstheorie Darwins in Deutschland und entwickelte sie weiter. Deshalb wurde er auch der „deutsche Darwin" genannt.
Zu seinen besonderen Leistungen zählten u.a. das Aufstellen natürlicher Stammbäume, die Entwicklung des **biogenetischen Grundgesetzes,** die Einbeziehung des Menschen in die Abstammung von menschenähnlichen Vorfahren. Auch er vertrat den Standpunkt, das Arten veränderlich sind.

7.2.2 Fossilien als Belege für die Evolution der Organismen

Fossilien sind Reste oder Spuren von Organismen früherer Erdzeitalter.

Fossilien beweisen die Stammesgeschichte der Organismen, da sie
- Organismen früherer Erdzeitalter dokumentieren,
- einen Einblick in den Verlauf und die Geschwindigkeit der Evolution ermöglichen,
- Verwandtschaftsbeziehungen zwischen den Organismen belegen.

Altersbestimmung von Fossilien

Das Alter der Fossilien kann man mit unterschiedlichen Methoden bestimmen, mit der *stratigrafischen* oder mit der *physikalischen Zeitbestimmungsmethode*.

Die **Halbwertszeit** beträgt beim radioaktiven Kohlenstoff-Isotop ^{14}C etwa 5400 Jahre, d.h., nach dieser Zeit ist die Hälfte der ^{14}C-Atome zerfallen. Das kann durch Strahlungsmessung festgestellt werden.

Stratigrafische Zeitbestimmung
Die oberen Schichten der Erdkruste enthalten jüngere Fossilien, die unteren Schichten ältere Fossilien.
Ein *Problem* besteht darin, dass eine Faltung, Verschiebung, Verwerfung von Schichten der Erdkruste möglicherweise die Altersbestimmung erschweren.

Physikalische Zeitbestimmung
Radiokarbonmethode: Zerfall des Isotops ^{14}C als Grundlage; ^{12}C : ^{14}C-Verhältnis wird bestimmt, Altersbestimmung von Fossilien ist möglich.
Uran-Blei-Methode: Zerfall des Isotops ^{238}U als Grundlage, dabei entsteht das Isotop ^{106}Pb, Altersbestimmung des Gesteins ist möglich.

Formen von Fossilien

Unter **Fossilation** versteht man die vielfältigen Formen der Bildung von Fossilien unter verschiedensten Entstehungsbedingungen.

Nach der Art ihrer Entstehung werden mehrere Formen von Fossilien unterschieden: *Versteinerung, Abdruck, Einschluss, Hartteile, Mumifizierung, Inkohlung*.

Versteinerung
Organische Substanzen von Körpern werden zersetzt und die entstandenen Hohlräume mit Kalk oder Kieselsäure aufgefüllt. Diese erhärten dann.
Es können ganze Organismenkörper oder Körperhohlräume erhärten. Es können aber auch poröse Teile erhärten, z. B. der Steinkern eines Seeigels aus dem Jura.

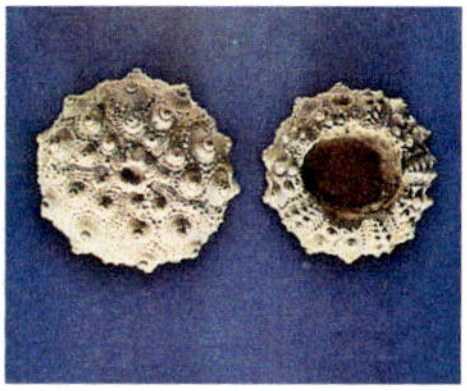

Weitere Beispiele sind Muschelschalen (echte Versteinerung).

Abdruck

Der Organismuskörper wurde in ein Sediment eingebettet (Ton, Schlamm). Der Körper wurde zersetzt, aber sein Abdruck blieb im Gestein erhalten. Der Abdruck eines Farnwedels stammt aus dem Karbon.
Weitere Beispiele: Saurierfährte, Urvogel, Pflanzen

Leitfossilien: Fossilien in bestimmten Schichten, die typisch für einen bestimmten Zeitabschnitt in der Erdgeschichte sind.

Einschluss

Organismen können in Harz, Salz oder Eis eingeschlossen sein wie dieser Hundertfüßer aus dem Tertiär in Bernstein.
1991 wurde in einem Gletscher der Ötztaler Alpen ein mumifizierter Leichnam gefunden, man nannte ihn „Ötzi". Aufgrund der Funde neben dem Toten – u.a. ein für die Bronzezeit typisches Randleistenbeil sowie eine Bronzeklinge mit Knieholmschäftung – schätzte man, dass Ötzi etwa vor 5300 Jahren gelebt haben müsste.
Weiteres Beispiel: Mammut im Eis

Hartteile

Hartteile sind erhaltene Strukturen des Körpers aus anorganischen Substanzen. Sie sind im Verlaufe der Jahrhunderte so erhalten geblieben, wie sie waren. Das erkennt man an Schneckengehäusen aus dem Tertiär.
Weitere Beispiele: Knochenreste, Weichtierschalen, Zähne

Mumifizierung

In trockener, heißer Gegend ergibt sich bei salzhaltigem Boden eine natürliche Mumifizierung (Mumifikation). Ganze Organismen werden z.B. durch Gerbstoffe dauerhaft konserviert, wie dieses Blatt aus dem Tertiär. Es war in einem Moorloch eingebettet.
Weitere Beispiele: Tiere aus der Eiszeit

Die Suche nach Fossilien ist oft erfolgreich am Meeresstrand (z.B. Bernsteineinschlüsse, versteinerte Seeigel), in Sandgruben und im Steinbruch (z.B. Abdrücke, Zähne). Meistens findet man Versteinerungen und Abdrücke.

Inkohlung

Unter bestimmten Bedingungen (hoher Druck, Temperatur und Luftabschluss) entstanden aus Pflanzen über lange Zeiträume Braun- oder Steinkohle. Manchmal kann man noch Zeugen der vergangenen Zeit, z.B. als versteinertes Holz, in diesen Lagerstätten finden. Der Farn stammt aus der Zeit des Oberkarbons.

7.2.3 Überblick über die Entwicklung von Organismen in den verschiedenen Erdzeitaltern

vor ca. … Millionen Jahren	Zeitalter	Epochen	Ereignisse	
ca. 2	Erdneuzeit	Quartär	Auftreten und Entwicklung des Menschen, der Pflanzen und Tiere der Gegenwart	
65–2		Tertiär	Entwicklung und Ausbreitung der Säugetiere, Entwicklung der Affen, Ausbreitung von Gräsern, Entfaltung der Vögel, erste Vormenschen	
135	Erdmittelzeit	Kreide	Letzte Saurier, erste Affen, Ausbreitung der höheren Samenpflanzen, erste Laubhölzer, erste Vögel	
190		Jura	Vorherrschaft der Saurier, Urvögel, Nadelhölzer verbreitet	
220		Trias	Erste Säugetiere, Vielfalt von Kriechtieren, Nacktsamer vorherrschend	
280	Erdaltzeit	Perm	Vielfalt von Kriechtieren, erste Nadelhölzer, viele Farnpflanzen	
380		Karbon	Erste Kriechtiere, zahlreiche Lurche, erste Wälder aus Farnen, Schachtelhalmen	
410		Devon	Erste Lurche, erste Insekten, Baumfarne, Vielfalt von Fischen, Quastenflosser	
435		Silur	Erste Landpflanzen (Farne, Schachtelhalme, Bärlappe)	
500		Ordovicium	Erste Fische, Meeres- und Süßwasseralgen	
600		Kambrium	Wirbellose im Meer, z.B. Quallen, Algen, Bakterien	
3,5 6,5–4,5 Mrd.	Erdfrühzeit	Präkambrium	Entstehung des Lebens, einfache Formen, z.B. Bakterien, Blaualgen Entstehung der Erde	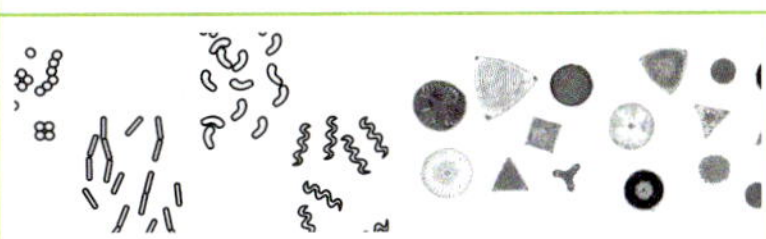

7.2.4 Zwischenformen (Übergangsformen) als Belege der Evolution

Zwischenformen (Übergangsformen, Brückentiere) sind Organismen mit Merkmalen verschiedener systematischer Gruppen. Sie belegen die Verwandtschaft zwischen bestimmten Organismengruppen und geben Einblick in den Verlauf der stammesgeschichtlichen Entwicklung.

Zwischenformen sind **fossile** Organismen (z.B. Urvogel) und auch **rezente** Organismen (z.B. Quastenflosser).

Einige Übergangsformen

Urvogel (Archaeopteryx) als ausgestorbene (fossile) Zwischenform		
Kriechtiermerkmale Lange Schwanzwirbelsäule Bezahnter Kiefer Schien- und Wadenbein getrennt Kleines Brustbein ohne Kamm Finger mit Krallen		**Vogelmerkmale** Federn Vogelschädel Mittelfußknochen verwachsen z.T. hohle Knochen Vordergliedmaßen als Flügel mit 3 Fingern
Quastenflosser (Latimeria) als lebende (rezente) Zwischenform		
Merkmale eines Knochenfisches Flossen, Schuppen Körpergestalt fischähnlich Kiemen Wasserbewohner		**Merkmale urtümlicher Lurche** An den paarigen Flossen durch Gelenke miteinander verbundene Knöchelchen zum Abstützen und Fortbewegen auf dem Grund des Gewässers. Kurze Landgänge möglich bei fossilen Quastenflossern.

Eine Übergangsform der besonderen Art ist das **Schnabeltier.** Es wurde 1798 in Australien entdeckt und kommt heute noch dort sowie in Tasmanien vor. Es besitzt Merkmale der Kriechtiere und der Säugetiere.

Besondere Merkmale des Schnabeltiers

Kriechtiermerkmale
- Kloake
- Weichschalige Eier legend
- Ausbrüten der Eier

Säugetiermerkmale
- Fell
- Milchsekret für die Jungen aus Drüsen auf der Bauchseite
- Gleichwarme Körpertemperatur

7.2.5 Zur Entstehung des Lebens auf der Erde

Die Vorgänge, die zur Entstehung des Lebens auf der Erde führten, konnten bis heute noch nicht in allen einzelnen Schritten experimentell bewiesen werden. So gab es bis ins 17. Jahrhundert keine Zweifel an der Lehre von der **Urzeugung,** wonach Lebewesen direkt aus leblosen Stoffen hervorgehen können.
Wissenschaftliche Auffassungen gehen gegenwärtig davon aus, dass das Leben auf der Erde im Verlaufe sehr langer Zeiträume in mehreren aufeinander folgenden Etappen aus anorganischen, nicht lebenden Stoffen entstanden ist.
Als Etappen der Entstehung des Lebens werden die chemische Evolution und die biologische Evolution unterschieden.

Die chemische Evolution

Situation auf der Urerde vor etwa 4 Milliarden Jahren
Nach erfolgter Abkühlung bestand die **Urerde** aus einer festen Erdkruste mit ersten Gewässern und umgeben von einer Atmosphäre. Diese Uratmosphäre wurde aus verschiedenen Gasen wie Kohlenstoffdioxid, Methan, Ammoniak und Wasserdampf gebildet und stellte ein giftiges Gasgemisch dar. In den Urozeanen waren verschiedene Stoffe gelöst, die ebenfalls eine lebensfeindliche Umgebung mit einer starken UV-Strahlung der Sonne bildeten.

Entstehung erster organischer Verbindungen (Simulationsexperimente)
Dennoch sehen Wissenschaftler in diesen Bedingungen auf der Urerde günstige Voraussetzungen für die Entstehung von Leben mit dem ersten Schritt der Bildung organischer Substanzen aus anorganischen Stoffen. Diesen Nachweis erbrachte der amerikanische Student S. MILLER 1953 mit erfolgreichen Experimenten in einer abgeschlossenen Apparatur (siehe Abb.) unter simulierten Bedingungen der Urerde (Gase der Uratmosphäre, elektrische Entladungen, Wärmeenergie u. a.). Die dabei entstandene **„Ursuppe"** enthielt auch mehrere **organische Verbindungen** wie Aminosäuren, Milchsäure und Formaldehyd. Unter variierten Bedingungen bildeten sich sogar Kohlenhydrate, ATP und Kernbasen.
Eine Entstehung von Lebewesen aus diesen organischen Stoffen ist experimentell bisher jedoch noch nicht gelungen.

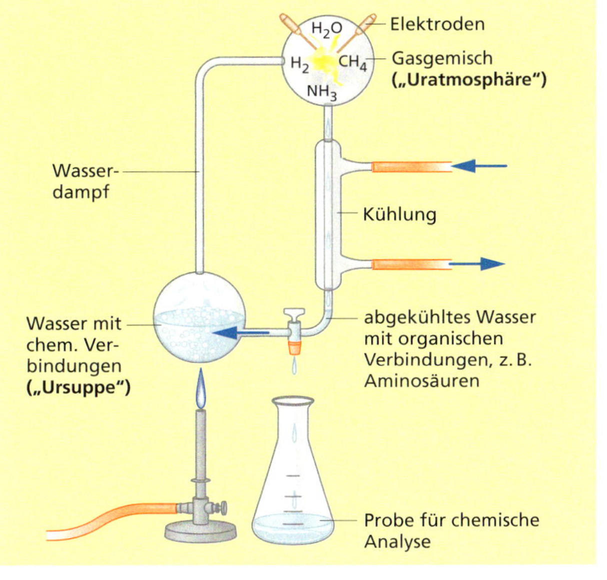

Entstehung von Makromolekülen (Simulationsexperiment)

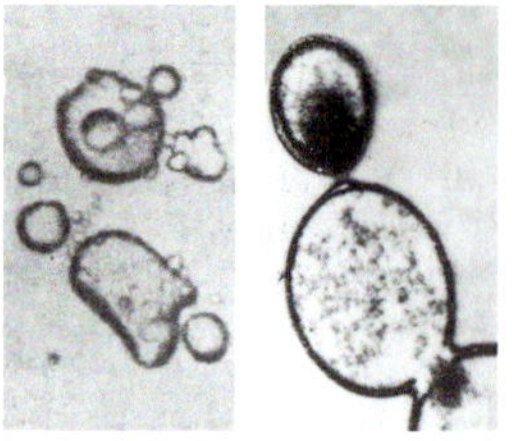

Die experimentelle Bildung von Makromolekülen gelang mehreren Forschern. Beispielsweise konnte der russische Biochemiker A. OPARIN im Experiment die Bildung von Tröpfchen aus Makromolekülen, **Koazervate** (siehe Abb.) genannt, sowie deren Fähigkeit zur Aufnahme und Abgabe von Stoffen nachweisen.
Dem amerikanischen Wissenschaftler S.W. FOX gelang es, aus einem Aminosäuregemisch eiweißähnliche Partikel herzustellen, welche Wachstum zeigten. Diese **Mikrosphären,** so bezeichnete man die Partikel, wurden von einer semipermeablen Membran begrenzt.

Die biologische Evolution

Die frühe biologische Evolution

Wissenschaftler vertreten dazu unterschiedliche Meinungen.
Nach der **Proteinhypothese** könnten die ersten Urorganismen aus Eiweißen (Proteinen) mit Stoffwechsel bei nachfolgender Aufnahme von Nucleinsäuren entstanden sein.
Die **Nucleinsäurehypothese** dagegen geht davon aus, dass zunächst die Kernsäure vorhanden gewesen ist und danach eine Aufnahme von Proteinen erfolgt sei. Die entstandenen Urlebewesen (Protobionten) mussten Stoffwechsel betreiben und sich vermehren können, wobei auch das Auftreten von Mutationen vorausgesetzt wird. Anzunehmen ist eine heterotrophe Ernährungsweise der Urlebewesen.

Entstehung von einzelligen Lebewesen durch Aufnahme von verschiedenen Prokaryoten

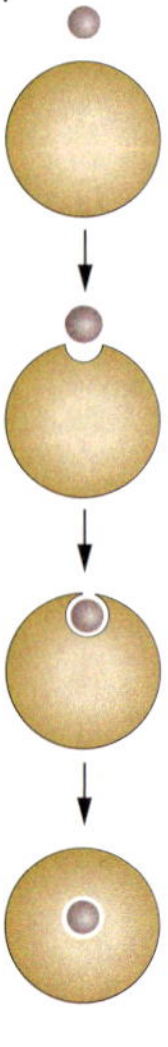

Entstehung erster einzelliger Lebewesen

Fossile Reste urtümlicher Bakterien und Blaualgen konnten als Organismen ohne Zellkern (Prokaryoten) in Gesteinsschichten Südafrikas und Australiens gefunden werden. Deren Lebensalter wurde mit etwa 3,5 Milliarden Jahren bestimmt.
Die Entwicklung der Organismen mit Zellkern, Mitochondrien und Plastiden (Eukaryoten) begann vor etwa 1,4 Milliarden Jahren. Fossile Zellreste konnten in Gesteinsschichten nachgewiesen werden.
Eine Erklärung dieser Entwicklung versucht die **Endosymbiontenhypothese** zu geben. Danach wurden von Zellen stoffwechselaktive Prokaryoten aufgenommen, die sich in ihnen wahrscheinlich zu Mitochondrien weiterentwickelten. In anderen Zellen kam es möglicherweise zur Entwicklung von Chloroplasten aus aufgenommenen fotoautotrophen blaualgenähnlichen Prokaryoten. Gestützt wird diese Hypothese beim Vergleich der Strukturen heutiger Mitochondrien und Chloroplasten, da beide Zellorganellen u.a. eine eigene DNA aufweisen, von einer Doppelmembran begrenzt sind und sich durch Teilung vermehren können.

Entwicklung erster vielzelliger Lebewesen

Die ersten vielzelligen Lebewesen sind als Abdrücke aus den Ediacara-Schichten Südaustraliens bekannt. Man schätzt ihr Alter auf 600 bis 700 Millionen Jahren. Danach erfolgte eine rasche Entwicklung vieler Organismengruppen. Das ist an umfangreichen Fossilfunden nachweisbar.

7.3 Evolutionsfaktoren und ihre Wirkung

Die stammesgeschichtliche Entwicklung der Organismen erfolgte im Verlaufe der Erdgeschichte in ständiger Wechselwirkung mit der Umwelt. Als Ursache für diesen Prozess wurde das Zusammenwirken von **Evolutionsfaktoren** in den Populationen (↗ S. 355) erkannt. Die wesentlichen Faktoren der Evolution sind Mutation, Neukombination, Isolation und Auslese (Selektion).

7.3.1 Mutationen

Natürliche Mutationen sind zufällige, sprunghafte, ungerichtete Veränderungen von Erbanlagen. Es erhöht sich damit die Vielfalt der Genotypen in einer Population und damit die genetische Variabilität.

Die verschiedenen Hunderassen gehen ursprünglich auf den Wildhund zurück. Als Ergebnis gezielter Züchtung durch den Menschen gibt es heute sehr viele Hunderassen mit unterschiedlichen Eigenschaften.

Durch **Mutationen** (↗ S. 273, 274) entstehen immer wieder veränderte oder neue Merkmale. Die zufälligen Merkmalsänderungen sind eine grundlegende Voraussetzung für die Evolution. Es kann die Auslese wirksam werden.

Wildkohl-Mutationen
Aus einem **Wildkohl** sind auf der Grundlage von Mutationen verschiedene Kohlarten durch den Menschen gezüchtet worden.

Weitere Beispiele
Zuchtformen vom Goldhamster – unterschiedliche Beschaffenheit des Fells (Scheckenhamster, Langhaarhamster)
Zuchtformen von Drosophila – unterschiedliche Flügelformen (aufgebogen, stummelig, flügellos)
Zuchtformen von Haushühnerrassen – Italiener, Leghorn, Rhodeländer
Zuchtformen von Hunderassen – Boxer, Bernhardiner, Schäferhund

Bei der Züchtung neuer Formen durch den Menschen sind Mutationen meist die Grundlage. Dabei wirken oftmals die Evolutionsfaktoren Neukombination der Erbanlagen und Auslese (Selektion) zusammen.

7.3.2 Neukombination von Erbanlagen (Genen)

In einer Population (↗ S. 355) verschmelzen durch sexuelle Fortpflanzung bei der Befruchtung immer wieder genetisch verschieden ausgestattete Keimzellen miteinander. Dabei werden die Erbanlagen neu kombiniert. Durch diese Neukombination von Erbanlagen entstehen ständig neue Genotypen (mendelsche Gesetze). Diese genetische Vielfalt hat die Vielfalt von Merkmalen in einer Population (**Variabilität,** ↗ S. 274) zur Folge. Damit ist eine weitere Voraussetzung für das Wirken der Auslese gegeben.

Häufig tritt auch Variabilität bei Aquarienfischen (beispielsweise bei Guppys) auf.

Innerartliche Variabilität ist die Veränderlichkeit der Organismen derselben Art. Sie beruht auf Unterschieden in der Erbinformation (Mutationen, ↗ S. 275) oder auf nicht erblichen Veränderungen des Erscheinungsbildes durch Umwelteinflüsse während der Individualentwicklung (Modifikation, ↗ S. 278).

Gehäuse von Schnirkelschnecken

Bei den **Schnirkelschnecken** findet man die unterschiedlichsten Farben und Bänderungen am Gehäuse.

Auch bei den Laubblättern vom Efeu kann man Variabilität feststellen: sie unterscheiden sich in Größe und Form.

Unterschiede bei Haustauben

Haustauben unterscheiden sich z. B. in Größe, Gefieder und Farbe

7.3.3 Isolation

Isolation ist die teilweise oder vollständige Unterbindung der Paarung und damit des Genaustausches bei der geschlechtlichen Fortpflanzung zwischen Individuen einer Art oder zwischen verschiedenen Populationen einer Art.

Die einzelnen Teilpopulationen der ursprünglichen Population entwickeln sich oft auch bei unterschiedlichen Umweltbedingungen isoliert voneinander. Gleichzeitig wirken Mutation, Neukombination und Selektion in den Teilpopulationen zusammen. So können in langen Zeiträumen neue Organisationsformen, Unterarten oder auch Arten entstehen.

Geographische Isolation

Bei der geographischen Isolation verhindern Gletscher, Gebirge, Wüsten, Meere und Seen den Genaustausch. Die isolierte Teilpopulation entwickelt sich weiter.

Durch Vorstoßen der Gletscher in der letzten Eiszeit (vor etwa 20000 Jahren) nach Mitteleuropa entwickelten sich aus der einheitlichen Krähenpopulation die Teilpopulationen von Rabenkrähe und von Nebelkrähe.
Legende: Brauner Bereich kennzeichnet gemeinsames Vorkommen beider Formen.

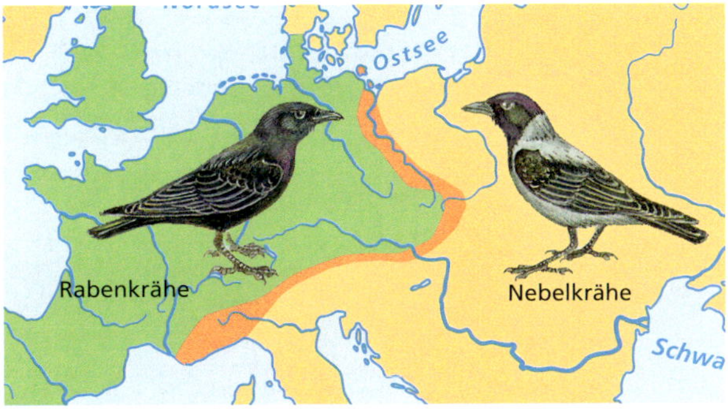

Ökologische Isolation

Die ökologische Isolation wird durch Besiedlung verschiedener Biotope im gleichen geographischen Gebiet hervorgerufen.

Auf den *Galapagosinseln* lebende **Finkenarten** sehen ähnlich aus, unterscheiden sich in der Schnabelform. Sie sind **Nahrungsspezialisten** (Körnerfresser, Insektenfresser) und besiedeln verschiedene Biotope (Boden, Kakteen, Bäume).
Aus einer gemeinsamen Ahnform, einem auf dem Boden lebenden und Körner fressenden Fink des südamerikanischen Festlandes, entstanden neue Finkenarten: **Dickschnabel-Grundfink** (Körnerfresser, am Boden lebend), **Kaktus-Grundfink** (Körnerfresser, auf Kakteen lebend), **Spechtfink** (Insektenfresser, auf Bäumen lebend), **Mittlerer Baumfink** (Insektenfresser, auf Bäumen lebend).

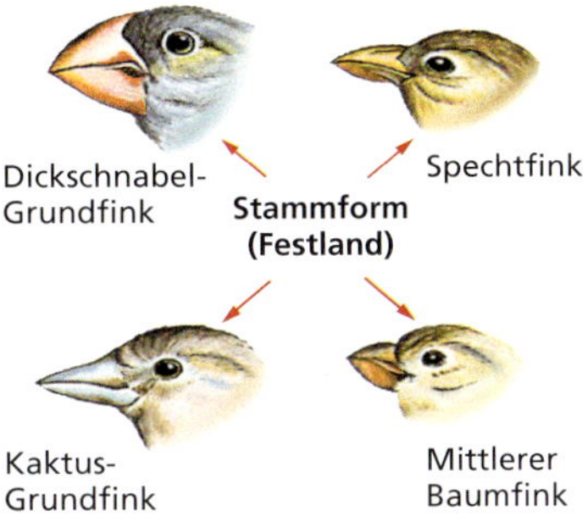

Fortpflanzungsbiologische Isolation

Die fortpflanzungsbiologische Isolation wird hervorgerufen durch unterschiedliche Fortpflanzungszeiten oder unterschiedliches Paarungsverhalten, z. B.:
- arttypischer Gesang der Vögel trennt z. B. Fitis-Laubsänger und Zilpzalp,
- arttypisches Leuchtmuster bei Leuchtkäfermännchen führt nur zur Reaktion von Weibchen der gleichen Art,
- unterschiedliche Laichzeiten bei Fröschen, z. B. Wasserfrosch (Mai, Juni); Grasfrosch (Februar, April).

Entstehung neuer Arten: Aus isolierten Teilpopulationen können sich in langen Zeiträumen neue Arten entwickeln, vor allem wenn die Umweltbedingungen unterschiedlich sind.

7.3.4 Auslese (Selektion)

Die Unterschiede zwischen den Organismen einer Art sind vor allem auf Mutation und Neukombination zurückzuführen. Alle Organismen, die aufgrund ihrer Genkombination gut an die vorherrschenden Bedingungen angepasst sind, überleben mit großer Wahrscheinlichkeit und können eine große Anzahl fortpflanzungsfähiger Nachkommen erzeugen. Organismen, die aufgrund ihrer Genkombination nicht an die vorherrschenden Umweltbedingungen angepasst sind, erzeugen meist keine oder nur wenig Nachkommen und sterben somit aus.

Die **natürliche Auslese** (Selektion) ist ein richtungsgebender Evolutionsfaktor, da von Generation zu Generation immer neu die optimal angepassten Individuen einer Population an vorherrschende Umweltbedingungen erhalten bleiben und bei der Fortpflanzung ihren Genbestand an die Nachkommen weitergeben.

Helle und dunkle Formen vom Birkenspanner

Mutationen des Birkenspanners

Der Birkenspanner, ein Nachtfalter, sitzt tagsüber meistens an der Rinde von Bäumen. Seine hell gemusterten Flügel unterscheiden sich kaum von der hellen Birkenrinde oder der hellen flechtenbewachsenen Rinde anderer Bäume. Birkenspanner werden deshalb von Singvögeln (Fressfeinde) oft übersehen (**Selektionsvorteil).**

1848 entdeckte man in England erstmals dunkle Formen (**Mutationen**) des Birkenspinners. Bereits 1900 betrug ihr Anteil in Manchester 83 %. Die dunklen Formen in Industriegebieten waren auf der dunklen, rußgeschwärzten und flechtenlosen Baumrinde vor Fressfeinden besser geschützt (**Selektionsvorteil**) als die helleren Formen.
Ihr Anteil nahm in Industriegebieten ständig zu, während die hell gefärbten Birkenspanner häufiger in ländlichen Gebieten zu finden waren.
Der Selektionsvorteil für die jeweilige Form ergibt sich aus den jeweils vorherrschenden Umweltbedingungen (Luftqualität, Baumrinde).

Industriemelanismus kann man beim Birkenspanner an der Zunahme dunkler Formen in Industriegebieten beobachten.

Auslesefaktoren und ihre Wirkung

Auslese-faktoren	Wirkung auf die Evolution der Organismen (Auswahl)
abiotische Faktoren	
niedrige Temperaturen	Förderung kleiner Körperoberflächen im Vergleich zum Körpergewicht, z.B.: – Galapagos-Pinguin (Tropen); – Kaiserpinguin (Antarktis)
Trockenheit	Begünstigung von Trockenpflanzen (Xerophyten), z.B.: – Hartlaubgewächse – Kakteen
Sturm	Begünstigung flugunfähiger Arten, z.B.: – Fliegen und Schmetterlinge auf den Kerguelen-Inseln
Antibiotika und Gifte	Förderung resistenter Organismen, z.B.: – bestimmte Bakterienstämme – bestimmte Insektenarten
biotische Faktoren	
Fressfeinde	Begünstigung schneller oder getarnter Arten, z.B.: – schnelle Läufer – Huftiere – Tarnfarbe – Schneehuhn, Birkenspanner – Drüsenhaare – Brennnessel – Tarnformen – Gespenstschrecke, Stabschrecke – Scheinwarntracht – Hornissenschwärmer, Schwebfliegen
Konkurrenz	Begünstigung konkurrenzstarker Organismen, z.B.: – Jungbäume im Laubwald – Geschlechtspartner bei Rotwild

Xeromorph gebaut: Einrichtungen von Trockenpflanzen zur Herabsetzung der Wasserverdunstung: z.B. tiefe Wurzeln, verdickte Kutikula, Wachsüberzug

Antibiotika: Stoffwechselprodukte von Mikroorganismen, die wachstumshemmend oder abtötend gegen Krankheitserreger wirken (↗ S. 250).
Resistent bedeutet widerstandfähig, z.B. gegen Antibiotika.

7.3.5 Zusammenwirken der Evolutionsfaktoren

Die **genetische Vielfalt einer Population** wird durch spontane **Mutationen** und **Neukombinationen** von Genen ständig beeinflusst. Damit ist eine Voraussetzung für die Evolution gegeben, indem immer wieder neue Merkmale bei den Individuen auftreten. Durch **Auslese (Selektion)** werden ungünstige Genkombinationen bezüglich der vorherrschenden Umweltbedingungen nicht gefördert, d.h., die Individuen entwickeln sich schlecht, haben keinen Fortpflanzungserfolg. Individuen mit günstigen Genkombinationen werden dagegen durch Auslese in ihrer Entwicklung und Fortpflanzung gefördert. Dabei ist der unterschiedliche Fortpflanzungserfolg (Fitness) immer in Bezug zu den gegenwärtigen Umweltbedingungen zu sehen. Während die Evolutionsfaktoren Mutation und Neukombination zufällig genetische Vielfalt erzeugen, wirkt die Auslese als Evolutionsfaktor richtend auf die Auswahl der Individuen. Diese Auswahl bezieht sich bei vorherrschenden Umweltbedingungen auf die Angepasstheit von Individuen, bei sich verändernden Umweltbedingungen auf die Anpassungsfähigkeit von Individuen.

Konkurrenz: Wettbewerb, z.B. um Licht, Nahrung und Raum
Fitness: Tauglichkeit eines Lebewesens, messbar an der Zahl überlebender Nachkommen

7.4 Erscheinungen und Ergebnisse der Evolution

7.4.1 Homologie

Homologe Organe sind ursprungsgleiche Organe. Sie sind auf einen gleichen Grundbauplan zurückzuführen, im Aussehen und in der Funktion aber unterschiedlich.

Ein gemeinsamer Grundbauplan lässt bei **Homologie** auf Verwandtschaft schließen. Die Lebewesen haben gemeinsame Vorfahren. Die Abwandlungen können als Entwicklung während der Evolution gedeutet werden. Es liegt eine bestimmte Spezialisierung an verschiedenen Umweltbedingungen vor.

Homologe Organe bei Tieren

Wirbeltiervordergliedmaßen

Die **Vordergliedmaßen** verschiedener **Wirbeltiere**, z.B. der Flügel einer **Haustaube**, der Arm eines **Menschen** und die Vorderflosse eines **Wals** sehen auf den ersten Blick sehr unähnlich aus. Betrachtet man den knöchernen Aufbau genauer, stellt man einen gemeinsamen Grundbauplan fest. Er ist gekennzeichnet durch eine bestimmte Lagebeziehung der Knochen zueinander und zum Organismus als Ganzes. Die Abfolge der Knochen in den Vordergliedmaßen ist vom Oberarm bis zu den Fingerknochen gleich.

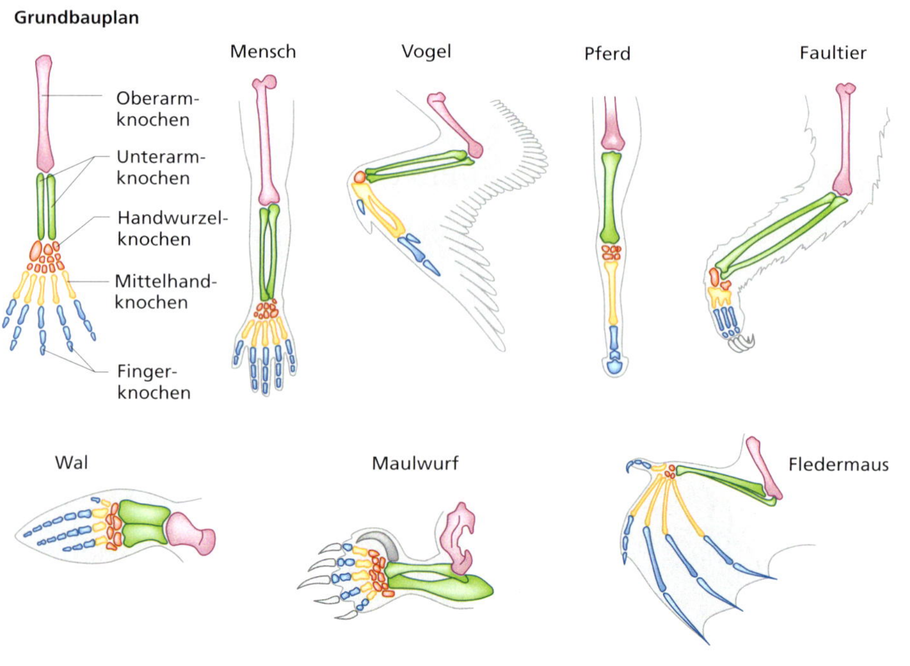

Beine von Insekten

Die Beine von Insekten sind in ihrem Grundaufbau gleich. In der Ausbildung der einzelnen Teile gibt es aber aufgrund der verschiedenen Fortbewegungsweisen und Tätigkeiten der Insekten Unterschiede. Die hinteren Beine der Heuschrecke sind z.B. als Sprungbeine, die vorderen Beine der Maulwurfsgrille sind z.B. als Grabbbeine stark ausgeprägt.

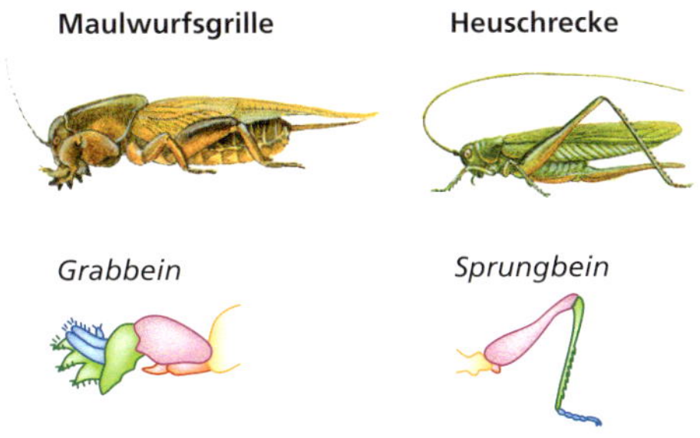

Homologe Organe bei Pflanzen

Auch im Pflanzenreich findet man homologe Strukturen. Diese werden meist als *Metamorphosen* (↗ S. 225) bezeichnet.

Blattmetamorphosen

Bei vielen **Schmetterlingsblütengewächsen** (z.B. Erbse, Weiße Robinie) treten Metamorphosen an Blättern auf, das können Blattranken oder auch Blattdornen sein.

Homologe Verhaltensweisen

Angeborene Verhaltensweisen sind bei Tieren artspezifisch. Einige Verhaltensweisen laufen nach einem starren, angeborenen Schema ab, es sind **homologe Verhaltensweisen.**

Scheinputzen des Erpels verschiedener Entenarten

Das *Scheinputzen* des Entenerpels bei der Balz ist eine solche homologe Verhaltensweise.
Beim Vergleich dieser Verhaltensweise bei verschiedenen Entenarten kann auf deren Verwandtschaft geschlossen werden.

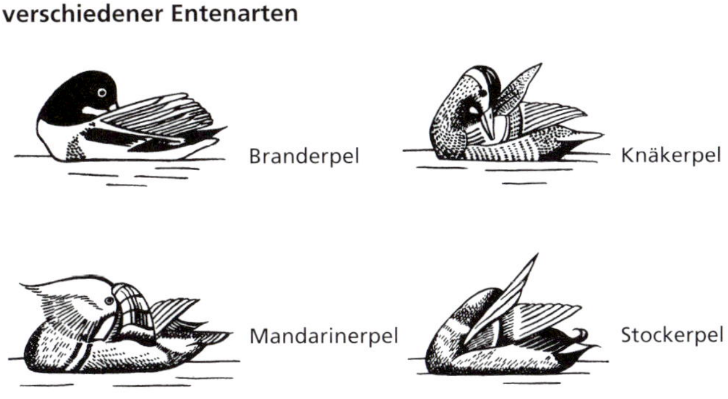

7.4.2 Analogie

Weitere Beispiele für analoge Organe sind die ähnlich ausgebildeten Schwimmbeine des Gelbrandkäfers und die Flossen des Wals. Beide dienen der Fortbewegung durch Schwimmen.

Analoge Organe sind Organe mit unterschiedlichem Ursprung. Sie haben einen unterschiedlichen Grundbauplan, sind im Aussehen und in der Funktion aber sehr ähnlich.

Es liegt Angepasstheit an ähnliche Umweltbedingungen vor. **Analogie** lässt keine Rückschlüsse auf Verwandtschaft, wohl aber auf Entwicklungen während der Evolution zu.

Analoge Organe bei Tieren

Mithilfe der Grabbeine sind Maulwurf und Maulwurfsgrille in der Lage, im Erdboden Gänge und kleine Höhlen zu graben.

Grabbeine von Maulwurf und Maulwurfsgrille
Die Extremitäten der Maulwurfsgrille und des Maulwurfs weisen gewisse Ähnlichkeiten auf. Beide Vorderbeine sind gedrungen und kräftig und mit einer Art Grabkelle ausgestattet. Die Grundbaupläne der beiden Vordergliedmaßen sind aber verschieden.

Flügel von Vogel und Insekt
Die Flügel von Vögeln und Insekten haben einen *ganz verschiedenen Grundaufbau,* ihre Funktion ist die gleiche, sie dienen zum Fliegen.

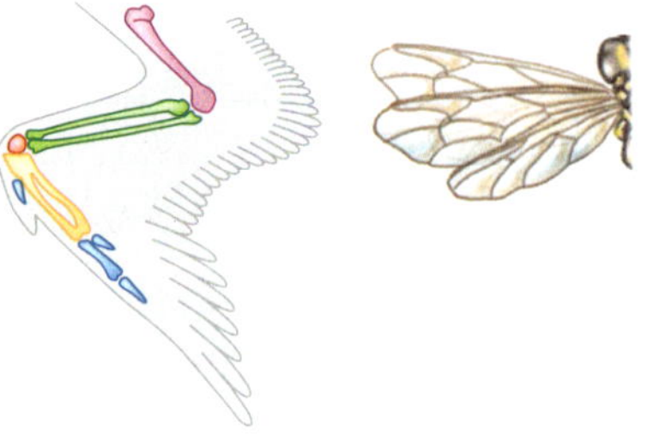

Analoge Organe bei Pflanzen

Knollen sind Speicherorgane bei Pflanzen, die unter Kurztagsbedingungen (Herbst) in unseren Breiten von den Pflanzen angelegt werden.

Knollen von Dahlie und Kartoffel
Dahlien besitzen Wurzelknollen, Kartoffeln Sprossknollen. Bei beiden Knollen handelt es sich um analoge Speicherorgane (gleiche Funktion).

7.4.3 Rudimentäre Organe

Rudimentäre Organe (Rudimente) haben ihre Funktion im Verlauf der Evolution teilweise oder vollständig verloren. Diese Organe sind rückgebildet, sie sind noch als Rest vorhanden. In einigen Fällen ist auch ein Funktionswechsel zu verzeichnen.

Rudimentäre Organe können auf Verwandtschaft mit anderen Organismengruppen verweisen oder Hinweise auf die Stammform geben.

Reste des Beckengürtels bei Walen

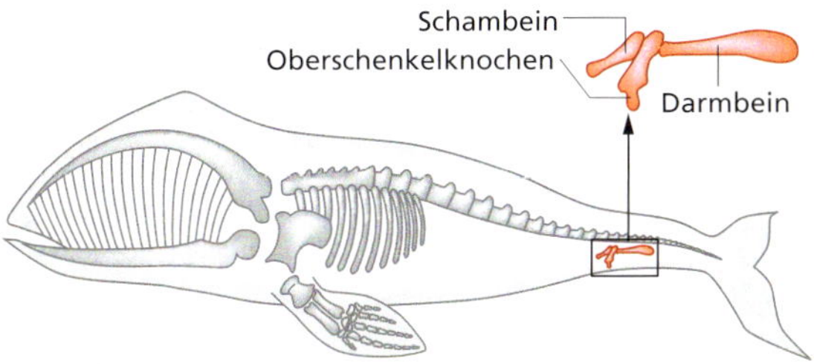

Weitere Beispiele:
Bei Blindschleichen und einigen Riesenschlangen liegen noch Reste von Beckenknochen vor.
Beim Menschen findet man Reste rudimentärer Organe, z. B. Steißbein, Restbehaarung der Brust, Weisheitszähne und Wurmfortsatz.

Die Rückbildung ist gekennzeichnet durch Verlust bzw. Reduktion von Organen, Gliedmaßen oder anderen Strukturen.
Bei den Bandwürmern beispielsweise tritt eine besondere Form der Rückbildung auf.
Da sie als Parasiten im Darm von Wirbeltieren leben, benötigen sie selbst keine Mundöffnung und keinen Darm mehr. Sie nehmen verdaute Nahrung über die gesamte Körperoberfläche auf.

7.4.4 Angepasstheit und Spezialisierung

Angepasstheit

Die Angepasstheit der Pflanzen und Tiere an die jeweils vorherrschenden Umweltbedingungen ist ein Ergebnis der Evolution. Was hierbei als zweckmäßig erscheint, ist im Verlauf langer Zeiträume durch das Zusammenwirken der Evolutionsfaktoren entstanden.

Angepasstheit ist die Ausprägung bestimmter Merkmale (Bau, Funktionen) und Verhaltensweisen eines Organismus, die ihm das Leben in einem bestimmten Lebensraum ermöglichen.

Äußeres Erscheinungsbild als Angepasstheit

Die Nachahmungstracht der **Stabheuschrecke** und die Umgebungstracht des **Schneehasen** sind typisch für die Angepasstheit an ihre Umwelt.

Stabheuschrecke (Nachahmungstracht)

Schneehase (Umgebungstracht)

Die Scheinwarntracht des Hornissenschwärmers ist ebenfalls eine Form der Angepasstheit an die Umwelt.

Spezialisierung

Die **Spezialisierung** führt bei den Lebewesen durch Veränderung im Bau bzw. durch Ausbildung bestimmter Verhaltensweisen zu einer besseren Angepasstheit an spezifische Umweltbedingungen.

Eine Veränderung der Umweltbedingungen (z.B. Klimaverhältnisse) kann bei speziell angepassten Organismen zum Aussterben führen, da sie aufgrund ihrer Spezialisierung im Toleranzbereich eingeengt sind.

Spezialisierung an bestimmte Ernährungsweisen

Auch bei Säugetieren gibt es derartige Spezialisierungen, z.B. Fleisch- und Pflanzenfresser.

Schnabelformen der Vögel

An den Schnabelformen wird die unterschiedliche Ernährungsweise von Vögeln deutlich.
Körnerfresser: gedrungen, kräftig
Insektenfresser: lang, spitz, oft kräftig
Fleischfresser: Oberschnabel hakig gebogen
Nektarsauger: lang, spitz.

Buchfink (Körnerfresser)

Schwarzspecht (Insektenfresser)

Bussard (Fleischfresser)

Kolibri (Nektarsauger)

Mundwerkzeuge der Insekten

An den Mundwerkzeugen der Insekten (↗ S. 93) kann man deren unterschiedliche Ernährungsweise erkennen.

Saugrüssel und Leckrüssel: Schmetterling und Bienen erreichen mit dem Saugrüssel bzw. Leckrüssel den Nektar am Blütengrund.
Stechrüssel: Stechmücken saugen nach dem Stich in die Haut des Menschen das Blut.
Beißkiefer: Schaben zerkleinern beißend ihre Nahrung.

Legende:
- Oberlippe
- Oberkiefer
- Unterkiefer
- Unterlippe

Kohlweißling saugend

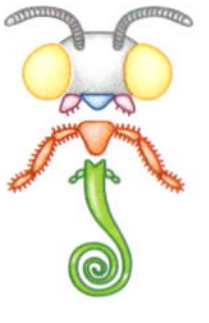

Honigbiene leckend-saugend

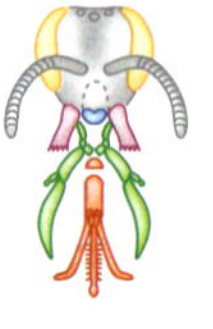

Stechmücke stechend-saugend

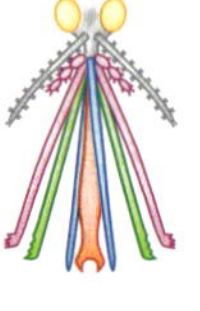

Küchenschabe beißend-kauend

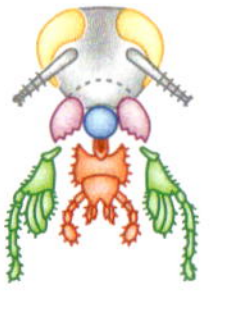

Die Spezialisierung kann sich beispielsweise auch auf bestimmte Temperaturen (z.B. Tiere und Pflanzen in den Tropen, der Arktis, den Wüsten; Kalt- bzw. Warmwasserfische) und auf bestimmte Wasserverhältnisse (z.B. Feuchtlufttiere, ↗ S. 103, 338; Trockenlufttiere, ↗ S. 106, 338; Trockenpflanzen ↗ S. 335) beziehen.

7.4.5 Zunahme der Organisationshöhe

Im Verlauf der stammesgeschichtlichen Entwicklung ist eine zunehmende Höhe der Organisation bei vielen Organismengruppen festzustellen. Dabei treten **Differenzierungen** und **Zentralisierungen** von Zellen, Geweben und Organen auf, die **Leistungssteigerungen** bewirken, die dann jeweils zu einer zunehmend **relativen Umweltunabhängigkeit** der Organismen führen.

Als Progression wird die Vervollkommnung von Organen oder Organsystemen bezeichnet.
Als Regression wird die Rückbildung von Organen oder Organsystemen bezeichnet.

Diese Entwicklungstendenzen kann man als **Progressionsreihen** an **rezenten** (lebenden) Tieren und Pflanzen verdeutlichen.
Beispiele für die Zunahme der Organisationshöhe sind u. a. eine zunehmende Differenzierung von Zellen, Geweben und Organen und eine zunehmende Zentralisierung der Nervensysteme.

Zunehmende Differenzierung der Zellen und Gewebe bei Moos-, Farn- und Samenpflanze

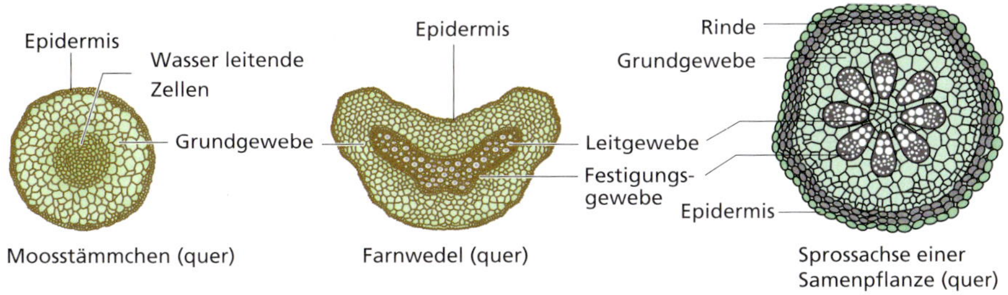

Zunehmende Differenzierung der Atmungsorgane

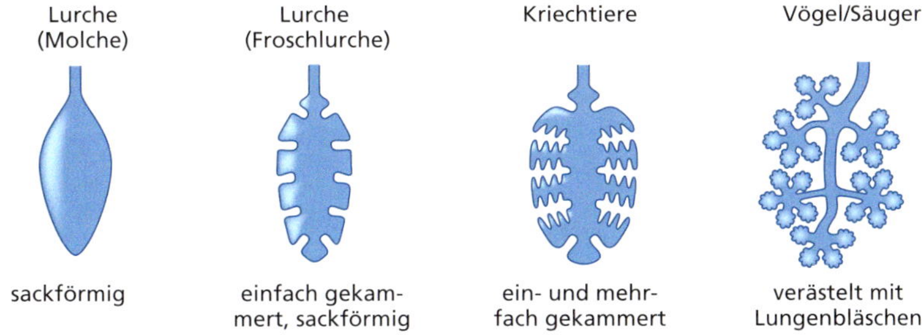

Zunehmende Zentralisierung der Nervensysteme

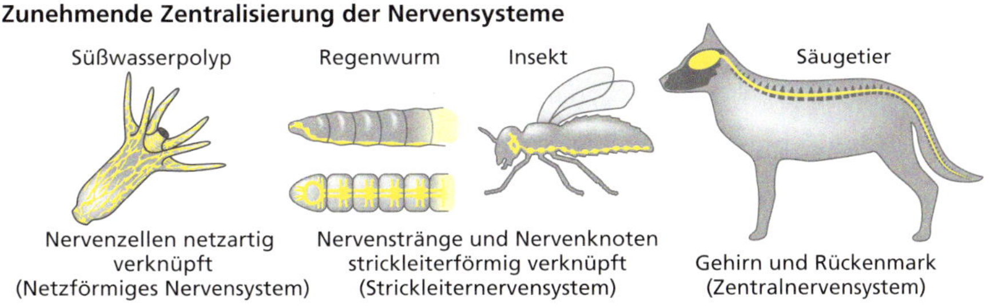

7.5 Abstammung und Entwicklung des Menschen

7.5.1 Verwandtschaft der Primaten

Zahlreiche Funde belegen die Evolution des Menschen aus nicht menschlichen Vorfahren. Der Mensch gehört im **natürlichen System** der Organismen mit den Halbaffen (z.B. Maki) und den Echten Affen (Neuwelt- und Altweltaffen) zu den rezenten (heute lebenden) Primaten.

Verwandtschaft der Primaten

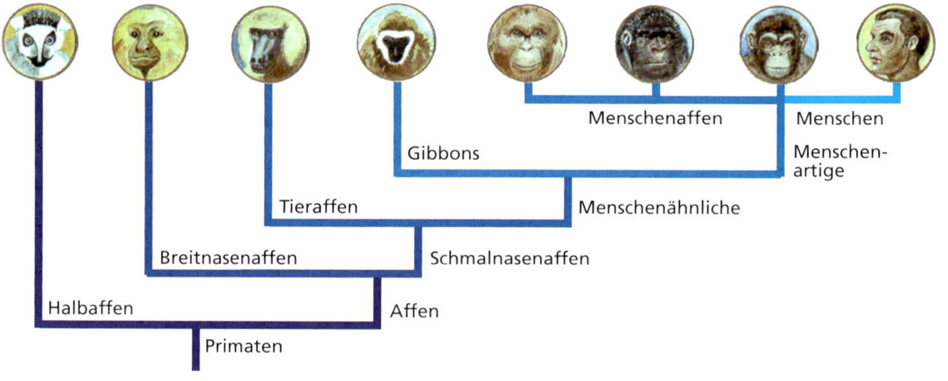

Der Vergleich des Menschen mit heute lebenden Affen (besonders Menschenaffen) belegt die enge stammesgeschichtliche Verwandtschaft hinsichtlich der **Gemeinsamkeiten**.

7.5.2 Beispiele für Gemeinsamkeiten und Unterschiede von Mensch und Menschenaffen

Gemeinsamkeiten

Vergleich Schimpanse (links) und Mensch (rechts)

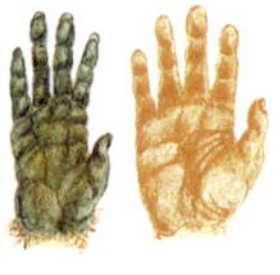

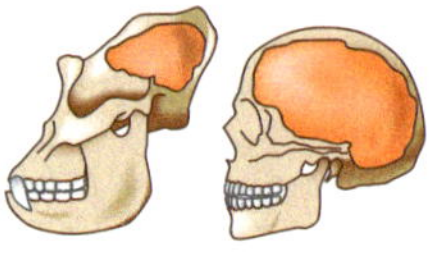

- Ausprägung des Gehirns, besonders des Großhirns
- fünfstrahlige Hände und Füße
- abspreizbare Daumen und Großzehen zum Greifen
- Gebiss aus vier Zahntypen mit einmaligem Zahnwechsel
- nahezu gleiche Feinstruktur der Chromosomen
- nahezu Gleichheit der DNA-Nucleotidpaare (z.B. 98,5 % Mensch – Schimpanse)
- Ähnlichkeiten bei allen inneren Organen
- gleiches Vorkommen wirtsspezifischer Parasiten (z.B. Läuse, Madenwürmer)
- lange Kindheits- und Jugendentwicklung
- gleiche angeborene Verhaltensweisen (z.B. Such- und Greifreflex, Gestik und Mimik bei Wut, Freude, Angst)
- Lebensweise in Gruppen

Unterschiede

Merkmale	Gorilla (Orang, Schimpanse)	Mensch
Körperhaltung	nach vorn gebeugt 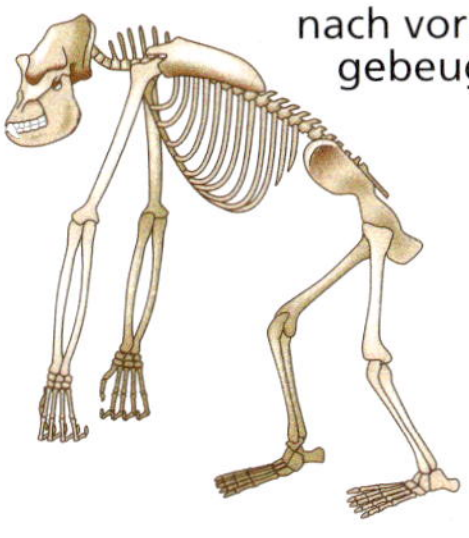	aufrecht 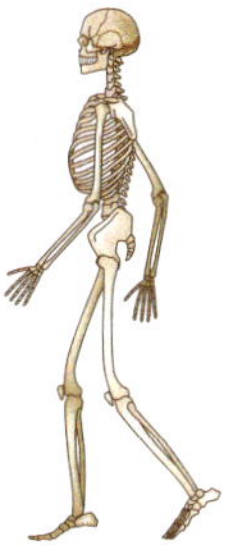
Fortbewegung	in der Regel vierfüßig	zweifüßig, aufrechter Gang
Wirbelsäule	einfach gekrümmt	doppelt S-förmig gekrümmt
Schädel	vorgezogener großer Gesichtsschädel ohne Kinn, flacher Hirnschädel 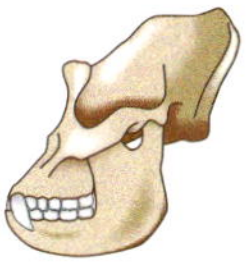	kurzer kleiner Gesichtsschädel mit Kinn, großer gewölbter Hirnschädel 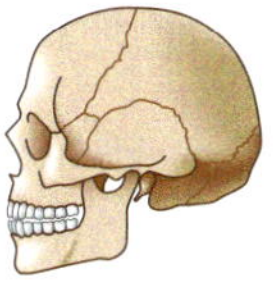
Hirnvolumen (Durchschnitt)	400–500 cm^3	1450 cm^3
Hinterhauptsloch	am Hirnschädel hinten	in Schädelmitte
Gebiss	langer Kiefer, U-förmig, Zahnreihe mit „Affenlücke" für die großen Eckzähne	kurzer Kiefer, parabolisch, Zahnreihe geschlossen
Gliedmaßenskelett	lange Arme, kürzere Beine, Beine angewinkelt, Klammerhand, Greiffuß	kürzere Arme, längere Beine, Beine gestreckt, Greifhand mit beweglichem Daumen, Stand-Schreit-Beine
Becken	schaufelförmig 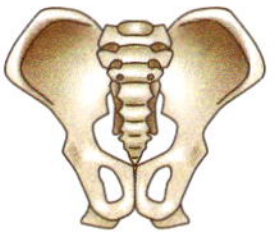	schüsselförmig 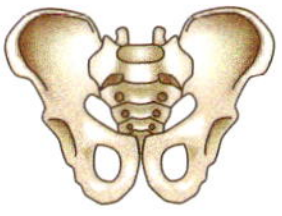
Chromosomen	2n = 48	2n = 46
Präzipitintest (Ausfällung mit Antihuman-Serum)	64 % (42 %, 85 %)	100 %

Die Fähigkeit, gespeicherte Informationen abzurufen, wird als Gedächtnis bezeichnet (↗ S. 216).
Die Intelligenz eines Menschen hängt im Wesentlichen von seiner Denkfähigkeit ab und ist das Ergebnis vieler Denkleistungen, wie Erkennen von Zusammenhängen, Beurteilen, Abstrahieren, Schlussfolgern.
Das Abstraktionsvermögen ist die Fähigkeit, die allgemeinen wesentlichen Merkmale eines Sachverhaltes zu erkennen und von dessen Besonderheiten abzugrenzen.

Sonderstellung des Menschen

Die Unterschiede im Vergleich zwischen den Menschen und heute lebenden Primaten verweisen auf den stammesgeschichtlichen Verlauf der Menschwerdung und zeigen die **Sonderstellung des Menschen,** z.B.:

- Herausbildung des aufrechten Ganges,
- Entwicklung der Greifhand (Präzisionsgriff),
- Erhöhung der Gehirnleistung bezüglich der Informationsaufnahme, Informationsverarbeitung und -speicherung (*Gedächtnis, Lernfähigkeit, Abstraktionsvermögen*),
- Entwicklungsstand des Säuglings nach der Geburt („passiver Tragling"),
- Entwicklung des Sprechapparates und der Sprachfähigkeit,
- Sprache als Mittel zur Kommunikation bildet die entscheidende Grundlage aller sozialen Beziehungen,
- Verlängerung der Jugendphase mit intensiven Lernvorgängen,
- hohe Lebenserwartung über das Fortpflanzungsalter hinaus bei Erhalt der Lernfähigkeit,
- Denkfähigkeit in Gegenwart und Vergangenheit.

7.5.3 Biologische und kulturelle Evolution des Menschen

Biologische Evolution

Die **biologische (biotische) Evolution** des Menschen umfasst alle genetisch bestimmten Veränderungen im Körperbau, im Stoffwechsel und in den davon abhängigen Verhaltensweisen im Verlauf langer Zeiträume.

Kulturelle Evolution

Steinzeitmenschen schufen in ihren Höhlen Kunstwerke, die **Höhlenmalereien.**

In enger Verbindung mit der biologischen Evolution verlief die **kulturelle Evolution** des Menschen anfangs äußerst langsam, seit etwa 80 000 Jahren jedoch sehr beschleunigt. Dabei handelt es sich um die Herausbildung von Traditionen und deren Weitergabe von Generation zu Generation.

Biologische und kulturelle Evolution sollten als Einheit gesehen werden, da die Leistungen des Menschen nur aufgrund seiner genetischen Ausstattung möglich sind.

Beispiele:

- Herstellung von Werkzeugen und Geräten (Faustkeil bis Computer ...),
- Haltung und Züchtung von Nutzpflanzen und Nutztieren,
- Herstellung von Schmuck und Kunstgegenständen,
- Erfindungen (z.B. Pflug, Schrift, Glas, Porzellan, Buchdruck bis Atomkernspaltung).

Eine mögliche Darstellung eines vereinfachten Stammbaumschemas des Menschen

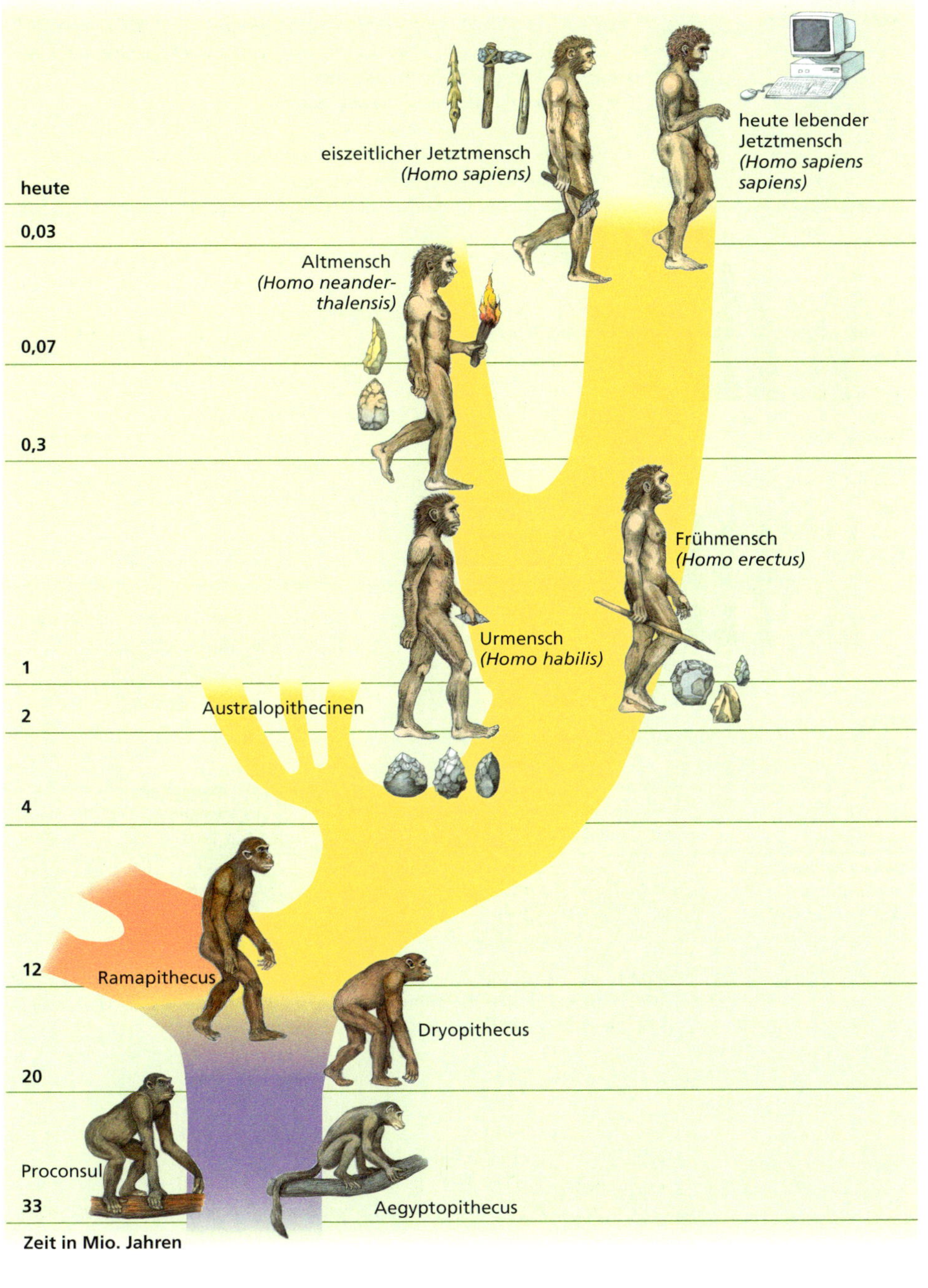

7.5.4 Wesentliche Etappen der Menschwerdung (Überblick)

Etappen	**Vertreter (Fundorte)**	**Biologische und soziokulturelle Merkmale**
Etappe der Vorfahren von Mensch und Menschenaffen	**Aegyptopithecus** **Proconsul** **Dryopithecus** **Ramapithecus** (Afrika, Asien)	**Fossile Menschenaffen** – Greifhände, Greiffüße´ – *Baumbewohner, z.T. als Hangelkletterer und* – *Bodenbewohner (Savanne) meist vierfüßig laufend*
Etappe des Überganges vom Tier zum Menschen	**Australopithecinen** (Afrika) **Homo habilis** (Afrika)	**Vormenschen** – Schädel mit stark fliehender Stirn – Hirnvolumen 400–700cm^3 – aufrechter Gang als Savannenbewohner – *einfache Steinwerkzeuge* **Urmenschen** – Hirnvolumen 510–750 cm^3 – aufrechter Gang als Savannenbewohner – *einfache Werkzeuge aus Knochen, Stein und Holz* – *Leben in Horden (Jäger und Sammler)*
Etappe der Menschwerdung	**Homo erectus** (Afrika, Europa, Asien) **Homo sapiens neanderthalensis** (Nordafrika, Europa, Vorderasien)	**Frühmenschen** – Hirnvolumen 775–1250 cm^3 – starke Überaugenwülste – schlanker Körperbau – großer Gesichtsschädel und starke Kiefer – *Herstellen von Werkzeugen, z.B. aus Stein* – *Gebrauch des Feuers (Fleischfresser)* – *Lebensweise als Jäger und Sammler in Horden* – *Bewohner von Höhlen* – *Sprachentwicklung* **Altmenschen** – Hirnvolumen 1200–1700 cm^3 – große Augenhöhlen, starke Überaugenwülste und fliehende Stirn – gedrungene Gestalt – *Erzeugung und Gebrauch von Feuer* – *Herstellen von Faustkeil, Bohrer, Stoßwaffen zur Jagd* – *Bewohner von Höhlen und Hütten* – *Leben in Horden mit Arbeitsteilung*

Etappe der Mensch-werdung	Homo sapiens sapiens (Afrika, Europa, Asien, Australien, Amerika)	Jetztmenschen ***Eiszeitliche (fossile) Jetztmenschen*** – Hirnvolumen 1200–1500 cm^3 – verdrängte wahrscheinlich den Neandertaler – Körperbau entspricht dem heutigen Menschen – *Pfeil und Bogen als Fernwaffen* – *Holz- und Steinbehausungen* – *Herstellen von Schmuck, Plastiken und Höhlenzeichnungen* – *Lebensweise als Jäger und Sammler in Horden mit Arbeitsteilung* – *Arbeits- und Jagdgeräte, Feuerwaffen* ***Heutige (rezente) Jetztmenschen*** – Hirnvolumenzunahme (1350–1700 cm^3) – kleiner Gesichtsschädel, großer Hirnschädel – *Haltung und Züchtung von Tieren* – *Anbau und Züchtung von Pflanzen* – *differenzierte Arbeitsteilung* – *Entwicklung von Wissenschaft und Technik* – *Gestalter und Veränderer seiner Umwelt mit Verantwortung für das Leben auf der Erde*

7.5.5 Formenmannigfaltigkeit des Menschen

Alle heute auf der Erde lebenden Menschen gehören zur gleichen Art bzw. Unterart **Homo sapiens sapiens**.
Die Vielfalt der Menschen zeigt sich vor allem innerhalb der Populationen. Die Populationen unterscheiden sich genetisch nur geringfügig. Die äußerlich auffälligen Merkmale (z. B. Hautfarbe) entwickeln sich in Anpassung an bestimmte Umwelt- und Klimabedingungen.

Der Genetiker COWALLI-SFORZA hält die traditionelle Aufteilung in „Rassen" für weitgehend willkürlich, da sich auf gentechnischer Ebene keine klaren Abgrenzungen zwischen Menschenpopulationen aus verschiedenen Erdteilen ziehen lassen.

Anstelle des Begriffs „Menschenrassen" sollte man von **geographischen Gruppen** bzw. typologischen Kategorien sprechen, da die genetischen Grundlagen für eine Einteilung in Rassen unzureichend sind.
Die **Populationsdifferenzierung** in Menschengruppen bzw. typologischen Kategorien wird als Ergebnis der Einwanderungen von Afrika aus (Afrika-Hypothese) mit der Besiedlung von Nord- und Südasien (vor etwa 50000 Jahren), von Europa (vor etwa 35000 Jahren) und von Amerika (vor 15000–30000 Jahren) gesehen.
In vielen Merkmalen stimmen die Menschen verschiedener geographischer Gruppen überein, beispielsweise in Bau und Funktion von Gehirn, Sinnesorganen, Skelett und Muskulatur; aber auch in Stoffwechsel, Chromosomenzahl und Schwangerschaftsdauer bis einschließlich bestimmter Verhaltensweisen.

Variierende Merkmale wie Hautfarbe, Augenform und Nasenbreite unterlagen wahrscheinlich der Selektion durch Umweltfaktoren und Klimabedingungen.
Alle Unterschiede in der „Zivilisationshöhe" haben gesellschaftliche Ursachen und entbehren jeglicher biologischer Grundlage.
Somit berechtigen die Unterschiede zwischen den Menschen verschiedener Gruppen in keiner Weise zu einer Bewertung im Sinne von „hochwertigen oder minderwertigen Rassen" mit ihren antihumanen Folgen. Sie sind deshalb konsequent abzulehnen und scharf zu verurteilen.
Gegenwärtig und auch zukünftig erfolgt eine immer stärkere **Durchmischung der verschiedenen Menschengruppen und ihrer Kulturen**, sodass auch die geographische Zuordnung der Menschen immer schwieriger wird.

Vielfalt der Menschen (geographische Gruppen)

Merkmale	Negride	Mongolide	Europide
Hautfarbe	hellbraun bis schwarzbraun	gelblich bis gelbbraun	hell rötlich bis hellbraun
Kopfhaar	schwarz gekräuselt, dicht und dick	meist schwarz, glatt, meist dick und kräftig	hell bis dunkel, glatt bis wellig, meist dünn
Nase	meist breit und flach, Nasenöffnungen weit	meist breit und flach, Nasenwurzel tief	relativ schmal und vorspringend
Lippen	oft breit und wulstig	dünn, schmal bis voll	oft dünn und schmal
Augenfarbe	dunkelbraun	dunkelbraun, schmale Augen mit stark entwickelter Oberlidspalte	meist blau, grau, grünlich, aber auch bis dunkel
Gesichtszüge	meist breites und flaches Gesicht	rundliches Gesicht mit breiten Jochbögen	meist schmales Gesicht
Körperhöhe	mittel- bis großwüchsig	mittelwüchsig	mittel- bis großwüchsig

VERHALTEN VON MENSCH UND TIER 8

8.1 Überblick

Einer der ersten Wissenschaftler, die das Verhalten der Tiere beschrieben, war ALFRED EDMUND BREHM. Bekannt wurde er durch sein 1864–1869 veröffentlichtes Werk BREHMS Tierleben.

Anfangs beobachteten Naturforscher Tiere und beschrieben sie. Später interessierten sie sich für das Verhalten verschiedener Tierarten in ihrem Lebensraum und begannen nach Erklärungen für bestimmte Verhaltensweisen zu suchen.
In den fünfziger und sechziger Jahren des letzten Jahrhunderts verwendete man für die Erklärungen der Verhaltensweisen physikalische Modelle. Später betrachtete man das Verhalten zunehmend unter entwicklungsbiologischen Gesichtspunkten.
Die Wissenschaft **Verhaltensbiologie** (Ethologie) gibt es seit etwa 50 Jahren.

Verhalten ist die Gesamtheit aller beobachtbaren Veränderungen bei Tieren und Menschen als Antwort auf innere und äußere Reize. Das können Bewegungen (z.B. Formveränderungen, Körperhaltungen, Veränderung einzelner Körperteile), Farbveränderungen, Lautäußerungen sowie Abgabe von Produkten (z.B. Duftstoffe, Sekrete, Exkrete) sein.
Man unterscheidet *angeborenes* und *erworbenens* Verhalten.

IRENÄUS EIBL-EIBESFELDT beschäftigte sich als Humanethologe überwiegend mit Verhaltensweisen in verschiedenen menschlichen Kulturen und dokumentierte diese in Foto, Film und Ton.

Einige Teilgebiete der modernen Verhaltensbiologie

- **Humanethologie** untersucht das Verhalten des Menschen und seine Veränderungen im Verlauf seiner Entwicklung.
- **Tiersoziologie** beschäftigt sich mit den Sozialstrukturen der einzelnen Tierarten.
- **Lernethologie** beschäftigt sich u. a. mit der Psychologie des Lernens.
- **Entwicklungsgeschichte des Verhaltens** untersucht Veränderungen des Verhaltens im Verlauf der Individualentwicklung.
- **Verhaltensendokrinologie** untersucht u. a., welchen Einfluss Hormone auf die Verhaltenssteuerung z. B. der Tiere haben.
- **Verhaltensphysiologie** betrachtet die Mechanismen, die das Verhalten von Tier und Mensch steuern. Dazu ist u.a. wichtig, die im Organismus ablaufenden physiologischen Prozesse genauer zu analysieren.
- **Verhaltensökologie** untersucht die Anpassung von Verhaltensweisen an ihre Umwelt.Dabei wird u.a. der ökologische Nutzen einer Verhaltenweise, z.B. Nahrungsverhalten, den ökologischen Kosten gegenübergestellt.
- **Soziobiologie** erforscht und interpretiert das Sozialverhalten auf der Grundlage der Evolutionstheorie.

Einige Grundbegiffe

Verhaltensweisen sind einzelne Handlungen, die sich aus einzelnen Verhaltenselementen zusammensetzen.
Ethogramm ist die Gesamtheit aller möglichen Verhaltensweisen („Aktionskatalog"), die bei einer Tierart im Laufe ihres Lebens auftreten und beobachtet werden kann.

8.2 Angeborenes Verhalten

Angeborenes Verhalten bildet sich im Verlauf der Stammesgeschichte heraus und ist in der Erbinformation gespeichert. Es wird von Generation zu Generation weitergegeben und läuft ohne vorherige Erfahrung sicher ab.

Angeborenes Verhalten sichert lebensnotwendige Reaktionen sofort nach der Geburt und zeitlebens.

Saug-Schluck-Reflex eines Säuglings

Ein Neugeborenes beginnt unmittelbar nach der Geburt oder manchmal etwas später die Brust der Mutter zu suchen und zu saugen. Es überlegt dabei nicht, weil dieses Verhalten angeboren ist.

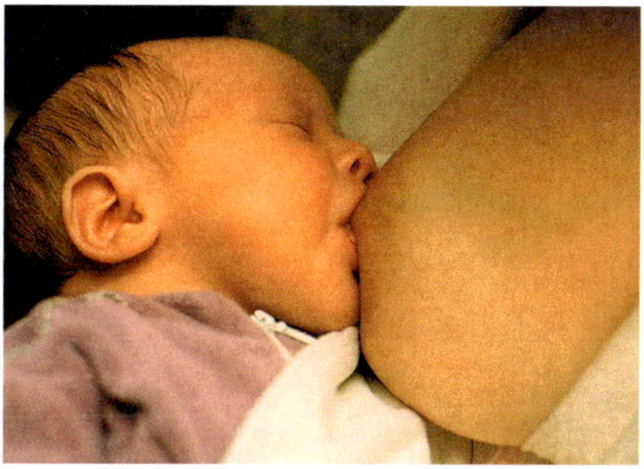

IWAN PETROWITSCH PAWLOW erforschte den unbedingten Reflex und prägte den Begriff „bedingter Reflex".

Körpersprache bei Wölfen

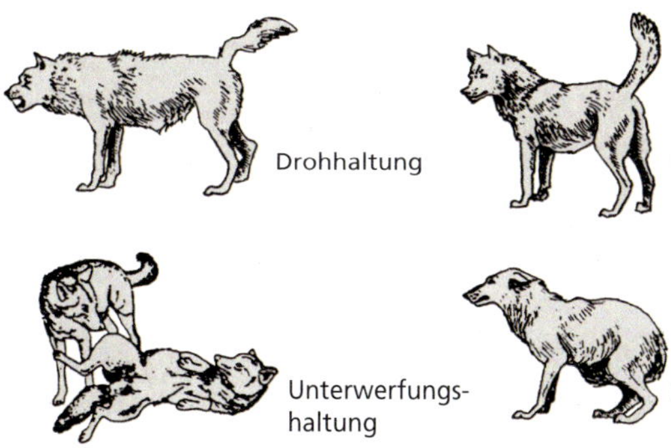

Weitere Beispiele
- Radnetz der Kreuzspinne (↗ S. 90)
- Lichtsignal beim Leuchtkäfer
- Schnabelsperren bei Jungvögeln (↗ S. 314)

Beim angeborenen Verhalten unterscheidet man *unbedingte Reaktionen* (unbedingte Reflexe) und *Reiz-Reaktionsketten* (Instinkthandlungen).

8.2.1 Unbedingte Reflexe

Unbedingte Reflexe sind angeborene Reaktionen auf Reize. Diese Reaktionen sind jederzeit auslösbar, beständig und laufen schnell ab. Sie treten bei allen Artgenossen gleich auf.

Angeborene Reflexe verlaufen immer über einen allgemeinen Reflexbogen (↗ S. 212). Solche Reflexe sind z. B. der Lidschlussreflex, der Pupillenreflex, der Speichelreflex oder der Hustenreflex.

Amseln brüten oft an außergewöhnlichen Plätzen z. B. auf Mauersimsen. Nach einer 14-tägigen Brutzeit schlüpfen nackte und blinde Nestlinge. Viele Reize aus der Umwelt wirken auf die Jungen ein, z. B. Wärme, Kälte, Erschütterungen. Aber nur die Erschütterung ruft die angeborene Reaktion des **Schnabelsperrens** bei den blinden Jungen hervor. Sobald das Nest durch den Anflug eines Altvogels erschüttert wird, sperren die Jungvögel die Schnäbel. Beim Schnabelsperren werden ihr gelber Rachen und die gelben Schnabelwülste sichtbar. Das ist wiederum für die Altvögel der auslösende Reiz, die Jungen zu füttern.

.Auch der **Kniesehnenreflex** ist ein unbedingter Reflex. Er wird mit einem Schlag auf die Sehne unterhalb des Kniegelenkes ausgelöst.

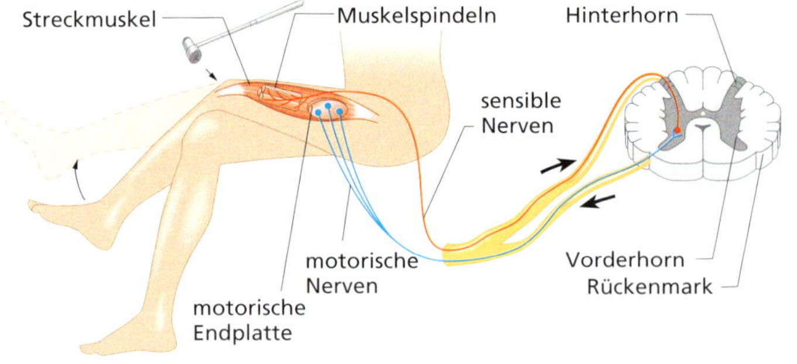

Der Begriff Instinkt wurde von SIGMUND FREUD verwendet, um damit „tierische Triebe" (niedere Eigenschaften) des Menschen zu beschreiben. In der modernen Verhaltensbiologie wird der Begriff immer seltener benutzt, da seine Vieldeutigkeit zu Missverständnissen führen kann.

Die **unbedingten Reflexe** sind biologisch bedeutsam. Als angeborene Reflexe sichern sie lebenserhaltende Reaktionen vor allem bei der Nahrungsaufnahme (z. B. Saug-Schluck-Reflex), und sie dienen dem Schutz (z. B. Lidschluss- und Hustenreflex) der Menschen und Tiere.

8.2.2 Angeborene Reiz-Reaktionsketten

Eine **Reiz-Reaktionskette** ist angeborenes Verhalten. Sie wird durch einen Reiz oder mehrere Reize (Schlüsselreize) ausgelöst und läuft in einer geordneten Folge von Bewegungen ab, wenn sich das Lebewesen in einer Handlungsbereitschaft dazu befindet. Reiz-Reaktionsketten sichern einen schnellen Reaktionserfolg.

Unter **Handlungsbereitschaft** versteht man dabei die Bereitschaft eines Lebewesens (Tier oder Mensch), ein bestimmtes Verhalten auszuüben als Antwort auf eine bestimmte Reizsituation. Sie ist von vielen Faktoren abhängig (z.B. von Umweltfaktoren, vom Entwicklungsstand).
Schlüsselreize sind Signale aus der Umwelt, die bei einem Lebewesen ganz bestimmte angeborene Verhaltensweisen auslösen.

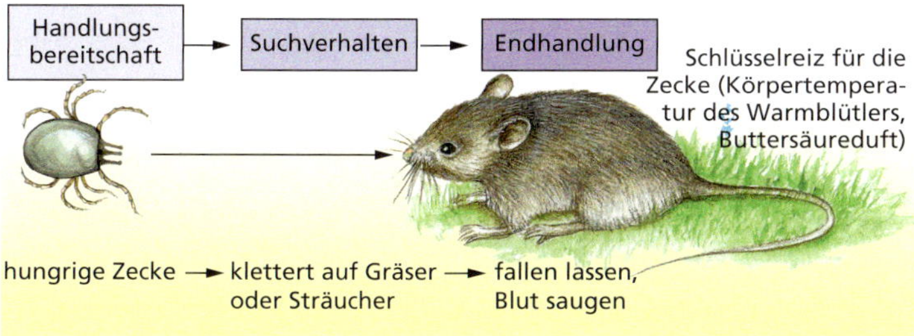

Der Ablauf einer Reiz-Reaktionskette kann durch Erfahrungen beeinflusst werden.

Eirollbewegung bei der Graugans

Die Graugans ist ein Bodenbrüter. Versehentlich wirft sie auch mal ein Ei aus dem Nest. Dann erhebt sie sich, streckt ihren Hals vor und holt das Ei ins Nest zurück. Dazu benutzt sie die Unterseite ihres Schnabels, mit dem sie das Ei auf sich zurollt. Durch zusätzliches Hin- und Herbewegen des Kopfes kann das Ei auch seitlich nicht wegrollen. Sie wendet dieses Verhalten auch bei anderen Objekten, z.B. einem Ball oder einer Kugel, an, die als Auslöser für das Eirollverhalten wirken.

Das Dreistachlige Stichlingsmännchen greift andere Männchen der gleichen Art sofort an, wenn sie in sein Revier eindringen. Die rote Bauchunterseite ist der Auslöser für dieses Verhalten. Andere Männchen greift es nicht an.

Reiz-Reaktionsketten sind vor allem beim Nahrungs-, Fortpflanzungs- und Sozialverhalten zu beobachten.

Über KASPAR-HAUSER-Versuche erfährt der Wissenschaftler, ob Verhaltensweisen angeboren sind oder nicht. KASPAR HAUSER war wahrscheinlich ein badischer Erbprinz, der 18 Jahre lang ohne menschliche Kontakte aufgewachsen war.

Weitere Beispiele für angeborene Verhaltensweisen sind das Pickverhalten bei Silbermöwenküken, das Beutefangverhalten bei Libellen und Kröten oder der Bau eines Spinnennetzes.

8.3 Erworbenes Verhalten

Erworbenes Verhalten wird im Verlauf der Individualentwicklung erlernt und ermöglicht die Anpassung an spezielle Umweltbedingungen. Es ist flexibel und kann wieder vergessen werden. Aufgrund von Erfahrungen bilden sich Verhaltensänderungen heraus, die im Gedächtnis gespeichert werden und bei Bedarf abrufbar sind.

Lernen ist die Fähigkeit, individuelle Erfahrungen zu gewinnen, zu speichern und situationsgerecht anzuwenden.
Ohne Gedächtnis, in dem gemachte Erfahrungen gespeichert werden können, gibt es kein erworbenes Verhalten.

Beim Menschen unterscheidet man das *Kurzzeitgedächtnis*, das *mittelfristige Gedächtnis* und das *Langzeitgedächtnis.*

Lernformen

Gewöhnung (Habituation): Lebewesen reagieren auf wiederholt auftretende Reize nicht mehr.

Auch beim Menschen kann Gewöhnung auftreten. So nimmt man z. B. nach kurzer Zeit den Duft des eigenen Parfüms nicht mehr wahr.

Die ständige gleich bleibende Wasserströmung löst beim **Süßwasserpolypen** keine Kontraktion mehr aus.

Saatkrähen reagieren nach kurzer Zeit nicht mehr auf Vogelscheuchen.

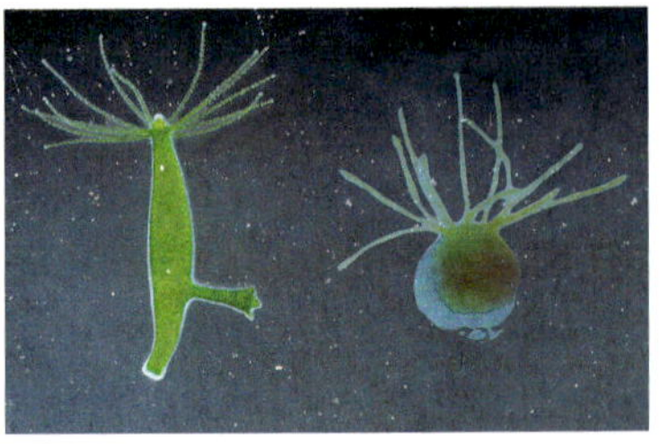

Bedingter Reflex (Konditionierung): Lernen durch wiederholte *zeitliche* und/oder *räumliche* Verbindung unbedingter Reaktionen (unbedingte Reflexe) mit einem neuen Reiz.
Bedingte Reaktionen werden durch positive Erfahrungen (Belohnung) oder durch negative Erfahrungen (Bestrafung) herausgebildet.

PAWLOW erforschte an Hunden die Verknüpfung von unbedingten Reflexen mit zusätzlichen Reizen und nannte dies Verhalten bedingter Reflex.

Beim Anblick einer ihm unbekannten Frucht (z. B. Zitrone) findet beim Menschen keine Reaktion (z. B. Speichelfluss) statt.

Erst nach einer erfolgten Verknüpfung zwischen Aussehen und Geschmack der Frucht erfolgt die Reaktion (Speichelfluss).

Prägung: Sie ist eine Sonderform des Lernens, bei der das Lebewesen (meist Jungtiere) die Kenntnis von einem Objekt (z. B. Elterntier) oder einer Handlung erwirbt. Sie erfolgt *rasch*, nur in einer *sensiblen* Entwicklungsphase, ist weitgehend *irreversibel*. Die erworbenen Kenntnisse werden manchmal erst später verwendet.

Frisch geschlüpfte **Gänseküken** von Nestflüchtern werden auf das Aussehen der Mutter innerhalb weniger Minuten geprägt.
Ist das erste, sich bewegende und Laute von sich gebende Objekt ein Mensch, so folgen die Küken auch diesem bis zu ihrer Selbstständigkeit.

KONRAD LORENZ schuf den Begriff Prägung. Er beobachtete das Verhalten zuerst an einem frisch geschlüpften Graugansküken.

Nachahmung (Imitation): Sie ist die Übernahme des Verhaltens von Artgenossen (beobachtete Bewegungen und gehörte Laute) in ihr eigenes Verhalten. Es ist ein Lernen von der Erfahrung anderer. Das bedeutet eine schnellere und effektivere Auseinandersetzung mit den Umweltbedingungen. Solche erworbenen Erfahrungen können auch von Generation zu Generation weitergegeben werden (Tradition).

Berühmt für ihre Erfindungen und deren Weitergabe an die Nachkommen wurden die **Rotgesichtsmakaken** auf der Insel Koshima.
In Wohnungen gehaltene Wellensittiche oder Papageien können durch ständiges Vorsprechen einzelner Wörter einen bestimmten „Wortschatz" erlernen.

Kinder lernen in der Familie unterschiedliche Speisen kennen und entwickeln dabei Vorlieben für bestimmte Nahrungsmittel. Auch als Erwachsene behalten sie diese oft bei.
Die Forscher haben bei den Schimpansen die Weitergabe von kompletten „Speisekarten" (bis zu 300 verschiedene Pflanzen) festgestellt.

Erkunden: Dieses Verhalten tritt in neuartigen Reizsituationen und vor allem bei Jungtieren auf. Es ist auf die Erforschung von unerwartet auftretenden oder unbekannten Reizen gerichtet. Das Tier gewinnt dabei Erfahrungen über Objekte und Räume. Auch beim Menschen tritt dieses Verhalten besonders im Säuglings- und Kleinkindalter auf.

Spielen: Dieses Verhalten ist ein besonderes Verhalten ohne ernsthaften Bezug. Die spielenden Tiere (z. B. junge Füchse) üben dabei später benötigte Verhaltensweisen ein. Bei Kindern ist es ebenso.

In den einzelnen Entwicklungsphasen des Kindes treten das Erkunden und Spielen ebenfalls auf. Der Säugling erforscht seinen Lebensraum, indem er z. B. unbekannte Gegenstände in den Mund nimmt. Das Spiel dominiert bis zum Eintritt in das Schulalter.

Es gibt verschiedene Spielformen, z.B. Bewegungsspiele, Objektspiele oder Sozialspiele.

Im Spiel messen diese jungen Füchse ihre Kräfte. Sie lernen spielerisch das Anschleichen und Überwältigen von Beutetieren.

Tiere und Menschen lernen häufig über Handlungen. Weil sie dabei Fehler machen, bezeichnet man diese Lernform als Versuch-Irrtum-Lernen. Voraussetzung ist die Erkundungsbereitschaft der Lebewesen. Experimente mit Ratten, bei denen diese durch Versuch und Irrtum etwas lernten, führte B. F. SKINNER mit einer nach ihm benannten Skinner-Box durch.

Einsichtiges Lernen: Es wird auch als neu kombiniertes Verhalten oder zielorientiertes Verhalten bezeichnet. Dabei löst ein Tier ein Problem nicht durch **Versuch** und **Irrtum,** sondern durch Überlegen. Oft sind Planungs- und Handlungsphase deutlich voneinander abgegrenzt. Daraus lässt sich schließen, dass das Tier Zusammenhänge zwischen Ursache und Wirkung erkannt hat.
Zur Erforschung des einsichtigen Lernens werden mit verschiedenen Tieren so genannte **Umwegversuche** durchgeführt. Dabei muss das Tier, um zu einem sichtbaren Ziel zu gelangen, einen Umweg machen. Findet es diesen Weg ohne zu probieren, so kann man auf Einsicht schließen.

Tauben wurden darauf dressiert, abstrakte Symbole zu vergleichen und dabei alle symmetrischen Zeichen durch Anpicken zu kennzeichnen (Pickversuche).

Die Intelligenz von Kolkraben wurde folgendermaßen überprüft: ein Fleischstückchen wurde am Ende eines Bindfadens befestigt und hing an einem Ast. Das Bestreben des Rabens richtete sich darauf, dieses Fleischstückchen zu erlangen, was nicht ohne weiteres möglich war.
Bei diesen Versuchen entwickelten die Raben verschiedene Strategien, aus denen man entnehmen konnte, dass sie ihr Verhalten geplant hatten.

Lernen durch Erfahrung: Dies ist eine Methode, sich in der Umwelt zurechtzufinden. Es können positive und negative Erfahrungen gemacht werden. Beide haben Konsequenzen auf zukünftiges Handeln. Eine neue Situation wird mit einer bekannten verglichen.

Bei vielfältigen Untersuchungen werden schon seit vielen Jahren die Intelligenzleistungen von Menschenaffen erforscht.

Jungvögel müssen lernen, welche Insekten genießbar sind und welche gemieden werden sollten.
Marienkäfer sondern bei Gefahr eine gelbe, übel riechende und unangenehm schmeckende Flüssigkeit ab. Beim Fressen eines Marienkäfers macht ein Jungvogel diese Erfahrung. In Zukunft meidet er Marienkäfer. Er prägt sich ihr Aussehen ein.

8.4 Ausgewählte Verhaltensweisen

Verhaltensweisen sind einzelne Handlungen, die sich aus einzelnen Verhaltenselementen zusammensetzen. Das sind zum Beispiel *Nahrungsverhalten, Orientierungsverhalten, Konkurrenzverhalten, Fortpflanzungsverhalten* und *Sozialverhalten*.

Alle Biologen sind sich darüber einig, dass die meisten Verhaltensweisen von genetischen (angeborenen) Faktoren und von Umweltfaktoren (erworbenen) abhängig sind.

8.4.1 Nahrungsverhalten

Das **Nahrungsverhalten** umfasst die Nahrungssuche, die Nahrungsaufnahme und Strategien zur Überwindung nahrungsarmer Zeiten.

Je nach der Ernährungsweise haben Tiere unterschiedliche Probleme bei der Nahrungssuche.

Pflanzenfresser (↗ S. 120) müssen ihre Nahrung „nur" finden. Haben sie diese gefunden, können sie sie in Ruhe fressen (solange sie nicht von Feinden gestört werden). Aber die Suche erfordert oft sehr weite und schwierige Wanderungen.

Fleischfresser (↗ S. 120) müssen ihre Beute erst aufspüren, dann überwältigen, sie festhalten und schließlich verzehren.
Alle diese Teilschritte erfordern Entscheidungen von den Tieren und entsprechendes Verhalten.

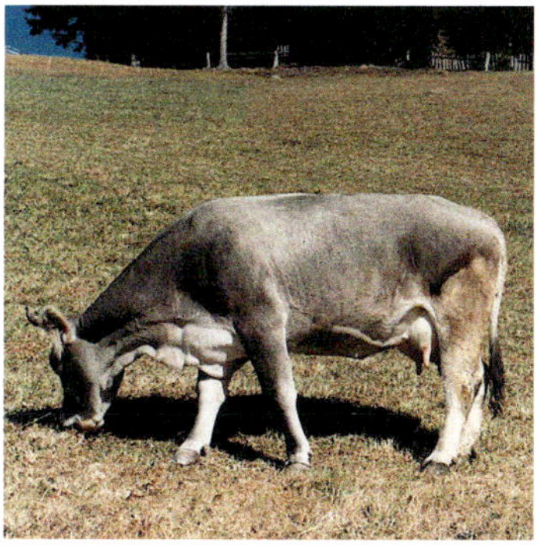

Tiere, die in der **Gruppe** jagen, haben ein gut aufeinander abgestimmtes Verhalten entwickelt.

Tüpfelhyänen und Wildhunde sind erfolgreichere Jäger als Löwen. Sie jagen in Gruppen. Dadurch können sie Beutetiere erlegen, die viel schwerer sind, als sie selbst. Außerdem können sie in der Gruppe ihre Beute besser verteidigen als ein einzelnes Tier.

Strategien zur Überwindung nahrungsarmer Zeiten sind u.a. die ausgedehnten **Tierwanderungen**, der Vogelzug, die **Winterruhe**, die **Winterstarre** und der **Winterschlaf**.

Tiere, die nur eine bestimmte Nahrung zu sich nehmen, bezeichnet man als **Nahrungsspezialisten**. Pandas fressen z. B. nur Bambus und Koalas nur Blätter von bestimmten Eukalyptusarten.

Der Mensch löst im Gegensatz zu den Tieren die Jagd häufig vom Nahrungserwerb. Er will Trophäen (Elefantenzähne, Hirschgeweihe) oder er betreibt die Jagd als Sport.

Tiere können nur überleben, wenn sie regelmäßig Nahrung aufnehmen. Das Nahrungsverhalten ist immer darauf gerichtet, mit geringstem Energieaufwand zu handeln.

Besonderheiten im menschlichen Nahrungsverhalten

Der Mensch nutzt ähnlich sinnvolle Verhaltensstrategien zum Nahrungserwerb, wie das bei Tieren der Fall ist. Aufgrund seiner Fähigkeit, *vorausschauend zu handeln*, hat er Technologien entwickelt, die ihm einen Nahrungsüberfluss sichern. Das kann aber dazu führen, dass seine Nahrungs- und Lebensgrundlagen vernichtet werden: Es werden z.B. große Wälder gerodet, um Platz für den Ackerbau zu schaffen. Damit werden langfristig u.a. das Klima verändert und die Landschaften zerstört.

Die Nahrung dient dazu, alle Lebensfunktionen des menschlichen Körpers aufrechtzuerhalten (↗ S. 184). Man isst also, um zu leben. Für viele Menschen ist Essen aber mehr: es ist Lebenselixier oder Mittel zum Frustabbau. Für andere wiederum ist es Sinn des Lebens – nach dem Motto „Ich lebe um zu essen". Die Gefahr, mehr Nahrung aufzunehmen als notwendig, ist dabei sehr groß, und die Folgen sind u.a. Ess-Störungen und Gewichtsprobleme (↗ S. 137).

8.4.2 Orientierungsverhalten

Als Zugverhalten bezeichnet man die regelmäßigen Wanderungen von Tieren über sehr große Entfernungen. Beispiele dafür sind die alljährlichen Vogelzüge bzw. Wanderungen der Wale.

Lebewesen orientieren sich in Zeit und Raum. Dabei müssen ihre Verhaltensweisen auf bestimmte Umweltreize ausgerichtet werden, damit sie ihr Ziel erreichen.

Räumliche Orientierung

Die einzelnen Tierarten sind an verschiedene Umweltbedingungen angepasst. Sie haben dadurch Verhaltensweisen entwickelt, die es ermöglichen, meist zu einer bestimmten Jahreszeit, in die entsprechende Umwelt zu gelangen.
Pilotieren: Dabei wandern Tiere von einer vertrauten Stelle zur nächsten.
Kompassorientierung: Dabei nehmen Tiere die Himmelsrichtung wahr und bewegen sich geradlinig zum Ziel.

Navigation: Hierbei bestimmen die Tiere zur Himmelsrichtung noch den eigenen Standort. Das ist ein relativ komplizierter Vorgang.

Viele einheimische Vögel verlassen im Herbst ihre Brutgebiete. Den Weg in ihre Überwinterungsgebiete in Afrika finden sie mithilfe der Kompassorientierung und der Navigation. Der Rückflug erfolgt im Frühjahr. Bachstelzen (rot) überwintern beispielsweise in Nordafrika und der Kuckuk (grün) in Mittelafrika.

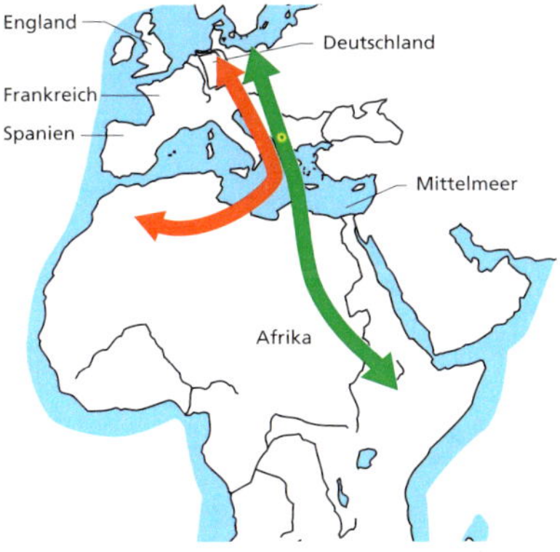

Zeitliche Orientierung

Die zeitliche Orientierung ist vor allem bestimmt durch den Wechsel von Tag und Nacht, damit verbunden ist der Wechsel von Licht und Dunkelheit. Dieser Faktor beeinflusst die Aktivität bzw. die Ruhe von Lebewesen.

Ein Vorteil der *zeitlichen Orientierung* besteht u.a. im Futtererwerb. Verschiedene Tierarten fressen zu unterschiedlichen Zeiten dieselbe Nahrung, ohne dabei als Konkurrenten aufzutreten (Nische, ↗ S. 351).

Nach dem Wechsel von Licht und Dunkelheit kann man Lebewesen in drei Gruppen einteilen, nämlich in *tagaktive, nachtaktive* und *dämmerungsaktive* Lebewesen.

Die „Vogeluhr"
Der Gesang der Vögel im Frühling wird durch die Tageszeit bestimmt. Wann dabei eine Vogelart zu singen beginnt, hängt u. a. von der Witterung ab. Die Reihenfolge ist aber beständig. Deshalb spricht man im Volksmund auch von einer „**Vogeluhr**". Der Gartenrotschwanz beginnt mit seinem Gesang sehr früh, dann folgen Amsel, Rotkehlchen, Kohlmeise, Zaunkönig, Buchfink und Grünfink. Der Langschläfer unter den einheimischen Vögeln ist der Star.

8.4.3 Konkurrenzverhalten

Zwischen Artgenossen kommt es zu Auseinandersetzungen um Nahrung, Wohnplätze, Nistplätze, Futterplätze, Sexualpartner, Spielpartner und andere soziale Partner.
Das **Konkurrenzverhalten** umfasst Verhaltenselemente des Drohens, Markierens, Imponierens, des Rückzuges und der Unterlegenheit, der Beschwichtigung, des ritualisierten Kampfes und des echten Beschädigungskampfes.

Revierverhalten (Territorialverhalten)

Die Funktionen von Revieren verschiedener Tierarten können sehr unterschiedlich sein, ebenso die Reviergrößen, die sowohl von der Größe der Tiere als auch von der Funktion der Reviere mitbestimmt werden.
Reviergrößen von einigen Tieren:
Jaguar: 150 km^2
Wolfsrudel: mehrere hundert km^2
Singammerpaare: ca. 3000 m^2
Tölpel: mehrere m^2

Das **Territorialverhalten** oder **Revierverhalten** beinhaltet Verhaltensweisen, die zur Abgrenzung und Verteidigung eines Lebens- und Aktionsraumes, auch **Revier** genannt, nötig sind.

Territorialverhalten sichert eine ungestörte Nutzung von Nahrung, Wohn-, Nist- und Futterplätzen, Sexualpartnern, Spiel- und anderen sozialen Partnern und verhindert zu hohe Besiedlungsdichten durch eine gleichmäßige Verteilung von Artgenossen.

Tiere nutzen ein bestimmtes Gebiet als Nahrungsraum, Brut-, Schlaf- und Zufluchtsstätte. Durch artspezifische Markierungen (Rufe, Sekrete, Kratzspuren u.a.) grenzen sie dieses Territorium von anderen ab.

Auch beim Menschen kann man Territorialverhalten beobachten. Ihre Häuser und Gärten beispielsweise grenzen sie durch Zäune oder Hecken ab.

Verallgemeinerte Darstellung eines Säugetierreviers

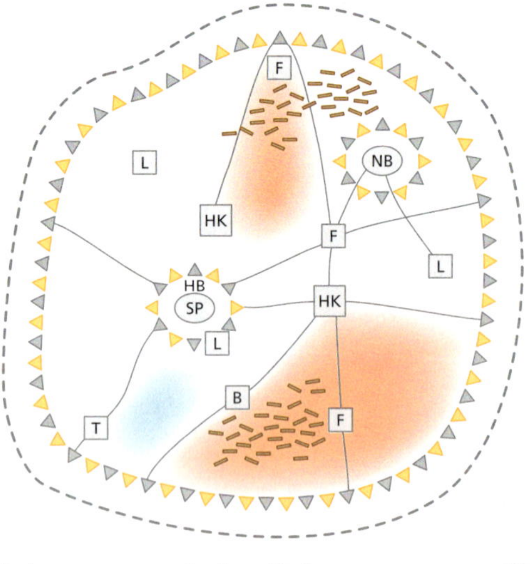

– – –	Revierbegrenzung	**F**	Fress-Stelle	——	Wechsel
▽▽	Markierungspunkte	**T**	Trinkstelle		Hindernisse
HK	Harn- und Kotstelle	**B**	Badestelle oder Suhle		Wasserstelle oder Gewässer
SP	Spielplatz	**NB**	Notbau (gelegentlicher Lebensbereich, auch Wurfbau)		Jagdgebiete
L	Liegeplätze				
HB	Hauptbau bzw. vertrauter Lebensbereich				

Rangordnungsverhalten

Innerhalb einer Gruppe bildet sich eine Reihenfolge heraus, die in der Regel durch Kämpfe entstanden ist. Durch die **Rangordnung** wird die Aggressivität der Gruppe herabgesetzt. Ranghohe und rangniedere Tiere verständigen sich durch bestimmte Ausdrucksformen.

Ranghohe Tiere haben bevorzugten Zugang zu Futter- und Wasserstellen, zu begehrten Schlaf- und Ruheplätzen oder aber zu Paarungspartnern. Zu ihren Pflichten gehören u.a. das Anführen, Bewachen oder Verteidigen eines Sozialverbandes.

Beispiele für Rangordnungsverhalten		
Tierarten	ranghohes Tier **(α-Tier)**	rangniederes Tier **(Ω-Tier)**
Flusspferd 	reißt Maul auf, zeigt seine Waffen, hebt den Kopf	schließt das Maul und senkt den Kopf
Truthahn 	versucht eine Paarung	fordert ähnlich wie ein Weibchen zur Paarung auf
Dreizehenmöwe 	öffnet den Schnabel und richtet ihn nach unten	schließt den Schnabel und richtet ihn nach oben
Gemse 	nimmt Drohhaltung ein	nimmt Demutshaltung ein und beschwichtigt das überlegene Tier

Je nach Tierart gibt es unterschiedliche Formen von Rangordnungen im Tierreich. Sie reichen von einer linearen Hackordnung im Hühnerhof über komplizierte Dreiecksverhältnisse bei Primaten (nicht menschlichen) bis hin zum Rangordnungsverhalten des Menschen.

Rangordnungen tragen zur Stabilisierung der Beziehungen in der Gruppe bei, weil ranghohe Tiere bei überzeugender Überlegenheit die meiste Zeit kampflos von den rangniederen Mitgliedern respektiert werden.

Beim Menschen spielt die Rangordnung ebenfalls eine große Rolle. Schon in der *Familie* gibt es in der Regel klare Verteilungen der Kompetenzen, auch wenn die Partner gleichberechtigt und liebevoll miteinander umgehen. (Wer verwaltet die Haushaltskasse? Wer nimmt das Babyjahr?)
Auch in der *Schule* (Lehrer–Schüler) und im *Berufsleben* regeln Rangordnungen das Zusammenleben und -arbeiten.

Aggressionsverhalten

Als **Aggression** wird jede feindlich getönte Auseinandersetzung mit anderen Lebewesen (Artgenossen, Vertretern anderer Arten) bezeichnet.
Aggressionen werden durch äußere Bedingungen (z. B. Eindringen in das Revier) und innere Bedingungen (z. B. Ausschüttung bestimmter Hormone) ausgelöst.

Aggressionsverhalten dient dem Angriff oder der Flucht. Beides kann gegen Artgenossen, aber auch gegen Artfremde gerichtet sein. Es tritt auf, wenn um Nahrung, Territorium, Geschlechtspartner oder eine Stelle in der Rangordnung konkurriert wird.

Beschwichtigungs- und Demutsgesten hemmen das Aggressionsverhalten. **Formen von Aggressionsverhalten** sind u.a. Drohverhalten, Kommentkämpfe und Beschädigungskämpfe.

Drohverhalten des Wolfes
Durch **Drohverhalten** soll der Gegner eingeschüchtert werden, z. B. durch Zeigen seiner Waffen (Fletschen der Zähne), durch Vergrößerung des eigenen Körperumrisses und andere Drohgebärden. Der Wolf richtet sich auf und zeigt seine Zähne.

Kommentkämpfe der Hirsche
Sie dienen dazu, den Rivalen zu verdrängen oder innerhalb der Rangordnung den Stärkeren zu ermitteln. Gefährliche Körperteile (Hörner, Zähne, Geweihe u.a.) werden in der Regel nicht eingesetzt, sodass ernsthafte Verletzungen vermieden werden. Diese Kampfform läuft nach genetisch fixierten Regeln ab. Rothirsche *schieben* z. B. mit dem Geweih (↗ S. 342).

Beim **Beschädigungskampf** wird der Gegner nicht nur abgedrängt, sondern die beiden Rivalen versuchen sich ernsthaft zu verletzen oder sogar zu töten. Solche Beschädigungskämpfe kommen sowohl zwischen Mitgliedern verschiedener Arten vor als auch innerhalb einer Art, dort allerdings meist zwischen den Angehörigen verschiedener Gruppen.

Besc
und De
hemmen
Verhalten u
den auch als ag
onshemmendes
halten bezeichnet.

Besonderheiten des Menschen im Konkurrenzverhalten

Ursachen für Konkurrenzverhalten sind ursprünglich beim Menschen ähnlich wie bei den Tieren. Der Besitz von Werkzeugen und Waffen verändert aber die Kräfteverhältnisse und ermöglicht die Vergrößerung der Distanz zwischen den Konkurrenten.

Die Gewalt an Schulen nimmt immer mehr zu. Das zeigt sich u. a. daran, dass Mitschüler unter Androhung von körperlicher Gewalt unter Druck gesetzt, erpresst und sogar mit Waffen bedroht werden. Dabei geht es meist um die Stellung in der Gruppe, um Prestige und um Macht.

1961 erregte der Wissenschaftler STANLEY MILGRAM mit seinen Experimenten einiges Aufsehen. Er untersuchte die Bereitschaft von Menschen, sich Autoritäten unterzuordnen, und kam zu erschreckenden Ergebnissen.

Mit der **Entwicklung der Sprache** verfügt der Mensch über ein weiteres Mittel, Informationen weiterzugeben. Aber häufig setzt er dieses Mittel auch als „Waffe" ein.

Menschen können die Sprache zur **verbalen Aggression** verwenden. Sprachliche Auseinandersetzungen ersetzen einerseits den körperlichen Kampf, können andererseits auch zu schweren *psychischen Verletzungen* des schwächeren Konkurrenten führen. Die Nutzung der Sprache zum Herabsetzen der Aggression ohne Beleidigung ist für uns bedeutsam.

Tiere nutzen die **Kommunikation,** um Konkurrenten in Distanz zu halten oder sich gegenseitig zu warnen.

Menschen können lernen, **Krisensituationen** zu bewältigen. Verständnis, Mitgefühl und menschliche Vernunft sollten den Umgang mit Menschen anderer Hautfarbe, anderer politischer Gesinnung und Religion sowie mit behinderten Menschen regulieren.

ual- oder Fortpflanzungsverhalten

l- oder Fortpflanzungsverhalten ist eine Sammelbezeich-
alle Verhaltensweisen, die dem Zweck der Bildung eines
anismus dienen, der genetisches Material von zwei Eltern-
enthält. Dazu gehören alle Verhaltensweisen, die zwi-
'aarbildung, der **Paarbindung** und dem Abgeben bzw.
von Samenzelle und Eizelle liegen.

…, den Nestbau, die Brutfürsorge, die Brutpflege und andere Verhaltensbereiche mit ein, die in irgendeiner Weise eine Verbindung zur Fortpflanzung aufweisen.

Balzverhalten

Das **Balzverhalten** dient dem *Finden* und *Zusammenführen* der potenziellen Sexualpartner, der *Paarbildung*, sowie dem Aufbau einer *Paarbindung*. Es hat weiterhin Bedeutung für die sexuelle Stimulation und Synchronisation unmittelbar vor der Begattung und verhindert sexuelle Kontakte mit Artfremden. Es ist eine *Verständigungsform* unter Geschlechtspartnern und dient dem Abbau aggressiver Verhaltensweisen. Balzverhalten ist angeboren.

Balzformen	Vorkommen
Lautäußerung	Singvögel, Grillen, Frösche
Farbänderungen	Tintenfische, Fische
Geruchsstoffe	Schlangen, Katzen, Schmetterlinge
Lichtsignale	Leuchtkäfer
Hervorheben des äußeren Erscheinungsbildes	Menschen (Schminken, Schulterpolster, u.a.)

Der Paarung geht im Tierreich oft die **Balz** voraus. Dabei ändern einige Männchen ihre *Körperfarbe*, z. B. „Hochzeitskleid" des **Dreistachligen Stichlings.**

Balzverhalten der Vögel
Die Balz der Männchen bei den Vögeln ist, wie bei den meisten Tieren, ausgeprägter als die der Weibchen und sehr interessant. Der Pfau z.B. zeigt seine prächtigen Schwanzfedern, indem er ein „Rad" schlägt.

Durch das Paarungsverhalten bei der inneren Befruchtung bildet sich ein enger körperlicher Kontakt zwischen den Partnern heraus. Dadurch wird die Übergabe der Geschlechtszellen gesichert.
Im Tierreich gibt es verschiedene kuriose **Paarungsrituale.**

Paarbildung und Paarbindung

Von einer **Paarbildung** spricht man bei der Entstehung einer Paarbindung. Die dabei zu beobachtenden Verhaltensweisen stammen größtenteils aus der Balz, aber auch aus anderen Verhaltensbereichen, z. B. das Imponierverhalten. Bei den meisten Tierarten sind es die Männchen, die die Paarbildung einleiten, während das Weibchen in der Regel die letzte Entscheidung über das Zustandekommen der Paarbindung trifft.

Als **Paarbindung** bezeichnet man das über einen längeren Zeitraum andauernde Zusammenleben verschiedengeschlechtlicher Partner im Gegensatz zum kurzfristigen Aufeinandertreffen von verschiedengeschlechtlichen Partnern mit dem einzigen Ziel der Kopulation. Die Paarbindung kann bis zum Selbstständigwerden der Jungtiere, also bis zum Ende einer Fortpflanzungsperiode, andauern oder aber auch über diesen Zeitpunkt hinausgehen.

Homosexuelle Partnerschaften (Schwule, Lesben) sind weder krankhaft noch abartig. Sie genießen inzwischen in Deutschland ähnliche Rechte wie Ehepaare.

Menschen leben in der Regel über einen längeren Zeitraum mit einem anderen Partner zusammen.
Die noch häufigste Form des Zusammenlebens ist die Ehe. Sie ist durch staatliche Gesetze geregelt.

Verhalten zu den Nachkommen

Die Elterntiere können sich, abhängig von den Umweltbedingungen und der Anzahl der Nachkommen, ganz unterschiedlich um die Aufzucht ihrer Jungtiere kümmern.

Bei der **Brutfürsorge** schaffen die Eltern im Voraus für ihre Jungen günstige Entwicklungsbedingungen. Dabei wird aber nur der Zeitraum bis zum Ablegen der Eier gerechnet.

Es gibt eine Reihe von Tieren, die keine **Brutpflege** betreiben. Viele Fischarten legen z. B. sehr viele Eier ab und lassen die Brut allein.
Heringe: 30 000 Eier
Scholle: 700 000 Eier

Eltern schaffen für ihre Jungen Schutz bietende Nester, Kokons oder Bauten. Sie tragen Nahrungsvorräte zusammen oder legen die Eier in der Nähe einer geeigneten Nahrungsquelle ab.

Die **Brutpflege** umfasst den Nestbau, das Versorgen und Beschützen der Jungen und die Betreuung bis zur Unabhängigkeit. Das **Brutpflegeverhalten** ist angeboren und hormonabhängig. Die Brutpflege wird entweder durch das Männchen, durch das Weibchen, durch beide Elternteile und in Ausnahmefällen sogar auch von anderen Verwandten des Elternpaares oder Gruppenmitgliedern ausgeführt.

Brutpflegeverhalten der Sandwespe
Das Brutpflegeverhalten der **Sandwespe** ist angeboren. Nach der Begattung gräbt das Weibchen in lichten Wäldern eine Brutröhre in den Boden (↗ S. 328, Abb. a), verschließt den Eingang provisorisch, fliegt weg und merkt sich den Ort. Dann erbeutet sie eine Raupe, die sie mit einem Stich ins Nervensystem lähmt und in die Brutröhre schleppt (↗ S. 328, Abb. b–e). Auf die Raupe legt sie ein Ei, verschließt die Brutröhre und entfernt sich (↗ S. 328, Abb. f–h). Aus dem Ei entwickelt sich eine Larve. Die Sandwespe kontrolliert noch einige Tage die Entwicklung ihrer Larve und deren Futtervorrat. Dann verschließt sie die Brutröhre endgültig und fliegt weg.

Der Kuckuck legt sein Ei in ein fremdes Nest und überlässt anderen die Brutpflege. Man bezeichnet ihn deshalb als **Brutschmarotzer.**

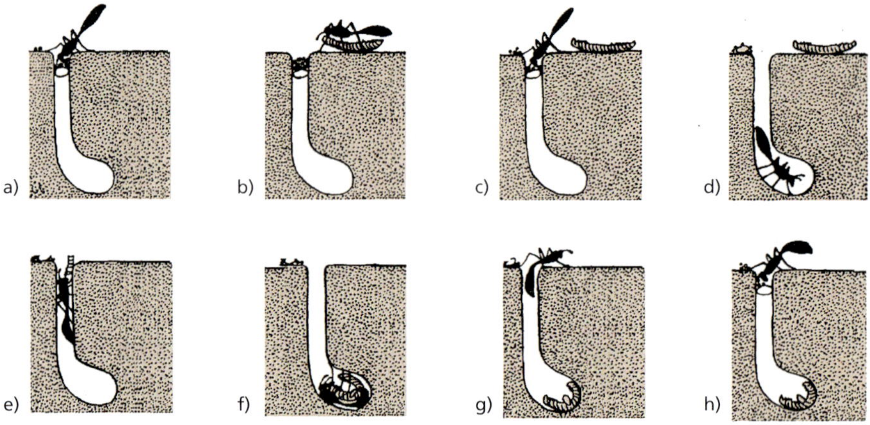

Der Entwicklungsstand der Jungtiere nach der Geburt beeinflusst das Brutpflegeverhalten der Eltern. Danach werden unterschieden (↗ S. 111):

Nesthocker	Nestflüchter	Traglinge
Die Jungen kommen nackt und blind zur Welt, können sich nicht weit fortbewegen und müssen gefüttert werden.	Die Jungen kommen voll entwickelt auf die Welt; verfügen über das gesamte Verhaltensreservoir. Sie folgen ihren Eltern und nehmen selbst Nahrung auf.	Die Jungen bleiben am Körper der Mutter und halten sich fest. Die Mutter betreut sie intensiv.
Singvögel, Katzen, Hunde, Bären	Huftiere, Wale, Hühner, Enten	Fledermäuse, Affen, Mensch

Besonderheiten des Menschen beim Fortpflanzungsverhalten

Beim Menschen ist die Sexualtität von der Fortpflanzung getrennt. Menschen lieben und paaren sich nicht nur zum Zwecke der Fortpflanzung. Damit erhält das Balz- und Paarungsverhalten einen anderen Stellenwert als bei den Tieren.

Die *Mutter-Kind-Beziehung* als häufigste Form der Brutpflege bei Tieren ist beim Menschen auf die Beziehung zwischen Kind und ständiger Kontaktperson erweitert. Für die gesunde Entwicklung eines Menschen ist diese Beziehung notwendig, ansonsten können Störungen im Sozialverhalten auftreten (z.B. Aggressionen, Provokationen, Teilnahmslosigkeit).

8.4.5 Sozialverhalten

Sozialverhalten ist auf den Artgenossen gerichtetes Verhalten. Es setzt sich aus angeborenen und erworbenen Verhaltensweisen zusammen, die zwischen Vertretern einer Art auftreten (z.B. Balzverhalten, Revierverhalten, Aggressionsverhalten) und das Zusammenleben ermöglichen.
Viele Tätigkeiten führen sozial lebende Arten gemeinsam aus (z.B. Aufsuchen der Wasserstelle, Staubbaden, Beutefangen).

Soziale Verbände

Sozialverband	Merkmale	Beispiele
Anonymer Verband Offener anonymer Verband	Die Tiere kennen sich nicht. Jederzeit können sich Tiere der Gruppe anschließen oder sich von ihr entfernen. Grobe Signale des Artbildes halten die Gruppe zusammen.	wandernde Huftierarten, Heuschreckenschwärme, Fledermäuse, Vogelschwärme
Geschlossener anonymer Verband	Die Tiere erkennen sich am gemeinsamen Merkmal, z.B. Nestduft (soziales Signal). Gruppenfremde Tiere werden daher erkannt und ausgestoßen.	Tierstaaten, z.B. Bienen, Ameisen, Mäusesippen
Nicht anonymer Verband Individualisierter Verband	Die Tiere erkennen sich an individuellen Merkmalen. Die Gruppe besteht aus wenigen Tieren, die sich durch Geruch, Stimme, Aussehen persönlich kennen.	Wolfsrudel, Gorillahorde Hühnerschar

Tiere leben auch als **Einzelgänger** oder als **Paar**

Einzelgänger: Tiger

Paar: Kanada-Gans

Auch Individuen *verschiedener Arten* können zusammenleben. Dabei dienen bestimmte Verhaltensweisen der zwischenartlichen Verständigung und dem gegenseitigen Nutzen (**Symbiose,** ↗ S. 343).

Putzerlippfisch und andere Fische des Korallenriffs
Madenhacker und Nashorn
Riesenanemone und Anemonenfisch

Die Honigbiene kommuniziert über eine ihr eigene Tanzsprache, die KARL VON FRISCH sehr ausgiebig erforscht und beschrieben hat. Die Weitergabe von Information kann auf sehr vielseitige Art und Weise erfolgen: von der Produktion eines chemischen Signalstoffes über die aktive Erzeugung von Lichtsignalen bis hin zur Sprache des Menschen.

Die **soziale Verständigung** (Kommunikation) ist für den Erhalt eines Sozialverbandes notwendig. Dabei werden angeborene und situationsgebundene Signale den Artgenossen übermittelt und diese zu bestimmten Verhaltensweisen veranlasst.
Die **soziale Körperpflege** der Mitglieder eines sozialen Verbandes dient der Bearbeitung der Haut, der Federn oder Haare eines Artgenossen. Sie erfolgt an Körperstellen, die der passive Partner selbst nicht erreichen kann. Die Körperpflege wird mit dem Schnabel, den Händen, den Lippen oder der Zunge ausgeführt. Neben der Reinigung dient die Körperpflege auch der Gruppenbindung.

Körperpflege bei Affen
Bei Affen kann man diese Körperpflege besonders gut beobachten.
Nicht nur erwachsene Affen „lausen" sich gegenseitig oder durchsuchen ganz einfach nur ihr Fell.

Vorteile des Lebens im Sozialverband:
- rechtzeitige Feinderkennung,
- gemeinsame Feindabwehr,
- höherer Jagderfolg bei Beutegreifern,
- schnelleres Auffinden von Futterquellen und Wasserstellen,
- besserer Schutz der Jungtiere,
- Jungtiere können von Älteren lernen,
- Einzeltiere sind vor Beutegreifern besser geschützt,
- oft besteht in der Gruppe Arbeitsteilung u.a.

Besonderheiten menschlichen Verhaltens

Paragraf 1 des Grundgesetzes befasst sich mit den Grundrechten des Menschen. Der erste Abschnitt des Artikels 1 lautet: „Die Würde des Menschen ist unantastbar. Sie zu achten und zu schützen ist Verpflichtung aller staatlichen Gewalt."

Menschliches Verhalten weist viele Elemente tierischen Verhaltens auf. Es setzt sich aus *angeborenem* und *erlerntem* Verhalten zusammen.
Das Verhalten des Menschen wird vor allem durch soziale **Lernvorgänge**, durch einsichtiges Lernen, erweiterten Werkzeuggebrauch und Wertvorstellungen bestimmt. Über die **Sprache** ist ein größerer Informationsaustausch gegeben, der das Verhalten des Menschen beeinflusst.
Das bedeutet u.a., dass Menschen ständig neue Erfahrungen machen und diese in ihr Verhalten einbeziehen können. Aufgrund ihrer Moralvorstellungen handeln Menschen nicht immer spontan, sondern wägen ihr Verhalten nach den *allgemein gültigen* und *kulturellen* **Wertvorstellungen** ab.
Menschliches Zusammenleben wird durch **Gesetze** geregelt. Innerhalb dieser Gesetze kann der Mensch tun, was er will. Für sein Handeln ist er voll verantwortlich, weil er vorausschauend denken kann. Deshalb muss jeder Mensch die Folgen seines Handelns im Voraus einkalkulieren.

9 GRUNDLAGEN DER ÖKOLOGIE

9.1 Grundbegriffe der Ökologie

Der Begriff Ökologie wurde von ERNST HAECKEL als „Haushalt der Natur" geprägt.

Die **Ökologie** als Teilgebiet der Biologie untersucht die Wechselbeziehungen zwischen den Lebewesen und ihrer Umwelt.
In der Ökologie versteht man unter **Umwelt** die Gesamtheit aller Faktoren, die auf ein Lebewesen einwirken und für sein Leben bedeutsam sind.

Umweltfaktoren sind die Faktoren, die aus der nicht lebenden und lebenden Umwelt direkt oder indirekt auf ein Lebewesen einwirken.

Autökologie untersucht die Wirkung von Umweltfaktoren auf die einzelne Art (↗ S. 13).

Abiotische Umweltfaktoren sind Faktoren der nicht lebenden Umwelt, die auf ein Lebewesen einwirken, z.B. **Klima- und Bodenfaktoren.**

Biotische Umweltfaktoren sind Faktoren der belebten Umwelt, die auf ein Lebewesen einwirken. Sie können von Lebewesen der gleichen Art oder von Lebewesen anderer Arten ausgehen.

Umweltfaktoren eines Tieres (Auswahl, z.B. Kohlmeise)

Umweltfaktoren einer Pflanze (Auswahl)

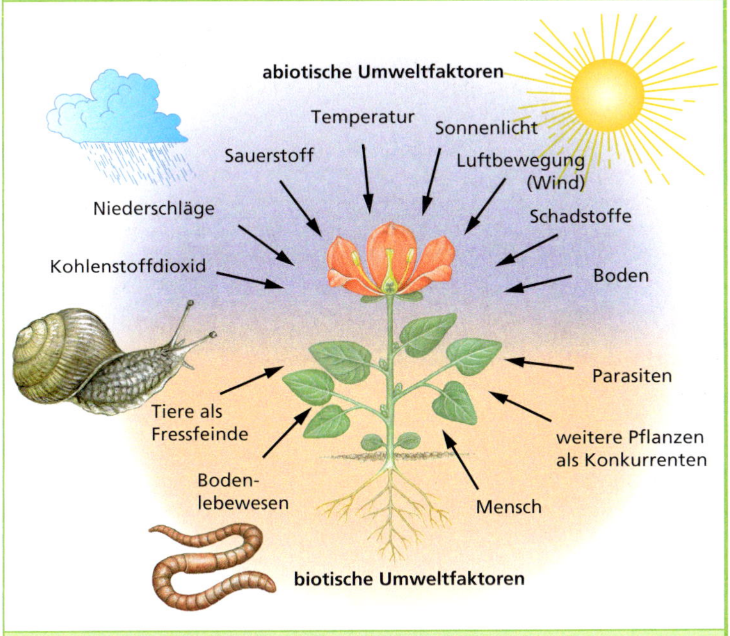

Umweltfaktoren des Menschen (Auswahl)

Der Weg der gewaltigen Strahlungsenergie von der Sonne zur Erdoberfläche beträgt fast 160 Millionen Kilometer. Von den Pflanzen mit Chloroplasten werden jedoch nur etwa 0,1 % des auftretenden Lichtes fotosynthetisch genutzt.

Alle für einen Organismus bedeutsamen Umweltfaktoren wirken zusammen, d.h., sie beeinflussen sich oft gegenseitig; sie wirken nicht unabhängig voneinander. Beispielsweise beeinflusst die Bodenart eines Standortes das Wasserangebot für die Pflanzen.

9.2 Einflüsse abiotischer Umweltfaktoren auf Pflanzen und Tiere

Der wichtigste biochemische Prozess für alle Lebewesen ist die Fotosynthese (↗ S. 192).

Abiotische Umweltfaktoren beeinflussen den Stoff- und Energiewechsel, die Entwicklungsvorgänge sowie die Verhaltensreaktionen von Organismen.

Zu den abiotischen Faktoren zählen **Klimafaktoren,** z.B. *Licht, Temperatur, Niederschläge, Luftfeuchtigkeit, Luftbewegung;* **Bodenfaktoren,** z.B. *Bodenreaktion* (pH-Wert), *Feuchtigkeit, Nährsalzgehalt, Sauerstoff und Kohlenstoffdioxid der Luft.*

9.2.1 Einflüsse abiotischer Umweltfaktoren auf Pflanzen (Auswahl)

Licht als abiotischer Faktor für Pflanzen

Der **abiotische Faktor** Licht ist für Pflanzen von zentraler Bedeutung. Unter Ausnutzung des Sonnenlichts vermögen sie aus Wasser und Kohlenstoffdioxid sowie Mineralstoffen organische Stoffe aufzubauen.

Der Lichtfaktor ist bedeutend für die Ausbildung der Schichtung des Waldes.

Einfluss der Lichtintensität auf die Fotosynthese

Lichtpflanzen	**Schattenpflanzen**
– Pflanzen mit hohem Lichtanspruch – optimale Fotosyntheseleistung erst bei hoher Lichtstärke – Fotosyntheseleistung überwiegt gegenüber der Atmung erst bei intensiver Belichtung – Lichtpflanzen oft mit dicken, kleinen Sonnenblättern und vielfach doppeltem Palisadengewebe	– Pflanzen mit niedrigem Lichtanspruch – optimale Fotosyntheseleistung schon bei geringer Lichtstärke – Fotosyntheseleistung überwiegt gegenüber der Atmung schon im Schatten – Schattenpflanzen oft mit dünnen, großflächigen Schattenblättern und meist einschichtigem Palisadengewebe
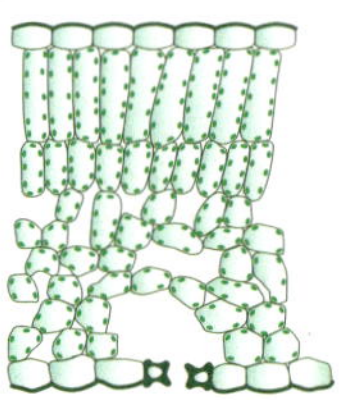	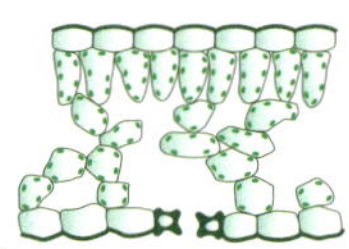
Beispiele: Hängebirke, Eiche, Rot-Klee, Kamille	**Beispiele:** Wald-Sauerklee, Leberblümchen, viele Moose und Farne

Einfluss der täglichen Belichtungsdauer auf die Blütenbildung	
Kurztagpflanzen	**Langtagpflanzen**
Blütenbildung bei weniger als 12 Stunden täglicher Belichtungsdauer Pflanzen tropischer Klimazonen, z.B. Ananas, Reis, Baumwolle, Hirse, Paprika, Dahlie, Chrysantheme	Blütenbildung bei mehr als 12 Stunden täglicher Belichtungsdauer Pflanzen gemäßigter Klimazonen, z.B. Weizen, Spinat, Roggen, Möhre, Küchenzwiebel, Rot-Klee, Salat

Wasser als abiotischer Faktor für Pflanzen

Zwischen dem Vorkommen bestimmter Pflanzen und dem Wasserangebot eines Standortes besteht ein enger Zusammenhang. An das Leben im Wasser sind **Wasserpflanzen** angepasst. **Feuchtpflanzen** besiedeln Standorte mit hoher Bodenfeuchtigkeit, während **Trockenpflanzen** auf trockenen Standorten existieren können (↗ S. 181, 182).

Wasserpflanzen (Hydrophyten)	**Feuchtpflanzen (Hygrophyten)**	**Trockenpflanzen (Xerophyten)**
– Blätter dünn und meist stark gegliedert – Spaltöffnungen meist fehlend – Kutikula schwach ausgebildet – große Interzellularräume zur Speicherung von Luft – Aufnahme von gelöstem Kohlenstoffdioxid, Sauerstoff und Mineralstoffen durch die gesamte Oberfläche; Wurzeln fehlend oder zurückgebildet	– Blätter dünn und großflächig – Spaltöffnungen über die Epidermis erhoben – Kutikula dünn, oft auch lebende Haare – Wasserabgabe oft durch Guttation (Tröpfchen) – Gasaustausch über die Spaltöffnungen, Mineralstoff- und Wasseraufnahme vorrangig durch oft flache Wurzelsysteme	– Blätter klein, eingerollt oder fehlend – Spaltöffnungen in die Epidermis eingesenkt – Kutikula stark, oft dichte abgestorbene Haare – Transpiration stark eingeschränkt – Ausbildung von Gewebe zur Wasserspeicherung, oft kugel- oder säulenförmiger Wuchs; Wurzelsysteme meist tief reichend
Beispiele: Tausendblatt, Wasserpest, Hornblatt	**Beispiele:** einige Farne, Aronstab, Begonien	**Beispiele:** Kakteen, Lorbeerbaum, Myrte, Heidekraut, Oleander

Wasserpest	Wurmfarn	Feigenkaktus

Bodenreaktion (pH-Wert) als abiotischer Faktor für Pflanzen

Der **pH-Wert** ist der negative Logarithmus der Wasserstoffionenkonzentration.

Die **Bodenreaktion (Bodenazidität)** gibt die im Bodenwasser vorhandene Wasserstoffionenkonzentration an. Der **pH-Wert** kennzeichnet die basische, neutrale oder saure Reaktion des Bodenwassers. Das Vorkommen von Pflanzen in einem Lebensraum ist oft an einen bestimmten pH-Bereich des Bodens gebunden.

Bodenazidität ist der Säuregrad des Bodens.

Änderungen im pH-Wert des Bodens haben großen Einfluss auf die im Biotop lebenden Pflanzenarten und auch Bodenorganismen. Manche Arten können solche Änderungen tolerieren, andere sind dann in ihrer Existenz gefährdet (↗ S. 339, Toleranzbereich).

Zeigerarten sind bodenanzeigende Pflanzen (Indikatorpflanzen, ↗ S. 340). Sie brauchen zu ihrem Gedeihen ganz bestimmte Bodenverhältnisse. Man kann an ihrem Vorkommen, auch ohne chemische Analyse des Bodens, auf die Bodenverhältnisse schließen.

Optimale Bodenreaktion für Pflanzen (Beispiele)

pH-Wert	sehr stark sauer				stark sauer		mäßig sauer	schwach sauer		neutral	schwach basisch		stark basisch	sehr stark basisch
	2,5	3,0	3,5	4,0	4,5	5,0	5,5	6,0	6,5	7,0	7,5	8,0	8,5	9,0
Kartoffeln														
Schwertlilie														
Bohnen														
Spinat														
Wald-Sauerklee														
Gemeine Kiefer														
Schlängel-Schmiele														
Gelbes Windröschen														
Bingelkraut														
Heidelbeere														
Leberblümchen														

9.2.2 Einflüsse abiotischer Umweltfaktoren auf Tiere (Auswahl)

Temperatur als abiotischer Faktor für Tiere

Aktivität und Verhalten von Tieren werden durch den abiotischen Faktor **Temperatur** beeinflusst. Durch **Winterruhe** und **Winterschlaf** sind einige gleichwarme Tiere sowie durch **Winterstarre** einige wechselwarme Tiere an das Überleben in der kalten Jahreszeit angepasst.

Wechselwarme Tiere	Gleichwarme Tiere
Die Körpertemperatur kann nicht reguliert werden und entspricht etwa den Temperaturverhältnissen der jeweiligen Umgebung. Wechselwarme Tiere sind von den Temperaturverhältnissen ihres Lebensraumes abhängig. Wirbellose Tiere, Fische, Lurche und Kriechtiere sind als wechselwarme Tiere in ihrer Aktivität abhängig von der jeweiligen Umgebungstemperatur. Deshalb überdauern sie in frostfreien Verstecken die kalte Jahreszeit in **Winterstarre (Kältestarre,** ↗ S. 103).	Die Körpertemperatur wird reguliert und relativ konstant gehalten. Die Körperbedeckung (z. B. Fell, Federn) schützt weitgehend vor Wärmeabgabe. **Säugetiere** und **Vögel** besiedeln als gleichwarme Tiere alle Klimaregionen (z. B. Arktis), da sie relativ unabhängig von der Umgebungstemperatur sind. Gleichwarme Tiere sind auch im Winter aktiv oder verfallen in einen **Winterschlaf** bzw. halten eine **Winterruhe.**

Winterstarre (Kältestarre) – bewegungsunfähiger Zustand bei stark herabgesetztem Stoff- und Energiewechsel. Die Körpertemperatur wird stark herabgesetzt.
Beispiele: Zauneidechse, Erdkröte, Wasserfrosch, Regenwurm, Maikäfer

Die Erdkröten beginnen im Frühjahr bei Temperaturen von 5 °C ihre Wanderungen zum Laichgewässer.

Winterschlaf – schlafähnlicher Zustand,
Lebensprozesse sind auf ein Minimum verringert, die Körpertemperatur wird herabgesetzt.
Beispiele: Igel, Fledermaus, Murmeltier

Der Feldhamster legt unterirdisch ein kompliziertes Gangsystem mit Nistkessel und Vorratskammer an.

Winterruhe – längerer Ruheschlaf mit Unterbrechungen. Die Körpertemperatur wird kaum herabgesetzt, die Aktivitäten sind aber eingeschränkt.
Beispiele: Dachs, Eichhörnchen, Braunbär

Eichhörnchen legen im Herbst Nahrungsvorräte u. a. in hohlen Bäumen an. Sie vergessen diese Orte manchmal.

Wasser als abiotischer Faktor für Tiere

Tiere sind vom **abiotischen Faktor Wasser** abhängig. Sie benötigen Wasser zur Aufrechterhaltung ihrer Lebensvorgänge, oft auch als Fortpflanzungsort (z.B. Feuchtlufttiere) und Lebensraum (z.B. Wassertiere). Tiere geben Wasser durch Verdunstung und Ausscheidung ab. Diesen Verlust gleichen sie auf unterschiedliche Weise aus.

Trockenlufttiere (z.B. *Vögel, Kriechtiere,* ↗ S. 106, *Säugetiere*) sind relativ unabhängig vom Wassergehalt der Umgebung.
Anpassungserscheinungen sind Federn, Fell und eine oft stark verhornte Haut als Schutz vor starker Verdunstung und Austrocknung des Körpers. Trockenlufttiere besiedeln auch Wüsten- und Steppengebiete.

Das Weibchen der Zauneidechse legt meist im Juni 5–10 weichschalige und weiße Eier in eine selbst gegrabene Grube.

Waldränder, Bahndämme, Sandgruben und Gartenanlagen sind Lebensräume der **Zauneidechse.** Nach einem morgendlichen Sonnenbad können Eidechsen, durch die Umgebungstemperatur aufgewärmt, schnell laufen und Insekten jagen. Bei kühlem, regnerischem Wetter liegen die Tiere träge in einem Versteck und bleiben kalt und steif.

Feuchtlufttiere (z.B. *Lurche,* ↗ S. 103, *einige wirbellose Tiere*) sind stark vom Wassergehalt der Umgebung abhängig.
Angepasst an ihre Umgebung sind sie durch eine feuchte, schleimige, drüsenreiche und kaum verhornte Haut. Diese bietet aber nur wenig Schutz vor Austrocknung.
Feuchtlufttiere leben in Feuchtgebieten oder in Gewässernähe.

Das Weibchen des Feuersalamander setzt bis zu 70 Larven in klaren, schadstoffarmen Fließgewässern ab. Ein Alpensalamanderweibchen bringt dagegen zwei Jungtiere auf dem Land zur Welt.

Feuersalamander leben in Laubwäldern in der Nähe von klaren Bächen. Sie halten sich in feuchtem Moos, zwischen Steinen an Gewässern und in der Laubstreu auf.
Als nachtaktive Tiere erbeuten sie vor allem Regenwürmer und Nacktschnecken.
Nach Regenfällen sind sie auch tagsüber zu beobachten. Feuersalamander paaren sich an Land. Die Eier werden im Körper des Weibchens befruchtet. Feuersalamander überwintern im Boden.

9.2.3 Ökologische Potenz und Toleranzbereich

Umweltfaktoren wirken nicht immer mit gleicher Intensität auf die Organismen ein, d. h., ihr Einfluss schwankt. So gibt es beispielsweise in vielen Regionen der Erde tageszeitliche und jahreszeitliche Temperaturschwankungen. Die Organismen können sich diesen Veränderungen von Umweltfaktoren innerhalb bestimmter Grenzen anpassen.

Die Toleranzbereiche der Lebewesen sind weitgehend erblich festgelegt.

Einige Tiere sind *tagaktiv* (z.B. Amsel, Kohlmeise), andere *dämmerungsaktiv* (z.B. Igel) oder *nachtaktiv* (z.B. Fledermäuse, Eulen). Manche Tiere verbringen die kalte Jahreszeit im **Winterschlaf**, in **Winterruhe** oder in **Winterstarre** (↗ S. 337).
Viele Pflanzen keimen nur bei bestimmten Temperaturen und blühen nur bei einer bestimmten Belichtungsdauer (**Kurzzeit-**, **Langzeitpflanzen**, ↗ S. 335). Bei Temperaturen zwischen 5 °C und 10 °C beginnen die meisten einheimischen Kulturpflanzen zu wachsen.

Grundbegriffe

Ökologische Potenz wird der Bereich von abiotischen Faktoren genannt, den die einzelnen Arten nutzen und in dem sie sich auch fortpflanzen können.
Minimum ist die untere Grenze des Wirkungsbereiches (die Größe) eines abiotischen Faktors, in dem die Art noch existieren, aber sich nicht fortpflanzen kann.
Maximum ist die obere Grenze des Wirkungsbereiches (die Größe) eines abiotischen Faktors, in dem die Art noch existieren, aber sich nicht fortpflanzen kann.
Optimum ist der Wirkungsbereich (die Größe) eines abiotischen Faktors, in dem die Art am besten gedeiht und sich fortpflanzt.
Toleranz ist die Fähigkeit, Schwankungen der Wirkungen von abiotischen Faktoren sowohl in Richtung auf das Minimum als auch auf das Maximum in bestimmten Grenzen zu ertragen. Der Bereich zwischen Minimum und Maximum wird **Toleranzbereich** genannt.

Überleben und Häufigkeit einer Art sind von dem Umweltfaktor abhängig, der vom Optimum am weitesten entfernt ist. Dieses so genannte Wirkungsgesetz hatte JUSTUS VON LIEBIG 1862 herausgefunden, als er den Nährstoffbedarf von Kulturpflanzen untersuchte.

Toleranzbereich des Wald-Ziest
Während der Individualentwicklung zeigt der Wald-Ziest einen bestimmten Toleranzbereich gegenüber dem Lichtfaktor.

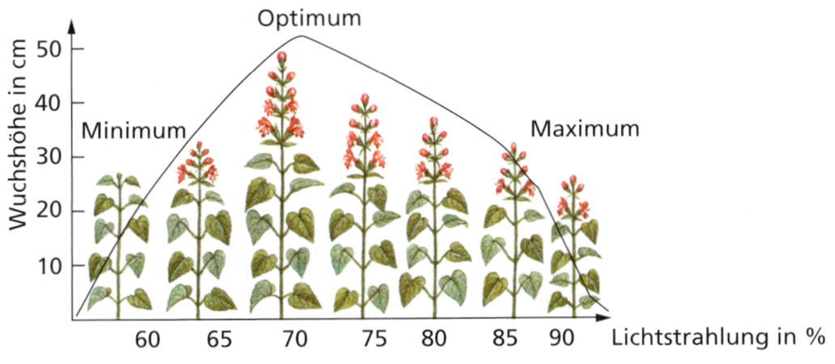

Zeigerpflanzen (Indikatorpflanzen)

Der Gärtner kann am Vorkommen von **Zeigerpflanzen** auf bestimmte Bodenverhältnisse schließen, eine Bodenanalyse durchführen lassen und daraufhin z.B. organischen sowie mineralischen Dünger ausbringen.

Zeigerpflanzen sind Standortanzeiger. Sie besitzen gegenüber *einem* bestimmten Umweltfaktor einen engen Toleranzbereich (z.B. bezogen auf Bodeneigenschaften wie Kalk-, Stickstoff-, Säure-, Feuchtigkeits-, Nährsalzgehalt).

Zeigerpflanzen (↗ S. 336) sind Pflanzen, die durch ihr gehäuftes Auftreten ein bestimmten Bodentyp anzeigen. Sie treten vorzugsweise auf diesem bestimmten Boden auf und bilden typische Pflanzengesellschaften. Es gibt z.B. Kalkpflanzen, Nitratpflanzen, Salzpflanzen; Kalkflieher.

Umweltfaktor	Pflanzliche Zeigerarten (Beispiele)
Bodenreaktion sauer (pH-Wert 3 bis 6,5)	*Säureanzeiger:* Preiselbeere, Hain-Wachtelweizen, Heidelbeere, Heidekraut, Schlängel-Schmiele, Kiefer
Bodenreaktion basisch (pH-Wert 7,5–9)	*Kalkanzeiger:* Huflattich, Bingelkraut, Leberblümchen, Hohler Lerchensporn, Lungenkraut, Schlüsselblume, Gelbes Windröschen
Feuchtigkeit groß (feuchte Standorte)	*Feuchteanzeiger:* Sumpf-Dotterblume, Wiesen-Schaumkraut, Gelbe Schwertlilie, Torfmoos
Feuchtigkeit gering (trockene Standorte)	*Trockenheitsanzeiger:* Heidekraut, Besenginster, Federgras, Silbergras, Zypressen
Stickstoffgehalt hoch	*Stickstoffanzeiger:* Große Brennnessel, Bärenklau

Stickstoffanzeiger (Große Brennnessel)

Säureanzeiger (Heidelbeere)

Feuchteanzeiger (Sumpf-Dotterblume)

Kalkanzeiger (Leberblümchen)

9.3 Beziehungen zwischen Organismen und biotischen Umweltfaktoren

In einem bestimmten Lebensraum (z.B. Tümpel) existiert eine bestimmte Lebensgemeinschaft aufgrund der vorherrschenden abiotischen Faktoren wie auch der vielfältigen Beziehungen der Lebewesen untereinander.

Synökologie untersucht die Einflüsse von der Umwelt auf die Lebensgemeinschaften (↗ S. 13).

Innerartliche Beziehungen sind Beziehungen zwischen **artgleichen** Lebewesen (z.B. zwischen zwei oder mehreren Kohlmeisen) um Nahrung, Raum, Partner, Brutplatz. Sie werden auch innerartliche Konkurrenz genannt.
Zwischenartliche Beziehungen sind Beziehungen zwischen **artfremden** Lebewesen (z.B. zwischen Kohlmeise und Buntspecht) um Nahrung und Raum. Zu den zwischenartlichen Beziehungen gehören auch die Symbiosen (↗ S. 343) und der Parasitismus (↗ S. 227, 344). Zwischenartliche Beziehungen werden auch zwischenartliche Konkurrenz genannt.
Unter einer **Art** versteht man alle Lebewesen, die in wesentlichen Merkmalen übereinstimmen, sich untereinander fortpflanzen und deren Nachkommen fruchtbar sind (↗ S. 274).

Kommensalismus ist eine Form des Zusammenlebens zwischen zwei artverschiedenen Organismen.

9.3.1 Nahrungsbeziehungen

Nahrungsbeziehungen (trophische Beziehungen) sind die wichtigsten Beziehungen in einem Ökosystem (↗ S. 346).

Produzenten (**Erzeuger** organischer energiereicher Stoffe) sind die Pflanzen mit Chloroplasten aufgrund ihrer fotosynthetischen Stoffwechselleistung. Damit sind die Produzenten Ausgangspunkt von Nahrungsketten und Nahrungsnetzen (↗ S. 349) sowie Voraussetzung für die Ernährung heterotropher Lebewesen (↗ S. 192).

Konsumenten (**Verbraucher** organischer, energiereicher Stoffe) ernähren sich von den pflanzlichen organischen energiereichen Stoffen als Pflanzenfresser (Erstkonsumenten) oder nehmen als Fleischfresser (Zweit-, Dritt-, Endkonsumenten) tierische organische energiereiche Nahrung auf.

Destruenten (**Zersetzer** organischer energiereicher Stoffe) bauen als *Abfallfresser* (z.B. Regenwurm, Aaskäfer) und *Mineralisierer* (z.B. Bakterien, Pilze) tote, energiereiche, organische pflanzliche und tierische Substanz in anorganische energiearme Stoffe wie Kohlenstoffdioxid, Wasser und Mineralstoffe unter Energiefreisetzung ab.

9.3.2 Konkurrenz zwischen den Lebewesen

Konkurrenz ist der Wettbewerb zwischen den Lebewesen um einen Umweltfaktor, der nicht unbegrenzt vorhanden ist, z.B. um Nahrung, Raum oder Licht.

Konkurrenzausschlussprinzip:
Wenn zwei Arten die gleichen Umweltansprüche haben, dann können sie auf längere Zeit nicht nebeneinander existieren.

Konkurrenz um Licht
Eine Ursache für die unterschiedliche Entwicklung von Pflanzen der gleichen Art ist in der Konkurrenz um Licht zu suchen. So entwickeln im Frühjahr die Busch-Windröschen auf Lichtungen etwas größere Blüten und Laubblätter als unter Bäumen.

Konkurrenz um Raum
Zum Anlegen von Bruthöhlen durch Spechte ist ein alter Baumbestand erforderlich.
Sind nur wenige alte Brutbäume vorhanden, dann ist die Konkurrenz der Spechte um diese Brutorte besonders groß.

Konkurrenz um Fortpflanzungspartner
Turnier- oder Kommentkämpfe zwischen zwei ranghohen Hirschen laufen als Auseinandersetzung um Geschlechtspartner oder Rangordnungsposition nach angeborenen Verhaltensmustern ab (↗ S. 324).

Konkurrenz um Nahrung
Bei Massenauftreten von Tieren der gleichen Art (z.B. Insektenlarven nach dem Schlupf) ist das Nahrungsangebot (z.B. Futterpflanze) ein begrenzender Faktor. Entweder ein Teil der Jungtiere wandert aus (benachbarte Pflanze) oder bleibt im Wachstum zurück und verhungert schließlich.

9.3.3 Zusammenleben in Symbiosen

Symbiose ist ein enges Zusammenleben von zwei artverschiedenen Organismen mit einem gegenseitigen Vorteil, mit beiderseitigem Nutzen.

Die beiden Organismen können beide Pflanzen, beide Tiere, Pflanze und Tier, Pflanze und Pilz oder Pflanze/Tier und Bakterien sein. Vielfach bestehen auch bei Symbiosen ernährungsbedingte Beziehungen.

Auch im Tierreich gibt es Symbiosen. Der Einsiedlerkrebs verbirgt seinen weichen Hinterleib in einem Schneckengehäuse. Dieses führt er immer mit sich und wechselt es, wenn er wächst. Auf dem Gehäuse siedeln sich Seerosen (Korallen, ↗ S. 83) an. Durch ihre Nesselkapseln in den Fangarmen ist der Krebs geschützt. Der Krebs wiederum trägt sie bei seinen Wanderungen in neue Nahrungsräume.

Pilzmyzel und Wurzeln von Samenpflanzen (Mykorrhiza)

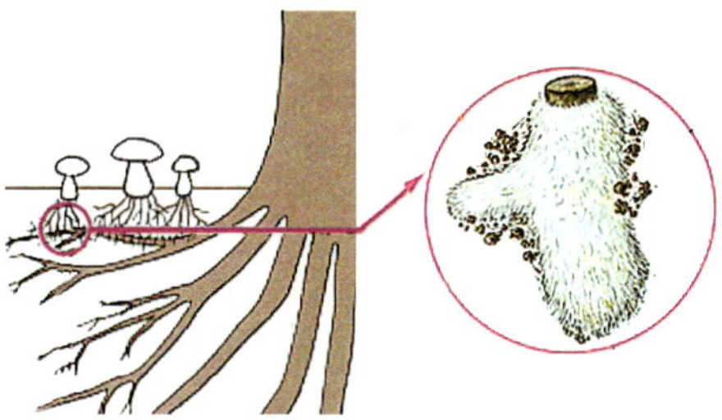

Wurzeln, beispielsweise von Kiefer, Buche, Lärche, Birke, Eiche, erhalten Mineralsalze und Wasser. Pilzmyzel erhält organische Stoffe, z.B. Kohlenhydrate.
Beispiel: Birkenpilz/Birke

Algen und Pilzmyzel in Flechten

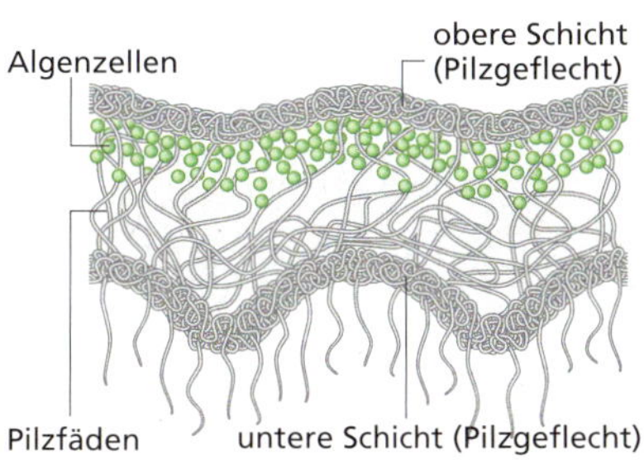

Pilzmyzel erhält organische Stoffe, gibt der Flechte Form und Gestalt, bildet das Gerüst der Flechte.
Grünalgen oder Cyanobakterien erhalten Kohlenstoffdioxid, Wasser und Mineralstoffe.

Knöllchenbakterien und Schmetterlingsblütengewächse

Knöllchenbakterien bilden an den Wurzeln von Schmetterlingsblütengewächsen (z.B. Erbse) Knöllchen, in denen sie leben. Sie binden den Stickstoff der Luft und versorgen die Pflanzen damit. Dafür erhalten sie z.B. Wasser und organische Stoffe.

9.3.4 Parasitismus

Regelmäßige Körperpflege und generelle Hygiene (u.a. auch Abwaschen von Obst und Gemüse vor dem Essen) dämmt den Parasitenbefall des Menschen ein.

Parasitismus ist ein Zusammenleben von Organismen verschiedener Arten mit einseitigem Nutzen für eine Art, den Parasiten. In der Regel werden dem **Wirt** (↗ S. 227) vom Parasiten Nährstoffe entzogen. Dabei wird der Wirtsorganismus geschädigt, aber meist nicht getötet.

Der Schweinefinnenbandwurm erreicht eine Länge von 2 bis 4 m und lebt im Dünndarm von Fleischfressern und selten auch des Menschen (Hauptwirt). Seine Larven entwickeln sich im Hausschwein (Zwischenwirt).

Schlupfwespen und Insektenlarven

Die Schlupfwespe (Parasit) legt ihre Eier in eine Kohlweißlingsraupe (Wirt). Dort erfolgt die weitere Entwicklung der Schlupfwespenlarven zu den Schlupfwespenpuppen. Dies hat das Absterben der Kohlweißlingsraupe zur Folge (biologische Schädlingsbekämpfung).

Kohlraupenschlupfwespe

Raupe mit Schlupfwespenpuppen

9.3.5 Zusammenleben in Tierstaaten

Ein **Tierstaat** ist eine komplizierte Form des Zusammenlebens von Tieren einer Art mit Arbeitsteilung aufgrund des unterschiedlichen Körperbaus und verschiedener Funktionen der Mitglieder.

Das Zusammenleben im Tierstaat gibt dem Einzellebewesen Schutz, bietet Nahrung und eine gewisse Unabhängigkeit von den Klimaverhältnissen (z.B. Temperatur).

Hummeln und Wespen überwintern als befruchtete Weibchen. Diese gründen mit der Eiablage im Frühjahr einen neuen einjährigen Staat.

Bienenstaat

Honigbienen (Abb.) bilden aus Tausenden von Individuen (Königin, Arbeitsbienen, Drohnen) ein Bienenvolk mit ausgeprägter Arbeitsteilung. Nahrungsvorräte (Honig, Pollen) sichern auch in den Wintermonaten die Erzeugung von Wärme (26–30 °C) im Bienenstock.

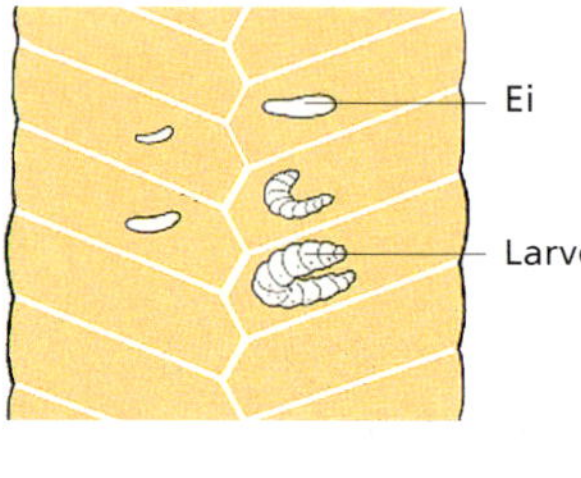

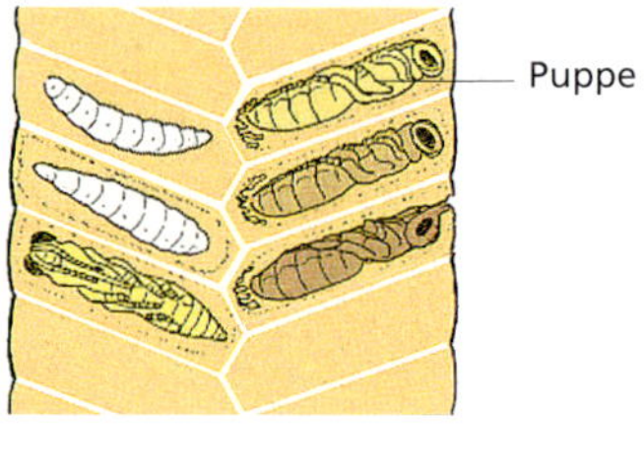

Ameisenstaat

Ameisenstaaten haben oft mehrere Königinnen, eine große Anzahl von Arbeiterinnen und viele Männchen. Nahrungsvorräte werden nicht angelegt. Die Wintermonate überdauern Ameisen in Winterstarre (Kältestarre).

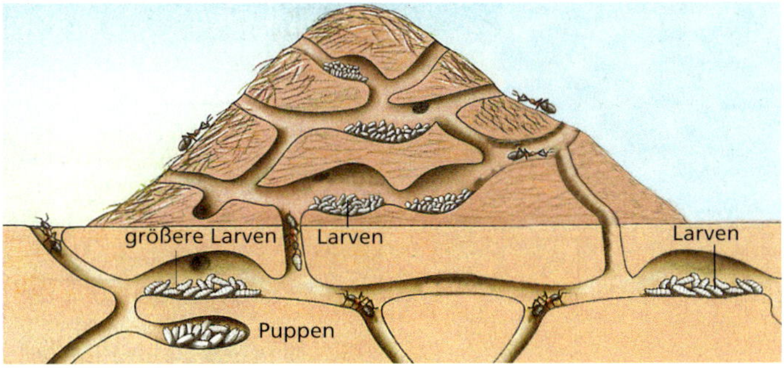

Termiten leben in zahlenmäßig großen und mehrjährigen Tierstaaten in den Tropen und Subtropen. Ein Volk kann aus mehreren Millionen Tieren bestehen. Auch hier herrscht Arbeitsteilung.

9.3.6 Zusammenleben in Biozönosen

Biozönose ist eine Gemeinschaft von Lebewesen vieler verschiedener Organismenarten, die gemeinsam in einem **Lebensraum (Biotop)** lebend vorkommen und miteinander in Beziehung stehen, z.B. alle Tiere, Pflanzen, Pilze und Bakterien eines Teiches oder eines Waldes.

In der Botanik wird der Biotop häufig als Standort bezeichnet.

Biotop (Lebensraum) ist die abiotische Umwelt einer Lebensgemeinschaft. Es ist der von einer Lebensgemeinschaft besiedelte Raum, der der Lebensgemeinschaft die entsprechenden Lebensbedingungen bietet.

Biozönose Teich

Alle Lebewesen (z.B. Bakterien Pilze, Tiere und Pflanzen) eines Teiches oder eines Waldes bilden eine Biozönose.

Alle diese Lebewesen sind an bestimmte Umweltbedingungen angepasst (z.B. Licht Boden, Wasser), beeinflussen sich wechselseitig und sind voneinander abhängig.

9.4 Das Ökosystem

9.4.1 Charakteristik eines Ökosystems

Baumstubben im Wald werden nach dem Fällen meist nicht gerodet. Sie bieten einer Vielzahl von Tieren und Pflanzen ausgezeichnete Lebensbedingungen (z.B. Nahrung, Unterschlupf, Fortpflanzungsort, Wuchsort).

Das **Ökosystem** ist ein **Beziehungsgefüge** zwischen einer Lebensgemeinschaft (Biozönose) und ihrem Lebensraum (Biotop). Beide bilden aufgrund vielfältiger Wechselbeziehungen eine Einheit.

Ökosystem Wald

Lebensraum (Biotop) (gegliedert in Schichten) ↔ Lebensgemeinschaft (Biozönose) (bestehend aus Pflanzen, Tieren, Pilzen, Bakterien)

Teil – Lebensräume

- Baum
- Baumhöhle
- Baumstubben
  Waldtümpel u.a.

Teil – Lebensgemeinschaften

- Organismen auf Bäumen
- Organismen in Baumhöhlen
- Organismen in Baumstubben
- Organismen im Waldtümpel u.a.

Wechselbeziehungen

- zwischen den Organismen (z.B. Konkurrenz, Symbiose, Blüte – Insekt)
- zwischen Organismen und abiotischen Umweltfaktoren (z. B. Pflanze – Licht, Pflanze – Azidität des Bodens, Froschlarve – Wassertemperatur)

An einem sonnigen Tag produziert eine 115-jährige Buche etwa 9,4 m^3 Sauerstoff und 12 kg Kohlenhydrate. Dabei werden 45 m^3 Luft „regeneriert“. Das entspricht einem Tagesbedarf von 2–3 Menschen.

Merkmale eines Ökosystems

- Ökosysteme besitzen eine (meist) deutliche **Gliederung** in Schichten (terrestrisches Ökosystem) oder Zonen (aquatisches Ökosystem).
- Ökosysteme sind **offene Systeme.**
- Die Organismen als Elemente eines Ökosystems lassen sich den **Ernährungsstufen** als Produzenten (Erzeuger), Konsumenten (Verbraucher) und Destruenten (Zersetzer) zuordnen (↗ S. 15, 341).
- Die Organismen sind Bestandteile sehr komplexer **Nahrungsnetze.**
- Im Ökosystem bestehen ein **Stoffkreislauf** und ein **Energiefluss**.
- Im Ökosystem besteht ein **ökologisches Gleichgewicht** als ausgewogenes Verhältnis zwischen den Arten in einem längeren Zeitraum.
- Ökosysteme sind durch ihre **Produktivität** und die Fähigkeit zur **Selbstregulation** gekennzeichnet.
- Ökosysteme **entwickeln sich,** d.h., sie verändern sich in (meist) längeren Zeiträumen (Sukzession, Klimaxgesellschaft, ↗ S. 357).

9.4.2 Räumliche Struktur eines Ökosystems

Jedes **Ökosystem** ist durch die im Lebensraum eng zusammenlebenden Organismen (z.B. Pflanzen, Tiere, Pilze und Bakterien eines Waldes, einer Wiese, eines Sees) und durch das Wirken der Umweltfaktoren räumlich strukturiert.

Ökosysteme weisen eine räumliche Struktur (Schichtung, Zonierung) auf.

Schichtung in einem Mischwald

Wälder sind (meistens) deutlich in Schichten gegliedert.

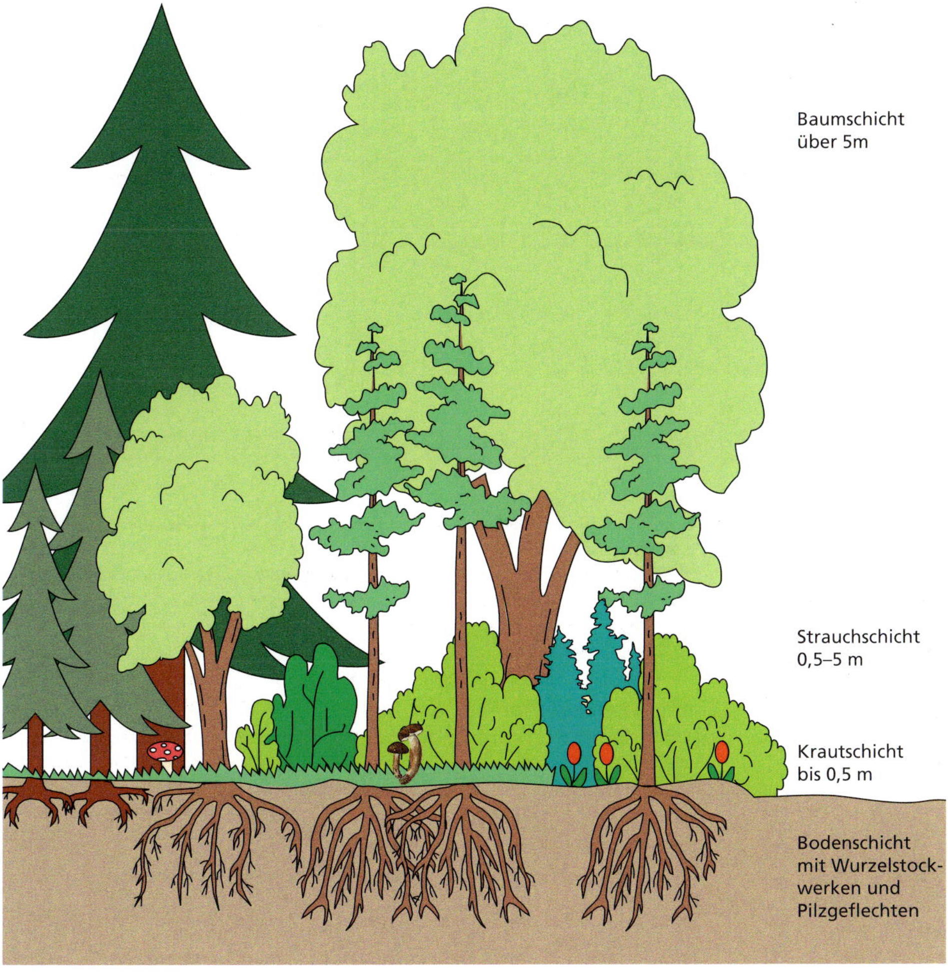

Zonierung eines Gewässers

Ein See ist in bestimmte Zonen gegliedert (z.B. Röhrichtzone, Schwimmblattzone). In jeder Zone leben bestimmte Organismengesellschaften aufgrund der unterschiedlichen Umweltverhältnisse (z.B. Wassertiefe, Temperatur, Lichtintensität).

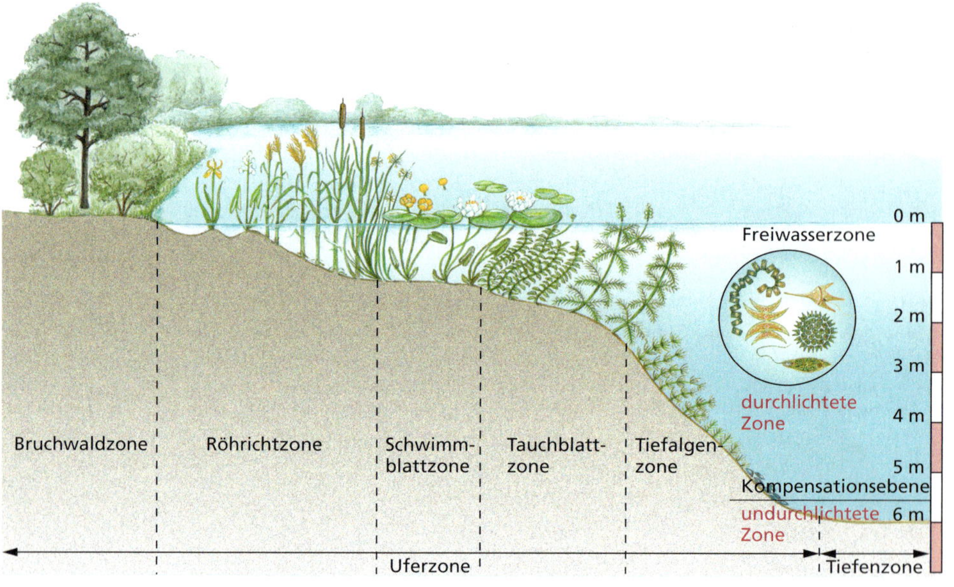

Lebewesen in den einzelnen Zonen (Auswahl)

Bruchwaldzone
Erlen, Weiden, Seggen, Schwertlilien, Gilbweiderich, Blutweiderich
Röhrichtzone
Graureiher, Reiherente, Laufkäfer, Erdkröte, Posthornschnecke, Drosselrohrsänger, Rohrdommel;
Schilfrohr, Rohrkolben, Binsen, Simsen, Pfeilkraut, Froschlöffel
Schwimmblattzone
Teichmuschel, Libellen, Flusskrebs, Schnecken, Rohrdommel, Jungfische, Teichhuhn, Blesshuhn;
Seerose, Teichrose, Schwimmendes Laichkraut, Wasser-Knöterich
Tauchblattzone
Schnecken, Egel, Borsten- und Strudelwürmer, Wasserkäfer, Teichhuhn, Reiherente, Insektenlarven; Krauses Laichkraut, Tausendblatt, Hornblatt
Tiefenalgenzone
Armleuchteralgen, Grünalgen, Kieselalgen
Freiwasserzone
Entenarten, Höckerschwan, Insektenarten, Insektenlarven, tierisches und pflanzliches Plankton, Fische

Gleiche Tierarten können durchaus unterschiedliche Lebensräume besiedeln. Einige Fischarten, z.B. Plötze, Rotfeder, laichen in Ufernähe in der Röhrichtzone. Die Jungfische leben vor allem in der Schwimmblattzone, während die geschlechtsreifen Tiere in der Freiwasserzone Schwärme bilden.

9.4.3 Nahrungsketten, Nahrungsnetze, Nahrungspyramide

Nahrungsketten

> Die **Nahrungskette** ist eine Abfolge von Organismen, die – bezogen auf ihre Ernährung – direkt voneinander abhängig sind.

Nahrungskette in der Lebensgemeinschaft Wald (Auswahl)

Fichtenzapfen, Haselnuss → Eichhörnchen → Baummarder → Uhu

Fichtenzapfen Haselnuss	Eichhörnchen	Baummarder	Uhu
↖ Schimmelpilze	↖ Schimmelpilze	↖ Schimmelpilze	↖ Schimmelpilze
Pflanzen, Pflanzenteile →	Pflanzenfresser →	Fleischfresser →	Fleischfresser
Produzenten (Erzeuger)	**Primärkonsumenten** (Erstverbraucher)	**Sekundärkonsumenten** (Zweitverbraucher)	**Endkonsumenten** (Endverbraucher)
	↖ Destruenten	↖ Destruenten	↖ Destruenten

Nahrungsketten in der Lebensgemeinschaft Gewässer (Auswahl)

Schilf → Wasserschnecke → Gelbrandkäfer

Wasserpflanzen → Karpfen → Graureiher

Einzellige Algen → Wasserfloh → Hering (Friedfisch) → Hecht (Raubfisch) → Mensch

Einzellige Algen	Wasserfloh	Hering (Friedfisch)	Hecht (Raubfisch)	Mensch
Pflanzen, Pflanzenteile →	Pflanzenfresser →	Fleischfresser →	Fleischfresser →	Fleischfresser
Produzenten → (Erzeuger)	**Primärkonsumenten** → (Erstverbraucher)	**Sekundärkonsumenten** → (Zweitverbraucher)	**Tertiärkonsumenten** → (Drittverbraucher)	**Endkonsumenten** (Endverbraucher)

Nahrungsnetze

Nahrungsnetz in der Lebensgemeinschaft See: Wasserpflanzen, und pflanzliches Plankton z. B. bilden die *Produzenten*. Als *Konsumenten* treten z. B. Schnecken, Wasserflöhe, Eintagsfliegen (Erstkonsumenten), Plötzen, Rotfedern (Zweitkonsumenten) und Hechte (Endkonsumenten) auf. *Destruenten* sind z. B. Bakterien und Pilze.

Nahrungsnetze entstehen im Ergebnis vielfältiger Nahrungsbeziehungen, da sich ein Lebewesen normalerweise von mehreren anderen Lebewesen ernährt. Dadurch überlagern sich verschiedene Nahrungsketten zu einem Nahrungsnetz.
Die Lebewesen eines Nahrungsnetzes lassen sich den Ernährungsstufen (Produzenten – Konsumenten – Destruenten) zuordnen (↗ S. 341).

Nahrungsnetz in der Lebensgemeinschaft Hecke

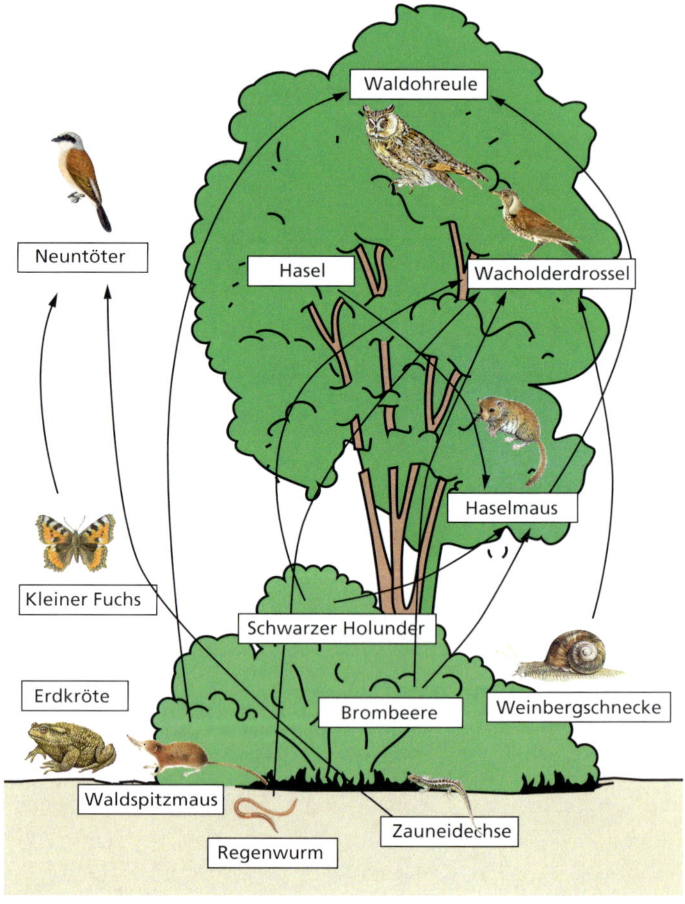

Produzenten: Holunder, Brombeere, Hasel
Konsumenten: Weinbergschnecke, Zauneidechse, Erdkröte, Haselmaus, Neuntöter, Wacholderdrossel, Waldohreule, Kleiner Fuchs
Destruenten: Bakterien, Pilze, Regenwürmer

Nahrungspyramide

Nahrungspyramide ist die quantitative (massenmäßige) Darstellung der Nahrungsmengen der verschiedenen Ernährungsstufen (Produzenten, Konsumenten) einer Nahrungskette bzw. eines Nahrungsnetzes in einer bestimmten Form.

Sie verdeutlicht die stetige Abnahme sowohl der Biomasse und damit der in ihr enthaltenen Energie als auch der Individuenanzahl von den Primärproduzenten bis hin zu den Endkonsumenten. Gleichzeitig nimmt die Größe der Individuen zu.

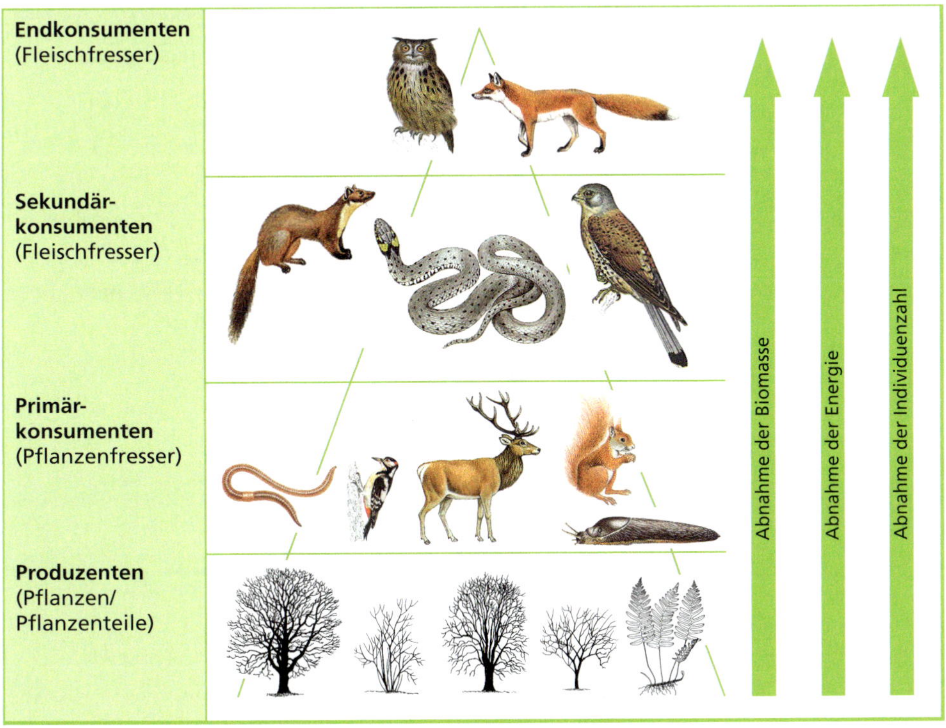

Ökologische Nische

Die **ökologische Nische** einer Art ist die Gesamtheit aller abiotischen und biotischen Umweltfaktoren im Lebensraum, die diese Organismenart zum Leben braucht, z.B. bezogen auf Nahrung, Bruträume, Fangmethoden, Aktivitätszeiten. Außerdem gehört dazu die Wirkung der Art auf ihre Umwelt.

Die ökologische Nische ist kein Raum, sondern ein Beziehungsgefüge.

Ökologische Nischen einiger Entenarten aufgrund unterschiedlicher Nahrung und der Nutzung verschiedener Nahrungsräume

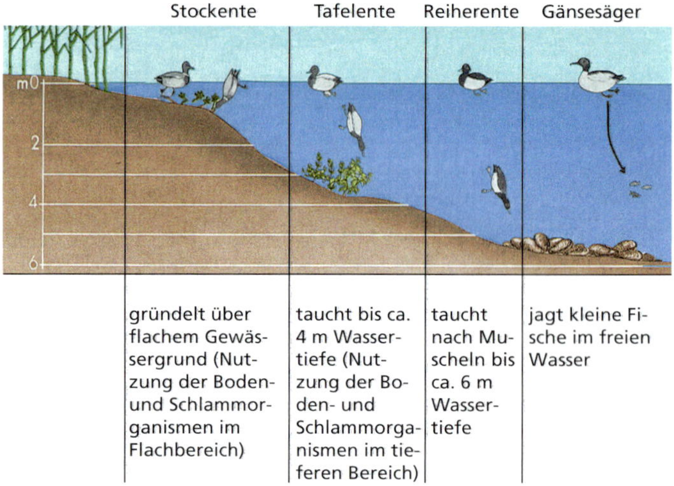

Ökologische Nischen verschiedener Vogelarten aufgrund unterschiedlicher Bruträume in der Uferzone eines Sees

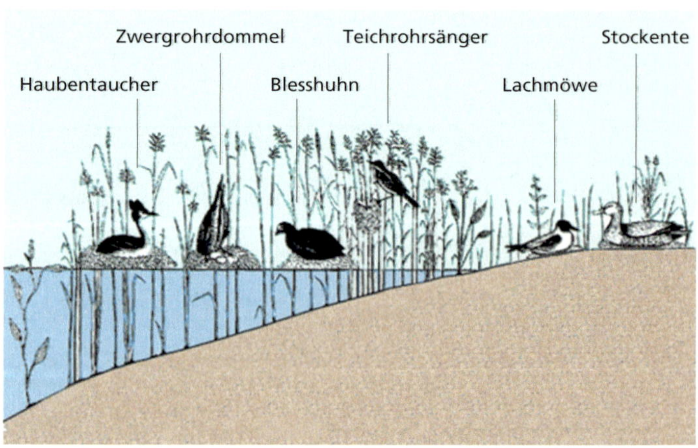

Der **Stickstoffkreislauf** ist ein unentbehrlicher Stoffkreislauf im Ökosystem.

9.4.4 Stoffkreislauf und Energiefluss im Ökosystem

Die vielfältigen Wechselwirkungen der Organismen in einer Lebensgemeinschaft entstehen durch Nahrungsbeziehungen zwischen Produzenten, Konsumenten und Destruenten. Von Ernährungsstufe zu Ernährungsstufe im Nahrungsnetz werden *Stoffe* (Stoffkreislauf) und *Energie* (Energiefluss) weitergegeben.

Stoffkreislauf in einem Ökosystem

Der **Stoffkreislauf** im Ökosystem umfasst alle Prozesse der Produzenten, Konsumenten und Destruenten, die den Auf-, Um- und Abbau von Stoffen einschließen, z.B. Fotosynthese (↗ S. 192), Atmung (↗ S. 195) und Gärung (↗ S. 198).

Stoffkreislauf im Waldökosystem

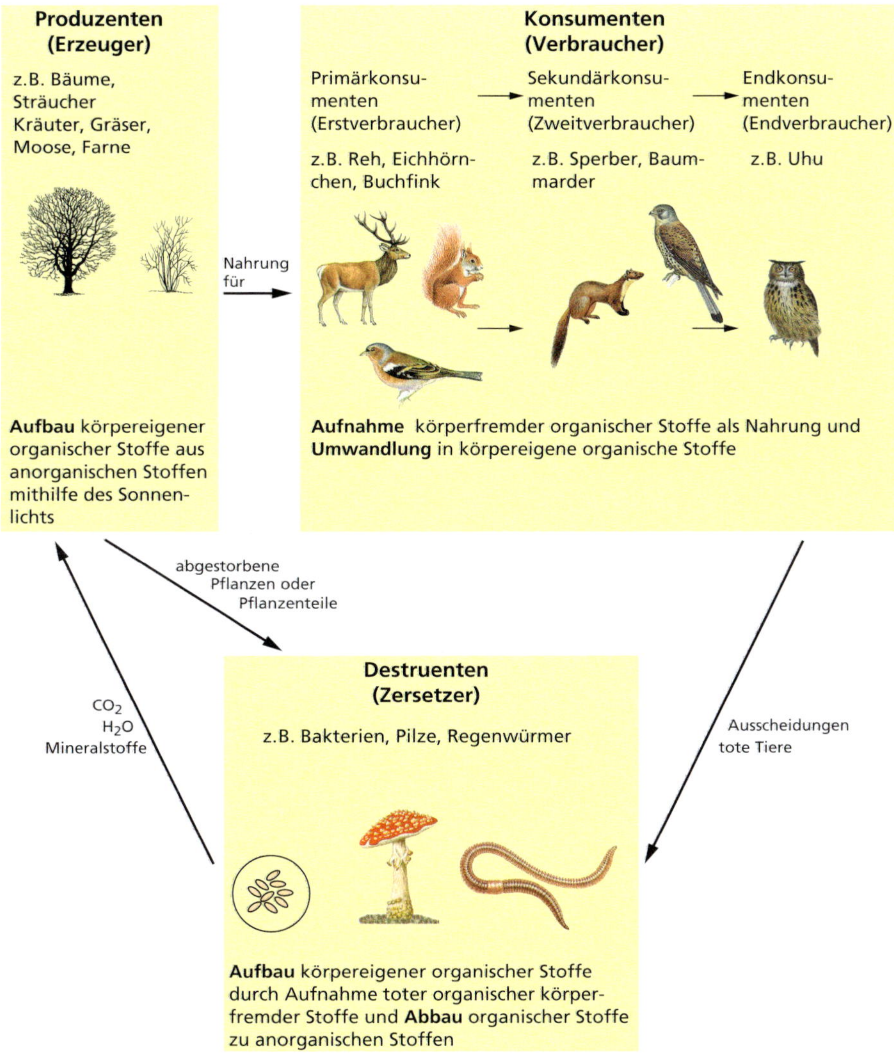

Energiefluss in einem Ökosystem

Durch die Fotosynthese der grünen Pflanzen auf der Erde werden jährlich etwa $3 \cdot 10^{18}$ kJ in $2 \cdot 10^{11}$ t organischer Stoffe gebunden.

Der **Energiefluss** im Ökosystem verdeutlicht die Weitergabe der chemischen Energie in der Nahrungskette von Ernährungsstufe zu Ernährungsstufe. Auf jeder Stufe wird Energie zur Aufrechterhaltung der Stoff- und Energiewechselprozesse benötigt. Die gespeicherte chemische Energie nimmt bis zum Endkonsumenten hin ab.

Stoffkreislauf und Energiefluss sind in jedem Ökosystem untrennbar miteinander verbunden.

Energiefluss im Waldökosystem (Ausschnitt)

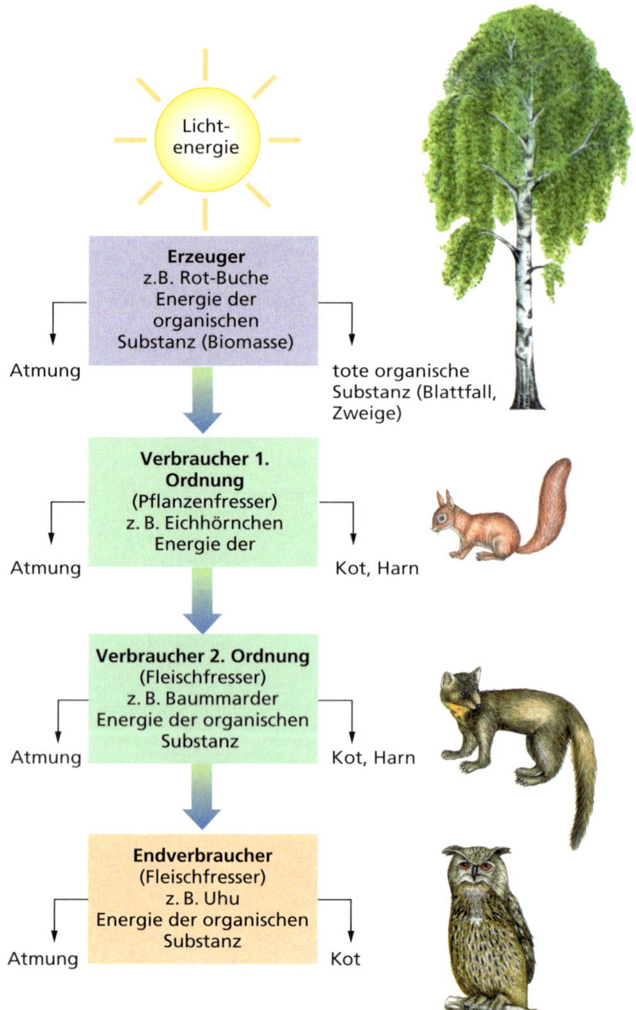

Faustregel: Energieabnahme von Stufe zu Stufe durch Atmung, Ausscheidungen u.a., nur etwa 10 % der Nahrungsenergie werden weitergegeben.

9.4.5 Populationen, Populationsschwankungen, ökologisches Gleichgewicht

Populationen, Populationsschwankungen

Eine **Population** bilden alle Lebewesen einer Art in einem abgegrenzten zusammenhängenden Lebensraum, z.B. alle Stichlinge eines Teiches, alle Buchen eines Mischwaldes. Sie stellen eine Fortpflanzungsgemeinschaft dar.

Die Anzahl der Individuen (**Populationsdichte**) einer Population schwankt im Laufe der Zeit. Die **Populationsschwankungen** sind von vielen abiotischen (z.B. Klima) und biotischen (z.B. Räuber – Beute) Umweltfaktoren abhängig und Ergebnis von Regelvorgängen.

Populationsschwankungen in einem Räuber-Beute-System
(vereinfachte Darstellung)

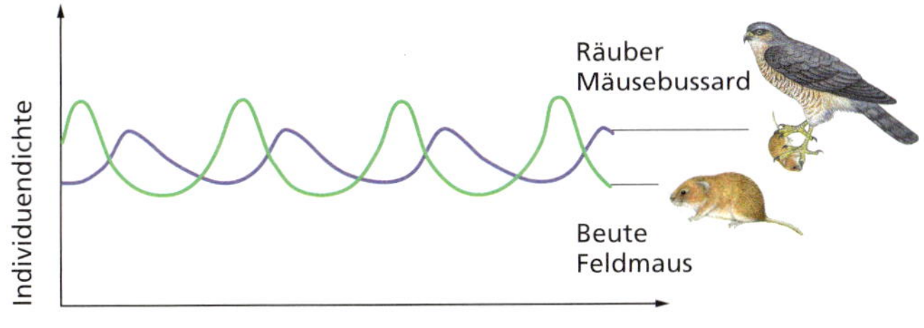

Regelung der Anzahl der Individuen einer Population (Populationsdichte)

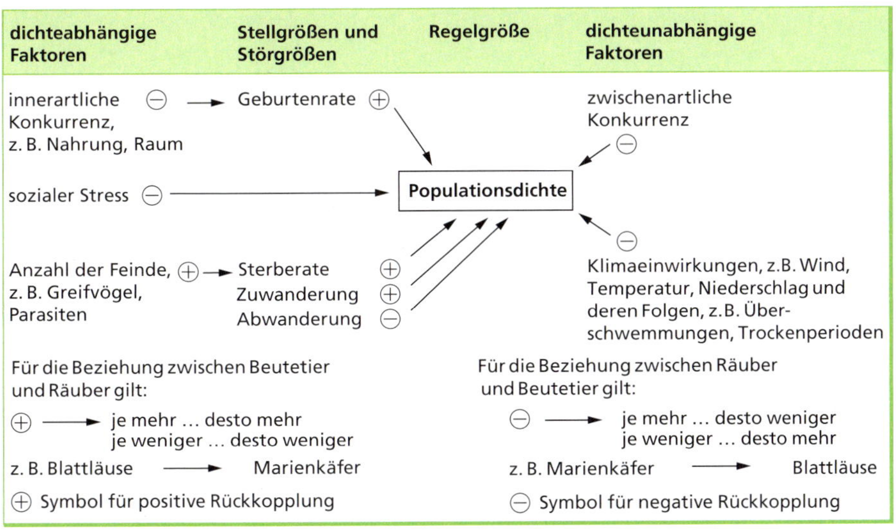

Ökologisches Gleichgewicht

Ökologisches Gleichgewicht ist ein ausgeglichenes Abhängigkeits- und Beziehungsgefüge in einem Ökosystem zwischen Produzenten, Konsumenten und Destruenten sowie den abiotischen Faktoren über einen bestimmten Zeitraum.

Die Anzahl der Individuen schwankt in einem längeren Zeitraum wegen der ernährungsbedingten Abhängigkeiten (z.B. Räuber–Beute) um einen Mittelwert.
Das ökologische Gleichgewicht beruht auf **Selbstregulation.** Es ist umso stabiler, je artenreicher die Lebensgemeinschaft bzw. das Ökosystem ist. Selbstregulation in einer Biozönose bzw. einem Ökosystem ist die Einhaltung der Populationsdichte nahe einem bestimmten Mittelwert durch negative Rückkopplung.

Biologisches Gleichgewicht ist der Zustand innerhalb einer Lebensgemeinschaft, bei dem die mengenmäßige Zusammensetzung der Arten relativ gleich bleibt.

Biologisches Gleichgewicht zwischen Borkenkäfer (Beutetier) und Specht (Räuber) (vereinfachte Modellvorstellung)

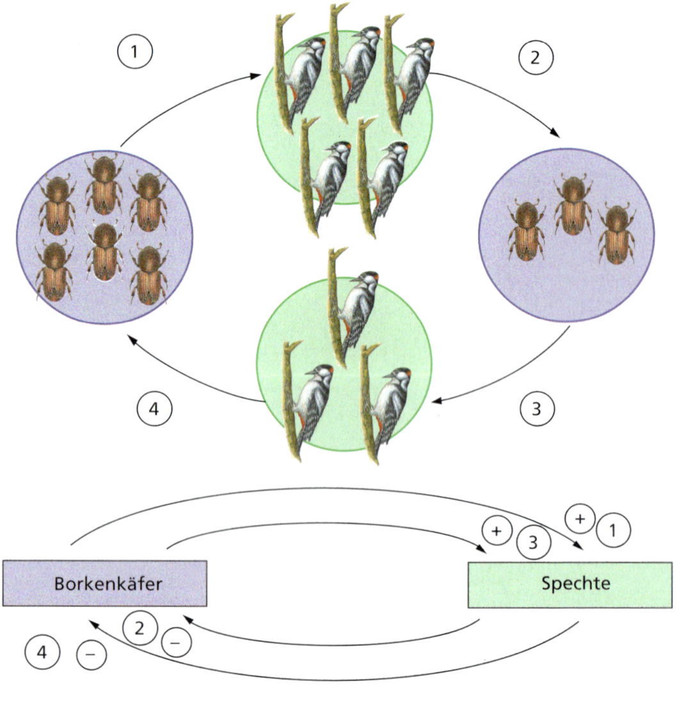

Am stabilsten ist das ökologische Gleichgewicht in Urwäldern und in Biozonen, die nicht vom Menschen beeinflusst werden. Die Artenzusammensetzung verändert sich hier nur geringfügig, da ein Populationsanstieg durch Selbstregulierung abgefangen wird.

Je mehr Borkenkäfer, desto mehr Schwarzspechte (①, ⊕),
je mehr Schwarzspechte, desto weniger Borkenkäfer (②, ⊖),
je weniger Borkenkäfer, desto weniger Schwarzspechte (③, ⊕),
je weniger Schwarzspechte, desto mehr Borkenkäfer (④, ⊖).

9.5 Entwicklung von Ökosystemen

Erstmalige Besiedlung von neu sich bildenden Ökosystemen (z. B. Vulkaninseln), Umweltveränderungen natürlicher Ursachen (z. B. Klimaveränderungen) oder Eingriffe des Menschen (z. B. Kahlschlag) führen zur zeitlichen Aufeinanderfolge von verschiedenen Pflanzen- und Tiergesellschaften (Sukzession).

Sukzession ist die zeitliche Aufeinanderfolge oder Abfolge von Organismengesellschaften in einem bestimmten Ökosystem.
Eine Sukzession endet (oft nach langen Zeiträumen) mit einer ökologisch stabilen Schlussorganismengesellschaft (Endstadium oder Klimaxstadium).

Sukzessionen können durch das Klima, die Bodenentwicklung oder durch die Lebenstätigkeit der Organismen selbst hervorgerufen werden. Sie treten auf als Veränderungen infolge langfristiger Klimaveränderungen (z. B. Entwicklung von Tundra zum Laubwald in Mitteleuropa nach der Eiszeit), als Erstbesiedlung von sich neu besiedelnden Flächen (z. B. Vulkaninseln), als Wiederherstellung des ehemaligen Zustandes nach stärkeren Eingriffen (z. B. Feuer, Kahlschlag, Überschwemmungen, Ackerbau).

Entwicklung vom Kahlschlag zum Wald

Kahlschlag	bis 10 Jahre Pflanzen der Krautschicht	ca. 10–20 Jahre Pflanzen der Strauchschicht	ca. 20–100 Jahre Pflanzen des Jungwaldes	über 100 Jahre

Moospflanzen, niedrige Gräser	Licht liebende Pflanzen als Pionierarten, z.B. Weidenröschen, Greiskraut, Ruhrkraut, Reitgräser	Ansamen von Sträuchern, z.B. Brombeere, Himbeere, und von Bäumen, z.B. Birke, Holunder, Espe, Weide	Wachsen von jungen Waldbäumen, z.B. Eiche, Buche, Kiefer, Fichte	Alte Waldbäume

Anfangsstadium

Sukzessionen
(zeitliche Abfolge verschiedener Entwicklungsstadien in Richtung auf ein relativ beständiges Endstadium)

Endstadium
(Klimaxgesellschaft)

Entwicklungsfolgen bei der Verlandung eines Sees

Auch bei der Verlandung eines Sees kann man eine zeitliche Abfolge von Organismengesellschaften beobachten.

Verflachung des Seebeckens

Organische und anorganische Substanzen sammeln sich im Uferbereich an und werden eingeschwemmt. Es bilden sich außerdem oft ausgedehnte Faulschlammschichten.

Verlandung des Sees

Aufgrund der Verflachung dringen Pflanzen der Röhricht- und der Schwimmblattzone zur Gewässermitte vor. Der See beginnt vom Uferbereich aus zuzuwachsen. Große Mengen abgestorbenen Pflanzenmaterials führen zur Verlandung.

Bildung eines Flachmoores

Auf den Verlandungsflächen entwickeln sich vor allem Sauer- und Süßgräser, wobei in langen Zeiträumen die Torfbildung beginnt.

Entstehung eines Bruchwaldes

Ein vorläufiges Endstadium wird mit dem Ansiedeln von Schwarz-Erle, Moorbirke, Weiden, Farnen und Moosen erreicht.

Verflachung des Seebeckens

Verlandung des Sees

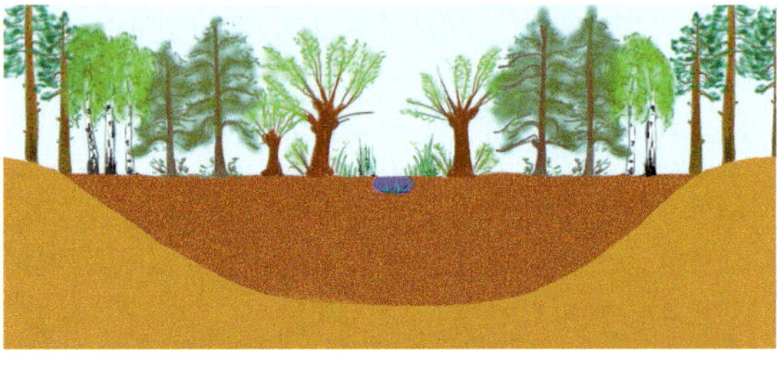

Bildung eines Flachmoores, Entstehung eines Bruchwaldes

9.6 Mensch und Umwelt

9.6.1 Arten- und Biotopschutz

Artenschutz

Artenschutz ist ein Komplex von Maßnahmen (staatlich, privat) zum Schutz von Pflanzen- und Tierarten. Artenschutz richtet sich vor allem auf vom Aussterben bedrohte Lebewesen.

Internationaler Artenschutz: Gefährdete und vom Aussterben bedrohte Tier- und Pflanzenarten sind im Red Data Books (seit 1966) der International Union for Conservation of Nature and Natural Ressources erfasst.
Washingtoner Artenschutzübereinkommen (1973): Verbot und Kontrolle des Handels mit gefährdeten frei lebenden Tier- und Pflanzenarten bzw. deren Teilen (z.B. Häute, Leder, Panzer, Elfenbein, Zähne, Schalen, Gehäuse sowie lebende und tote Tiere und Pflanzen)
Bundesartenschutzverordnung: Bestimmungen zum Schutz gefährdeter einheimischer Pflanzen- und Tierarten. Die gefährdeten wild wachsenden bzw. wild lebenden Arten sind nach Gefährdungsgruppen (z.B. selten – vom Aussterben bedroht – verschollen) geordnet.

Rote Listen enthalten alle Tier- und Pflanzenarten, die im Land gefährdet sind. Jedes Bundesland gibt eine eigene rote Liste heraus.

Ziele des Artenschutzes (Auswahl):
- Erhaltung der Tier- und Pflanzenwelt als Ergebnis der Evolution,
- Schutz einzelner Arten vor dem unwiderbringlichen Aussterben,
- Sicherung von Vielfalt, Schönheit und Einmaligkeit des Lebendigen,
- Wahrnehmung der Verantwortung des Menschen gegenüber lebenden Organismen (Ehrfurcht vor dem Leben),
- Erhaltung von Ökosystemen,
- Sicherung des noch meist unerforschten Genpotentials von Organismen.

Die **Agenda 21** ist ein Aktionsprogramm für das 21. Jahrhundert. Es enthält Maßnahmen, die dem Erhalt unserer Umwelt weltweit dienen.

Biotopschutz

Biotopschutz ist der Schutz von Lebensräumen. Ein wirksamer Artenschutz ist ohne Schutz der Lebensräume (Biotope) nicht möglich.

Aufgrund intensiver Landwirtschaft, Zersiedlung und Verbauung der Landschaft, der Anlage immer neuer Verkehrswege usw. bedürfen Kleinbiotope des besonderen Schutzes, z.B. Wegraine, Feldgehölze, Tümpel, Weiher, Bäche, Dorfteiche, Streuobstwiesen, Ödlandflächen, Trocken- und Feuchtwiesen.

Zum Schutz von Lebensräumen werden Gebiete zu „Nationalparks" bestimmt. In Deutschland gibt es derzeit 10 **Nationalparks.**

Maßnahmen zum Biotopschutz (Auswahl)
In Garten und Schulgelände z.B. Anlage von Teichen, Anpflanzen von Hecken, Aussaat von Wildblumenwiesen, Anbringen von Nistkästen.
Bei Schädlingsbefall auf ökologisch vertretbare Bekämpfungsmaßnahmen zurückgreifen.
Natürliche Lebensräume nicht mutwillig zerstören.

9.6.2 Schutz von Ökosystemen

Schutz der Wälder

Wälder haben große Bedeutung als Lebensräume für Pflanzen und Tiere, als Rohstoffproduzenten und als Erholungsstätten des Menschen.

Viele Wälder sind in Gefahr. Die Ursachen dafür sind vielfältig:

Forstschädlinge sind z. B. Buchdrucker, Nonne, Kiefernspinner, Blauer Kiefernprachtkäfer, Eichenwickler.

Natur als Verursacher

Witterungsextreme
- lange Trockenheit
- Schnee- und Sturmbruch
- Frost

Schaderreger
- Insekten
- Bakterien und Viren
- Pilze

Waldschäden

Fraßgänge der Borkenkäferlarven

Auch der Einsatz von **Bioziden** (chemische Stoffe zur Schädlingsbekämpfung) macht dem Wald zu schaffen.

Mensch als Verursacher

Luftschadstoffe
- Stickstoffoxide
- Schwefeldioxid
- Stäube
- Ozon

Forstwirtschaft
Monokulturen
- Bodennährstoffverarmung
- hohe Wilddichte

Nachwachsende Rohstoffe bieten eine Alternative zu den fossilen Rohstoffressourcen.

Smog

Schälschäden

Maßnahmen zum Schutz unserer Wälder

(1) **Forstwirtschaftliche Maßnahmen**:
- Bodenschutz vor weiterer Versauerung
  Beispiele:
  Anbau standortgerechter Baumarten, integrierter Pflanzenschutz, Düngung und Kalkung (siehe Bild), Wildbestandskontrolle
- Überwachung der Schadensentwicklung durch Infrarot-Luftbild-Aufnahmen

(2) **Politische Maßnahmen**:
- Durchsetzung des Bundes-Immissionsschutz-Gesetzes aus dem Jahr 1990 (15. März 1990)
- Durchsetzung der Großfeuerungsanlagen-Verordnung aus dem Jahr 1983 (1. Juli 1983)
- Beachtung der Schadstoffbegrenzung bei Kfz, seit 1988 EG Abgasgrenzwerte

(3) **Persönlicher Beitrag**:
- sinnvolle Nutzung des Autos und öftere Benutzung öffentlicher Verkehrsmittel
- Energiesparen im Haushalt
  Das erreicht man zum Beispiel durch Reduzieren des Stromverbrauchs, Wassersparen, Einbau einer modernen Heizung, Maßnahmen zur Wärmedämmung von Gebäuden.

Die Kalkung von Wäldern aus der Luft ist eine Möglichkeit die Schäden zu minimieren, die durch **sauren Regen** verursacht werden.

Der 12. Juni 1991 war die Geburtsstunde des **dualen Systems** in Deutschland. Mit der an diesem Tag in Kraft getretenen Verordung sollte eine Reduzierung des Verbrauch an Verpackungsmaterial erreicht werden.

Beim Einkauf sollte man auf das Umweltzeichen „**Blauer Engel**" achten, mit dem umweltorientierte Produkte ausgezeichnet werden.

Schutz der Gewässer

Gewässer sind mehr oder weniger große Ansammlungen von Wasser (z. B. Binnengewässer, Meere, Bäche, Flüsse). Sie sind Lebensraum von Pflanzen, Tieren und anderen Organismen, Nahrungs- und Rohstofflieferanten sowie Stätte der Erholung für den Menschen.

Die **Abwasserreinigung** erfolgt meist in dreistufigen Kläranlagen.

Viele Gewässer sind akut gefährdet. Die Belastung ist hauptsächlich das Ergebnis menschlicher Tätigkeit und Lebensweise.

Die Belastung von Gewässern erfolgt durch

- Eintrag mineralischer Düngesalze (Haushaltsabwässer, Abwässer von mineralstoffüberdüngten Feldern).
- Einleitung ungeklärter Abwässer.
- in Abwässern und Niederschlägen enthaltene Schadstoffe (Schwermetalle, Kochsalz, Ölreste, Abgase).
- Eintrag organischer Stoffe (Pflanzenreste, Gülle, Fäkalien, organische Abfälle).

Jeder kann zur Vermeidung von Gewässerverschmutzung beitragen! Dazu gehören u.a. phosphatfreie Waschmittel verwenden, das Auto nur in speziell dafür vorgesehenen Waschanlagen zu reinigen, aber auch Trinkwasser sparen (z.B. öfter Duschen als Baden).

Eutrophierung ist die Nährstoffübersättigung von Gewässern durch häusliche, gewerbliche und industrielle Abwässer und durch Auswaschung von Dünger aus landwirtschaftlichen Nutzflächen.

Erhöhtes Angebot an z. B. stickstoff- und phosphathaltigen Mineralsalzen verursacht starke Vermehrung von Algen („**Algenblüte**"). Dies bewirkt eine Überproduktion von organischer Substanz. Viele Algen sterben ab, das führt zur Vermehrung von Bakterien, die unter Sauerstoffverbrauch die tote organische Substanz abbauen. Mineralsalze (insbesondere Stickstoffverbindungen und Phosphate) werden wieder freigesetzt und damit wieder eine erneute Massenvermehrung von Algen ermöglicht. Dadurch entsteht ein schwer zu durchbrechender **Teufelskreis**:

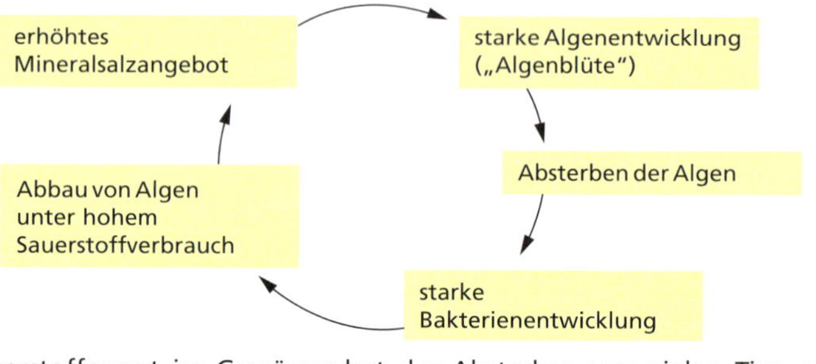

Sauerstoffarmut im Gewässer hat das Absterben von vielen Tier- und Pflanzenarten zur Folge. Es kann Faulschlamm gebildet werden. Das Gewässer wird immer sauerstoffärmer, bis es „umkippt" und zum toten Gewässer wird.

ANHANG A

Register

C

D

O

P

Bildquellenverzeichnis

AKG Berlin: 285/3; Archiv des Museums für Naturkunde, Berlin: 10/1; BASF Agrarzentrum, Limburgerhof: 113/1; Bayer-AG, Leverkusen: 243/2 u. 3; BBA, Institut für Pflanzenschutz in Ackerbau und Grünland, Braunschweig: 242/1; Berlin-Chemie AG: 282/1; Berliner Wasserbetriebe: 15/2; Bertschat, F.-L., Berlin: 141/1; Biedermann, A., Berlin: 35/1; Biologie und Umweltkunde 1 (Leykam Buchverlag): 124/1-4 u.6; Biologie und Umweltkunde 1, Ergänzungsheft (Leykam Buchverlag): 108/4; Biologie und Umweltkunde 2 (Leykam Buchverlag): 44, 52, 83, 86, 95, 98, 341; Block/Litzbarski, Neubuckow: 111/2; Böhmig, R., „Rat für jeden Gartentag“ (Neumann Verlag, 24. Aufl., Radebeul 1995): 77/3, 4, 8; Botanische Bilddatenbank (www.unibas.ch/botimage): 271/5-7; Brezmann, S., Hamburg: 20/1, 21/1, 48/2, 49/1 u. 2, 51/3, 68/1, 71/1, 77/7, 182/2, 197/1 u.2, 206/1, 220/1; Corel Photos: 8/2, 15/1, 16/1, 78/3-6, 79/1-8, 80/1, 84/1 u.2, 115/1, 122/1, 156/2-4, 204/1, 310/1-3, 318/1, 319/2, 324/2 u. 3, 326/1, 328/1; Daber, Helms, „Mein kleines Fossilienbuch“(Urania-Verlag): 287/1, 288/1-5; „Der Kosmos-Tierführer“/Zahradnik/Cihar, „Der Kosmos-Käferführer“/Harde/Severa, „Der Kosmos-Schmetterlingsführer“/Novak/Severa, „Kosmos-Insektenführer“/Zahradnik, mit Genehmigung des Franckh-Kosmos-Verlages, Stuttgart: 24, 91, 94, 98, 102, 105, 122, 123, 124; Deutsches Hygiene-Museum, Dresden: 250/1; Die Wunder der Erde, ihr Ursprung und die Entstehung des Lebens (Neuer Kaiser-Verlag GmbH): 9/2 u. 3; dpa/ZB Archiv Berlin: 281/1; Eisenreich, W. Gilching: 226/2-4; Ewald/Venzl „Pflanzenkunde 2“, Ill. Hildegard Christ (Bayerischer Schulbuch-Verlag, München 1983; verändert): 52; Firtzlaff, K.-H., Berlin: 182/1; Füller, H., „Das Bild der modernen Biologie“ (Urania Verlag, 1980): 41/1-3, 274/1; Genreserve – Alte Deutsche Schwarzbunte (Broschüre der Rinderproduktion Berlin-Brandenburg): 259/1-7, 271/1-4; Halle, H., Charité, Berlin: 40/1–4, 176/1 u.2; Heinrich Frings GmbH & Co KG; 199/3; Holst, F., Güstrow: 340/3; Horn, F., Rostock: 50/1, 71/2, 335/2, 342/1, 360/1; Huth, W., BBA, Institut für Pflanzenschutz in Ackerbau und Grünland, Braunschweig: 241/3; IMA, Bonn: 12/1, 75/1-4, 76/1, 168/6, 319/1; Jäggi, U., Berlin: 174/1 u.2; Jahn, I., Löther, R., Senglaub, K., „Geschichte der Biologie“ (Gustav Fischer Verlag, 1982): 10/2 u. 3, 41/1-3, 285/1-2, 286/1-3; Kalas, S., Pöndorf (Österreich): 317/1; Kalbe „Leben im Wassertropfen“ (Urania-Verlag): 45/1, 46/1 u 2; Kämpfe, L., „Evolution und Stammesgeschichte der Organismen“ (Gustav Fischer Verlag): 9/4; 292/1 u. 2; Klafs Saunabau GmbH, Schwäbisch Hall: 250/2; Klee, W., II.Medizinische Tierklinik, Universität München: 243/1; LAUBAG/Rauhut, Senftenberg: 345/1; Life Art Super Anatomy Collection: 131/1, 139/2; Mahler, H., Berlin: 47/1 u. 2; 128/1-4; Max-Planck-Institut für Züchtungsforschung, Köln: 76/2, 271/5-7; Meyer, L., Potsdam: 360/3; Mörike, Betz, Mergenthaler; „Biologie des Menschen“ (Quelle und Meyer Verlag, 13. Auflage, 1991): 258/1-4; Museum für Naturkunde, Berlin/Barthel: 288/2; Natura 2000, Silvestris online, Kastl: 313/1, 338/1-4, 340/2, 361/1; Naunapper, I., Leipzig: 324/1 ; Netzmann, E., Hennickendorf: 129/1-3; Neuls, Z., Berlin: 156/1, 316/1 u. 2; OKAPIA, Berlin: 157/1; Paetec-Archiv: 46/3, 48/1, 77/1,2,5,6, 256/1, 296/1 u.2, 343/1, 360/4; Pathologisches Institut der Semmelweis Universität Budapest: 141/2; Pews, H.-U., Berlin: 42/1, 76/2, 78/1 u. 2, 80/2-4, 115/3, 122/1, 182/3, 205/1 u.2, 229/4 u. 5, 241/1, 335/1; Photo Disc.: 9/1, 111/1, 141/3, 150/1, 151/1, 229/1-3 u.6, 327/1, 329/1 u.2, 335/3, 342/2; Probst, W., Flensburg: 27; Reinbacher, J., Kempten: 157/2; Ruhmke, D., Berlin: 199/2; Ruppin, Ch., Berlin: 199/1; Sächsisches Landesamt für Forsten: 360/2; Schuchardt, W., Göttingen: 322/1; Sowka, P., Berlin: 115/2; Techniker Krankenhaus, Hamburg: 317/1, 320/1; Theuerkauf, H., Gotha: 12/2, 17/1 u.2, 49/3-6, 51/1 u. 2, 83/1, 85/1 u. 2, 316/1; Tierbildarchiv Angermayer, Holzkirchen: 87/1, 226/5-8, 325/1; Tschech, B., Berlin: 129/1–3; Vogel, Leipzig: 330/1; Weidemann, H.-L., BBA, Institut für Pflanzenschutz in Ackerbau und Grünland, Braunschweig: 241/2; „Weltall-Erde-Mensch“, 1963; S. 154, Verlag Neues Leben, Berlin: 9/2; Windelband, A., Potsdam: 8/1; World Health Organisation: 242/2; Zabel, E., Güstrow: 335/1, 340/1 u. 4; Zeitler, H., München: 13/1, 32/1 u. 2, 98/1 u.2, 362 /1

Titelbild: picture alliance/OKAPIA

Die CD enthält mehrere hundert Fachartikel. Diese Artikel bestehen aus einer kurzen Annotation ❶ und einem dazu gehörigen Langtext. In der Annotation sind wichtige Begriffe ❷ aufgeführt, die direkt ❸ mit den entsprechenden Textabschnitten im Langtext verknüpft sind.

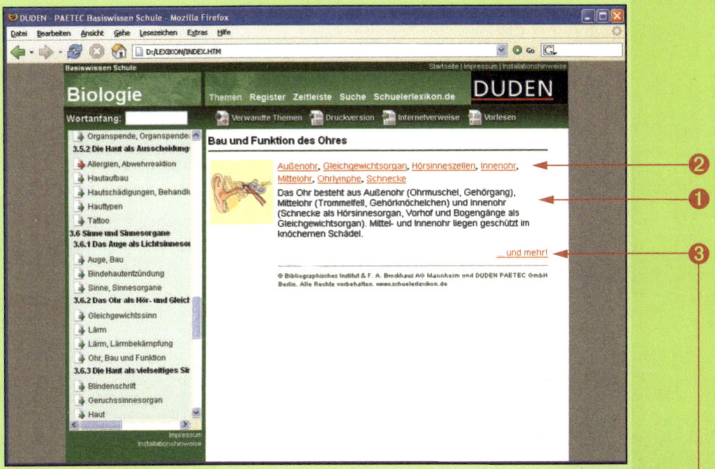

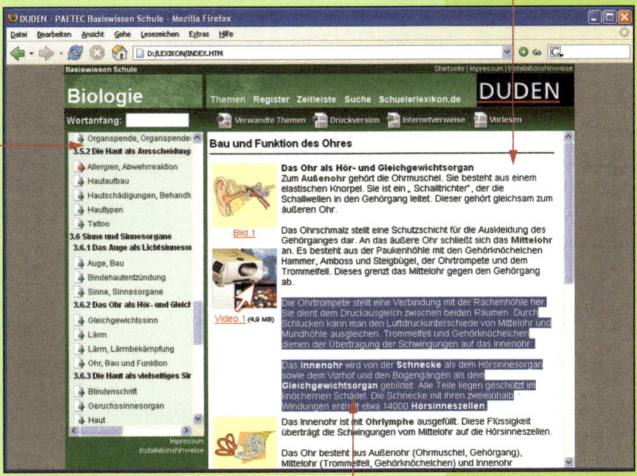

Liste der Artikel, geordnet nach dem Inhaltsverzeichnis des Buches

Alle Texte und Bilder von der CD können ausgedruckt oder über „Kopieren und Einfügen" in anderen Programmen (z.B. Textverarbeitungsprogrammen) weiter verwendet werden.

Internet und CD-ROM – so gehts ...

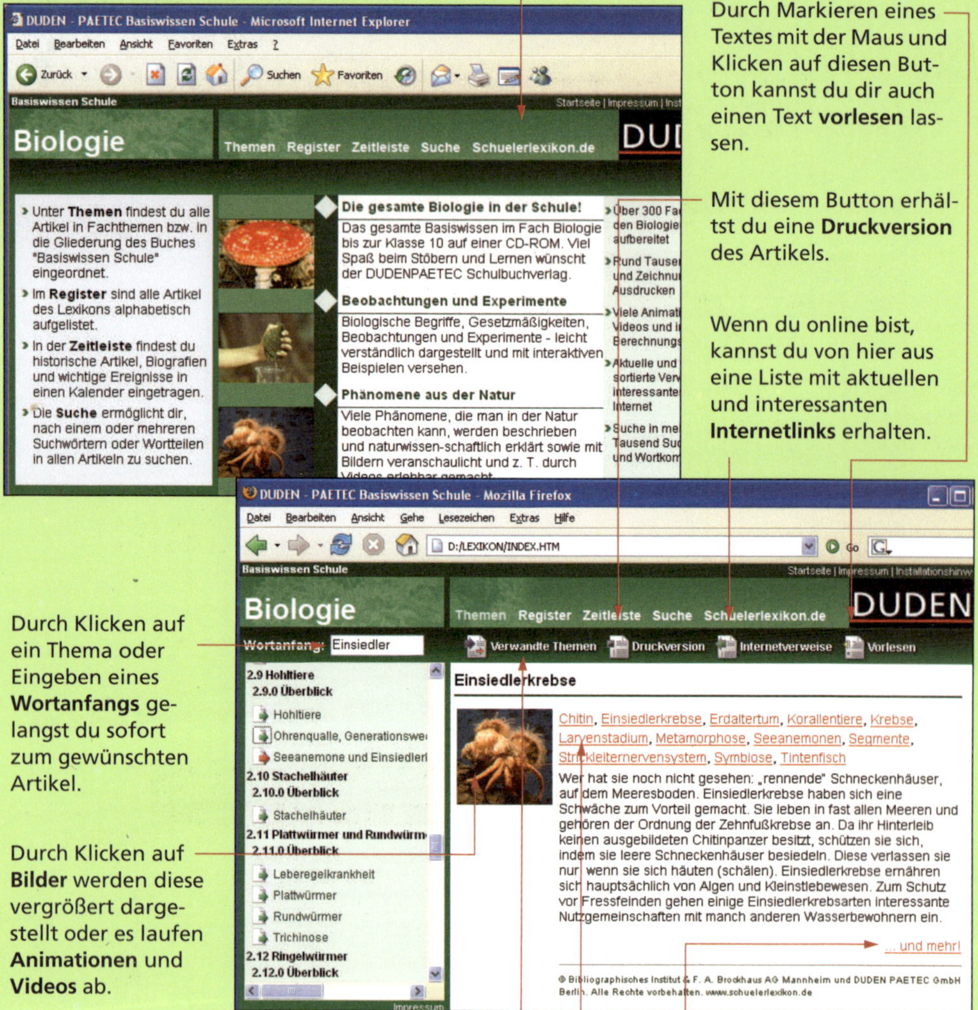

Durch Markieren eines Textes mit der Maus und Klicken auf diesen Button kannst du dir auch einen Text **vorlesen** lassen.

Mit diesem Button erhältst du eine **Druckversion** des Artikels.

Wenn du online bist, kannst du von hier aus eine Liste mit aktuellen und interessanten **Internetlinks** erhalten.

Durch Klicken auf ein Thema oder Eingeben eines **Wortanfangs** gelangst du sofort zum gewünschten Artikel.

Durch Klicken auf **Bilder** werden diese vergrößert dargestellt oder es laufen **Animationen** und **Videos** ab.

Die **verwandten Themen** listen alle Artikel auf, die einen inhaltlichen Bezug zu dem Artikel haben, den du gerade gelesen hast.

Von hier aus gelangst du zum **ausführlichen Artikel** mit Abbildungen, z.T. Animationen, Videos, Hörbeispielen und Übersichten.

Durch Klicken auf eines dieser **Suchwörter** springst du sofort an die entsprechende Stelle des ausführlichen Artikels.

e im Buch

Jeder Artikel verfügt neben dem Text über verschiedene Medien, die in einer separaten Leiste links neben dem Text aufgelistet sind. Dabei handelt es sich um:

- **Bilder** und **Grafiken** ❹, die vergrößert und ausgedruckt werden können,
- **Berechnungsbeispiele** ❺ (auf der Grundlage von Mathcad oder Java ❻), die interaktiv verändert und mit eigenen Zahlenwerten ❼ versehen werden können,
- **Videos** oder **Audios** ❽, die mittels Quicktime ❾ (auf der CD enthalten) abgespielt werden können.

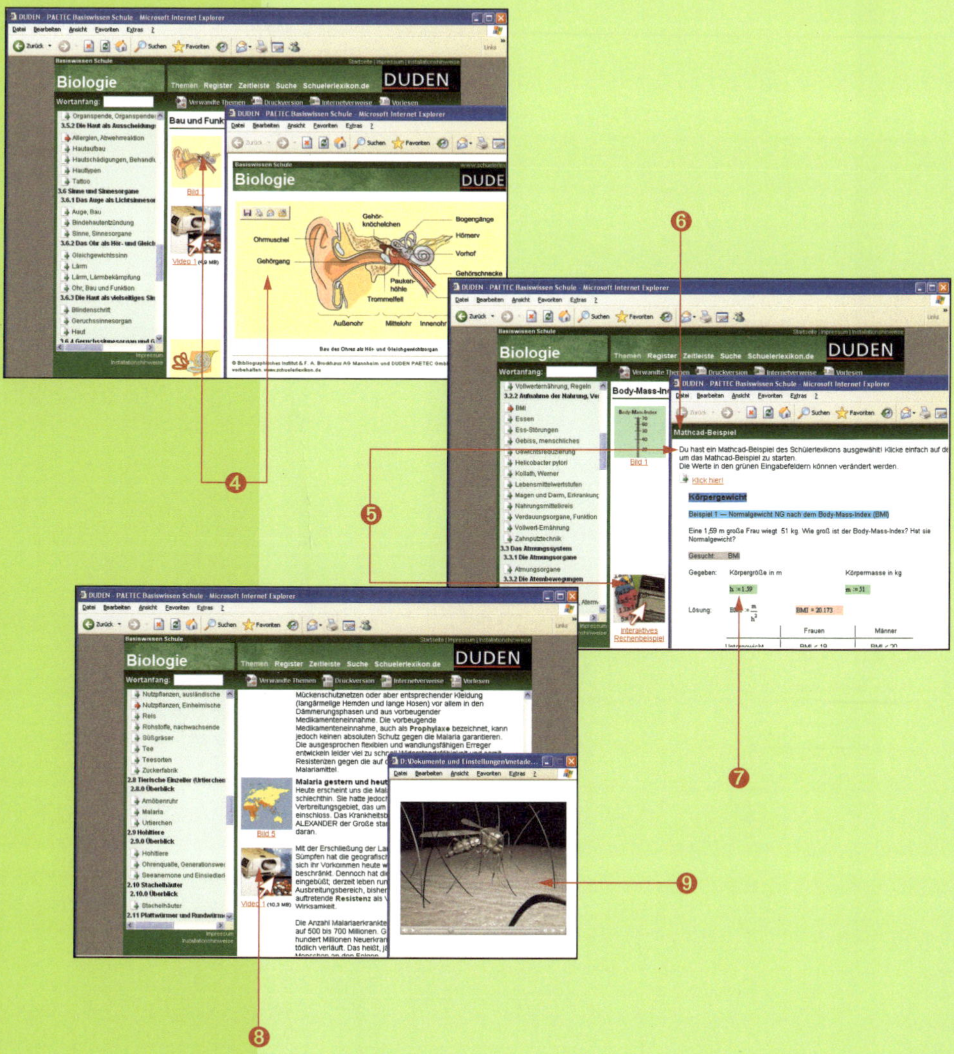